Benno Zündorf

Die Ostverträge

Die Ostverträge

Die Verträge von Moskau, Warschau, Prag,
das Berlin-Abkommen und die Verträge mit der DDR
dargestellt und erläutert von

Benno Zündorf

Verlag C.H.Beck München

CIP-Kurztitelaufnahme der Deutschen Bibliothek

Zündorf, Benno:
Die Ostverträge: d. Verträge von Moskau, Warschau, Prag, d. Berlin-Abkommen u. d. Verträge mit d. DDR / dargest. u. erl. von Benno Zündorf. – München: Beck, 1979.
ISBN 3 406 07355 7

ISBN 3 406 07355 7

Umschlagentwurf von Bruno Schachtner, Dachau

Gesamtherstellung: C. H. Beck'sche Buchdruckerei, Nördlingen
Printed in Germany

Heinrich End zum Gedächtnis

Vorwort

Es sind jetzt zehn Jahre her, daß die Bundesrepublik Deutschland in ihrer Ostvertragspolitik einen neuen Anlauf zur Sanierung der Beziehungen zu ihren östlichen Nachbarn unternahm. Ob dieser Anlauf weit genug getragen hat (oder gar zu weit, wie manche Kritiker meinen), läßt sich heute besser als damals beurteilen: Nicht nur vom Rathaus, sondern auch aus dem Kreml kommt man klüger zurück!

Der Zeitablauf hat es ruhiger um die Ostverträge werden lassen. Der innenpolitische Kampf hat sich in Bonn auf neue Schauplätze verzogen. Zurückgeblieben ist der Alltag, ohne spektakuläre Fort- oder Rückschritte, wenig geeignet, für oder gegen jene Politik Proselyten zu machen. So sind ohne ein Damaskus-Erlebnis die Vertragsgegner durchweg bei ihrer Kritik geblieben, und die Anhänger der Vertragspolitik müssen ohne den Elan des Aufbruchs auskommen. Alle müssen mit den Verträgen leben; das soll dieser Kommentar (dessen Verfasser sich zu ihren überzeugten Befürwortern zählt) erleichtern.

Ich habe mich bemüht, die Ausgangspositionen der Vertragspartner um Stationen der Vertragsgeschichte herum wiederaufzubauen und vor der so gestellten Kulisse das Vertragsgeflecht auszuleuchten. Die Verträge waren als ‚einheitliches Ganzes' gemeint, sie gehören nebeneinander gestellt und im Zusammenhang gesehen.

Der Anlaß zu dieser Arbeit kam vor etlichen Jahren von Heinrich End. Seiner sei hier gedacht.

Bonn, den 1. Oktober 1979 *Benno Zündorf*

Kapitelfolge

Inhaltsverzeichnis

A. Die Ausgangslage

Eines der interessanteren Kapitel aus der jüngsten deutschen Diplomatiegeschichte ist die Ostvertragspolitik der sozialliberalen Koalition, vom ersten Kabinett Brandt/Scheel begonnen und von den folgenden Kabinetten fortgesetzt.[1] Diese Politik erhält Relief aus einer Analyse der Ausgangslage, wie sie sich für eine neue Bundesregierung im Herbst 1969 darstellen mußte. Die Analyse soll auf zwei Ebenen zusammengezogen werden, einmal auf der Ebene der Supermächte und zum anderen auf der Ebene der Bundesrepublik. Das empfiehlt sich deshalb, weil die Politik der Supermächte die politische Landschaft bestimmt, in der dann die kleineren Staaten sich zurechtfinden und behaupten müssen.

Dieses Analysen-Modell ist ein stark simplifizierendes und kein Universalmodell. Es gibt andere Modelle, in die Mächte wie England, Frankreich oder Japan eingeordnet werden müssen; wenn man die Beziehungen der Bundesrepublik Deutschland zur Arabischen Republik Ägypten untersucht, wird man weitere Faktoren in Rechnung setzen müssen, etwa die anderen arabischen Staaten, Schwarzafrika und Israel. Im Bereich der Ostpolitik aber wird man von dem hier entworfenen Modell ausgehen können, weil hier zuvorderst mit einer Supermacht, danach mit deren Klientelstaaten verhandelt wurde; andere Größen, die allein oder gemeinsam nicht in der Lage sind, auch nur die Balance zur Sowjet-Union zu halten, helfen beim Austarieren der Gegebenheiten wenig.

1. Auf der Ebene der Supermächte

Auf der Ebene der Supermächte beginnend muß zuerst ein etwas vulgäres Mißverständnis ausgeräumt werden: Zu den Supermächten gehört – noch – nicht China! China ist eine bedeutende regionale Macht, d.h. in der chinesischen Region, ob Südostasien, Ostasien oder ganz Asien, ist eine Politik an China vorbei nicht mehr möglich. Supermacht aber ist eine Macht, die mit einiger Aussicht auf Erfolg an jedem beliebigen Punkte des Globus eine notfalls auch militärische Konfrontation mit jedem beliebigen Gegner durchstehen kann. Wenn man sich einmal vorstellt, daß die USA sich zu militärischen Operationen in Lateinamerika veranlaßt sehen könnten, so erkennt man schnell, daß eine chinesische Unterstützung dem potentiellen Gegner der USA wenig bringen würde. Anders ist es im Fall der Sowjetunion; Kuba hätte ohne eine sowjetische Garantie nicht seine politische Entwicklung genommen.

Damit sind auch schon die beiden Mächte genannt, die gegenwärtig allein als Supermächte zu bezeichnen wären, die USA und die Sowjetunion. Beide zusammen und jede für sich haben für alles, was in der Welt politisch geschieht, eine so überragende Bedeutung, daß sie unter jedem Blickpunkt schon hinreichend beleuchtet und abgehandelt worden sind. Hier genügen daher einige Stichworte. Beide Mächte stehen zueinander im Verhältnis der Bipolarität, d.h., sie nehmen in allem möglichst aufeinander Bezug und haben die Tendenz, das sie umgebende und zwischen ihnen liegende Feld durch ihre Kraftlinien auf sich hin zu orientieren. Sie befinden sich im Verhältnis des Gleichgewichts des atomaren Patts, aber nicht des stabilen, sondern des labilen Gleichgewichts, denn beide Mächte streben aus diesem Gleichgewicht heraus und in eine Hegemoniestellung hinein.

Diesem Streben sind beide in den Jahren nach dem letzten Weltkrieg nachgegangen und haben dabei auch Verwicklungen nicht gescheut, die die Gefahr eines Krieges zwischen ihnen involvierten (Berlinblockade, Koreakrieg). Spätestens aber seit Anfang der 60er Jahre hat sich auch für Außenstehende erkennbar in beiden Hauptstädten die Einsicht durchgesetzt, daß ein Krieg zwischen den beiden Supermächten nicht mehr für den einen oder anderen die Chance des Sieges, sondern für beide die Gewißheit der Vernichtung bringt. Aus dieser Einsicht sind zwei deutliche Schlußfolgerungen gezogen worden.

Die erste ist die der bedingungslosen Respektierung der Blockgrenzen da, wo diese Blockgrenzen deutlich markiert sind. Zu erinnern ist an den Bau der Berliner Mauer, an das öffentliche Sterben des tödlich verwundeten Flüchtlings Peter Fechter knapp jenseits der Sektorengrenze im Jahre 1962, ohne daß es irgend jemand gewagt hätte, ihn von dort herüberzuholen.[2] Es gibt weitere Beispiele.

Die zweite Konsequenz zielt auf ein Auseinanderrücken der Streitkräfte, im Englischen zutreffend als „disengagement“, hier etwas euphemistisch als „Entspannung“ bezeichnet. Das Bemühen um Disengagement hat sich da in Verhandlungen niedergeschlagen, wo die Gefahr am größten ist, also bei den strategischen Waffen (SALT,[3] Nixon-Breschnjew-Abkommen zur Verhinderung eines Atomkrieges),[4] hat sich aber fortgesetzt hinein in die konventionellen Streitkräfte (MBFR).[5] Der kalte Krieg hat also zum heißen Draht[6] geführt, und das ist eine Erkenntnis, die jeder in politische Analysen, die sich mit diesem Gegenstand befassen, einbringen muß. Man könnte in Umkehrung des berühmten Clausewitz'schen Wortes[7] sagen, daß seither der Krieg mit anderen Mitteln fortgesetzt wird. Die Frage ist, welches sind die anderen Mittel?

Da ist zunächst der sogenannte „Stellvertreterkrieg“. Es gibt ursprüngliche Stellvertreterkriege, d.h. solche, bei denen die Satelliten der beiden Supermächte, jede mit jeweils ihrer Supermacht im Rücken, den Krieg begonnen haben. Es gibt nachträgliche Stellvertreterkriege, d.h. kriegerische Konflikte, die hier oder da aufgeflackert sind und die den Stellvertretercharakter durch alsbaldige Parteinahme der beiden Supermächte aufgedrückt bekommen haben, z. B. im Nahen Osten,[8] oder auch die Auseinandersetzung zwischen Indien und Pakistan,[9] zugegebenermaßen mit dem berühmten Salzkorn. Es gibt die Stellvertreterkriege als Bürgerkriege, z. B. die Landung in der Schweinebucht,[10] es gibt sie als Kolonialkriege. Für sie alle gilt, daß sie erstens nur mit konventionellen Waffen ausgetragen werden, obwohl die eine oder andere der kriegführenden Parteien durchaus in der Lage wäre, ABC-Waffen zu entwickeln oder einzusetzen. Und als zweites gilt, daß eine unmittelbare Beteiligung beider Supermächte vermieden wird. Nicht ausgeschlossen ist die Beteiligung *einer* Supermacht, so etwa in Korea und Vietnam.

Ein weiteres Mittel, neben dem Stellvertreterkrieg, ist die, unter Umständen intensivierte, Fortsetzung des ideologischen Kampfes. Einen interessanten Bedeutungswandel hat in diesem Zusammenhang der Begriff der „friedlichen Koexistenz" im kommunistischen Sprachgebrauch genommen. Während ursprünglich mit diesem Begriff nichts anderes gemeint war als die Abwesenheit des Krieges bei Fortdauer aller übrigen Bedingungen,[11] hat sich die Abwesenheit oder der Ausschluß des Krieges nunmehr aus dem atomaren Gleichgewicht ergeben, und aus einem Sekundärvorbehalt, nämlich der Fortdauer der ideologischen Auseinandersetzung, ist ein Primärgegenstand dieses Begriffs geworden.[12] Wenn heute in Verlautbarungen des Ostblocks von friedlicher Koexistenz die Rede ist, dann heißt das nicht, daß man gegen den Krieg Stellung nimmt – das versteht sich von selbst –, sondern daß man sich einsetzt für eine intensivierte ideologische Auseinandersetzung.

Schließlich können zusammenfassend als weitere Mittel des nicht-kriegerischen Hegemonie-Strebens noch erwähnt werden die Disziplinierung und die Erweiterung der eigenen Einflußsphäre durch weitere Methoden. Beispiel für die Disziplinierung der eigenen Einflußsphäre ist die Breschnjew-Doktrin.[13] In Ungarn hatte die Sowjetunion noch allein das Odium des Interventen auf sich nehmen müssen; 1968 in der CSSR hat sie bereits vermocht, bis auf Rumänien alle Mächte des Warschauer Paktes, selbst die DDR, zum Mitmachen auf ihrer Seite zu bewegen. Die öffentliche Evokation der Breschnjew-Doktrin zeigte, wie erfolgreich die Sowjetunion in der Disziplinierung ihrer Einflußsphäre von 1953 bis 1969 taktiert hat. Die USA waren, vor allem in der westlichen Hemisphäre, weniger drastisch. Der Griff, in dem die Supermächte ihre Regionen halten, lockerte sich in jenen Jahren wohl nicht.

Die KSZE übrigens, d. h. die Konferenz über Sicherheit und Zusammenarbeit in Europa,[14] ist unter dem Aspekt nicht nur der Disziplinierung der eigenen Einflußsphäre, sondern auch der Unterminierung der Einflußsphäre der anderen Supermacht interessant. Denn natürlich ist die multilaterale Anlage einer solchen Konferenz dem hierarchischen Aufbau der beiden teilnehmenden Lager nicht günstig.

Aber, auf absehbare Zeit wird es gewisse Sicherheitsschwellen geben; wenn die überschritten werden, wird der Lagerälteste „die Ordnung wiederherstellen“ und niemand im Lager wird das verhindern oder mit wirksamen Sanktionen belegen können. Erreicht wurde diese Schwelle in der kubanischen Raketenkrise,[15] überschritten offenbar im „Prager Frühling“.[16]

Beispiel für die Erweiterung der Einflußsphäre oder den Versuch einer Erweiterung ist die staatliche Entwicklungshilfe, die über weite Strecken anders gar nicht verständlich wird. Der Wettlauf etwa um die kostspielige Finanzierung des Assuandamms[17] ist auch so zu erklären. Geradezu symptomatisch ist hier das Verhältnis gewisser Schlüsselmächte im Untersupermachtbereich zu den Supermächten. Noch vor einiger Zeit wären Brüskierungen, wie sie sich die Sowjetunion von Ägypten hat gefallen lassen,[18] auf der Stelle durch Sanktionen geahndet worden. Das ist heute, im Zeitalter der Konkurrenz um Anhängerschaft, nicht mehr ohne weiteres möglich.

2. Auf der Ebene der Bundesrepublik Deutschland

Nach diesem kurzen Blick auf die Ebene der Supermächte kommt jetzt die zweite, niedrigere Ebene ins Bild; auf ihr treibt die Bundesrepublik Deutschland Politik. Hier geht es darum, Zielvorstellungen zu entwickeln und zu verwirklichen, wobei Voraussetzung ist, daß diese Zielvorstellungen eigene Interessen verfolgen, also endogene Zielvorstellungen sind.

Nach dem, was vorstehend über die Bedeutung der Supermächte gesagt wurde, dürfte eine Unterscheidung innerhalb der zu verfolgenden Interessen nützlich sein danach, ob diese Interessen mit denen der Schutzmacht, in unserem Falle also der USA, zwangsläufig (essentiell) oder nur beiläufig (akzidentiell) deckungsgleich (kongruent) sind. Wenden wir uns zunächst den zwangsläufig deckungsgleichen Interessen zu, die wir und unsere Schutzmacht gemeinsam haben, so ist das erste Interesse das am Ausschluß einer militärischen Konfrontation zwischen den beiden Supermächten. Auch die Bundesrepublik Deutschland hat ein vitales Interesse daran, daß es nicht zu einem Krieg zwischen den beiden Supermächten kommt; dieser würde sich wahrscheinlich zum Teil auf deutschem Territorium abspielen – eine Vorstellung, die genügt, um jede Bundesregierung dazu zu veranlassen, eigene Anstrengungen zu machen, um ein solches Desaster zu verhindern. Das zweite zwangsläufig kongruente Interesse ist das an der ideologischen Auseinandersetzung; ebensowenig wie ihre Schutzmacht will die Bundesrepublik Deutschland eine Veränderung ihrer Gesellschaftsordnung in Richtung auf die andere Supermacht hin; das versteht sich von selbst!

Damit sind aber auch schon die Interessen der BRD, die in diesem Bereich (wohlgemerkt: Bereiche wie Wirtschaftspolitik etc. bleiben hier unbeachtet) zwangsläufig mit denen ihrer Schutzmacht kongruent sein müssen, aufgezählt; es kommen diejenigen, bei denen diese Kongruenz über weite Strecken gegeben ist, aber, und das ist der wesentliche Unterschied, nicht logisch notwendig, nicht zwangsläufig gegeben sein und gegeben bleiben muß. Dies sind also Interessen, die die Bundesregierung im Auge behalten und selbst verfolgen muß, bei denen sie sich weniger darauf verlassen kann, daß sie als Abfallprodukt einer amerikanischen Politik für die Bundesrepublik ohne eigenes Dazutun herausspringen. Auch Henry Kissinger, damals außenpolitischer Sonderberater des amerikanischen Präsidenten, unterschied im April 1973 in einer vielbeachteten Rede zur Erneuerung der atlantischen Partnerschaft mit großer Offenheit die „globalen Interessen" der USA von den „regionalen Interessen der europäischen Verbündeten"[19] – geographisch eingekleidet der gleiche Gedanke!

Als erstes, nur beiläufig deckungsgleiches Interesse der BRD wäre das an der Vermeidung eines Stellvertreterkrieges mit der DDR oder mit anderen östlichen Nachbarn zu nennen. Man braucht wohl nicht anzunehmen, daß 1969 oder vorher oder seither jemand mit Einfluß in Washington oder Moskau ein Interesse daran gehabt hat, daß die Bundesrepublik Deutschland mit der DDR in einen solchen Stellvertreterkrieg gerate. Im Gegenteil!

Aber die Tatsache, daß solche Kriege gleichwohl anderswo stattgefunden haben und immer wieder stattfinden, zeigt, daß die Friedensbereitschaft der Supermächte in diesem Punkte nicht ausgereicht hat, um die betreffenden mittleren oder kleineren Mächte von einem Waffengang abzuhalten. Man kann sich also nicht darauf verlassen, daß die Politik der Supermächte automatisch einen Krieg mit unseren östlichen Nachbarn ausschließt. Hier sind zusätzliche eigene Anstrengungen erforderlich.

Ein zweites Interesse, das die Bundesrepublik weitgehend mit den USA, aber auch mit England und Frankreich gemeinsam hat, aber ein Interesse, bei dem die Deckungsgleichheit gefährdet sein könnte, ist das der Sicherung Westberlins. Die Sicherung Westberlins ist von vorhergehenden Bundesregierungen genauso für ein wesentliches Ziel ihrer nach Osten gerichteten Politik gehalten worden, und man hat sehr erfolgreich an der Stabilisierung Westberlins gearbeitet. Im Herbst 1969 mußte man sich indessen fragen, ob man erfolgreich genug gearbeitet hatte. Ein Blick etwa in die Wanderungsbilanz Westberlins unterrichtete darüber, daß Westberlin eine 2 Millionen-Stadt bald nur noch dank der Türken war, die dort ihren Wohnsitz genommen haben. Die Wanderungsbilanz war also nachweislich negativ. In der Wirtschaft findet sich eine Reihe großer deutscher Konzerne, die den Sitz ihrer Hauptverwaltung von Westberlin wegverlegt haben, aber keinen, der ihn dorthin verlegt hat. Es hat sich überhaupt im Bereich der Wirtschaft das typische Berlinrisiko, der sogenannte Berlinmalus, herausgebildet, der durch wirtschaftslenkende Maßnahmen mehr als ausgeglichen werden muß, um wirtschaftliche Kreise für Berlin zu interessieren. Man hatte sich also im Herbst 1969 zu überlegen, ob man so weitermachen könne wie bisher, um die wirtschaftliche Lebensfähigkeit und Überlebensfähigkeit Westberlins zu sichern.

Es kam aber ein zweites wesentlicheres Moment hinzu. Zur Zeit eines weltweiten Disengagements, daß sich partiell in einem „do ut des" ausgewirkt hat, mußte man sich in Bonn die Frage stellen, ob sich nicht in Washington jemand die Frage stellen könne, daß es für die amerikanische Politik von Vorteil sei, die amerikanische Präsenz in Westberlin zu verdünnen; Westberlin ist nämlich wohl der letzte ganz neuralgische Punkt in der Welt, an dem amerikanische und sowjetische Soldaten einander auf Steinwurf-Entfernung gegenüberstehen. Und das erklärte Ziel des Disengagements ist ja gerade eine Verringerung des mit solchen Situationen verknüpften Risikos. Es ist nie bekannt geworden, daß irgend jemand von Einfluß in Washington etwa solche Überlegungen angestellt habe; nur, in Bonn mußte man mit solchen Überlegungen rechnen und sich auf sie einstellen. Es galt also, eine Politik zu entwerfen, die nicht nur die wirtschaftliche Überlebensfähigkeit, sondern die Sicherheit Westberlins, auch und gerade zur Zeit des Disengagements, weiterhin garantieren werde.

Das nächste der beiläufig deckungsgleichen Interessen ist das Ziel der Wiedervereinigung. Hier mußte man sich zunächst fragen, ob eine Zielkorrektur angebracht sei. Mit einem gewissen Vorbehalt, der sofort erläutert werden soll, konnte diese Frage verneint werden. Das eschatologische Wunschbild eines vereinigten Deutschland in Frieden und Freiheit, d.h. in etwa nach dem Muster der BRD, wurde von allen Bundesregierungen ab 1949 als Zielvorstellung bewahrt. Aber man kann hier eine Entwicklung feststellen, die es auch in einem anderen Bereich, nämlich dem der europäischen Einigung gibt: einem mit Emphase vorgetragenen Ziel, das manchen Leuten noch unmittelbar verwirklichbar erschien, nähert man sich immer mehr in immer kleineren technischen Fortschritten. Im Falle Europas denke man an das Schlagwort der Vereinigten Staaten von Europa, mit dem im Anfang der 50er Jahre operiert wurde; danach sprach man von westeuropäischer Integration, dann vom Gemeinsamen Markt und heute hofft man in absehbarer Zeit auf eine gemeinsame Währungspolitik. Eine ähnliche Entwicklung kann man auch im Bereich der Wiedervereinigungspolitik konstatieren. Während in den frühen 50er Jahren politische und unpolitische Kreise der Bevölkerung sich eine Wiedervereinigung für die nächsten 5 bis 10 Jahre haben vorstellen können, ist diese Vorstellung im Laufe der Jahre schwächer und schwächer geworden. Es setzte aber nicht ein Prozeß ein, wie er im Falle der europäischen Einigung eben beschrieben wurde. Man ging also nicht an die Lösung von Teilfragen heran, sondern beließ es bei der Proklamation des Zieles und der Politik, mit der man dieses Ziel von Anfang an hatte erreichen wollen. Mit einer Einschränkung im Hinblick auf dieses Verfahren konnte eine Zielkorrektur unterbleiben.

Vom Bundeskanzler Brandt ist die Bemerkung bekannt geworden, daß er das Wort „Wiedervereinigung" nicht mehr gerne ausspreche;[20] diese Bemerkung ist doch wohl so zu verstehen, daß er in realistischer Einschätzung der Lage nicht mehr die Hoffnung hat auf ein Zurück zur „guten alten Zeit", sondern daß er sich eine Lösung der nationalen Frage nur noch unter Berücksichtigung dessen, was mittlerweile in beiden Staaten geschehen ist, vorstellen kann, daß er daher auf das Präfix „wieder" verzichtet und eher an eine Zusammenführung der beiden jetzt existierenden Staaten denkt. Der Unterschied liegt darin, daß der Begriff „Wiedervereinigung" rückwärts gerichtet ist. Man will etwas wieder erreichen, einen Zustand wiederherstellen, der schon einmal im wesentlichen bestanden hat. Wenn aber nunmehr von einer Zusammenführung oder von einer Vereinigung gesprochen würde, dann räumte man implicite ein, daß nicht der frühere Zustand integraliter wieder hergestellt werden kann, sondern daß Entwicklungen ihren Niederschlag gefunden haben, der nicht ohne weiteres beseitigt werden kann.

Wohl niemand wird mehr erwarten, daß es eine Vereinigung von Bundesrepublik und DDR in den nächsten 5 oder 10 Jahren geben werde; dadurch wird das Spektrum, innerhalb dessen sich Vereinigungsvorstellungen bewegen können, so weit, daß beinahe nur noch negativ gewählte Modelle ausgeschlossen werden können: Mit Sicherheit hat niemand in Bonn die Vorstellung etwa einer Wiedervereinigung durch Anschluß der Bundesrepublik an den Ostblock. Es gibt sicherlich auch andere Modelle, die abzulehnen sind, obwohl sie nicht so weit gehen. Aber als Politiker – etwas ganz anderes ist es, wenn man sich theoretische Spielereien leistet – als Politiker kann man sich heute wohl keine konkreten Vorstellungen über ein Vereinigungsmodell mehr machen.

Wenn also eine Korrektur des weiter fortgerückten Zieles nicht erforderlich war, dann gilt die Frage, ob die Wege, die man zur Erreichung dieses Zieles bisher beschritten hatte, ob die in dieser Richtung verfolgte Politik korrigiert werden mußten.

Worin bestand diese Politik? Sie bestand im wesentlichen aus dem, was Professor End den Unterdrückungszwang der BRD gegenüber der DDR genannt hat.[21] Im Innenverhältnis eine Art latenter Bürgerkriegssituation, im Außenverhältnis der Anspruch auf Alleinvertretung, nicht ohne Erfolg abgesichert durch die Hallstein-Doktrin.[22] Bei einer Erfolgskontrolle im Herbst 1969 konnte man zu keiner anderen Feststellung gelangen als der, daß diese Politik die bekannte Verschlechterung der Verhältnisse nicht hatte verhindern können. Man sollte keinen Kausalzusammenhang konstruieren, sondern kann wohl nur sagen, daß diese Politik nicht in der Lage gewesen ist, die Verschlechterung der Verhältnisse zu verhindern, die hier nur angerissen sei mit Hinweisen auf die Berliner Mauer, die DDR-Staatsbürgerschaft, die Schwierigkeiten im Verkehr. Die Frage lag daher nahe, ob bei Beibehaltung, in etwa jedenfalls, des früheren Zieles andere Wege gesucht werden mußten.

Die Bundesregierung hat sich im Herbst 1969 für einen solchen neuen Weg entschieden, und zwar den der Normalisierung: Im Verhältnis zur DDR-Regierung durch Tolerieren, im Verhältnis zur DDR-Bevölkerung durch Fortsetzung der Bemühungen um sogenannte menschliche Erleichterungen.

Nach außen bedeutete das die Aufgabe des Alleinvertretungsanspruchs und den Ersatz dieses Anspruchs durch die Beschränkung auf die Eigenvertretung. In der Absicht, noch einen gewissen Druck auf die DDR bei den bevorstehenden Verhandlungen auszuüben und darüber hinaus eine erhebliche diplomatische Niederlage zu vermeiden, wurde die Hallstein-Doktrin in die Scheel-Doktrin[23] abgewandelt. Die Scheel-Doktrin war ein Manöver des letzten Augenblicks, sie hat nicht mehr als den Deichbruch aufschieben sollen, und das hat sie auch geleistet.

Es blieben dann im Rahmen der von der Bundesregierung selbst vorrangig zu vertretenden Interessen gewisse bilaterale flankierende Maßnahmen; die Klärung des Verhältnisses zur Volksrepublik Polen, zur CSSR, unter Umständen auch die Frage, ob der Nichtverbreitungsvertrag[24] unterzeichnet werden solle. Ferner gab und gibt es flankierende Maßnahmen im multilateralen Bereich, einmal die weitere Verankerung und Festigung der BRD-Position in der NATO aus evidenten Gründen der Sicherheit und zum zweiten das sehr interessante Spannungsverhältnis der Ostvertragspolitik zur west-europäischen Einigung. Der oberflächliche Betrachter hätte zwischen den beiden Zielen einen Widerspruch erkennen können; er hätte dann aber übersehen, daß Paktsysteme und Staatenbünde kaum bereit sind, Mitglieder mit Irredenta-Provinzen oder offenen Grenzen zuzulassen; so wie die Mitgliedschaft der BRD in der NATO erst nach dem für alle ihre gegenwärtigen Grenzen erklärten Gewaltverzicht möglich war,[25] so mußte die Klärung des Verhältnisses zur DDR der BRD die Mitarbeit an dem Zusammenschluß West-Europas erleichtern.

Haben damit die wichtigsten ostpolitischen Interessen der unteren Ebene, also derjenigen, auf welcher eine Bundesregierung Politik machen kann, Revue passiert, bleibt noch die Frage, wie diese Interessen verfolgt werden sollen. Neben den eigenen Anstrengungen ist als wichtigstes das Engagement der Verbündeten zu nennen. Dieses wird herkömmlicherweise gefördert durch Information in dem Bereich, der zur eigenen Disposition steht, durch Konsultation, in dem Bereich, der nicht zur ausschließlich eigenen Disposition steht und durch Koordination in dem Bereich, in dem mehrere Mächte eigene Interessen verfolgen. Bei der Betrachtung des Berlinabkommens spätestens wird deutlich werden, daß es nicht einfach ist, einen Vertrag zuwege zu bringen mit einer so großen Zahl divergierender Interessen, die am Verhandlungstisch unmittelbar oder mittelbar vertreten sind.

1969 blieb dann zu beurteilen, ob der Versuch, den eine frühere Bundesregierung durch Außenminister Schröder unternommen hatte, erfolgversprechend wiederholt werden könne. Es war dies der Versuch, eine aktive Ostpolitik nicht unbedingt unter Umgehung Moskaus, aber mit Sicherheit unter Umgehung Ostberlins zu betreiben und den DDR-Riegel in den Hauptstädten der übrigen Ostblockstaaten aufzubrechen. Dieser Versuch war seinerzeit durchaus legitim unternommen worden; sein Ergebnis hatte nicht vorhergesagt werden können. 1969 wußte man, daß er mit einer Ausnahme überall gescheitert war: Nur Rumänien war 1967[26] bereit gewesen, mit der Bundesrepublik Deutschland, auch ohne den Segen Ostberlins, diplomatische Beziehungen aufzunehmen. Das – blockfreie – Jugoslawien akzeptierte 1968[27] die Wiederaufnahme der diplomatischen Beziehungen, die in Anwendung der Hallstein-Doktrin 1957 abgebrochen worden waren. In den übrigen Hauptstädten des Ostblocks hatte die BRD den DDR-Einfluß unterschätzt; auf Betreiben Ostberlins wurde gar das Dreieck Ostberlin, Warschau, Prag durch den Abschluß der bilateralen Freundschaftsverträge geschaffen.[28] Damit stand die Bundesregierung im Herbst 1969 vor der anderen Alternative, dem Weg einer aktiven Ostpolitik über Moskau und vor allem über Ostberlin. Das Ergebnis konnte damals kaum anders als in ganz weiten Klammern vorhergesagt werden. Man hat sich keine Illusionen gemacht. Gewisse Gegebenheiten sind fix und nicht zu verändern: das ist unsere Lage an der Blockgrenze, das ist die ideologisch expansive Natur unserer östlichen Nachbarn und das ist selbstverständlich die Erkenntnis, daß unsere Sicherheit in erster Linie nach wie vor auf der Garantie der NATO und letztlich unserer Schutzmacht beruhen wird.

Was im übrigen auf den verschiedenen Gebieten, die hier abgesteckt wurden, zu erreichen möglich war, darüber sind die Meinungen auseinandergegangen. Das braucht hier aber nicht mehr spekulativ erschlossen zu werden; es wird bei der Erörterung der einzelnen Verträge anklingen.

Ein sekundäres Ergebnis der Ostvertragspolitik war die erstmalige Herstellung einer außenpolitischen Handlungsfreiheit. Allein die Aufgabe des Alleinvertretungsanspruchs sollte das außenpolitische Marschgepäck um mehr als die Hälfte seines Gewichts erleichtern; denn so groß war der Anteil der auf Unterdrückung der DDR gerichteten außenpolitischen Anstrengungen an der Außenpolitik der BRD im Laufe der Jahre sicherlich geworden. Aber man ging natürlich nicht daran vorbei, daß nach wie vor die äußere Sicherheit der BRD allein auf dem Bündnis der NATO beruht und daß die Bundesrepublik deshalb an ihre westlichen Alliierten gebunden ist. Es ist ein großes Mißverständnis der Ostvertragspolitik, wenn man glaubt, daß die Bundesregierung beabsichtigt habe, etwa durch ein Sicherheitspaktsystem die NATO-Garantie zu ersetzen.[29] Dies ist nicht der Fall. Es ist niemand bekannt, der innerhalb der Bundesregierung etwa die Auffassung vertreten hätte, daß vor oder nach Abschluß des Moskauer Vertrages, vor oder nach Abschluß etwa auch des Berlin-Abkommens, die Sicherheit der betroffenen Territorien, etwa Westberlins oder der Bundesrepublik, auf irgend etwas anderem als auf der Sicherheitsgarantie der NATO beruht. Die Verträge sind als Beitrag zur Entspannung gemeint und wirksam nur, soweit sie ein Beitrag zur Friedenssicherung sind.

B. Das Bahr-Papier

Als Bahr-Papier sind jene 10 Leitsätze bekannt geworden, die das Ergebnis des Meinungsaustausches Staatssekretärs Bahr und des sowjetischen Außenministers Gromyko von Januar bis Mai 1970 waren.

1. Die Positionen beider Seiten

Es sollen zunächst die Positionen, von denen die beiden Seiten ausgegangen sind, einander gegenübergestellt werden. Dabei wird sich zeigen, daß die Positionen der Bundesrepublik Deutschland in den Jahren von 1949 bis 1969 nach und nach in Richtung auf sowjetische Vorstellungen hin modifiziert worden waren, dann aber mit dem letzten bekannten Stand bis in das Bahr-Papier hinein durchgehalten wurden. Umgekehrt verhält es sich bei der Sowjetunion, die in den Jahren 1949 bis 1969 Positionen stereotyp und unverändert proklamiert hatte, sie dann aber während des Meinungsaustausches Bahr-Gromyko, im Bahr-Papier und noch im Moskauer Vertrag nicht unwesentlichen Veränderungen unterzog.

Bei den Ausgangspositionen kann unterschieden werden zwischen einer Proklamation politischer Ziele und Aussagen darüber, mit welchen Mitteln diese Ziele erreicht werden sollen. Beginnt man mit den politischen Zielen, so zielte die Position der Sowjetunion spätestens seit den frühen fünfziger Jahren auf eine Anerkennung der nach dem Krieg gewachsenen oder, wie es in den östlichen Verlautbarungen immer hieß, „der realen Lage" durch die Bundesrepublik Deutschland.[30] Die Politik der Bundesregierung war demgegenüber weitgehend auf eine Nichtanerkennung dieser Lage, auf eine Revision des Status quo gerichtet. Dabei wurde aber kein sturer Rigorismus an den Tag gelegt, sondern es spielten geographische und rechtliche Gegebenheiten durchaus eine von Fall zu Fall deutlich nuancierende Rolle.

a) Territoriale Fragen

Die DDR

Hinsichtlich der DDR waren totale Nichtanerkennung und Unterdrükkung bis in die große Koalition hinein ein festes Hauptziel westdeutscher Politik.[31]

Die Ostgebiete

Bei den Gebieten jenseits von Oder und Neiße wurde die Legalisierung einer polnischen Verwaltung durch das Potsdamer Abkommen[32] kaum bestritten;[33] auch die Hoffnung, daß die Gebiete in absehbarer Zeit wieder unter deutsche Verwaltung kommen würden, haben Bundesregierungen, soweit zu sehen, nie substantiieren mögen. Mit Nachdruck hingegen wurden stets die Annexion, die einseitige Eingliederung in das polnische Staatsgebiet, als rechtswidrig gebrandmarkt und die Anerkennung rechtlicher Konsequenzen dieses Schrittes, etwa bei der Staatsangehörigkeit oder der Oder-Neiße-Grenze, abgelehnt.[34]

Sudetenland und Münchener Abkommen

Hinsichtlich des Sudetenlandes hatte sich die Bundesrepublik sehr bald mit den territorialen Veränderungen abgefunden. Gegenüber der CSSR und der Sowjetunion beschränkte sich die Nichtanerkennungspolitik daher auf eine rechtliche Teilfrage, nämlich den Zeitpunkt, an welchem das Münchener Abkommen ungültig geworden sein sollte.

Das Münchener Abkommen war 1938 geschlossen und hatte dem Deutschen Reich das Sudetenland gebracht.[35] Die Sowjetunion hatte ebenso wie die Tschechoslowakei nach dem Kriege immer die Ansicht vertreten, daß dieses Münchener Abkommen unter Druck auf die Tschechoslowakische Regierung zustande gekommen und daher von Anfang an, oder „ex tunc", nichtig sei.[36] Demgegenüber haben die Bundesregierungen immer die Auffassung vertreten, daß dieses Abkommen zunächst rechtswirksam aber später, etwa durch die Hitler'sche Gewaltpolitik, „ex nunc", ungültig geworden sei.[37] Einzelheiten sind unten im Kapitel über den Prager Vertrag[38] dargestellt.

Berlin

Schließlich gab (und gibt) es Anerkennungsprobleme, und zwar für die Bundesrepublik Deutschland *und* für die Sowjetunion (und die DDR), hinsichtlich Berlins. Beide Seiten, das wird unten[39] ausführlicher dargestellt werden, haben lange gebraucht, um die de facto vollzogene Spaltung der Stadt auch de iure hinzunehmen und die Nomenklatur zu berichtigen.

Für die Sowjetunion und den Ostblock war und ist „Berlin", und nicht Berlin (Ost) oder der sowjetisch besetzte Sektor von Berlin, die Hauptstadt der DDR.[40] Das Bonner Grundgesetz seinerseits reklamiert „Groß-Berlin";[41] die in Westberlin geltende Verfassung spricht, ebenso wie Bonn, vom Land „Berlin".[42]

Während schon die Geographie es der DDR erleichtert hat, Ostberlin weitestgehend der DDR anzugliedern,[43] ist nicht zuletzt wegen der hier umgekehrt so ungünstigen geographischen Lage die Zugehörigkeit Westberlins zur Bundesrepublik zwischen Bundesregierung und Senat auf der einen, häufig auch den drei westlichen Schutzmächten auf einer zweiten, immer aber der Sowjetunion und dem übrigen Ostblock auf der dritten Seite kontrovers gewesen; diese Zugehörigkeit wurde im Grundgesetz proklamiert, durch die Besatzungsmächte suspendiert, de facto mit Billigung der Besatzungsmächte aber praktiziert. Die Sowjetunion hatte demgegenüber ständig die Auffassung vertreten, daß Westberlin ein besonderes politisches Gebiet sei und nicht zur Bundesrepublik engere Beziehungen unterhalten könne als zur DDR.[44]

b) Der Gewaltverzicht

Die Politik der Bundesrepublik hat, soweit sie den Status quo revidieren wollte, in den betroffenen Ländern des Ostblocks, aber nicht nur dort, erhebliche Besorgnis hervorgerufen; denn niemand trennt sich gern von Besitz, gleich auf welcher Grundlage dieser Besitz zustande gekommen ist. Dies haben die Bundesregierungen auch immer gesehen und deshalb ihre aktive Revisionspolitik nach Osten komplementiert durch eine Politik des Gewaltverzichts. Schon aus Anlaß des Beitritts zur NATO am 3. Oktober 1954 gab die Bundesrepublik die folgende grundlegende Erklärung ab:

> „Insbesondere verpflichtet sich die Bundesrepublik Deutschland, die Wiedervereinigung Deutschlands oder die Änderung der gegenwärtigen Grenzen der Bundesrepublik Deutschland niemals mit gewaltsamen Mitteln herbeizuführen und alle zwischen der Bundesrepublik und anderen Staaten gegebenenfalls entstehenden Streitfragen mit friedlichen Mitteln zu lösen.“[45]

Das ist ein Gewaltverzicht, der für die gesamte Windrose erschöpfend erklärt ist. Übrigens haben schon damals die Partner der Bundesrepublik sich nicht auf den Sprachgebrauch „Demarkationslinie“ eingelassen. Es ist von den „gegenwärtigen Grenzen der Bundesrepublik“ die Rede.

Bei dieser Gewaltverzichtspolitik sind Inhalt der Gewaltverzichtserklärung und ihr Adressat zu trennen. Der Inhalt ist mit der Erklärung vom 3. Oktober 1954 im wesentlichen festgelegt, er war kaum umfassender zu formulieren, auch spätere Gewaltverzichtserklärungen konnten wenig hinzufügen, da „gewaltsame Mittel“ generell ausgeschlossen waren. Die Bundesregierungen versuchten aber, östliche Vorbehalte, die aus ihrer revisionistischen Ostpolitik resultierten, durch eine Erweiterung des Adressatenkreises von Gewaltverzichtserklärungen auszuräumen. Schon die Friedensnote des Bundeskanzlers Erhard im März 1966[46] erklärte die Bereitschaft, die bislang nur gegenüber den NATO-Partnern abgegebene Gewaltverzichtserklärung „auch mit den Regierungen der Sowjetunion, Polens, der Tschechoslowakei und jedes anderen osteuropäischen Staates“ auszutauschen. Die Formulierung „jedes anderen europäischen Staates“ schloß natürlich die DDR aus, da sie nach damaliger Auffassung kein Staat war. Aber auch hier wurde man dann flexibel. In der Regierungserklärung des Bundeskanzlers Kiesinger vom Dezember 1966[47] erklärte die Bundesregierung bereits ihre Bereitschaft, auch „das ungelöste Problem der deutschen Teilung in dieses Angebot (des Austausches von Gewaltverzichtserklärungen) einzubeziehen“. Der Außenminister der großen Koalition, Willy Brandt, erklärte dann ein Jahr später im Dezember 1967[48] die Bereitschaft der Bundesregierung, den „Verzicht (auf Gewaltanwendung und Gewaltandrohung) so zu vollziehen, daß er ohne jeden Vorbehalt auch für den anderen Teil Deutschlands und diesem gegenüber gilt".

Natürlich blieb für die Regierungen der Ostblockstaaten der verbale Überhang der aktiven Ostpolitik gegenüber dieser komplementären Gewaltverzichtspolitik erkennbar; denn jedem war klar, daß etwa eine Wiedergewinnung der Gebiete jenseits von Oder und Neiße mit Zustimmung Polens und der Sowjetunion nicht denkbar sein werde. In der Bundesrepublik Deutschland setzte aber schon früh eine Entwicklung ein, in welcher der Gewaltverzicht mehr und mehr in den Vordergrund rückte – jedem Bürger war klar, daß die Bundesrepublik sich nie militärisch oder auf andere Art mit Gewalt gen Osten wenden werde – und die Bekenntnisse zur aktiven Revisionspolitik gen Osten wurden mehr und mehr als Lippenbekenntnisse verstanden. Im Ostblock war die Entwicklung, man kann sagen verständlicherweise, umgekehrt. Man zweifelte dort nicht an der Ernsthaftigkeit der westdeutschen Bemühungen um die Wiedergewinnung der verlorenen Ostgebiete und den Anschluß der DDR und bezweifelte dementsprechend die Ernsthaftigkeit der Gewaltverzichtserklärungen;[49] dies um so mehr, als die Bundesregierungen sich immer nur bereitfinden wollten, diesen Gewaltverzicht abstrakt zu erklären, d.h. in keiner Weise bezogen auf ihre konkreten ostpolitischen Ziele. Dies machte den Unterschied zwischen abstraktem und konkretem Gewaltverzicht aus.

Die Sowjetunion hat in ihrem Dialog mit der Bundesrepublik immer darauf bestanden, daß ein abstrakter Gewaltverzicht nicht ausreiche, und hierzu in einem Aide-mémoire vom Juli 1968 eine sehr deutliche Sprache geführt:

> „Die Antwort der Regierung der BRD läßt keinen Zweifel daran, daß sie den Austausch von Gewaltverzichtserklärungen mit der Sowjetunion und den anderen sozialistischen Ländern so vornehmen möchte, daß ihre ganze revanchistische Plattform in allen Hauptfragen der europäischen Sicherheit unangetastet bleibt. Die Regierung der BRD stellt sich nach wie vor solche außenpolitischen Aufgaben, deren Lösung die Gewaltandrohung oder die Gewaltanwendung voraussetzt. ... Die Bundesregierung versucht faktisch, mit Hilfe des Austauschs von Erklärungen unter diesen Bedingungen in der völkerrechtlichen Form ihre Weigerung zu legalisieren, die Ergebnisse des Zweiten Weltkrieges anzuerkennen und die Forderungen des Potsdamer Abkommens, das der europäischen Nachkriegsfriedensordnung zugrunde liegt, zu erfüllen. Sie will von den sozialistischen Ländern nicht mehr und nicht weniger erreichen als ihr Einverständnis damit, daß die BRD eine Politik der Forderungen betreibt und Kräfte zur Erreichung der Ziele dieser Politik sammelt."[50]

Die Bundesregierung hatte sich schon zur Zeit der großen Koalition einer gewissen Logik in dieser sowjetischen Position nicht entziehen können und durch ihren Außenminister Brandt im Juli 1968 die Bereitschaft erklärt,[51] „in das Gespräch über den Gewaltverzicht auch andere Sachfragen einzubeziehen". Dies war der erste Schritt der Bundesregierung auf dem Weg vom abstrakten zum konkreten Gewaltverzicht.

c) Andere Fragen

Zur sowjetischen Ausgangsposition gehörten aber noch weitere, nicht territorial bezogene Forderungen. Zunächst sind sowjetische Verlangen in Richtung auf Maßnahmen der deutschen Innenpolitik zu nennen, nämlich die Beendigung der „Politik des Revanchismus und Militarismus" und der Verzicht auf Zugang zu Kernwaffen jeglicher Form. Die Sowjetunion wünschte dann weiter noch Unterstützung bei den Bemühungen des Ostblocks um das Zustandebringen der KSZE – einer Konferenz über Sicherheit und Zusammenarbeit in Europa.

All die bislang genannten Positionen der Sowjetunion finden sich in zahlreichen Beschlüssen von Ostblockgremien, zum Beispiel in der Bukarester Deklaration des Politischen Beratenden Ausschusses des Warschauer Paktes vom Juli 1966 oder den Karlsbader Beschlüssen der europäischen kommunistischen Parteien vom April 1967.[52]

Neben dem Austausch öffentlicher Erklärungen hatte sich seit Februar 1967 eine zunächst vertrauliche, später aber[53] veröffentlichte Korrespondenz zwischen der sowjetischen und der Bundesregierung angebahnt, in der beide Seiten ihre öffentlichen Erklärungen präzisierten und ergänzten. In dieser Korrespondenz hatte die sowjetische Regierung über den veröffentlichten Katalog hinaus zwei Positionen behauptet, die für die Bundesrepublik Deutschland von erheblicher Bedeutung waren. Die erste betraf die schon erwähnte Forderung, die Gewaltverzichtserklärungen der Bundesrepublik Deutschland durch Korrektur der bisherigen ostpolitischen Zielvorstellungen glaubhaft zu machen, also die Konkretisierung des Gewaltverzichts.

d) Die Feindstaatenartikel der VN-Charta

Zum zweiten stellte die Sowjetunion in dieser Notenkorrespondenz erstmals wieder die von allen sonstigen Beteiligten schon länger unerwähnt gelassenen Artikel 53 und 107 der Charta der Vereinten Nationen[54] heraus. Diese beiden Artikel besagen, daß die Charta der Vereinten Nationen nicht gegenüber Maßnahmen eingreift, die von regionalen Bündnissen oder von Staaten, die insoweit Verantwortung tragen, gegenüber ehemaligen Feindmächten, d.h. Deutschland und seinen Verbündeten, getroffen werden.[55] Nach Auffassung der Bundesregierung sind diese Artikel selbst bei ungünstigster Auslegung so zu verstehen, daß sie nicht etwa Rechte gegenüber den ehemaligen Feindstaaten gewährten, sondern lediglich Rechtsbehelfe abschnitten, welche die ehemaligen Feindstaaten für den Fall, daß ihnen gegenüber Gewalt angewendet würde, unter der Satzung der Vereinten

Nationen hätten, also z.B. den Rekurs zum Sicherheitsrat. Die Gewaltanwendung seitens der Siegermächte gegenüber den Feindstaaten hätte also in irgendeiner anderen völkerrechtlichen Vorschrift als den Artikeln 53 und 107 ihre Basis finden müssen.[56] Das demonstrative Hervorkehren dieser Artikel,[57] die in den vorangegangenen 20 Jahren mehr und mehr aus der politischen Aktualität in das wohltätige Halbdunkel völkerrechtlicher Archive hinabgesunken waren, hatte daher einen unverhohlen drohenden Zug.

Der Dialog mit der Sowjetunion wurde infolge des Einmarsches der Warschauer Pakt-Mächte in die CSSR und später der Bundestagswahlen unterbrochen.

2. Der Meinungsaustausch

Aber schon in der Regierungserklärung des I. Kabinetts Brandt/Scheel am 28. Oktober 1969[58] signalisierte die neue Bundesregierung ihr Interesse, das Gespräch mit der Sowjetunion fortzuführen. Solche Signale waren erstens die Anerkennung der DDR als Staat[59] mit dem Versprechen, unter gewissen Voraussetzungen von der Hallstein-Doktrin abzurücken[60] und zweitens die Bereitschaft der Bundesregierung, den Nichtverbreitungsvertrag zu unterzeichnen;[61] letzteres erfüllte die sowjetische Forderung, die Bundesrepublik möge auf den Zugang zu Kernwaffen verzichten. Schon zwei Tage nach Abgabe der Regierungserklärung, noch während über sie im Bundestag diskutiert wurde, nämlich am 30. Oktober 1969, erklärte Außenminister Scheel dem sowjetischen Botschafter in Bonn, daß die Bundesregierung, wie schon in der Regierungserklärung angekündigt, der Sowjetunion die Weiterführung des Dialogs durch den Botschafter in Moskau vorschlage.[62] Zwischen dem 8. und 23. Dezember 1969 fanden dann drei Gespräche zwischen Botschafter Allardt und Außenminister Gromyko in Moskau statt,[63] die zeigten, daß die Sowjetunion zwar nicht zu einer Änderung ihrer bekannten Positionen bereit, aber an einem Meinungsaustausch interessiert war über die ganze Breite der bilateralen und multilateralen Probleme. Die Bundesregierung wollte diese Gesprächschance ausloten und entsandte im Hinblick auf die unerwartet große Bedeutung, die die Sowjetunion diesen Gesprächen zu geben schien, einen Emissär aus Bonn, nämlich den Staatssekretär im Bundeskanzleramt, Bahr. Dieser wurde mit der Mission beauftragt, einmal wegen der Sachkunde, die er sich nicht nur in Berlin, sondern insbesondere als Leiter des Planungsstabes im Auswärtigen Amt erworben hatte, zum anderen wegen seines persönlich engen Verhältnisses zum Bundeskanzler Brandt. Man konnte davon ausgehen, daß er die Vorstellungen des Regierungschefs über die Ostpolitik bis in die letzten Verästelungen kannte.[64] Drittens war der Staatssekretär des Auswärtigen Amts, Duckwitz, bereits für die Gespräche mit Warschau vorgesehen.[65] Die Entsendung des Außenministers schließlich wäre sehr spektakulär und in einem so frühen Stadium des Meinungsaustausches nicht tunlich gewesen; denn im Falle des Scheiterns der Gespräche, das natürlich mit einkalkuliert werden mußte, hätte das eingesetzte höhere Prestige einen größeren Eklat ausgelöst.

Zwischen dem 30. Januar und 22. Mai 1970 fand dann in ca. 50 Stunden[66] ein Meinungsaustausch zwischen Bahr und Gromyko statt. Auf jeder Seite fertigte, wie das üblich ist, ein Delegationsmitglied an Hand seiner Aufzeichnungen unmittelbar nach der jeweiligen Sitzung eine Niederschrift über den Sitzungsverlauf an; die Niederschrift der deutschen Delegation spielte später eine Rolle, als die Opposition Einblick in die ‚Protokolle' verlangte und auch erhielt.[67]

Da Verhandlungen üblicherweise zu einem Ergebnis führen, ein solches aber bei dem deutsch-sowjetischen Gespräch nicht vorausgesagt werden konnte, sprach man nicht von Verhandlungen, sondern von einem Meinungsaustausch; dieser konnte zwangloser jederzeit unterbrochen oder abgebrochen werden. In diese Zeit fallen die Treffen von Erfurt (19. März) und Kassel (21. Mai); der Meinungsaustausch wurde am Tage nach der Kasseler Begegnung abgeschlossen. In einem mühsamen Formulierungsprozeß waren zehn Leitsätze erarbeitet worden, das sogenannte Bahr-Papier.[68]

3. Der Inhalt des Bahr-Papier

Der Status des Bahr-Papiers war in den Ziffern 1 bis 4 der Entwurf eines Arbeitspapiers für anschließende Verhandlungen über einen Gewaltverzichtsvertrag mit der Sowjetunion und in den folgenden Ziffern der Entwurf von politischen Absichtserklärungen der beiden Regierungen; diese Ziffern 5–10 wurden, wie weiter unten dargestellt, bei Vertragsunterzeichnung ebenfalls authentisiert. Es handelte sich beim Bahr-Papier insgesamt um eine Unterlage für den Bericht der beiden Delegationsleiter an die jeweilige Regierung und für Beschlüsse der beiden Regierungen, ggfs. Verhandlungen aufzunehmen. Mit der unzeitigen Veröffentlichung des Bahr-Papiers im Frühsommer 1970[69] in der Presse wurde dieser Status des Arbeitspapiers nachhaltig verändert. Es war künftig ein Papier, das mit dem Prestige, vor allen Dingen einer Supermacht, belastet war, die eventuelle Textänderungen, eventuelle Zugeständnisse, nicht nur vor der Weltöffentlichkeit, sondern insbesondere auch vor ihrem sozialistischen Lager rechtfertigen mußte. Das Gleiche galt natürlich in der innenpolitischen Situation für die Bundesregierung, die die bekannte geringe Mehrheit im Bundestag hatte.

a) Das Arbeitspapier für Vertragsverhandlungen (Ziffern 1–4)

Normalisierung und „wirkliche Lage" (Ziffer 1)

Ziffer 1 des Bahr-Papiers hat deutlich Präambel-Charakter.

„Die Bundesrepublik Deutschland und die Union der Sozialistischen Sowjetrepubliken betrachten es als wichtiges Ziel ihrer Politik, den internationalen Frieden aufrechtzuerhalten und die Entspannung zu erreichen.

Sie bekunden ihr Bestreben, die Normalisierung der Lage in Europa zu fördern und gehen hierbei von der in diesem Raum bestehenden wirklichen Lage und der Entwicklung friedlicher Beziehungen auf dieser Grundlage zwischen allen europäischen Staaten aus."

Absatz I stellt das übereinstimmende Ziel der Vertragspolitik von BRD und UdSSR vor; diese Übereinstimmung ist die Basis des Moskauer Vertrages: Nur wo sie und solange sie trägt, wird der Vertrag mit Leben erfüllt werden können.

Absatz II konkretisiert das in Absatz I noch sehr allgemein umschriebene Ziel etwas mehr, nämlich die Förderung der Normalisierung der Lage in Europa und nennt dafür den Ausgangspunkt, nämlich die „in diesem Raum bestehende wirkliche Lage".

Wichtig ist in Absatz II das Wort „Normalisierung". Hier handelt es sich um einen weiten Begriff, der für die Sowjetunion die Pazifizierung der Westgrenze, für die deutsche Seite darüber hinaus die Beseitigung von Auswüchsen, z.B. an der Grenze zur DDR oder im Hinblick auf die Freizügigkeit oder andere Grund- und Menschenrechte bedeutet. In ein Papier, das im übrigen weitgehend dem status quo verhaftet ist, bringt dieser Begriff ein dynamisches Element hinein, auf das sich die Bundesregierung gern beruft.

Ausgangspunkt ist die „wirkliche" und nicht, wie in früheren Ostblockverlautbarungen,[70] die „reale" Lage. Das bedeutet unter Umständen eine größere Nähe zur Einbeziehung von legitimen Ansprüchen. Auch sie können „wirklich" sein. Der Begriff „real" wäre demgegenüber näher am Materiellen zu interpretieren gewesen. Die Bestimmung der „wirklichen Lage" als Ausgangspunkt schließt die Berufung auf obsolet gewordene Rechtsansprüche aus. Für die Außenpolitik der Bundesrepublik findet hier eine deutliche Verlagerung des Schwerpunktes statt von der Geltendmachung aussichtsloser Ansprüche auf die Wahrung und Aktivierung des Besitzstandes hin. Es soll ehrlich Bilanz gemacht, endgültiger Verlust als solcher ausgewiesen, alle Aktiva aber sollen voll wertschöpfend eingesetzt werden. Ebenso wie „Normalisierung" ist auch die „Entwicklung friedlicher Beziehungen" ein über den status quo hinausführender Begriff, der sich nicht in der Aufnahme diplomatischer Beziehungen erschöpft. Um sicher zu gehen, daß im Zuge der hier vorgesehenen Entwicklung der Ausgangspunkt der „wirklichen Lage" nicht aus dem Auge verloren werde, wurde er nochmals durch die Worte „auf dieser Grundlage" herausgestellt.

Ziele und Prinzipien der VN-Charta (Ziffer 2)

Ziffer 2 des Bahr-Papiers ist seine erste operative Bestimmung. Absatz I lautet:

„Die Bundesrepublik Deutschland und die Union der Sozialistischen Sowjetrepubliken werden sich in ihren gegenseitigen Beziehungen sowie in Fragen der Gewährleistung der europäischen und internationalen Sicherheit von den Zielen und Prinzipien, die in der Satzung der Vereinten Nationen niedergelegt sind, leiten lassen.“

Absatz I unterstellt die „gegenseitigen Beziehungen“ sowie die Sicherheitspolitik von BRD und UdSSR den Zielen und Prinzipien der Vereinten Nationen. Da der Begriff der „gegenseitigen Beziehungen“ sehr eng ist, hielt man es für richtig, die „Gewährleistung der europäischen und internationalen Sicherheit“[71] anzuhängen. Damit war dann der ganze, für einen Gewaltverzicht relevante Bereich abgedeckt. Die Formulierung „Ziele und Prinzipien, die in der Satzung der Vereinten Nationen niedergelegt sind“, bezieht sich auf das I. Kapitel der Charta der Vereinten Nationen (ChVN), das mit diesen Worten (im englischen Original „Purposes and Principles“) überschrieben ist und nur aus den Artikeln 1 und 2 besteht.[72]

Nach der nächstliegenden Auslegung sind durch den Bezug auf die Überschrift des Kapitel I ChVN alle übrigen Kapitel, darunter insbesondere Kapitel VIII und XVII im Umkehrschluß ausgeschlossen; in den Kapiteln VIII und XVII ChVN finden sich nämlich die oben[73] erwähnten Artikel 53 und 107. Eine andere Auslegung sieht indessen Artikel 53 und 107 durch den Bezug auf die Ziele – nämlich auf Artikel 1 ChVN – doch einbezogen: Artikel 53 und 107 könnten als spezielle Ausformungen der Friedenssicherungspflicht des Artikel 1 ChVN angesehen werden.[74] Die Frage, welche dieser beiden Auslegungen zutrifft, kann aber offen bleiben wegen der eindeutigen Formulierung von Absatz II dieser Ziffer des Bahr-Papiers.

Indessen ist das Notwehrrecht, das Recht also „zur individuellen oder kollektiven Selbstverteidigung“ gem. Artikel 51 der ChVN „naturgegeben“ und unterliegt damit nicht einer Modifizierung durch die ChVN; es bleibt deshalb auch von dem in Ziffer 2 des Bahr-Papiers formulierten Gewaltverzicht unbeeinträchtigt.[75]

Der Gewaltverzicht

Absatz II enthält den Kern des Gewaltverzichts.

„Demgemäß werden sie ihre Streitfragen ausschließlich mit friedlichen Mitteln lösen und übernehmen die Verpflichtung, sich in Fragen, die die europäische Sicherheit berühren, sowie in ihren bilateralen Beziehungen gemäß Artikel 2 der Satzung der Vereinten Nationen der Drohung mit Gewalt oder der Anwendung von Gewalt zu enthalten.“

Die „demgemäß"-Einleitung bindet das Folgende ebenfalls an die Ziele und Prinzipien der ChVN.

Die Formulierung, daß BRD und Sowjetunion „ihre Streitfragen ausschließlich mit friedlichen Mitteln lösen", ist ein unzweideutiger Ausschluß jeglicher Gewalt, der auch die Artikel 53 und 107 ChVN überlagert. Hier sollte mit Ausnahme der oben erwähnten Notwehr keine Lücke mehr offen sein, das Wort „ausschließlich" kann nicht anders verstanden werden.[76]

Wer trotzdem noch über die Verbindung zu Abssatz I („Demgemäß") und eine von dort herzustellende Beziehung über Artikel 1 ChVN zu den Feindstaatenartikeln 53 und 107 diese auch in den Absatz II hereingeholt sieht, muß gegen den Wortsinn („ausschließlich") konstruieren.

„Streitfrage" und weiter unten „Frage" sind übrigens bewußt einfach gewählte Begriffe, die von jeder Seite durch Bestreiten der In-Frage-Stellen eines Sachverhaltes ausgefüllt werden können und der anderen Seite nicht den Einwand erlauben, etwas sei keine „Frage" oder „Streitfrage".

Es könnte verwundern, daß im zweiten Teil dieses Absatzes formuliert wurde „übernehmen die Verpflichtung" (des Gewaltverzichts), da ja die Gewaltverzichtspflicht bereits von beiden Partnern vorher, von der Sowjetunion spätestens mit dem Inkrafttreten der Charta der Vereinten Nationen, von der BRD spätestens mit der oben[77] erwähnten Erklärung von 1954 aus Anlaß des Beitritts zur NATO übernommen worden war. Beide Seiten aber legten Wert darauf, hier nicht das Bestehen früher übernommener Verpflichtungen zu konstatieren, sondern einen neuen, eigenen Rechtsgrund für den Gewaltverzicht zu schaffen. Der unter den Gewaltverzicht gestellte Bereich ist enger als der im (vorhergehenden) Absatz der ChVN unterstellte Fragenkreis (dort kommt zur Europäischen noch die internationale Sicherheit hinzu), die Formulierung trägt aber der Tatsache Rechnung, daß die BRD eine ausschließlich euopäische Macht ist und Gewaltverzicht, ihr gegenüber oder von ihr erklärt, nur „in Fragen, die die europäische Sicherheit berühren", sinnvoll ist; daß die europäische Sicherheit von beinahe allem „berührt" wird, was an internationalen Konflikten unter Beteiligung von Super- oder Mittelmächten denkbar erscheint, war auch beiden Seiten klar. Um aber aus der geographischen Beschreibung keine Begrenzung werden zu lassen, vereinbarten beide Seiten *zusätzlich* den Gewaltverzicht auch noch „in ihren bilateralen Beziehungen". Gemeint waren damit die gegenseitigen Beziehungen.[78] Da diese *neben* die Fragen der europäischen Sicherheit treten, können sie nicht als Qualifizierung oder Beschränkung etwa derart verstanden werden, daß der Gewaltverzicht im Fragenbereich der europäischen Sicherheit nur die bilateralen, nicht etwa multilateralen Beziehungen (z.B. der Alliierten des zweiten Weltkrieges oder des Warschauer Pakts zur BRD) erfasse. Auch diese Erkenntnis ist wichtig im Hinblick auf die Feindstaatenartikel der Charta, weil weiter unten zitierte Stellungnahmen der West-Alliierten aus dem Jahre 1968 multilaterale Aktionen unter den Artikeln 53 und 107 ChVN nicht ausdrücklich ausschlossen.

Im zweiten Teil des Absatzes II ist es dann auch gelungen, sich zur näheren Beschreibung des Gewaltverzichts lediglich auf Artikel 2 ChVN zu beziehen und den etwas diffizilen Artikel 1 ChVN, der ja unter Umständen eine Verbindung zu den Artikeln 53 und 107 ChVN herstellen könnte, herauszuhalten.

Die Feindstaatenartikel der VN-Charta aus westlicher Sicht

Es bleibt nun die Frage, warum sich die Parteien nicht ausdrücklich auf einen Ausschluß der Artikel 53 und 107 ChVN geeinigt, sondern diesen umständlichen Weg gewählt haben. Die Antwort ist einfach. Die Sowjetunion war nicht bereit, in dieser Frage weiter zu gehen als die westlichen Verbündeten der BRD.[79] Wie also ist deren Standpunkt zu dieser Frage? Er wurde in Auseinandersetzung mit den erwähnten[80] sowjetischen Behauptungen erneut fixiert.[81] In der amerikanischen Erklärung vom 17. September 1968 heißt es: „Weder Artikel 107 noch Artikel 53 noch beide Artikel zusammen (räumen) der Sowjetunion oder Mitgliedern des Warschauer Pakts irgendein Recht ein, einseitig mit Gewalt in der Bundesrepublik Deutschland zu intervenieren." Entsprechend heißt der entscheidende Passus im Aide-mémoire der britischen Regierung vom 20. September 1968: „... mit Gewalt einseitig in der Bundesrepublik Deutschland intervenieren" und in der französischen Erklärung vom 16. September 1968: „... einseitig mit Gewalt in der BRD zu intervenieren und" – die Franzosen sind besonders präzis – „zwar außerhalb jeglicher Zustimmung durch den Sicherheitsrat." Mit anderen Worten, die drei westlichen Verbündeten waren nicht bereit gewesen, die Anwendung der Artikel 53 und 107 auf die Bundesrepublik für obsolet zu erklären, sondern hatten lediglich die *einseitige* Inanspruchnahme gewisser Rechte oder Positionen aus diesen Artikeln für ausgeschlossen gehalten.

Die Charta der Vereinten Nationen ist eine Vereinssatzung, die nicht bilateral unter zwei oder drei oder vier oder fünf Mitgliedern geändert werden kann; man braucht dazu das förmliche Satzungsänderungsverfahren,[82] das die Billigung einer Charta-Änderung durch u. a. zwei Drittel der Mitglieder, also durch derzeit über 100 Staaten, vorsieht. Nach dem japanischen Beitritt zu den Vereinten Nationen hat es den Versuch einer Charta-Änderung bezüglich der Feindstaatenartikel gegeben – er ist seinerzeit gescheitert[83] und wird künftig auch nur im Zusammenhang einer umfassenden Charta-Revision Erfolg haben können. Es bleibt also zu resümieren, daß der im Bahr-Papier mit der Sowjetunion ausgehandelte Gewaltverzicht in der Tat über das, was die Westmächte zu sagen bereit gewesen waren, hinausgeht.

Die Achtung der Grenzen (Ziffer 3)

Es folgt Ziffer 3 des Bahr-Papiers, der Grenzartikel. Ihm galt das Hauptinteresse der Sowjetunion.

„Die BRD und die SU stimmen in der Erkenntnis überein, daß der Friede in Europa nur erhalten werden kann, wenn niemand die gegenwärtigen Grenzen antastet."

Der vorstehende Absatz I wiederum hat Präambel-Charakter, es wird keine Verpflichtung sondern eine Übereinstimmung in der Erkenntnis ausgesprochen.

Mit „niemand" ist nicht ein einzelner Grenzgänger gemeint, da er persönlich die Grenze überwindet – oder auch nicht –, aber nicht in ihrer gegenwärtigen grundsätzlichen Existenz gefährdet. Auf der anderen Seite sind nicht nur Staaten oder staatliche Organe gemeint: Das hätte sich entsprechend ausdrücken lassen. Gemeint ist vielmehr jeder, der in der Lage ist, durch Antasten der gegenwärtigen Grenzen den Frieden zu gefährden.[84] Es muß sich also um den Versuch einer stärkeren Gruppierung handeln, den Verlauf der Grenze oder ihre Existenz durch tatsächliches Wirken einseitig zu ändern oder aufzuheben; die Erfordernisse der Tatsächlichkeit und der Einseitigkeit des Angriffs auf die Grenze folgen aus dem Begriff „antasten", der die effektive Überwindung von Widerstand durch Drohung oder Anwendung von Gewalt enthält.

Absätze II und IV enthalten Festlegungen, die die gewaltsame Veränderung von Grenzen ausschließen.

„Sie verpflichten sich, die territoriale Integrität aller Staaten in Europa zu ihren heutigen Grenzen uneingeschränkt zu achten.

Sie betrachten heute und künftig die Grenzen aller Staaten in Europa als unverletzlich, wie sie am Tage der Unterzeichnung dieses Abkommens verlaufen, einschließlich der Oder-Neiße-Linie, die die Westgrenze der Volksrepublik Polen bildet, und der Grenze zwischen der BRD und der DDR."

Es handelt sich hier um die „territoriale Integrität" (Absatz II) und um das Wort „unverletzlich" (Absatz IV). Beide Begriffe haben ebenso wie der vorher benutzte Begriff „antasten" in ihrem Wortsinn die feste Bedeutung, daß einvernehmliche Korrekturen nicht ausgeschlossen sind. Volenti non fit iniuria! Dieser Wortsinn ist auch während des Meinungsaustauschs Bahr-Gromyko (und während der Verhandlungen Scheel-Gromyko) von der sowjetischen Seite immer wieder bestätigt worden;[85] in der an die BRD gerichteten sowjetischen Regierungserklärung vom Mai 1976[86] heißt es deshalb auch, daß mit dem Moskauer Vertrag, der ja diese Formulierungen übernommen hat, auf den Anspruch verzichtet worden sei, die bestehenden europäischen Grenzen „zu sprengen". Die Sowjetunion befand sich zu dem Zeitpunkt, zu dem sie diese Verpflichtungen aushandelte und unterschrieb, ihrerseits in Grenzverhandlungen nicht nur mit China (Ussuri-Zwischenfall!),[87] sondern auch mit anderen südlichen Anliegerstaaten. Ein Antasten von Grenzen oder der territorialen Integrität ist, darüber bestand und besteht völliges Einverständnis, auch im Hinblick auf Bemühungen zur europäischen Einigung nur die gewaltsame, einseitige, nicht die einverständliche Änderung oder Aufhebung von Grenzen. Absätze II und IV sagen auch, welcher Staaten territoriale Integrität und Grenzen respektiert werden müssen: „aller Staaten in Europa".[88] Hierin liegt keine Überhebung der späteren Vertragspartner, sondern schon die Bündnisgarantie von NATO und Warschauer Pakt für die territoriale Integrität der jeweiligen Paktpartner[89] mußte das Interesse beider Seiten an einer auf Europa erweiterten Vereinbarung wecken; hätte man sich nur auf die eigenen Grenzen beschränkt, so hätte man unschwer durch die Grenzverletzung bei einem anderen Mitglied des gegenüberliegenden Bündnisses die hier getroffenen friedenswahrenden Regelungen umgehen können mit dem Ergebnis, daß BRD und UdSSR aufgrund ihrer Bündnisverpflichtungen sich bei intaktem gegenseitigen Gewaltverzicht in feindseligen Auseinandersetzungen miteinander befänden.

Um jeden Anspruch auf Korrektur von Grenzen auszuschließen, wurden die Grenzen genau als „heutige" (Absatz II) und „wie sie am Tage der Unterzeichnung dieses Abkommens verlaufen" (Absatz IV) definiert. Der Termin bezog sich auf die Unterzeichnung des Moskauer Vertrages.[90]

Zwei Grenzen sind in Absatz IV gesondert aufgeführt: die „Oder-Neiße-Linie" und die „Grenze zwischen BRD und DDR". Sie besonders zu nennen, wäre kautelar-juristisch nicht richtig, soweit es sich um normale „Grenzen in Europa" handelte, da diese ja in ihrer Gesamtheit bereits erfaßt waren. Der besondere politische Hintergrund gerade dieser beiden Grenzen ließ es aber vor allem der UdSSR geraten erscheinen, politischer Klarheit gegenüber juristischer Finesse den Vorzug zu geben. Die BRD war zur Respektierung auch dieser Grenzen, nicht aber zu ihrer ausdrücklichen völlkerrechtlichen Anerkennung bereit;[91] bei den meisten anderen Grenzen wäre das weniger problematisch gewesen. Da eine unterschiedliche Behandlung der zwei und aller übrigen Grenzen insoweit am Vertragsziel vorbeigegangen wäre, blieb die Grenzerklärung generell hinter einer völkerrechtlichen Anerkennung zurück.

In Absatz II verpflichten sich BRD und UdSSR daher nur dazu, die Grenzen „uneingeschränkt zu achten". Das heißt, daß die Grenzen in ihrer Tatsächlichkeit hingenommen und als Begrenzung der jeweiligen Staatsgebiete nicht in Frage gestellt werden. „Achtung" der Grenzen heißt aber nicht Einwilligung in ihre Entstehung, Billigung ihrer Festlegung. Kräfte, die stärker waren, haben die zwei besonders genannten Grenzen entstehen und sich konsolidieren lassen; die Bundesrepublik Deutschland hatte aber keine Veranlassung, ihrerseits zur normativen Kräftigung des nach ihrer Auffassung illegitimen Faktischen beizutragen.

Absatz IV spricht deshalb auch nicht einfach von den Westgrenzen Polens und der DDR, sondern von „der Oder-Neiße-Linie, die die Westgrenze der Volksrepublik Polen bildet, und der Grenze zwischen der BRD und der DDR". Diese Formulierung hatte mehr die tatsächliche Markierung denn die rechtliche Qualität anvisiert; im Warschauer und im Grundlagen-Vertrag wurde diese Nuancierung aber gemildert.[92]

Der Ausschluß von Gebietsansprüchen

Ziffer 3, Absatz III des Bahr-Papiers lautet:

„Sie erklären, daß sie keine Gebietsansprüche gegen irgend jemanden haben und solche in Zukunft auch nicht erheben werden."

Es ist während des Meinungsaustauschs und während der späteren Verhandlungen klargemacht worden, daß dies nicht heiße, daß die Bundesregierung auf ihre friedliche Wiedervereinigungspolitik verzichte.[93] So hatte es schon im Rahmen des Notenwechsels die Bundesregierung im April 1968 erklärt,[94] so ist es immer wieder erklärt worden. Im übrigen richten sich Gebietsansprüche gegen Teile eines fremden Staatsgebiets und nicht auf die Fusion zweier Staaten – und nur noch als solche ist eine Wiedervereinigung seit der Anerkennung der DDR als Staat möglich.

Das „Nicht-Berühren" früherer Abkommen (Ziffer 4)

Ziffer 4 des Bahr-Papiers ist ein Kompromiß.

„Das Abkommen zwischen der Bundesrepublik Deutschland und der Union der Sozialistischen Sowjetrepubliken berührt nicht die früher geschlossenen zweiseitigen und mehrseitigen Verträge und Abkommen beider Seiten."

Jede Seite hatte Interesse an der Aufrechterhaltung von Abkommen, die ihr teuer sind. Die hier genannten „früher geschlossenen zweiseitigen und mehrseitigen Verträge und Abkommen beider Seiten" erfassen also erstens die Verträge, die eine Seite mit Dritten geschlossen hat. Bei der Sowjetunion sind das insbesondere die Satzung der Vereinten Nationen, das Potsdamer Abkommen von 1945[95] und die übrigen Vereinbarungen der Drei und später Vier Mächte aus Kriegs- und Nachkriegszeit;[96] da nur von „geschlossenen", nicht von noch geltenden Abkommen die Rede ist, bleibt die Frage offen, welche Rechtswirkungen die sowjetische Note an die Westmächte vom November 1968 hatte, in der sie das Londoner Protokoll vom September 1944 und seine Zusatzabkommen als „ungültig geworden betrachtet";[97] diese Vereinbarungen bleiben jedenfalls auch unberührt. Weiter kommen auf sowjetischer Seite hier der Warschauer Pakt von 1955 sowie die Verträge mit der DDR von 1955 und 1964[98] in Betracht. Auf seiten der Bundesrepublik Deutschland ist zu denken an den Deutschlandvertrag von 1952/54[99] (dessen Artikel 7 Absatz II die Vertragspartner – BRD, England, Frankreich, USA – auf das folgende politische Ziel verpflichtet: „Ein wiedervereinigtes Deutschland, das eine freiheitlich-demokratische Verfassung, ähnlich wie die Bundesrepublik besitzt und in die europäische Gemeinschaft integriert ist") und den Beitritt zur NATO 1954.[100] Zum zweiten sind damit auch gemeint Verträge, die beide Seiten miteinander geschlossen haben; da ist, abgesehen von Verträgen des Reiches, die unter Umständen Fortsetzung haben, vor allem an die Vereinbarung Adenauer/Bulganin vom 13. September 1955 anläßlich der Reise Adenauers nach Moskau[101] sowie spätere Abkommen[102] zu denken.

Weiter heißt es, das abzuschließende Abkommen „berührt nicht" die früheren Verträge und Abkommen.[103] Dies könnte heißen, daß die schon genannten früher geschlossenen zweiseitigen und mehrseitigen Verträge und Abkommen dem noch zu schließenden Vertrag zwischen der Sowjetunion und der Bundesrepublik vorgingen. Das wäre aber eine zu einschränkende Auslegung. In Artikel 9 des Freundschaftsvertrages der Sowjetunion mit der DDR von 1964[104] heißt es, daß „Rechte und Pflichten der beiden Seiten aus geltenden ... Abkommen" nicht berührt werden; das Bahr-Papier spricht nur über „Verträge und Abkommen", nicht über Rechte und Pflichten aus denselben. Daß Verträge und Abkommen mit Dritten nicht berührt werden können, ist an sich eine juristische Selbstverständlichkeit; denn natürlich kann ein Vertrag zwischen A und B nicht einen Vertrag zwischen B und C berühren. Man kann aber, wenn zum Vergleich der eben zitierte Freundschaftsvertrag der Sowjetunion mit der DDR herangezogen wird, einen Umkehrschluß ziehen: Danach werden zwar die früheren Verträge und Abkommen nicht berührt, wohl aber können Vertragsausflüsse berührt werden, nämlich Pflichten und Rechte aus den früheren Verträgen. Da Pflichten gegenüber Dritten nicht zur Disposition der Abkommenspartner standen, kann man schließlich zu der Auslegung gelangen, daß gemäß Ziffer 4 des Bahr-Papiers zwar nicht die früheren Verträge und Abkommen selbst, wohl aber Rechte berührt werden können, die einer Partei aus solchen früheren Verträgen zustanden, ferner Pflichten aus solchen früheren Verträgen, welche die beiden Seiten allein miteinander geschlossen hatten; denn über diese Pflichten konnten sie ja einvernehmlich ebenfalls verfügen. Es muß jedem freigestellt sein, auf Rechte, die er aus anderen Verträgen hat oder zu haben glaubt, zu verzichten, teilweise oder ganz, ebenso wie beide Partner die Modifizierung einander gegenüber früher übernommener Pflichten vereinbaren können.

Diese Auslegung wiederum könnte von Interesse sein im Hinblick auf die Artikel 53 und 107 ChVN; es ist nämlich behauptet worden, daß, so nachdrücklich auch Absatz II der Ziffer 2 diese Artikel ausschließe, sie auf dem Umweg über Ziffer 4 doch wieder Eingang finden könnten.[105] Entscheidend wäre dann die dogmatisch kaum zu vollziehende Qualifizierung der auf jenen Artikeln beruhenden Rechtsposition der Supermächte als Recht oder Pflicht.[106]

b) Der Entwurf von Absichtserklärungen (Ziffern 5–10)

Damit ist der Teil des Bahr-Papiers, der die Grundlage für spätere Vertragsverhandlungen bilden sollte, abgeschlossen und es kommen die politischen Absichtserklärungen. Ihr Charakter ist klar, es sind Erklärungen, wie sie auch in einem Communiqué oder in sonstigen nicht-völkerrechtlichen Verlautbarungen getroffen werden können, sie binden nicht rechtlich, stellen aber den übereinstimmenden politischen Willen beider Seiten dar.[107] Die Erklärungen der Ziffern 5–10 werden mithin auch nicht mehr namens der beiden Staaten, sondern nur noch namens der beiden Regierungen abgegeben. Sie bedurften nicht der Ratifizierung, sondern wurden anläßlich der Unterzeichnung des Moskauer Vertrages durch formlose Bestätigung seitens der Regierungschefs und Außenminister unverändert authentisiert. Die politischen Absichtserklärungen des Bahr-Papiers bilden ein unlösbares Begleitstück des eigentlichen Vertrages; Ziffer 5 nennt den deutsch-sowjetischen Vertrag und die mit anderen sozialistischen Ländern gemäß Ziffern 6, 7 und 8 zu schließenden Abkommen „ein einheitliches Ganzes". Auch Ziffer 9 (deutsch-sowjetische Zusammenarbeit) und Ziffer 10 (Unterstützung des Projekts einer Konferenz über Sicherheit und Zusammenarbeit in Europa) sind nur auf dem Hintergrund eines deutsch-sowjetischen Vertrages sinnvoll. Wäre es nicht zum Inkrafttreten des Moskauer Vertrages gekommen, so hätten auch die Absichtserklärungen keine Bedeutung gewonnen.

Das „einheitliche Ganze" und die Breschnjew-Doktrin (Ziffer 5)

In Ziffer 5 des Bahr-Papiers, also der ersten dieser Absichtserklärungen, ist das Schlüsselwort: „ein einheitliches Ganzes".

> „Zwischen der Regierung der Bundesrepublik Deutschland und der Regierung der Union der Sozialistischen Sowjetrepubliken besteht Einvernehmen darüber, daß das von ihnen zu schließende Abkommen über ... (einzusetzen die offizielle Bezeichnung des Abkommens) und entsprechende Abkommen (Verträge) der Bundesrepublik Deutschland mit anderen sozialistischen Ländern, insbesondere die Abkommen (Verträge) mit der Deutschen Demokratischen Republik (vgl. Ziffer 6), der Volksrepublik Polen und der Tschechoslowakischen Sozialistischen Republik (vgl. Ziffer 8), ein einheitliches Ganzes bilden."

An der Herstellung dieser Einheit hatte die Sowjetunion ein Interesse, ihr lag an einer allseitigen Sicherung des Status quo durch Abschluß auch der anderen von ihr stets angemahnten Verträge. Dies war schon im Notenwechsel gefordert worden.[108] Die Bundesrepublik hatte ein Interesse an dieser Ziffer im Hinblick auf das Engagement des „Ostlagerältesten" für die in den folgenden Ziffern getroffenen, recht günstig erscheinenden Festlegungen. Ziffer 5 begründete den politischen Anspruch der Bundesrepublik auf sowjetische Unterstützung bei den Vertragsverhandlungen mit den übrigen Ostblockstaaten. Diese sowjetische Unterstützung hat gelegentlich eine Rolle gespielt.[109]

Dieser Ziffer des Bahr-Papiers und den ihr folgenden Leitsätzen 6, 7 und 8 ist vorgeworfen worden, sie setzten einen nachhaltigen Einfluß der Sowjetunion auf die „anderen sozialistischen Länder" voraus, gingen also von der Breschnjew-Doktrin aus, und festigten durch diese Berücksichtigung die sowjetische Vorherrschaft im Ostblock.[110]

Es ist indessen in der auswärtigen Politik nicht nur üblich, sondern eines der wichtigsten Instrumente überhaupt, sich bei dritten Mächten der Unterstützung eigener Anliegen gegenüber anderen Staaten zu versichern. Nichts anderes geschah hier. Daß dieses Instrument gerade dann ungenutzt bleiben sollte, wenn es dank des großen Einflusses der um Unterstützung angegangenen Macht besonders wirksam sein könnte, ist nicht einzusehen.

Oben[111] wurde schon erwähnt, daß in einer früheren Phase der Ostpolitik versucht worden war, diplomatische Beziehungen zu verschiedenen Ostblockstaaten unter Umgehung Moskaus (und Ostberlins) herzustellen. Wenn dies seinerzeit fast völlig mißlang, so blieb nur der Verzicht auf solche Beziehungen oder der Weg über Moskau (und Ostberlin).

Das Verhältnis zur DDR (Ziffer 6)

Ziffer 6 des Bahr-Papiers betrifft das Verhältnis der Bundesrepublik zur DDR.

„Die Regierung der Bundesrepublik Deutschland erklärt ihre Bereitschaft, mit der Regierung der Deutschen Demokratischen Republik ein Abkommen zu schließen, das die zwischen Staaten übliche gleiche verbindliche Kraft haben wird wie andere Abkommen, die die Bundesrepublik Deutschland und die Deutsche Demokratische Republik mit dritten Ländern schließen. Demgemäß will sie ihre Beziehungen zur Deutschen Demokratischen Republik auf der Grundlage der vollen Gleichberechtigung, der Nichtdiskriminierung, der Achtung der Unabhängigkeit und der Selbständigkeit jedes der beiden Staaten in Angelegenheiten, die ihre innere Kompetenz in ihren entsprechenden Grenzen betreffen, gestalten.

Die Regierung der Bundesrepublik Deutschland geht davon aus, daß sich auf dieser Grundlage, nach der keiner der beiden Staaten den anderen im Ausland vertreten oder in seinem Namen handeln kann, die Beziehungen der Deutschen Demokratischen Republik und der Bundesrepublik Deutschland zu dritten Staaten entwickeln werden."

Man wird in Ziffer 6 und auch in Ziffer 7, die sich mit dem Beitritt der beiden deutschen Staaten zu den Vereinten Nationen befaßt, vergeblich das Wort „völkerrechtlich" suchen. Es ist weder von einer völkerrechtlichen Anerkennung die Rede, noch davon, daß völkerrechtliche Verträge zu schließen seien, noch taucht der Begriff „völkerrechtlich" in irgendeinem anderen Zusammenhang auf. Die Aufnahme einer so formulierten Erklärung der Bundesregierung unter die gemeinsam verabschiedeten Leitsätze ist ein deutliches Abrücken von früheren sowjetischen Positionen, die ständig mit Nachdruck die völkerrechtliche Anerkennung der DDR und den Abschluß völkerrechtlicher Verträge mit ihr gefordert hatten.[112] Es ist zuzugeben, daß die von der Bundesregierung erklärte

„Bereitschaft, mit der Regierung der Deutschen Demokratischen Republik ein Abkommen zu schließen, daß die zwischen Staaten übliche gleiche verbindliche

Kraft haben wird, wie andere Abkommen, die die Bundesrepublik Deutschland und die Deutsche Demokratische Republik mit dritten Ländern schließen"

nahe an den Begriff „völkerrechtlich" herankommt; sie erreicht ihn aber nicht! Diese Zurückhaltung war wegen des Viermächtestatus von Gesamtdeutschland notwendig. Die Bundesregierung hatte immer, wie unten[113] im einzelnen dargestellt, erklärt, daß schon der fortdauernde Viermächtestatus Gesamtdeutschlands, die Viermächteverantwortung für Gesamtdeutschland, ein völkerrechtliches Verhältnis zwischen Bundesrepublik und DDR nicht zulasse. Dies hinzunehmen, ist der Sowjetunion nicht leicht gefallen; es war Teil des „sehr komplizierten und politisch-schmerzhaften Prozesses", von dem Gromyko gesprochen hat.[114] Inzwischen hat das Bundesverfassungsgericht festgestellt, daß der Grundlagenvertrag völkerrechtlicher Art, seinem spezifischen Inhalt nach aber ein Vertrag sei, der vor allem besondere, sog. „inter-se-Beziehungen" innerhalb Gesamtdeutschlands regele[115].

In Ziffer 6, Absatz I, Satz 2 heißt es dann, daß die Bundesrepublik „demgemäß" ihre Beziehungen zur Deutschen Demokratischen Republik auf der Grundlage verschiedener Grundsätze gestalten wolle. Dieses „demgemäß" heißt, daß es erst nach Abschluß des Grundlagenvertrages zur Gestaltung auf der Basis dieser Grundsätze komme. Bislang hatte die Sowjetunion gefordert, daß unmittelbar und sofort die DDR völkerrechtlich anzuerkennen und mit ihr ein Gewaltverzicht, am besten parallel mit den Verhandlungen zur Sowjetunion, abzuschließen sei.[116] Das „demgemäß" schob diese Konsequenz hinaus.

Die Beziehungen zur DDR sollen danach unter anderem „auf der Grundlage der vollen Gleichberechtigung, der Nichtdiskriminierung" gestaltet werden. Nach der Anerkennung der DDR als Staat[117] konnte man an diesen Grundprinzipien zwischenstaatlichen Verkehrs nicht mehr vorbei.

Der dritte hier aufgeführte Grundsatz, die

„Achtung der Unabhängigkeit und der Selbständigkeit jedes der beiden Staaten in Angelegenheiten, die ihre innere Kompetenz in ihren entsprechenden Grenzen betreffen",

ist eine Umschreibung des Begriffs der inneren Hoheitsgewalt. In Moskau glaubte die BRD noch, diese Umschreibung erstreiten zu sollen, da man damals noch ungern der DDR-Regierung eine Hoheitsgewalt attestieren wollte und da zum anderen die Nennung der inneren Hoheitsgewalt sofort die Frage nach der äußeren Hoheitsgewalt aufgeworfen hätte, über die man damals ebenfalls nur ungern sprach.

Ziffer 6, Absatz II sagt dann, daß die Bundesregierung davon ausgehe,

„daß sich auf dieser Grundlage ... die Beziehungen der Deutschen Demokratischen Republik und der Bundesrepublik Deutschland zu dritten Staaten entwickeln werden".

Die Worte „auf dieser Grundlage" schoben ebenfalls die Entwicklung der Außenbeziehungen der DDR auf einen Zeitpunkt nach Inkrafttreten des Grundlagenvertrages hinaus. Die Ersetzung der Hallstein-Doktrin durch die sog. Scheel-Doktrin stand also nicht im Widerspruch zu Ziffer 6 des Bahr-Papiers.

Von der Hallstein- zur Scheel-Doktrin

Hier mag eine kurze Erläuterung dieser beiden Doktrinen angezeigt sein. Die Hallstein-Doktrin wurde anläßlich der Aufnahme diplomatischer Beziehungen zwischen der Bundesrepublik und der Sowjetunion im Jahre 1955 von den Professoren Hallstein und Grewe, ersterer Staatssekretär, letzterer Leiter der politischen Abteilung des Auswärtigen Amtes, entwikkelt.[118] Sie stützte sich auf die Ansicht, daß die DDR kein Staat sondern ein von der sowjetischen Besatzungsmacht ausgehaltenes Unrechtsregime auf deutschem Boden sei; sie folgerte daraus, daß eine völkerrechtliche Anerkennung der DDR durch dritte Staaten die Festigung dieses Unrechts und der staatlichen Spaltung Deutschlands bewirke und deshalb gegenüber der BRD als dem das Deutsche Reich allein repräsentierenden deutschen Staat ein „unfreundlicher Akt" im Sinne des Völkerrechts sei. Als solcher werde er durch BRD ggfs. mit Sanktionen beantwortet werden müssen, deren Umfang, z.B. auf dem Gebiet der Entwicklungshilfe, von Fall zu Fall zu entscheiden sei, die aber in aller Regel zunächst im Abbruch der diplomatischen Beziehungen bestehen würden. Zwei deutsche Botschafter, einen der BRD und einen der DDR, werde es also in keiner Hauptstadt geben – mit der Ausnahme Moskaus, das insoweit eine Sonderstellung einnehme. Über zehn Jahre lang hat die Hallstein-Doktrin mit dazu beigetragen, dritte Staaten von der völkerrechtlichen Anerkennung der DDR und von der Aufnahme diplomatischer Beziehungen mit ihr abzuhalten, im Falle Jugoslawiens und Kubas führte sie zum Abbruch der diplomatischen Beziehungen seitens der BRD.[119]

Mit der „wirklichen Lage" des Jahres 1970, von der die Ostpolitik der Regierung Brandt-Scheel ausgehen wollte, vertrug sich diese Doktrin nicht mehr. Auf der anderen Seite wollte man nicht unnötig Trümpfe aus der Hand geben, bevor diese Politik erste Früchte getragen haben würde. Dem trug die sog. „Scheel-Doktrin" Rechnung.[120] Sie verschloß die Augen nicht davor, daß die DDR sich in ihrer Eigenstaatlichkeit weitgehend konsolidiert hatte; sie wollte daher auch nicht mehr ad infinitum dritten Staaten diplomatische Abstinenz hinsichtlich der DDR zumuten, sondern warb um Zurückhaltung nur noch für einen kurzen, begrenzten Zeitraum von weiteren ein bis zwei Jahren, solange nämlich, bis die eigenen Beziehungen zur DDR, etwa durch Abschluß des Grundlagenvertrages, eine erste Regelung erfahren haben würden. Damit erhielten diese dritten Staaten die Chance, bei weiterem, relativ geringem Zuwarten gute Beziehungen mit beiden deutschen Staaten aufzunehmen bzw. fortzusetzen; eine völkerrechtliche Anerkennung der DDR *vor* Erreichung der Grundlagen-Regelung hingegen wurde als Störung gerade der empfindlichsten Phase der

Deutschlandpolitik dargestellt, die nicht ohne Einfluß auf die Beziehungen zu dem betreffenden dritten Staat bleiben könne.

So vollzog die Scheel-Doktrin den Wandel vom dogmatischen Approach der Hallstein-Doktrin zu einer pragmatischen Politik. Sie ist in ihrer befristeten Zielsetzung außerordentlich, beinahe unerwartet, erfolgreich gewesen.

Der Beitritt zu den Vereinten Nationen (Ziffer 7)

Ziffer 7 des Bahr-Papiers faßt den Beitritt der beiden deutschen Staaten zur UNO ins Auge. Dieser Punkt war für die DDR interessanter als für die BRD. Letztere war seit langem Mitglied der VN-Sonderorganisationen und hatte einen Beobachter bei der UNO akkreditiert. Anders die DDR, die weder einen Beobachter in New York, noch Zutritt zu einer VN-Sonderorganisation erhalten, dafür aber 1966 einen förmlichen Aufnahme-Antrag an die Vereinten Nationen gerichtet hatte, der wegen völliger Aussichtslosigkeit gar nicht in das erste und wichtigste Abstimmungsgremium, den Sicherheitsrat, eingebracht worden war.[121] Dort wäre er durch die Gegenstimme (Veto) einer oder mehrerer Westmächte zu Fall gebracht worden, ebenso wie ein Aufnahme-Antrag der BRD am sowjetischen Veto gescheitert wäre. Da Westmächte wie Sowjetunion jeweils den Beitritt des ihnen nicht verbündeten deutschen Staates kraft ihres Vetos verhindern, den Beitritt des ihnen befreundeten aber gegen das Veto der anderen Seite nicht durchsetzen konnten, war der VN-Beitritt von BRD und DDR nur nach dem Motto: „Läßt Du meinen Deutschen herein, lasse ich Deinen Deutschen herein" möglich.

Ziffer 7 lautet:

> „Die Regierung der Bundesrepublik Deutschland und die Regierung der Union der Sozialistischen Sowjetrepubliken bekunden ihre Bereitschaft, im Zuge der Entspannung in Europa und im Interesse der Verbesserung der Beziehungen zwischen den europäischen Ländern, insbesondere der Bundesrepublik Deutschland und der Deutschen Demokratischen Republik, Schritte zu unternehmen, die sich aus ihrer entsprechenden Stellung ergeben, um den Beitritt der Bundesrepublik Deutschland und der Deutschen Demokratischen Republik zur Organisation der Vereinten Nationen und zu deren Sonderorganisationen zu fördern."

Diese Förderung „aus ihrer entsprechenden Stellung" konnte seitens der BRD nur darin bestehen, daß sie erstens sich selbst nunmehr aktiv um eine Mitgliedschaft in den VN bewerben und daß sie zweitens ihren eigenen Widerstand gegen eine Mitgliedschaft der DDR in VN und Sonderorganisationen aufgeben und damit ihre drei westlichen Verbündeten von der wohl aus dem Deutschland-Vertrag resultierenden Verpflichtung[122] freistellen würde, in Verfolg ihrer bisherigen Deutschlandpolitik vor allem im VN-Sicherheitsrat, aber auch in anderen VN-Gremien gegen die DDR zu stimmen. Die Sowjetunion ihrerseits würde dementsprechend ihren Widerstand gegen einen VN-Beitritt der BRD aufgeben, ja, diesen sogar, ebenso wie natürlich den Beitrittswunsch der DDR, nach Kräften unterstützen.

Der Beitritt der beiden Staaten, also gerade auch der DDR, wurde in Ziffer 7 des Bahr-Papiers von einer politischen Entwicklung abhängig gemacht, die beschrieben ist mit den Worten: „im Zuge der Entspannung in Europa". Es war auch weder ein Termin, noch eine konkrete Verpflichtung gesetzt, sondern lediglich die „Bereitschaft" bekundet worden, in einem nicht näher beschriebenen Stadium der Entspannung in Europa Schritte zum Beitritt zu unternehmen. Schon aus der Stellung der Ziffer 7 im Bahr-Papier wird deutlich, daß die für den VN-Beitritt erforderliche Phase der Entspannung erst mit dem Abschluß des in Ziffer 6 angesprochenen deutsch/deutschen Abkommens, dem späteren Grundlagenvertrag also, liegen konnte. Unübersehbar wurde hier bereits eine Position für die Verhandlungen mit der DDR aufgebaut. Tatsächlich sind dann auch mehr als drei Jahre bis zum VN-Beitritt ins Land gegangen.

Das Münchener Abkommen (Ziffer 8)

Ziffer 8 verhält sich über das Münchener Abkommen. Es ist hier nicht von einer ursprünglichen oder später eingetretenen Nichtigkeit die Rede (darum ging ja seit langem der Streit zwischen der Bundesrepublik Deutschland und der CSSR,[123] sondern man wählte als neutrale Formulierung „die mit der Ungültigkeit des Münchener Abkommens verbundenen Fragen". Ziffer 8 lautet:

> „Zwischen der Regierung der Bundesrepublik Deutschland und der Regierung der Union der Sozialistischen Sowjetrepubliken besteht Einvernehmen darüber, daß die mit der Ungültigkeit des Münchener Abkommens verbundenen Fragen in Verhandlungen zwischen der Bundesrepublik Deutschland und der Tschechoslowakischen Sozialistischen Republik in einer für beide Seiten annehmbaren Form geregelt werden sollen."

Auch hier gelang es der Sowjetunion nicht, ihre sonst mit Nachdruck vertretene Position in das Bahr-Papier einfließen zu lassen. Freilich, noch während des Meinungsaustauschs Bahr-Gromyko unterzeichnete die Sowjetunion am 6. Mai 1970 einen Freundschaftsvertrag mit der CSSR,[124] in dessen Artikel 6 beide Seiten davon ausgingen, daß das Münchener Abkommen „von Anfang an null und nichtig ist mit allen sich hieraus ergebenden Folgen". Diese Tatsache zeigte, daß die Sowjetunion nicht zur Änderung ihres Standpunktes in der Sache bereit war; sie zeigte ferner gewisse Schwierigkeiten in der sowjetischen Lager-Innenpolitik. Im übrigen blieb es Sache der Sowjetunion, die beiden einander logisch nicht widersprechenden, politisch aber doch inkongruenten Erklärungen des Artikels 6 des Vertrages mit der CSSR und der Ziffer 8 des Bahr-Papiers zur Deckung zu bringen. Dabei hat das Bahr-Papier trotz seinem nicht völkerrechtlichen Rang Bedeutung als die später authentisierte Erklärung (der sowjetische Vertrag mit der CSSR wurde schon Anfang Juni 1970 ratifiziert).[125]

Die Zusammenarbeit (Ziffer 9)

Gemäß Ziffer 9 des Bahr-Papiers werden

„die Regierung der Bundesrepublik Deutschland und die Regierung der Union der Sozialistischen Sowjetrepubliken die wirtschaftlichen, wissenschaftlich-technischen, kulturellen und sonstigen Beziehungen zwischen der Bundesrepublik Deutschland und der Union der Sozialistischen Sowjetrepubliken im Interesse beider Seiten und der Festigung des Friedens in Europa fortentwickeln."

Der sachliche Inhalt dieser Ziffer wurde weitgehend von dem letzten Präambelsatz des Moskauer Vertrages selbst konsumiert, der die Verbesserung und Erweiterung der Zusammenarbeit auf den vorgenannten Gebieten als eines der zwei Ziele des Vertrages (das andere im ersten Präambelsatz) benennt; da in der Präambel aber die „sonstigen Beziehungen" nicht auftauchen, behält Ziffer 9 des Bahr-Papiers insoweit eine subsidiäre Bedeutung.

Die KSZE (Ziffer 10)

In Ziffer 10 des Bahr-Papiers schließlich, seiner letzten Ziffer, heißt es:

„Die Regierung der Bundesrepublik Deutschland und die Regierung der Union der Sozialistischen Sowjetrepubliken begrüßen den Plan einer Konferenz über Fragen der Festigung der Sicherheit und Zusammenarbeit in Europa und werden alles von ihnen Abhängende für ihre Vorbereitung und erfolgreiche Durchführung tun."

Da diese Konferenz, die sog. KSZE, von Anfang an ein politisches Ziel der Sowjetunion war,[126] handelt es sich bei dem gemeinsamen Versprechen der Förderung des Projekts um eine Leistung allein der Bundesregierung. Wie der spätere Verlauf dieser Konferenz gezeigt hat, bot sie *beiden* Seiten die Plattform zur Verfolgung eigener politischer Ziele; die Bundesregierung konnte das entgegen manchem Unkenruf erwarten, ihre Zustimmung war daher kein Opfer.

c) Weitere Punkte

Es fehlt im Bahr-Papier eine Regelung über Berlin oder zumindest Berlin-West. Hier konnte die Bundesrepublik Deutschland nicht auf die oben[127] dargestellten sowjetischen Forderungen eingehen. Umgekehrt konnte die Sowjetunion sich einer Erörterung der deutschen Rechtsvorstellungen durch Berufung auf den Viermächtestatus der Stadt entziehen;[128] ferner waren inzwischen die Berlin-Gespräche der Vier Mächte über die Präliminarien hinausgekommen[129] und konnten daher eine gewisse Primärzuständigkeit beanspruchen. Man darf aber davon ausgehen, daß die Bundesrepublik in Moskau nachdrücklich klargemacht hat, daß sie, soweit keine

Rechte, so doch mit Sicherheit vitale Interessen in Berlin habe, die sie auch wahrnehmen werde.[130] Diese Interessen fielen auch unter die von der BRD mit der DDR gem. Ziffer 6 des Bahr-Papiers zu gestaltenden Beziehungen und damit unter das „einheitliche Ganze" der in Ziffer 5 des Bahr-Papiers angesprochenen Ostvertragspolitik. Hier handelte es sich nicht um ein Junktim, aber um einen Sachzusammenhang,[131] der beim weiteren Verlauf der Berlin-Verhandlungen der Vier Mächte, ebenso wie bei der Ratifizierung der Ost-Verträge eine große Rolle gespielt hat. Ebenfalls fand im Bahr-Papier keinen Niederschlag der stattgehabte Meinungsaustausch über die von der Bundesrepublik geforderte, von der Sowjetunion schließlich nicht mehr a limine abgelehnte schriftliche „Offenhaltung der deutschen Frage";[132] sie erfolgte dann im Zuge des späteren Vertragsschlusses durch den „Brief zur deutschen Einheit".[133]

Schließlich sah das Bahr-Papier auch keine Befristung vor. Soweit vertragliche Vereinbarungen ins Auge gefaßt waren (Ziffern 1–4), wäre eine Ablösung nur in Form einer Verbesserung sinnvoll gewesen, z.B. von der Entspannung und dem Gewaltverzicht zum Freundschaftsvertrag. Solche Prognose wagte aber niemand zu stellen. Eine ausdrückliche Befristung etwa bis zu einer Wiedervereinigung war für die Sowjetunion völlig unakzeptabel, da dann im Umkehrschluß ein vereinigtes Deutschland geradezu eingeladen wäre, von Gewaltverzicht und Grenzachtung wieder abzurükken. Es wäre für die Sowjetunion ein zusätzliches Argument gegen eine Vereinigung von BRD und DDR gewesen, und daher deutschlandpolitisch auch für die Bundesrepublik unerwünscht.

Die Absichtserklärungen der beiden Regierungen (Ziffern 5–10) sollten sich entweder durch Erfüllung erledigen (Ziffern 6, 7, 8, 10) oder sich an der – unbefristeten – Laufzeit des Moskauer Vertrages orientieren (Ziffern 5 und 9).

4. Würdigung

Das Bahr-Papier schloß nach über vier Jahren einen deutsch-sowjetischen Meinungsaustausch ab, der mit der Friedensnote des Bundeskanzlers Erhard im März 1966 begonnen hatte. Es gibt in der Geschichte der Bundesrepublik wenig Verträge, die so lange ausgehandelt wurden. Der Beitritt der Bundesrepublik zur NATO und zur Westeuropäischen Union, ein Schritt von großer Bedeutung, war eine Frage von fünf Wochen im September und Oktober 1954 gewesen.[134] Der Vorwurf der Hektik ist demnach nicht begründet.

Betrachtet man das Bahr-Papier aus einigem Abstand, so erkennt man deutlich zwei Stufen: Die erste besteht im Planieren eines Fundaments, nämlich des Status quo, durch Abbau obsolet gewordener Rechtspositionen, durch Freilegung der „wirklichen Lage" unter dem Versprechen, sie zu achten und von ihr auszugehen. Das Bahr-Papier ist insoweit keine

„Rechts"-Schöpfung, sondern die „Kodifizierung" eines faktischen Zustandes.

Der Status quo war aber nicht als Endziel, sondern als Grundlage der zweiten Stufe einer weiteren Entwicklung gedacht, von der beide Seiten teils identische, teils nur beiläufig deckungsgleiche, teils sogar gegenläufige Vorstellungen hatten und auch noch haben.

C. Der Moskauer Vertrag

Mit Vorliegen des Bahr-Papiers am 22. Mai 1970 standen beide Regierungen vor der Frage, ob dieses Ergebnis die Aufnahme förmlicher Verhandlungen mit dem Ziel eines Vertragsschlusses rechtfertige. Erheblich beeinträchtigt wurde die Sachlichkeit der Erörterung in der Bundesrepublik dadurch, daß das Papier schon bald der Öffentlichkeit bekannt und Gegenstand heftiger innenpolitischer Kontroversen war; auf die abträglichen außenpolitischen Konsequenzen der Veröffentlichung wurde oben[135] schon hingewiesen.

1. Die innenpolitische Vorbereitung

Aus der Zeit intensiver innen- und außenpolitischer Unterrichtung und Konsultation bleiben folgende Stellungnahmen erinnernswert.

In einer Resolution vom 26. Mai 1970[136] (4 Tage nach Abschluß des Meinungsaustauschs Bahr/Gromyko, 5 Tage nach dem Treffen von Kassel) lehnte die CDU/CSU-Bundestagsfraktion eine Politik, „die trotz gegenteiliger Beteuerung praktisch zur Anerkennung (der DDR) führt", ferner „jede Vorwegnahme von materiellen Grenzregelungen (vor einem frei vereinbarten Friedensvertrag mit Deutschland)", schließlich die „Aufrechterhaltung der sowjetischen Gewaltvorbehalte" (durch die Feindstaatenklauseln) ab; sie forderte gleichzeitig „Fortschritte in der Berlin-Frage" als „Voraussetzung für vertragliche Regelungen mit der Sowjetunion".

Zwei Wochen später (7. Juni) beschloß die Bundesregierung sechs Richtlinien für die deutsch-sowjetischen Verhandlungen;[137] 1. Mit der Sowjetunion solle ein ebenso umfassender Gewaltverzicht vereinbart werden, wie er schon bisher zwischen der BRD und den Westmächten bestehe; der Gewaltverzicht solle auch für die Unverletzlichkeit der territorialen Integrität aller Staaten und ihrer Grenzen und für künftige Streitfragen gelten. 2. Die Haltung der Bundesregierung zur Berlin-Frage bleibe unberührt; es werde davon ausgegangen, daß die Viermächte-Verhandlungen zur Sicherung der engen „Verbindung zwischen der BRD und West-Berlin" sowie des „ungehinderte(n) Zugang(s) nach West-Berlin" führten; ohne diese Sicherung werde „ein Gewaltverzichtsvertrag nicht in Kraft gesetzt werden können". 3. Die Geltung bestehender Verträge, einschließlich des Deutschlandsvertrages bleibe unberührt. 4. Auch „das Recht der Deutschen auf Selbstbestimmung" werde „durch den zu schließenden Vertrag nicht berührt"; das Grundgesetz, einschließlich seiner Präambel, stehe nicht zur Verhandlung. 5. Die Bundesregierung gehe davon aus, daß die Abkommen mit der Sowjetunion, mit Polen und anderen Staaten des Warschauer Paktes, insbesondere mit der DDR auf der Grundlage der 20 Kassleer Punkte die Beziehungen normalisierten und eine Einheit bildeten. 6. „Mit Befriedigung" wurde die Billigung und Unterstützung „diese(r) Politik" durch die drei Westmächte, die WEU- und die NATO-Staaten konstatiert.

Die Richtlinien ließen einerseits die Ergebnisse des Bahr-Papiers, andererseits aber auch die Forderungen erkennen, die aus der innenpolitischen Diskussion dem Verhandlungsführer mit auf den Weg gegeben wurden. Ziffer 2 klopfte den „Sachzusammenhang" der Ostverträge mit einer befriedigenden Berlin-Regelung fest. Gemäß Ziffer 3 sollte der aus Artikel 7 des Deutschlandvertrages abgeleitete Anspruch auf Wiedervereinigung, aber auch auf die Legitimität, für das deutsche Volk zu sprechen, unberührt bleiben.

Sechs Wochen später (19. Juli) lud Außenminister Scheel die drei Fraktionsvorsitzenden im Bundestag ein, jeweils ein Mitglied ihrer Fraktion zur „Teilnahme an der Reise nach Moskau" zu benennen.[138] SPD und FDP gingen auf diese Einladung ein und benannten die Abgeordneten Wienand und Achenbach. Die CDU/CSU sagte ab, da „das sogenannte Bahr-Papier keine Grundlage für den Abschluß von Verhandlungen über einen Gewaltverzichtsvertrag mit Moskau sein kann"; sie rügte, daß sie noch keine Einsicht in die Niederschrift über den Meinungsaustausch Bahr/Gromyko (fälschlich „Verhandlungsprotokolle" genannt) erhalten habe und verlangte ein befriedigendes Ergebnis der Berlin-Verhandlungen der vier Botschafter vor Paraphierung oder Unterzeichnung eines Vertrages mit Moskau. Der Opposition ist zuzugeben, daß die Formulierung in dem Einladungsschreiben „Teilnahme an der Reise nach Moskau" recht vage war; sie konnte kaum hoffen, daß ihr Abgeordneter etwa Mitglied der engeren Verhandlungsdelegation sein werde; das galt auch für die beiden Koalitionsabgeordneten, die es aber dann gleichwohl verstanden, nicht unerheblichen Einfluß auf die Verhandlungen zu nehmen.

Tage später (23. Juli) beschloß das Bundeskabinett förmlich die Aufnahme von Verhandlungen durch Außenminister Scheel und steckte dabei sogleich den Rahmen ab.[139] Er wurde gebildet

> „durch den Auftrag des Grundgesetzes zur Wahrung der Einheit der deutschen Nation, die Rechte und Verantwortlichkeiten der Drei Mächte für Deutschland als Ganzes und Berlin und durch die internationalen Verpflichtungen der Bundesrepublik Deutschland" (gezielt vor allem auf den oben[140] zitierten Artikel 7 des Deutschland-Vertrages) und durch die untrennbare Verbindung mit einer befriedigenden „Regelung der Lage in und um Berlin".

Das Bahr-Papier, die sechs Punkte der oben zitierten Richtlinien und dieser aus vier Punkten bestehende Rahmen waren also die Grundlage der Verhandlungen des Außenministers in Moskau, die sogenannte Scheel-

Plattform. Vom 27. Juli bis zum 7. August 1970 fanden dann die Verhandlungen Scheel/Gromyko in Moskau statt; sie endeten mit der Paraphierung des Vertrages, der anschließend noch einmal in Bonn konsultiert wurde.[141]

Am 10. August, drei Tage nach Abschluß der Verhandlungen schrieb der Führer der Opposition, Dr. Barzel, einen Brief[142] an den Bundeskanzler, der im folgenden seinen wichtigeren Inhalt hat: Die Opposition könne im Moskauer Vertrag kein ausgewogenes Verhältnis von Leistung und Gegenleistung erkennen, sie sehe für die Menschen im gespaltenen Deutschland noch keinen Vorteil; das Verhandlungsergebnis bedürfe noch der Prüfung, zu welcher die „Protokolle" erforderlich seien, überhaupt sei eine abschließende Beurteilung des Moskauer Vertrages erst nach Vorliegen der Berlin-Regelung sowie der anderen Ostverträge, die ja alle ein einheitliches Ganzes bildeten, möglich. Kriterium bei dieser Beurteilung werde dann die Untersuchung sein, ob „die deutsche Frage in der Substanz offen" bleibe, ob „eine Verbesserung der Beziehungen" (gemeint offenbar die Beziehungen zwischen der Bundesrepublik und der Sowjetunion) und ob „Verbesserungen für die Menschen erreicht" seien (gemeint offenbar die Menschen in der DDR) –, letzteres wurde später mit dem Schlagwort „menschliche Erleichterungen" belegt. Die Bundesregierung hatte ein Einlenken der Opposition nicht erwartet und am Tage darauf, nämlich am 12. August 1970, unterzeichneten Bundeskanzler Brandt und der sowjetische Ministerpräsident Kossygin sowie die beiden Außenminister Scheel und Gromyko den Moskauer Vertrag.[143]

2. Der Inhalt des Vertragswerkes

Das Vertragswerk[144] besteht erstens aus dem eigentlichen Vertrag, zweitens aus dem „Brief zur deutschen Einheit" (Absender Außenminister Scheel, Empfänger Außenminister Gromyko), und drittens aus einem Notenwechsel der Bundesregierung mit den Westmächten. Im weiteren Sinne eines engen, unauflöslichen sachlichen Zusammenhanges gehört auch noch der nicht konsumierte Teil des oben dargestellten Bahr-Papiers (Ziffern 5 bis 10, von Ziffer 9 allerdings nur der Rest) dazu.

a) Der Vertrag, soweit er vom Bahr-Papier abweicht

Der Vertragstext selbst bedarf der Erläuterung nur noch, soweit er vom Bahr-Papier abweicht.

Neu ist die Überschrift, die nur die Bezeichnung „Vertrag", das Datum und die Vertragspartner enthält; die komplizierte Balance zwischen Gewaltverzicht und Grenzachtung in einem für die Überschrift geeigneten Schlagwort zusammenzufassen, war den Vertragspartnern nicht möglich, sie verzichteten deshalb darauf.

Präambel

Neu ist ferner die Präambel. Sie lautet:

„Die Hohen Vertragsschließenden Parteien

IN DEM BESTREBEN, zur Festigung des Friedens und der Sicherheit in Europa und in der Welt beizutragen,

IN DER ÜBERZEUGUNG, daß die friedliche Zusammenarbeit zwischen den Staaten auf der Grundlage der Ziele und Grundsätze der Charta der Vereinten Nationen den sehnlichen Wünschen der Völker und den allgemeinen Interessen des internationalen Friedens entspricht,

IN WÜRDIGUNG der Tatsache, daß die früher von ihnen verwirklichten vereinbarten Maßnahmen, insbesondere der Abschluß des Abkommens vom 13. September 1955 über die Aufnahme der diplomatischen Beziehungen, günstige Bedingungen für neue wichtige Schritte zur Weiterentwicklung und Festigung ihrer gegenseitigen Beziehungen geschaffen haben,

IN DEM WUNSCHE, in vertraglicher Form ihrer Entschlossenheit zur Verbesserung und Erweiterung der Zusammenarbeit zwischen ihnen Ausdruck zu verleihen, einschließlich der wirtschaftlichen Beziehungen sowie der wissenschaftlichen, technischen und kulturellen Verbindungen, im Interesse beider Staaten,

SIND wie folgt übereingekommen:"

Ihr erster Absatz nennt als allgemeine Zielvorstellung, die Friedenssicherung. Ihr zweiter Absatz zeigt, ebenfalls allgemein gehalten, den Weg zu diesem Ziel. Der Passus, daß die friedliche Zusammenarbeit „den sehnlichen Wünschen der Völker und den allgemeinen Interessen des internationalen Friedens entspricht" stammt aus dem Formelvorrat des Ostblocks und leitet zum Beispiel nur leicht abgewandelt die Bukarester Deklaration des Politischen Beratenden Ausschusses des Warschauer Pakts aus dem Juli 1966[145] ein. Gegen den Inhalt dürfte wenig einzuwenden sein.

Das Abkommen vom 13. September 1955

In ihrem dritten Absatz wendet sich die Präambel, konkreter werdend, dem deutsch-sowjetischen Verhältnis zu, und zwar der Aufnahme diplomatischer Beziehungen zwischen der Sowjetunion und der Bundesrepublik durch das Abkommen vom 13. September 1955.[146] Dieses Abkommen bestand aus einem Briefwechsel, d.h. aus dem Austausch reziproker Briefe zwischen Bundeskanzler Adenauer und Ministerpräsident Bulganin. In diesem Briefwechsel war seinerzeit die Aufnahme diplomatischer Beziehungen vereinbart und gleichzeitig die Hoffnung ausgedrückt worden

„daß die Herstellung und Entwicklung normaler Beziehungen zur Lösung der ungeklärten Fragen, die das ganze Deutschland betreffen, beitragen wird und damit auch zur Lösung des gesamten nationalen Hauptproblems des deutschen Volkes – der Wiederherstellung der Einheit eines deutschen demokratischen Staates – verhelfen wird."

Dieses gemeinsame deutsch-sowjetische Bekenntnis zum Ziele der Wiedervereinigung hat dem Briefwechsel seine Bedeutung bis zum heutigen Tage gesichert.

Nationen ohnehin weltweit obliegende Verpflichtung (die die BRD erst mit dem VN-Beitritt noch einmal übernahm). Außerdem ist in Satz 2 das Wort „bilateral" (aus dem Bahr-Papier) durch das Wort „gegenseitig" ersetzt worden. Der Wortlaut des Bahr-Papiers hätte so verstanden werden können, als ob der Gewaltverzicht alle bilateralen Beziehungen der beiden Vertragspartner, auch also die mit dritten Staaten, umfassen sollte, zum Beispiel die Beziehungen der Sowjetunion zu China. Wenn auch diese bilateralen Beziehungen als solche, die „die internationale Sicherheit berühren", vom Gewaltverzicht des Artikels 2 Satz 2 des Moskauer Vertrages (ebenso wie des Artikels 2 der Charta der Vereinten Nationen) schon miterfaßt sind, so konnte es doch nicht Absicht der Moskauer Vertragspartner sein, sie ausdrücklich einzubeziehen. Die Qualifizierung der gemeinten Beziehungen als „gegenseitige" macht das deutlich. Andrerseits zeigt der Wechsel des Wortes, daß, wie oben[151] beim Bahr-Papier gesagt, im gegenseitigen, also deutsch-sowjetischen Verhältnis nicht nur die bilateralen sondern auch die multilateralen Beziehungen (etwa des Warschauer Pakts zur Bundesrepublik) erfaßt sind.

Die „Brücke" von Gewaltverzicht zu Grenzachtung (Artikel 3)

In Artikel 3 ist gegenüber dem Bahr-Papier die Einleitung hinzugekommen: „In Übereinstimmung mit den vorstehenden Zielen und Prinzipien". Danach geht es weiter:

„... stimmen die Bundesrepublik Deutschland und die Union der Sozialistischen Sowjetrepubliken in der Erkenntnis überein, daß der Friede in Europa nur erhalten werden kann, wenn niemand die gegenwärtigen Grenzen antastet.
- Sie verpflichten sich die territoriale Integrität aller Staaten in Europa in ihren heutigen Grenzen uneingeschränkt zu achten;
- sie erklären, daß sie keine Gebietsansprüche gegen irgend jemand haben und solche in Zukunft auch nicht erheben werden;
- sie betrachten heute und künftig die Grenzen aller Staaten in Europa als unverletzlich, wie sie am Tage der Unterzeichnung dieses Vertrages verlaufen, einschließlich der Oder-Neisse-Linie, die die Westgrenze der Volksrepublik Polen bildet, und der Grenze zwischen der Bundesrepublik Deutschland und der Deutschen Demokratischen Republik."

Die Einleitung bewirkt eine Unterstellung des Folgenden, d.h. der Grenzregelung, unter den vorhergehenden Gewaltverzicht-Artikel. Das Gleiche wird im deutschen Wortlaut des Vertrages dann noch einmal für den Rest des Artikels durch die Anstriche erreicht, welche die ihnen folgenden Sätze unter die Einleitung des Artikels stellen und die im russischen Wortlaut fehlen. Die unscheinbare neue Einleitung des Textes stellt die sogenannte „Brücke" dar, welche die Grenzachtung, durch die Anstriche im deutschen Text ferner den Ausschluß von Gebietsansprüchen, dem Gewaltverzicht unterstellt;[152] die im Bahr-Papier noch absolut ausgedrückte Verpflichtung, Grenzen zu achten, wird hier also dahin konkretisiert, daß Grenzen dadurch zu achten sind, daß sie nicht mit Gewalt verändert werden dürfen. Durch diese Konkretisierung hält sich der Moskauer Vertrag noch weiter von einer völkerrechtlichen Anerkennung der Grenzen und Gebietsveränderungen entfernt, als dies die Formulierung des Bahr-Papiers schon getan hatte – ein deutliches sowjetisches Zugeständnis.

Das Nicht-Berühren früherer Vereinbarungen (Artikel 4)
Artikel 4 hat eine leichte Veränderung erfahren, indem nunmehr frühere „Verträge und Vereinbarungen" anstatt frühere „Verträge und Abkommen" nicht berührt werden. Da in der völkerrechtlichen Nomenklatur der Adenauer-Bulganin-Briefwechsel wohl eher eine „Vereinbarung" ist denn ein Vertrag im engeren, förmlichen Sinne (er wurde zum Beispiel nicht ratifiziert), verdeutlicht diese Korrektur, daß der Briefwechsel mit zu den fortgeltenden Abmachungen gehört.[153]

Die Schlußbestimmungen
Artikel 5 regelt Ratifikation und Inkrafttreten, die Datumzeile schließlich macht deutlich, daß russischer und deutscher Wortlaut gleichermaßen verbindlich sind, die normale Regelung, die hier aber wegen der unterschiedlichen Anordnung der beiden Texte von Artikel 3 Bedeutung hat. Der Vertrag enthält aus den am Ende des vorigen Kapitels dargelegten Gründen keine Befristung und gilt daher auf unbestimmte Zeit.

b) Der „Brief zur deutschen Einheit"

Der Moskauer Vertrag ist mit Gewaltverzicht und Grenzachtung so nachdrücklich am Status quo orientiert, daß die Bundesregierung dafür Sorge zu tragen hatte, daß ihre legitimen Bemühungen um eine friedliche Verbesserung des Status quo, d.h. um eine Wiedervereinigung, nicht unter den Vorwurf gerieten, vertragswidrig zu sein.

Juristisch war dies durch die Präambel, nämlich die Einbeziehung des Adenauer-Bulganin-Briefwechsels mit dem Hinweis auf die Wiedervereinigung bewirkt, ferner durch Artikel 4, der ja den Deutschlandvertrag mit seinem auf die Wiedervereinigung gerichteten Artikel 7 ebenso einbezieht wie den Adenauer-Bulganin-Briefwechsel. Man wünschte aber eine auch dem Laien erkennbare Verankerung der Wiedervereinigungspolitik im Vertragswerk und erreichte, daß die Sowjetunion den folgenden sogenannten „Brief zur deutschen Einheit" vom 12. August 1970 (Absender: Außenminister Scheel, Empfänger: Das sowjetische Außenministerium für Außenminister Gromyko) widerspruchslos entgegennahm.

„Sehr geehrter Herr Minister,
im Zusammenhang mit der heutigen Unterzeichnung des Vertrages zwischen der Bundesrepublik Deutschland und der Union der Sozialistischen Sowjetrepubliken beehrt sich die Regierung der Bundesrepublik Deutschland festzustellen, daß dieser Vertrag nicht im Widerspruch zu dem politischen Ziel der Bundesrepublik

Deutschland steht, auf einen Zustand des Friedens in Europa hinzuwirken, in dem das deutsche Volk in freier Selbstbestimmung seine Einheit wiedererlangt.

Genehmigen Sie, Herr Minister, die Versicherung meiner ausgezeichnetsten Hochachtung. Walter Scheel"

Dieser Brief unterrichtete also den Vertragspartner noch einmal darüber, daß die Bundesregierung nicht daran denke, sich durch den Vertrag von einer friedlichen Wiedervereinigungspolitik abhalten zu lassen. Eine eingehende Erläuterung folgt unten [154] hinsichtlich des gleichen Briefes beim Grundlagenvertrag. Völkerrechtlich stellt der Brief einen Interpretationsvorbehalt im Sinne von Artikel 31, Ziffer 2, Buchstabe b der Wiener Vertragsrechtskonvention dar.[155]

Dies ist gelegentlich bezweifelt worden, weil nicht nachgewiesen sei, daß die Sowjetunion den Brief auch als zum Vertragswerk gehörig akzeptiert habe;[156] so verlangt es nämlich die genannte Regel. Diese Zweifel sind aber nicht berechtigt, weil Text des Briefes („im Zusammenhang mit der heutigen Unterzeichnung"),[157] Zeitpunkt der Übergabe (anläßlich der Unterzeichnung) und die langen Verhandlungen über den Brief, die seiner Absendung vorausgingen, hinreichend belegen, daß der Sowjetunion bei der Annahme des Briefes sein Zusammenhang mit dem Vertrag bekannt war. Übrigens hat die Sowjetunion den Brief bei der Ratifizierung des Vertrages durch den Obersten Sowjet ausdrücklich in das Verfahren einbezogen.[158]

Als Ergebnis ist also festzuhalten, daß die widerspruchslose Annahme des Briefes die Sowjetunion nicht dazu verpflichtet, die Wiedervereinigungspolitik der Bundesrepublik zu unterstützen; die Sowjetunion ist aber daran gehindert, dieser Politik vorzuwerfen, sie verstoße gegen den Moskauer Vertrag.

c) *Der Notenwechsel der Bundesrepublik Deutschland mit den Drei Mächten*

Dritter Teil des Vertragswerkes ist der Notenwechsel der Bundesrepublik Deutschland mit den Westmächten. Dieser Notenwechsel datiert vom 7. und 11. August 1970, d.h. fand zwischen Paraphierung und Unterzeichnung des Vertrages statt. Verfahren und Inhalt des Notenwechsels spiegeln den Kompromiß wider, zu dem die zähen Verhandlungen schließlich führten.

Die deutsche Seite hatte ein nachhaltiges Interesse daran, von der Sowjetunion eine Bestätigung dafür zu bekommen, daß nicht nur die auf Vereinbarungen beruhenden (und damit von Artikel 4 des Moskauer Vertrages gedeckten), sondern insbesondere auch die aus der Besiegung und Besetzung des Deutschen Reichs sich unmittelbar ergebenden („originären") Rechte der Vier Mächte, vor allem natürlich der Drei Westmächte, von dem Vertrag nicht berührt würden; denn auf diesen Rechten und Verantwortlichkeiten der Drei Westmächte beruht zum großen Teil die

Sicherheit der BRD, vor allem aber Westberlins. Die Sowjetunion hat, obwohl selbst eine der Vier Mächte, die originären Rechte der Drei Westmächte, gerade in bezug auf Berlin, immer als höchst störend empfunden.[159]

Ein zweites Verhandlungsziel der deutschen Delegation war es, einen Hinweis auf den noch ausstehenden Friedensvertrag im Vertragswerk unterzubringen, weil dadurch die Grenzregelung einen etwas weniger endgültigen Charakter und mehr die Qualität einer Übergangsregelung, eines „Modus vivendi" erhalten würde;[160] demgegenüber war die Sowjetunion auf eine möglichst definitive Hinnahme der Grenzen und des territorialen Besitzstandes aus.[161]

Die Viermächte-Rechte

Der Notenwechsel mit den Westmächten enthält rechtserhebliche Erklärungen zu beiden Problemen. Zu den Viermächte-Rechten ist in den gleichlautenden Noten der BRD an die Westmächte eine übereinstimmende Erklärung der Sowjetunion und der Bundesrepublik wiedergegeben, wonach der Moskauer Vertrag „die Frage der Rechte der Vier Mächte ... nicht berührt." Die Westmächte bestätigen dies in ihren gleichlautenden Antwortnoten und bekräftigen, daß ihre „Rechte und Verantwortlichkeiten ... durch einen zweiseitigen Vertrag zwischen der Bundesrepublik Deutschland und der Union der Sozialistischen Sowjetrepubliken ... nicht berührt werden und nicht berührt werden können"! Es liegen also insoweit inhaltlich übereinstimmende Erklärungen der Sowjetunion, der Bundesrepublik und der Westmächte vor. Dem ersten deutschen Anliegen war damit Genüge getan; die Sowjetunion wahrte das Gesicht, indem nicht von den Rechten der Vier Mächte, sondern von „der Frage" dieser Rechte gesprochen wurde.

Ein Friedensvertrag

Hinsichtlich der zweiten deutschen Feststellung, der nämlich, daß „eine friedensvertragliche Regelung noch aussteht", war die Sowjetunion nicht zu einer analogen Erklärung zu bewegen.[162] Insoweit referieren die Noten der BRD an die Drei Westmächte nur den Standpunkt der Bundesregierung und nur ihn nehmen die Westmächte in ihren Antwortnoten „in vollem Umfang zur Kenntnis". Aber die Sowjetunion hat dieser ihr bekannt gegebenen Feststellung auch nicht widersprochen.

So ist in diesen beiden delikaten Fragen auch der Form nach ein Kompromiß geschlossen worden, indem nicht beide Vertragspartner kongruente Erklärungen bekannt geben, sondern nur der eine, die BRD, gegenüber Dritten, den Westmächten nämlich, im einen Falle die beiden übereinstimmenden Erklärungen der Vertragspartner, im anderen lediglich eine eigene Erklärung referiert, ohne daß ein Widerspruch des anderen Partners nachgeschoben wird.

3. Würdigung

Zusammenfassend ist zu sagen, daß unter schwierigen Bedingungen bedeutende Verbesserungen des Bahr-Papiers erreicht worden sind. Schwierig waren die Bedingungen einmal, weil das Bahr-Papier durch sein unzeitiges Bekanntwerden mit dem Prestige der Sowjetunion, vor allem den Verbündeten und dem übrigen Ausland gegenüber, belastet war; innenpolitisch kam in der Bundesrepublik die heftige Auseinandersetzung erschwerend hinzu, die nach Veröffentlichung des Bahr-Papiers einsetzte und die zur Erosion der Parlamentsmehrheit führte.[163] Die Verbesserungen waren erstens die oben erwähnte „Brücke", d.h. die Unterstellung der Grenzachtung unter den Gewaltverzicht, zweitens die zusätzliche, weniger verschleierte Absicherung der Wiedervereinigungspolitik durch den Hinweis auf den Adenauer-Bulganin-Briefwechsel in der Präambel und durch den „Brief zur deutschen Einheit", drittens die Abdeckung auch der originären Viermächte-Rechte im Notenwechsel mit den Westmächten, sowie viertens die unangefochtene einseitige Berufung auf das Ausstehen eines Friedensvertrages ebenfalls in dem Notenwechsel. Wie immer in einem solchen Vertrag kann man sich schönere Formulierungen vorstellen, wie immer aber auch gilt dies nicht nur für die eine, sondern für beide Seiten.

Was war das sowjetische Motiv für diese zum Vertragschluß führende Politik? Man wird ein gewisses Bündel von Motiven sehen dürfen, deren Rangfolge für einen Außenstehenden schlecht zu bestimmen ist. Eines dieser Motive war sicherlich die Hoffnung auf Befriedung der Westgrenze, auf Befriedung des westlichen Glacis, einmal überhaupt im Zeichen des Disengagement, zum anderen aber auch besonders im Hinblick auf den damals gerade virulenten, sonst zumindest schwelenden Konflikt mit China; zur Zeit der Verhandlungen in Moskau lag der Zwischenfall am Ussuri[164] gerade ein Jahr zurück! Ein weiteres Motiv war ausgesprochenermaßen, die Voraussetzungen für die wirtschaftliche Zusammenarbeit mit Westeuropa und insbesondere der Bundesrepublik zu schaffen;[165] ein schlichtes Lesen der Wirtschaftsstatistiken mußte gezeigt haben, daß trotz erheblichen Fortschritten in der sowjetischen Wirtschaft der Abstand nicht nur zu den USA und Japan, sondern auch zu den wirtschaftlich erfolgreicheren Ländern Westeuropas infolge deren noch schnelleren Wachstums größer wurde; das heißt, die wirtschaftliche Schere öffnete sich zuungunsten der Sowjetunion. Ein immer bestrittenes, gleichwohl mögliches Motiv könnte schließlich auch der Versuch gewesen sein, durch eine Politik der offenen Arme gegenüber der Bundesrepublik diese von ihrem prowestlichen Kurs abzubringen und zur Übernahme eines mehr neutralistischen Kurses zu veranlassen.

D. Der Warschauer Vertrag

Was im Moskauer Vertrag lediglich als eines von mehreren Grenzproblemen erschien, das gewann im Verhältnis zu Polen eigene historische und menschliche Dimensionen. Der Sieg über Polen im Jahre 1939 bedeutete Polens vierte Teilung. Auschwitz und das Warschauer Getto waren und bleiben in Polen ebenso unvergessen wie in Deutschland die Vertreibung eines Teils der in den Ostgebieten lebenden deutschen Bevölkerung und das Festhalten des anderen Teils. 1955 hatte Polen durch einseitige Erklärung den Kriegszustand mit Deutschland beendet.[166] Damit hatte es aber natürlich nicht die Meinungsverschiedenheiten über wesentliche Ergebnisse des letzten Krieges ausräumen können.

1. Die Positionen beider Seiten

a) Die Oder-Neiße-Grenze

Da war zunächst das Problem der Oder-Neiße-Grenze.[167] Die Bundesrepublik Deutschland hatte eine Politik getrieben, die auf Revision dieser Grenze, zumindest aber darauf gerichtet war, ihr bis zum Abschluß eines Friedensvertrages einen provisorischen Charakter zu bewahren. So erklärte der Bundestag in einer Rechtsverwahrung vom Juni 1950:[168]

> „Das Gebiet östlich von Oder und Neiße bleibt ein Teil Deutschlands ... Die Regelung dieser wie aller Grenzfragen Deutschlands kann nur durch einen Friedensvertrag erfolgen ..."

Wie gegenüber der Sowjetunion hatte die Bundesregierung schon früh auch gegenüber Polen, etwa in der Friedensnote vom März 1966, den Austausch abstrakter, d.h. auf keine konkreten Probleme bezogener Gewaltverzichtserklärungen angeboten,[169] war aber auch dort damit nicht auf Gegenliebe gestoßen. Polen verlangte vielmehr die förmliche Anerkennung des gegenwärtigen territorialen Besitzstandes und der Oder-Neiße-Grenze für jetzt und alle Zukunft.[170] In dieser Frage konnte auch niemand einen Widerspruch zwischen der polnischen Regierung, der polnischen Bevölkerung, dem polnischen Klerus oder auch polnischen Exilpolitikern konstruieren; sie alle waren und sind sich in der Forderung nach einer völkerrechtlichen Anerkennung der Oder-Neiße-Grenze durch die Bundesrepublik einig gewesen.

b) Die Vertreibung

Eine zweite, mehr moralische Streitfrage war die Beurteilung der Vertreibung der deutschen Bevölkerung aus den Gebieten jenseits von Oder und Neiße. Für die Bundesrepublik war und bleibt das Unrecht. Für die Polen handelte es sich um eine geordnete, durch das Potsdamer Abkommen legitimierte Umsiedlung.[171]

c) Die zurückgebliebenen Deutschen

Die Rechtsstellung der zurückgebliebenen deutschen Minderheit war ein weiterer, der gravierendste Streitpunkt. Nach den weitestgehenden westdeutschen Vorstellungen stand dieser Minderheit, so wie es bei Gebietswechseln das Völkerrecht im Idealfall vorsieht, die Wahl zu zwischen einer Aussiedlung, wunschgemäß in die Bundesrepublik oder in die DDR, oder einem Verbleiben mit gewissen Minderheitenrechten.[172] Für die Volksrepublik Polen handelte es sich bei diesen Deutschen im Sinne des Grundgesetzes um polnische Staatsbürger, denen eine Ausreise erlaubt oder verboten werden konnte und deren Abwanderung der polnischen Volkswirtschaft unersetzliche Arbeitskräfte entzogen hätte.[173]

d) Wirtschaftliche Fragen

Von hier aus ergab sich nach polnischer Auffassung zwanglos ein sachlicher Zusammenhang der Aussiedlung mit einem vierten, wirtschaftlich-finanziellen Komplex. Polen hatte in einer Erklärung aus dem Jahre 1953[174] auf Reparationen auch aus der Bundesrepublik verzichtet, verlangte aber Wiedergutmachung für bestimmte Verbrechen gegen die Menschlichkeit sowie wirtschaftliche Zusammenarbeit zu günstigen Bedingungen.[175] Die Bundesregierung war demgegenüber der Auffassung, daß die BRD Schuldner von Wiedergutmachungsleistungen allenfalls zusammen mit der DDR sei, daß zweitens solche Leistungen nur in ganz engem Rahmen, z.B. für die Opfer pseudo-medizinischer Versuche in Betracht kämen und dann auch nur als unmittelbare Zahlungen an die Betroffenen selbst, d.h. nicht an staatliche Stellen,[176] und drittens erlaubte man sich den Hinweis, daß Polen durch den Besitz der Oder-Neiße-Gebiete schon erhebliche Kompensation erhalten habe;[177] wirtschaftliche Zusammenarbeit sei also nur auf echt kommerzieller Basis möglich und könne keine einseitigen wirtschaftlichen Zugeständnisse der BRD bedeuten.

e) Diplomatische Beziehungen

Schließlich war problematisch die Aufnahme diplomatischer Beziehungen. Nach Vorstellung der Bundesregierung sollte sie möglichst bald zwecks

Regelung der offenen Fragen erfolgen;[178] die Polen waren anderer Ansicht. Für sie setzte das Bestehen diplomatischer Beziehungen eine gewisse Normalisierung des Verhältnisses der beiden Länder voraus, und man sah nicht, daß dieses Stadium bereits erreicht sei, zumindest nicht, solange die Bundesrepublik Deutschland die förmliche Anerkennung der Oder-Neiße-Grenze verweigerte.[179] Immerhin bestanden seit 1963 Handelsvertretungen.[180]

2. Meinungsaustausch und Verhandlungen

Die so zerstrittene Lage zwischen den beiden Ländern wurde für eine Verständigung bezeichnenderweise durch kirchliche Kreise vorbereitet, die zur Versöhnung aufriefen und dabei für die Bereitschaft warben, auch politische und materielle Nachteile hinzunehmen. Zu nennen ist die Denkschrift der EKD vom Oktober 1965, der Briefwechsel der polnischen und deutschen Bischöfe vom November/Dezember des gleichen Jahres und etwa ein Memorandum des Bensberger Kreises aus dem März 1968.[181] Im Mai 1969 bot dann der Erste Sekretär der Vereinigten Polnischen Arbeiterpartei, Gomulka, der Bundesrepublik einen Vertrag über die endgültige Anerkennung der bestehenden polnischen Grenzen an. Außenminister Brandt antwortete drei Tage später mit dem Angebot von Verhandlungen über einen Gewaltverzicht „unter Einschluß des Grenzproblems".[182] Hier wurde also bereits der konkrete Gewaltverzicht anvisiert. Es schloß sich nach der Bildung der Regierung Brandt/Scheel ein vorbereitender Notenwechsel mit Polen an. Im Februar 1970 begann ein Meinungsaustausch zwischen dem Staatssekretär des Auswärtigen Amtes, Duckwitz, und dem polnischen stellvertretenden Außenminister Winiewicz, alternierend in Warschau und Bonn.[183]

Noch vor Aufnahme der förmlichen Verhandlungen bezog im Oktober 1970 die CDU/CSU-Bundestagsfraktion in einer Entschließung zur Politik gegenüber Polen Stellung.[184] In ihr wurde die Aussöhnung mit Polen als „wesentliche Voraussetzung zur Sicherung des Friedens" und die „Vertiefung des Dialogs" zwischen den beiden Völkern als hierfür notwendig bezeichnet. Nur so könne es gelingen, „die schrecklichen Lasten abzutragen, die durch die Verbrechen des Hitlerregimes und die spätere Vertreibung der Deutschen beiden Völkern auferlegt" seien. Zukünftige europäische Lösungen dürften jedoch nicht „durch die politische Zementierung von Demarkationslinien und Grenzen verbaut" und „friedensvertraglichen Regelungen ... weder materiell noch formell vorgegriffen werden". Polen könne aber „darauf vertrauen, bis zu einem frei vereinbarten, dauerhaften Ausgleich in seinem derzeitigen Bestand seitens der Bundesrepublik Deutschland sicher zu sein". In beiden Staaten sollten Menschen- und Gruppenrechte wie Recht auf Muttersprache, auf Freizügigkeit gesichert, die Opfer medizinischer Versuche rasch und großzügig entschädigt werden. Der Wirtschaftsaustausch sei zu fördern und die baldige Aufnahme diplomatischer sowie kultureller Beziehungen bis hin zur freien Begegnung der Menschen erwünscht.

Polen reagierte sofort mit einer scharfen Zurückweisung im Zentralorgan der Vereinigten Arbeiterpartei;[185] die CDU/CSU habe die „bankrotte These vom angeblich provisorischen Charakter unserer Westgrenze" wiederholt, „demagogisch" klinge der gleichwohl geäußerte Wunsch, bald diplomatische Beziehungen aufzunehmen. „Empörung" müsse der Versuch hervorrufen, „die Ermordung von mehr als 6 Millionen polnischer Bürger ... mit der Umsiedlung der deutschen Bevölkerung ... auf eine Ebene zu stellen ... Das Jonglieren mit nichtssagenden verbalen Erklärungen" sei „das sprichwörtliche Wasser auf die Mühle unverbesserlicher Revanchisten ..."

Die Bundesregierung ließ sich durch diesen Disput nicht davon abhalten, im November 1970 in Warschau durch Außenminister Scheel die förmlichen Verhandlungen mit dem polnischen Außenminister Jedrychowski aufzunehmen. Nach Billigung des Verhandlungsergebnisses, des Vertragsentwurfes also, durch die Regierungen wurde dieser am 7. Dezember 1970 vom Bundeskanzler Brandt und Ministerpräsident Cyrankiewicz sowie den beiden Außenministern in Warschau unterzeichnet.[186]

3. Der Inhalt des Vertragswerkes

Das Warschauer Vertragswerk[187] besteht zunächst auf dem eigentlichen Vertrag als der einzigen Vereinbarung zwischen den Parteien, dann aus dem Notenwechsel des einen Partners, der BRD, mit den Westmächten, sowie ferner aus einseitigen Erklärungen beider Seiten, nämlich einer veröffentlichten polnischen „Information" zu Aussiedlungsfragen und weiteren unveröffentlichten Erläuterungen und Vorbehalten beider Seiten. Schließlich gehört in den weiteren Rahmen noch die unveröffentlichte Abmachung, unmittelbar nach dem Inkrafttreten des Vertrages diplomatische Beziehungen aufzunehmen.[188]

a) Der Vertrag

Laut Überschrift enthält der Vertrag Regelungen der Vertragspartner „über die Grundlagen der Normalisierung ihrer gegenseitigen Beziehungen", nicht etwa über die Normalisierung selbst. Diese Bescheidenheit zeigt, wie weit unten die Vertragspartner, vor allem die Polen, glaubten, bei der Herstellung oder Sanierung der Beziehungen ansetzen zu müssen. Mit der Sowjetunion hatte die Bundesrepublik immerhin seit 1955 diplomatische Beziehungen, die zu Polen deutlich fehlten.

Präambel

So beginnt auch – anders als im Moskauer Vertrag – die Präambel in den zwei ersten Absätzen mit einer Erinnerung an die geschichtliche Last und diejenigen, denen sie erleichtert werden soll:

„Die Bundesrepublik Deutschland und die Volksrepublik Polen

IN DER ERWÄGUNG, daß mehr als 25 Jahre seit Ende des Zweiten Weltkrieges vergangen sind, dessen erstes Opfer Polen wurde und der über die Völker Europas schweres Leid gebracht hat,

EINGEDENK DESSEN, daß in beiden Ländern inzwischen eine neue Generation herangewachsen ist, der eine friedliche Zukunft gesichert werden soll, ...“

Es ist der polnischen Seite wohl nicht leicht gefallen, den Angreifer im Zweiten Weltkrieg unerwähnt zu lassen und ihn auch bei den leidtragenden Völkern nicht auszuschließen, aber die Erwähnung einer deutschen Kriegsschuld hätte dem Vertrag nicht den vor allem von deutscher Seite gewünschten nach vorn weisenden Charakter gegeben, wäre auch ohne ein Wort zu den von Deutschland erlittenen Kriegsfolgen wohl unausgewogen gewesen.

Absatz III nennt das Vertragsmotiv

„... IN DEM WUNSCHE, dauerhafte Grundlagen für ein friedliches Zusammenleben und die Entwicklung normaler und guter Beziehungen zwischen ihnen zu schaffen“,

Die Formulierung des über die bilateralen Beziehungen hinausgehenden Zieles des Absatzes IV

„... IN DEM BESTREBEN, den Frieden und die Sicherheit in Europa zu festigen“,

stammt aus dem Moskauer Vertrag (Absatz 1 der Präambel). Da Polen, anders als die Sowjetunion, keine Weltmacht ist, wurde hier allerdings nur der Frieden „in Europa“ genannt; zum Frieden „in der Welt“ (so der Moskauer Vertrag a.a.O.) kann der Warschauer Vertrag weniger beitragen.

Absatz V der Präambel resümiert den Grenzaspekt des Vertrages:

„IN DEM BEWUSSTSEIN, daß die Unverletzlichkeit der Grenzen und die Achtung der territorialen Integrität und Souveränität aller Staaten in Europa in ihren gegenwärtigen Grenzen eine grundlegende Bedingung für den Frieden sind“

Vorlage war Artikel 3 des Moskauer Vertrages; dort wie hier haben die Begriffe wie „Unverletzlichkeit“, „Achtung der territorialen Integrität“ die gleiche, dort[189] dargestellte Bedeutung. Zusätzlich wurde auf polnischen Wunsch die „Souveränität“ genannt, eine Ergänzung, die in einem Vertrag mit Polen sinnträchtiger ist als in einem Vertrag mit der Sowjetunion. Damit ist auch die Souveränität der Volksrepublik Polen über die ehemals deutschen Gebiete jenseits von Oder und Neiße als „eine grundlegende Bedingung für den Frieden“ angesprochen; das bedeutet noch keine völkerrechtliche Anerkennung dieser konkreten Gebietsherrschaft, zeigt aber Richtung sowohl wie Begrenzung des politischen Willens der Vertragspartner. Interessant nuanciert wird dieser Passus im – operativen – Artikel I, Absatz 2 des Vertrages; später wird er in der Präambel des Grundlagenvertrages mit der DDR wieder auftauchen.

Die Grenzfeststellung (Artikel I)

Artikel I des Warschauer Vertrages ist der Grenzartikel, dem der Gewaltverzichtsartikel erst folgt. Die Reihenfolge war im Moskauer Vertrag umgekehrt. In Absatz 1 des Artikels I fehlt das Wort „Anerkennung"; gleichwohl könnte er bei isolierter Betrachtung zu der Annahme verführen, die BRD habe die volle völkerrechtliche Anerkennung der Oder-Neiße-Grenze gewollt; denn die Formulierung geht über eine neutrale Beschreibung des faktischen Zustandes doch wohl hinaus:

„Die Bundesrepublik Deutschland und die Volksrepublik Polen stellen übereinstimmend fest, daß die bestehende Grenzlinie, deren Verlauf im Kapitel IX der Beschlüsse der Potsdamer Konferenz vom 2. August 1945 von der Ostsee unmittelbar westlich von Swinemünde und von dort die Oder entlang bis zur Einmündung der Lausitzer Neiße und die Lausitzer Neiße entlang bis zur Grenze mit der Tschechoslowakei festgelegt worden ist, die westliche Staatsgrenze der Volksrepublik Polen bildet."

Die „übereinstimmende Feststellung des Verlaufs der bestehenden Grenzlinie" ist noch als Registrierung eines tatsächlichen Befundes aufzufassen, ähnlich auch die „Festlegung durch die Beschlüsse der Potsdamer Konferenz", die hier nicht als Rechtsquelle, sondern als faktische Grundlage der „bestehenden Grenzlinie" genannt werden; die Feststellung, daß die Grenzlinie „die westliche Staatsgrenze der Volksrepublik Polen bildet" hat aber, vor allem mit dem Wort „Staatsgrenze", einen über das bloße Erkennen in Richtung auf das Anerkennen hinausgehenden Aussagewert.[190] Dieser soll, wenigstens teilweise, in dem begleitenden Notenwechsel der BRD mit den Westmächten[191] aufgefangen werden.

Absatz 2 des Artikels I wiederholt im operativen Teil des Vertrages den oben besprochenen letzten Präambelsatz mit dem Unterschied, daß das dort bezüglich aller Staaten in Europa gewonnene „Bewußtsein" hier auf das Verhältnis BRD/Polen beschränkt, gleichzeitig insoweit aber zur wirksamen Verpflichtung verdichtet wurde; aus Wortlaut und Verpflichtung herausgefallen ist dabei die Achtung der Souveränität:

„Sie bekräftigen die Unverletzlichkeit ihrer bestehenden Grenzen jetzt und in der Zukunft und verpflichten sich gegenseitig zur uneingeschränkten Achtung ihrer territorialen Integrität."

Auch hier haben die benutzten Begriffe den gleichen Sinn wie im Bahr-Papier und dem Moskauer Vertrag.[192]

Absatz 3 des Artikels I stammt aus dem Grenzartikel des Moskauer Vertrages (Artikel 3, 2. Anstrich); wie dort ist auch hier, wiederum eingeengt auf das Verhältnis BRD/Polen („gegeneinander"), ein Ausschluß der Erhebung von Gebietsansprüchen auch für die Zukunft vereinbart:

„Sie erklären, daß sie gegeneinander keinerlei Gebietsansprüche haben und solche auch in Zukunft nicht erheben werden."

Die Erklärung, auch in der Zukunft keine Gebietsansprüche erheben zu wollen, wird von den Vertragspartnern abgegeben, bindet aber unter Umständen Rechtsnachfolger nicht. Die Bundesrepublik hat zwar zugestanden, ihrerseits auch für die Zukunft auf die Erhebung von Gebietsansprüchen zu verzichten. In Friedensverhandlungen etwa, die zur Wiederherstellung eines gesamtdeutschen Souveräns führen würden, könnte die Bundesregierung keine Forderung auf Grenzrevision zugunsten dieses neuen Gesamt-Deutschlands stellen. Der gesamtdeutsche Souverän selbst wäre aber nach seiner Konstituierung frei, von den Polen unter Einhaltung des Gewaltverzichts eine Revision der Grenzen zu verlangen.[193] So wurden weitergehende polnische Wünsche abgewehrt, welche die Grenzregelung des Warschauer Vertrages zur Grundlage auch solcher künftiger Vereinbarungen machen wollten.[194]

Der Gewaltverzicht (Artikel II)

Artikel II des Warschauer Vertrages ist der Gewaltverzichtsartikel, er entspricht dem Gewaltverzichtsartikel des Moskauer Vertrages mit leichten redaktionellen Verbesserungen. Er lautet:

„Die Bundesrepublik Deutschland und die Volksrepublik Polen werden sich in ihren gegenseitigen Beziehungen sowie in Fragen der Gewährleistung der Sicherheit in Europa und in der Welt von den Zielen und Grundsätzen, die in der Charta der Vereinten Nationen niedergelegt sind, leiten lassen.

Demgemäß werden sie entsprechend den Artikeln 1 und 2 der Charta der Vereinten Nationen alle ihre Streitfragen ausschließlich mit friedlichen Mitteln lösen und sich in Fragen, die die europäische und internationale Sicherheit berühren, sowie in ihren gegenseitigen Beziehungen der Drohung mit Gewalt oder der Anwendung von Gewalt enthalten."

Sein Absatz 1 ist die wörtliche Wiederholung des oben erläuterten Artikels 2 Satz 1 des Moskauer Vertrages mit dem Unterschied, daß als Vertragspartner der Bundesrepublik Deutschland anstelle der Sowjetunion die Volksrepublik Polen und daß als Bereich, in welchem sich die Vertragspartner von der VN-Charta leiten lassen werden, anstelle „der europäischen und der internationalen Sicherheit" die „Sicherheit in Europa und in der Welt" genannt werden.

Wenn Absatz 2 auch Artikel 1 ChVN nennt (im Artikel 2 des Moskauer Vertrages wird nur Artikel 2 ChVN erwähnt), so werden dadurch neben den Grundsätzen auch die Ziele der ChVN zu Leitlinien des Gewaltverzichts bestimmt, darunter die der BRD so wichtige Selbstbestimmung der Völker, ferner die Menschenrechte und Grundfreiheiten.

Demgegenüber wurde der im Moskauer Vertrag Besorgnis erregende Zusammenhang des Artikels 1 ChVN mit den Feindstaatenartikeln (Artikel 53, 107 ChVN) von der Bundesrepublik im Warschauer Vertrag gelassener hingenommen: Daß Polen selbständig die in jenen Artikeln ins Auge gefaßten „Maßnahmen“ gegen die BRD ergreifen könnte, wurde von vornherein ausgeschlossen.

Die Nennung der Artikel 1 und 2 ChVN schon zu Beginn des Absatzes (im Moskauer Vertrag erst am Ende) führt zu ihrer Geltung auch schon für den ersten Teil des Absatzes. Ferner unterwerfen die Vertragspartner nicht nur „ihre Streitfragen“ sondern „alle ihre Streitfragen“ der friedlichen Streitlösung – keine Veränderung, aber eine Verdeutlichung des Sinnes. Anders als im Moskauer Vertrag fehlt im oben zitierten Absatz die Formulierung „übernehmen die Verpflichtung“ („sich in Fragen, ...“); die hier gewählte Formulierung ist ein Indiz dafür, daß hier beide Vertragspartner davon ausgingen, daß auch der umfassendste Gewaltverzicht zwischen ihnen nicht als Übernahme neuer Verpflichtungen gekennzeichnet werden sollte.

Die Zusammenarbeit (Artikel III)

Artikel III des Warschauer Vertrages regelt die sachlich-politischen bilateralen Beziehungen. Absatz 1 lautet:

„Die Bundesrepublik Deutschland und die Volksrepublik Polen werden weitere Schritte zur vollen Normalisierung und umfassenden Entwicklung ihrer gegenseitigen Beziehungen unternehmen, deren feste Grundlage dieser Vertrag bildet.“

Im Klartext bedeutete das unter anderem, daß die Bundesrepublik sich mit ihrem Wunsch, sofort diplomatische Beziehungen aufzunehmen,[195] nicht durchgesetzt hatte; denn um „feste Grundlage“ der gegenseitigen Beziehungen zu sein, mußte der Vertrag durch Ratifizierung erst existent werden. Absatz 2 des Artikels III zählt Bereiche künftiger Zusammenarbeit auf:

„Sie stimmen darin überein, daß eine Erweiterung ihrer Zusammenarbeit im Bereich der wirtschaftlichen, wissenschaftlichen, wissenschaftlich-technischen, kulturellen und sonstigen Beziehungen in ihrem beiderseitigen Interesse liegt.“

Hier sind die Fragen der Familienzusammenführung und Ausreise von Deutschen aus den Ostgebieten unter den „sonstigen Beziehungen“ unauffällig miterfaßt; anders als im Moskauer Vertrag wurde die Regelung der Zusammenarbeit nicht in die Präambel verwiesen, sondern in den operativen Teil aufgenommen; um aber auch hier die Berlin-Klausel zu umgehen, die zu diesem Zeitpunkt der Berlin-Verhandlungen auch die Polen nicht zugestanden, konnte die Zusammenarbeit nicht verpflichtend geordnet sondern nur unverbindlich angesprochen werden („liegt in ihrem beiderseitigen Interesse“).

Das Nicht-Berühren früherer Vereinbarungen (Artikel IV)

Artikel IV des Warschauer Vertrages enthält die aus Bahr-Papier und Moskauer Vertrag bekannte „Nicht-Berührens-Klausel“ bezüglich früher geschlossener Verträge:

„Dieser Vertrag berührt nicht die von den Parteien früher geschlossenen oder sie betreffenden zweiseitigen oder mehrseitigen internationalen Vereinbarungen."

Während Polen angesichts des Verhandlungsergebnisses weniger fürchten mußte, mit dem Warschauer Vertrag Positionen aus früheren Verträgen auszuhöhlen, hatte die BRD mit dieser Klausel eine Beeinträchtigung ihrer Wiedervereinigungspolitik[196] und der ihr wichtigen Viermächte-Verantwortung[197] (über die entsprechenden, oben[198] erwähnten Vereinbarungen) zu verhindern; da anders als beim Moskauer Vertrag, keine der beiden Seiten Partner dieser Abkommen war, mußten hier auch die „sie betreffenden" Vereinbarungen mit genannt werden. Gemeint sind jedenfalls sowohl die Beide (z. B. Potsdamer Abkommen) wie auch die nur Einen von ihnen betreffenden Vereinbarungen. Im Hinblick auf diese „betreffenden" Vereinbarungen erscheint die Formulierung „berührt nicht" recht apodiktisch.

Die Schlußbestimmungen
Artikel V des Warschauer Vertrages statuiert die Ratifizierungsbedürftigkeit; die Datumzeile gibt dem deutschen und dem polnischen Vertragstext die gleiche Verbindlichkeit. Da die Vertragsdauer aus den gleichen Gründen, die oben[199] beim Moskauer Vertrag dargelegt wurden, nicht befristet ist, gilt der Vertrag auf unbestimmte Zeit.

b) Der Notenwechsel der Bundesrepublik Deutschland mit den Drei Mächten

Wie beim Moskauer Vertrag dient auch bei dem von Warschau ein Notenwechsel der BRD mit den Westmächten dazu, Positionen, die die BRD nicht im Vertrag unterzubringen vermochte, wenigstens auf diesem Umwege aktenkundig zu machen.

Der Notenwechsel fand am 19. November 1973 zwischen Paraphierung und Unterzeichnung des Vertrages statt und wurde am folgenden Tage, also auch noch vor der Unterzeichnung des Vertrages, dem polnischen Vertragspartner durch förmliche Übergabe im Außenministerium zugestellt.[200] In der Bindungswirkung ist dieser Notenwechsel schwächer als der des Moskauer Vertrages, weil er keine Erklärungen beider Vertragspartner, sondern allein eine deutsche Erklärung gegenüber den drei Westmächten (und deren Zustimmung) übermittelt.

Die Viermächte-Rechte
Die Erklärung enthält zwei rechtserhebliche Aussagen; erstens habe die Bundesregierung gegenüber Polen klargestellt, daß der Vertrag die Rechte und Verantwortlichkeiten der Vier Mächte

„wie sie in den bekannten Verträgen und Vereinbarungen ihren Niederschlag gefunden haben, nicht berührt und nicht berühren kann."

Die energische Formulierung „und nicht berühren kann“ stammt aus der Antwortnote der Westmächte zum Moskauer Vertrag. Die Verfügungen und auch die Vorbehalte des Potsdamer Abkommens, das sicherlich zu den „Vereinbarungen“ im Sinne des Notenwechsels gehört, sind zwar einbezogen, die originären, nicht durch Übereinkunft geregelten Viermächte-Rechte aus Sieg und Besetzung anders als im Notenwechsel zum Moskauer Vertrag jedoch nicht miterfaßt. Dies dürfte allerdings unschädlich sein, da nicht ersichtlich ist, wie dieser Teil der Rechte der drei Westmächte überhaupt einer Rechtswirkung des Warschauer Vertrages ausgesetzt werden könnte; sowjetische Rechte zu wahren – es war ja die Rote Armee, die Polen befreite – konnte nicht Aufgabe eines von der BRD initiierten Notenwechsels sein.

Die Kompetenz der Bundesregierung

Es fehlt im Notenwechsel des Warschauer Vertrages der Hinweis auf den noch ausstehenden Friedensvertrag, der einseitig im Notenwechsel des Moskauer Vertrages enthalten war. Dafür aber enthält der Notenwechsel des Warschauer Vertrages als zweite Erklärung den sehr wichtigen Bezug auf die eingeschränkte Kompetenz der Bundesregierung, die „nur im Namen der Bundesrepublik Deutschland handeln kann“. Es ist dies der oben[201] schon angesprochene Vorbehalt für den aus einer Vereinigung der beiden deutschen Staaten möglicherweise einmal hervorgehenden Gesamtdeutschen Souverän, der also durch den Warschauer Vertrag nicht gebunden sein soll.

Dieser Vorbehalt ist angegriffen worden als Verzicht der Bundesregierung auf den Alleinvertretungsanspruch.[202] Damit ist ein Tatbestand richtig erkannt, aber zu Unrecht kritisiert worden. In der Tat wird hier zwischen Bundesrepublik und Gesamtdeutschem Souverän unterschieden. Diese Unterscheidung war im politischen, vor allem innenpolitischen, Alltag in der BRD weitgehend verloren gegangen, gleichwohl aber völkerrechtlich immer beachtet worden. So hatten die Außenminister der drei Westmächte der Bundesregierung schon im September 1950 förmlich mitgeteilt, daß ihre Unterstützung der Bonner Deutschlandpolitik nicht die Anerkennung der Bundesregierung als de-iure-Regierung Gesamtdeutschlands bedeute („... does not constitute recognition of the Government of the Federal Republic of Germany as the de jure Government of all Germany“).[203] Dementsprechend vorsichtig sind dann völkerrechtlich erhebliche Erklärungen abgefaßt worden. In der Londoner Schlußakte vom Oktober 1954 erklärten die drei Westmächte nur, daß sie die Bundesregierung

> „als die einzige deutsche Regierung betrachten, die frei und rechtmäßig gebildet wurde und daher berechtigt ist, für Deutschland als Vertreter des deutschen Volkes in internationalen Angelegenheiten zu sprechen.“[204]

Hier wird aus der Legitimität lediglich das Recht abgeleitet, „als Vertreter des deutschen Volkes ... zu sprechen“, d.h., nicht etwa dieses auch zu verpflichten. Außerdem ist das Volk nicht der Staat, sondern neben Territorium und Hoheitsgewalt nur eines seiner drei konstitutiven Elemente; die Bundesregierung kann also nicht „als Vertreter" des Gesamtstaates sprechen. Dem steht nicht entgegen, daß sie „für Deutschland" spricht, dies kann jeder, solange er nur nicht behauptet, daß aus dieser „Fürsprache" Rechtswirkungen folgten. Frühere Bundesregierungen haben diese Grenzen ihrer Vertretungsmacht ungern wahrhaben wollen; die oben erwähnte Mitteilung vom September 1950 wurde daher, obwohl doch von erheblichem Interesse, seitens der Bundesregierung nicht veröffentlicht; sie ist erst über das Ausland, zuletzt im Zeiss-Urteil des House of Lords vom Mai 1966 in Westdeutschland bekannt geworden. Demnach gibt der Notenwechsel zum Warschauer Vertrag mit dem Hinweis auf die begrenzte Handlungsfähigkeit der Bundesregierung nur eine zutreffende, gar nicht neue Beschreibung der Rechtslage. Die Kenntnis dieser Rechtslage wird weiter unten[205] das Verständnis für die DDR-Politik der Bundesregierung erleichtern, die dann zum Grundlagen-Vertrag führte.

c) Die polnische „Information"

Kurz vor Ende der deutsch-polnischen Verhandlungen resümierte der Pressechef des polnischen Außenministeriums, „der Sinn des Vertrages" sei „die Anerkennung unserer Westgrenze durch die BRD"; die von der BRD gewünschten Ausreiseerleichterungen gehörten in den „Rahmen des Normalisierungsprozesses ... dessen Anfang mit dem Abschluß eines Vertrages ... zusammenhängt".[206]

Diese Rang- und Zeitfolge der Probleme hat die deutsche Delegation nicht in ihrem Sinne zu ändern vermocht. Allerdings hat sie trotz polnischer Vorbehalte auch die Fragen zum Verhandlungsgegenstand gemacht, die sich aus der Vertreibung des einen Teils der deutschen Bevölkerung und der Inanspruchnahme des anderen Teils ergeben haben. Wenn es nicht gelang, die Polen schon damals zu vertraglichen Abmachungen über diese Fragen zu bewegen, so konnte doch eine Lösung ausgehandelt werden,[207] nach welcher die Bundesregierung in Form einer einseitigen „Information" über von der polnischen Regierung beabsichtigte Schritte unterrichtet wurde.

In dieser „Information" verwahrt sich die polnische Regierung in Ziffer 1 dagegen, „daß ihre positive Haltung in der Frage der Familienzusammenführung für eine Emigration zu Erwerbszwecken von Personen polnischer Nationalität ausgenutzt wird".

Die Ausreisemöglichkeit

Gleichwohl beschränkt Ziffer 2 die Aussiedlung von Deutschen nicht auf Fälle der Zusammenführung von Familienangehörigen, sondern:

„Die polnische Regierung steht weiterhin auf dem Standpunkt, daß Personen, die auf Grund ihrer unbestreitbaren deutschen Volkszugehörigkeit in einen der beiden deutschen Staaten auszureisen wünschen, dies unter Beachtung der in Polen geltenden Gesetze und Rechtsvorschriften tun können.“

Es muß also nicht eine Familie getrennt sein; vielmehr sind einzige persönliche Voraussetzungen die „unbestreitbare deutsche Volkszugehörigkeit“ und der Aussiedlungswunsch. Wenn die DDR mit eingeschlossen wird, so unterstreicht das die einseitige, innerpolnische Qualität der „Information“, die umfassend über die Ausreisepolitik unterrichtet. Dafür, daß die Aussiedlungsbewegung polnischerseits unter Kontrolle bleibt, sorgt das Gitter „der in Polen geltenden Gesetze und Rechtsvorschriften“, die zu beachten bleiben.

Diese Kontrollmöglichkeit machte eine ausdrückliche Bindung der Ausreiseregelung an das Inkrafttreten des Vertrages überflüssig; sie wies aber auch den zahlenmäßigen Vorstellungen der polnischen Seite über zu erteilende Ausreisegenehmigungen ausschlaggebende Bedeutung zu.

„Einige Zehntausende Personen“

Nach den Listen des Deutschen Roten Kreuzes handelte es sich um circa 300000 Ausreisewillige.[208] Ziffer 3 der „Information“ bemerkt demgegenüber:

„Die zuständigen polnischen Behörden verfügen nicht einmal annähernd über solche Zahlen von Anträgen auf Ausreise in die BRD, wie sie in der BRD angegeben werden. Nach den bisherigen Untersuchungen der polnischen Behörden können die Kriterien, die zu einer eventuellen Ausreise aus Polen in die BRD oder die DDR berechtigen, einige zehntausende Personen betreffen.“ Die polnische Regierung werde daher die „sorgfältige Untersuchung, ob die Anträge, die eingereicht worden sind, begründet sind“ sowie deren Prüfung „in möglichst kurzer Zeit“ veranlassen. Diese Prüfung solle die Listen des Deutschen Roten Kreuzes miteinbeziehen.

Die Prüfung „in möglichst kurzer Zeit“ ist die einzige zeitliche Zusage.

Ziffer 5 der Information erleichtert die Zusammenarbeit der beiden nationalen Rot-Kreuz-Gesellschaften; Ziffer 6 stellt – hier nach Inkrafttreten des Vertrages – die Aufhebung der Diskriminierung in Aussicht, denen Reisen aus Polen zu Verwandtenbesuchen in der BRD im Vergleich mit solchen Reisen in „andere Staaten Westeuropas“ ausgesetzt waren.

Sieht man einmal davon ab, daß die gesamte Ausreiseregelung der „Information“ auf unverbindlich in Aussicht gestellten einseitigen Maßnahmen beruht, so war für die deutsche Seite unbefriedigend vor allem die niedrige Zahl von „einigen Zehntausenden“, dem Wortsinne nach jedenfalls weniger als 100000, nach polnischen Verlautbarungen von etwa 60000 Ausreisewilligen, die in Betracht zu ziehen die polnische Seite bereit war.[209]

d) Die vertraulichen polnischen Erklärungen

Die deutschen Bemühungen um Erweiterung dieses Rahmens führten zur Ergänzung der „Information“ durch vertrauliche polnische Erläuterungen.[210]

Flexibilität bei der Umsiedlung

Die polnische Delegation versicherte, daß die polnischerseits genannten Ziffern keine obere Begrenzung der Umsiedlungsmöglichkeiten bedeuten sollten;[211] die Beteiligung der westdeutschen Botschaft in Warschau bei der Prüfung von Einzelfällen wurde zugelassen[212] und – so damals Außenminister Scheel – die deutsche Seite erhielt insgesamt „hinreichende Beweise dafür, ..., daß die polnische Seite bereit ist, uns in dem für uns entscheidenden Bereich menschlicher Erleichterungen entgegenzukommen“.[213]

Volksgruppenrechte

Nicht so zuversichtlich war man hinsichtlich der Sicherung gewisser Volksgruppenrechte für die in Polen verbliebene (und verbleibende) deutsche Minderheit.[214] Sprachliche und kulturelle Erleichterungen wurden polnischerseits erst für die durch den Vertrag einzuleitende Phase der Normalisierung in Aussicht genommen.

Reparationen

Präziser schließlich als auf humanitärem Gebiet war eine, im Wortlaut ebenfalls unveröffentlichte, polnische Erklärung zur Frage von Reparationen; in ihr bestätigte Polen ausdrücklich die fortdauernde Gültigkeit seiner auf ganz Deutschland bezogenen Erklärung vom 23. August 1953.[215] Damals hatte die polnische Regierung im Hinblick auf bereits erhaltene bedeutende Zahlungen und zur „Verbesserung der wirtschaftlichen Lage Deutschlands“ beschlossen.

> „mit Wirkung vom 1. Januar 1954 auf die Zahlung von Reparationen an Polen zu verzichten, um damit einen weiteren Beitrag zur Lösung der deutschen Frage im Geiste der Demokratie und des Friedens ... zu leisten.“

Mit der Erneuerung dieses alten Reparationsverzichts gab Polen aber keinesfalls die Erwartung auf, im Zuge der Normalisierung von der Bundesrepublik beträchtliches Entgegenkommen auf verschiedenen wirtschaftlichen Gebieten zu erfahren.

e) Die vertraulichen deutschen Erklärungen

Die im Wortlaut nicht bekanntgemachten deutschen Erklärungen sind zunächst jene, über die den Alliierten in dem oben[216] behandelten Notenwechsel berichtet wird.

Die Vertreibung
Ferner hat die Bundesrepublik Deutschland aber noch zwei Vorbehalte angebracht. Der erste hat mehr politischen denn juristischen Charakter und soll nur möglichen Fehlinterpretationen vorbeugen, die ihrerseits keine sedes materiae in dem Vertragswerk haben würden: Die Bundesregierung hat in den Verhandlungen unterstrichen, daß sie durch den Abschluß des Vertrages nicht die Vertreibung der deutschen Bevölkerung und die damit verbundenen Maßnahmen als rechtmäßig anerkenne.[217] (Im Prager Vertrag hielt man eine solche Klarstellung nicht mehr für erforderlich.)

Die Individualrechte
Der zweite Vorbehalt wurde durch förmliche Erklärung bei Abschluß der Verhandlungen angebracht, um die ohnehin naheliegende Auslegung des Vertragswerkes im Sinne von Artikel 31, Absatz II, Buchstabe b, der Wiener Vertragsrechtskonvention zu bekräftigen, daß durch den Vertrag niemand Rechte verliert, die er nach bundesrepublikanischem Recht hat, z. B. also nicht seine deutsche Staatsangehörigkeit.[218] Die Bedeutung dieser Individualrechte für den Einzelnen liegt auf der Hand; später im Prager Vertrag wurde ein entsprechender Vorbehalt in den operativen Teil des Vertrages aufgenommen.[219]

f) Die Aufnahme diplomatischer Beziehungen

Die BRD war entschlossen, den Kontakt mit Warschau besonders zu pflegen. Sie ernannte daher ihren bisherigen Botschafter in Paris zu ihrem ersten Vertreter mit vollem diplomatischen Status in Warschau[220] (schon der Leiter der Handelsvertretung hatte Botschafterrang gehabt), und hob die Mission auf die Ebene der „großen" Botschaften (Washington, Moskau, Paris etc.) an. Trotz – und wegen – dieses Aufwandes auf deutscher Seite dauerte es dann noch Monate, bis im September 1972 die mit Polen getroffene unveröffentlichte Vereinbarung, unmittelbar nach Inkrafttreten des Vertrages diplomatische Beziehungen aufzunehmen, verwirklicht werden konnte. Die konsularische Betreuung auch von Westberlinern erschien auf Grund der entsprechenden Vorschriften des Berlin-Abkommens der Vier Mächte sichergestellt, bis später die Schwierigkeiten bei Rechtshilfeersuchen westberliner Gerichte auftauchten, die im Prager Vertrag und den Vereinbarungen mit weiteren Staaten über die Aufnahme diplomatischer Beziehungen zu eigenen Abmachungen führten.[221]

4. Würdigung

Eine Würdigung des Warschauer Vertrages hat zunächst von einem Vergleich mit dem Moskauer Vertrag auszugehen, der, mit dem Lagerältesten ausgehandelt, ja als Modell vorlag.[222] Der Vergleich macht deutlich, daß die Bundesrepublik bei der Hinnahme der Grenze im Warschauer Vertrag weiter gegangen ist als im Moskauer Vertrag; das zeigt der Wortlaut, das zeigt die Reihenfolge der Artikel. Insoweit sind gegenüber Warschau Zugeständnisse gemacht worden.

Regelungen im personalen Bereich, also der Umsiedlung, gab es im Moskauer Vertrag nicht. Sie sind üblicherweise proportional der Intensität der territorialen Verfügung. Ob man diese Proportionalität für den Warschauer Vertrag bejaht, hängt davon ab, wie man seine Aussage zur Oder-Neiße-Grenze versteht: Wer – irrigerweise – in ihr lediglich den Gewaltverzicht für die Dauer eines gegebenen Zustandes erkennt, kann die Umsiedlungszusagen für recht entgegenkommend halten; wer hingegen – ebenso irrig – eine Abtretung der Oder-Neiße-Gebiete erkennt, muß ein Optionsrecht für die dort lebende Bevölkerung vermissen.[223] Das richtige Verständnis liegt zwischen diesen beiden Positionen: Die Grenzbeschreibung bedeutet einen bitteren, aber von der Entwicklung geforderten deutlichen Schritt in Richtung auf eine Korrektur – kaum der deutschen Rechtsansprüche, wohl aber des westdeutschen Irredentismus. Die Bundesregierung hat immer wieder gesagt, daß nichts weggegeben wurde, was nicht schon vorher als Ergebnis des zweiten Weltkrieges verloren worden sei;[224] immerhin ist aber auch sie von der Realisierung der polnischen Zusagen auf dem Gebiet der Umsiedlung enttäuscht worden.[225] Mit dem Sturz Gomulka's kurz nach Vertragsschluß[226] verlor die Bundesregierung auch ihren bisherigen verantwortlichen Gesprächspartner.

Letztlich ist das Verhältnis der Bundesrepublik zu Polen jedoch mit juristischen Kategorien allein nicht verständlich zu machen: Daß Bundeskanzler Brandt in Warschau einen Kniefall tat, hat auch über den konkreten Anlaß hinaus seine Bedeutung.[227]

Anhang zu D.
Die Ergänzung des Warschauer Vertrages (Oktober 1975/März 1976)

Obwohl sie nicht mehr zu den grundlegenden Ostverträgen gehören, sollen wegen des engen Zusammenhangs mit dem Warschauer Vertrag hier noch kurz die deutsch-polnischen Vereinbarungen vom 9. Oktober 1975 behandelt werden.

1. Vorgeschichte

Der Warschauer Vertrag hatte de iure das polnische Anliegen bezüglich einer Konsolidierung der Oder-Neiße-Grenze großenteils erfüllt.

a) Die Unterschätzung der deutschen Zugeständnisse

Allerdings wurden die deutschen Zugeständnisse in der Grenzfrage nicht so, wie es die deutsche Seite wünschte, gewürdigt: Einmal waren sie durch die oben beschriebenen juristischen Kautelen (keine wörtliche „Anerkennung", Vorbehalt für den „Gesamtdeutschen Souverän" etc.) in ihrer Eindrücklichkeit als klar erkennbare Leistung beträchtlich geschmälert, zum anderen wurde ihr Wert auch durch die notwendig gewordene innenpolitische Argumentation gemindert, es sei nichts weggegeben worden, was nicht ohnehin verloren gewesen sei. Auch die im nächsten Kapitel erwähnte Gemeinsame Resolution von Bundestag und Bundesrat war nicht dazu angetan, den Polen die Vorstellung näher zu bringen, die Bundesrepublik Deutschland habe mit dem Warschauer Vertrag in der Tat die Oder-Neiße-Grenze „anerkannt". So wirkte sich die innenpolitisch bedingte Verkürzung außenpolitisch erbrachter Leistungen dahin aus, den Tauschwert dieser Leistung erheblich zu mindern, ohne sie selbst de iure revozieren zu können – eine Folge der Divergenz von außen- und innenpolitisch Machbarem.

b) Die wirtschaftlichen Erwartungen Polens

Darüber hinaus blieben auf zwei anderen Gebieten die Erwartungen der Vertragspartner unerfüllt. Polnische Staatsmänner hatten schon bei Vertragsschluß Vorstellungen darüber geäußert, daß sie im Zuge des nunmehr eingeleiteten Normalisierungsprozesses von der Bundesrepublik Deutschland als eine Art Wiedergutmachung nationalsozialistischen Unrechts großzügiges wirtschaftliches Entgegenkommen erwarteten.[228] Die Bundesrepublik hatte sich daraufhin, wie auch schon vorher, gegen Wiedergutmachungsleistungen im technischen Sinne verwahrt, aber doch sich nicht der Erkenntnis entziehen können, daß hier etwas geschehen müsse; immerhin konnte sie die diesbezüglichen polnischen Wünsche sorgfältig wägen, da es vertragliche Verpflichtungen, auch andeutungsweise, nicht gab.

Sie glaubte daher, bereits einiges geleistet zu haben, als sie Anfang November 1974 mit Polen auf die Dauer von 10 Jahren ein „Abkommen über die Entwicklung der wirtschaftlichen, industriellen und technischen Zusammenarbeit" abschloß.[229] Dieses Abkommen sah allerdings nicht das vor, woran den Polen am meisten lag: Bares Geld zu möglichst günstigen Bedingungen. Zwar hatte sich das polnisch-westdeutsche Handelsvolumen seit 1970 vervielfacht, aber das polnische Defizit hatte eine ähnliche Entwicklung genommen.[230] Als Außenminister Scheel im Oktober 1973 Warschau besuchte, überbrachte er „die Bereitschaft der Bundesregierung, die Möglichkeit für einen Kredit zu günstigen Bedingungen zu schaffen".[231] Die Realisierung dieses Schöpferwillens ließ aber lange auf sich warten, nach polnischer Ansicht zu lange, um nicht Auswirkungen auf dem Gebiet zu haben, das der BRD vor allem am Herzen lag.

c) Die humanitären Erwartungen der Bundesrepublik Deutschland

Die Bundesrepublik hatte den Warschauer Vertrag unter dem Eindruck abgeschlossen, daß die polnische Seite auf humanitärem Gebiet, also vor allem in der Aussiedlungsfrage, Entgegenkommen zeigen werde. Sie stützte sich dabei, wie oben schon bemerkt, vor allem auf die vertraulichen polnischen Erklärungen, obwohl diesen, weniger noch als der veröffentlichten „Information", Verbindlichkeit nicht zukommen konnte; immerhin aber lagen hier, anders als im wirtschaftlichen Bereich, präzis formulierte Erläuterungen der polnischen Haltung vor.

Polen seinerseits glaubte großzügig zu handeln, wenn es sich an den Wortlaut der einseitigen „Information" gebunden hielt und auf Grund dieser „Information" in der Tat insgesamt „einigen Zehntausenden", nämlich im Durchschnitt jährlich ca. 10000 Personen die Ausreise gestattete. Ein weitergehendes Entgegenkommen hätte nach polnischer Ansicht für Polen mit seinem Mangel an Arbeitskräften ernste wirtschaftliche Folgen gehabt,[232] zumal die Aussiedlungswilligen in der Regel erheblich über dem Ausbildungsdurchschnitt und unter dem Rentenalter liegen. Auf diese Art ergab sich für Polen zwanglos ein Sachzusammenhang mit einer kompensatorischen deutschen Finanzhilfe, der sich im Laufe der Zeit zu einem handfesten Junktim auswuchs (ohne daß jemand das Kind beim Namen nennen mochte). Sehr zur Enttäuschung der deutschen Öffentlichkeit versiegte deshalb der Aussiedlerstrom mehr und mehr, als seit der Unterzeichnung des Warschauer Vertrages Jahr nach Jahr ohne die erwartete finanzielle Hilfe verstrich.

Um das Aussiedlungsinteresse im eigenen Land zu dämpfen, wurden die sich hierauf beziehenden Teile des Vertragswerkes und auch von Communiqués und Reden in Polen nur zögernd, nicht vollständig oder auch – mit regionalen Unterschieden – überhaupt nicht bekannt gemacht und Leute, die gleichwohl Anträge auf Aussiedlung stellten oder hartnäckig aufrecht erhielten, generalpräventiv mit administrativen Sanktionen belegt wie Entlassung oder zusätzlichen Abgaben.[233]

d) Die Beinahe-Einigung vom Herbst 1973

Eine Einigung schien sich im Oktober 1973 anzubahnen, als Außenminister Scheel in Warschau die schon erwähnte Bereitschaft der Bundesregierung zu einem großzügigen Darlehen übermittelte. Die polnische Seite drückte daraufhin, so das Communiqué des Scheel-Besuches, „ihre Bereitschaft aus, diese Frage (der Ausreisen auf der Grundlage der „Information") in Übereinstimmung mit der „Information" im Laufe der nächsten drei bis fünf Jahre in umfassender Weise zu lösen". Bei seinem Bonner Gegenbesuch im Dezember 1973 nannte der polnische Außenminister sogar eine konkrete Quote von jährlich 50000 Personen.[234] Dann aber konnte sich die polnische Führung doch nicht zu solcher Großzügigkeit durchringen und ein beinahe geschlossenes Abkommen blieb auf der Strecke.

e) Die „Gemeinsame Erklärung" von Helsinki

1975 hatte die Zahl der seit Abschluß des Warschauer Vertrages herübergekommenen Aussiedler die von polnischer Seite seinerzeit (als Qualifizierung der „einigen Zehntausende" der ‚Information') erwähnte[235] Zahl von 60000 überschritten und stagnierte.[236] Verhandlungen zwischen dem neuen Staatssekretär des Auswärtigen Amtes, Dr. Gehlhoff, und dem polnischen Botschafter in Bonn, Piatkowski, die bis dahin weiter stattgefunden hatten,[237] vermochten nicht die Kluft zwischen polnischen finanziellen und deutschen humanitären Vorstellungen zu schließen: In den im übrigen ausformulierten Abkommensentwürfen blieben die Zahlen kontrovers. Das Klima verschlechterte sich auf beiden Seiten beträchtlich: Kommentatoren sprachen bereits von „Erpressung" und „Menschenhandel".[238]

Als die Unterzeichnung der KSZE-Schlußakte Anfang August 1975 die beteiligten Staatsmänner in Helsinki zusammenführte, nutzten Bundeskanzler Schmidt und Außenminister Genscher die Gelegenheit zu einem entscheidenden Treffen mit dem polnischen Parteichef Gierek, dem Ministerpräsidenten Jaroscewicz und Außenminister Olszowski (alle Drei Nachfolger ihrer nach Unterzeichnung des Warschauer Vertrages gestürzten Vorgänger). In der Nacht vom 1. auf den 2. August durchhauten sie den Knoten deutsch-polnischer Verstrickung: Die Bundesrepublik Deutschland sagte eine Abfindung von 1,3 Milliarden DM für polnische Rentenansprüche und einen Finanzkredit von 1 Milliarde DM zu; Polen stellte dafür die Ausreisegenehmigung für weitere 120000 bis 125000 Aussiedler in Aussicht. Schmidt und Gierek schlossen ihre Gespräche mit einer „Gemeinsamen Erklärung" (vom 2. August 1975) ab,[239] die auf die getroffene Übereinkunft ohne weitere Angaben mit der Feststellung einging,

„daß zwecks Lösung wichtiger Fragen der gegenseitigen Beziehungen zwischen beiden Ländern Vereinbarungen in Vorbereitung sind. Sie betonten ihren gemeinsamen Willen, sich für den Abschluß und danach für die Durchführung dieser Vereinbarungen voll einzusetzen".

Dieser Passus der Gemeinsamen Erklärung diente später der deutschen Seite dazu, ein Junktim zwischen den wirtschaftlichen und humanitären Abmachungen herzustellen,[240] die in ihrem jeweiligen Wortlaut ansonsten unverbunden nebeneinander stehen.

2. Die Vereinbarungen vom 9. Oktober 1975

Zwei Monate später unterzeichneten in Warschau die Außenminister Genscher und Olszowski am 9. Oktober 1975 die nunmehr vervollständigten und am 12. August paraphierten entsprechenden Abkommen.[241]

a) Renten

Die Rentenregelung umfaßt drei Vereinbarungen.

Das Abkommen über Renten- und Unfallversicherung
Es handelt sich zunächst um ein „Abkommen zur Regelung der Beziehungen auf dem Gebiet der Renten- und Unfallversicherung". Ähnliche Abkommen waren in früheren Jahren mit einer Reihe von Staaten geschlossen worden, die eine beachtliche Fluktuation von Arbeitskräften mit der BRD verbindet (Österreich, Luxemburg, Holland und Jugoslawien).[242] Das ratifizierungsbedürftige (Artikel 19) Abkommen sieht in 19 Artikeln Regeln vor, nach denen Renten- und Unfallversicherungsberechtigte aus einem Land Zahlungen von den Versicherungsträgern des anderen Landes erhalten, sofern sie dort ihren Wohnsitz haben oder hatten. Die Artikel 12, 13 und 14 vereinbaren Amts- und Rechtshilfe zwischen den jeweils befaßten deutschen und polnischen Stellen – und machten auf diese unschuldige Weise das gesamte Abkommen von der Zustimmung des Bundesrats abhängig;[243] dabei stammten sie aus den früheren Rentenabkommen. Im vorliegenden Fall trugen sie der Regierung den – unbelegten – Verdacht ein, sie habe über das vermeidbar gewesene Erfordernis der Bundesratszu-

stimmung die dort bestehende CDU/CSU-Fraktion einer Zerreißprobe unterziehen wollen.

Im Gegensatz zu den vorher geschlossenen Rentenabkommen mit anderen Ländern war das deutsch-polnische nicht durch eine Fluktuation von Rentenberechtigten bedingt: Die Aussiedler hatten ohnehin ihre polnischen Ansprüche zurückzulassen und weitere Umsiedlungen in der einen oder anderen Richtung waren nicht nennenswert. Die Artikel 4 und 5, die festlegen, daß Renten vom Wohnsitzstaat gezahlt werden (sog. Eingliederungsprinzip), sanktionierten daher nur den ohnehin bestehenden Zustand. Das Rentenabkommen hatte indessen neben der Kodifizierung des Zustandes, wie er im großen und ganzen schon bestand, die Aufgabe, den Aufhänger für eine weitere Vereinbarung abzugeben.

Die Vereinbarung über pauschale Abgeltung

Es gab nämlich noch die zahlreichen Fälle von Polen, die in der Vergangenheit, vor allem während des Zweiten Weltkrieges, freiwillig oder zwangsverpflichtet einer Tätigkeit nachgegangen waren, für die sie in der Regel auf Grund von Beitragsleistungen Ansprüche gegen die deutsche Renten- und Unfallversicherung hatten; diese Ansprüche wurden inzwischen teilweise von der polnischen Alters- und Unfallversorgung bedient, weil sie bislang von der Bundesrepublik mit der Ausnahme von rund 1700 besonderen Fällen nicht honoriert worden waren (eine Gesetzgebung aus der Zeit der Hallstein-Doktrin – §§ 625, 626 RVO in Verbindung mit den entsprechenden Rechtsverordnungen – hatte für Berechtigte in einer Reihe von Ländern, vor allem des Ostblocks, die Zahlungen ruhen lassen). Nach Aufgabe des Alleinvertretungsanspruchs kam ein Eintreten in diese alten Schulden eigentlich nur zusammen mit der DDR, jedenfalls beschränkt auf im jetzigen Hoheitsgebiet der BRD entstandene Rentenansprüche in Betracht. Gleichzeitig waren dann aber auch die Ansprüche von Bewohnern des Bundesgebiets zu berücksichtigen, die diese aus einer früheren Tätigkeit in Polen gegen die dortige Renten- und Unfallversorgung hatten.[244]

Diese Situation, die im Verhältnis zu anderen Ostblockstaaten in gleicher Weise, wenn auch mit geringeren Zahlen, bestand, wurde jetzt im Falle Polens zum Anlaß genommen, einen Teil der Polen zugedachten Gelder zu kanalisieren. In einer gesonderten „Vereinbarung über die pauschale Abgeltung von Rentenansprüchen" wurde zwischen beiden Regierungen „zur Regelung einer gegenseitigen Verrechnung im Bereich der Renten- und Unfallversicherung" die pauschale Zahlung von 1,3 Milliarden DM an Polen in drei Jahresraten (1976–1978) verabredet. Ihr Inkrafttreten wurde in Artikel 4 von der deutschen Mitteilung abhängig gemacht, daß die erforderlichen innerstaatlichen Voraussetzungen erfüllt seien. Wie das Rentenabkommen enthielt übrigens auch diese Vereinbarung die seit dem Berlin-Abkommen üblich gewordene Formulierung der Berlin-Klausel.[245]

Die Öffentlichkeitsarbeit

Auch diesmal hinkte die öffentliche Meinung in der Bundesrepublik (übrigens auch in Polen; dort mußte vor der auf polnischen Wunsch[246] verzögerten Bekanntgabe der Abkommen noch erhebliche Öffentlichkeitsarbeit geleistet werden) hinter dem Willen der Regierung zur Bereinigung des Verhältnisses zum Vertragspartner her. Skeptiker hielten sich vor allem an ihre oben beschriebene Enttäuschung über die bisherige Aussiedlung und entzündeten ihren Widerspruch an der nach ihrer Auffassung ungenügenden, weiter unten besprochenen neuen Ausreisevereinbarung. Um demgegenüber Leistung und Gegenleistung in einem vorteilhaften Verhältnis erscheinen zu lassen, wurden Berechnungen an die Öffentlichkeit gebracht, die belegen sollten, daß die Bundesrepublik mit der Pauschalierungsvereinbarung noch ein gutes Geschäft gemacht habe;[247] erstens sei der eigentlich geschuldete Betrag höher als die Pauschale; zweitens sei gerade rechtzeitig die Gefahr abgewendet worden, durch anhängige Musterprozesse zur Zahlung entsprechender Renten verurteilt zu werden.

Diese innenpolitisch erforderliche Öffentlichkeitsarbeit blieb im Ausland nicht unbemerkt; dort vermittelte sie, jedenfalls denen, die es nicht besser wissen wollten, den Eindruck, eine ganz beträchtliche deutsche Leistung sei keine gewesen (und brauche daher auch nicht honoriert zu werden). Solche Sicht der Dinge könnte allerdings auch deutscherseits dann vielleicht einmal ausgenutzt werden, wenn es nach Auslaufen der mit dem Ausreiseprotokoll übernommenen polnischen Verpflichtungen um die Auslösung weiterer Deutscher gehen wird; dann könnte die deutsche Seite, sollte sie erneut einen wirtschaftlichen Preis zu entrichten haben, die Rentenpauschale als autonom geschuldet behandeln und so die Summe der wirtschaftlichen Leistungen entsprechend mindern, die als im Zusammenhang mit dem Ausreiseprotokoll erbracht einen Präzedenzeffekt bei der neuen Vereinbarung haben werden.

Der Notenwechsel vom 7. Oktober 1975

Wie hoch der geschuldete und um die Aufrechnung mit deutschen Ansprüchen geminderte Betrag wirklich war, hat mangels Zahlenmaterials nicht bestimmt werden können. Unabhängig von der Höhe aber konnte kein deutsches Gericht die Bundesrepublik zu Zahlungen verurteilen, falls diese aus politischen Gründen nicht ins Ausland zu zahlen bereit war; es hätte dann genügt, die bisherige Gesetzgebung à jour zu halten.[248] Die Bundesrepublik hat aber durch einen Notenwechsel (zur Anwendung des Übereinkommens Nr. 19 der Internationalen Arbeitsorganisation – IAO) mit der polnischen Regierung 2 Tage vor der Unterzeichnung von Rentenabkommen und -vereinbarung (also am 7. Oktober 1975) die Verpflichtung zur Zahlung solcher Renten übernommen; das Bundessozialgericht stützte daher im Dezember 1975 seine Verurteilung der Bundesrepublik in einem Musterprozeß auf die „Änderung der Rechtslage".[249]

b) Kredit

Neben der Rentenpauschale, die ja zu einem Teil in der Tat alsbald in Form von Renten weiterzugeben war – immerhin blieb der polnischen Regierung auch insoweit noch der Devisenbonus – war ein normaler Finanzkredit die zweite Schiene für die deutscherseits zu erbringenden Finanzleistungen.

Das Abkommen

In dem „Abkommen" der beiden Regierungen „über die Gewährung eines Finanzkredits" werden 1 Milliarde DM durch die Kreditanstalt für Wiederaufbau (KWA), zahlbar in drei aufeinander folgenden Jahresraten, rückzahlbar ab 1980 in 20 Jahresraten zugesagt. Das Abkommen wird in Artikel 5, wie schon die Rentenregelung, auf Berlin (West) ausgedehnt.

Von einem normalen kommerziellen Kredit unterscheidet sich dieser vor allem durch den niedrigen Zins von 2,5%. Die KWA, die den Kredit am freien Kapitalmarkt zum drei- bis vierfachen Zinssatz refinanziert, erhält die Zinsdifferenz aus Haushaltsmitteln des Bundes. Dieser Zinszuschuß ist die eigentliche deutsche Leistung, die allerdings in Abhängigkeit von den Refinanzierungsbedingungen während der Laufzeit bis zum Jahre 2000 ebenfalls eine Milliarde DM erreichen kann, in jedem Falle aber mehrere Hundert Millionen DM ausmachen wird.

Nach der alten Erkenntnis, daß doppelt gibt wer schnell gibt, wurde die erste der drei Raten noch im November 1975 ausgezahlt (Artikel 2). Der Kredit ist nicht – etwa für deutsche Lieferungen – zweckgebunden; immer hin wurde er aber laut 1. Präambelabsatz in dem „Bestreben" vereinbart, „die Bedingungen für die Entwicklung der wirtschaftlichen Zusammenarbeit und industriellen Kooperation zu fördern".

Dringlicher als diese Zweckbestimmung sollte aber die folgende sein. Der zweite Präambelabsatz bezieht sich auf die oben[250] zitierte „Gemeinsame Erklärung" von Helsinki. Über diese Bezugnahme wird der sachliche Zusammenhang zwischen dem Kredit (bei der Rentenregelung fehlt ein entsprechender Hinweis) und dem dritten Komplex, dem der Aussiedlung, in unauffälliger Weise hergestellt. Dieser Nexus war aus deutscher Sicht nützlich, da mit der Auszahlung der ersten Rate noch vor Inkrafttreten des Aussiedlungsprotokolls die Bundesrepublik eine, wenn auch genau kalkulierte, Vorleistung erbrachte. Allerdings waren die Zahlen der monatlich aus Polen kommenden Aussiedler schon vorher, seit September 1975, wieder deutlich angestiegen.

Brief und Notenwechsel

Bei Unterzeichnung des Kreditabkommens richtete der Bundesaußenminister noch einen Brief an seinen polnischen Kollegen, in welchem die Bundesregierung versprach, beim Parlament auf eine rechtzeitige Verabschiedung der Haushaltsergänzung für den Zinszuschuß „hin(zu)wirken". Auf diese Weise sicherte sich die Bundesregierung vor dem Vorwurf, durch das Abkommen in die Haushaltsprärogative der gesetzgebenden Körperschaften einzugreifen.

Nachdem das „Hinwirken" den erwarteten Erfolg gehabt hatte, konnte vor Auszahlung der ersten Rate mit einem Notenwechsel gem. Artikel 6 des Abkommens dieses in Kraft gesetzt werden. Es nahm daher de iure nicht mehr an dem Kampf um die Ratifizierung des Rentenabkommens und dem damit verbundenen Streit um das Ausreiseprotokoll teil.

c) Wirtschaftliche Zusammenarbeit

Da, wie schon oben bemerkt, das Abkommen vom November 1974 über wirtschaftliche Zusammenarbeit die Erwartungen der Polen (und der Deutschen) nicht erfüllt hatte, schien der erneute Anlauf bei der Sanierung der deutsch/polnischen Beziehungen der geeignete Anlaß, auch auf dem Gebiete der wirtschaftlichen Kooperation weitere Schritte zu tun. Da diese Schritte jedoch, jedenfalls deutscherseits, von der Industrie und von im wesentlichen privaten Institutionen auszugehen haben, konnten die Regierungen nur noch einmal erklären, daß sie „die beiderseitig günstige langfristige Zusammenarbeit ... in einzelnen Wirtschaftszweigen zu fördern" wünschten – so heißt es in der Präambel zu dem als Regierungsabkommen (ebenfalls am 9. Oktober 1975) unterzeichneten „langfristigen Programm für die Entwicklung der wirtschaftlichen, industriellen und technischen Zusammenarbeit". Das „Langfristige Programm" zählt dann eine ganze Reihe von Wirtschaftsbereichen auf (Kohleförderung bis Schuhherstellung), in denen bei Produktion und Entwicklung für die Zusammenarbeit „besonders günstige Perspektiven bestehen" (Artikel 1); beide Seiten versprechen „besondere Anstrengungen ..., um günstige Bedingungen zu schaffen", damit die vorgenannten „Perspektiven voll ausgeschöpft werden können" (Artikel 2). Im Auge hatte man dabei vor allem Kooperationsvorhaben wie das deutsch/sowjetische Modellgeschäft von Röhrenlieferung gegen (durch die Röhren zu leitendes) Gas,[251] das heißt, „Bezahlung durch Lieferung von Erzeugnissen, die aus der Kooperation hervorgehen" (Artikel 2). Solche Geschäfte sind besonders aussichtsreich, weil sie die knappen West-Devisen der Staatshandelsländer (wie Sowjetunion und Polen) schonen.

Auch das „Langfristige Programm", das schon mit Unterzeichnung in Kraft trat und in seiner Geltungsdauer an das Abkommen vom November 1974 angeschlossen wurde (Artikel 5), hat korrekt seine Berlin-Klausel (Artikel 4).

d) Das Ausreise-Protokoll

Für die Bundesrepublik stand im Mittelpunkt der gesamten Vereinbarungen die Bemühung um eine möglichst großzügige Ausreiseregelung für die noch in Polen gebliebenen Deutschen. Die hier erreichten Abmachungen waren zunächst in dem von beiden Außenministern unterzeichneten „Protokoll" niedergelegt, das im Verlauf des Kampfes um die Ratifizierung des Rentenabkommens dann noch durch mehrere Briefwechsel ergänzt wurde. Gegenüber der „Information" des Warschauer Vertrages bringt das Protokoll von der Form her eine klare Verbesserung: es ist eine von beiden Seiten vereinbarte und unterzeichnete Abmachung mit Verpflichtungscharakter.

Das Protokoll bezieht sich im ersten Absatz auf das Treffen von Helsinki am 1. August 1975, nennt aber nur die beiden Außenminister als Teilnehmer und bringt sich damit auf die protokollarische Ebene der übrigen Vereinbarungen.

Im zweiten Absatz stellt der polnische Außenminister fest, daß „auf der Grundlage der ‚Information' der Volksrepublik Polen von 1970 etwa 65000 Personen die Ausreisegenehmigung für den ständigen Aufenthalt" in der BRD und der DDR erhalten hätten. Die polnische Seite wahrt die schon in der ‚Information' beachtete formelle Gleichbehandlung von BRD und DDR, indem beide genannt werden, obwohl nur etwa ein Zehntel der Aussiedler in die DDR gegangen ist. Jedenfalls hat sich die polnische Seite, und dies festzuhalten ist der Sinn der „Feststellung", an die in der ‚Information' genannte Zahl („einige Zehntausende") gehalten. (Die nicht veröffentlichten Erläuterungen zur „Information" bleiben unerwähnt und unberücksichtigt.)

Im dritten Absatz des Protokolls wird die „Bereitschaft" der polnischen Regierung wiedergegeben,

> „unter Berücksichtigung aller Aspekte dieser Angelegenheit und im Bestreben nach ihrer umfassenden Lösung sich an den Staatsrat der Volksrepublik Polen zu wenden, um das Einverständnis zur Ausreise einer weiteren Personengruppe auf der Grundlage der „Information" und in Übereinstimmung mit den in ihr genannten Kriterien und Verfahren zu erlangen."

Der vierte Absatz fährt fort:

> „In diesem Zusammenhang stellte die polnische Seite fest, daß sie auf Grund der Untersuchungen der zuständigen Behörden in der Lage ist zu erklären, daß etwa 120000 bis 125000 Personen im Laufe der nächsten vier Jahre die Genehmigung ihres Antrages zur Ausreise erhalten werden."

Eingeschlossen werden hierbei kraft ausdrücklicher Erwähnung auch zurückgebliebene „Ehegatten sowie Verwandte in gerader Linie" von Personen, die sich bereits in der Bundesrepublik befinden und „aus unterschiedlichen Gründen" nicht nach Polen zurückkehren – also Angehörige von Flüchtlingen.

In zwei weiteren Absätzen, dem fünften und sechsten, wird noch zugesichert, daß die Ausreisegenehmigungen in den vier Jahren „möglichst gleichmäßig erteilt werden" und daß

„keine zeitliche Einschränkung für die Antragstellung durch Personen vorgesehen wird, die die in der „Information" genannten Kriterien erfüllen";

letzteres ist die sog. Offenhalte-Klausel.

Um den polnischen Erklärungen dieser 4 letzten Absätze, die den Kern des Protokolls ausmachen, etwas gegenüberzustellen, schließt das Protokoll mit der deutschen Erklärung, daß aus der Bundesrepublik Deutschland „grundsätzlich jedermann ausreisen kann, der dies wünscht". Der entsprechende Briefwechsel[252] zum Prager Vertrag enthielt schon eine ähnliche Feststellung, allerdings noch nach Nationalität (tschechisch oder slowakisch) und Ziel (CSSR) eingeschränkt.

Betrachtet man den vorstehenden operativen Teil des Protokolls insgesamt, so fällt zunächst die abgeschwächte Formulierung des dritten Absatzes auf („Bereitschaft ..., sich an den Staatsrat ... zu wenden, um das Einverständnis zur Ausreise ... zu erlangen"). Dies ist ein Überbleibsel aus den polnischen Vorstellungen einer polnisch-autonomen Ausreiseregelung, die keinerlei Bindung nach außen akzeptieren wollte. Gleichzeitig wurde so, wie deutscherseits bei der Kreditvereinbarung, die innerstaatliche Zuständigkeitsregelung beachtet. Diese „Bereitschaftserklärung" wurde jedoch inhaltlich überholt dadurch, daß beim Inkraftsetzen der gesamten Vereinbarungen im März 1976 die entsprechende „Einverständniserklärung" des polnischen Staatsrats vorlag[253] und dadurch, daß im folgenden (vierten) Absatz des Protokolls die konkreten Zusagen mit Bindungswirkung bereits gemacht wurden.

Diese Zusagen enthalten zunächst die Zahl der Ausreisen. Die ungenaue Formulierung („120000 bis 125000 Personen") hält die Fiktion aufrecht, daß es nicht um numerisches Kalkül sondern um die Erfüllung der in der „Information" genannten Voraussetzungen gehe, von denen noch nicht genau bekannt sein kann, auf wie viele Personen sie zutreffen. Praktisch wurde mit dieser Zahl weniger als die Hälfte der noch beim Deutschen Roten Kreuz registrierten Ausreisewilligen erfaßt. Auch wenn man berücksichtigt, daß nach den vier Jahren, in deren Ablauf diese Personen sollten ausreisen dürfen, ein Teil der weiteren Ausreisewilligen wegen Todes, Gebrechlichkeit oder aus sonstigen Gründen ausgeschieden war, ohne daß eine entsprechende Anzahl nachgewachsen sein würde (die Ausreisebestimmungen trafen in der Regel eher auf Erwachsene denn auf Kinder zu), konnte man davon ausgehen, daß 1980 noch einmal etwa die gleiche Anzahl Personen auf die Ausreisegenehmigung warten würde.

Die Bundesregierung machte kein Hehl daraus, daß sie unter Einsatz aller in Betracht kommenden Mittel versucht hatte, von der polnischen Seite „mehr" zu erlangen, d.h. die Ausreisegenehmigung für eine weit größere Zahl, ja für alle Antragsteller.[254] Sie mußte sich den polnischen Gegebenheiten beugen. Die Offenhalte-Klausel des oben zitierten sechsten Absatzes hatte hier als Antwort zu gelten; die ausdrückliche Verneinung einer Befristung in einer Situation, in der nicht daran gezweifelt werden kann, daß mehr als genug Anträge alsbald gestellt werden (sofern sie nicht überhaupt schon vorliegen), konnte nur den Sinn haben, die Möglichkeit eines weiteren Entgegenkommens vor Augen zu führen.

Die Offenhalte-Klausel kann natürlich auch von den Ausreisewilligen selbst in Anspruch genommen werden. Rechtlich hat sie dann die Wirkung, daß bei eventueller Ablehnung von Ausreiseanträgen die polnischen Behörden sich nicht auf Fristablauf berufen dürfen; politisch dürfte sie einen erheblichen Druck ausüben, nach Auslaufen der vier Jahre nicht die Erteilung von Ausreisegenehmigungen einzustellen.

e) Die Verabschiedung der Vereinbarungen

Während die polnische Seite mit der Ratifizierung der Vereinbarungen vom Oktober 1975 noch zuwartete (regelmäßig lassen Ostblockländer bei der Ratifizierung von Verträgen mit westlichen Staaten diesen den Vortritt) formierte sich in der Bundesrepublik der Widerstand. Zwar half im Bundestag am 19. Februar 1976 die Koalitionsmehrheit, verstärkt um einige Stimmen aus der Opposition, mit 267 gegen 191 Stimmen dem – allein ratifizierungsbedürftigen – Rentenabkommen über die Hürde.[255] Im Bundesrat aber hatte der unerwartete Regierungswechsel in Niedersachsen den CDU/CSU-regierten Ländern eine so klare Mehrheit beschert, daß sie nicht mehr gegen die Vereinbarungen stimmen konnten, ohne sie insgesamt scheitern zu lassen.

In dieser Situation entschied sich die Bundesregierung nicht für eine geringfügige Änderung des Rentenabkommens, die dieses der Zustimmung des Bundesrates entzogen hätte[256] – das blieb auch noch für den Fall des Scheiterns ein Ausweg – sondern bemühte sich in Warschau um Nachbesserungen.

Die 11 Punkte des Deutschen Bundesrats

Die Bundesratsmehrheit hatte ihre Kritik an den Vereinbarungen – vor allem an dem Ausreiseprotokoll, das nur wegen des Junktims mit dem Rentenabkommen zur Diskussion stand – in 11 Punkten aufgezählt, zu denen die Bundesregierung durch ein Schreiben von Bundesaußenminister Genscher vom Februar 1976 Stellung nahm.[257]

Zu Punkt 1, der beanstandet hatte, daß das Ausreiseprotokoll „nicht hinreichend verbindlich“ sei, wies die Bundesregierung zu Recht darauf hin, daß eine völkerrechtliche Verpflichtung ohne Rücksicht auf die gewählte Form allein von der Erkennbarkeit des beiderseitigen Bindungswillens abhängt, die bei dem von den beiden Außenministern unterzeichneten Protokoll gegeben war.

Punkt 2 hatte nach dem Schicksal der „restlichen mindestens 160000 Ausreisewilligen“ gefragt. Hier wagte sich die Bundesregierung in ihrer Antwort sehr weit vor: In Verbindung mit Ziffer 2 der „Information“

räume die „Offenhalteklausel" den unter die Kriterien der „Information" fallenden Personen „nicht nur ein Recht auf Antragstellung sondern mit der Verweisung auf die „Information" auch die Ausreisebewilligung ein". Diese optimistische Interpretation berücksichtigte wohl zu wenig die in Ziffer 2 der „Information" enthaltene Verweisung auf polnisches Recht und den Zusammenhang mit der folgenden Ziffer 3, welche die Zahlenangaben (einige Zehntausende) enthält. Sie ist daher auch nicht wörtlich genommen worden, wie die weitere Behandlung gerade dieses Punktes zeigt.

Zu Punkt 3, der die unterschiedliche Terminierung der Finanzleistungen (innerhalb zweier Jahre) und der Ausreiseregelung (innerhalb von vier Jahren) feststellte, machte die Bundesregierung geltend, daß es sich nicht um ein Zug um Zug-Geschäft handele (Menschenhandel!) und daß bereits vor der ersten Finanzrate die Zahl der Ausreisegenehmigungen wieder erhöht worden sei. Befürchtungen wegen möglicher Diskriminierung von Ausreisewilligen (Punkt 4) wies die Bundesregierung auf Grund ausdrücklicher polnischer Zusagen zurück; ein Minderheitenregime für die in Polen lebenden Deutschen gebe es allerdings nicht.

Die Punkte 5 bis 9 befaßten sich mit dem Rentenabkommen, rügten, daß die Zahlungen nicht an die Berechtigten unmittelbar geleistet werden, so daß eine zweckfremde Verwendung der Pauschale möglich sei, fragten nach den Berechnungsgrundlagen der Pauschale und ihrer Aufbringung und wollten den einmaligen und endgültigen Charakter der Pauschalzahlung gesichert wissen. Die Bundesregierung verwies demgegenüber auf die rechtlichen und finanziellen Verbesserungen für die Rentenberechtigten, auf die vertraglich vereinbarte Zweckbestimmung und Einmaligkeit des pauschalen Ausgleichs und auf die notwendigerweise recht vagen „Tatbestände", aus denen sich die Höhe des Pauschalbetrages ergeben hatte (Schätzungen über frühere Beitragsleistungen – nach polnischen Angaben, abzusetzende Beitragsleistungen von Aussiedlern etc.).

Für den Finanzkredit schließlich (Punkte 10 und 11) wiederholte die Bundesregierung ihre Auffassung, daß er der deutsch/polnischen wirtschaftlichen Zusammenarbeit dienen solle, nannte in diesem Zusammenhang auch zwei Großprojekte und erklärte zur vorsorglichen Abwehr ähnlicher Wünsche aus dritten Ländern mit Nachdruck, daß man nicht bereit sei, „die deutsch-polnischen Vereinbarungen als Berufungsfall gelten zu lassen".

Die ergänzenden Briefwechsel und Erklärungen

Im Besitz dieser Erläuterungen konnte die CDU/CSU die Zahl ihrer Einwendungen reduzieren. Sie verlangte nunmehr, daß völkerrechtlich verbindlich sichergestellt werde, daß alle ausreisewilligen Deutschen innerhalb von vier bis sechs Jahren aus Polen auf Grund eines objektiven deutsch-polnischen Prüfungsverfahrens ausreisen und daß die finanziellen Vereinbarungen keinen Präzedenzfall für andere Staaten darstellen dürften.[258]

Letzteres wurde durch eine nochmalige Erklärung der Bundesregierung erhärtet.[259] Die Ausreisefrage wurde erneut mit der polnischen Regierung aufgenommen, mit dem Ergebnis, daß vorab durch Briefwechsel des Bundesaußenministers mit dem Präsidenten des Deutschen Roten Kreuzes vom 9. März 1976[260] dieses die Aufgabe übernahm, in Zusammenarbeit mit dem Polnischen Roten Kreuz (das zuvor sein Einverständnis erklärt hatte) „sich ... um eine Aufklärung hinsichtlich der ausreisewilligen Personen, die unter die Kriterien der „Information" vom Dezember 1970 fallen, zu bemühen". Diese Regelung wurde von der CDU/CSU als hinreichend „objektives deutsch-polnisches Prüfungsverfahren" akzeptiert. Zur wichtigsten Frage, der Aussiedlungsmöglichkeit für alle Deutschen, genügte die Antwort der Bundesregierung trotz ihres weitgehenden Wortlauts nicht. Auch die öffentliche Zusage des polnischen Außenministers (in einem Interview mit der polnischen Presseagentur vom 9. März 1976) einer „möglichst zügigen Bearbeitung" der bleibenden Anträge auch nach Ablauf der Vierjahresfrist[261] konnte das Petitum der CDU/CSU-geführten Länder nicht erfüllen.

Erst ein mit den Polen abgestimmter Brief des deutschen Außenministers vom 9. März 1976 brachte den Durchbruch. In ihm hatte es bezüglich der überzähligen Ausreiseanträge ursprünglich geheißen, daß

> „keine zeitliche Einschränkung für die Einreichung und möglichst zügige Bearbeitung der Anträge von Personen vorgesehen wird, die die in der „Information" genannten Kriterien erfüllen, was bedeutet, daß auch in diesen Fällen die Ausreisegenehmigungen nach den genannten Verfahren erteilt werden können."[262]

Am letzten Wort dieser Passage („können") nahm die CDU/CSU Anstoß und machte schließlich von seiner Streichung ihre Zustimmung abhängig. In einem neuerlichen diplomatischen Kraftakt konnte buchstäblich in letzter Stunde das polnische Einverständnis zu dieser Streichung und zu der auf diese Weise bestimmter gewordenen Formulierung erreicht werden; darauf billigte der Bundesrat am 12. März 1976 mit den Stimmen auch der CDU/CSU-geführten Länder das Rentenabkommen – und machte so den Weg für das Inkrafttreten der gesamten Vereinbarungen vom 9. Oktober 1975 frei.[263] Am 24. März 1976 wurden dann in Bonn die Ratifikationsurkunden zum Rentenabkommen ausgetauscht; die Bundesrepublik Deutschland bestätigte gleichzeitig, wie in der Pauschalen-Vereinbarung vorgesehen, das Vorliegen der innerstaatlichen Voraussetzungen für ihr Inkrafttreten (mit dem Rentenabkommen am 1. Mai 1976) und nahm die Mitteilung entgegen, daß der polnische Staatsrat dem Ausreiseprotokoll zugestimmt habe.[264] Auch die polnische Antwort auf das oben behandelte korrigierte Schreiben des deutschen Außenministers wurde (unter dem Datum des 15. März 1976) nochmals förmlich mitgeteilt: Der polnische Außenminister stellte „mit Genugtuung" fest,

> „daß meinem Verständnis nach die in Ihrem Brief enthaltenen Feststellungen dem Inhalt der Erklärung entsprechen, die ich der Polnischen Presseagentur am

9. März 1976 gegeben habe, und in diesem Sinne kann ich die in Ihrem oben erwähnten Brief enthaltenen Ansichten teilen".

Wer die Kette der Erklärungen zurückverfolgt, die auf diese Weise miteinander verbunden werden, sieht unschwer, daß der Dialog kein schlüssiges Ergebnis hat: Die Erklärung des polnischen Außenministers gegenüber seiner Presseagentur hatte nur die „möglichst zügige Bearbeitung" der Anträge in Aussicht gestellt. Außenminister Genscher stützte daher seine Auffassung, daß auch nach den 4 Jahren die Ausreisegenehmigungen „erteilt werden (ursprünglich: können)" (Schreiben vom 9. März 1976) nicht auf das Presse-Interview, sondern auf „Information" und „Offenhalte-Klausel".

Obwohl das Genscher'sche Schreiben mit den Polen abgestimmt worden war, fiel Olszowski nun in seinem letzten Schreiben wieder auf seine Position aus dem Interview zurück, in dem er Genschers Feststellungen (entgegen ihrem Wortlaut) der Presseerklärung „entsprechen" läßt und dann erst „in diesem Sinne" Genscher's „Ansichten teilen (kann)". Das polnische Einverständnis zu dem – korrigierten – Genscher-Brief wird also, wenn es später darauf ankommt, nicht so sehr mit der oben zitierten Antwort Olszowski's, sondern eher mit der vorher bei der Abstimmung des Genscher-Briefs erteilten – unveröffentlichten – polnischen Einwilligung belegt werden können.

3. Würdigung – Die „Unschärfe-Relation"

Der Warschauer Vertrag hatte die durchgreifende Sanierung des deutsch-polnischen Verhältnisses nicht geleistet, weil wichtige Bereiche (vornehmlich Aussiedlung und individuelle Wiedergutmachung) nicht erledigt worden waren. Die ergänzenden deutsch-polnischen Vereinbarungen haben hier in einer kostspieligen, aber notwendigen Operation eingegriffen. Der erzielte Heilungserfolg ist aber noch nicht vollständig.

Wie lange in Polen die Befriedigung über die ausgehandelten wirtschaftlichen Hilfen andauert, ist schwer abzusehen. Der Besuch des polnischen Ersten Sekretärs Gierek in der Bundesrepublik im Juni 1976 hat nach seinem von beiden Seiten recht positiv gewürdigten Verlauf[265] Hoffnungen geweckt. Versiegt aber der Goodwill vor der Abreise des letzten ausreisewilligen Deutschen, so bleiben jenseits der fest zugesagten 125 000 Ausreisegenehmigungen als polnische völkerrechtliche Verpflichtung noch die Offenhalte-Klausel des Ausreiseprotokolls und ihre Bestätigung aus Anlaß des vorstehend abgehandelten Briefwechsels.

Die Briefwechsel und Erklärungen veränderten, wie bei Regierung und Opposition bemerkt, „kein Jota" an dem Protokolltext;[266] dennoch halfen sie den jenseits der 125 000 noch verbleibenden Deutschen einen Schritt weiter auf dem Wege von der Möglichkeit zur Gewißheit einer Ausreise.

Die mit jenem Schritt zurückgelegte Wegstrecke liegt in der weiten Zone zwischen erklärter politischer Absicht und übernommener rechtlicher Verpflichtung. In dieser Zone pflegt bei neuralgischen Problemen, und daher besonders häufig im Ost-West-Dialog, die Klarheit einer Aussage mit dem Grad ihrer Verbindlichkeit abzunehmen: Vom deutsch-sowjetischen Handschlag zur Freilassung der deutschen Kriegsgefangenen,[267] der wohl verbindlich, aber nicht klar umschrieben war, über das Berlin-Abkommen der Vier Mächte, bei dem abschnittweise die Verbindlichkeit die Klarheit verdrängt,[268] bis zum amerikanisch-chinesischen Communiqué von Schanghai,[269] das bei aller Klarheit nicht völkerrechtlich verpflichtete. Man könnte – als Erfahrungssatz, nicht Naturgesetz – geradezu eine „Unschärfe-Relation" formulieren, nach welcher dem ideologischen Abstand der Kontrahenten die Distanz zwischen Klarheit und Verbindlichkeit im Kontrakt entspricht.

Diese „Unschärfe-Relation" charakterisiert zwangsläufig auch den neuralgischen Ausreisekomplex. Es wäre hier – wie auch in anderen Fällen – leichter gewesen, an nichts als kautelarischen Prinzipien delikate politische und humanitäre Gegenstände zu messen, alles klar und verbindlich zu verlangen, nichts zu bekommen und hernach mit guten vertragsjuristischen Argumenten zu erklären, warum der unglückliche Lauf der Dinge nicht aufgehalten werden konnte. Bundesregierung und (mit der Zustimmung im Bundesrat) auch die Mehrheit der Opposition haben in Kenntnis der Gefahren den schwierigeren Weg gewählt, um der sich anderem Zugang verschließenden guten Sache willen.

Nach diesem Exkurs soll nunmehr den grundlegenden Verträgen von Moskau und Warschau und ihrem Inkrafttreten zurückgekehrt werden.

E. Die Ratifizierung der Verträge von Moskau und Warschau

Die Ratifizierung dieser beiden Ostverträge verdient eine kurze gesonderte Betrachtung.

1. Der Zusammenhang mit der Berlin-Regelung

Nicht nur aus der Hackordnung des sozialistischen Lagers, sondern auch aus der Einsicht, daß Entspannungspolitik nach Osten ohne die Sowjetunion nicht möglich sein werde, folgte, daß der Warschauer Vertrag nicht ohne den Moskauer in Kraft gesetzt werden konnte. Im übrigen waren zwar gewichtige Mitglieder der Bundesregierung ursprünglich der Auffassung gewesen, der mit den Verträgen in Moskau und Warschau gewonnene Goodwill könne am besten nach einer raschen Ratifizierung genützt werden; es setzte sich dann aber die Ansicht durch, daß es dringender sei, jegliches sowjetisches Interesse an der Ratifizierung der Verträge für Berlin zu nutzen, das heißt, in den Verhandlungen (der Vier Mächte und danach der Deutschen) über eine Berlin-Regelung. Das Schicksal der Verträge wurde also von der deutschen Seite an eine befriedigende Berlin-Regelung gebunden; diese wiederum war für die Sowjetunion, die eine gewisse Enttäuschung kaum verbarg, nicht ohne die Verträge akzeptabel. Alle Beteiligten vermieden ängstlich den Ausdruck „Junktim", stellten sich aber auf die so geschaffenen Zusammenhänge ein.[270]

Es ging daher zunächst um die Aushandelung der weiter unten dargestellten Berlin-Regelung. Die Vier Mächte hatten ihr Rahmenabkommen zum September 1971 fertiggestellt. Daran schlossen sich die deutsch/deutschen Verhandlungen über die Ausfüllungsregelungen an auf den zwei Schienen Bundesregierung/DDR-Regierung für den Berlin-Verkehr im weitesten Sinne und westberliner Senat/DDR-Regierung für Besuchsregelungen und Gebietsaustausch; auch diese Verhandlungen wurden noch im Dezember 1971 mit der Unterzeichnung entsprechender Abkommen abgeschlossen. Damit lagen Ostverträge und Berlin-Regelung zum gleichzeitigen Inkrafttreten bereit.

2. Die „Gemeinsame Entschließung"

Das erste Halbjahr 1972 war dann ausgefüllt mit dem Kampf um die Ratifizierung. Nachdem die Koalition bei der Abstimmung über das Mißtrauensvotum im Bundestag im April die Mehrheit verloren hatte[271] (es stimmten weniger als die Hälfte der Abgeordneten ausdrücklich für den Bundeskanzler), wurde die Verantwortung der Opposition für das Schicksal der Ostverträge deutlich. Von ihrem Einlenken hing alles ab. Es ist die bisher kaum gewürdigte Leistung des Oppositionsführers Dr. Barzel und einiger Mitstreiter wie Prof. Mikat, ihre Fraktion für das Passierenlassen der Verträge gewonnen zu haben.[272] Dies erforderte einen völligen Wechsel des zuvor gegenüber dem Wähler vertretenen Kurses. Man mache sich, um die Weite dieses Schrittes abzumessen, nur einmal klar, welche Schwierigkeiten es etwa der SPD-Fraktionsführung bereitet haben würde, ihre Fraktion innerhalb weniger Tage auf eine Ablehnung der Ostverträge einzuschwören.

Der Kurswechsel der Opposition wurde durch eine „Gemeinsame Entschließung" von Bundestag und Bundesrat erleichtert.[273] Sie ist eine Kompilation vorangegangener Äußerungen von Vertretern des Regierungslagers. Der Kern dieser gemeinsamen Entschließung liegt in ihrer Ziffer 1, derzufolge die Ostverträge

> „wichtige Elemente des Modus vivendi (sind), den die Bundesrepublik Deutschland mit ihren östlichen Nachbarn herstellen will."

Der Begriff „Modus vivendi" konnte von der Sowjetunion nur mühsam toleriert werden, in Warschau rief er offiziösen Widerspruch hervor,[274] da er nicht in das Konzept von der Endgültigkeit der Grenzregelung paßt. Damit wurde er zu einem Reizwort, auf das die Opposition auch künftig die Bundesregierung, etwa hinsichtlich des Grundlagenvertrages festzulegen sich bemühte, und das in Warschau und Ostberlin immer zurückgewiesen wurde. Weitere Ziffern der gemeinsamen Entschließung betonten, daß Verpflichtungen nur im Namen der Bundesrepublik Deutschland übernommen worden seien (hielten damit den gesamtdeutschen Souverän frei), daß keine Rechtsgrundlagen für die bestehenden Grenzen geschaffen und daß mit der Forderung nach Verwirklichung des Selbstbestimmungsrechtes keine „Gebiets- oder Grenzänderungsansprüche" erhoben würden. Die Entschließung wurde auch den Vertragspartnern als für die Bundesrepublik verbindliche Interpretation der Verträge bekanntgemacht. Der Umfang ihrer völkerrechtlichen Wirksamkeit dürfte zweifelhaft sein, da dieses Verfahren nicht ohne weiteres unter eine der Interpretationsregeln subsumierbar ist, die das Völkerrecht aufgestellt hat.[275]

3. Die östlichen Zugaben

Gleichzeitig fand aber eine Nachbesserung durch die Sowjetunion, zumindest nicht ohne ihre Mitwirkung, in drei wichtigen Fragen statt, die die Opposition vorher im Bundestag gestellt hatte: Generalsekretär Breschnjew sprach erstmals in vorsichtiger Formulierung die Europäische Gemeinschaft an[276] und trug so zur Zerstreuung von Argwohn bei, die Sowjetunion wolle mit ihrer Westpolitik die Europäische Gemeinschaft spalten. Ferner sagte die Sowjetunion zu, den Brief zur deutschen Einheit förmlich in das Ratifizierungsverfahren des Obersten Sowjets einzuführen.[277] Da, wie oben gezeigt, der Brief schon vorher völkerrechtswirksam entgegengenommen war, änderte dieses Verfahren die Völkerrechtslage nicht, aber politisch bedeutete es ein erhebliches Zugeständnis wegen der gesteigerten Publizität, die Verhandlungen im Obersten Sowjet im gesamten Ostblock genießen. So erfuhren z.B. die Zeitungsleser in der DDR, daß der sowjetische Außenminister einen Brief seines westdeutschen Kollegen entgegengenommen hatte, in dem dieser als Ziel der Bundesrepublik die Wiedervereinigung der beiden deutschen Staaten proklamierte. Die dritte Draufgabe waren die freundlichen Formulierungen von der Organisierung des Nebeneinanders, später auch des Miteinanders der Deutschen, die der 1. Sekretär der SED, Honecker, in jenen Tagen fand.[278] Dies konnte in der Bundesrepublik als ein Winken mit menschlichen Erleichterungen aufgefaßt werden.

4. Das Inkrafttreten

Daraufhin passierten am 17. Mai 1972 die Ostverträge und die gemeinsame Entschließung den Bundestag: Der Moskauer Vertrag mit einem Abstimmungsergebnis von 248 zustimmenden und 10 ablehnenden Stimmen, während der größte Teil der Opposition (238) sich der Stimme enthielt; der Warschauer Vertrag mit 248 zustimmenden und 17 Gegenstimmen bei Stimmenthaltung der übrigen (231) CDU/CSU-Fraktionsmitglieder, die gemeinsame Entschließung mit 513 Stimmen bei 5 Enthaltungen. Zur absoluten Mehrheit aller Stimmberechtigten fehlte der Koalition bei den Verträgen jeweils eine, die 249. Stimme; die Verträge hätten also immer noch von der CDU/CSU-Mehrheit im Bundesrat angegriffen und, bei gleichbleibendem Abstimmungsergebnis im Bundestag, zu Fall gebracht werden können. Aber auch im Bundesrat ließ die Opposition die Verträge am 19. Mai mit den Stimmen der SPD-regierten Länder bei Enthaltung der CDU/CSU-regierten Länder passieren; der gemeinsamen Resolution stimmten alle Länder zu.[279]

Am 3. Juni 1972 traten dann das Berlin-Abkommen durch die Unterzeichnung seitens der Außenminister der Vier Mächte in Berlin und die Verträge von Moskau und Warschau durch Austausch der Ratifizierungsurkunden in Bonn in Kraft. Der Text der deutschen Ratifizierungsurkunde zum Moskauer Vertrag, der ursprünglich alle Teile des Vertragswerkes hatte nennen wollen, wurde kurzfristig noch auf Wunsch der Sowjetunion dadurch entschärft, daß er statt dessen auf das Ratifikationsgesetz Bezug nahm, das ja seinerseits alle Vertragsteile, also auch den Brief zur deutschen Einheit und die Notenwechsel mit den Westmächten, einschloß.[280]

Zur Zeit der hitzigen innenpolitischen Diskussionen waren auch Meinungen laut geworden, die die Verfassungsmäßigkeit der Verträge von Moskau und Warschau bezweifelten.[281] Dabei ging es vor allem – materiell – um eine angebliche Verletzung des Wiedervereinigungsgebots aus der Präambel des Grundgesetzes durch die Grenzregelung, ferner – prozedural – um die verstärkte Mitwirkung des Bundesrates und das Erfordernis einer größeren Bundestagsmehrheit bei der Ratifizierung. Diese Bedenken gegen die materielle oder prozedurale Verfassungsmäßigkeit hat sich kein Gericht und auch keine zu Verfassungsklagen berechtigte politische Institution zu eigen machen wollen; das Bundesverfassungsgericht verwarf 1975 entsprechende Verfassungsbeschwerden.[282]

F. Der Prager Vertrag

Für die Bundesregierung bildete ihre Vertragsoffensive gegenüber den östlichen Nachbarn (im weiteren Sinne) so, wie es in Ziffer 5 des Bahrpapiers gesagt worden war, „ein einheitliches Ganzes". Dies schloß, wie schon eingangs bemerkt, eine gewisse Reihenfolge nicht aus.

1. Der Verhandlungsablauf

Nachdem man am 12. August 1970 den Moskauer Vertrag unterzeichnet hatte und nachdem am 7. Oktober des gleichen Jahres der Meinungsaustausch mit Polen erfolgreich beendet und die Aufnahme der Schlußverhandlungen beschlossen worden waren, entsandte die Bundesregierung schon eine Woche später (13./14. Oktober 1970) einen Beamten zu ersten offiziellen Sondierungen nach Prag.[283] Das Ergebnis war nicht ermutigend. Es dauerte ein halbes Jahr, ehe die Bundesregierung einen neuerlichen Anlauf in Prag unternahm, diesmal durch den damaligen Staatssekretär des Auswärtigen Amtes, Dr. Frank, der inzwischen seinen in den Ruhestand getretenen Vorgänger, Duckwitz, den deutschen Verhandlungsführer beim Vertrag von Warschau, abgelöst hatte, und der jetzt die bundesrepublikanische Delegation leitete.[284] Abwechselnd in Bonn und Prag fanden in großen zeitlichen Abständen Sondierungsgespräche statt, die bis zum Sommer 1972 zu keiner wesentlichen Annäherung der Standpunkte führten. Erst eine anschließende längere „Denkpause" brachte die Dinge wieder in Bewegung; im Februar 1973 – die Verträge von Moskau und Warschau und das Berlin-Abkommen waren mittlerweile in Kraft und die Verhandlungen mit der DDR soweit fortgeschritten, daß der Grundlagenvertrag zur Ratifizierung anstand – signalisierten einander in öffentlichen Reden Bundeskanzler Brandt und KP-Chef Husak zusätzliche Verständigungsbereitschaft.[285] Darauf wurden die Sondierungsgespräche wieder aufgenommen und schon im April des Jahres erfolgreich beendet; am 7. Mai begannen die offiziellen Verhandlungen der Außenminister, am 20. Juni 1973 wurde das Vertragswerk in Bonn paraphiert.[286]

Vor der Unterzeichnung mußte aber noch eine letzte Hürde genommen werden, die erst jetzt errichtet bzw. entdeckt worden war. Zunächst Polen, dann auch andere Ostblockstaaten begannen, das Berlin-Abkommen der Vier Mächte in einem speziellen Punkt (Rechtshilfe für westberliner Gerichte) recht restriktiv auszulegen.[287] Erst als Außenminister Scheel im November des Jahres in Moskau eine Abmachung[288] traf, wonach sich die

Sowjetunion bereit erklärte, bestimmte Lösungen dieser Frage ins Auge zu fassen, fand sich die CSSR zu entsprechendem Einlenken in einem Notenwechsel vom 23./27. November 1973[289] bereit. Einzelheiten sind im übernächsten Kapitel[290] dargestellt. Damit war der Weg frei zur Unterzeichnung des Vertrages in Prag durch Bundeskanzler Brandt und Außenminister Scheel auf deutscher, Ministerpräsident Strougal und Außenminister Chnoupek auf tschechoslowakischer Seite (11. Dezember 1973). An jenem Tag wurden auch die diplomatischen Beziehungen zwischen beiden Staaten (bislang gab es nur Handelsmissionen) aufgenommen.[291]

Aber die CDU/CSU, die in der Ablehnung der Ostverträge inzwischen Tritt gefaßt hatte, gestaltete mit ihrer Mehrheit im Bundesrat die Ratifizierung noch zu einem wahren Hindernislauf: Ablehnung des Vertrages im Bundesrat im März 1974, Zustimmung durch den Bundestag (mit den Stimmen der Koalition) am 20. Juni, tags darauf Anrufung des Vermittlungsausschusses durch den Bundesrat, 6 Tage später Zurückweisung dieser Anrufung durch den Vermittlungsausschuß (in dem die Koalition die Mehrheit hatte), daraufhin förmlicher Einspruch des Bundesrates am 1. Juli, schließlich Zurückweisung dieses Einspruchs – und damit Ratifizierung – durch den Bundestag am 10. Juli 1974.[292]

Nachdem am 15. Juli auch die CSSR das Vertragswerk ratifiziert hatte, fand am 19. Juli 1974 in Bonn der Austausch der Ratifikationsurkunden statt; der Vertrag trat gemäß seinem Artikel VI am gleichen Tag in Kraft. Durch die Wahl des bisherigen Außenministers Scheel zum Bundespräsidenten und den Rücktritt von Bundeskanzler Brandt wegen des Spionagefalles Guillaume im Mai jenes Jahres hatten in der Schlußphase neue Amtsinhaber für die Ratifizierung gestritten, nämlich Außenminister Genscher und Bundeskanzler Schmidt.

2. Das Münchener Abkommen

Was war nun der Gegenstand dieses zähen Ringens erst der Vertragspartner, dann der westdeutschen politischen Parteien? Es ging letztlich, wie schon oben[293] im Kapitel über das Bahrpapier ausgeführt, um den Zeitpunkt (von Anfang an oder später), ab welchem das sog. Münchener Abkommen ungültig sein sollte, und darum, ob über den Zeitpunkt überhaupt eine vertragliche Aussage erforderlich sei.

Das Münchener Abkommen hatte 1938 die Sudetenkrise abgeschlossen.[294] Die Sudetendeutsche Partei hatte damals mit zunehmendem Nachdruck von der Tschechoslowakischen Regierung die Selbstverwaltung für das sudetendeutsche Gebiet (ca. 2,5 Millionen Einwohner) gefordert. Hitler unterstützte diese Forderung, indem er zunächst ein Selbstbestimmungsrecht für die Sudetendeutschen, dann offen den Anschluß der Sudeten an das Reich verlangte. England und Frankreich, Bündnis- und quasi

Schutzmächte der Tschechoslowakei,[295] gingen auf diese Forderung ein und erreichten mit erheblichem Druck in einem Notenwechsel zwischen Paris, London und Prag (19./21. September 1938) die Zustimmung der Tschechoslowakei. Als der britische Premierminister am folgenden Tag Hitler dieses Ergebnis überbrachte, forderte der die bedingungslose Übergabe der fraglichen Gebiete schon zum 1. Oktober. Diese „neuen und grausamen Forderungen" wurden von der Tschechoslowakei abgelehnt. Daraufhin kam durch Vermittlung Mussolinis die Münchener Konferenz zustande, an der das Deutsche Reich, England, Frankreich und Italien teilnahmen, nicht aber die Tschechoslowakei selbst; die Konferenz endete am 29. September 1938 mit dem sog. Münchener Abkommen.[296]

Das Münchener Abkommen verweist in der Präambel auf das vorhergehende „Abkommen, das hinsichtlich der Abtretung des sudetendeutschen Gebietes bereits grundsätzlich erzielt wurde" und regelt die „Bedingungen und Modalitäten dieser Abtretung". Die Übergabe „des vorwiegend deutschen Gebietes" hatte in der ersten Oktoberwoche, also sofort stattzufinden, in bestimmten Gebieten wurden Volksabstimmungen vorgesehen und „die endgültige Festlegung der Grenzen" einem besonderen internationalen Ausschuß vorbehalten. Schließlich mußte die tschechoslowakische Regierung Sudetendeutsche, die dies wünschten, aus der Armee und sudetendeutsche politische Gefangene aus den Haftanstalten entlassen. Eine zusätzliche Erklärung sah eine weitere Zusammenkunft der vier Regierungschefs vor, falls die Tschechoslowakei nicht in Dreimonatsfrist auch „das Problem der polnischen und ungarischen Minderheiten" gelöst haben werde. Die tschechoslowakische Regierung, als Betroffene von diesem Abkommen am 30. September morgens ultimativ („Antwort bis Mittag") unterrichtet, beschloß fristgerecht, „die Münchener Beschlüsse der vier Großmächte anzunehmen. Die Regierung tat dies bewußt dessen, daß es notwendig ist, die Nation zu erhalten und daß es heute nicht möglich ist, eine andere Entscheidung zu treffen ... sie richtet gleichzeitig an die ganze Welt ihren Protest gegen einen solchen Beschluß, der einseitig ohne ihre Teilnahme erbracht wurde". Der 30. September wurde zum nationalen Trauertag erklärt.

Die Hauptübereinkunft betreffend die Abtretung des Sudetenlands bestand also aus dem Notenwechsel vom 19./21. September, dem die Reichsregierung spätestens mit dem Münchener Abkommen zustimmte, und dem Münchener Abkommen vom 29. September 1938 selbst, dem die tschechoslowakische Regierung am folgenden Tage zustimmte: im einzelnen dürften von September 1938 bis Januar 1939 in dieser Sache über 50 Vereinbarungen getroffen worden sein, darunter die Festlegung der neuen Grenzen durch den im Münchener Abkommen vorgesehenen internationalen Ausschuß, der Staatsangehörigkeits- und Optionsvertrag vom November und der Vertrag über die Überleitung der Rechtspflege vom Dezember 1938.[297]

3. Die spätere Haltung der beteiligten Staaten

England, Frankreich und Italien haben sich während des Krieges vom Münchener Abkommen mit unterschiedlichen Formulierungen distanziert.[298] Mit Note vom 5. August 1942 an die tschechoslowakische Exilregierung erklärte die britische Regierung, daß sie sich als der Verpflichtungen des Münchener Abkommens ledig betrachte, da das Deutsche Reich das Abkommen zunichte gemacht habe; bei der Grenzfestlegung nach dem Kriege würden die Veränderungen von 1938 keine Rolle spielen. Von einer Nichtigkeit des Abkommens von Anfang an war hier nicht die Rede; die britische Regierung hat sich auch später nie zu einer solchen Erklärung verstanden. Das französische Nationalkomitee General de Gaulle's hielt sich weniger zurück; für das „Kämpfende Frankreich" erklärte es am 29. September 1942 das Abkommen für „nul et non avenu". Dieser Erklärung schloß sich am 26. September 1944 die italienische Regierung Badoglio an.

Tschechoslowakische Regierungen haben die französische und italienische Erklärung begrüßt; der Beifall für die britische Haltung war kontrollierter; 1942 bezeichnete die tschechoslowakische Antwortnote die britische Erklärung noch als „praktikable Lösung", 1972 verwies man auf die britische Furcht vor einer Präzedenzwirkung auf Abkommen, die England früher seinen Kolonien aufgezwungen habe.[299]

4. Die Haltung der deutschen Staaten

Zur Erklärung der Hartnäckigkeit, mit der die CSSR nach dem Kriege die Annullierung des Münchener Abkommens auch von deutscher Seite forderte, genügen juristische und politische Motive nicht. Schon der Versailler Vertrag, obwohl eindeutige Folge eines unbestreitbar verlorenen Krieges, hatte (in Deutschland) zu rational nicht mehr immer faßbaren Reaktionen geführt; um wieviel mehr mußte sich die mitten im Frieden auferlegte Gebietsabtretung, erzwungen durch Gewaltandrohung seitens des übermächtigen Nachbarn und ermöglicht durch das Zurückweichen, ja durch ein Kollaborieren der Bündnis- und Schutzmächte – um wieviel mehr mußte eine solche Vergewaltigung in der Tschechoslowakei ein Trauma hinterlassen. Jenes Trauma muß mit herangezogen werden.[300]

Den beiden deutschen Staaten, die der Tschechoslowakei für die Erledigung dieses Komplexes hinsichtlich des letzten – und wichtigsten – Abkommenspartners zur Verfügung standen, fehlte wohl zunächst die Bereitschaft zu einem formaljuristischen Entgegenkommen in diesem Punkt.

Die DDR verabschiedete im Juni 1950 eine gemeinsame Deklaration mit der CSR „betreffend die Umsiedlung und Fragen der Gebiets- und Grenzansprüche".[301] In ihr wird das Münchener Abkommen nicht erwähnt, wohl aber, daß DDR und CSR „keine Gebiets- und Grenzansprüche" haben und daß „die durchgeführte Umsiedlung der Deutschen aus der Tschechoslowakischen Republik unabänderlich, gerecht und endgültig gelöst" sei. Weiter als in dieser nachträglichen Legitimierung der Vertreibung der Sudetendeutschen mochte die „provisorische Regierung der DDR" noch nicht gehen. Erst 17 Jahre später, in Artikel 7 des Freundschafts- und Beistandsvertrages vom März 1967[302] wurde die Annullierung des Münchener Abkommens nachgeholt; den Verzug machte die DDR durch rückhaltlose Übernahme der Formel wett, welche die CSSR generell im Ostblock durchsetzte (so z.B. später in ihrem Freundschaftsvertrag mit der Sowjetunion vom Mai 1970, der oben[303] erwähnt wurde); die CSSR und ihr Partner, im vorliegenden Fall die DDR,

> „stellen fest, daß das Münchener Abkommen vom 29. September 1938 mit Androhung eines Aggressionskrieges sowie der Anwendung von Gewalt gegenüber der Tschechoslowakei zustande gekommen ist, daß es Bestandteil der verbrecherischen Verschwörung des nazistischen Deutschlands gegen den Frieden und eine grobe Verletzung der bereits damals geltenden elementaren Regeln des Völkerrechts darstellte und daß deshalb dieses Abkommen von Anfang an ungültig war, mit allen sich daraus ergebenden Folgen."

Zwar sorgten innerstaatliche Regelungen der CSSR dafür, daß die „sich daraus ergebenden Folgen" nicht zu weiteren Härten gegenüber sudetendeutschen DDR-Bewohnern führten, der Vertrag selbst sagt darüber aber nichts – ein Beispiel für die vertrauensvolle „Achtung der Souveränität und der Nichteinmischung in die inneren Angelegenheiten der anderen Seite" (Artikel 1 des gleichen Vertrages) unter sozialistischen Staaten.

Die Bundesrepublik Deutschland hatte zur Zeit des kalten Krieges wenig Veranlassung, den tschechoslowakischen Vorstellungen näher zu treten, legte allerdings immer Wert auf die Feststellung, keine territorialen Ansprüche gegen die CSSR zu erheben.

In der Erhard'schen Friedensnote vom März 1966[304] hieß es, „daß das Münchener Abkommen aus dem Jahre 1938 von Hitler zerrissen wurde und keine territoriale Bedeutung mehr hat".

Bundeskanzler Kiesinger wurde in seiner Regierungserklärung vom Dezember des gleichen Jahres etwas präziser: Er „stimmt der Auffassung zu, daß das unter Androhung von Gewalt zustande gekommene Münchener Abkommen nicht mehr gültig ist", fügt aber sogleich hinzu, daß noch Probleme bestünden, die einer Lösung bedürften, „wie zum Beispiel das des Staatsangehörigkeitsrechts". Die Bundesregierung sei sich ihrer „Obhutspflicht gegenüber den sudetendeutschen Landsleuten bewußt". Die tschechoslowakischen Vorstellungen einer Nichtigkeit des Münchener Abkommens von Anfang an wies Kiesinger kurze Zeit später von Paris aus (Januar 1967) noch einmal zurück: Man solle es bei dem „Nicht-mehr-Gültig" bewenden lassen.[305]

Es boten sich viele Argumente für diese Entscheidung an:[306] Das Reich hatte sich in der Gesellschaft respektabler Partner befunden, die ihrerseits nicht alle den verlangten Schritt zu tun bereit waren; an dem Notenwechsel, der die Gebietsabtretung im Grundsatz beschloß, hatte sich Deutschland gar nicht beteiligt, er war daher auch deutscherseits nicht aufzuheben; die Sudetengrenze war durch die Verträge von Versailles und Saint-Germain in der Tat ethnisch nicht richtig gezogen worden; völkerrechtlich war eine Nichtigkeit von Anfang an kaum zu begründen, da jedenfalls die damals herrschende Rechtsauffassung nicht jeden unter Druck abgeschlossenen Vertrag für nichtig hielt (wohin wäre man da auch gekommen!); die staats-, straf- und zivilrechtlichen Konsequenzen einer rückwirkenden Nullifizierung (Staatsangehörigkeit und Strafbarkeit der Sudetendeutschen, Wirksamkeit von Hoheitsakten, insbesondere von Personenstandsakten etc.) waren kaum abzusehen; während die Ostpolitik Realpolitik sein sollte, wurde hier die juristische Aufhebung einer Realität verlangt, die Jahre hindurch Bestand gehabt hatte. Und könnte nicht schließlich der Fortfall des Münchener Abkommens die Sudetendeutschen nachträglich zu einer Volksgruppe machen, die die Tschechoslowakei nach dem Kriege legalerweise aus tschechischem Territorium hatte ausweisen, d.h. vertreiben dürfen? Die oben zitierte CSR/DDR Deklaration von 1950 legte mit ihrer Legitimierung der Vertreibung diese Befürchtung nahe.

Die CSSR zeigte sich von diesen Argumenten und Sorgen ebensowenig beeindruckt wie von dem Vorschlag der Bundesregierung, das Münchener Abkommen ganz aus dem Vertrag heraus zu lassen und durch eine Erklärung zur gegenwärtigen Grenze zwischen der BRD und der CSSR, die ja die „vormünchener" ist, das Problem indirekt anzugehen.[307] Allerdings konnte die Bundesrepublik auch hier wiederum nicht soweit gehen, wie es der tschechoslowakischen Auffassung entsprochen hätte, und etwa die Kontinuität der deutsch-tschechoslowakischen Staatsgrenze auch für die Jahre von 1938 bis 1945 bestätigen.

In diesem Stadium half die oben[308] erwähnte „Denkpause". In der Bundesrepublik setzte sich die Auffassung durch, daß man nicht zulassen dürfe, daß ein allseits als Unrecht verurteiltes, überholtes Abkommen die Verständigung zwischen zwei Nachbarvölkern blockiere; die CSSR mußte, nachdem ihr Vertrag als einziger der gesamten Ostverträge auf der Strecke geblieben war, befürchten, daß die Entspannungspolitik an ihr vorbeigehen werde und sie nicht unbefristet auf die Solidarität ihrer Bündnispartner rechnen könne. Sie verzichtete daher auf die eindeutige Fixierung ihres Standpunktes und akzeptierte eine auch für die Bundesrepublik tragbare Formulierung. Ein Symptom für die Schwächung der CSSR-Position durch Zeitablauf war dann die Bereitschaft, schon zur Unterzeichnung des Vertrages, als niemand sein Inkrafttreten garantieren konnte, die deutscherseits immer wieder gewünschten[309] diplomatischen Beziehungen aufzunehmen; Polen hatte für diesen Schritt noch nach Inkrafttreten seines

Vertrages ein weiteres Vierteljahr benötigt. (Der Fall der DDR ist nicht vergleichbar, weil dort erst die Details der zu eröffnenden ständigen Vertretungen ausgehandelt werden mußten.)[310]

5. Der Inhalt des Vertragswerks

Das Vertragswerk von Prag[311] besteht laut dem Unterzeichnungsprotokoll aus folgenden, vom 11. Dezember 1973 datierenden Teilen:

1. dem „Vertrag über die gegenseitigen Beziehungen";
2. dem „Briefwechsel über die Erstreckung des Artikels II des Vertrages ... und über die Erstreckung weiterer Verträge im Sinne des Artikels V dieses Vertrages auf Berlin (West)";
3. dem „Briefwechsel über die Regelung humanitärer Fragen" (Aussiedlung);
4. dem „Brief über Fragen der Strafverfolgung" des tschechoslowakischen Außenministers im Zusammenhang mit Artikel II des Vertrages.

Zum Vertragswerk gehören ferner, auch ohne veröffentlicht worden und im Unterzeichnungsprotokoll aufgeführt zu sein, die Vereinbarung der Aufnahme diplomatischer Beziehungen vom und zum Datum der Vertragsunterzeichnung (11. Dezember 1973),[312] weiter, im Zusammenhang damit ein für die Bundesrepublik außerordentlich wichtiger Briefwechsel, der klarstellt, daß die BRD in der CSSR ihre konsularischen Dienste (im Einklang mit dem Berlin-Abkommen) auch für die Westberliner ausübt,[313] sowie schließlich zu der virulent gewordenen Spezialfrage der Rechtshilfeersuchen westberliner Gerichte der oben erwähnte und im übernächsten Kapitel[314] behandelte Notenwechsel vom 23./27. November 1973 „zur Frage der Gewährung von Rechtshilfe".

a) Der Vertrag

Für den Moskauer Vertrag hatte man keine Überschrift gefunden, für den Warschauer nur eine recht umständliche („über die Grundlagen der Normalisierung ihrer gegenseitigen Beziehungen"); in Prag mochte man den eigentlichen Gegenstand, das Münchener Abkommen, in der Überschrift nicht mehr ansprechen, wollte aber auf eine Überschrift auch nicht verzichten. Man hielt sich daher an die des Warschauer Vertrages, die man auf ihren, zugegebenermaßen etwas pauschalen, Kern reduzierte: „Vertrag über die gegenseitigen Beziehungen".

Präambel

Wie um diese karge Überschrift wettzumachen, leitet sich die Präambel mit zwei eher deklamatorischen Absätzen ein:

„In der historischen Erkenntnis, daß das harmonische Zusammenleben der Völker in Europa ein Erfordernis des Friedens bildet,

IN DEM FESTEN WILLEN, ein für allemal mit der unheilvollen Vergangenheit in ihren Beziehungen ein Ende zu machen, vor allem im Zusammenhang mit dem zweiten Weltkrieg, der den europäischen Völkern unermeßliches Leiden zugefügt hat,"

„Frieden" und „harmonisches Zusammenleben der Völker" sind nahezu das gleiche und können als gegenseitiges „Erfordernis" erkannt werden. „Historisch" ist diese Erkenntnis aber nur, soweit sie aus der Geschichte gewonnen wurde. Im folgenden Absatz wird der sinntragende Begriff „unheilvoll" in der adjektivischen Stellung recht unauffällig plaziert; beendet werden soll nicht die Vergangenheit – die dessen wohl kaum bedarf – sondern das sie kennzeichnende Unheil. Wenn dies dann „vor allem im Zusammenhang mit" dem letzten Krieg geschehen soll, dann erschließt sich der Sinn nicht von selbst und es kann zu dem Einwand kommen, die Präambel erlaube den Schluß, auch unter die Vertreibung und die Konfiskation des sudetendeutschen Vermögens solle ein Schlußstrich gezogen werden.[315] Diesem Einwand ist entgegenzuhalten, daß der „feste Wille", die unheilvolle Vergangenheit zu beenden, als Präambelpassus keine operative, sondern nur interpretatorische Bedeutung hat; für den von den CDU/CSU-geführten Ländern erhobenen Einwand fehlt aber im operativen Teil des Vertrages die Grundlage; ein klarstellender Vorbehalt, wie ihn die Bundesregierung beim Warschauer Vertrag noch angebracht hatte,[316] wurde nicht mehr für nötig gehalten.

Beide Präambelsätze sind ein vorzügliches Beispiel dafür, wie eine Formulierung bei ungezählten Streichungen und Beifügungen nach jahrelangen internen und bilateralen Verhandlungen zum Schluß stehen bleibt, nicht weil sie endlich eine bestimmte Auffassung wiedergibt, sondern weil sie keine mehr verletzt. Im vorliegenden Fall ging es – wie schon im Warschauer Vertrag – vornehmlich darum, ob in die Präambel die Verurteilung eines Vertragspartners bzw. beider wegen früherer Taten (deutsche Aggression, tschechoslowakische Unterdrückung, später Vertreibung der Sudetendeutschen) aufgenommen werden sollte; wie der folgende Präambelabsatz zeigt, wurde dies nicht völlig vermieden.

„ANERKENNEND, daß das Münchener Abkommen vom 29. September 1938 der Tschechoslowakischen Republik durch das Nationalsozialistische Regime unter Androhung von Gewalt aufgezwungen wurde,"

Deutlicher als die vorhergehenden Absätze zeigt dieser seine Daseinsberechtigung; er motiviert die Annullierungsvereinbarung des Artikels I, die ohne eine solche Erläuterung nicht einsichtig wäre. Allerdings, die Erwähnung des nationalsozialistischen Regimes hätte fehlen können, ohne dem Absatz seinen Sinn zu nehmen („... daß das ... Abkommen ... der Tschechoslowakischen Republik unter Androhung von Gewalt aufgezwungen wurde"). Hier hat sich die tschechoslowakische Seite durchgesetzt. Die deutsche Seite erreichte nur, daß nicht das (völkerrechtlich verantwortliche) Deutsche Reich, sondern ohne Nationalitätsbezeichnung das von beiden Vertragspartnern verurteilte nationalsozialistische Regime genannt wurde. Gleichzeitig wird durch die Nennung eines Schuldigen die Beteiligung der anderen Partner des Münchener Abkommens in ein wohltätiges Dunkel geschoben: Gedroht hatte zwar nur das Deutsche Reich, aber die anderen Mächte waren wohl doch beim „Aufzwingen" des Abkommens dabei gewesen.

Der Präambelsatz erwähnt, ebenso wie später Artikel I, nur „das Münchener Abkommen vom 29. September 1938". Es hätte nahe gelegen, noch andere Vereinbarungen des gleichen Komplexes, z.B. den oben[317] erwähnten vorhergehenden Notenwechsel, der die grundsätzliche Gebietsabtretung enthält, einzubeziehen. Dem stand entgegen, daß das Reich an jenem Notenwechsel nicht teilgenommen hatte. Dieser Notenwechsel wird also ebenso wie alle anderen selbständigen Vereinbarungen der damaligen Regelung von dem Prager Vertrag nicht berührt, die Bundesrepublik könnte sich auch gegenüber der CSSR weiter auf sie berufen.

Den ersten drei, rückwärts gewandten Präambelabsätzen folgen vier weitere, von denen leicht abgewandelt die beiden ersten der Warschauer, die beiden letzten der Moskauer Präambel entlehnt sind (der vorletzte findet sich auch in der Warschauer Präambel). Sie sind auf die Zukunft gerichtet und heben das Ziel der Friedenssicherung hervor.

„Angesichts der Tatsache, daß in beiden Ländern eine neue Generation herangewachsen ist, die ein Recht auf eine gesicherte friedliche Zukunft hat,

in der Absicht, dauerhafte Grundlagen für die Entwicklung gutnachbarlicher Beziehungen zu schaffen,

in dem Bestreben, den Frieden und die Sicherheit in Europa zu festigen,

in der Überzeugung, daß die friedliche Zusammenarbeit auf der Grundlage der Ziele und Grundsätze der Charta der Vereinten Nationen dem Wunsche der Völker sowie dem Interesse des Friedens in der Welt entspricht."

Ein Vergleich der Warschauer mit der Prager Präambel läßt ein wenig die Entwicklung erkennen, die die Ostpolitik in den 3 Jahren genommen hatte, die zwischen den beiden Verträgen liegen: Während in Warschau noch Gewaltverzicht und Grenzsicherung im Vordergrund standen und in der Präambel angesprochen wurden („Unverletzlichkeit der Grenzen"), hat dieser Aspekt in Prag eine Hervorhebung nicht mehr nötig; die Bundesrepublik Deutschland und ihre Politik haben den Ruf des Revanchismus verloren.

Die Nichtigkeit des Münchener Abkommens (Artikel I)

Außer dem schon zitierten Präambelsatz verhalten sich noch zwei von den insgesamt sechs Artikeln des Prager Vertrages über seinen zentralen Gegenstand, das Münchener Abkommen:

Artikel I lautet:

„Die Bundesrepublik Deutschland und die Tschechoslowakische Sozialistische Republik betrachten das Münchener Abkommen vom 29. September 1938 im Hinblick auf ihre gegenseitigen Beziehungen nach Maßgabe dieses Vertrags als nichtig."

Hat sich mithin die CSSR mit ihrem Wunsch durchgesetzt, eine Aussage zur Nichtigkeit des Münchener Abkommens in den Vertrag aufzunehmen, so hat die Bundesrepublik ihre Weigerung aufrecht erhalten, so wie Frankreich, Italien und die DDR diese Nichtigkeit als eine von Anfang an wirkende zu bezeichnen.

Wie schon in der Präambel ist nur das durch sein Datum eingegrenzte Münchener Abkommen genannt; damit bleiben auch hier der vorhergehende Notenwechsel ebenso unberührt wie die auf den 29. September 1938 folgenden selbständigen Vereinbarungen. Das Abkommen wird als nichtig „betrachtet" – eine Formulierung, die in der deutschen Rechtssprache sehr nahe bei der Fiktion steht, mit welcher man eine Abweichung von der Wirklichkeit vorgibt: Ein in der Tat nichtiges Abkommen wird üblicherweise nicht als solches „betrachtet", sondern seine Nichtigkeit wird „festgestellt" (so der oben[318] zitierte Vertrag der CSSR und der DDR) oder „bestätigt". Zur Als-ob-Nichtigkeit paßt auch die ausdrückliche Beschränkung („im Hinblick auf ihre gegenseitigen Beziehungen") auf die beiden Parteien, die den Prager Vertrag schließen; für die Beziehungen zu (und unter) den drei übrigen Partnern des Münchener Abkommens (England, Frankreich und Italien) kommt nach dieser Formulierung der Umkehrschluß ebenso wie der Analogieschluß in Frage; der Vertrag berührt also die Behandlung des Münchener Abkommens ihnen gegenüber (oder durch sie) nicht.

Schließlich betrachten BRD und CSSR das Münchener Abkommen nur „nach Maßgabe dieses Vertrages" als nichtig. Da der Vertrag nichts über eine anfängliche Nichtigkeit sagt, könnte eine solche nur aus dem oben besprochenen 3. Präambelabsatz gefolgert werden, der das Münchener Abkommen als „aufgezwungen" bezeichnet; diese Folgerung würde aber voraussetzen, daß „aufgezwungene" Verträge 1938 nach herrschender Völkerrechtsauffassung nichtig waren. Die Bundesrepublik Deutschland hat aber stets, und zu Recht, darauf hingewiesen, daß jedenfalls 1938 eine solche Völkerrechtsauffassung noch nicht bestand. Die Bundesrepublik ist also ebenso wie jeder andere nach wie vor frei, eine Nichtigkeit des Münchener Abkommens gegenüber der Tschechoslowakei erst später, entweder nach seinem Bruch durch das Deutsche Reich, auf Grund Rücktritts der anderen Abkommenspartner oder sogar erst mit Inkrafttreten des Prager Vertrages beginnen zu lassen. Auf der anderen Seite kann die CSSR die Nichtigkeit von Anfang an vertreten, sofern es ihr gelingt, schon für 1938 die Geltung eines Völkerrechtssatzes nachzuweisen, nach welchem „aufgezwungene" Abkommen von Anfang an nichtig sind.[319] Es handelt sich hier also nicht um einen Formelkompromiß, sondern um die vertragliche Fixierung einer Prämisse (Aufzwingung des Münchener Abkommens) ohne Fixierung auch der Rechtsfolge; diese kann von jeder Seite selbständig gesucht und behauptet werden, in Abhängigkeit allein von der Stringenz der rechtlichen Argumentation.

Die Ausnahmen von der Nichtigkeit (Artikel II)

Die Formel „nach Maßgabe dieses Vertrages" schränkt die vereinbarte Nichtigkeit aber nicht nur zeitlich, sondern auch sachlich insoweit ein, wie der Vertrag selbst noch Festlegungen enthält; das ist in Artikel II der Fall; denn auch eine nicht-anfängliche Nichtigkeit des Münchener Abkommens war für die deutsche Seite nicht vorbehaltlos akzeptabel. Der Prager Vertrag mußte deshalb eine Reihe von Vorbehalten auch gegenüber einer nachträglichen Nichtigkeit des Münchener Abkommens enthalten. Sie sind in Artikel II zusammengefaßt, dessen 1. Absatz lautet:

„Dieser Vertrag berührt nicht die Rechtswirkungen, die sich in bezug auf natürliche oder juristische Personen aus dem in der Zeit vom 30. September 1938 bis zum 9. Mai 1945 angewendeten Recht ergeben.

Ausgenommen hiervon sind die Auswirkungen von Maßnahmen, die beide vertragsschließenden Parteien wegen ihrer Unvereinbarkeit mit den fundamentalen Prinzipien der Gerechtigkeit als nichtig betrachten."

Der erste Satz dieses Absatzes läßt alle individuellen Rechtsverhältnisse unberührt, die nach dem Münchener Abkommen und bis zum Kriegsende im Sudetengebiet eingegangen worden sind, in der Zeit also, als dort deutsches Recht galt.

Der zweite Satz nimmt hiervon das nationalsozialistische Pseudorecht aus, allerdings nur, soweit „beide vertragsschließenden Parteien", also CSSR und BRD, es als solches betrachten. Das ist z. B. für die Judengesetzgebung sicherlich der Fall, läßt aber einen ganzen Bereich sozioökonomischer Vorschriften und Maßnahmen unberührt, der von der CSSR gern als faschistisch betrachtet wird, für die Bundesrepublik aber schlicht Ausfluß eines nichtsozialistischen, privatkapitalistischen Wirtschafts- und Rechtssystems bleibt. Hinsichtlich des Strafrechts hat sich die BRD von der CSSR noch in einem gesonderten Schreiben über die Rechtslage nach tschechoslowakischem Recht unterrichten lassen. Danach können, weil für die Kapitalverbrechen nach tschechoslowakischem Recht die Strafverfolgung nicht verjährt, aus der Zeit von 1938 bis 1945 noch solche Taten verfolgt werden, die Verbrechen im Sinne von Artikel 6 Buchstaben b und c des Statuts des Internationalen Militärgerichtshofs in Nürnberg[320] sind (Kriegsverbrechen und Verbrechen gegen die Menschlichkeit) und die zugleich vom tschechoslowakischem Strafrecht mit der Todesstrafe bedroht werden; alle übrigen Fälle sind seit 1965 verjährt.

Zum Teil in Überlappung mit Absatz 1 Satz 1 des zweiten Artikels bringt Absatz 2 noch eine besondere Klarstellung hinsichtlich der Staatsangehörigkeit:

„Dieser Vertrag läßt die sich aus der Rechtsordnung jeder der beiden Vertragsparteien ergebende Staatsangehörigkeit lebender und verstorbener Personen unberührt."

Der Absatz umfaßt zunächst den wichtigen Vorbehalt, daß die vereinbarte Nichtigkeit des Münchener Abkommens, auch wenn die CSSR sie ab initio beginnen läßt, nicht zu Veränderungen der Staatsangehörigkeit führt; die Bezeichnung der Staatsangehörigkeit als „die sich aus der Rechtsordnung jeder der beiden Vertragsparteien ergebende" bedeutet aber darüber hinaus auch eine Hinnahme der westdeutschen Auffassung von der noch existierenden einen deutschen Staatsangehörigkeit, soweit diese etwa für in der DDR lebende Sudetendeutsche im Zusammenhang einer westdeutschen Anknüpfung relevant wird; dies hätte ausgeschlossen sein können, wenn ein territorialer Bezug (z.B. „für ihr Staatsgebiet") in den Text aufgenommen worden wäre.

Die beiden ersten Absätze des zweiten Artikels schließen aus, daß die Annullierung des Münchener Abkommens verändernd in bestehende Rechtsverhältnisse eingreift. Damit ist aber, wenn man genau hinsieht, noch nicht die Entstehung neuer Ansprüche ausgeschlossen, Reparationsansprüche seitens des tschechoslowakischen Staates, Ansprüche auf Restitution und Wiedergutmachung seitens seiner Bürger.

Der dritte Absatz stellt nun klar, daß die Bundesrepublik Deutschland zwar bereit war, das Münchener Abkommen als aufgezwungen zu bezeichnen und es für nichtig zu erklären, aber dies unter der Bedingung, daß daraus nicht neue Ansprüche gegen wen auch immer, in erster Linie natürlich gegen sich selbst und deutsche Staatsangehörige, hergeleitet würden:

„Dieser Vertrag bildet mit seinen Erklärungen über das Münchener Abkommen keine Rechtsgrundlage für materielle Ansprüche der Tschechoslowakischen Sozialistischen Republik und ihrer natürlichen und juristischen Personen."

Eine Formulierung wie in den beiden ersten Absätzen („berührt nicht", „läßt unberührt") hätte das Bestehen solcher Ansprüche vorausgesetzt; andererseits ist es durchaus möglich, daß Ansprüche, die bereits unabhängig vom Prager Vertrag bestehen, durch seine „Erklärungen" bestätigt oder sonstwie beeinflußt werden; ausgeschlossen wird durch den vorstehenden Absatz allein die Begründung neuer Ansprüche. Bemerkenswert ist die untechnische Benennung der mit neuen Ansprüchen ausgeschlossenen tschechoslowakischen Bürger als „ihre" (der CSSR) ... Personen; der hier an sich gebotene Rekurs auf die Staatsangehörigkeit verbot sich wegen der unterschiedlichen Auffassung der beiden Vertragspartner zu Teilen des tschechoslowakischen Staatsangehörigkeitsrechts.

Aus den Schwierigkeiten, die sich beim Viermächte-Abkommen über Berlin auf dem Gebiet der Rechtshilfe unter anderem deshalb ergeben hatten, weil dort nur von „Personen", nicht aber von „natürlichen und juristischen Personen" die Rede ist,[321] hatte man gelernt; Absätze 1 und 3 erwähnen deshalb beides.

Damit sind die Artikel abgehandelt, die sich mit dem Münchener Abkommen, das heißt mit dem befassen, was den Prager Vertrag von dem mit Polen unterscheidet. Die restlichen Artikel (III, IV, V, VI und Schlußvermerke) sind aus dem Warschauer Vertrag übernommen, sie werden deshalb im Folgenden nur für ihre Änderungen erläutert, die fast durchweg redaktioneller Art sind.

Der Gewaltverzicht (Artikel III)

Artikel III ist der Gewaltverzichtsartikel, der dem Artikel II des Warschauer Vertrages[322] entspricht. Der erste Absatz, wonach sich die Vertragspartner von den Zielen und Grundsätzen der Charta der Vereinten Nationen leiten lassen, ist dadurch verbessert worden, daß das nicht ganz sinnvolle Futur („werden sich leiten lassen") ins Präsens („lassen sich leiten") umgesetzt wurde. Der zweite Absatz, der den eigentlichen Gewaltverzicht enthält, ist wörtlich dem Warschauer Vertrag entnommen; hier wurde das Futur belassen („werden ihre Streitfragen lösen und sich der Gewalt enthalten"), das hier in der Annahme seinen Sinn findet, daß Streitfragen der gemeinten Art noch nicht bestehen, sondern erst künftig entstehen können.

Die Unverletzlichkeit der Grenze (Artikel IV)

Artikel IV ist der Grenzartikel. Er ist dem Artikel I des Warschauer Vertrages[323] entnommen, enthält allerdings zwei wesentliche Abwandlungen: Eingeleitet wird er durch die oben[324] bei Artikel 3 des Moskauer Vertrages besprochene (im Warschauer Vertrag aufgegebene) „Brücke" („in Übereinstimmung mit den vorstehenden Zielen und Grundsätzen"), mittels welcher der Grenzartikel dem Gewaltverzichtsartikel unterstellt wurde. Dadurch beschränkt sich, im Prager wie im Moskauer Vertrag, die Achtung der Grenzen auf den Aspekt der „Unverletzlichkeit" und läßt den Aspekt einer Völkerrechtsgemäßheit zurücktreten. Die zweite Abwandlung reduziert die Länge der zu respektierenden Grenze: Im Warschauer Vertrag bekräftigten die BRD und Polen die Unverletzlichkeit „ihrer bestehenden Grenzen", das heißt aller ihrer Grenzen. Im Prager Vertrag bekräftigen die Partner die Unverletzlichkeit einer, und zwar „ihrer gemeinsamen Grenze" (Artikel 3 des Grundlagenvertrages: „der zwischen ihnen bestehenden Grenze" – die DDR wünschte keine Gemeinsamkeit!). Es dürfte nicht nur geographisch bedingt sein, daß Polen Wert legte auf den Einschluß seiner Grenzen zu den sozialistischen Nachbarn, während bei DDR und CSSR die Unverletzlichkeit dieser Grenzen nicht bekräftigt wurde. In dieses Bild eines in seinen Grenzmarken besonders wirksamen, aber in Moskau verwalteten „sozialistischen Internationalismus"[325] paßt gut der Grenzartikel des Moskauer Vertrages (Artikel 3) hinein, der wiederum die Unverletzlichkeit aller Grenzen in Europa postuliert.

Die Zusammenarbeit (Artikel V)

Artikel V des Prager Vertrages will die Zusammenarbeit der beiden Vertragspartner fördern und orientiert sich am III. Artikel des Warschauer Vertrages. Dessen Absatz 1 hatte noch die „volle Normalisierung" der

Beziehungen vor ihre weitere Entwicklung gestellt. 1973 war das beim Prager Vertrag nicht mehr nötig und wurde daher in dessen Artikel V Absatz 1 nicht aufgenommen. Absatz 2 zählt die Bereiche auf, in denen die „nachbarschaftliche" Zusammenarbeit erweitert werden soll. Da solche Nachbarschaft mit Polen nicht besteht, kommen im Prager Vertrag zu Wirtschaft, Wissenschaft, Technik und Kultur der Umweltschutz und der Verkehr hinzu, ferner der Sport, der im Moskauer Vertrag überhaupt nicht auftaucht (Ziffer 9 des Bahrpapiers erwähnt die „sonstigen Beziehungen"), im Warschauer Vertrag unter den „sonstigen Beziehungen" des Artikel V figuriert, im Prager und im Grundlagenvertrag (Artikel 7) aber dann vertragswürdig (und wohl auch -bedürftig) geworden ist.

Die Schlußbestimmungen

Die Schlußbestimmungen des Prager Vertrages (Artikel VI – Ratifizierung, der „Zu-Urkund"-Vermerk und die Datumzeile) stammen wieder wörtlich aus dem Warschauer Vertrag (Artikel V und Schluß-Vermerke).[326]

b) Der Berlin-Briefwechsel

Anders als die Verträge von Moskau und Warschau und ebenso wie der Grundlagenvertrag regelt der Prager Vertrag auch praktische Fragen, bei denen der Einschluß Westberlins notwendig wurde. (Ausführlich handelt über dieses Problem das übernächste Kapitel.) Wie schon beim Grundlagenvertrag[327] wurde dazu eine gesonderte Vereinbarung getroffen, für die hier allerdings die Schriftform erreicht werden konnte. In einem Briefwechsel vom Tage der Vertragsunterzeichnung bestätigten sich die Vertragspartner zunächst das

> „Einvernehmen ..., daß die Geltung des Artikel II des heute unterzeichneten Vertrages ... entsprechend dem Viermächte-Abkommen vom 3. September 1971 in Übereinstimmung mit den festgelegten Verfahren auf Berlin (West) erstreckt wird."

Damit wurde sichergestellt, daß durch mögliche Auswirkungen der Annullierung des Münchener Abkommens die ständigen Bewohner Westberlins ebensowenig in ihren Rechten beeinträchtigt werden wie andere deutsche Staatsangehörige. Der in solchen Verträgen üblich gewordene Hinweis auf das Viermächteabkommen wird im übernächsten Kapitel[328] erläutert.

Der Moskauer Vertrag sah, gerade wegen der Frage der Berlin-Erstrekkung, keine Folgeabkommen vor, sondern enthielt eine Zusammenarbeitsklausel in der Präambel; im Warschauer Vertrag rückte diese Klausel in den operativen Teil. Der Grundlagenvertrag faßte Folgeabkommen ins Auge, mußte deshalb aber auch zu ihrer Erstreckung auf Westberlin Stellung nehmen; BRD und DDR erklärten das Einvernehmen, daß die Ausdehnung der Folgeabkommen auf Westberlin „im jeweiligen Fall vereinbart werden kann".[329] Nachdem so das Eis gebrochen war, konnte der CSSR ein zusätzliches Entgegenkommen abgehandelt werden: In dem schon zitierten Briefwechsel

„nehmen die Bundesrepublik Deutschland und die Tschechoslowakische Sozialistische Republik in Aussicht, die Erstreckung der Verträge, die sich aus der Verwirklichung des Artikel V dieses Vertrages ergeben werden, ... auf Berlin (West) in jedem einzelnen Falle zu vereinbaren."

Von der mit der DDR vereinbarten Möglichkeit der Erstreckung wurde hier der Schritt zu ihrer Planung (auf Grund übereinstimmender Absichtserklärung) getan. An dem politischen Willen der Bundesrepublik, Folgeabkommen zu den Ostverträgen – mit wem auch immer – nur abzuschließen, wenn ihre Geltung auf Westberlin erstreckt wird, bestanden keine Zweifel.

c) Der Briefwechsel zur Aussiedlung

Beim Abschluß des Warschauer Vertrages ging die Bundesrepublik Deutschland davon aus, daß ca. 300000 Einwohner Polens in die Bundesrepublik übersiedeln wollten; für die CSSR rechnete man mit ca. 10000 Umsiedlungswilligen,[330] also etwa einem Dreißigstel, entsprechend weniger problematisch war dieser Punkt.

Im Briefwechsel über die Regelung humanitärer Fragen, ebenfalls vom Tage der Vertragsunterzeichnung, sicherte die tschechoslowakische Seite zu,

„Anträge tschechoslowakischer Bürger, die auf Grund ihrer deutschen Nationalität die Aussiedlung in die Bundesrepublik Deutschland wünschen, im Einklang mit den in der Tschechoslowakischen Sozialistischen Republik geltenden Gesetzen und Rechtsvorschriften wohlwollend (zu) beurteilen ..."

Die Bundesrepublik Deutschland konnte auf Grund ihrer freiheitlichen Rechtsordnung weiter gehen, indem sie ihrerseits bestätigte, daß

„Personen tschechischer oder slowakischer Nationalität, die dies wünschen, in die Tschechoslowakische Sozialistische Republik aussiedeln können".

In dem entsprechenden Passus des (späteren) deutsch-polnischen Ausreiseprotokolls[331] trifft Außenminister Genscher die gleiche Feststellung ohne personelle oder örtliche Einschränkung lakonischer und richtiger. (Die Ausreise ist nicht reglementiert.) Weiter sieht der Briefwechsel die Beteiligung der beiden nationalen Rot-Kreuz-Gesellschaften, Verbesserungen im Reise- und Besuchsverkehr und die sinngemäße Anwendung des gesamten Briefwechsels auf Westberlin vor.

In der Folgezeit hat die „wohlwollende Beurteilung" von Ausreiseanträgen durch die CSSR-Behörden zwar zu wünschen übrig gelassen, vor allem bei Kindern und Jugendlichen, die noch für das System gewonnen werden könnten; im großen und ganzen aber, besonders im Vergleich zu den Verhältnissen in Polen nach dem Warschauer Vertrag, hat auch dieser Teil des Prager Vertragswerkes Frucht getragen.

6. Würdigung

Der Prager Vertrag ist als der „juristisch schwierigste“[332] der Ostverträge bezeichnet worden. Sicherlich ist richtig, daß in seinem Zentrum ein Rechtsproblem stand (Annullierung des Münchener Abkommens), das abstrakt zu lösen und in den konkreten Konsequenzen der Lösung zu coupieren war. Wer nicht die Rolle von Trauma und Emotion auch in der internationalen Politik sieht, wird diese Aufgabe recht akademisch finden; ganz anders derjenige, der mit ihm die quälende, weil unerledigte Vergangenheit aufgearbeitet sieht. Der Vertrag hat im Verhältnis zu einem wichtigen Nachbarn die Barriere fortgeräumt, an der eine tschechoslowakische Verständigungsbereitschaft von vornherein nicht vorbei kam. Die CSSR hat sich das, wie gezeigt, einige Zugeständnisse kosten lassen, gerade in dem so sensiblen Berlin-Bereich. Für diesen Vertrag hätte man deshalb eine bessere Behandlung durch die Opposition erwarten können.

G. Die Normalisierung der Beziehungen zu weiteren Staaten

Obwohl der zeitliche Zusammenhang dadurch weiter gelöst wird, sollen vor den Abkommen zu Berlin und mit der DDR noch die Beziehungen zu einigen anderen Staaten skizziert werden, die zwar nicht eigentlicher Gegenstand der Ostvertragspolitik waren, aber doch in Abhängigkeit von ihr standen.

1. China

Obwohl die Bundesrepublik Deutschland nie diplomatische Beziehungen zu Taiwan, d.h. den Nationalchinesen unterhalten hatte, war es auch nicht zur Aufnahme solcher Beziehungen zu Rotchina gekommen (die die DDR seit Beginn unterhielt); zunächst war Rücksichtnahme auf die USA der Grund, später, als die USA ihr Verhältnis zu Peking zu normalisieren begannen, fiel dieser Grund zwar fort, an seine Stelle aber trat die Rücksichtnahme auf Moskau, das wegen des ihm in der Deutschlandpolitik zukommenden Gewichts Priorität genoß.

Denn Verbesserungen in und um Berlin, eine wirksame Unterstützung der westdeutschen Anliegen bei der DDR und den anderen Ostblockstaaten – all das war nicht in Peking sondern nur in Moskau zu haben. Unzeitige Bonner Avancen an Peking hätten jedoch in Moskau den Eindruck erwecken müssen, Bonn sei nicht an einer eigentlichen Verbesserung des deutsch-sowjetischen Verhältnisses gelegen, sondern wolle die Sowjetunion unter Druck setzen. Die Beziehungen Pekings zu Moskau wiederum würden durch eine Annäherung Bonn-Peking nicht beeinflußt werden können; dazu hat die Bundesrepublik Deutschland, anders etwa als die USA, nicht genügend Gewicht. Bonn hätte also nur, in Moskau und Peking, die Absicht erkennen lassen, über China Druck auf die Sowjetunion auszuüben, ohne daß der – ohnehin vorhandene – chinesische Druck verstärkt worden wäre – Musterbeispiel einer Wirtshauspolitik, die nichts erreicht als Verstimmung allenthalben. Die Aufnahme diplomatischer Beziehungen zu China mußte deshalb, nachdem sie früher aufgeschoben worden war, nunmehr nochmals warten, bis sie nicht mehr verdächtig war, nur Mittel zum bösen Zweck zu sein.[333]

Erst nachdem im Juni 1972 der Moskauer (und der Warschauer) Vertrag zusammen mit dem Berlin-Abkommen in Kraft gesetzt waren und es nicht mehr so scheinen mußte, als wolle man die Sowjetunion auf plumpe Weise erpressen, trat die Bundesregierung mit ihrer Bereitschaft an die Öffentlichkeit, ihr Verhältnis zu Peking zu normalisieren. Dies war nur für die diplomatischen Beziehungen erforderlich, die Handelsbeziehungen florierten bereits. Da es bilaterale politische Probleme nicht gab, gestaltete sich dieser Schritt sehr einfach: Auf chinesische Einladung begab sich Außenminister Scheel nach Peking (der ehemalige Außenminister Schröder hatte als Vorsitzender des auswärtigen Bundestagsausschusses bei einem vorhergehenden Besuch das Gelände sondiert) und unterzeichnete dort mit dem chinesischen Außenminister Chi Peng-fei das folgende lakonische Communiqué:

„Die Regierung der Bundesrepublik Deutschland und die Regierung der Volksrepublik China haben am 11. Oktober 1972 beschlossen, diplomatische Beziehungen aufzunehmen und in kurzer Zeit Botschafter auszutauschen. Geschehen zu Peking am 11. Oktober 1972 in 2 Urschriften, jede in deutscher und chinesischer Sprache.“[334]

Zuvor war sichergestellt worden, daß die Botschaft der Bundesrepublik in Peking konsularische Dienste auch für Westberliner erbringen würde. Vier Monate später überreichte der erste westdeutsche Missionschef in China sein Beglaubigungsschreiben.[335]

In der Folgezeit schwenkte China, das 1970 den Moskauer Vertrag als „Verkauf der DDR“ durch Moskau verurteilt hatte,[336] immer mehr auf die Deutschlandpolitik Bonns ein, gab Erklärungen zur Wiedervereinigung Deutschlands ab und unterstützte das westdeutsche nationale Anliegen.[337] Hier ist ein Wandel, wenn nicht durch, so doch nach Annäherung eingetreten: „Die Aktionsbühne eines Strategen ruht auf den Pfeilern der objektiven materiellen Bedingungen, doch auf diesen Brettern kann er eine Menge klangreicher und farbenprächtiger, kraftvoller und majestätischer Stücke inszenieren“ (Wort des Vorsitzenden Mao).[338]

2. Finnland

In sich komplizierter als die deutsch-chinesischen Beziehungen waren die deutsch-finnischen. BRD und DDR waren in Helsinki mit Handelsmissionen vertreten. Finnland, das eine Neutralitätspolitik betreibt, wollte diplomatische Beziehungen nur mit beiden deutschen Staaten gleichzeitig aufnehmen, wogegen sich früher die Bundesrepublik verwahrt hatte.

Eine Woche nach der Unterzeichnung des Berlin-Abkommens trat Finnland im September 1971 mit Noten an BRD und DDR heran:[339] Im Hinblick auf die „entscheidende Verbesserung der gegenwärtigen politischen Atmosphäre“ schlug es eine „Gesamtregelung der Beziehungen zwischen Finnland und den 2 deutschen Staaten“ vor. Durch jeweils einen Vertrag mit BRD und DDR sollten diplomatische Beziehungen, Gewaltverzicht, Anerkennung der finnischen Neutralität und, last not least, die „durch die Zerstörung Lapplands durch die deutschen Truppen in den

Jahren 1944/45 entstandenen Probleme" geregelt werden. Während der DDR damals noch die Statusverbesserung soviel wert war, daß sie auch durch die Reparationswünsche nicht verschreckt wurde – sie begrüßte sofort die finnische Initiative – reagierte die Bundesrepublik Deutschland gemäß der Scheel-Doktrin kühler: Der Standpunkt der Bundesregierung zur vorzeitigen Aufnahme diplomatischer Beziehungen zur DDR durch dritte Staaten sei unverändert. Da Finnland auf paralleler Behandlung seiner Beziehungen zu den beiden deutschen Staaten bestand, war seine Initiative damit zunächst gescheitert.

Zehn Monate später (die Verträge von Moskau und Warschau sowie das Berlin-Abkommen waren gerade in Kraft getreten, BRD und DDR befanden sich nach Unterzeichnung des Verkehrsvertrages im Meinungsaustausch über den Grundlagenvertrag), erneuerte Finnland im Juli 1972 seinen Vorstoß.[340] Diesmal ließ es sich von der ablehnenden Haltung der Bundesrepublik nicht mehr daran hindern, Verhandlungen mit der DDR aufzunehmen, die schon nach zwei Monaten mit der Paraphierung eines Vertragstextes endeten, der u.a. einen Gewaltverzicht und die Respektierung der finnischen Neutralitätspolitik durch die DDR (als erstes Ostblockland) enthielt und die Aufnahme von diplomatischen Beziehungen sowie von Verhandlungen über Reparationsfragen vorsah. Dieser Vertrag wurde im Dezember 1972 (zwischen Paraphierung und Unterzeichnung des Grundlagenvertrages) unterzeichnet, die diplomatischen Beziehungen wurden auf Grund eines besonderen Ausführungsabkommens am 7. Januar 1973 aufgenommen. Inzwischen hatte die Bundesrepublik gleichgezogen: Zu einem Vertrag mit Finnland sah sie allerdings keine Veranlassung, die Aufnahme diplomatischer Beziehungen wurde ebenfalls am 7. Januar 1973, in einem schlichten Communiqué, vereinbart.[341]

Das finnische Bemühen um einen ihrem Vertrag mit der DDR vergleichbaren Vertrag auch mit der BRD führte im folgenden Jahr zu einem Kompromiß: Kein Vertrag, aber eine „Gemeinsame Erklärung" wurde am 19. September 1974 unterzeichnet[342] und damit als politische Verlautbarung auch sofort „wirksam". Sie enthält in Ziffer I den Gewaltverzicht, so wie er auch im Artikel II des Warschauer Vertrages vereinbart wurde. Ziffer II bringt eine Novität: Beide Seiten bestätigen einander Bedeutung und Förderungswürdigkeit der Entspannungspolitik. In Ziffer III „respektiert" die Bundesrepublik Deutschland „Finnlands Absicht ..., seine Neutralitätspolitik zu verfolgen", und würdigt die finnischen Bemühungen um Freundschaft besonders mit den Nachbarn im Ostseeraum. Das ist zwar keine Anerkennung der finnischen Neutralität, geht aber trotz des besonderen Verhältnisses Finnlands zur Sowjetunion einen deutlichen Schritt in diese Richtung.

Ziffer IV der Erklärung gilt der Entwicklung der „vielfältigen guten Beziehungen" und der Förderung der Zusammenarbeit. Ziffer V schließlich suspendiert ad calendas graecas die finnischen Reparationswünsche durch Verweis auf das Londoner Schuldenabkommen von 1953 – hier hat die finnische Seite ihre Hoffnungen begraben müssen; es steht danach nicht zu erwarten, daß sie gegenüber der DDR in diesem Punkt mehr Erfolg haben wird.

3. Bulgarien und Ungarn

Während die DDR von Anfang an mit Bulgarien und Ungarn diplomatische Beziehungen unterhalten hatte, stagnierte deren Verhältnis zur Bundesrepublik: Zu den Handelsmissionen trat in der zweiten Hälfte der 60er Jahre deutscherseits auch der Wunsch nach Aufnahme diplomatischer Beziehungen, dem sich beide Staaten aber – bei Fortführung der normalen Handelsbeziehungen – aus Solidarität mit der DDR versagten. Da alle Beteiligten auch mit dem Status quo gut leben konnten, war die Neigung zu Nachgeben und Kompromiß nirgends groß, vielmehr konnte man auf billige Weise Härte demonstrieren. Der ungarische Ministerpräsident erklärte das, für Bulgarien mitsprechend, noch im Februar 1973[343] ganz offen: „In dieser Frage ist die internationalistische Haltung der ungarischen Partei und Regierung ausschlaggebend. Früher machten wir diese Frage abhängig von der Ratifizierung des sowjetisch-westdeutschen und des polnisch-westdeutschen Vertrages, und dann von dem Vertrag mit der DDR und der Vereinbarung über Westberlin. Heute hängt sie ab von der Lösung des Problems der Ungültigkeit des Münchener Abkommens". (Der Vertragskalender geriet hier etwas durcheinander: Das Berlin-Abkommen wurde mit Moskauer und Warschauer Vertrag in Kraft gesetzt.) Nicht erwähnt wird ein weiteres Hindernis, nämlich die schon im Kapitel über den Prager Vertrag angesprochenen Schwierigkeiten mit westberliner Rechtshilfeersuchen. Nachdem diese, wie im nächsten Kapitel dargestellt, durch die Verhandlungen Außenminister Scheels in Moskau auf eine Schiene gesetzt worden waren, auf der eine Lösung möglich erschien, und nachdem der Prager Vertrag das Problem des Münchener Abkommens erledigt hatte, sahen beide Balkanstaaten keinen Anlaß mehr zu weiterem Aufschub. Am Rande der KSZE-Außenminister-Konferenz in Helsinki waren Anfang Juli 1973 Verhandlungen zwischen der Bundesrepublik Deutschland, Bulgarien und Ungarn vereinbart worden. In ihnen willigten Bulgarien und Ungarn jetzt in Form unveröffentlichter Erklärungen in die (im vorigen Kapitel[344] erwähnte) gleiche Regelung ein wie die CSSR bezüglich der konsularischen Dienste für Westberliner durch die Botschaft der Bundesrepublik und bezüglich der künftigen Erledigung von westberliner Rechtshilfeersuchen.

Zehn Tage nach der Unterzeichnung des Prager Vertrages wurden am 21. Dezember 1973 in Bonn, Sofia und Budapest knappe, nahezu gleichlautende Communiqués veröffentlicht, nach denen die BRD und Bulgarien bzw. die BRD und Ungarn beschlossen,

„geleitet von dem Wunsche, die Beziehungen zwischen ihren beiden Ländern (BRD-Ungarn: im beiderseitigen Interesse) weiterzuentwickeln, mit dem heutigen Tage (BRD-Ungarn: zwischen ihren Ländern) diplomatische Beziehungen aufzunehmen und Botschaften ... zu errichten ..."

Dies geschah kurze Zeit später durch Umwandlung der Handelsmissionen.[345]

4. Mongolei und Vietnam

In Ostberlin mit einer Botschaft seit langem vertreten lag die Mongolische Volksrepublik für die Bundesrepublik Deutschland sehr weit ab. Nachdem sowohl die Sowjetunion wie auch China, erstere durch den Moskauer Vertrag, letztere durch die Aufnahme diplomatischer Beziehungen, ihr Verhältnis zur Bundesrepublik verbessert hatten, erreichte Bonn die Kunde von dem mongolischen Interesse an diplomatischen Beziehungen. Der deutsche und der mongolische Botschafter in London wurden Mitte 1973 mit entsprechenden Verhandlungen beauftragt, die sich an den Fortschritten der Verhandlungen mit Prag orientierten. Unmittelbar nach deren erfolgreichem Abschluß waren auch die Mongolen bereit abzuschließen. Wie in Prag, Sofia und Budapest wurden die Einbeziehung Westberlins in den konsularischen Aufgabenbereich der bundesrepublikanischen Botschaft und die für westberliner Rechtshilfeersuchen ins Auge gefaßte Lösung vereinbart (durch unveröffentlichte Erklärungen). Dann wurde am 31. Januar 1974 ein Communiqué veröffentlicht,[346] das die Herstellung diplomatischer Beziehungen von diesem Tage an vorsah; bis zum Austausch residierender Botschafter (für den man ein Bedürfnis wohl so bald noch nicht sah) wurden der mongolische Botschafter aus Warschau in Bonn und der westdeutsche aus Tokio in Ulan Bator doppelakkreditiert. Eine Akkreditierung des Botschafters aus Moskau auch in Ulan Bator, die an sich näher gelegen hätte, war als überdeutliche Demonstration der mongolischen Orientierung auf Moskau hin unerwünscht.

Nach ähnlichen Verzögerungen, die aber weniger in deutschen als in vietnamesischen Problemen ihre Ursache hatten, wurden nach Verhandlungen der jeweiligen Botschafter in Paris und der nicht einfachen Sicherung des Einschlusses von Westberlin 1976 auch die Beziehungen zu Hanoi normalisiert und dort im April 1976 eine westdeutsche Botschaft eröffnet.[347]

Nachdem so die Ostvertragspolitik ihre Ausläufer bis in den Fernen Osten geschickt hatte und auch die diplomatischen Beziehungen zu Kuba 1975 wieder aufgenommen worden waren,[348] blieben bis auf weiteres nur noch zwei weiße Flecken auf der Bonner diplomatischen Karte des sozialistischen Lagers: Nordkorea und Albanien.

H. Das Berlin-Abkommen der Vier Mächte

Eine Betrachtung des Berlin-Abkommens macht es erforderlich, einen kurzen Blick auf die Nachkriegsgeschichte der Stadt[349] zu werfen; dies um so mehr, als man sich heute kaum noch derjenigen Berlin-Krisen erinnert, in denen es nicht um Flaggenprotokoll oder konsularische Betreuung juristischer Personen im Ostblock, sondern um die Lebens- und Überlebensfähigkeit, jedenfalls der Westsektoren, Berlins ging. Es ist zudem eine Erfahrung, daß das Berlin-Abkommen häufig falsch gewürdigt wird, weil die vorher vertretenen Positionen der beiden Seiten, also von West und Ost, nicht hinreichend bekannt sind. Dabei unterscheiden sich die Rechtsauffassungen gelegentlich auch noch innerhalb des westlichen Lagers, also zwischen Westmächten, Bundesregierung und Senat von Berlin, und ähnliche Meinungsunterschiede finden sich auch auf der östlichen Seite, wo nicht immer Sowjetunion und DDR die gleiche Haltung eingenommen haben.

1. Die Nachkriegsgeschichte der Stadt

Die Positionen orientieren sich an einer Trias, die der westberliner Regierende Bürgermeister Schütz einmal sehr einprägsam zusammengefaßt hat[350] unter „Zustand", „Zugang" und „Zutritt". Dabei steht „Zustand" für die Frage nach dem Status Berlins, vor allem Westberlins, „Zugang" für die Fragen des Verkehrs von und nach Westberlin und „Zutritt" für die Regelung der Besuche von Westberlinern im Ostsektor der Stadt und auch in den umliegenden Bezirken der DDR.

a) Statusfragen

Bei Zustand oder Status beginnen die Schwierigkeiten schon mit der Begrenzung des im Streit befindlichen Gebiets.

Besetzung und Teilung
Das Londoner Protokoll vom September 1944[351] hatte noch vor Kriegsende die Aufteilung Deutschlands in Besatzungszonen und „ein besonderes Berliner Gebiet" vorgesehen „welches unter der gemeinsamen Besetzung der drei Mächte stehen wird" (Frankreich trat dem Londoner Protokoll später bei). Nach der Eroberung Berlins durch die Rote Armee besetzten die Westmächte die ihnen zugeteilten westlichen Sektoren. Seither unterliegen die vier Sektoren der gemeinsamen Hoheit der Vier Mächte; in-

nerhalb jedes Sektors hat jedoch die jeweilige Besatzungsmacht die oberste Hoheit.[352]

Zunächst gab es unter Aufsicht der Vier Mächte eine gemeinsame deutsche Verwaltung der Stadt.[353] Im Zuge der Entfremdung der Vier Siegermächte und des sich daraus entwickelnden „Kalten Krieges" wurde „das besondere Berliner Gebiet" gespalten.[354] Seit 1948 gibt es zwei Berliner Stadtverwaltungen, die eine im sowjetischen Sektor, d.h. in Ostberlin, die andere im amerikanischen, britischen und französischen Sektor, d.h. in Westberlin. Auch die Alliierte Kommandantur spaltete sich; als sich herausstellte, daß der Auszug des sowjetischen Vertreters (Juli 1948) ein endgültiger Schritt sein sollte, beschlossen die Westmächte (Dezember 1948), die Funktionen der Kommandantur, die sie auch weiter bei ihrem alten Namen ‚Kommandatura' nannten, während der sowjetischen Abwesenheit allein und nur in den Westsektoren auszuüben.[355]

Westberlin und die BRD

Westberlin wurde dem Rechts- und Wirtschaftssystem der Bundesrepublik angeschlossen – bei entsprechenden Protesten aus dem Osten.[356] Westberlin ist nach Auffassung der Westmächte allerdings kein Land der Bundesrepublik. Rechtlichen Niederschlag hat diese Auffassung gefunden in der Suspendierung bzw. der Qualifizierung der einschlägigen Artikel der Westberliner Verfassung und des Grundgesetzes. Im Genehmigungsschreiben der Westmächte aus dem August 1950 zur westberliner Verfassung vom Oktober 1950 heißt es: „Artikel 87 wird dahin interpretiert, daß Berlin während der Übergangszeit (in der die Anwendung des Grundgesetzes für die Bundesrepublik Deutschland in Berlin Beschränkungen unterliegt) keine der Eigenschaften eines zwölften Landes besitzen wird."[357] Das Vorbehaltsschreiben (vom Mai 1949) der Westmächte zum Grundgesetz, dessen Artikel 23 das Land „Groß-Berlin" zum Geltungsbereich des Grundgesetzes zählt, oktroyiert eine restriktive Auslegung: „Wir interpretieren den Inhalt der Artikel 23 und 144 (2) des Grundgesetzes dahin, daß er die Annahme unseres früheren Ersuchens darstellt, demzufolge Berlin keine stimmberechtigte Vertretung im Bundestag oder Bundesrat erhalten und auch nicht durch den Bund regiert werden wird, daß es jedoch eine beschränkte Anzahl von Vertretern zur Teilnahme an den Sitzungen dieser gesetzgebundenen Körperschaften benennen darf ...".[358] Die Westmächte haben aber die de facto-Einbeziehung Westberlins in die Rechts- und Wirtschaftsordnung der Bundesrepublik nicht nur toleriert, sondern über weite Strecken auch gefördert;[359] aber eben nur über weite Strecken und nicht vollständig. Sie haben darauf gesehen, daß die Bundesrepublik nicht unmittelbare Regierungsgewalt in Westberlin aufbaute oder ausübte.[360] So werden zum Beispiel Bundesgesetze erst durch ein Mantelgesetzverfahren nach Westberlin übernommen, d.h. durch einen eigenen Gesetzesbeschluß des Abgeordnetenhauses.[361] Nach Ansicht der Bundesregierung und des Senats hingegen ist die Situation de iure und de facto umgekehrt: Berlin, d.h. tatsächlich nur Berlin (West), ist Land der Bundesrepublik Deutschland, sein Status im Bund auf Grund der alliierten Vorbehalte modifiziert.[362] Dieser Standpunkt entspricht auch dem Artikel 144, Absatz II des Grundgesetzes, der die Entsendung von Vertretern in den Bundestag und den Bundesrat gestattet, „soweit die Anwendung dieses Grundgesetzes in einem der in Artikel 23 aufgeführten Länder oder einem Teil eines dieser Länder Beschränkungen unterliegt".

Ostberlin und die DDR

Ostberlin wurde ab 1949 unter jeweiligen Protesten des Westens für alle praktischen Belange der DDR eingegliedert und als „Berlin" auch Hauptstadt der DDR genannt;[363] aber auch dort gab es Relikte des Sonderstatus, z.B. wurden die Ostberliner Abgeordneten in der Volkskammer nicht direkt gewählt[364] und DDR-Gesetze durch ein bestimmtes Verfahren nach Ostberlin übernommen.[365]

Aus den territorialen Gegebenheiten folgt, daß Ost-West-Krisen sich in der Folgezeit weniger an Ostberlin als an der „Insel im Roten Meer", an Westberlin, entzündeten. (Der Aufstand vom 17. Juni 1953 in Ostberlin hat nicht zu einer solchen Krise geführt, sondern blieb ein deutsches und Ostblockproblem.)

Das östliche Konzept der „selbständigen politischen Einheit Westberlin"

Die erste Ost-West-Krise um Westberlin kulminierte in der Blockade 1948/49,[366] die auf den Anschluß Westberlins an die Sowjetische Besatzungszone abzielte. 10 Jahre später folgte im November 1958 das Chruschtschow-Ultimatum durch Noten an die Westmächte, die BRD und die DDR,[367] zweifelsohne mit dem gleichen Fernziel, aber bescheidener in seinem Nahziel. Während noch im Dezember 1958 die Volkskammer der DDR erklärte, „auch Westberlin gehört rechtens zur Deutschen Demokratischen Republik",[368] ging die Sowjetunion in ihrer Note an die DDR zwar davon aus,

> „daß es am richtigsten und natürlichsten wäre, den westlichen ... Teil der Stadt mit dem östlichen ... wiederzuvereinigen, damit sich die ganze Stadt unter der Souveränität der Deutschen Demokratischen Republik befindet und deren Hauptstadt ist",

schlug aber, ebenfalls in der Fassung der gleichen Note, nur vor,

> „die Berliner Frage durch Festlegung des Status einer entmilitarisierten Freien Stadt für Westberlin zu lösen".[369]

Die Sowjetunion erklärte in ihrer Note an die USA zur Begründung, die Westmächte hätten das Potsdamer Abkommen durch ihre Politik gegenüber und in Westdeutschland vollkommen seines Sinnes beraubt, faktisch werde von den zahlreichen interalliierten Vereinbarungen nur noch ein

Abkommen eingehalten, das über den Vier-Mächte-Status Berlins; die Sinnentleerung des Potsdamer Abkommens durch die Westmächte veranlasse die Sowjetunion, sich ihrerseits nicht mehr an den Teil der Alliierten Abkommen gebunden zu halten,

„der einen die Gleichberechtigung verletzenden Charakter angenommen hat und benutzt wird, um das Besatzungsregime in Westberlin aufrechtzuerhalten und sich in die inneren Angelegenheiten der Deutschen Demokratischen Republik einzumischen".[370]

Gleichzeitig setzte die Sowjetunion die Westmächte davon in Kenntnis, daß sie das erwähnte Londoner Protokoll vom September 1944[371] sowie zwei Zusatzabkommen „als ungültig geworden betrachtet". Die Wirksamkeit dieser Abkommen sei für die ersten Jahre nach der Kapitulation Deutschlands berechnet gewesen. Daher werde man „zum gegebenen Zeitpunkt" mit der DDR Verhandlungen aufnehmen

„über die Übertragung der Funktionen an die DDR ..., welche die sowjetischen Organe bislang auf Grund der obengenannten Alliiertenabkommen sowie auf Grund des Abkommens zwischen der UdSSR und der DDR vom 20. September 1955[372] zeitweilig ausgeübt haben".

Der in dem Konzept einer „Freien Stadt" liegende Verzicht der DDR auf Westberlin wurde von der Tagung der Außenminister der Warschauer Pakt-Mächte und Chinas vom April 1959 sanktioniert: Das Communiqué der Tagung stellte „einen großen Beitrag" der DDR zur Regelung der Berlinfrage fest.[373]

Dem entsprach eine Korrektur des Sprachgebrauchs. Bislang hatte man, wenn überhaupt, davon gesprochen, daß Berlin „auf dem Territorium der DDR" liege;[374] dabei bezog man sich auf bestimmte alliierte Festlegungen aus den ersten Nachkriegsjahren, die aber keinesfalls Statusfragen entschieden hatten.[375] Nunmehr lautete die entsprechende Formel – korrekt –, Berlin oder Westberlin liege „inmitten der DDR" oder „des Territoriums der DDR".[376]

Letztere verstand sich im Freundschaftsvertrag mit der Sowjetunion von 1964[377] zu einer vertraglichen Fixierung dieser Lage. In Artikel 6 heißt es dort, daß beide Partner „Westberlin als selbständige politische Einheit betrachten". In der Bundesrepublik ist diese Formulierung des Artikel 6 kaum als Rückzug der DDR von weitergehenden Ansprüchen auf Westberlin verstanden, sondern immer als Angriff auf die Bindungen Westberlins zum Bund verurteilt worden.[378]

Die drei „essentials"

Der Westen hielt wie bei der Blockade 1948/49 so auch 1958/59 bei der Forderung auf Entmilitarisierung, d.h. auf Abzug seiner Truppen, dem sowjetischen Druck stand, allerdings mit Augenmaß für die eigenen Möglichkeiten. In einer Erklärung vom Ende Juli 1961, gut 2 Wochen vor dem

Bau der Mauer, begrenzte Präsident Kennedy die amerikanische Position in Westberlin noch einmal durch die folgenden drei „essentials“, zu denen sich zuvor im Mai 1961 schon die NATO-Tagung in Oslo bekannt hatte:

1. Das Recht der drei Westmächte auf „Anwesenheit in Westberlin“,
2. Das Recht auf „Zugang durch Ost-Deutschland“,
3. Die Verpflichtung, den Westberlinern „die Selbstbestimmung ihrer Zukunft und die freie Wahl ihrer Lebensform zu gewährleisten“.[379]

Der Mauerbau[380] verletzte keines dieser drei essentials; die Bewegungsfreiheit der Westberliner wurde aber dadurch drastisch eingeschränkt, daß sie aus Ostberlin ausgesperrt wurden. Auch die westlichen Garnisonen wurden in ihrer gesamtstädtischen Freizügigkeit dadurch beschränkt, daß ihnen nur noch ein Grenzübergang, der Checkpoint Charly, zugewiesen wurde. Die Westmächte, ebenso wie Bundesregierung und Senat, beschränkten sich auf Proteste. Hier ist an das zu erinnern, was eingangs[381] zu dem Verhältnis der Supermächte zueinander über die Achtung markierter Grenzen und markierter Einflußbereiche gesagt wurde.

Westberlins Bindungen an die Bundesrepublik Deutschland
Zum Zustand oder Status Westberlins gehören Bindungen an die Bundesrepublik. Sie waren und sind vielfacher Art. Das schon erwähnte Mantelgesetzverfahren gewährleistet, soweit nicht die Vorbehalte der Westmächte bezüglich Sicherheit und Status berührt sind, die Rechtseinheit.[382] Westberlin ist ferner eingegliedert in die Partei-, Gewerkschafts-, überhaupt in die gesamten gesellschaftlichen Organisationen der Bundesrepublik.[383] Sichtbaren Ausdruck haben diese Bindungen in dem gefunden, was als sog. Bundespräsenz[384] bekannt geworden ist; erstens die Einrichtung ständiger Stellen des Bundes in Westberlin, etwa das Bundesverwaltungsgericht oder Verbindungsstellen der Bonner Ministerien, und zum zweiten zeitweilige Aufenthalte, wie etwa vom Bund veranstaltete internationale Tagungen, Sitzungen der Bundestagsfraktionen, Besuche von Bundespräsident und Bundeskanzler. Ein Teil dieser Aktionen ist zu Recht als demonstrative Bundespräsenz[385] bezeichnet worden, denn es gibt sie nicht in Ländern wie Hamburg oder Bayern, deren Zugehörigkeit zum Bund allerdings auch nicht im Streit ist. Es hat an der Bundespräsenz immer einen gewissen überschießenden Teil gegeben, der lediglich zur Abwehr östlicher Ansprüche praktiziert wurde.

Die Außenvertretung
Schließlich gab und gibt es noch als Teil der Bindungen die außenpolitische Vertretung Westberlins durch den Bund auf der diplomatischen und der konsularischen Ebene.[386]

Zur diplomatischen Vertretung gehört die Befugnis, für Westberlin bilateral und in den internationalen Organisationen zu sprechen und zu handeln, ferner die Einbeziehung in die außenpolitischen Verträge der Bundesrepublik durch eine Berlinklausel. Zur konsularischen Vertretung gehören normalerweise das Paßwesen und die Unterstützung von natürlichen sowie juristischen Personen, Rechts- und Amtshilfe etc.

Auf der diplomatischen sowohl wie auf der konsularischen Ebene hat die Vertretungsbefugnis des Bundes immer erheblichen Beschränkungen unterlegen. Die Westmächte haben sich auch hier stets alle mit Status und Sicherheit Westberlins verbundenen Fragen selbst vorbehalten (Berlin wird auch nicht im Bahr-Papier oder im Moskauer Vertrag erwähnt).

Der Osten hat diese Bindungen seit Ende der 50er Jahre als unzulässig und mit dem Status einer selbständigen politischen Einheit nicht vereinbar bestritten. Sowjetunion und DDR haben nicht nur gegen Akte der Bundespräsenz protestiert, sondern genauso nachhaltig gegen die außenpolitische Vertretung Westberlins durch den Bund.

Die Sowjetunion konnte auch eine Reihe von Erfolgen dieser Politik verzeichnen. Im April 1958 setzte sie einen Konsularvertrag[387] mit der Bundesrepublik durch, der keine Berlin-Klausel enthielt, die Westberliner also vor der Tür ließ. Ein Jahr später wurde ebenfalls ohne Berlinklausel eine deutsch-sowjetische Vereinbarung über kulturellen und technisch-wissenschaftlichen Austausch abgeschlossen,[388] auch weitere Abkommen über Waren- und Zahlungsverkehr,[389] über Handel und Seeschiffahrt[390] und nochmal über den Warenverkehr,[391] enthielten keine Berlin-Klausel.

Bei Reisen in den Ostblock mußten die Westberliner seit September 1960 ihren Bundespaß zu Hause lassen und erhielten ihr Visum in den Personalausweis.[392]

b) Der Zugang nach Westberlin

Zusammen mit Status und Bindungen stand der Zugang nach Westberlin im Streit. Er war der neuralgischste Punkt, denn hier wurde und wird letztlich über die Lebensfähigkeit Westberlins entschieden, und gerade hier waren und sind wegen der geographischen Gegebenheiten die westlichen Berlin-Interessen besonders verwundbar.[393]

Die westliche Doktrin

Nach westlicher Auffassung folgt das Recht auf unbehinderten Zugang aus der Besetzung der drei Westsektoren.[394] Diese wiederum beruhte originär auf der Niederkämpfung und der Besetzung des Deutschen Reichs und in ihrer vertraglichen Ausgestaltung auf den genannten Londoner Protokollen; keinesfalls leitete sie sich von einer Gebietsüberlassung durch die Sowjetunion ab. Das Zugangsrecht der Westmächte erfaßte zunächst den eigenen Besatzungsverkehr; nach westlicher Auffassung gehörte aber auch der übrige – zivile – Verkehr zwischen den westlichen Besatzungszonen und Westberlin dazu, da ohne einen solchen Verkehr Westberlin nicht lebensfähig sei und seine Besetzung daher gegenstandslos werde. Anders als Sowjetunion und DDR waren Westmächte, Bundesregierung und Senat daher immer der Ansicht, daß dieser Berlin-Verkehr ein Sonderverkehr sei, der nicht dem allgemeinen Transitrecht unterliege, wie es etwa den Verkehr von Holland durch Belgien nach Frankreich regelt. In den ersten Jahren nach dem Krieg gab es dann noch eine Reihe von Absprachen im Alliierten Kontrollrat über das Verfahren beim Zugang über die Eisen- und Autobahnstrecken.[395] Eine Modifizierung des Zugangsrechts durch Maßnahmen oder Vereinbarungen der Sowjetunion mit Dritten, vor allem also die Übertragung der territorialen Souveränität, und damit auch bestimmter Kontrollrechte auf die DDR, wie sie in Vertrag und Briefwechsel (zwischen DDR-Außenminister Bolz und dem sowjetischen stellvertretenden Außenminister Sorin) zwischen Sowjetunion und DDR vom September 1955 vorgenommen[396] und im März 1957 und Juni 1964 durch weitere Verträge[397] bestätigt wurden, erkannten die Westmächte, die BRD und der westberliner Senat nicht als für sich verbindlich an.

Die östliche Doktrin

Nach östlicher Auffassung gibt es keinerlei originäres Zugangsrecht, sondern nur eine, durch die oben genannten alliierten Vereinbarungen eng umgrenzte und sich allein auf die Besatzung beziehende Zugangsregelung.[398] Die Kontrolle des nichtalliierten Verkehrs war danach seit den oben erwähnten Abkommen zwischen Sowjetunion und DDR Sache der DDR geworden.

Die Praxis

In der Praxis haben beide Seiten ihre Auffassungen in den folgenden Punkten nicht durchhalten können.

Der Luftverkehr läuft zwar frei und unbehindert durch die drei Korridore ab, die aber nicht nur horizontal, sondern auch vertikal begrenzt sind.[399] Nach östlicher Ansicht ist bei diesem Flugkorridorverkehr wiederum nur der reine Besatzungsverkehr erlaubt; gegen die Benutzung der Flugrouten durch Mitglieder der Bundesregierung, durch DDR-Flüchtlinge oder andere personae non gratae ist ständig protestiert[400] aber nicht eingeschritten worden.

Für den übrigen Verkehr auf Schiene, Straße und Wasserstraße waren und sind Transitstrecken festgelegt.[401] Alliierter Besatzungsverkehr pflegte und pflegt DDR-Stellen zu ignorieren und sich lediglich bei sowjetischen Stellen als alliierter Verkehr auszuweisen ohne Kontrollen zu dulden.[402] Bei allem übrigen Verkehr nahmen seit Oktober 1955 auf Grund des obengenannten Briefwechsels vom September 1955 die DDR-Behörden die Kontrolle vor; je nach Gemütslage des einzelnen Beamten oder der die Weisung erteilenden ostberliner Stellen wurden diese Kontrollen freundlich oder auch schikanös gehandhabt, bis zur tagelangen Sperre durch Rotschaltung der Verkehrsampeln an den Grenzübergängen. Für einzelne Kategorien westdeutscher Berlin-Reisender (NPD-Mitglieder, Minister und leitende Beamte der Bundesregierung, Mitglieder der Bundesversammlung) verhängte die DDR 1968/69 Durchreiseverbot; ab Juni 1968 wurde der Paß- und Sichtvermerkszwang für Einreisen in und Transitreisen durch die DDR eingeführt. Die Visa waren gebührenpflichtig; außerdem wurden für Beförderung von Gütern über die Straßen von und nach Westberlin individuelle Steuerausgleichsabgaben erhoben. Nach ergebnislosen westlichen Protesten blieb der Bundesregierung nichts anderes übrig, als die finanzielle Berlin-Hilfe aufzustocken und die Gebühren zu erstatten.[403]

c) Der Zutritt nach Ostberlin

Der Zutritt der Westberliner nach Ostberlin war bis zum Mauerbau im August 1961 frei, anschließend beschränkte er sich auf die Passierscheinabkommen der Jahre 1963 bis 1966 und auf die Passierscheine bei besonders dringenden Familienangelegenheiten.[404] Der Westen protestierte gegen diese Einschränkung der Freizügigkeit, aber bekanntermaßen ohne Erfolg.

d) Ein sowjetisches Konsulat in Westberlin?

Eine letzte Frage von relativ geringer Bedeutung war der Wunsch der Sowjetunion, in Westberlin eine eigene konsularische Vertretung zu eröffnen. Die Westmächte waren dagegen, weil ihnen an einer eigenen Präsenz in Ostberlin nichts lag und sie nicht wünschten, daß die Sowjetunion allein in beiden Teilen der Stadt vertreten sei. Zusammen mit der Bundesregierung und dem Senat fürchteten sie darüberhinaus, daß eine Vertretung Moskaus in Westberlin wenig geeignet sei, der Bundesregierung bei der Durchsetzung ihres Anspruchs behilflich zu sein, Westberlin diplomatisch und konsularisch auch im Ostblock zu vertreten.[405]

2. Die Verhandlungsgeschichte des Viermächte-Abkommens

So war die Lage, als im Februar 1969 anläßlich eines Berlin-Besuchs Präsident Nixon erklärte, die Situation Berlins sei ein Aufruf an alle Beteiligten zum Handeln, „eine Aufforderung zur Beendigung der Spannungen eines vergangenen Zeitalters".[406] Zwei Monate später beschlossen die Außenminister der drei Westmächte (und Außenminister Brandt), Sondierungen bei der Sowjetunion zu unternehmen.[407] Der sowjetische Außenminister Gromyko antwortete im Juli 1969 in einer Rede vor dem Obersten Sowjet, man sei grundsätzlich bereit, mit den Kriegsalliierten über Westberlin zu sprechen.[408] Hier zeigte sich übrigens schon der Unterschied, daß Nixon von Berlin, Gromyko von Westberlin sprach.

a) Die westliche Note vom August 1969

Nach gründlichen Konsultationen untereinander und mit der Bundesregierung (der Großen Koalition) sowie dem Senat übergaben die Westmächte in Moskau im August 1969[409] gleichlautende Noten, die wegen der Bescheidenheit der darin vertretenen Position[410] bemerkenswert bleiben. Die Westmächte drückten den Wunsch nach einer Verbesserung der Berlin-Situation, insbesondere hinsichtlich des Zugangs aus und boten dafür die Bereitschaft der Bundesregierung an zu Gesprächen mit der DDR über Verkehrsfragen und zu Kompromissen in der Berlinpräsenz. Nicht gefordert wurden z.B. Statuskorrektur, Ausbau der Bindungen zwischen Bund und Westberlin, (im Gegenteil, bei der Bundespräsenz wurde ja Kompromißbereitschaft angedeutet), nicht gefordert wurde die Außenvertretung Westberlins durch den Bund, nicht gefordert wurden Fortschritte in der Freizügigkeit der Westberliner etc.[411] Diese Bescheidenheit beruhte aber nicht auf einem Mangel an Interesse, sondern auf einer richtigen Einschätzung der eigenen Möglichkeiten. Was hatte der Westen denn im August 1969 bei Berlinverhandlungen zu bieten?

Die Einsicht in diese miserable Ausgangslage war auch der Grund für manche grundsätzlichen Vorbehalte sowohl bei den Westmächten wie auch in der Bundesrepublik gegenüber dem Angebot von Berlin-Verhandlungen; man fürchtete als Verhandlungsergebnis einen status quo minus.

b) Die Gespräche der vier Botschafter

Nach weiterem vorbereitenden Notenwechsel begannen im März 1970 die Berlingespräche der drei Bonner Botschafter der Westmächte mit dem in Ostberlin akkreditierten Botschafter der Sowjetunion.[412] Zu diesem Zeitpunkt war in Bonn die Große von der Sozial-liberalen Koalition abgelöst worden und in Moskau hatte der Meinungsaustausch Bahr/Gromyko begonnen. Auch in Berlin scheute man das anspruchsvollere Wort „Verhandlungen", und führte „Gespräche". Dabei handelte es sich um ein recht kompliziertes diplomatisches Geschäft: Vier Teilnehmer waren unmittelbar am Verhandlungstisch vertreten, zusätzlich standen hinter der Sowjetunion die DDR-Regierung und hinter den Westmächten die Bundesregierung und der westberliner Senat.

Im ersten Abschnitt der Berlin-Gespräche befaßte man sich weniger mit den Positionen der jeweils anderen Seite, sondern stellte, vor allem auf sowjetischer Seite, ohne Andeutung einer Kompromißbereitschaft die eigene Position dar. Die Unterzeichnung des Moskauer Vertrages im August 1970 lockerte dann die sowjetische Haltung auf; 6 Wochen später wurden erstmals Papiere ausgetauscht. Da keine Seite bereit war, von ihrer Rechtsposition abzugehen, gab man es auf, hier nach einer vermittelnden Haltung zu suchen und beschloß, die Rechts- und Statusfragen auszuklammern. So gelangte man im Frühjahr 1971, nach einjährigem Verhandeln, zu einer gemeinsamen Konzeption. Sie sah den dreistufigen Aufbau der Berlin-Regelung vor: Zunächst als Grundlage das Viermächte-Abkommen im engeren Sinne, darauf aufbauend noch auszuhandelnde Vereinbarungen über die Details zwischen Bundesregierung und Senat einerseits und der DDR-Regierung andererseits, und schließlich, das Ganze besiegelnd und in Kraft setzend das Viermächte-Schlußprotokoll. Noch den ganzen Sommer über verhandelten die Alliierten sehr intensiv einzelne Sachfragen, bis sie am 3. September 1971 das Abkommen im engeren Sinne, die Grundlage also für die deutsch/deutschen Folgeverhandlungen, unterzeichnen, und das Schlußprotokoll, dessen Zeichnung noch auf die Ergebnisse der deutsch/deutschen Verhandlungen warten mußte, paraphieren konnten.[413]

c) Die deutsche Übersetzung des Abkommens

Da das Abkommen nur in englisch, französisch und russisch verbindlich ist, stellte sich noch vor Unterzeichnung des Abkommens die Frage, von welchem „Urtext" für die deutsch/deutschen Ausfüllungsverhandlungen man auszugehen habe, das heißt, wie bestimmte entscheidende Begriffe ins Deutsche zu übertragen seien. Es wurde daher zwischen den Delegationen der BRD und der DDR, die, wie im folgenden Kapitel beschrieben, um diese Zeit bereits ihren Meinungsaustausch über Verkehrsfragen führten, sofort eine deutsche Übersetzung ausgearbeitet, die über weite Strecken unproblematisch, an einigen Stellen aber sehr diffizil zu erstellen war. Die Übersetzung von „ties" und „liens" in „Bindungen" oder „Verbindungen", von „constituent part" und „élément constitutif" in „Bestandteil (konstitutiver Teil)" waren streitig. Unter dem Termindruck, zusammen mit den Urschriften auch eine deutsche Übersetzung bekanntmachen zu müssen (die westlichen Botschafter waren bereit, ihre Unterschrift unter das Berlin-Abkommen von dem Vorliegen der deutschen Übersetzung abhängig zu machen), einigte man sich auf einen deutschen Text, der als Arbeitsunterlage für die deutsch/deutschen Verhandlungen und Abkommen dienen sollte. Die DDR distanzierte sich aber sofort wieder von dem Text, der in einer Arbeitsgruppe der Delegationen erstellt worden war, weil der dort entstandene Text höheren Orts nicht gebilligt wurde. Die Übersetzung der oben genannten Begriffe blieb daraufhin streitig; das Abkommen war aber inzwischen von den alliierten Botschaftern, die noch an die Einigung über den Arbeitsgruppentext glaubten, unterzeichnet worden.[414] In der Bundesrepublik wurde und wird dieser Text bei offiziellen und halbamtlichen Veröffentlichungen verwendet.[415] Er wird auch im Folgenden, gelegentlich unter Hinzuziehung des englischen und französischen, jedoch ohne den russischen Wortlaut, benutzt. Die DDR hält sich in der Regel an die ihr günstiger erscheinende Fassung.[416]

3. Das Abkommen (im engeren Sinne)

Schon der Aufbau der alliierten Vereinbarungen ist recht kompliziert und spiegelt in den verschiedenen Abstufungen die unterschiedlichen Interessen der offenen und stillen Verhandlungspartner wider. Der alliierte Teil der Berlin-Regelung besteht aus dem Viermächte-Abkommen im engeren Sinne, mit Präambel, drei operativen Teilen und vier Anlagen zum zweiten dieser drei Teile[417] sowie aus dem Viermächte-Schlußprotokoll; ferner gehören dazu zwei vereinbarte Verhandlungsprotokolle und schließlich zwei Briefe der westlichen Botschafter an den Bundeskanzler (Übermittlungsschreiben und Interpretationsbrief; letzterer wurde der Sowjetunion förmlich notifiziert, beide gemeinsam wurden vom Bundeskanzler in einem Brief beantwortet) und ein Brief der westlichen Stadtkommandanten an den Senat von Berlin.[418]

a) Überschrift

Beginnt man mit der Überschrift des Viermächte-Abkommens im engeren Sinne, so fällt auf, daß die in der Bundesrepublik gebräuchliche Bezeichnung „Viermächte-Abkommen" eine freie und weniger präzise Übersetzung z. B. des authentischen englischen (das gleiche gilt für den französischen und russischen Text) Originals („Quadripartite Agreement") ist als die in der DDR eingeführte Formulierung „Vierseitiges" Abkommen. Wie gelegentlich zu beobachten, bestand auch in diesem Fall auf westdeutscher Seite eine gewisse Scheu, Begriffe, auch wenn sie zutreffend sind, aus dem DDR-Jargon zu entlehnen; so weigerte sich die Bundesrepublik auch in den deutsch/deutschen Folgeverhandlungen, die korrektere Übersetzung der DDR zu übernehmen. Da die DDR keine Ursache hatte, von ihrer Übersetzung abzugehen, mußte in gemeinsamen deutschen Texten der umständliche Titel „Abkommen zwischen den Regierungen der Französischen Republik, der Union der Sozialistischen Sowjetrepubliken, der ... vom ..." gewählt werden.

b) Präambel – Das „betreffende Gebiet"

Die Präambel wird eingeleitet durch eine Aufzählung der das Abkommen schließenden Regierungen:

> „Die Regierungen der Französischen Republik, der Union der Sozialistischen Sowjetrepubliken, des Vereinigten Königreichs Großbritannien und Nordirland, der Vereinigten Staaten von Amerika,"

Es handelt sich also um ein Regierungsabkommen, nicht um einen Staatsvertrag. Dann wird, mangels einer Einigung über die Bezeichnung des Verhandlungsortes (Berlin, West-Berlin, Berlin [West]), dieser durch Bezugnahmen auf Besatzungsbegriffe umschrieben:

„vertreten durch ihre Botschafter, die in dem früher vom Alliierten Kontrollrat benutzten Gebäude im amerikanischen Sektor Berlins eine Reihe von Sitzungen abgehalten haben,"

Der nächste Absatz nennt die Grundlage des Abkommens:

„handelnd auf der Grundlage ihrer Viermächte-Rechte und -Verantwortlichkeiten und der entsprechenden Vereinbarungen und Beschlüsse der Vier Mächte aus der Kriegs- und Nachkriegszeit, die nicht berührt werden,"

Hier bezieht sich der erste Teil auf die schon früher[419] erwähnten „originären", der zweite Teil auf die vertraglichen, „abgeleiteten" Rechte. Beide Bezugnahmen sind als Kompromißformeln bewußt vage, und die Vier Mächte haben kein Geheimnis daraus gemacht[420], daß ihnen eine konkretere Beschreibung der „Grundlage" nicht möglich war; wie schon oben[421] erwähnt, hat ja die Sowjetunion originäre Rechte der Westmächte in Berlin offiziell nicht anerkannt und auch einen Teil der wichtigsten Abkommen als nicht mehr in Kraft befindlich bezeichnet. Die genannten Rechte und Vereinbarungen werden durch das Abkommen „nicht berührt" – die bekannte salvatorische Klausel aus den Verträgen von Moskau und Warschau; sie wird in Ziffer 1 des Schlußprotokolls wiederholt, ein Erweis der ihr beigelegten Bedeutung.

Der folgende Präambel-Absatz enthält einen weiteren offenen Dissens:

„unter Berücksichtigung der bestehenden Lage in dem betreffenden Gebiet,"

Auch hier konnte man sich nicht einigen, ob man über ganz, oder nur über Westberlin sprach. Nach sowjetischer Auffassung sprach man nur über Westberlin, da es über Ostberlin nichts zu verhandeln gebe, nach westlicher Auffassung indessen zwar hauptsächlich über Westberlin, aber gelegentlich, so in Präambel und Teil I, auch über ganz Berlin. Dieser Dissens ist im ganzen Abkommen durchgehalten, d. h. er ist nicht entschieden worden.[422] Es finden sich sowohl in der Präambel wie auch im ersten Teil der allgemeinen Bestimmungen immer wieder Hinweise auf „das betreffende Gebiet". (Im englischen Text: „the relevant area", im französischen „la région correspondante".)

Die westliche Auffassung, daß „das betreffende Gebiet" auch Ostberlin umfasse, hat wohl mehr für sich.[423] Denn wenn eindeutig nur Westberlin gemeint ist, spricht das Abkommen klar von den „Westsektoren Berlins" (vgl. Teil II und die Anlagen). Die geheimnisvolle Umschreibung durch „das betreffende Gebiet" muß also ein aliud meinen; dafür kommt den Umständen nach nur ganz Berlin in Betracht; indessen wird ganz Berlin oder der Ostsektor im ganzen Abkommen nicht genannt.

Da keine der beiden Seiten nachgab und die Westmächte auf den Rest einer symmetrischen Behandlung von West- und Ost-Berlin nicht verzichten wollten, kam es zu einer solchen mehrdeutigen Formel.

Die beiden letzten Absätze der Präambel sind Schlüsselabsätze; sie resümieren das Abkommen, das sie überhaupt erst möglich gemacht haben. Nachdem Monate über Rechtspositionen gestritten worden war und man sich nicht einigen konnte und einfach vor der Alternative stand, die Verhandlungen scheitern zu lassen oder in irgendeiner Form weiterzumachen,[424] hat man sich zu diesen beiden Absätzen durchgerungen:

> „von dem Wunsch geleitet, zu praktischen Verbesserungen der Lage beizutragen, unbeschadet ihrer Rechtspositionen, haben folgendes vereinbart:“

Es wurden also die Rechtspositionen ausdrücklich herausgenommen und praktische Verbesserungen angestrebt. Gleichwohl scheinen, wie schon die bisherige Darstellung zeigt, die unterschiedlichen Rechtspositionen an verschiedenen Stellen erkennbar durch den Text hindurch.

c) Allgemeine Bestimmungen (Teil I)

Dies wird sofort wieder augenfällig, wenn man sich nach der Präambel den Teilen I und II zuwendet: „Allgemeine Bestimmungen“ und „Bestimmungen, die die Westsektoren Berlins betreffen“. Sie sind wieder Ausdruck des Streits über den Verhandlungsgegenstand. Gegen den Widerstand der Sowjetunion bestanden die Westmächte aus dem oben angegebenen Grunde darauf, neben operativen Bestimmungen über Westberlin auch solche zu haben, die Ostberlin einschlössen.[425] Die Lösung war ein Teil I mit allgemeinen Bestimmungen („über das betreffende Gebiet“) und ein Teil II mit Bestimmungen über die Westsektoren Berlins. So wahrten beide Seiten Gesicht und Rechtsposition. Der Westen kann behaupten, daß das „betreffende Gebiet“ etwas anderes sein müsse als die Westsektoren, da sonst diese Regelungen in Teil II gestanden hätten; die Sowjetunion kann behaupten, daß Ost- oder ganz Berlin weder in Teil I noch in Teil II erwähnt werden.

Die Friedenspflicht (Ziffern 1–3)

Ziffern 1 und 2 des Teiles I „Allgemeine Bestimmungen“ statuieren eine Friedenspflicht und den Gewaltverzicht der Vier Mächte „in dem betreffenden Gebiet“. Die Formulierung läßt keinen Zweifel daran zu, daß die Vier Mächte auch die deutschen Seiten zu entsprechendem Verhalten veranlassen wollen:[426]

> „1. Die Vier Regierungen werden bestrebt sein, die Beseitigung von Spannungen und die Verhütung von Komplikationen in dem betreffenden Gebiet zu fördern.
>
> 2. Unter Berücksichtigung ihrer Verpflichtungen nach der Charta der Vereinten Nationen stimmen die Vier Regierungen darin überein, daß in diesem Gebiet keine Anwendung oder Androhung von Gewalt erfolgt und daß Streitigkeiten ausschließlich mit friedlichen Mitteln beizulegen sind.“

Die Charta-Verpflichtungen rühren aus Artikel 2, Absatz IV, ChVN (Allgemeines Gewaltverbot) her; die Artikel 53 und 107 ChVN (Feindstaaten) statuieren keine Verpflichtungen.

Nachdem in der Präambel die Rechtsauffassungen der Vier Regierungen ausgeklammert worden waren, werden in Ziffer 3 des I. Teils die Rechte (und Verantwortlichkeiten) selbst vorbehalten.

„3. Die Vier Regierungen werden ihre individuellen und gemeinsamen Rechte und Verantwortlichkeiten, die unverändert bleiben, gegenseitig achten."

Das Viermächte-Abkommen hat also keine bestehenden Rechte (und Verantwortlichkeiten) eingeschränkt oder auch erweitert, sondern nur, soweit der Text dies trägt, zu einvernehmlichen Interpretationen dieser – bestehenden – Rechte und Verantwortlichkeiten geführt.

Die Konservierung des Status quo (Ziffer 4)

Ziffer 4 schützt den Status quo vor einseitigen Maßnahmen:

„Die Vier Regierungen stimmen darin überein, daß ungeachtet der Unterschiede in den Rechtsauffassungen die Lage, die sich in diesem Gebiet entwickelt hat und wie sie in diesem Abkommen sowie in den anderen in diesem Abkommen genannten Vereinbarungen definiert ist, nicht einseitig verändert wird."

Auch dieses Verbot gilt richtiger Auffassung nach für ganz Berlin, da es anderenfalls in Teil II hätte aufgenommen werden müssen. Es wird daher nicht nur von östlicher Seite bei Protesten gegen eine „Entwicklung der Bindungen" Westberlins an den Bund bemüht, sondern auch von den Westmächten angezogen, wenn sie sich, wie etwa bei der Einführung der Direktwahl der ostberliner Volkskammerabgeordneten (Juni 1979), gegen neue Schritte zur Integrierung Ostberlins in die DDR wenden.[427]

Das Datum, durch welches der Status quo bestimmt wird, ist der 3. Juni 1972, der Tag des Inkrafttretens des Berlin-Abkommens (nach Unterzeichnung des Schlußprotokolls); die Auffassung, es müsse der Tag der den Text feststellenden Unterzeichnung[428] (3. September 1971) sein, geht fehl, da zur Definition des zu konservierenden Zustandes auch die deutsch/deutschen Abkommen dienen (die „anderen in diesem Abkommen genannten Vereinbarungen"); diese lagen aber bei Unterzeichnung des Abkommens im engeren Sinne noch nicht vor.

Definiert wird der Status quo durch den tatsächlichen Zustand („die Lage, die sich in diesem Gebiet entwickelt hat") und durch die vertragsrechtliche Qualifizierung, die dieser Zustand „in diesem Abkommen sowie in den anderen in diesem Abkommen genannten Vereinbarungen" erfahren hat. Zu diesen Vereinbarungen gehören die in der Präambel genannten früheren „Vereinbarungen und Beschlüsse der Vier Mächte aus der Kriegs- und Nachkriegszeit" ebenso wie die in den Anlagen zu Teil II des Abkommens erwähnten Folge-Vereinbarungen „zwischen den zuständigen deutschen Behörden", also vor allem das Transitabkommen und die zwischen Senat und DDR-Regierung ausgehandelte Besuchs- und Exklaventausch-Regelung.

Obwohl die deutsche Übersetzung es nicht so deutlich macht, zeigen der authentische englische („agree that ... shall not be changed") und französische Text („conviennent que ... ne devra pas être modifiée"), daß es sich nicht um eine bloße Kongruenz der Auffassungen, sondern um die Übernahme einer Verpflichtung handelt. Unbeschadet des ausdrücklichen Vorbehalts für die Rechtsauffassungen werden die Vier Regierungen hier auf die Konservierung des Status quo verpflichtet, sofern nicht alle vier Abkommenspartner einer Veränderung zustimmen; Neuerungen gegenüber, welche die Lage in einem der Teile Berlins abkommenswidrig verändern, hat also jede der vier Regierungen ein Veto.

Die Gewährung des Vetorechts gegen Veränderungen des Status leidet jedoch eine wichtige Ausnahme: Gemäß Teil II Buchstabe B haben die Regierungen der drei Westmächte schon im Abkommen selbst erklärt, daß die Bindungen zwischen den Westsektoren Berlins und der Bundesrepublik Deutschland „entwickelt werden"; dieser Erklärung hat die Sowjetunion im Abkommenstext selbst nicht widersprochen. Es scheint jedoch unter den Abkommenspartnern aus den Verhandlungen ein gewisses Verständnis dieser Entwicklungsermächtigung zu geben, die ihre rücksichtslose Ausschöpfung abredewidrig erscheinen läßt.[429] Die Entwicklungsermächtigung unterliegt aber auch Beschränkungen, die im Abkommen selbst festgehalten sind (Westberlin darf nicht zum Bestandteil der Bundesrepublik oder von dieser regiert werden); sie werden weiter unten[430] besprochen.

Statuskonservierung und supranationale Integration

West- und Ostberlin haben an der Bündnis- und Integrationspolitik jeweils ‚ihres' deutschen Staates teilgenommen; je nach dem Integrationsgrad können hier in der Zukunft Situationen entstehen, die nicht mehr ohne weiteres mit der Statuskonservierung vereinbar sind. Diesbezügliche Warnungen an die Adresse Ostberlins sind nicht bekannt geworden. Sowjetische Proteste gegen die Einbeziehung Westberlins in die westeuropäischen Einigungsbestrebungen setzen hier, beim eingefrorenen Status, und weniger bei der Sonderungsgarantie (vgl. unten) ein.

Bei Abschluß des Berlin-Abkommens (3. Juni 1972) war Westberlin Besatzungsgebiet der Drei Mächte, unter deren Hoheit das Land Berlin und die Bundesrepublik kraft Übertragung durch die Drei Mächte bestimmte Befugnisse wahrnahmen; das ist der vom Berlin-Abkommen eingefrorene Status Westberlins.

Mit Zustimmung der Drei Mächte hatte nun die Bundesrepublik schon 1957 durch eine gesonderte Erklärung[431] zu den Römischen Verträgen (über die Europäische Wirtschaftsgemeinschaft und Euratom) die Geltung dieser Verträge „auch für das Land Berlin" sichergestellt. Seither gehören z.B. dem Kontingent deutscher Abgeordneter des Europäischen Parlaments (Artikel 1 des Abkommens über Gemeinsame Organe für die Europäischen Gemeinschaften[432]) auch immer westberliner Bundestagsabgeordnete mit vollem Stimmrecht an. Die Beteiligung Westberlins an den Europäischen Gemeinschaften ist daher offensichtlich Teil des durch das Berlin-Abkommen festgeschriebenen Zustands. Dabei kann allein die Einführung der Direktwahl für die *nicht*-berliner Europäischen Abgeordneten eine Statusveränderung für Berlin nicht mit sich bringen.

Statusrelevant aber wird die europäische Orientierung Westberlins dadurch, daß die Römischen Verträge sich selbst als eine Stufe im weitergehenden Prozeß der europäischen politischen Einigung verstehen. Die beiden ersten Präambelsätze des EWG-Vertrages[433] zum Beispiel lauten:

„In dem festen Willen, die Grundlagen für einen immer engeren Zusammenschluß der europäischen Völker zu schaffen,

Entschlossen, durch gemeinsames Handeln den wirtschaftlichen und sozialen Fortschritt ihrer Länder zu sichern, indem sie die Europa trennenden Schranken beseitigen".

Damit wird als Endziel ein Zustand anvisiert (noch nicht vereinbart), in welchem sich ein Vereinigtes (West-)Europa durch eigene Organe regiert. Details dieser Vision kann noch niemand kennen. Zweifelsohne sind aber Modelle denkbar, die eine Beteiligung Westberlins nur unter Änderung bisheriger Zu- und Unterordnungen zulassen würden. Ebenso vorstellbar sind indessen auch Konstruktionen innerhalb des gegenwärtigen Statusgerüsts.

Wie unter den gegenwärtigen Umständen kaum anders zu erwarten, verteidigt die Sowjetunion weit vorgeschobene Positionen:[434] Jegliche Zugehörigkeit zu einem Vereinigten Europa erscheint ihr eine Statusveränderung und jeglicher Schritt in dieser Richtung ebenfalls. Letzteres ist eine teleologische Betrachtungsweise, die auch beim in sich status-neutralen Akt den seine Richtung mitbestimmenden, auf die europäische Integration gerichteten Vektor erkennt, und dieses Vektors wegen den gesamten Akt für statusverändernd und abkommenswidrig hält. Diese Art der Argumentation ist im politischen Umgang zwar beliebt – und legitim –, im Völkervertragsrecht hat sie keine Berechtigung.

Die gleiche Problematik verdient natürlich auch bezüglich Ostberlins Beobachtung und Beachtung. Der im Oktober 1975, also nach dem Berlin-Abkommen, geschlossene ostdeutsch-sowjetische Freundschaftsvertrag[435] zum Beispiel sieht in seiner Präambel unter anderem „die allseitige Festigung der Einheit" der Vertragspartner als „der weiteren Annäherung der sozialistischen Nationen" dienlich an – auch hier erkennt man deutlich den Integrationsvektor.

d) Bestimmungen über Westberlin (Teil II und Anlage III)

Teil II des Berlin-Abkommens (im engeren Sinne) enthält nun die „Bestimmungen, die die Westsektoren Berlins betreffen"; der Begriff „Westsektoren Berlins" setzt übrigens auch die Existenz eines Ostsektors sowie das aus allen Sektoren bestehende Ganze, eben ganz Berlin, voraus, obwohl es nirgends erwähnt wird. Teil II gliedert sich in vier nach Buchstaben bezeichnete Abschnitte. Abschnitte A und C geben Erklärungen der Sowjetunion, Abschnitt B gibt eine gemeinsame Erklärung der drei Westmächte, Abschnitt D eine Erklärung aller vier Abkommenspartner wieder. Die Form der einseitigen Erklärungen wird auch in den Anlagen zu den vier Abschnitten fortgeführt. Sie spiegelt das Souveränitätsbewußtsein der Vier Mächte wider; denn es wird der Eindruck vermieden, daß nicht jede der vier Besatzungsmächte in ihrem Sektor die oberste Gewalt innehätte, sondern auf Absprachen mit der anderen Seite angewiesen sei. Auch nehmen beide Seiten über delikate Fragen lieber Erklärungen entgegen, als daß sie sich diese durch Mitautorschaft zu eigen gemacht hätten.

Der Transitverkehr (Abschnitt A)

Abschnitt A lautet:

„Die Regierung der Union der Sozialistischen Sowjetrepubliken erklärt, daß der Transitverkehr von zivilen Personen und Gütern zwischen den Westsektoren Berlins und der Bundesrepublik Deutschland auf Straßen, Schienen- und Wasserwegen durch das Territorium der Deutschen Demokratischen Republik ohne Behinderungen sein wird, daß dieser Verkehr erleichtert werden wird, damit er in der einfachsten und schnellsten Weise vor sich geht und daß er Begünstigung erfahren wird.

Die diesen zivilen Verkehr betreffenden konkreten Regelungen, wie sie in Anlage I niedergelegt sind, werden von den zuständigen deutschen Behörden vereinbart."

Hier hat sich die Sowjetunion zwar insoweit durchgesetzt, als die Westmächte nicht als Mitgaranten des unbehinderten Berlinverkehrs sondern nur als Erklärungsempfänger auftreten; die Westmächte aber haben erreicht, daß jedenfalls nicht die DDR als Partner der Westmächte Transitrechte über ihr Territorium zusicherte, sondern daß die Sowjetunion, ihren Status als Sieger- und Besatzungsmacht reaktivierend, die entsprechende globale Zusicherung gab. Da von vornherein klar war, daß ein Korridorverkehr zu Lande oder zu Wasser nicht zu erreichen war, beschreiben diese Zusicherungen („ohne Behinderungen, erleichtert, einfachste und schnellste Weise, Begünstigung") in der Tat die nächstbeste Regelung. Den Luftverkehr, der ja unkontrollierter Korridorverkehr ist, haben die Westmächte aus der Zugangsregelung heraushalten können. Damit stellt diese Grundsatzregelung für den Berlin-Verkehr nach Partner, Umfang und Verfahren ein Verhandlungsergebnis dar, das im Westen zu Recht durchgehend als großer Erfolg angesehen wurde.

Seinerzeit nahm die Opposition Anstoß an dem Wort „Transit", da es üblicherweise für den Verkehr von einem Land durch ein zweites in ein drittes reserviert sei, und mithin bedeute, daß Westberlin nicht zur Bundesrepublik gehöre. Dies ist falsch, da auch der sogenannte Hufeisenverkehr (aus einem Land durch ein zweites zurück in das erste) Transitverkehr ist. Das Wort Transit läßt also die Zuordnung Westberlins zur Bundesrepublik unberührt. Ebensowenig schließt es die westliche Rechtsauffassung aus, daß der Verkehr nach und von Westberlin ein besatzungsrechtlicher Sonderverkehr sei.

Satz 2 des Abschnitts A verweist wegen der „konkreten Regelungen" auf Anlage I zum Abkommen und die entsprechenden Vereinbarungen der zuständigen deutschen Behörden; damit trägt dieser Satz dem sowjetischen Bemühen Rechnung, die DDR als Inhaberin der Territorialhoheit über die Zugangswege ins Gespräch zu bringen, sie also nicht einfach in jedem Wortsinn überfahren zu lassen. Die hier und in der Anlage I vorgesehene „Vereinbarung" ist das anschließend von den Staatssekretären Bahr und Kohl ausgehandelte „Transit-Abkommen", das im übernächsten Kapitel erläutert wird.

Die „Entwicklung der Bindungen" (Abschnitt B)

Abschnitt B enthält die höchst sensible Balance westlicher und östlicher Vorstellungen zum Status Westberlins. Da der Sowjetunion hier ein Mitspracherecht nicht zugebilligt werden konnte, gaben nur die drei Westmächte die folgende Erklärung ab:

> „Die Regierungen der Französischen Republik, des Vereinigten Königreichs und der Vereinigten Staaten von Amerika erklären, daß die Bindungen zwischen den Westsektoren Berlins und der Bundesrepublik Deutschland aufrechterhalten und entwickelt werden, wobei sie berücksichtigen, daß diese Sektoren so wie bisher kein Bestandteil (konstitutiver Teil) der Bundesrepublik Deutschland sind und auch weiterhin nicht von ihr regiert werden.
>
> Konkrete Regelungen, die das Verhältnis zwischen den Westsektoren Berlins und der Bundesrepublik Deutschland betreffen, sind in Anlage II niedergelegt."

Die Sowjetunion sanktionierte also durch Hinnahme dieser Erklärung einen von ihr (und der DDR) bislang bekämpften faktischen Zustand, nämlich die weitgehende Einbeziehung Westberlins in die Rechts- und Gesellschaftsordnung der Bundesrepublik Deutschland. Wie schon oben bemerkt, wird hier nicht nur ein Zustand („Aufrechterhaltung") sondern eine „Entwicklung" der Bindungen toleriert, die im Satzzusammenhang („aufrechterhalten und entwickelt") ja nur ihre Stärkung bedeuten kann – ein beträchtliches Abweichen von bisherigen östlichen Positionen.

Erklärungen aus dem Osten haben gelegentlich behauptet, mit den „Bindungen" (engl.: „ties", franz.: „liens") seien Verbindungen im Sinne von Kommunikationsmöglichkeiten (zwar nicht nur im Verkehr [Straße, Wasser- und Schienenwege] sondern auch etwa bei Funk und anderen geeigneten Medien) gemeint, nicht aber der westlicherseits für notwendig gehaltene weitgehende faktische Anschluß Westberlins an die Bundesrepublik. Eine offizielle Interpretation in diesem Sinne hat es aber nicht gegeben, sie widerspräche auch den travaux préparatoires und dem Kontext; insbesondere wäre die anschließende Begrenzung der Bindungsentwicklung dann kaum noch sinnvoll. Immerhin halten gerade DDR-Organe diese unzulässig einschränkende Auslegung durch den Sprachgebrauch („Verbindungen" statt „Bindungen") in Erinnerung.[436]

Offen blieb allerdings der genaue Inhalt des Wortes „entwickeln": War nur die Festigung bereits bestehender Beziehungen gemeint, z.B. also die Entsendung zusätzlichen Personals an eine schon bislang in Westberlin domizilierende Bundesstelle? Oder waren (und sind) Bindungen auch durch Herstellung zusätzlicher, neuer Beziehungen zu „entwickeln", also etwa durch die Einrichtung neuer Dienststellen, oder die Orientierung von bisher autonomen Bereichen des westberliner öffentlichen Lebens an der Bundesrepublik?

Wie zu Ziffer 4 der Allgemeinen Bestimmungen schon angedeutet,[437] haben die Vier Mächte sich in diesem Punkt nicht einigen wollen (wohl auch nicht können). Die Sowjetunion (und mit ihr der Ostblock unter Vorantritt der DDR) vertreten die restriktive, die Westmächte sowie BRD und Westberlin – mit graduellen Unterschieden – die extensive Auslegung. Da jedwede „Entwicklung" eine Veränderung des status quo bedeutet, hat – politisch betrachtet – der Westen das Risiko des Handelns zu tragen. Wie schwer man sich damit tun kann und auch wohl muß, zeigt das Beispiel des vom Bund in Westberlin eingerichteten Umweltamtes[438] oder die Diskussion um den Sitz einer „Nationalstiftung".

Die Sonderungsgarantie

Verständlicherweise lag der Sowjetunion daran, eine obere Begrenzung der von ihr akzeptierten Entwicklung einzubauen; den Westmächten gelang es, diese Grenze soweit hinaufzuschieben, daß sie sich nahezu mit ihrer eigenen, stets auch gegenüber Bundesregierung und Senat durchgesetzten Position deckte: Sie sagten im zweiten Teil ihrer Erklärung zu, bei der Aufrechterhaltung und Entwicklung zu „berücksichtigen, daß diese Sektoren so wie bisher kein Bestandteil (konstitutiver Teil) der Bundesrepublik Deutschland sind und auch weiterhin nicht von ihr regiert werden." Diese Sonderung Westberlins von der Bundesrepublik war einer der kritischsten Punkte des Abkommens. Standpunkt der Westmächte war, daß Westberlin zwar kein Land der Bundesrepublik sei, wohl aber nicht völlig außerhalb dieser stehe. Sie hätten daher die Formulierung „kein Land der BRD" vorgezogen.[439] Die Sowjetunion hingegen sah Westberlin, wie oben gezeigt, als selbständige politische Einheit; sie wünschte deshalb eine Erklärung, wonach Westberlin „kein Teil der BRD" sei. Geeinigt hat man sich dann auf das Wort „Teil", dieses aber qualifiziert durch einen Zusatz, der sicherstellt, daß nicht jede Zuordnung Westberlins zum Bund ausgeschlossen wird, sondern nur eine solche, die Westberlin den Charakter eines Gliedes der Bundesrepublik gäbe:[440]

Engl.: "... these sectors continue not to be a constituent part of the Federal Republic of Germany ..."

Franz.: „les secteurs continuent de ne pas être un élément constitutif de la République fédérale d'Allemagne ..."

Die Worte „constituent" und „constitutif" sind vom Begriff „Constitution" abgeleitet, der englisch und französisch zunächst „Verfassung" im juristischen und übertragenen Sinne bedeutet. Westberlin darf also gemäß der Sonderungsgarantie der Westmächte kein verfassungsmäßiger Teil, im nichtrechtlichen Sinne kein zu deren „Bestand" erforderlicher Teil der Bundesrepublik sein. Das deutsche Wort „Bestandteil" erschien im Gebrauch etwas zu abgeschliffen, um neben dem faktischen auch den rechtlichen Sinn voll wiederzugeben; daher hatte man versucht, sich bei der deutschen Übersetzung in der deutsch/deutschen Arbeitsgruppe[441] auf den Klammerzusatz „(konstitutiver Teil)" zu einigen.

Nur wenn trotz der Sonderungsgarantie eine Zuordnung Westberlins zum Bund erlaubt bleibt, hat die weitere Zusage, daß es aber nicht vom Bund regiert werden darf, ihren Sinn; andernfalls nämlich verstünde sich dies von selbst.

Die gelegentlich in der DDR vertretene Auffassung, das Viermächte-Abkommen untersage eine Bundespräsenz in Westberlin, ist daher falsch; soweit die Bundespräsenz nicht die Sonderungsgarantie verletzt, gehört sie auch zu den entwicklungsfähigen Bindungen. Aber auch hier könnte eine demonstrative Häufung statusrelevant werden.

Die Garantien der Sonderung Westberlins und seiner Unabhängigkeit von der Bundesregierung knüpfen mit den Worten „so wie bisher" und „weiterhin" als Übersetzungen des englischen „continue" und französischen „continuent" an den Status quo und die bisherige Praxis an; diese liegen mithin noch unterhalb der Verbotsschwelle.[442]

Hier gibt es für die Zukunft der europäischen Einigung noch Streitstoff: Sollte das Endziel der Europäischen Gemeinschaften, die politische Einheit Westeuropas, einmal erreicht werden, wird auch die Zugehörigkeit Westberlins zu dem geeinigten Europa sichergestellt sein müssen. Dann dürften sowohl die Sonderungsgarantie (Tritt Westberlin als westdeutsches Territorium ein?) wie auch insbesondere die oben[443] (Teil I Ziffer 4) besprochene Statusrelevanz (Inwieweit verändert eine „Europäisierung" Westberlins den bisherigen Zustand?) eine Rolle spielen.

Wichtige Konkretisierungen der Statusproblematik enthalten Anlage II zum Viermächte-Abkommen sowie die zwei Schreiben der drei westlichen Botschafter an den Bundeskanzler (Übermittlungsschreiben und Integrationsbrief); sie werden weiter unten[444] erläutert. Die beiden Schreiben transformieren die von den Westmächten übernommenen Verbindlichkeiten durch ausdrückliche Weisungen in Verbindlichkeiten der Bundesrepublik.

Insofern Sonderungsgarantie und Ausschluß der Regierung durch den Bund die verfassungsmäßige Zugehörigkeit des Landes Berlin zur Bundesrepublik Deutschland versagen, stehen die Drei Westmächte und die Sowjetunion gemeinsam gegen Bonner Grundgesetz und Berliner Verfassung. Noch in seiner Entscheidung vom Juli 1973 zur Verfassungsmäßigkeit des Grundlagenvertrages (siehe unten[445]) zählte das Bundesverfassungsgericht „Berlin" zu den Ländern der BRD; es räumte aber ein: „... der Status des Landes Berlin der Bundesrepublik Deutschland ist nur gemindert und belastet durch den sog. Vorbehalt der Gouverneure der Westmächte." Sonderungsgarantie und Ausschluß einer Regierung durch den Bund im Viermächte-Abkommen wird man zwangslos als Verlängerung dieses auch vom Bundesverfassungsgericht vorsichtig einbezogenen besatzungsrechtlichen Vorbehaltes verstehen können; wenn das Bundesverfassungsgericht an einer anderen Stelle des gleichen Urteils alle Verfassungsorgane in Bund und Ländern auch in Zukunft für verpflichtet hält, die Rechtsposition des Grundgesetzes „ohne Einschränkung geltend zu machen", so dürfte für die Bedürfnisse der praktischen Politik die Statusregelung des Viermächte-Abkommens als verlängerter „Vorbehalt der Gouverneure" mit einbezogen und von den angesprochenen Verfassungsorganen mit zu beachten sein.

Der folgende (letzte) Satz des Abschnitts B verweist wegen der Details des „Verhältnisses" (engl.: „relationship", franz.: „relation") zwischen Westberlin und BRD auf Anlage II zum Abkommen. Dabei sind Vereinbarungen zwischen den „zuständigen deutschen Behörden" hier nicht vorgesehen: Die DDR hat keinerlei Zuständigkeit, und Absprachen zwischen Bundesregierung und Senat finden unter der Hoheit der Drei Westmächte statt und bedürfen nicht der Anordnung durch das Viermächte-Abkommen.

Insgesamt stabilisiert Abschnitt B Bindungen und Rechtslage Westberlins oberhalb des Status quo auf einer beachtlichen Bandbreite: Ausgangsbasis sind die gegenwärtigen Bindungen, die, allerdings durch die enumerierten Verbote der Anlage II, des Übermittlungsschreibens und des Interpretationsbriefes (siehe unten zu Anlage II) eingeschränkt, aufrechterhalten werden; möglicher Spielraum nach oben ist die Entwicklung dieser Bindungen und der obere Grenzpunkt wäre dann überschritten, wenn Westberlin in die Bundesrepublik integriert oder von ihr regiert würde. Ausgewogen ist dieses Ergebnis, da der Verbesserung des Status quo, die in der Möglichkeit liegt, die nicht verbotenen Bindungen zu entwickeln, die vertragsrechtliche Einengung der Dispositionsbefugnis der Westmächte gegenübersteht: Die Sonderung Westberlins von der Bundesrepublik Deutschland war zwischen Ost und West bis dahin nie vertraglich fixiert worden.

Beziehungen zum Umland (Abschnitt C und Anlage III)

Nach Grundsatzregelungen über den Zugang (Abschnitt A) und den Zustand (Abschnitt B) befaßt sich Teil II in seinem Abschnitt C mit dem Zutritt der Westberliner zu ihrem Umland und mit verwandten Fragen (Kommunikationen, Gebietstausch). Dieser Abschnitt C wird mit leichten redaktionellen Veränderungen, die hier unberücksichtigt bleiben können, in der Anlage III zum Abkommen wiederholt und in zwei Punkten ergänzt. Es erscheint daher sinnvoll, den Inhalt der Anlage III schon an dieser Stelle mit zu behandeln.

Die Erklärungen in Abschnitt C und Anlage III gehen allein von der Sowjetunion aus, die, wie schon bei der Zugangsregelung, ihre besatzungsrechtliche Territorialhoheit wiederbelebt.

Satz 1 des Abschnitts C (= Absatz 1 der Anlage III) heißt:

„Die Regierung der Union der Sozialistischen Sowjetrepubliken erklärt, daß die Kommunikationen zwischen den Westsektoren Berlins und Gebieten, die an diese Sektoren grenzen, sowie denjenigen Gebieten der Deutschen Demokratischen Republik, die nicht an diese Sektoren grenzen, verbessert werden."

Kommunikationen (engl. und franz.: „communications") verbessern (engl.: „improve", franz.: „améliorer"), das heißt die Abschnürung Westberlins von seinem Umland lockern, nicht durch rechtliche Angleichung sondern durch Ausbau der noch bestehenden und Wiederanknüpfung weiterer Verbindungen auf allen Gebieten, auf denen moderne Gemeinwesen Kontakt halten: Besucher-, Telephon- und Fernschreibverkehr, Wasserversorgung und Mülldeponie, Brand- und Schädlingsbekämpfung, Seuchenschutz und so weiter.

Das Umland, mit dem diese Verbindungen verbessert werden sollen, ist wiederum recht umständlich bezeichnet als Gebiete, die an Westberlin grenzen und solche, die es nicht tun. Diese Benennung meint Ostberlin und die DDR. Die Westmächte, die ja eine Hoheit der DDR über Ostberlin nicht förmlich anerkennen, waren nicht bereit, eine Erklärung schlicht über die DDR (unter Einschluß Ostberlins) entgegenzunehmen; die Sowjetunion wiederum wollte sich aus dem umgekehrten Grunde nicht zu einer Nennung von DDR und Ostberlin nebeneinander verstehen. Die verwendeten Bezeichnungen kaschieren diese Tabus auch etwas, da ja Westberlin nicht nur an den Ostsektor, sondern im Westen auch unmittelbar an die DDR grenzt, die verwendeten Bezeichnungen sich also nicht mit den verdrängten decken. Bei der Formulierung wurde auch darauf geachtet, daß sich der possessive Genitiv „der Deutschen Demokratischen Republik" nicht auf die unmittelbar angrenzenden Gebiete bezieht, zu denen ja Ostberlin gehört.[446] Hier, wie an anderen Stellen wurde so die von Allen gewollte praktische Regelung in Worte gegossen, die Niemanden kränken, das Musterbeispiel eines gelungenen Formelkompromisses.

Mit Satz 2 des Abschnitts C (= Absatz 2 der Anlage III) stellt die Sowjetische Regierung Reise- und Besuchsmöglichkeiten „in diese Gebiete" in Aussicht, und zwar für „Personen mit ständigem Wohnsitz in den Westsektoren Berlins". Staatsangehörigkeit, etwa eines Gastarbeiters, spielt also keine Rolle.

Die Besuchs- und Reiseanlässe sind umfassend:

„Personen mit ständigem Wohnsitz in den Westsektoren Berlins werden aus humanitären, kulturellen, familiären, religiösen oder kommerziellen Gründen oder als Touristen in diese Gebiete reisen und sie besuchen können, und zwar unter Bedingungen, die denen vergleichbar sind, die für andere in diese Gebiete einreisende Personen gelten."

Der Besuchs- und Reiseverkehr ist also nicht einfach freigegeben, sondern es wird nur die Aufhebung bisheriger diskriminierender Schranken versprochen.

Das Schlüsselwort ist hier „vergleichbar" (engl. und franz. „comparable"); es läßt geringe Abweichungen von der Norm zu; denn „vergleichbar" ist nicht „gleich". Letzteres hatte sich nicht durchsetzen lassen. Tatsächlich wurde aber später bei den im übernächsten Kapitel dargestellten Ausfüllungsverhandlungen zwischen Senat und DDR-Regierung eine Besuchsregelung ausgehandelt, die die Westberliner erheblich besser als die Westdeutschen und Einreisewillige anderer Nationalitäten stellt.

Absatz 2 der Anlage III stellt „nach Konsultationen und in Übereinkunft" mit der DDR-Regierung noch die Eröffnung weiterer Übergangsstellen in Aussicht:

„Zur Erleichterung der oben beschriebenen Besuche und Reisen von Personen mit ständigem Wohnsitz in den Westsektoren Berlins werden zusätzliche Übergangsstellen eröffnet."

In der Praxis wurden solche Übergangsstellen nach Ostberlin wortgenau nur dem Besucherverkehr aus Westberlin geöffnet und westdeutsche Besucher an andere Übergänge verwiesen.

Satz 3 des Abschnitts C (= Absatz 3 der Anlage III) wendet sich den Enklaven zu:

„Die Probleme der kleinen Enklaven einschließlich Steinstückens und anderer kleiner Gebiete können durch Gebietsaustausch gelöst werden."

Diese Kann-Vorschrift öffnete den Weg zu einer Anpassung der auf den alten kommunalen Grenzen beruhenden Grenze Westberlins an die neuen Gegebenheiten. Die Enklaven waren teilweise nicht, teilweise nur sehr beengt zugänglich. Die später bei den deutsch/deutschen Verhandlungen gefundene Regelung (siehe unten) ging insoweit über die hier eröffnete Möglichkeit hinaus, als nicht nur Gebiete getauscht, sondern teilweise auch der DDR abgekauft wurden.

Absatz 4 der Anlage III fügt gegenüber Abschnitt C (Teil II des Abkommens) noch eine weitere Zusage an:

„Die Telefon-, Telegraphen-, Transport- und anderen Verbindungen der Westsektoren Berlins nach außen werden erweitert werden."

Der 4. (und letzte) Satz des Abschnitts C verweist auf die Anlage III und deutsch/deutsche Vereinbarungen:

„Konkrete Regelungen, die die Reisen, die Kommunikationen und den Gebietsaustausch betreffen, wie in Anlage III niedergelegt, werden zwischen den zuständigen deutschen Behörden vereinbart."

Anlage III Absatz 5 selbst verweist nur noch auf die deutsch/deutschen Vereinbarungen:

„Regelungen zur Durchführung und Ergänzung der Bestimmungen der Absätze 1 bis 4 werden zwischen den zuständigen deutschen Behörden vereinbart."

Außenvertretung und sowjetisches Konsulat (Abschnitt D)

Abschnitt D des Teils II gibt, anders als die Abschnitte A bis C, nicht eine Erklärung der östlichen oder westlichen Seite, sondern eine gemeinsame Verweisung auf Anlage IV wieder:

„Die Vertretung der Interessen der Westsektoren Berlins im Ausland und die konsularische Tätigkeit der Union der Sozialistischen Sowjetrepubliken in den Westsektoren Berlins können wie in der Anlage IV niedergelegt ausgeübt werden."

Hier ist zunächst interessant die Nebeneinanderstellung von Außenvertretung und Sowjetischem Konsulat; wie schon oben[447] erwähnt, war eine sowjetische Vertretung in Westberlin nur akzeptabel, wenn sichergestellt war, daß sie nicht den Anspruch der Bundesrepublik untergrabe, Westberlin auch in der Sowjetunion zu vertreten. Dieser Zusammenhang ist hier gesehen und honoriert worden. Die Zulassung einer sowjetischen Vertretung in Westberlin ist auch nicht, wie seinerzeit von der Opposition behauptet worden war, eine geschenkte Draufgabe gewesen, sondern, wie Abschnitt D zeigt, eine Gegenleistung für die Sicherung der Außenvertretung.

Es ist nicht von der Vertretung der Westsektoren Berlins die Rede, sondern von der Vertretung der „Interessen" der Westsektoren Berlins. Dadurch wird die Auffassung berücksichtigt, daß Westberlin nicht wie ein beliebiger Staat ein Subjekt des Völkerrechts, sondern nur eine Gebietskörperschaft minderen Ranges ist. Solche nehmen nicht selbst (auch nicht durch Vertretung) am internationalen Rechtsverkehr teil, sondern ihre Interessen werden von Völkerrechtssubjekten mit wahrgenommen.

e) Schlußbestimmungen (Teil III)

Auf Teil II, der damit beendet ist, folgen die Schlußbestimmungen als Teil III:

„Dieses Viermächte-Abkommen tritt an dem Tage in Kraft, der in einem Viermächte-Schlußprotokoll festgelegt wird, das abzuschließen ist, sobald die in Teil II dieses Viermächte-Abkommens und in seinen Anlagen vorgesehenen Maßnahmen vereinbart worden sind.

Geschehen in dem früher vom Alliierten Kontrollrat benutzten Gebäude im amerikanischen Sektor Berlins am 3. September 1971, in vier Urschriften, jede in englischer, französischer und russischer Sprache, wobei jeder Wortlaut gleichermaßen verbindlich ist."

Die Unterschriften der vier Botschafter: Sauvagnargues, Abrassimow, Jackling und Rush, beschließen das eigentliche Abkommen.

4. Die Anlagen I, II und IV des Abkommens

Neben das Abkommen im engeren Sinne treten nun die Anlagen zu seinem II. Teil. Sie enthalten im Stil diplomatischer Verbalnoten (es fehlt nur die Schlußformel) Erklärungen der einen oder anderen Seite, wiederholen zum großen Teil, redaktionell leicht verändert, die Erklärungen des Abschnitts von Teil II, zu dem sie gehören; darüber hinaus enthalten sie einige zusätzliche Einzelregelungen.

a) Die Einleitung der Anlagen

Die Frage, warum es überhaupt der Anlagen bedurfte, warum auf die Wiederholungen nicht verzichtet und die Ergänzungen nicht schon im Teil II des Abkommens selbst untergebracht werden konnten, wird im Einleitungssatz der Anlagen beantwortet. Der zu Anlage I lautet:

„Die Regierung der Union der Sozialistischen Sowjetrepubliken hat die Ehre, unter Bezugnahme auf Teil II Abschnitt A des Viermächte-Abkommens vom heutigen Tage und nach Konsultationen und in Übereinkunft mit der Regierung der Deutschen Demokratischen Republik den Regierungen der Französischen Republik, des Vereinigten Königreiches und der Vereinigten Staaten von Amerika folgendes mitzuteilen:"

Der zu Anlage III ist wortgleich, nur daß er auf Abschnitt C anstelle von Abschnitt A des II. Teiles verweist. Demnach macht die sowjetische Regierung ihre Mitteilungen in den Anlagen I (Transit) und III (Beziehungen zum Umland) „nach Konsultationen und in Übereinkunft mit der Regierung der Deutschen Demokratischen Republik". Dieser Passus wurde im eigentlichen Abkommen selbst nicht zugelassen. Dank der Anlagen und ihrer Einleitungsformel gibt es jedoch in diesen beiden Komplexen (Transit und Umland) keine Zusicherung der Sowjetischen Regierung, die nicht unter die verbindliche Zustimmung auch der DDR-Regierung gestellt worden wäre.[448] Die Konstruktion wurde später gelegentlich von DDR-Stellen zu der Behauptung umgebogen, über Transit und Umland gebe es gar kein Viermächte-Abkommen, sondern allein ein Abkommen zwischen DDR und Sowjetunion, von welchem letztere den Westmächten im Viermächte-Abkommen lediglich Mitteilung gemacht habe. Ein Blick in den II. Teil des eigentlichen Abkommens, der die DDR (und die BRD) überhaupt nicht nennt, sondern nur „den zuständigen deutschen Behörden" Ausfüllungsverhandlungen zuweist, belehrt eines Richtigeren.

Der einleitende Passus in der Erklärung der Drei Westmächte in Anlage II (Bindungen und Sonderung) erwähnt nur die „Konsultation" mit der Bundesregierung, nicht auch deren Zustimmung; ein Einverständnis mit den Erklärungen der Drei Westmächte über die Sonderung Westberlins vom Bund konnte nicht erklärt werden, da dies dem orthodoxen Standpunkt des Grundgesetzes (Berlin als Land der Bundesrepublik Deutschland) widersprochen hätte und deshalb verfassungswidrig gewesen wäre. Das schließt nicht aus, daß Bundesregierung und Senat in Erkenntnis des politisch Möglichen sich in den ihnen von den Drei Mächten zugewiesenen Rollen, so wie schon bislang, eingerichtet haben.

b) Der Transitverkehr (Anlage I)

Anlage I wiederholt in Absatz 1 die Zusicherungen der Sowjetischen Regierung über die Erleichterung des Transitverkehrs aus Teil II Abschnitt A des Abkommens; am Ende wird die dort zugesagte „Begünstigung" konkretisiert:

„Der Transitverkehr von zivilen Personen und Gütern zwischen den Westsektoren Berlins und der Bundesrepublik Deutschland auf Straßen, Schienen- und Wasserwegen durch das Territorium der Deutschen Demokratischen Republik wird erleichtert werden und ohne Behinderungen sein. Er wird in der einfachsten, schnellsten und günstigsten Weise erfolgen, wie es in der internationalen Praxis vorzufinden ist."

Der letzte Satz, für sich gelesen, hätte zu der Hoffnung berechtigen können, daß die bequemste Transitregelung, die sich irgendwo in der Welt findet, für den Berlin-Verkehr kopiert werden könnte, also z.B. ein völlig unkontrollierter Verkehr, wie er sich etwa bei Transitstrecken im amerikanisch-kanadischen Grenzgebiet findet. Daß dies indessen entgegen dem Wortlaut nicht gemeint war, zeigt schon die folgende Ziffer der Anlage, die „in Übereinstimmung" mit Absatz 1 Einzelheiten bestimmter Kontrollverfahren wie auch eine pauschale Abgeltung von Abgaben, Gebühren und Kosten regelt. Man hat also in Absatz 1 mehr eine Grundsatz- denn eine operative Norm zu sehen, die in Zweifelsfällen die Richtung der dann zu treffenden Entscheidung weist.

Absatz 2 der Anlage I lautet:

In Übereinstimmung damit

a) können für die Beförderung von zivilen Gütern auf Straßen, Schienen- und Wasserwegen zwischen den Westsektoren Berlins und der Bundesrepublik Deutschland vor der Abfahrt verplombte Transportmittel benutzt werden. Die Kontrollverfahren werden auf die Prüfung der Plomben und der Begleitdokumente beschränkt werden.

b) werden bei Transportmitteln, die nicht verplombt werden können, wie zum Beispiel offene Lastkraftwagen, die Kontrollverfahren auf die Prüfung der Begleitdokumente beschränkt werden. In besonderen Fällen, in denen hinreichende Verdachtsgründe dafür vorliegen, daß nichtverplombte Transportmittel Materialien enthalten, die zur Verbreitung auf den vorgesehenen Wegen bestimmt sind, oder daß sich in ihnen Personen oder Materialien befinden, die auf diesen Wegen aufgenommen worden sind, kann der Inhalt der nichtverplombten Transportmittel geprüft werden. Die Verfahren zur Behandlung derartiger Fälle werden zwischen den zuständigen deutschen Behörden vereinbart.

c) können für Reisen zwischen den Westsektoren Berlins und der Bundesrepublik Deutschland durchgehende Züge und Autobusse benutzt werden. Die Kontrollverfahren umfassen außer der Identifizierung von Personen keine anderen Formalitäten.

d) werden Personen, die als Transitreisende identifiziert sind und individuelle Transportmittel zwischen den Westsektoren Berlins und der Bundesrepublik Deutschland auf den für den Durchgangsverkehr vorgesehenen Wegen benutzen, zu ihrem Bestimmungsort gelangen können, ohne individuelle Gebühren und Abgaben für die Benutzung der Transitwege zu zahlen. Die Verfahren, die auf solche Reisende Anwendung finden, werden keine Verzögerungen mit sich bringen. Die Reisenden, ihre Transportmittel und ihr persönliches Gepäck werden nicht der Durchsuchung und der Festnahme unterliegen oder von der Benutzung der vorgesehenen Wege ausgeschlossen werden, außer in besonderen Fällen, wie das zwischen den zuständigen deutschen Behörden vereinbart werden kann, in denen hinreichende Verdachtsgründe bestehen, daß ein Mißbrauch der Transitwege für Zwecke beabsichtigt ist, die nicht mit der direkten Durchreise von und nach den Westsektoren Berlins in Zusammenhang stehen und die den allgemein üblichen Vorschriften bezüglich der öffentlichen Ordnung zuwiderlaufen.

e) kann eine entsprechende Kompensation für Abgaben, Gebühren und andere Kosten, die den Verkehr auf den Verbindungswegen zwischen den Westsektoren Berlins und der Bundesrepublik Deutschland betreffen, einschließlich der Instandhaltung der entsprechenden Wege, Einrichtungen und Anlagen, die für diesen Verkehr benutzt werden, in Form einer jährlichen Pauschalsumme erfolgen, die von der Bundesrepublik Deutschland an die Deutsche Demokratische Republik gezahlt wird."

Verplombung

Die für den Berlin-Verkehr sehr vorteilhafte Regelung des vorstehenden Abschnitts a) (Verplombung) wurde erstaunlicherweise von der DDR in den deutsch/deutschen Ausfüllungsverhandlungen (vgl. übernächstes Kapitel) forciert.[449] Die im Schlußsatz von Absatz b) angesprochene Vereinbarung der Verfahren erfolgte im Transitabkommen.

Abschnitte a) und b) lassen indessen eine Regelungslücke für Transportmittel, die zwar verplombt werden können (also nicht unter b) fallen), jedoch nicht verplombt worden sind (also auch nicht unter a) gehören). Diese Lücke ist von den Abkommenspartnern übersehen worden und mußte durch die deutsch/deutschen Vereinbarungen im Transitabkommen[450] geschlossen werden.

Durchgehender Verkehr

Abschnitt c) läßt für Reisen zwischen Westberlin und BRD „durchgehende Züge und Autobusse" zu. Auch hier könnte man zuviel aus der Vorschrift herauslesen, wenn man annähme, daß „durchgehend" solche Züge und Busse seien, die in der DDR überhaupt nicht halten; der nächste Satz, der für diesen durchgehenden Verkehr die Kontrollen auf die Identifizierung von Personen beschränkt, belehrt darüber, daß an der Grenze jedenfalls doch gehalten werden muß. Durchgehend sind dann solche Züge und Busse, die so eingerichtet sind, daß ein Halt zwischen den Grenzkontrollpunkten während des Transits weder für Fahrzeug noch Reisende notwendig ist. Im Transitabkommen wurden dann gleichwohl auch für diese Fahrzeuge bestimmte Haltemöglichkeiten und die Rechtsfolgen eines an unvorhergesehenem Platze eingelegten Halts festgelegt.

Benutzungsgebühren

Abschnitt d) stellt zunächst Transitreisende mit individuellen Transportmitteln von individuellen Benutzungsgebühren frei. Dem Transitabkommen blieb es vorbehalten, nach schwierigen Verhandlungen auch solche individuellen Abgaben abzuschaffen, die nicht wie Straßenbenutzungsgebühren „für die Benutzung der Transitwege" erhoben wurden, insbesondere also der Visagebühren. Die in Abschnitt e) vorgesehene Kompensation für die abgeschafften Gebühren und Kosten durch eine jährliche Pauschalsumme ist unter Einschluß der Visagebühren im Transitabkommen vereinbart worden.

Kontrolle und „Mißbrauch"

Abschnitt d) enthält aber neben der Abschaffung der individuellen Abgaben noch einige der wichtigsten Grundsätze des Individualverkehrs nach und von Westberlin überhaupt. Zunächst wird bestimmt, daß die Verfahren (gemeint sind die der Identifikation und Kontrolle) im Individualverkehr „keine Verzögerung (engl.: delay, franz.: retard) mit sich bringen werden". Auch dies kann nicht wörtlich gemeint sein, da ein Aufenthalt selbst nur zur Ausweiskontrolle natürlich eine Verzögerung bedeutet; es können also lediglich Wartezeiten und Aufenthalte gemeint sein, die nicht in der einzelnen Abfertigungshandlung begründet sind, die ihrerseits der normalen internationalen Praxis entsprechen muß (Anlage I, Absatz 1). Unverbindlich wurde von DDR-Stellen ein Aufenthalt von einigen Minuten ins Auge gefaßt; so hat sich die Praxis auch eingespielt.

Der weitere wichtige in Abschnitt d) geregelte Grundsatz ist der, daß die Reisenden, ihre Transportmittel und ihr persönliches Gepäck regelmäßig nicht der Durchsuchung unterliegen, auch nicht festgenommen oder von der Durchreise ausgeschlossen werden dürfen.

Von dieser Regel werden allerdings sofort (im zweiten Teil des Abschnitts) Ausnahmen statuiert, die den „Mißbrauch der Transitwege" zu anderen Zwecken als der „direkten Durchreise" behandeln.

Hier ist die Grundnorm für die später im Transitabkommen ausgehandelte Mißbrauchsregelung. Diese Grundnorm bestimmt den Mißbrauch durch zwei Merkmale: Erstens durch den fehlenden Zweckzusammenhang mit der direkten Durchreise, zweitens durch den Verstoß gegen die allgemein üblichen Vorschriften bezüglich der öffentlichen Ordnung. Die im vorhergehenden Abschnitt b) erwähnten konkreten Fälle der Materialverbreitung oder -aufnahme und der Mitnahme von Personen zeigen, daß der Mißbrauch nicht in der Begehung von nach westlicher Auffassung strafbaren Handlungen liegen kann, sondern Zuwiderhandlungen gegen ostdeutsche Normen meint. Im Transitabkommen war also zu vereinbaren, daß es sich bei den „allgemein üblichen Vorschriften“ um solche der DDR handele; gleichzeitig war festzuhalten, daß nur aktueller Mißbrauch zu Sanktionen berechtigte, nicht also Handlungen vor Antritt der Durchreise; schließlich war zu vereinbaren, welche Verdachtsgründe als „hinreichend“ anzusehen und welche Sanktionen zulässig sein würden – bei verschiedenen Gesellschaftsordnungen und Rechtssystemen, die sich schon erheblich auseinanderentwickelt hatten, eine komplexe Aufgabe.

Durchführung und Ergänzung

Nachdem so Absatz 2, Abschnitte a) bis e) den Grund für eine praktikable Transitregelung gelegt hatten, verweist der letzte – dritte – Absatz dieser Anlage nochmals auf die Vereinbarungen der zuständigen deutschen Behörden:

„Regelungen zur Durchführung und Ergänzung der in den Absätzen 1 und 2 genannten Bestimmungen werden zwischen den zuständigen deutschen Behörden vereinbart.“

Demnach hatten die deutsch/deutschen Abkommen also nicht nur Durchführungsbestimmungen zu erlassen, sondern auch Regelungen zur „Ergänzung“ des alliierten Abkommens. Von dieser Ermächtigung ist verschiedentlich Gebrauch gemacht worden.[451]

c) Der Status Westberlins (Anlage II)

Anlage II gehört zum oben besprochenen Abschnitt B des Teils II des eigentlichen Abkommens und verhält sich wie dieser über den Status Westberlins. Die Einleitungsformel weist die Anlage als Erklärung der drei westlichen Regierungen an die Sowjetische Regierung aus:

„Die Regierungen der Französischen Republik, des Vereinigten Königreichs und der Vereinigten Staaten von Amerika beehren sich, unter Bezugnahme auf Teil II Abschnitt B des Viermächte-Abkommen vom heutigen Tage und nach Konsultation mit der Regierung der Bundesrepublik Deutschland der Regierung der Union der Sozialistischen Sowjetrepubliken folgendes mitzuteilen:“

Absatz 1 wiederholt in Satz 1 wörtlich die oben erörterte Erklärung aus Abschnitt B des Teils II des eigentlichen Abkommens, wonach die Bindungen Westberlins an die Bundesrepublik aufrechterhalten und entwickelt werden trotz der Sonderung Westberlins vom Bund. Hinzugefügt wird in Satz 2 ausdrücklich, daß die Regierungen der Westmächte diese Erklärung „in Ausübung ihrer Rechte und Verantwortlichkeiten“ abgeben; damit wird der Anspruch bekräftigt, kraft eigenen originären (Besatzungs-) Rechts über Westberlin verfügen zu können.

„In Ausübung ihrer Rechte und Verantwortlichkeiten erklären sie, daß die Bindungen zwischen den Westsektoren Berlins und der Bundesrepublik Deutschland aufrechterhalten und entwickelt werden, wobei sie berücksichtigen, daß diese Sektoren wie bisher kein Bestandteil (konstitutiver Teil) der Bundesrepublik Deutschland sind und auch weiterhin nicht von ihr regiert werden. Die Bestimmungen des Grundgesetzes der Bundesrepublik Deutschland und der in den Westsektoren Berlins in Kraft befindlichen Verfassung, die zu dem Vorstehenden in Widerspruch stehen, sind suspendiert worden und auch weiterhin nicht in Kraft."

Der vorstehend zitierte zweite Satz zeigt die Grenzen der deutschen verfassungsgebenden Gewalt auf, indem der Vorrang des Besatzungsrechts, soweit hier relevant, noch einmal in Erinnerung gerufen wird: Grundgesetz und Westberliner Verfassung bleiben teilweise suspendiert.

Hier wird klar, warum die Einleitungsformel nur die „Konsultation", nicht aber eine Zustimmung der Bundesregierung erwähnt.

Absatz 2 schränkt die bislang frei gewachsene oder von den Westmächten ausdrücklich genehmigte (oder untersagte) demonstrative Bundespräsenz in Westberlin ein:

„Der Bundespräsident, die Bundesregierung, die Bundesversammlung, der Bundesrat und der Bundestag, einschließlich ihrer Ausschüsse und Fraktionen, sowie sonstige staatliche Organe der Bundesrepublik Deutschland werden in den Westsektoren Berlins keine Verfassungs- oder Amtsakte vornehmen, die in Widerspruch zu Absatz 1 stehen." (Engl.: „constitutional or official acts which contradict the provisions of paragraph 1", franz.: „actes constitutionels ou officiels en contradiction avec les dispositions du paragraphe 1".)

Absatz 3 kodifiziert die institutionalisierte Präsenz der Bundesregierung:

„Die Regierung der Bundesrepublik Deutschland wird in den Westsektoren Berlins bei den Behörden der Drei Regierungen und beim Senat durch eine ständige Verbindungsbehörde vertreten sein."

Übermittlungsschreiben und Interpretationsbrief

In zwei Schreiben ebenfalls unter dem 3. September 1971 haben die Westmächte die Bundesregierung von diesen sie unmittelbar berührenden Regelungen in Kenntnis gesetzt (Übermittlungsschreiben) und einige Erläuterungen gegeben (Interpretationsbrief). Der Bundeskanzler hat beide Briefe noch am gleichen Tag bestätigend beantwortet.

Mit dem Übermittlungsschreiben übersandten die drei westlichen Botschafter dem Bundeskanzler den Wortlaut des Viermächte-Abkommens; dabei stellten sie fest, daß ihre Rechte und Verantwortlichkeiten nicht berührt würden und daß sie weiterhin „die oberste Gewalt in den Westsektoren Berlins ausüben". Sie zitierten dann „unter anderem" die Vorbehalte der Drei Westlichen Militärgouverneure zur Suspendierung der Berlin-Vorschriften des Grundgesetzes aus dem Jahre 1949[452] und ein Aide-mémoire aus dem Jahre 1967 zur Unzuständigkeit des Bundesverfassungsgerichts in sog. „Berliner Sachen“;[453] diese erneute Festschreibung der Sonderung Westberlins vom Bund wurde austariert durch den zusätzlichen Hinweis auf einen Brief der Drei Hohen Kommissare aus dem Jahre 1952, der im Oktober 1954 bei der Beendigung des Besatzungsregimes neu gefaßt wurde, und die Bindungen Westberlins an den Bund in Einzelheiten gestattete und regelte.[454] Ausdruck dieser Bindungen war dann, daß der Übermittlungsbrief die Bundesregierung aufforderte, die Verhandlungen mit der DDR zur Ausfüllung der Transitregelung des Viermächteabkommens „auch im Namen des Senats“ aufzunehmen.

Der zweite Brief der Westmächte an die Bundesregierung enthält „Klarstellungen und Interpretationen der Erklärungen ... welche in Anlage II (des Viermächte-Abkommens) enthalten sind“. Wenn auch dieser Interpretationsbrief nur die Auffassung der drei westlichen Regierungen wiedergab, so ist er durch die widerspruchslose Entgegennahme seitens der sowjetischen Seite (der er vor Absendung förmlich notifiziert worden war[455]) zu einer authentischen Interpretation des Viermächte-Abkommens geworden.

Die Rechtslage im Grundsatz

Teil II Abschnitt B des Viermächte-Abkommens, seine Anlage II, sowie der Interpretationsbrief begrenzen also die gemeinsame Auffassung der Vier Mächte über das Verhältnis Westberlins zum Bund;[456] von gleicher Autorität für die westdeutschen Behörden ist als verbindliche Äußerung der für die Westsektoren letztlich zuständigen drei Besatzungsmächte das Übermittlungsschreiben.

Die Festlegungen über Westberlins Bindungen zu und Sonderung von der Bundesrepublik ergeben in ihrer Verschränkung folgende Rechtslage.

Primärer Inhalt der Grundsatzerklärungen in Teil II, Abschnitt B des Abkommens und in der Anlage II ist die Aufrechterhaltung und Entwicklung der Bindungen; ihre vertragliche Absicherung ist nach der Formulierung der vorgenannten Bestimmungen deren eigentlicher Gegenstand. Die Sonderungsgarantie tritt nur als Hintergrund und Begrenzung ins Bild („... wobei sie berücksichtigen ...“). Die aus dem Osten gelegentlich herüberdringende Behauptung, das Viermächte-Abkommen sei die Magna Charta der Sonderung Westberlins vom Bund wird vom Wortlaut des Abkommens nicht getragen.[457]

Die abstrakte Sonderungsgarantie wird dann in der Anlage II, im Übermittlungsschreiben und im Interpretationsbrief durch konkrete Verbote ergänzt. Solange Sonderungsschranke und diese Verbote nicht berührt werden, können im Einvernehmen mit den Westmächten die Bindungen zwischen Bund und Westberlin verstärkt und verdichtet werden.

Diese Bindungen sind historisch gewachsen und in ihrer Vielfalt hier nicht erschöpfend darstellbar. Das Übermittlungsschreiben „erinnert“ beispielhaft an den eben erwähnten Brief der drei westlichen Hochkommissare an den Bundeskanzler in der Fassung vom Oktober 1954, der die „Berlin-Hilfe" des Bundes sanktionierte und die „Vorteile" herausstellte,

„welche mit der Verfolgung einer der Politik der Bundesrepublik gleichartigen Politik durch Berlin verbunden sind";

jener Brief gestattete ferner „die Vertretung Berlins und der Berliner Bevölkerung nach außen" und die Übernahme (mittels eines besonderen Verfahrens) der Bundesgesetzgebung auf den verschiedensten Gebieten, darunter der Staatsangehörigkeit; letztere hat an Profil gewonnen, seit die DDR für sich eine eigene Staatsangehörigkeit geschaffen hat. Die Sonderungsgarantie verlangt nicht eine von der Staatsangehörigkeit des Reichs- und Staatsangehörigkeitsgesetzes[458] getrennte westberliner Staatsangehörigkeit: Erstens hat es eine solche bislang nicht gegeben und der bisherige Zustand ist ja mit der Sonderungsgarantie vereinbar (Anlage II, Absatz 1: „... wie bisher kein Bestandteil (konstitutiver Teil) ..."); zweitens gibt es auch kein entsprechendes konkretes Verbot und drittens kennt das Staatsangehörigkeitsrecht durchaus die Belassung der Staatsangehörigkeit auch für Teile eines Landes, die nicht „Bestandteil" oder „konstitutiver Teil" sind.

Bundespräsenz

Von der Aufrechterhaltung – und damit natürlich auch der Entwicklung – sind als Teilbereiche der Bindungen kraft ausdrücklichen Verbots folgende Demonstrationen der Bundespräsenz in Westberlin ausgeschlossen: Gemäß dem oben zitierten Absatz 2 der Anlage II dürfen zunächst Bundespräsident, Bundesregierung, Bundesversammlung, Bundesrat und Bundestag einschließlich ihrer Fraktionen und Ausschüsse keine Verfassungs- oder Amtsakte mehr vornehmen.

Buchstabe b) des Interpretationsbriefes stellt klar, daß dies für die Bundesversammlung den Ausschluß von Sitzungen überhaupt bedeutet, für Bundestag und Bundesrat den Ausschluß von Plenarsitzungen.

„Im Falle der Fraktionen werden Sitzungen nicht gleichzeitig abgehalten".

Hiernach bleiben die Sitzungen jeweils einer Fraktion indessen gestattet. Auch „einzelne Ausschüsse" des Parlaments können „im Zusammenhang mit der Aufrechterhaltung und Entwicklung der Bindungen" tagen. Wieviele Ausschüsse gleichzeitig in Westberlin tagen dürfen, ist nicht ausdrücklich gesagt. Das Wort „einzelne" verbietet wohl, daß es eine Vielzahl sei; andererseits schließt es nicht aus, daß mehr als ein Ausschuß seine Sitzung abhält; dies zeigt auch der Umkehrschluß aus der für die Fraktionen ausdrücklich getroffenen Regelung. Andere Gremien als Fraktionen und Ausschüsse, z.B. Präsidium oder Ältestenrat sind nicht genannt und können deshalb weiter Sitzungen in Westberlin abhalten. Im Einzelfall werden politische Erwägungen entscheiden.

Der im Interpretationsbrief für die Ausschußsitzungen geforderte Bindungszusammenhang dürfte jedenfalls dann fehlen (und damit eine Ausschußsitzung unzulässig machen), wenn die Übernahme eines zu beratenden Gesetzesvorhabens nach Westberlin nicht zulässig oder nicht vorgesehen ist. Auch unterhalb dieser Schwelle gibt es unterschiedliche Grade der „Berlin-Nähe", die bei Feststellung des Bindungszusammenhangs zu berücksichtigen sind. Maßnahmen z. B. der sog. Berlin-Förderung lassen den Zusammenhang mit den Bindungen deutlicher erkennen als etwa eine auf Bergbau bezügliche Regelung.

Neben den bereits genannten Staatsorganen dürfen aber laut Anlage II Absatz 2 auch „sonstige staatliche Organe der Bundesrepublik Deutschland" in Westberlin keine Verfassungs- oder Amtsakte im Widerspruch zum Sonderungsgebot vornehmen. Buchstabe e) des Interpretationsbriefes zählt abschließend auf, daß außer den ohnehin schon erwähnten Organen (Bundespräsident, Bundesregierung = Bundeskabinett, Bundesrat und Bundestag) auch die einzelnen Mitglieder der Bundesregierung, nämlich Bundeskanzler und Bundesminister, ferner die Bundesministerien mit ihren Zweigstellen und alle Bundesgerichte unter das Verbot fallen. (Die Bundesversammlung wird hier nicht mehr aufgeführt: Neben den ohnehin verbotenen Sitzungen kommen andere Akte nicht in Betracht.) Alle übrigen Dienststellen des Bundes dürfen also weiterhin in Westberlin tätig sein und auch Amtsakte erlassen (Verfassungsakte gibt es bei ihnen nicht), sofern sie nicht gegen das allgemeine Sonderungsgebot verstoßen, d. h. insbesondere, Westberlin regieren.

Verboten ist den oben aufgezählten Organen nach Anlage II Absatz 2

> „in den Westsektoren Berlins ... Verfassungs- oder Amtsakte vor (-zu)nehmen, die in Widerspruch zu Absatz 1 stehen",

das heißt gegen die in Absatz 1 aufgenommene Sonderungsgarantie verstoßen. Die Ortsangabe „in den Westsektoren Berlins" ist keines Umkehrschlusses fähig: es darf also auch nicht außerhalb Westberlins gegen die Sonderungsgarantie des Absatzes 1 verstoßen werden; diese ist von den Organen der Bundesrepublik vielmehr immer und überall zu berücksichtigen, wie sich aus den Weisungen und Vorbehalten ergibt, mit denen sie im Übermittlungsbrief festgeschrieben worden ist.

Was „Verfassungs- oder Amtsakte" sind, „die in Widerspruch zu Absatz 1 stehen", macht der Interpretationsbrief etwas klarer; gemäß seinem Buchstaben a) handelt es sich um

> „Akte in Ausübung unmittelbarer Staatsgewalt über die Westsektoren Berlins."

Zulässig sind also, auch in Westberlin, nach wie vor Akte von Bundesorganen, die zwar Staatsgewalt, nicht aber über Westberlin ausüben, zum Beispiel eine Weisung an Bonner Regierungsstellen wie sie ein Mitglied der Bundesregierung von jedem Ort der Welt an den Regierungssitz durchgeben kann. Diese Weisung mag auch Konsequenzen für Westberlin haben, sofern sie es nur nicht „unmittelbar" der bundesrepublikanischen Staatsgewalt unterwirft.

Das gilt gemäß Buchstabe d) des Interpretationsbriefes gleichermaßen für die Legislative:

„Geltende Verfahren bezüglich der Anwendbarkeit der Gesetzgebung der Bundesrepublik Deutschland auf die Westsektoren Berlins bleiben unverändert."

Demnach dürfen nach wie vor Bundesgesetze nicht aus eigener Kraft in Westberlin Geltung verlangen, sondern müssen weiter im sogenannten Mantelgesetzgebungsverfahren[459] vom Abgeordnetenhaus übernommen werden; diese Übernahme durch das eigene Parlament deckt auch die bei der Ausführung bestimmter Gesetze bestehenden Aufsichtsrechte des Bundes gem. Artikel 84, 85 des Grundgesetzes mit ab: Die vorweggenommene Zustimmung nimmt ihnen den Eingriffscharakter unmittelbar ausgeübter Staatsgewalt. Zu den „geltenden Verfahren bezüglich der Anwendbarkeit der Gesetzgebung" gehört auch die bisherige Praxis, ein – übernommenes – Bundesgesetz auch in Westberlin nicht mehr anzuwenden, wenn es vom Bundesverfassungsgericht für nichtig erklärt wurde.

Etwas komplizierter ist die Situation der ja ebenfalls durch die Sonderungsgarantie und den Interpretationsbrief (Buchstabe e) erfaßten Bundesgerichte. Die „Berlin-Relevanz" ihrer Akte kann an ihren Amtssitz anknüpfen – mehrere Bundesgerichte amtieren in Westberlin – oder an den Verfahrensgegenstand – sog. „Berliner Sache", in der regelmäßig wenigstens ein Prozeßbeteiligter in Westberlin wohnt. Nach wie vor erlaubt ist, daß Bundesgerichte in Westberlin über westdeutsche Streitgegenstände mit westdeutschen Prozeßbeteiligten judizieren: hier wird keinerlei Bundesgewalt über Westberlin ausgeübt, der Fall liegt also ähnlich wie der einer Ministerweisung aus Westberlin nach Bonn.

Bei den „Berliner Sachen" muß zwischen Verfassungsgerichtsbarkeit und den übrigen Zweigen der Bundesgerichtsbarkeit unterschieden werden. Ist die Verfassungsmäßigkeit von westberliner (nicht von Bundes-) Gesetzen oder von Handlungen westberliner Behörden Streitgegenstand, so würde die Entscheidung dieses Streites durch das Bundesverfassungsgericht einen Akt unmittelbarer Staatsgewalt über Westberlin darstellen. Die Drei Westmächte haben im Übermittlungsschreiben durch Hinweis auf eine frühere Erklärung entsprechenden Inhalts erneut bekräftigt, daß sie darin eine Verletzung der Sonderungsgarantie sehen würden.[460] Anders verhält es sich bei Entscheidungen sonstiger Bundesgerichte: Sie üben zwar unmittelbar Staatsgewalt aus, jedoch nicht „über die Westsektoren Berlins", sondern nur über den einzelnen westberliner Angeklagten, Kläger, Beklagten oder sonstigen Prozeßbeteiligten. Es bleibt also der bisherige Zustand bestehen, wonach bis auf das Bundesverfassungsgericht alle Bundesgerichte „Berliner Sachen" judizieren dürfen.

Ähnlich gelagert ist schließlich der Fall der bisherigen Vertretungen der Bundesministerien in Westberlin und des Bundesbevollmächtigten. Die Bedeutung der Vertretungen war von Ressort zu Ressort recht unterschiedlich; während das Bundesministerium für innerdeutsche Beziehungen eine ganze Abteilung im Bundeshaus in Westberlin unterhielt, war das Bundesministerium der Justiz dort nur durch Personalunion mit einer Dienststelle der Bundesanwaltschaft vertreten. Der Bundesbevollmächtigte vertrat auf Grund eines Erlasses vom November 1953[461] die Bundesregierung

„gegenüber dem Senat von Berlin und gegenüber dem amerikanischen, britischen und französischen Stadtkommandanten von Berlin in Ansehung der besonderen Verpflichtungen, die die Bundesrepublik für Berlin übernommen hat."

Er hatte nach dem gleichen Erlaß Anspruch auf umfassende Unterrichtung durch die Ministerien-Vertretungen, ein Rekursrecht zum Bundeskanzler gegen ihre Maßnahmen und in besonderen eilbedürftigen Fällen ein Weisungsrecht.

Das Viermächte-Abkommen faßt nun im oben zitierten Abs. 3 der Anlage II das Amt des Bundesbevollmächtigten und die Vertretungen der Ministerien zu einer „ständigen Verbindungsbehörde" zusammen. Ihre Zuständigkeit (Vertretung bei den Besatzungsbehörden und dem Senat) übernahm sie vom Bundesbevollmächtigten, den Behördenapparat von den Ministerien-Vertretungen. Gemäß Buchstaben c) des Interpretationsbriefes umfaßt die Verbindungsbehörde „Abteilungen, denen in ihren jeweiligen Bereichen Verbindungsfunktionen obliegen". Diese Formulierung beläßt den zu den einzelnen Ministerien ressortierenden Abteilungen trotz ihrer Eingliederung in die einheitliche Verbindungsbehörde eine gewisse Selbständigkeit. Chef der Verbindungsbehörde wurde der Bundesbevollmächtigte.[462] Mit der allgemeinen Sonderungsgarantie verträgt sich die Bundesbehörde in Westberlin nicht nur kraft ausdrücklicher Zulassung, sondern auch, weil sie zwar hoheitlich tätig wird, also unmittelbar Staatsgewalt ausübt, jedoch nicht „über die Westsektoren Berlins": Verbindungsfunktionen werden in einem Verhältnis der Nebenordnung, nicht der Überordnung wahrgenommen.

Gemäß Absatz 3 der Anlage II wird die Bundesregierung durch die Verbindungsbehörde „in den Westsektoren Berlins bei den Behörden der Drei Regierungen und beim Senat" vertreten sein, hier fehlt bei „Senat" ein qualifizierender Zusatz. Da die Sowjetunion sich nicht bereit fand, vom „Senat von Berlin" zu sprechen, die Westmächte einen „Senat von Berlin (West)" oder eine ähnliche Formulierung nicht akzeptierten, mußte es hier (und in Anlage IV) bei der Kurzform bleiben. Diese Praxis hat in den späteren Vereinbarungen Schule gemacht.

Damit ist der Überblick der Anlage II und die beiden erläuternden Schreiben der Drei Westmächte abgeschlossen und mit ihm eine kursorische Darstellung der internen Bindungen zwischen Westberlin und dem Bund. Teil der Bindungen, nämlich die Verlängerung in den auswärtigen Bereich, ist die diplomatische Vertretung der Interessen Westberlins und die konsularische Betreuung seiner Einwohner. Beides ist zusammen mit der Einrichtung des sowjetischen Generalkonsulates in Anlage IV und zwei vereinbarten Verhandlungsprotokollen geregelt. Sie können im Folgenden erörtert werden, da die nach der Ordnung des Viermächte-Abkommens an sich hierher gehörende Anlage III schon oben bei Abschnitt C des Teils II des eigentlichen Abkommens mitbehandelt wurde.

d) Die Außenvertretung Westberlins (Anlage IV)

Anlage IV enthält einen Notenwechsel, bestehend aus einer Mitteilung der drei westlichen Regierungen an die Sowjetunion – wieder nur „nach Konsultation“ (nicht auch „in Übereinkunft“) mit der Bundesregierung – (Teil A) und einer Antwort der sowjetischen Regierung – ohne jede Bezugnahme auf eine Abstimmung mit der DDR – (Teil B).

Er beginnt:

A. „Die Regierungen der Französischen Republik, des Vereinigten Königreichs und der Vereinigten Staaten von Amerika beehren sich, unter Bezugnahme auf Teil II D des Viermächte-Abkommens vom heutigen Tage und nach Konsultation mit der Regierung der Bundesrepublik Deutschland, der Regierung der Union der Sozialistischen Sowjetrepubliken folgendes mitzuteilen:“

B. „Die Regierung der Union der Sozialistischen Sowjetrepubliken hat die Ehre, unter Bezugnahme auf Teil II D des Viermächte-Abkommens vom heutigen Tage und auf die Mitteilung der Regierungen der Französischen Republik, des Vereinigten Königreichs und der Vereinigten Staaten von Amerika, die die Vertretung im Ausland der Interessen der Westsektoren Berlins und der Personen mit ständigem Wohnsitz in den Westsektoren betreffen, den Regierungen der Französischen Republik, des Vereinigten Königreichs und der Vereinigten Staaten von Amerika folgendes mitzuteilen:“

Die fehlende „Übereinkunft“ mit der Bundesregierung erklärt sich, wie schon bei der Anlage II (Status) mit der Verfassungslage in der Bundesrepublik Deutschland, bei der die Bundesregierung nicht billigen kann, was Berlin nicht als Land der Bundesrepublik ausweist. Die fehlende Zustimmung der DDR hat zur Folge, daß der Inhalt der Anlage IV ihr gegenüber nicht verbindlich ist: Die sowjetische Regierung akzeptierte die verschiedenen Punkte der westalliierten Mitteilung nur für sich; der DDR (und ebenso allen übrigen Ländern des Ostblocks) mußte, sofern man auf konformes Verhalten Wert legte, dieses noch abgehandelt werden. Das ist seither auf verschiedenen Gebieten und gegenüber fast allen Ostblockstaaten geschehen. Beide Mitteilungen beziehen sich eingangs auf Teil II Abschnitt D des Abkommens, der oben[463] schon erläutert wurde (Zusammenhang von Außenvertretung und sowjetischem Generalkonsulat, Vertretung der „Interessen“ Westberlins).

Das sowjetische Einverständnis

Die Mitteilung der drei westlichen Regierungen besteht aus drei Absätzen, von denen der zweite noch vier Unterabsätze – a) bis d) – hat. Die in den Mitteilungen enthaltenen Erklärungen werden in der sowjetischen Antwort mit den entsprechenden Absätzen und Unterabsätzen aufgenommen. In den Absätzen 1 (Oberhoheit der drei Westmächte bei Außenvertretung Westberlins) und 3 (Genehmigung des sowjetischen Generalkonsulats) „nimmt“ die sowjetische Regierung „die Tatsache zur Kenntnis, daß ...“ (es folgt der Inhalt der jeweiligen westlichen Erklärung). Hier wird die Sowjetunion nicht konsultiert, sondern informiert; da die sowjetische Regierung die Kenntnisnahme ausdrücklich, aber ohne Rechtverwahrung bestätigt, macht sie in diesen Punkten auch keinen anderen Status geltend.

In Absatz 2 hingegen (Übertragung von Zuständigkeiten bei der Außenvertretung Westberlins auf die Bundesrepublik) erklärt die sowjetische Regierung nicht eine Kenntnisnahme, sondern hiernach „wird sie ihrerseits keine Einwände haben gegen ...“ (folgen übertragene Zuständigkeiten). Hier wird durch den ausdrücklichen Verzicht auf Widerspruch doch eine Art von sowjetischer Zustimmung erklärt. Damit ist noch nicht gesagt, daß es dieser Zustimmung bedurfte. Dies wird nach wie vor westlicherseits bestritten. Die sowjetische Zustimmung ist aber auch nicht als unnötig und unerbeten zurückgewiesen worden. Hier knüpft seither die ständige Übung der Sowjetunion und der ihr verbündeten Staaten an, aus der sowjetischen Zustimmung auf ihre Notwendigkeit zu schließen, und so die Außenvertretung Westberlins durch die Bundesrepublik nicht auf die Ermächtigung durch die Westmächte allein zurückzuführen (die natürlich auch nach sowjetischer Auffassung ebenfalls notwendig war) sondern auf das Viermächte-Abkommen, das durch Fixierung auch der sowjetischen Zustimmung angeblich erst die volle Rechtsgrundlage geschaffen hat.

Der sowjetische Anspruch setzt voraus, daß nicht die Besatzungsmächte in ihrem jeweiligen Sektor die oberste Gewalt innehaben. Diese These würde erst noch dadurch erhärtet werden müssen, daß den Westmächten entsprechend erweiterte Mitspracherechte in Ostberlin eingeräumt werden; denn rechtlich wäre eine unterschiedliche Behandlung der beiden Teile der Stadt insoweit nicht zu begründen. Reziproke Mitspracherechte hat die Sowjetunion den Westmächten aber noch nie einräumen wollen.[464]

Die östliche Auffassung deutet das Viermächte-Abkommen hier also in die einseitige Unterwerfung unter ein sowjetisches Mitsprache- und Vetorecht um – eine politische Operation, die das Viermächte-Abkommen nicht intakt läßt. Die Westmächte und die Bundesrepublik Deutschland haben deshalb in der sowjetischen Zusicherung, keine Einwände mehr zu erheben, ein Abgehen von der bisherigen Praxis der Sowjetunion gesehen, überall ihren Einfluß gegen die Außenvertretung Westberlins durch den Bund geltend zu machen,[465] ein politisches Zugeständnis also aus einer Position der Macht und nicht des Rechts. Arrangiert hat man sich inzwischen regelmäßig auf einer unten ausführlicher dargestellten Mittellinie, nach der das Viermächte-Abkommen, wenn es auf sowjetischen Druck im Zusammenhang mit der Außenvertretung Westberlins durch die Bundesrepublik erwähnt wird, nicht als Rechtsgrundlage (z.B. „on the basis of") erscheint, sondern als mehr beiläufige Regelung (z.B.: „Entsprechend dem ...", „Im Einklang mit dem ...", „In accordance with ...").

Die Zuständigkeit der Westmächte

Die westliche und die sowjetische Mitteilung zur Außenvertretung Westberlins und zum sowjetischen Generalkonsulat, also die Teile A und B der Anlage IV, haben mit Ausnahme der Formeln über die sowjetische Kenntnisnahme oder Zustimmung und einer weiteren Passage des Absatzes 2[466] den gleichen Inhalt. Sie werden daher im Folgenden gemeinsam besprochen.

Absatz 1 der Teile A und B von Anlage IV zieht aus der Souveränität der drei Westmächte über Westberlin die grundsätzliche Folgerung für seine Vertretung nach außen:

A 1. „Die Regierung der Französischen Republik, des Vereinigten Königreiches und der Vereinigten Staaten von Amerika behalten ihre Rechte und Verantwortlichkeiten hinsichtlich der Vertretung im Ausland der Interessen der Westsektoren Berlins und der Personen mit ständigem Wohnsitz in den Westsektoren, einschließlich der Rechte und Verantwortlichkeiten, die Angelegenheiten der Sicherheit und des Status betreffen, sowohl in internationalen Organisationen als auch in Beziehungen zu anderen Ländern bei".	B 1. „Die Regierung der Union der Sozialistischen Sowjetrepubliken nimmt die Tatsache zur Kenntnis, daß die drei Regierungen ihre Rechte und Verantwortlichkeiten in bezug auf die Vertretung im Ausland der Interessen der Westsektoren Berlins und der Personen mit ständigem Wohnsitz in den Westsektoren einschließlich der Rechte und Verantwortlichkeiten, die Angelegenheiten der Sicherheit und des Status betreffen, sowohl in internationalen Organisationen als auch in Beziehungen zu anderen Ländern beibehalten".

Das Verb „behalten" macht auch an dieser Stelle klar, daß die umfassende Zuständigkeit der westlichen Besatzungsmächte nicht erst aus dem Abkommen rührt.

Ebensowenig schafft Absatz 2 neue Befugnisse. Er zählt vielmehr eine Reihe von Zuständigkeiten bei der Außenvertretung Westberlins auf, mit deren Ausfüllung durch die Bundesrepublik die westlichen Regierungen erneut, die sowjetische erstmals, ihr Einverständnis erklären. Übertragen worden waren diese – und andere – Befugnisse von den Westmächten auf die Bundesrepublik durch den schon oben[467] zitierten Brief der drei westlichen Hochkommissare an den Bundeskanzler in der Fassung vom Oktober 1954; dort hatten die Drei Mächte bereits zugesichert, ihre Berlin-Rechte

„in einer Weise auszuüben, welche ... den Bundesbehörden gestattet, die Vertretung Berlins und der Berliner Bevölkerung nach außen sicherzustellen".

Absatz 2 der Anlage IV (A und B) des Viermächte-Abkommens zählt nun einige Bereiche der Außenvertretung auf, die in der Vergangenheit besonders kontrovers gewesen waren. Sein Einleitungssatz unterscheidet sich aber bei der westlichen Mitteilung in einem interessanten Passus von der sowjetischen Antwort. Die Westmächte stellen in ihrer Mitteilung fest, daß die Ausübung der nachfolgend aufgezählten Befugnisse durch die Bundesrepublik „unbeschadet des Vorstehenden", also nur unter Berücksichtigung ihrer im ersten Absatz konstatierten generellen Oberhoheit gilt. Dieser Vorbehalt wird in der Sowjetischen Antwort nicht wieder aufgenommen, von dem Versprechen der sowjetischen Regierung „ihrerseits keine Einwände (zu) haben" mithin nicht gedeckt. Da die Sowjetische Regierung aber schon in Absatz 1 „die Tatsache zur Kenntnis nimmt", daß die Westmächte ihre diesbezüglichen Rechte „beibehalten", bedeutet das Fehlen der entsprechenden Einschränkung in Absatz 2 nicht, daß sie sich insoweit Einwände vorbehält, sondern daß ihr, (wie nach westlicher Auffassung schon bei Absatz 1) die Zuständigkeit fehlt, überhaupt Einwände zu erheben. Andernfalls hätte an Stelle des Wortes „Tatsache" etwa „Behauptung" stehen müssen und verlöre auch die Hinnahme der von der westlichen Oberhoheit abgeleiteten BRD-Befugnisse ihren Sinn.

Der Einleitungssatz lautet:

A 2. „Unbeschadet des Vorstehenden und unter der Voraussetzung, daß Angelegenheiten der Sicherheit und des Status nicht berührt werden, haben sie sich einverstanden erklärt, daß ..."	B 2. „Unter der Voraussetzung, daß Angelegenheiten der Sicherheit und des Status nicht berührt werden, wird sie ihrerseits keine Einwände haben gegen ..."

Der weitere von den Westmächten bezüglich Sicherheit und Status gemachte Vorbehalt wird also auch von der sowjetischen Antwort aufgenommen.

Sicherheit und Status

Was in den Vorbehaltsraum von Sicherheit und Status gehört, die übrigens ja auch schon in Absatz 1 genannt werden, kann an der Peripherie zweifelhaft sein. Gemeint sind jedenfalls Sicherheit und Status Westberlins und damit zwangsläufig ganz Berlins. Während die Alliierte Kommandantur Fragen der „Sicherheit der Stadt" schon in ihrer ersten „Erklärung über die Grundsätze der Beziehungen der Stadt Groß-Berlin zu der Alliierten Kommandantur" vom Mai 1949[468] von den der Stadt übertragenen Zuständigkeiten ausgenommen hatte, stellte sich der Status damals, vor der Gründung der beiden deutschen Staaten, noch nicht als Problem heraus; die Erklärung erwähnt allenfalls die „in Berlin bestehenden besonderen Umstände". Erst in einer zweiten „Erklärung über Berlin" vom Mai 1952,[469] die die vorgenannte ablösen sollte, aber nicht in Kraft trat,[470] wurde, ebenso wie in der dann im Mai 1955 in Kraft gesetzten Fassung,[471] der Vorbehalt „zur Erhaltung des Status und der Sicherheit Berlins" angebracht.

Unzweifelhaft zum Status gehören Fragen des Zusammenhangs mit „Deutschland als Ganzem", der Kriegsfolgen, des Besatzungsregimes, der Sonderung vom Bund; zur Sicherheit gehören Fragen der Verteidigung, Teilbereiche der Luftfahrt (hier spielt, wie etwa der Korridorverkehr zeigt, auch der Status eine Rolle), der Abrüstung und bestimmte Gebiete der wissenschaftlichen Forschung und technischen Fertigung bei der Waffenproduktion, schließlich, oberhalb einer bestimmten Toleranzgrenze, auch eine Gefährdung der inneren Sicherheit.[472] Wo immer bei der Außenvertretung diese Bereiche berührt werden, würde ihre Wahrnehmung durch die Bundesrepublik den Rahmen des Viermächte-Abkommens, und damit der generellen sowjetischen Billigung, verlassen. Sie bliebe aber natürlich zulässig, sofern die allein verantwortlichen drei Westmächte (vgl. Absatz 1 der Anlage IV) die Bundesrepublik ermächtigten; denn, wie schon oben[473] dargetan, hat die Sowjetunion insoweit zwar ein faktisches Störpotential, aber kein Mitsprache- oder Vetorecht.

Nicht berührt werden dürfen Angelegenheiten der Sicherheit „und" des Status. Dieses „und" ist additiv, nicht kumulativ, und wäre daher korrekter durch ein „oder" ersetzt worden. Die tabuierten Angelegenheiten brauchen also nicht gleichzeitig Sicherheit und Status zu berühren, sondern sowohl solche, die den Status wie solche, die die Sicherheit berühren, sind tabuiert. Dies folgt aus der Bedeutung, die Status und Sicherheit, jedem für sich, zukommt. Darüberhinaus würde eine andere Auslegung auch wenig ändern, da kaum Statusänderungen ohne Sicherheitsaspekt und umgekehrt Maßnahmen bezüglich innerer oder äußerer Sicherheit ohne Statusrelevanz denkbar sind.

Der Katalog der Befugnisse, die Unterabsätze a) bis d) des zweiten Absatzes der Bundesrepublik Deutschland bei der Außenvertretung Westberlins überlassen, hat dadurch kritische Publizität erlangt, daß auch in der Folgezeit einige im Folgenden behandelte Punkte streitig blieben.

Konsularische Betreuung durch die Bundesrepublik Deutschland

Unterabsatz a) der westlichen Mitteilung und der sowjetischen Antwort nennt (in der Formulierung der sowjetischen Antwort, also des Teils B)

„die Ausübung der konsularischen Betreuung für Personen mit ständigem Wohnsitz in den Westsektoren Berlins durch die Bundesrepublik Deutschland"

(engl.: „performance of consular services for permanent residents ..."
franz.: „extension des services consulaires aux résidents permanents ...").

Entsprechend der Wiener Konsularkonvention vom April 1963[474] hatten die Westmächte eine Formulierung vorgeschlagen, nach welcher die BRD für Westberliner konsularische „Aufgaben“ (engl.: „functions“, franz.: „fonctions“) wahrnahm; die sowjetische Seite akzeptierte jedoch diesen umfassenden Begriff nicht und setzte den engeren der konsularischen „Betreuung“ durch. Hierbei spielte eine Rolle, daß die Ausstellung von Pässen üblicherweise und auch gemäß der vorgenannten Konvention zwar eine der wichtigeren konsularischen Aufgaben ist, daß sie jedoch im Viermächte-Abkommen zunächst gar nicht, schließlich nur noch in einem der zwei vereinbarten Verhandlungsprotokolle besonders geregelt werden konnte.

In der Wiener Konsularkonvention[475] werden als „Personen“, für die konsularische Aufgaben erfüllt werden, ausdrücklich „natürliche“ und „juristische“ genannt. Bei den Verhandlungen zum Berlin-Abkommen hat man auf diese ausdrückliche Nennung verzichtet, westlicherseits aber klargestellt, daß man mit „Personen“ auch juristische Personen meine. Das ist in der Folgezeit hinsichtlich der juristischen Personen des Privatrechts, also z.B. bei Vereinen oder Aktiengesellschaften, nicht bestritten worden; die Staaten des Ostblocks haben indessen teilweise den Rechtshilfeverkehr aus der konsularischen Zuständigkeit der BRD für Westberlin ausgeklammert.[476] Sie wiesen auf den eingeengten Begriff „Betreuung“ sowie darauf hin, daß Rechtshilfeersuchen von Organen einer Gebietskörperschaft („Land Berlin“) ausgingen, die das Viermächte-Abkommen nicht gemeint habe, wenn es von „Personen mit ständigem Wohnsitz in den Westsektoren Berlins“ spreche. Die Bundesregierung hat demgegenüber auf die in der Wiener Konsularkonvention vorgesehene Regelung und das zwischen der Bundesrepublik und den genannten Ostblockstaaten geltende Haager Zivilprozeß-Übereinkommen vom März 1954[477] hingewiesen; danach ist der Rechtshilfeverkehr ein Teil der normalen konsularischen Tätigkeit. Obwohl das Haager-Übereinkommen seinerzeit formgerecht durch die BRD auf Berlin (West) erstreckt worden ist, gaben die Ostblockstaaten ihren Widerstand nicht auf. Erst bei einem Besuch Außenminister Scheels in Moskau machte man im November 1973 vorsichtige Fortschritte.

Außenminister Scheel konnte eine Vereinbarung mit der Sowjetunion bekanntgeben;[478] nach ihr traten

> „beide Staaten ... anschließend in einen Meinungsaustausch zu Fragen der Gewährung von Rechtshilfe“ ein, wobei die „Rechtshilfe für Westberliner Gerichte ... in einer für die interessierten Seiten annehmbaren Form entsprechend dem Viermächte-Abkommen“

geregelt werden sollte. Scheel konnte auch schon erläutern, in welcher Weise man das Problem unter Umständen zu lösen hoffe: es solle die Möglichkeit eines direkten Verkehrs zwischen Gerichten der Sowjetunion einerseits und Gerichten der Bundesrepublik Deutschland und Westberlins andererseits geprüft werden. Bestechend an dieser Lösung wäre nicht nur eine erhebliche Verwaltungsvereinfachung (selbst wenn der Verkehr sich nicht von Gericht zu Gericht unmittelbar abwickelt) sondern vor allem die Gleichbehandlung der westdeutschen und westberliner Gerichte – also die Erfüllung des Kernsatzes der westlichen Doktrin von der Außenvertretung Westberlins. Eine solche Lösung würde einen echten Kompromiß darstellen, da sie die Gleichbehandlung der westdeutschen und der westberliner Gerichte sichert (Ziel der BRD), diese Regelung aber nicht aus dem Viermächte-Abkommen fließt (Standpunkt der Sowjetunion). Die mit der Sowjetunion noch auszuhandelnde endgültige Regelung dürfte zum Modell des Rechtshilfeverkehrs mit allen Ostblockländern werden. Im Rahmen des Prager Vertragswerks erklärte sich später die CSSR durch besonderen Notenwechsel vom 23./27. November 1973[479] bereit, die Rechtshilfe

„in vollem Einklang mit der in dieser Frage in Moskau in den Tagen vom 31. Oktober bis 3. November 1973 erreichten Vereinbarung zu regeln".

Die Führungsrolle der Sowjetunion in der Deutschland- und Berlin-Politik des Ostblocks erhielt hier eine unverhohlene Bestätigung.

Ausdehnung von Vereinbarungen auf Westberlin

Gemäß Untersatz b) des Absatzes 2 (in der Formulierung des Teils A) haben sich die Regierungen der drei Westmächte

„einverstanden erklärt, daß in Übereinstimmung mit den festgelegten Verfahren völkerrechtliche Vereinbarungen und Abmachungen, die die Bundesrepublik Deutschland schließt, auf die Westsektoren Berlins ausgedehnt werden können, vorausgesetzt, daß die Ausdehnung solcher Vereinbarungen und Abmachungen jeweils ausdrücklich erwähnt wird;"

Gemäß der gleichen Bestimmung im Teil B wird die sowjetische Regierung gegen die vorstehende Regelung „ihrerseits keine Einwände haben".

An der Weigerung der Vertragspartner, Verträge mit der Bundesrepublik Deutschland auch auf Westberlin zu erstrecken, war seit Jahren der Abschluß einer Reihe von Abkommen gescheitert. Verschiedene Texte lagen dieserhalb auf Eis, bis die Zeit über sie hinweg ging. Mit der vorstehenden Regelung hat die sowjetische Seite allerdings noch nicht dieses Problem ein für allemal erledigt, sondern sich und ihrem Lager durch eine Reihe von Einschränkungen noch einen weiten Entscheidungsspielraum offengehalten. Zugestimmt hat sie lediglich der prinzipiellen Möglichkeit („ausgedehnt werden können"), Verträge auf Westberlin zu erstrecken, nicht hat sie schon die Erstreckung bei allen oder bestimmten Verträgen im voraus gebilligt. Diese Billigung muß vielmehr bei jedem einzelnen Vertrag und natürlich mit jedem einzelnen Partner ausgehandelt („ausdrücklich erwähnt") werden. Für die Westmächte ihrerseits schreibt der Hinweis auf die „festgelegten Verfahren" der Erstreckung die bisherige Rechtslage fest, die ihnen ein Genehmigungsrecht in jedem Einzelfalle reserviert.

Auf Westberlin ausgedehnt werden können „völkerrechtliche Vereinbarungen und Abmachungen". Während die „Vereinbarungen" hier vor allem förmliche Verträge meinen, ergänzt der Begriff der „Abmachungen" die ausdehnungsfähigen Übereinkünfte noch um die weniger feierlich getroffenen Briefwechsel, Abreden und Ähnliches. Die Ausdehnung einer Absprache auf Westberlin soll jedenfalls nicht daran scheitern, daß sie nicht die Erfordernisse eines völkerrechtlichen Staatsvertrages erfüllt.

Die Bundesrepublik hat seit Inkrafttreten des Berlin-Abkommens bereits eine ganze Anzahl von Verträgen und Abmachungen mit Ostblockstaaten geschlossen und auf Berlin (West) ausgedehnt.

Das Transitabkommen mit der DDR (siehe unten im übernächsten Kapitel), das selbst Teil des Berlin-Abkommens ist, enthält keine „Berlin-Klausel"; Westberlin und die Westberliner wurden aber dadurch mit eingeschlossen, daß das Abkommen gemäß seinem Artikel 1 nicht nur in der BRD zugelassene Fahrzeuge und wohnhafte Personen, sondern ohne jede Einschränkung „zivile Personen und Güter", also auch solche aus Westberlin, umfaßt. Als Teil einer besatzungsrechtlichen Regelung brauchte das Transitabkommen auch kein Vertragsgesetz im Bund und Mantelgesetz in Westberlin. Der Verkehrsvertrag mit der DDR (siehe unten) enthielt selbst keine Berlin-Klausel, aber eine mündliche, öffentlich erklärte Abrede, seine Bestimmungen

„auf Berlin (West) unter der Voraussetzung sinngemäß anzuwenden, daß in Berlin (West) die Einhaltung der Bestimmungen des Verkehrsvertrages gewährleistet wird."

Dementsprechend erhielt das Vertragsgesetz einen Berlin-Artikel (Artikel 3). Der Grundlagenvertrag (siehe unten) selbst war als Statusregelung nicht ausdehnungsfähig. Für die in ihm (Art. 7) vorgesehenen Folgeabkommen wurde aber, nach dem Modell des Verkehrsvertrages in mündlicher öffentlicher Abrede, vorgesehen, daß ihre Ausdehnung

„auf Berlin (West) in jedem einzelnen Fall vereinbart werden kann."

Damit wurde Unterabsatz b) der Anlage IV, Absatz 2 strikt angewendet. Die Bundesregierung hat in der Folgezeit erklärt, daß sie solche Abkommen nur dann abschließen werde, wenn sie die Ausdehnung auf Westberlin enthielten.[480] Die im Grundlagenvertrag (Artikel 8) vereinbarte ständige Vertretung der BRD in der DDR vertritt auf Grund der gleichen mündlichen Abrede [481]

„in Übereinstimmung mit dem Vier-Mächte-Abkommen vom 3. September 1971 die Interessen von Berlin (West)."

Ein ausdrücklicher Hinweis auch auf „die konsularische Betreuung" der Westberliner (Anlage IV, Absatz 2, Unterabsatz a) des Berlin-Abkommens) wurde nicht in die Erklärung aufgenommen, da „konsularische" Funktionen begrifflich nur im Ausland ausgeübt werden, eine solche Qualifizierung der DDR für die BRD aber nicht in Betracht kam. Die Frage wurde in einem besonderen Protokoll geregelt (Einzelheiten siehe im Kapitel über den Grundlagenvertrag). Im Hinblick darauf, daß die Einbeziehung Westberlins also nur bei Teilbereichen des Grundlagenvertragswerkes in Betracht kommen konnte, erhielt der Berlin-Artikel (Artikel 2) des Vertragsgesetzes[482] zum Grundlagenvertrag die Einschränkung:

„soweit sich die Regelungen des Vertragswerkes auf das Land Berlin beziehen".

Ähnlich dem Grundlagenvertrag mit der DDR regelte auch der schon besprochene „Vertrag über die gegenseitigen Beziehungen" vom Dezember 1973 mit der CSSR hauptsächlich Statusfragen. Nach dem Modell der Berlineinbeziehung im Grundlagenvertrag wurden daher über die Ausdehnung auf Berlin (West) der Vertragsteile, die dies gestatten, besondere Vereinbarungen getroffen.[483] Der zum Vertrage gehörende Briefwechsel über humanitäre Fragen wird ebenfalls gemäß ausdrücklicher Regelung

„sinngemäß entsprechend dem Viermächte-Abkommen ... auch auf Berlin (West) angewandt".

Ein Brief der CSSR-Regierung zu Fragen der Strafverfolgung[484] brauchte keine Berlin-Klausel, da er lediglich eine allgemein, also auch für Westberliner geltende Rechtslage beschreibt.

Weitere Beispiele für die Erstreckung völkerrechtlicher Verträge der Bundesrepublik Deutschland auf Westberlin sind das Handelsabkommen vom Juli 1972 und die Abkommen über wirtschaftliche und kulturelle Zusammenarbeit vom Mai 1973, alle drei mit der Sowjetunion abgeschlossen und alle drei mit einer Berlinklausel versehen[485] (der nach den beiden Unterhändlern, Staatssekretär Frank und Botschafter Falin, benannten „Frank-Falin-Formel"):

„Entsprechend dem Viermächte-Abkommen vom 3. September 1971 wird dieses Abkommen in Übereinstimmung mit den festgelegten Verfahren auf Berlin (West) ausgedehnt."

Erwartungsgemäß enthält das Abkommen mit der Sowjetunion über den Luftverkehr, vom November 1971,[486] als Status und Sicherheit berührend, keine Berlin-Klausel. Drei weitere Abkommen, nämlich das vor allen anderen einschlägige über Rechtshilfe, sowie das Zweijahresprogramm für Kulturaustausch und das Abkommen über wissenschaftlich-technische Zusammenarbeit liegen allerdings seit Jahren auf Eis. Die Sowjetunion verweigert weniger eine Berlin-Klausel als deren praktische Verwirklichung durch unterschiedslose Einbeziehung von westberliner und in Westberlin domizilierenden westdeutschen Institutionen.[487]

Bezeichnend für die Haltung Chinas zu dem von der Sowjetunion ausgehandelten Berlin-Abkommen ist schließlich die Berlin-Klausel des deutsch-chinesischen Handelsabkommens vom Juli 1973:[488]

„Dieses Abkommen gilt im Einklang mit der bestehenden Lage auch für Berlin (West)".

Die Abhängigkeit der Außenvertretung Westberlins von der Zustimmung der drei Westmächte wird hier sehr schonend nur als „bestehende Lage" apostrophiert.

Vertretung im multilateralen Bereich

Unterabsatz c) der Anlage IV, Absatz 2, des Viermächte-Abkommens bekräftigt (in der Fassung der sowjetischen Erklärung – Teil B)

„die Vertretung der Interessen der Westsektoren Berlins durch die Bundesrepublik Deutschland in internationalen Organisationen und auf internationalen Konferenzen."

Daß Gebietskörperschaften, die keine eigenständigen Völkerrechtssubjekte sind, nicht unmittelbar, sondern nur in ihren Interessen vertreten werden, war oben[489] schon gesagt worden. Der mit den internationalen Organisationen und Konferenzen abgedeckte Vertretungsraum ist umfassend; es gehören große und kleine Vereinigungen und Treffen dazu, sofern nur an ihnen Vertreter von mehr als einem Staat oder Völkerrechtssubjekt beteiligt sind, von der Welternährungskonferenz bis zu einer Besprechung mit Delegierten des Internationalen Komitees vom Roten Kreuz. Vom Wortlaut nicht sicher miterfaßt sind nichtstaatliche Organisationen und Konferenzen, da man bei ihnen unter Umständen nicht von einer „Vertretung ... durch die Bundesrepublik Deutschland" sprechen wird. In diesen Fällen dürfte es aber in der Regel juristische oder natürliche Personen in Westberlin und der Bundesrepublik geben, zwischen denen die Vertretungsregelung vereinbart werden kann; in anderen Fällen wird eine gemeinsame Teilnahme im Sinne von Unterabsatz d) (siehe unten) möglich sein.

Im multilateralen Bereich spielt allerdings der im Einleitungssatz von Absatz 2 vorangesetzte und oben schon behandelte Vorbehalt von „Status und Sicherheit" eine größere Rolle. DDR-Politiker haben gelegentlich die Auffassung vertreten, die Vereinten Nationen zum Beispiel befaßten sich im wesentlichen mit der Aufrechterhaltung von Frieden und Sicherheit (Artikel 1 Ziffer 1 der Charta); daher könne dort Westberlin nicht von der BRD vertreten werden. Daran ist richtig, daß innerhalb der Vereinten Nationen Fragen der internationalen Sicherheit eine große Rolle spielen. Aber wirtschaftliche, entwicklungspolitische, humanitäre, völkerrechtliche und Dekolonisierungs-Fragen sind von nicht geringerer Bedeutung. Hinzukommt, daß, wenn in den Vereinten Nationen Fragen von Status oder Sicherheit behandelt werden, diese Fragen kaum jemals Berlin berühren werden. Vielmehr handelt es sich dann etwa um den Status ehemaliger Treuhandgebiete oder die Sicherheit im Nahen Osten. Hier ist der Berlin-Vorbehalt nicht relevant. Gleichgültig also, um welches Organ der VN es sich handelt, ob zum Beispiel Generalversammlung, Sicherheitsrat (wenn die Bundesrepublik Deutschland dort Mitglied ist) oder Internationaler Gerichtshof (wenn die Bundesrepublik dort auf oder vor der Richterbank vertreten ist) – sofern nicht Berlins Status oder Sicherheit berührt sind, wird auch Westberlin dort durch die Bundesrepublik repräsentiert.

Wegen der Bedeutung, die den Vereinten Nationen als führender internationaler Organisation zukommt, haben es sich die Beteiligten angelegen sein lassen, die Vertretung Westberlins durch die Bundesrepublik Deutschland dort ausdrücklich sicherzustellen. Durch Brief (BKL/L(73)1) an den Regierenden Bürgermeister vom April 1973[490] erklärte die – derzeit ja nur aus den Westmächten bestehende – Alliierte Kommandantur:

„Im Einklang mit den in der Anlage IV A des Viermächte-Abkommens vom 3. 9. 71 genannten Regelungen und im besonderen mit Ausnahme von Angelegenheiten der Sicherheit und des Status

a) hat die Alliierte Kommandatura keinen Einwand dagegen, daß die Bundesrepublik Deutschland die in der Charta der Vereinten Nationen enthaltenen Rechte und Verpflichtungen auch in Bezug auf die Westsektoren Berlins übernimmt;

b) genehmigt die Alliierte Kommandatura die Vertretung der Interessen der Westsektoren Berlins in den Vereinten Nationen und ihren Nebenorganen durch die Bundesrepublik."

In einem Brief an den VN-Generalsekretär vom Juni 1973,[491] der den Aufnahmeantrag begleitete, erklärte daraufhin Bundesaußenminister Scheel, daß

„außer in Fragen der Sicherheit und des Status und in Übereinstimmung mit der dem Senat" mit dem oben zitierten Schreiben „erteilten Genehmigung die Bundesrepublik Deutschland von dem Tage an, an dem sie als Mitglied in die Vereinten Nationen aufgenommen wird, die Rechte und Pflichten aus der Charta der Vereinten Nationen auch für Berlin (West) übernimmt und die Interessen von Berlin (West) in den Vereinten Nationen und ihren Nebenorganen vertreten wird."

Entsprechend der westlichen Rechtsauffassung wurde in diesem Brief das Viermächte-Abkommen, da für die Außenvertretung Westberlins nicht konstitutiv, nicht erwähnt, vielmehr als Rechtsgrundlage ausschließlich die (west-)alliierte Genehmigung aufgeführt (vgl. hierzu auch unten im Kapitel über den Grundlagenvertrag den Abschnitt zum VN-Beitritt).

Dieser, natürlich mit den Westmächten abgestimmte, Brief rief noch im gleichen Monat (Juni 1973) die sowjetische Reaktion hervor in Form ebenfalls eines Briefes an den VN-Generalsekretär, in dem zum Vertretungsrecht der Bundesrepublik ausführlich das Viermächte-Abkommen zitiert und schließlich behauptet wurde, dieses sei die Grundlage für das Vertretungsrecht, insofern es dessen zulässige Natur und Ausdehnung regele

(offizielle englische Übersetzung: „The basis for such representation is the Quadripartite Agreement of 3 September 1971 regulating its permissible nature and scope.")[492]

Der Antwortbrief der drei Westmächte vom Dezember 1973,[493] wieder an den VN-Generalsekretär, wiederholte demgegenüber u.a. den westlichen Standpunkt, daß (alleinige) Grundlage der Übertragung des Vertretungsrechts für Westberlin auf die Bundesrepublik Deutschland die Oberhoheit („supreme authority") sei, welche die drei Westmächte in den Westsektoren Berlins innehätten. Hierauf antwortete die Sowjetunion im gleichen Monat[494] nur noch mit einer Verwahrung, ihre Haltung bleibe unverändert.

Streitig ist demnach nicht, daß die Bundesrepublik die Interessen Westberlins in den Vereinten Nationen (und anderen internationalen Organisationen) in Angelegenheiten vertritt, die nicht Status und Sicherheit (Berlins) berühren. Bestehen blieb lediglich die schon oben[495] behandelte Meinungsverschiedenheit, welche Rolle in diesem Zusammenhang das im Viermächte-Abkommen erklärte sowjetische Einverständnis spielt.

Gemeinsame Teilnahme am internationalen Austausch

Unterabsatz d) der Anlage IV, Absatz 2, des Viermächteabkommens handelt über zwei Komplexe von vergleichsweise geringer rechtlicher, aber einer gewissen praktischen Bedeutung. Zunächst hat die Sowjetische Regierung keine Einwände gegen:

„die Teilnahme von Personen mit ständigem Wohnsitz in den Westsektoren Berlins gemeinsam mit Teilnehmern aus der Bundesrepublik Deutschland am internationalen Austausch und an internationalen Ausstellungen" (Formulierung des Teiles B – also der sowjetischen Erklärung).

Die Sowjetunion und andere Länder des Ostblocks hatten immer wieder, häufig mit Erfolg, versucht, westberliner Teilnehmer an westdeutschen Delegationen oder Ausstellergemeinschaften als gesonderte Delegation zu etikettieren: durch eigene Delegationsliste, eigenen Ausstellungsstand, Aufziehen der Berliner Bärenflagge neben der Flagge der Bundesrepublik und so fort. Mit dem vorstehend zitierten Passus akzeptiert nun auch die Sowjetunion das Prinzip der Eingliederung der Westberliner in die westdeutschen Delegationen. Je nach politischem Klima wird dieses Akzept mehr oder weniger kleinlich eingelöst. Teils wird aus dem Begriff „Teilnahme" gefolgert, daß Westberliner nicht die Leitung einer BRD-Delegation haben könnten; die Regelung, daß Westberliner „gemeinsam mit Teilnehmern aus der Bundesrepublik" teilnehmen, wird gelegentlich so ausgelegt, daß Westberliner nicht allein eine westdeutsche Delegation beschicken können, wie es bei kleinen und spezialisierten Delegationen praktisch ist, weil etwa der entsprechende Fachmann zufällig in Westberlin wohnt. Dergleichen restriktive Auslegungen widersprechen dem Geist des Abkommens, das insoweit mit der Absonderung der Westberliner Schluß machen wollte.

Tagungen in Westberlin

Der zweite Komplex in Unterabsatz d) enthält die sowjetische Hinnahme der

„Abhaltung von Tagungen internationaler Organisationen und von internationalen Konferenzen sowie Ausstellungen mit internationaler Beteiligung in diesen West-Sektoren, wobei berücksichtigt wird, daß Einladungen durch den Senat oder gemeinsam durch die Bundesrepublik Deutschland und den Senat ausgesprochen werden" (Formulierung des Teils B – sowjetische Erklärung).

Solche Tagungen und Ausstellungen, etwa die „Grüne Woche", waren bislang vom Ostblock boykottiert worden. Hier wird nun nicht das Ende dieses Boykotts in Aussicht gestellt, sondern, wie schon bei der oben[496] behandelten Vertragserstreckung, nur das Einverständnis mit solchen Veranstaltungen erklärt: die eigene Teilnahme (und mit ihr die des gesamten Ostblocks) bleibt offen und kann in jedem Einzelfall künftig von sachlichen (natürlich besteht nicht an jeder Tagung Interesse), aber auch von politischen Gesichtspunkten abhängig gemacht werden. Das eigentliche sowjetische Zugeständnis liegt hier in dem Festschreiben der Rolle, die die Bundesrepublik bei diesen Veranstaltungen spielt: Zwar nicht allein, wie der Senat, jedoch zusammen mit ihm kann sie Einladungen aussprechen – ein nicht unwichtiger Ausdruck der Bindungen.

Wegen der Schwierigkeit, für die Gebietskörperschaft „Land Berlin" einen akzeptablen Namen zu finden, wurden hier Landesregierung („Senat") und Bundesstaat („Bundesrepublik Deutschland") zusammengebunden; Partner des Senats bei den Einladungen braucht jedenfalls nicht die Bundesregierung zu sein; in Betracht kommen auch einzelne Ressorts oder Dienststellen. Im Bereich der Verbände und privatrechtlichen Vereinigungen und Veranstaltungen soll nach einer deutsch-sowjetischen Verständigung aus dem Frühjahr 1973[497] nicht der Bundesverband, sondern das entsprechende Westberliner Gremium einladen. Die Übernahme der Schirmherrschaft über solche Veranstaltungen durch Bundesorgane (z. B. Bundespräsident, Bundeskanzler, Bundesminister) ist möglich, da sie nicht „Ausübung unmittelbarer Staatsgewalt über die Westsektoren" ist (vgl. oben zu Anlage II Absatz 2 des Viermächte-Abkommens) sondern gewaltfreie Repräsentation, für die allein Prominenz und Ansehen die Voraussetzungen sind; jeder Privatmann mit entsprechendem Ruf kommt hier in gleicher Weise in Betracht.

Vertretung im bilateralen Bereich

Damit ist die Übersicht über die in Anlage IV genannten Befugnisse der Bundesrepublik Deutschland bei der Außenvertretung Westberlins beendet. Während die konsularische Betreuung nur in zwischenstaatlichen Beziehungen denkbar und insoweit auch geregelt ist, bleibt die Vertretung der Interessen der Westsektoren, also die quasi-diplomatische Vertretung, im bilateralen Bereich unerwähnt (Unterabsatz c behandelt nur den multilateralen Bereich). Die hier vorhandene Lücke macht sich gelegentlich bemerkbar, wenn es um die fachliche, also nicht die eigentlich konsularische, Betreuung westberliner Wirtschaftler, Wissenschaftler und Künstler geht.[498] Im übrigen taucht beim formlosen diplomatischen Umgang die Frage, ob Westberlin mit hinter einer Demarche steht, nicht auf; sobald aber Abmachungen getroffen oder Verträge geschlossen werden, greift das

Ausdehnungsrecht aus Unterabsatz b) Platz. Die Bundesrepublik läßt sich indes bei Aufnahme diplomatischer Beziehungen mit anderen Staaten von diesen bestätigen, daß ihre Botschaft auch die Interessen Westberlins vertritt. Das ist auch hinsichtlich der konsularischen Betreuung von Bedeutung, die ja nur fakultativ („ausüben kann“) der Bundesrepublik zugewiesen wurde.[499]

Weitere Befugnisse
Ein nicht ausgetragener Dissens aber besteht noch über den Charakter der Zuständigkeitsliste der Unterabsätze a) bis d). Während die Sowjetunion von ihrer oben besprochenen Auffassung der Notwendigkeit ihrer Zustimmung ausgeht und die Liste für abgeschlossen hält, sieht der Westen (einschließlich der Bundesregierung) die Liste nur als beispielhaft und als durch die frühere – oder auch eine spätere – Ermächtigung der Westmächte erweitert bzw. erweiterbar an.[500]

e) *Das sowjetische Generalkonsulat (Anlage IV, Vereinbartes Verhandlungsprotokoll II)*

Anlage IV endet mit Absatz 3 über die Zulassung eines sowjetischen Generalkonsulats in Westberlin. Er lautet in der Formulierung des Teils B – also der sowjetischen Erklärung:

> „Die Regierung der Union der Sozialistischen Sowjetrepubliken nimmt die Tatsache zur Kenntnis, daß die drei Regierungen der Errichtung eines Generalkonsulats der Union der Sozialistischen Sowjetrepubliken in den Westsektoren Berlins zugestimmt haben. Es wird bei den entsprechenden Behörden der drei Regierungen für die Zwecke und in Übereinstimmung mit den Bestimmungen akkreditiert, die in ihrer Mitteilung genannt und in einem gesonderten Dokument vom heutigen Tage niedergelegt sind.“

Entsprechend dem besatzungsrechtlichen Status der Stadt wird das Generalkonsulat nicht bei einer deutschen, sondern bei den Besatzungsbehörden der Drei Mächte akkreditiert. Um es nicht zu einer quasi-diplomatischen Mission bei den Westberliner Behörden werden und so den politischen Sonderstatus Westberlins unterstreichen zu lassen, sind in einem besonderen „Vereinbarten Verhandlungsprotokoll II“ seine ausschließlich konsularische Natur, die Akkreditierung nach den allgemein üblichen Vorschriften, die Tätigkeit im Handelsbereich, die Zahl der sowjetischen Bediensteten (51), ihr Wohnsitz (in Westberlin) und weitere Einzelheiten festgelegt worden.

Die Genehmigung dieses Generalkonsulats ist in der westdeutschen Öffentlichkeit gelegentlich als zu weit gehendes westliches Zugeständnis bemängelt worden; dabei wurde aber nicht die Kehrseite gesehen.

Die Sowjetunion hätte als Sieger- und Besatzungsmacht an den Viermächte-Status (ganz) Berlins anknüpfen und eine Militärmission, ein

Hochkommissariat oder ähnliches verlangen und mit diesem Verlangen ein Mitspracherecht in Westberlin behaupten können. Sie hätte eine solche Mission allerdings wohl nicht bekommen. Indem sie sich mit einer gewöhnlichen konsularischen Vertretung begnügte, erreichte sie zwar die offizielle Präsenz in Westberlin, aber um den Preis eines deutlichen Abgehens von bislang erhobenen Status-Ansprüchen. Mit ihrem Generalkonsulat reihte sich die Sowjetunion in die Liste der übrigen Staaten ein, die wie Spanien oder Japan oder zahlreiche andere Länder schlicht konsularisch vertreten sind. Die Unterstellung dieses Konsulats direkt unter das sowjetische Außenministerium ändert daran ebensowenig wie eine Unterstellung unter eine beliebige andere Vertretung; es ist im Konsularwesen üblich, konsularische Vertretungen direkt dem Ministerium oder einer nähergelegenen Botschaft zu unterstellen, ohne daß daraus irgendwelche Statusschlüsse gezogen werden.

5. Der Bundespaß (Vereinbartes Verhandlungsprotokoll I)

Wie schon erwähnt, war die Frage des Bundespasses für die Westberliner bis zuletzt offen geblieben. Die Sowjetunion hatte sich seit dem Konsularabkommen von 1958 – das ist oben am Ende des geschichtlichen Überblicks gesagt worden – mit ihrer Weigerung durchgesetzt, für Westberliner den Bundespaß anzuerkennen. Westberliner mußten dort deshalb mit ihrem Personalausweis Visa besorgen und reisen.

In dem „Vereinbarten Verhandlungsprotokoll I" wurde nunmehr bestimmt, daß zur Erlangung eines Visums beides, (Bundes-)Paß und Personalausweis, vorzulegen sei, daß aber während der Reise nur Paß oder Personalausweis mitgeführt werden müsse.

Die Hinnahme der bundesrepublikanischen Paßhoheit über Westberliner ist der Sowjetunion recht schwer gefallen und erst in der letzten Phase der Verhandlungen abgehandelt worden. Der gemeinsame Paß als Ausdruck auch der gemeinsamen Staatsangehörigkeit bindet Westberliner und Westdeutsche auf diesem wichtigen Gebiet wieder zusammen.

Allerdings gelang es der sowjetischen Seite hier erstmals, sich ein Zugeständnis dadurch zu erleichtern, daß es mit einem Hinweis auf das Viermächte-Abkommen verknüpft und so klargestellt wurde, daß die Sowjetunion mitgewirkt habe. Es wurde nämlich vereinbart, daß für die Sowjetunion und weitere Länder, die das wünschen, der Paß mit einem zusätzlichen Stempel versehen werden muß:

> „Ausgestellt in Übereinstimmung mit dem Viermächte-Abkommen vom 3. September 1971".

Dieser Stempel ist also der Präzedenzfall für das oben[501] besprochene Begehren des Ostblocks, bei Akten der Außenvertretung Westberlins durch die Bundesrepublik den qualifizierenden Hinweis auf das Viermächte-Abkommen anzubringen.

6. Das Schlußprotokoll

Abgeschlossen wird der von den Vier Mächten ausgehandelte Teil des Berlin-Abkommens durch das „Viermächte-Schlußprotokoll". Es war mit den übrigen Teilen des Abkommens zusammen ausgehandelt worden, konnte aber erst (am 3. Juni 1972) nach Vorliegen der ausdrücklich aufzuführenden deutsch/deutschen Ausfüllungsabkommen vervollständigt und unterzeichnet werden.

a) Das Inkrafttreten der gesamten Berlin-Regelung

Die Präambel bezieht sich auf den Schlußteil des Viermächte-Abkommens im engeren Sinne, der das Inkrafttreten der Berlin-Regelung von einer entsprechenden Vereinbarung im Schlußprotokoll abhängig gemacht hatte, und erwähnt den Abschluß der deutschen Ausfüllungsvereinbarungen:

„Die Regierungen der Französischen Republik, der Union der Sozialistischen Sowjetrepubliken, des Vereinigten Königreichs Großbritannien und Nordirland und der Vereinigten Staaten von Amerika,

eingedenk des Teils III des Viermächte-Abkommens vom 3. September 1971 und mit Befriedigung davon Kenntnis nehmend, daß die nachstehend genannten Vereinbarungen und Regelungen getroffen wurden, sind wie folgt übereingekommen:"

Ziffer 1 des Schlußprotokolls weist das Viermächte-Abkommen nochmals ausdrücklich als Regierungsabkommen aus (das keiner parlamentarischen Zustimmung bedarf) und wiederholt die Nichtberührens-Klausel:

„Die Vier Regierungen setzen mittels dieses Protokolls das Viermächte-Abkommen in Kraft, das ebenso wie dieses Protokoll die Viermächte-Vereinbarungen oder -Beschlüsse, die früher abgeschlossen oder gefaßt wurden, nicht berührt."

Ziffer 2 enthält die Liste der deutschen Ausfüllungsvereinbarungen und bindet deren Inkrafttreten an das Inkrafttreten des Viermächte-Abkommens. Dabei wird der besatzungsrechtliche Durchgriff schonend umschrieben („gehen davon aus").

Ziffer 2 lautet:

„Die Vier Regierungen gehen davon aus, daß die Vereinbarungen und Regelungen, die zwischen den zuständigen deutschen Behörden getroffen wurden:

‚Abkommen zwischen der Regierung der Bundesrepublik Deutschland und der Regierung der Deutschen Demokratischen Republik über den Transitverkehr von zivilen Personen und Gütern zwischen der Bundesrepublik Deutschland und Berlin (West)' vom 17. Dezember 1971,

‚Vereinbarung zwischen dem Senat und der Regierung der Deutschen Demokratischen Republik über Erleichterungen und Verbesserungen des Reise- und Besucherverkehrs' vom 20. Dezember 1971,

'Vereinbarung zwischen dem Senat und der Regierung der Deutschen Demokratischen Republik über die Regelung der Frage von Enklaven durch Gebietstausch' vom 20. Dezember 1971,

Punkte 6 und 7 des 'Protokolls über Verhandlungen zwischen einer Delegation des Bundesministeriums für das Post- und Fernmeldewesen der Bundesrepublik Deutschland und einer Delegation des Ministeriums für Post- und Fernmeldewesen der Deutschen Demokratischen Republik' vom 30. September 1971,

gleichzeitig mit dem Viermächte-Abkommen in Kraft treten."

An die Vereinbarung über Gebietstausch vom 20. Dezember 1971 wurde gemäß deren § 6 später (19. Juli 1972) eine weitere Vereinbarung angehängt – und damit dem Viermächte-Abkommen unterstellt –, mit welcher Westberlin ein Gebiet am ehemaligen Potsdamer Bahnhof von der DDR kaufte.[502]

Ziffer 5 des Schlußprotokolls und die Datumzeile mit Unterschriften setzten das Protokoll und damit gemäß den vorerwähnten Ziffern 1 und 2 die gesamte Berlin-Regelung (Viermächte-Abkommen und deutsche Ausfüllungsvereinbarungen) am 3. Juni 1972 (am Tage des Austauschs der Ratifikationsurkunden der Ostverträge in Bonn) in Kraft; dabei war noch eine Änderung der Datumzeile nötig geworden, die in der ursprünglichen Fassung nur Tag und Monat offengelassen, als Jahreszahl aber, zu optimistisch, noch das Jahr 1971 schon eingesetzt hatte:[503] Die deutsch/deutschen Verhandlungen waren zwar rechtzeitig vor Jahresende abgeschlossen worden, aber man hatte nicht mit der Dauer des Kampfes um die Ratifizierung der Ostverträge gerechnet, mit denen ja ein Zusammenhang hergestellt worden war (vgl. oben das Kapitel über die Ratifizierung).

Ziffer 5 und die Datumzeile lauten:

„Dieses Protokoll tritt am Tage der Unterzeichnung in Kraft.

GESCHEHEN in dem früher vom Alliierten Kontrollrat benutzten Gebäude im amerikanischen Sektor Berlins am 3. Juni 1972, in vier Urschriften, jede in englischer, französischer und russischer Sprache, wobei jeder Wortlaut gleichermaßen verbindlich ist.

Für die Regierung der Vereinigten Staaten von Amerika
William P. Rogers

Für die Regierung der Französischen Republik
Maurice Schumann

Für die Regierung der Union der Sozialistischen Sowjetrepubliken
A. Gromyko

Für die Regierung des Vereinigten Königsreichs Großbritannien und Nordirland
Alec Douglas-Home"

b) Das Inkraftbleiben

Das Viermächte-Abkommen ist ohne Befristung oder Kündigungsmöglichkeit abgeschlossen worden – ein Hinweis darauf, wie glücklich alle Beteiligten mit dem Erreichten waren. Die Vier Mächte waren deshalb auch nicht bereit, den Deutschen für ihre Vereinbarungen eine eigene Laufzeit oder Kündigungsmöglichkeit zu gestatten; denn ihnen war klar, daß bei Transit, Besuchen und Gebietstausch das Viermächte-Abkommen nur Grundsätze enthält, die ohne Ausführungsbestimmungen nicht anwendbar sind; diese Abhängigkeit (nach Regelungskompetenz und Dauer) der deutschen Vereinbarungen von denen der Vier Mächte, d.h. der Auftragscharakter der deutsch/deutschen Verhandlungen, wird daher in Ziffer 3 des Schlußprotokolls hervorgehoben.

Diese lautet

„Das Viermächte-Abkommen und die nachfolgenden Vereinbarungen und Regelungen zwischen den zuständigen deutschen Behörden, die in diesem Protokoll erwähnt werden, regeln wichtige Fragen, die im Verlaufe der Verhandlungen erörtert wurden, und bleiben zusammen in Kraft."

Wenn hier von den „nachfolgenden" deutsch/deutschen Vereinbarungen die Rede ist, so meint das allein die zeitliche und logische Folge von Viermächte- und deutschen Vereinbarungen, nicht etwa eine im Abkommenstext folgende Aufzählung (diese geht ja voran); das zeigen deutlich der englische und französische Wortlaut: „the consequent agreements", „accords ... que s'ensuivent".

Die Berlin-Regelung als Besatzungsrecht

Gemeinsames In-Kraft-Setzen und In-Kraft-Bleiben der alliierten und deutschen Vereinbarungen zeigen, daß es sich hier nicht um Vertragsrecht handelt, das noch der Umsetzung in innerstaatliches Recht durch Gesetzgebung und Ratifikation bedurfte. Vielmehr gelten das Viermächte-Abkommen und alle ihm unterstellten deutsch/deutschen Vereinbarungen als von den Vier Mächten gesetztes Besatzungsrecht unmittelbar. Hinsichtlich der deutsch/deutschen Vereinbarungen haben die deutschen Stellen sozusagen nur Formulierungshilfe geleistet. Diese Tatsache ist gegenüber der DDR teilweise camoufliert durch die in den Anlagen I und III konstatierte „Übereinkunft" mit ihr. Es kann aber kein Zweifel daran bestehen, daß auch die übrigen Teile des Abkommens die DDR binden. Etwas anderes ist selbst von östlicher Seite nie behauptet worden.

Die Rechtsgrundlagen für die besatzungsrechtlichen Zuständigkeiten der Vier Mächte sind klar. Gegenüber der DDR hatte sich die Sowjetunion in den Verträgen[504] vom September 1955 ohne Beendigung durch Zeitablauf

(Präambel: „...
Unter Berücksichtigung der Verpflichtungen, die die Deutsche Demokratische Republik und die Sowjetunion gemäß den bestehenden internationalen Abkommen, die Deutschland als Ganzes betreffen, haben,")

und vom Juni 1964 erneut für die Dauer jenes Vertrages

(Artikel 9: „Dieser Vertrag berührt nicht die Rechte und Pflichten der beiden Seiten aus geltenden zweiseitigen und anderen internationalen Abkommen einschließlich des Potsdamer Abkommens.")

ihre besatzungsrechtliche Oberhoheit in deutschland- und berlinpolitischen Fragen vorbehalten. Daran hat auch der Ostdeutsch-Sowjetische Freundschaftsvertrag vom Oktober 1975[505] nichts geändert; sein Artikel 10 läßt wieder „Rechte und Pflichten" beider Seiten aus „gültigen zwei- und mehrseitigen Abkommen" unberührt.

Gegenüber der Bundesrepublik hatten die Drei Westmächte in den Deutschlandvertrag (Artikel 2) der Fassung vom Oktober 1954 den Vorbehalt eingebracht, daß sie

> „die bisher von ihnen ausgeübten oder innegehabten Rechte und Verantwortlichkeiten in bezug auf Berlin und auf Deutschland als Ganzes einschließlich der Wiedervereinigung Deutschlands und einer friedensvertraglichen Regelung (behalten)."[506]

Damit sind u.a. die Proklamation Nr. 1 des Alliierten Kontrollrats[507] und die Kontrollratsdirektiven Nr. 36, 42, 43 und 49[508] angesprochen; diese Vorschriften sind durch einen Briefwechsel der Außenminister der Drei Mächte und des Bundeskanzlers vom Mai 1952 in der Fassung des Deutschlandvertragswerkes vom Oktober 1954,[509] soweit dies im Hinblick auf die Rechte und Verantwortlichkeiten der Drei Mächte in bezug auf Berlin und Deutschland als Ganzes erforderlich ist, „versteinert" worden, d.h. sie bleiben auch nach Beendigung des Besatzungsregimes insoweit in Kraft. In der Proklamation Nr. 1 hatten die Regierungen der Vier Mächte die oberste Gewalt in bezug auf Deutschland dem Alliierten Kontrollrat zugewiesen, in den erwähnten Direktiven wurden Regelungen des Interzonenverkehrs getroffen. Durch diese Bestimmungen vertraglicher und besatzungsrechtlicher Art wird das Viermächte-Abkommen einschließlich seiner deutsch/deutschen Ausfüllungsabkommen in innerstaatliches Recht transformiert.

Die Streitregelung

Das Fehlen einer Befristung oder Kündigungsmöglichkeit im Viermächte-Abkommen und in den deutsch/deutschen Vereinbarungen wird – für jeden der Beteiligten – dadurch erträglicher, daß ausdrücklich im Schlußprotokoll (Ziffer 4) ein Streitregelungsmechanismus vorgesehen ist.

Ziffer 4 lautet:

> „Bei Schwierigkeiten in der Anwendung des Viermächte-Abkommens oder einer der oben erwähnten Vereinbarungen oder Regelungen, die eine der Vier Regierungen als ernst ansieht, oder bei Nichtdurchführung eines Teils des Viermächte-Abkommens oder der Vereinbarungen und Regelungen hat diese Regierung das Recht, die drei anderen Regierungen auf die Bestimmungen des Viermächte-Abkommens und dieses Protokolls aufmerksam zu machen und die erforderlichen Viermächte-Konsultationen zu führen, um die Einhaltung der eingegangenen Verpflichtungen sicherzustellen und die Situation mit dem Viermächte-Abkommen und diesem Protokoll in Einklang zu bringen."

Die neben dem Viermächte-Abkommen genannten „Vereinbarungen und Regelungen" sind der deutsch/deutsche Teil der Berlinregelung. Danach ergibt sich folgender „Instanzenzug":

Schwierigkeiten und Meinungsverschiedenheiten bei den deutschen Vereinbarungspartnern unterbreiten die auf beiden Seiten beteiligten Behörden der jeweiligen Regierung (auf westdeutscher Seite bei Transitfragen der Bundesregierung – Artikel 19 Transitabkommen, bei Besuchsfragen dem Senat – Artikel 8 der Besuchsvereinbarung, auf ostdeutscher Seite in beiden Fällen der DDR-Regierung; die Gebietstauschvereinbarung wurde alsbald vollzogen und enthält daher, ebenso wie die Ziffern 6 und 7 des Postprotokolls, keine eigene Streitschlichtungsregelung. Vgl. im übrigen die beiden folgenden Kapitel).

Können sich die beiden deutschen Regierungen nicht einigen – eine Möglichkeit, die das Transitabkommen und die Besuchsvereinbarung nicht ausdrücklich vorsehen mochten – so werden sie den Streitfall einer oder mehreren der Vier Mächte vortragen.

Damit ist dann die Ebene erreicht, die sozusagen zweitinstanzlich über deutsch/deutsche Berlin-Regelungs-Streitfragen entscheiden kann, sofern sich nämlich mindestens eine der Vier Mächte entschließt, das Verfahren nach Ziffer 4 des Schlußprotokolls einzuleiten. Auf der gleichen Ebene werden dann unter der gleichen Voraussetzung, sozusagen erst- und letztinstanzlich, auch Streitigkeiten konsultiert, und – hoffentlich – beigelegt, die unter den Vier Mächten unmittelbar, also aus ihrem Teil der Berlin-Regelung, erwachsen.

Sowjetunion wie Westmächte zeigen eine gewisse Scheu, den Streitregelungsmechanismus in Gang zu setzen; sie fürchten, daß Meinungsverschiedenheiten nicht beigelegt, sondern nur offiziell konstatiert werden können mit dem Ergebnis, daß dann jeder guten Gewissens nicht nur seine Auffassung behält, sondern auch praktiziert: Sie ist ja nun offiziell in das Vertragswerk eingeführt! Die Streitschlichtung könnte so zu einer Streitverkündung denaturieren. Die Lösung eines Streits würde danach von der Ebene rechtlicher Argumentation auf die der politischen Pression verlagert werden. Dort aber hat der Westen, wegen der Exklavenlage Westberlins, die schlechtere Ausgangslage. Er sollte also in die Streitregelung des Schlußprotokolls nur hineingehen, wenn eine tragbare Lösung des Streits sich abzeichnet. Allerdings, verhindern kann, wie schon bemerkt, keine der Vier Mächte, daß einer der Abkommenspartner das Streitregelungsverfahren in Gang setzt.

7. Nachwehen

Meinungsverschiedenheiten sind allerdings in hinreichender Zahl aufgetreten, vor allem bei der Entwicklungsermächtigung hinsichtlich der Bindungen Westberlins an den Bund (Teil II, Abschnitt B und Anlage II) sowie bei der Außenvertretung (Teil II, Abschnitt D und Anlage IV);[510] ihr Ursprung wurde oben schon dargestellt. Nicht durch drastische Aktionen, sondern durch das Festhalten an Positionen, die die Bundesregierung für durch das Viermächte-Abkommen überholt hielt, fielen Schatten auf das Verhältnis der Bundesrepublik zur Sowjetunion. Wiederholt wies Bundeskanzler Brandt darauf hin, daß dieses Verhältnis nicht besser sein könne als die Lage in und um Berlin.

Es war nur natürlich, daß der Besuch, den der Generalsekretär der sowjetischen Kommunistischen Partei, Breschnjew, im Mai 1973 Bonn abstattete, weitgehend im Zeichen der Differenzen um Berlin stand. Bei dem zähen Ringen um die Formulierung des Schlußcommuniqués konnte die deutsche Seite keine abschließende Klärung in ihrem Sinne erreichen; der entsprechende Passus des Communiqués brachte aber ein erstes vorsichtiges Einlenken der Sowjetunion: Obwohl die Bundesrepublik Deutschland nicht Signatar des Viermächte-Abkommens ist und nach sowjetischer Doktrin nicht für Westberlin zuständig, bekannte sich auch Breschnjew zu der Einsicht, daß das deutsch-sowjetische Verhältnis wesentlich durch die Lage in und um Berlin bestimmt werde; ferner wurde nicht nur die „strikte Einhaltung" des Abkommens gefordert, sondern in Richtung auf eine Ausschöpfung seiner Möglichkeiten auch die „volle Anwendung":

„... Willy Brandt und L. I. Breschnjew sind übereinstimmend der Auffassung, daß die strikte Einhaltung und volle Anwendung dieses (Viermächte-)Abkommens eine wesentliche Voraussetzung für eine dauerhafte Entspannung im Zentrum Europas und für eine Verbesserung der Beziehungen zwischen den entsprechenden Staaten, insbesondere zwischen der Bundesrepublik Deutschland und der Sowjetunion sind ..."[511]

Wer angenommen hatte, daß nunmehr die Dinge in Bewegung gerieten, hatte sich aber getäuscht. Die gemeinsame deutsch/sowjetische Mitteilung über den Besuch, den Bundesaußenminister Scheel ein knappes halbes Jahr später, Ende Oktober, Anfang November 1973 in Moskau machte, beschränkte sich auf ein Zitat aus dem vorstehend wiedergegebenen Passus des Bonner Communiqués:

„... betonten sie die Notwendigkeit der strikten Einhaltung und vollen Anwendung dieses Abkommens ..." (= sog. Petersberger Formel – auf dem Petersberg bei Bonn war sie ausgehandelt worden).

Diese Formel ist seither zum festen Bestandteil nahezu jeder von (west- oder ost-)deutscher oder sowjetischer Seite abgegebenen politischen Erklärung zu Berlin-Fragen geworden, gelegentlich allerdings, wenn es in Ostberlin oder Moskau opportun erschien, unter Fortlassung der „vollen Anwendung".

Wie schon[512] bei der konsularischen Betreuung ausgeführt, gelang Außenminister Scheel bei diesem Besuch aber ein Schritt auf dem Wege zur Lösung der von den Ostblockstaaten aufrechterhaltenen Schwierigkeiten bei der Rechtshilfe für Westberliner Gerichte.

Es blieb der Dissens bezüglich der „Entwicklung der Bindungen" Westberlins an den Bund: Deckte die im Viermächte-Abkommen erteilte sowjetische Zustimmung auch die Vermehrung, oder galt sie nur einer Intensivierung bestehender Bindungen? Anlaß dafür, daß sich die Verschiedenheit der Ansichten gerade in dieser Fragestellung ausformte, war der 1973 bekanntgewordene Plan der Bundesregierung, in Westberlin ein Amt für Umweltschutz[513] zu errichten. Die ursprüngliche Vorstellung einer regulären Bundesbehörde, vergleichbar dem Bundesgesundheitsamt und anderen Bundesämtern, ließ sich nicht ohne kritische Zuspitzung der Lage um Westberlin verwirklichen; das war in zahlreichen Verhandlungen mit der sowjetischen Seite klar geworden. So blieb, wollte man den Plan verfolgen, die Wahl zwischen einer solchen Krise, oder einer auch von den Sowjets tolerierten Lösung in Gestalt einer unabhängigen Stelle, deren Bindung an den Bund sich vor allem durch die Finanzierung aus Bundesmitteln darstellt.

Beim neuerlichen Besuch Breschnjews in Bonn im Mai 1978 drückten gemeinsame Auffassungen zu Rüstungsbegrenzung und Abrüstung (Ziffer III der Gemeinsamen Deklaration vom 6. Mai 1978) und der Wille zur wirtschaftlichen Zusammenarbeit im langfristigen Abkommen (mit Berlin-Klausel), ebenfalls vom 6. Mai 1978, die Übereinstimmung beider Seiten zur Fortsetzung der Entspannungspolitik aus. Bewegung in die eigentliche Deutschland- und Berlin-Politik zu bringen war der Besuch nicht mehr gedacht. Die drei obengenannten Abkommen über Rechtshilfe, Kulturaustausch und wissenschaftlich-technische Zusammenarbeit blieben auf Eis. Die oben besprochene Einbeziehung Westberlins in die europäische Einigung (zunächst durch die Entsendung von Abgeordneten in das Europäische Parlament) blieb streitig. Das Gleiche gilt für die Wahl des Regierenden Bürgermeisters von Berlin zum Bundesratspräsidenten (und damit auch zum Vertreter des Bundespräsidenten); dabei bedarf es zur völkerrechtlichen Legitimierung dieser Wahl nicht einmal der Berufung auf die Ermächtigung zur Entwicklung der Bindungen (Teil II, Abschnitt B des Viermächteabkommens, sofern man, wie die sowjetische Seite, von ihm ausgeht), sondern diese bereits vor Abschluß des Berlinabkommens mehrfach geübte Praxis fällt schon unter den durch Teil I, Ziffer 4 des Berlinabkommens sanktionierten status quo.[514]

Mit diesen und ähnlichen Schwierigkeiten wird man „im Herzen Europas" auch künftig leben müssen. Das Viermächte-Abkommen hat das Berlin-Problem nicht gelöst. In der Bundesregierung hat das auch niemand erwartet; daher sprach man von der „Berlin-Regelung".[515] Sie hat durch eine – zugegebenermaßen weitmaschige – Ordnung von Teilbereichen eine Reihe von Anlässen zu internationalen Kontroversen beseitigt; eine gewisse Anzahl ist geblieben.

8. Würdigung

Eine Würdigung des Viermächte-Abkommens muß festhalten, daß 18 Monate intensiver Verhandlungen zu dem ersten schriftlichen Abkommen der Vier Mächte über Berlin seit 1949 (Jessup/Malik-Abkommen) geführt haben. Gekennzeichnet wird das Viermächte-Abkommen durch den Dissens über die Rechtsposition und den Konsens über die praktischen Regelungen auf der Basis des Status quo. Wer das Ergebnis an der zu Eingang dieses Kapitels[516] erwähnten bescheidenen Demarche des Westens vom August 1969 mißt, muß erkennen, daß die Sowjetunion erhebliche Zugeständnisse gemacht hat. Erstens war es sicherlich ein günstiger Zeitpunkt im Rahmen des eingangs erörterten weltweiten Disengagements. Zweitens hat der Sachzusammenhang mit der Ostvertragspolitik der Bundesregierung geholfen. Die Bundesregierung hatte zwar für Berlin oder Westberlin keine originäre völkerrechtliche Zuständigkeit; sie hat es aber verstanden, ihre Interessen an einer Berlin-Regelung in einen Zusammenhang mit solchen Fragen zu bringen, für die sie eine Zuständigkeit hatte, nämlich den Ostverträgen. Die Bundesregierung hat als der kleinere und der schwächere Partner nie gewagt, von einem Junktim zu sprechen, es kam damals der Sprachgebrauch des „Sachzusammenhangs" auf;[517] aber es ist jedem klar gewesen und immer wieder gesagt worden, daß die Entspannungspolitik den Spannungsherd Berlin nicht umgehen könne. Diese Argumentation hat ihre Wirkung auch im Osten nicht verfehlt. Auf diese Weise hat die Bundesregierung, obwohl nicht direkt an den Berlin-Verhandlungen beteiligt, im Hintergrund intensiv an diesen Verhandlungen teilgenommen. Zeitweilig bestanden Verhandlungskontakte nicht nur zu den drei Westmächten, sondern gleichzeitig zur DDR und zur Sowjetunion; hinzukamen die Kontakte des Senats. Wer einmal die Geschichte des Berlin-Abkommens anhand der jetzt noch unter Verschluß gehaltenen Unterlagen wird schreiben können,[518] der wird Schwierigkeiten und Erfolge, Papierkrieg und Cocktail-Gespräche, die eine große Bedeutung hatten, Interessengegensätze und die verschiedenen Methoden ihrer Behandlung, von Verschweigen über Ausklammerung und Überbrückung bis zum Austrag mit Kompromiß auf der einen oder Sieg und Niederlage auf der anderen Seite darstellen können. Von allen Seiten ist eine außerordentliche Koordinierungsleistung vollbracht worden. Der Erfolg ist, daß es heute um Berlin nicht unbedingt ruhiger, wohl aber, daß die geräuschvoll behandelte Problematik um Einiges kleiner geworden ist. In der Regel sind es Fragen des Wie und nicht mehr Fragen des Ob. Westberlin hat ein anderes Schicksal erfahren als es z.B. Süd-Vietnam beschieden war.

Es ist behauptet worden, die Ostpolitik der sozialliberalen Bundesregierung sei deshalb von den Westmächten unterstützt worden, weil sie durch sie Gelegenheit erhielten, sich ihrer Verantwortung zu entledigen. Das

Berlin-Abkommen der Vier Mächte beweist das Gegenteil, da es durchgehend die andauernde Präsenz und Verantwortlichkeit der Mächte in und für Berlin voraussetzt und aufrechterhält. Nach einem Wort des Bundeskanzlers Brandt behalten die Drei Mächte „die Finger im Teig".[519]

Das Berlin-Abkommen ist im übrigen der erste Vertrag der Westmächte, in der die DDR namentlich mit der von ihr beanspruchten Staatsbezeichnung genannt wird; das ist von der DDR zu Recht als ein erheblicher Verhandlungserfolg der Sowjetunion dargestellt worden.[520] Er bereitete den Boden für die nach dem Grundlagenvertrag erfolgte Anerkennung der DDR auch durch die Westmächte.

I. Vorgeschichte und Struktur der deutsch/deutschen Abkommen

Die deutschen Ergänzungsvereinbarungen zum Berlin-Abkommen, ganz abgesehen von dem Verkehrsvertrag und dem Grundlagenvertrag, werden in dem, was sie geleistet und verfehlt haben, erst aus der Vorgeschichte einsichtig. Die Verhandlungen mit der DDR wurden schon mehrere Male auszugsweise gestreift, besonders bei der Darstellung der Ausgangslage und des Bahr-Papiers. Jetzt soll der Zusammenhang zwischen diesen Auszügen hergestellt werden.

1. Die Vorgeschichte

Die Jahre von 1949 bis 1969, also die ersten 20 Jahre seit der Gründung der beiden Staaten, waren eine Periode, in welcher die offiziellen (zwischenstaatlichen) und die privaten (zwischenmenschlichen) Beziehungen zwischen der BRD und der DDR gegenläufig angelegt waren, sich aber parallel und zwar in Richtung auf Spaltung hin bewegt haben.

a) Die zwischenstaatlichen Beziehungen

Die DDR-Regierung, um mit den zwischenstaatlichen Beziehungen zu beginnen, versuchte immer wieder, mit der Bundesregierung ins Gespräch zu kommen. Im November 1950 schlug Ministerpräsident Grotewohl der Bundesregierung einen „Gesamtdeutschen konstituierenden Rat" zur Vorbereitung einer „Gesamtdeutschen, souveränen, demokratischen und friedlebenden provisorischen Regierung" vor.[521] Im Juli 1957 legte die DDR-Regierung einen Konföderationsplan vor.[522] Im November 1961 warb sie bei der Bundesregierung für die friedliche Koexistenz auf der Basis der Gleichberechtigung wiederum in Form einer Konföderation.[523] Im März 1962 veröffentlichte die SED das sogenannte „Nationale Dokument", von dem sie wünschte, daß es in beiden deutschen Staaten diskutiert und akzeptiert werde,[524] im Februar 1966, in ihrem Antrag auf Mitgliedschaft in den Vereinten Nationen,[525] hatte sie immer noch das Ziel der Wiedervereinigung im Auge. 1966 war auch das Jahr der Verhandlungen über den Redneraustausch zwischen SED und SPD.[526] 1967 schließlich fand ein im Folgenden ausführlicher dargestellter Briefwechsel zwischen dem Vorsitzenden des Ministerrats Stoph und Bundeskanzler Kiesinger statt, in welchem Stoph die Aufnahme von normalen Beziehungen vorschlug.

Die Bundesregierung ging auf diese Annäherungsversuche nicht ein, sondern verfolgte eine Politik der „Unterdrückung der DDR" (Prof. End). In seiner Regierungserklärung vom Oktober 1949 zur Bildung der DDR erklärte Bundeskanzler Adenauer:

> „In der Sowjetzone gibt es keinen freien Willen der deutschen Bevölkerung. Das, was jetzt dort geschieht, wird nicht von der Bevölkerung getragen und damit legitimiert.
>
> ... Die Bundesrepublik Deutschland ... erkennt Erklärungen der Sowjetzone nicht als verbindlich für das deutsche Volk an."[527]

Diese in ihrem rechtlich relevanten Teil sehr vorsichtig formulierte Politik (Bestreitung der Legitimität, nicht der Legalität der Staatsgründung, Bestreitung der Verbindlichkeit von Erklärungen für das deutsche Volk, nicht für das neugegründete Staatswesen überhaupt) wurde im politischen Umfeld dadurch abgesichert, daß Schritte der DDR weitgehend überhaupt nicht zur Kenntnis genommen wurden: Im Vorfeld der „Nicht-Anerkennungspolitik" gab es schon eine „Nicht-Erkennungspolitik". Versuche, vor allem aus der FDP, die Deutschlandpolitik mehr an den Gegebenheiten zu orientieren, setzten sich nicht durch.[528] Da einer solchen Politik gegenüber niemand ohne Selbstaufgabe einseitig annähern kann, entwickelten sich offizielle Beziehungen zwischen DDR und BRD nicht. Die Staaten blieben lupenrein getrennt.

b) Die zwischenmenschlichen Beziehungen

Genauso, nur mit umgekehrten Rollen, verlief die Entwicklung im privaten, im zwischenmenschlichen Bereich. Der bekannten Eingemeindungspolitik der Bundesrepublik setzte die DDR hier ihre Abgrenzungspolitik entgegen.[529] Schon seit den frühen 50er Jahren waren Reisen aus der DDR nach Westen für den Durchschnittsbürger nicht mehr möglich, Ausnahmen waren später die Rentnerreisen. 1952 errichtete die DDR an der Demarkationslinie eine Sperrzone,[530] und ab September 1960 bedurften Besuche von Westdeutschen auch in Ostberlin einer Genehmigung.[531] Ab August 1961[532] machten Mauer und Schießbefehl Besuche von Berlinern in beiden Richtungen überhaupt unmöglich, mit Ausnahme der im vorigen Kapitel schon erwähnten Passierscheinregelung.[533] Da man auch einen Besucherverkehr nicht einseitig intensivieren kann, setzte sich hier wiederum zwangsläufig die Trennungspolitik, diesmal der DDR-Regierung, gegenüber der Annäherungspolitik, die hier von Westen aus betrieben wurde, durch. So entwickelte sich, salopp gesprochen, ein deutsch/deutscher Ringstil, der die ersten 20 Jahre der Auseinandersetzung der beiden Staaten bestimmte: Clinchversuch der Bundesrepublik im zwischenmenschlichen Bereich bei Abwehrhaltung im zwischenstaatlichen Bereich und umgekehrt Clinchversuch der DDR-Regierung im zwischenstaatlichen bei Abwehrhaltung im zwischenmenschlichen Bereich; im Laufe der Jahre schränkten dann beide Ringer ihre offensiven Bemühungen zugunsten der defensiven ein und zogen sich in ihre Ringecken zurück.

c) Der Briefwechsel Stoph/Kiesinger

Bezeichnend war der oben erwähnte Briefwechsel Stoph/Kiesinger. Der Ministerratsvorsitzende Stoph schlug in seinem Eröffnungsschreiben vom Mai 1967[534] vor, direkte Verhandlungen aufzunehmen mit dem Ziel von Vereinbarungen über 1. die Herstellung normaler Beziehungen, auch zu allen übrigen Staaten, 2. einen Gewaltverzicht, 3. die Grenzanerkennung, 4. die Abrüstung eines jeden der beiden deutschen Staaten jeweils um die Hälfte seines Potentials, (ein nicht ganz gleichgewichtiger Vorschlag!) und 5. den Kernwaffenverzicht; die Verhandlungen sollten durch die Regierungschefs eröffnet werden. Im Vertragsentwurf vom September 1967,[535] der also einige Monate später folgte, wurde der Vorschlag um den vollen Anerkennungskatalog, der schon aus den oben beim Bahr-Papier besprochenen sowjetischen Forderungen bekannt ist – Oder-Neiße-Grenze, Westberlin als selbständige politische Einheit, Nichtigkeit des Münchener Abkommens – erweitert; ferner sah der Abkommensentwurf vor, daß „unter der Voraussetzung der Überwindung des Militarismus, Neonazismus und der Macht der Monopole" Verhandlungen eingeleitet werden könnten „mit dem Ziel der friedlichen Lösung der nationalen Fragen". Bundeskanzler Kiesinger schlug demgegenüber in seinen Antworten vom Juni und September 1967[536] Gespräche über menschliche Erleichterungen vor. Er benannte als Verhandlungsführer den Staatssekretär im Bundeskanzleramt. Stoph lehnte das im Oktober 1967 ab.[537]

d) „Wandel durch Annäherung"

In der Bundesrepublik gewann jedoch langsam die Erkenntnis an Boden, daß ein Wandel der Verhältnisse, vor allem im zwischenmenschlichen Bereich, eine Annäherung im zwischenstaatlichen erfordere. Es war Egon Bahr, der schon im Juli 1963[538] in Tutzing die Formel vom „Wandel durch Annäherung" formulierte und begründete. Bereit hierzu war aber erst die sozial-liberale Koalition. In der Regierungserklärung vom Oktober 1969 erfolgte die Anerkennung der DDR als Staat, wenn auch nicht als Ausland.[539] Die DDR erkannte den Wandel und erneuerte ihre Annäherungsversuche im zwischenstaatlichen Bereich. Im Dezember 1969[540] schrieb Walter Ulbricht als Staatsratsvorsitzender an Bundespräsident Heinemann und übersandte einen Vertragsentwurf über die Aufnahme gleichberechtigter Beziehungen zwischen den beiden Staaten. Als Verhandlungsführer benannte er neben dem Ministerratsvorsitzenden Stoph Außenminister Winzer. Der Bundespräsident sandte einen Zwischenbescheid und im Antwortschreiben der Bundesregierung schlug Bundeskanzler Brandt im Januar 1970[541] wieder nach dem aus dem deutsch-sowjetischen Notenwechsel bekannten Muster Verhandlungen über einen konkreten Gewaltverzicht vor. Die Verhandlungen sollten Gelegenheit zu einem breit angelegten Meinungsaustausch über die Regelung aller zwischen den beiden Staaten anstehenden Fragen – darunter auch denen gleichberechtigter Beziehungen – geben, hieß es in der Antwortnote. Als Verhandlungsführer benannte der Bundeskanzler den Minister für Innerdeutsche Beziehungen; auf den Ulbrichtschen Entwurf ging die Antwort nicht ein. Auf diese Weise machte sie deutlich, daß nach dem ersten Schritt der staatlichen Annäherung, der Anerkennung, nun nicht der zweite folgen könne, nämlich die Aufnahme von quasi-diplomatischen Beziehungen, sondern daß nunmehr erst ein entsprechender Schritt im Bereich des praktischen Zusammenlebens an der Reihe sei. Ein ähnliches Geschick traf auch den Entwurf eines Verkehrsvertrages, den die DDR im November 1969[542] übermittelt hatte, der nur staatliche Anerkennung, aber keine praktischen Verbesserungen vorsah.

e) Die Begegnungen von Erfurt und Kassel

Um der Welt das Schauspiel zweier deutscher Staaten zu ersparen, die einander befehdeten und ihre querelles allemandes austrügen, aber natürlich auch, um nicht wichtige Trümpfe vorzeitig aus der Hand zu geben, wurde der alte Wein der Hallstein-Doktrin in die neuen Schläuche der Scheel-Doktrin gegossen, die oben[543] beim Bahr-Papier schon besprochen wurde und die vorläufig die DDR-Außenbeziehungen weiter blockierte. Die DDR lenkte ein, stieg vom Pferd ihrer Forderung[544] nach diplomatischen Beziehungen als Vorbedingung für alles weitere zunächst herunter und lud im Februar 1970[545] den Bundeskanzler zu Gesprächen mit dem Ministerpräsidenten Stoph und Außenminister Winzer nach Ostberlin ein. Der Bundeskanzler nahm grundsätzlich für sich und den Minister für Innerdeutsche Beziehungen an.[546] Beide Seiten versuchten, durch die benannten Minister bereits die Beziehungen zu präjudizieren. Die Begegnung zögerte sich aber noch wegen der Anreisefrage[547] hinaus: Problematisch war, daß ein Besuch in Ostberlin unter Umgehung Westberlins dem Bundeskanzler unmöglich schien; für die DDR war es die einzig mögliche Reiseroute. Man einigte sich dann auf Erfurt und für den Gegenbesuch auf Kassel.[548]

Die gemeinsame Bedeutung der beiden Begegnungen liegt zunächst in der förmlichen Gleichberechtigung, unter der die Regierungschefs sich trafen und die von da an auf allen Stufen der Verhandlungen und Abkommen durchgehalten wurde. Verhandlungspartner aus der DDR wurden künftig durch die Effektivität des Regimes beglaubigt und nicht mehr mangels demokratischer Legitimation unter die Kuratel der Gänsefüßchen gestellt.

Das Treffen von Erfurt im März 1970 bleibt wegen der Demonstration der Bevölkerung für Bundeskanzler Brandt[549] in Erinnerung; sie galt wohl nicht nur der Person, sondern drückte darüber hinaus das Zusammengehörigkeitsgefühl der DDR-Bevölkerung mit den Deutschen aus der Bundesrepublik aus. Die beschwörend beschwichtigende Geste des Bundeskanzlers aus dem Hotelfenster heraus zeigte, mit welch großer Vorsicht der deutsch/deutsche Dialog geführt werden mußte und muß, damit nicht ein Geist aus der Flasche gelassen wird, der unkontrollierbar und unkalkulierbar alles mit sich fortreißt und damit zunichte macht.

Hier klingt eines der Motive an, die man später immer wieder aus den Abkommen heraushören wird. Weder der DDR-Bevölkerung noch den deutsch/deutschen Beziehungen war oder wäre mit einem Umsturzversuch in der DDR gedient; eine Revolte dort könnte nie stark genug sein, um die sowjetische Herrschaft zu brechen, um etwa den Anschluß der DDR an die BRD zu erzwingen. Berlin am 17. Juni 1953 und beim Mauerbau 1961, Ungarn 1956, Prag 1968 sind unwiderlegbare Beweise. Wenn also eine Bewegung in der DDR der dortigen Regierung aus der Hand geriete, so würde das nur zu einer raschen und wirksamen Aktion im Warschauer Pakt führen, die als erstes natürlich auch das bis dahin erreichte Maß an Normalisierung zwischen der DDR und der BRD durch hermetische Abriegelung auf unabsehbare Zeit beseitigen würde. Es kann also ehrlicherweise niemand in der Bundesrepublik ein Interesse daran haben, der DDR-Regierung im Bereich der Sicherheit nur noch gewaltsam zu meisternde Schwierigkeiten zu bereiten. Diese Erkenntnis hatte Bahr bereits 1963 in der schon oben[550] genannten Rede vorgetragen und Erfurt hat an diese Gefahren noch einmal nachdrücklich erinnert.

Die Bedeutung des Treffens von Kassel im Mai 1970 lag vor allem in den 20 Punkten, die Bundeskanzler Brandt dort als Element für vertragliche Abmachungen vorlegte.[551] Sie gehen von der Einheit der Nation aus, betrachten beide deutschen Staaten als gleichberechtigt, verzichten auf Gewaltandrohung und -anwendung und lassen die Viermächte-Verantwortung für Berlin und für Deutschland als ganzes unberührt. Es werden die Zusammenarbeit auf den verschiedensten Gebieten, der Austausch von Vertretungen und endlich die Mitgliedschaft beider Staaten in internationalen Organisationen vorgeschlagen. Letztere zwei Punkte, als die für die DDR wichtigsten, standen bezeichnenderweise unter manchen Kautelen und ganz am Ende des Katalogs. Da Stoph demgegenüber die Forderung nach Herstellung diplomatischer Beziehungen vorab und sofort wiederaufnahm, blieb zunächst nur die von ihm angeregte Denkpause.[552]

2. Die Gesprächsebene Bahr/Kohl

In dieser Denkpause mußte die DDR erkennen, daß sie überreizt hatte. Moskau nämlich war flexibler, wie das Bahr-Papier zeigte, das Bahr und

Gromyko einen Tag nach dem Treffen von Kassel fertigstellten.[553] Nicht unbeeinflußt hierdurch hatten die Berlin-Gespräche der Vier Mächte begonnen, Fortschritte zu machen. Die Sowjetunion ließ auch in Berlin vorsichtig ihre Bereitschaft erkennen, auf die Ostvertragspolitik der Bundesregierung einzugehen und den Zusammenhang mit Berlin zu honorieren. Daher mußte die DDR fürchten, daß nach dem Bahr-Papier auch in Berlin eine Regelung gefunden werde, die ihr Opfer abverlangen werde. Logischerweise gab es für die DDR in dieser Situation nur zwei Wege: Entweder war die Einigung mit den ihr unerwünschten Ergebnissen zu verhindern – in welchem Umfang dies versucht wurde, kann man nur ahnen; immerhin reiste Ulbricht in der letzten Woche des Meinungsaustausches Bahr/Gromyko, fünf Tage vor dem Kasseler Treffen selbst nach Moskau[554] – oder aber die DDR mußte versuchen, sich die erforderlichen Zugeständnisse selbst abhandeln zu lassen, zumindest als derjenige zu erscheinen, der die erforderlichen Leistungen freiwillig, aus eigenem souveränen Entschluß auf dem Altar der Entspannung darbrachte.

a) Die Vereinbarung der Gespräche

So reisten denn im Oktober 1970 zwei DDR-Emissäre nach Bonn[555] und unterbreiteten ein Gesprächsangebot über Fragen, „deren Regelung der Entspannung im Herzen Europas dienen würde“.

Das war das Angebot, ja der Wunsch, parallel zu den Verhandlungen der Vier Mächte eine deutsch/deutsche Gesprächsebene über Berlin einzurichten; denn Berlin war mit der diplomatischen Chiffre vom „Herzen Europas“ gemeint. Es sollte vor allem über den Abbau der Bundespräsenz in Westberlin, aber auch über den Berlin-Verkehr von Bundesbürgern verhandelt werden.[556] (Den Transit von Westberlinern wollte die DDR mit dem Senat aushandeln.)[557] Die Bundesregierung konnte an solchen Gesprächen kein Interesse haben, solange die Westmächte mit der Sowjetunion über den gleichen Gegenstand mit größerer Aussicht auf Erfolg verhandelten.[558] Wie gut die Chancen für eine Einigung der Vier Mächte um diese Zeit standen, war ja an dem Schritt der DDR zu erkennen. Die Vier Mächte wachten auch darüber, daß nicht Andere über Dinge verhandelten, die allein in ihrer Zuständigkeit lagen.

Andererseits war bereits abzusehen, daß eine Einigung unter den Vier Mächten über Berlin immer noch Ergänzungsvereinbarungen der Deutschen untereinander notwendig machen werde; auch konnte es nicht im Interesse der Bundesrepublik liegen, die Gesprächsbereitschaft der DDR unerwidert zu lassen. Vor allem aber wünschte die Bundesregierung den Dialog mit der DDR über eine Verbesserung der zwischenmenschlichen und auch der zwischenstaatlichen Beziehungen. Das auf Berlin beschränkte Gesprächsangebot der DDR wurde deshalb erweitert[559] um „Fragen, die für die beiden deutschen Staaten von Interesse sind“. So wurde die Basis für den nunmehr beginnenden regulären Meinungsaustausch zwischen DDR und BRD geschaffen und abgesteckt. Um der Präjudizierung der zu entwickelnden Beziehungen in der einen oder anderen Richtung zu entgehen, sahen beide Seiten von der Ernennung von Ressortministern (für Auswärtige Angelegenheiten bzw. für Innerdeutsche Beziehungen) zu Verhandlungsführern ab und beauftragten jeweils, wie die Bundesregierung das schon früher vorgesehen hatte, einen dem Regierungschef zugeordneten Staatssekretär.[560] Ende November 1970 trafen sich dann die beiden Staatssekretäre Bahr und Dr. Kohl zum ersten Mal (im Hause des Ministerrats in Ostberlin)[561] und eröffneten eine Gesprächsebene, die während der nächsten Jahre funktionsfähig und, das darf man wohl sagen, auch belastbar blieb.

b) Der Gang der Gespräche

Die Gespräche wurden alternierend in Ostberlin und Bonn geführt und, wie schon in Moskau, vorsichtig zunächst nur als Meinungsaustausch deklariert. Da Staatssekretär Bahr an den Begegnungen von Erfurt und Kassel nicht teilgenommen hatte (er verhandelte währenddessen in Moskau) und seinen Gesprächspartner, der in Erfurt und Kassel dabei gewesen war, noch nicht kennen gelernt hatte, und da die Beziehungen zwischen den beiden Staaten, sofern sie überhaupt bestanden, bislang besonders unfreundlich gewesen waren, dauerte schon die Schaffung eines erträglichen Verhandlungsklimas eine gewisse Zeit.[562] Gefährlich belastet wurde es immer wieder durch Zwischenfälle an der Grenze, die zu innenpolitischem Druck auf die Bundesregierung führten, die Gespräche abzubrechen. In der richtigen Erkenntnis, daß dadurch nichts gewonnen werde, hat die Bundesregierung diesem Druck stets widerstanden.

Die Begegnungen zwischen den Delegationen der BRD und der DDR begannen mit einem lockeren zweiwöchentlichen Rhythmus und gingen während intensiver Arbeitsphasen in eine wöchentliche Frequenz, jeweils von ein bis zwei Verhandlungstagen über. Sie bestanden aus Plenarsitzungen der beiden Delegationen, Sitzungen von Arbeitsgruppen, die aus den Delegationen unter Beiziehung von Experten für bestimmte Fragen gebildet wurden,[563] und, in ihrem delikatesten Teil, aus Vieraugen-Gesprächen der beiden Delegationsleiter.

In dem Meinungsaustausch selbst machte die DDR ihre ursprünglich gestellten zwei Vorbedingungen der Herstellung diplomatischer Beziehungen und der Aufgabe der Scheel-Doktrin zwar nachdrücklich geltend,[564] setzte aber die Verhandlungen auch dann fort, als sich die BRD hier unnachgiebig erwies.[565] Auch die dezidierte Forderung der DDR auf Abbau der Bundespräsenz in Westberlin konnte für die Bundesrepublik mangels sachlicher Zuständigkeit der DDR kein Verhandlungsthema sein.[566] Über den Berlin-Verkehr zu sprechen, weigerte sich Bonn solange, wie noch kein entsprechendes Mandat der Vier Mächte vorlag.[567] Während die DDR den Berlin-Verkehr gern als Teil des normalen internationalen Transitverkehrs über ihr Territorium ansah,[568] betrachtete die Bundesrepublik ihn, wie schon oben erwähnt, als besatzungsrechtlichen Verkehr sui generis. Das Berlin-Abkommen hat, wie gezeigt,[569] dieser Auffassung Recht gegeben. Da die DDR ihrerseits kein Interesse hatte, mit der BRD in diesem Stadium allgemein über eine Normalisierung der Verhältnisse im geteilten Deutschland vor allem im Bereich menschlicher Erleichterungen zu sprechen,[570] sprach man schließlich zwar nicht über den Berlin-Verkehr, aber allgemein über den Verkehr zwischen BRD und DDR.[571] Auf diese Weise ging man um den heißen Brei des Berlin-Verkehrs herum, hielt ihn aber ständig im Auge. Anfang September 1971 lag dann das Berlin-Abkommen der Vier Mächte vor. Es sah deutsch/deutsche Ausfüllungsvereinbarungen für den Transitverkehr (Teil II, Abschnitt A) und für die Beziehungen Westberlins zu seinem Umland (Reisen, Kommunikationen, Gebietsaustausch – Teil II, Abschnitt C) vor.

Mit dem beim Berlin-Abkommen schon erörterten Übermittlungsschreiben baten die drei Westmächte die Bundesregierung, nunmehr die Transitverhandlungen mit der DDR „auch im Namen des Senats" aufzunehmen.[572] Eine entsprechende Aufforderung der Sowjetunion dürfte an die DDR ergangen sein; wie das Ergebnis der Transitverhandlungen zeigte, muß sie auch die Einbeziehung des Transitverkehrs von Westberlinern gedeckt haben.

3. Die weiteren Gesprächsebenen

Durch Schreiben der (West-) Alliierten Stadt-Kommandanten (BKC/L (71)1)[573] wurde der Senat von Berlin aufgefordert, seinerseits mit der DDR die Verhandlungen gem. Teil II, Abschnitt C des Viermächte-Abkommens zu führen. Auch hier dürfte eine entsprechende Aufforderung der Sowjetunion an die DDR ergangen sein. Die Staatssekretäre Bahr und Kohl nahmen sofort die Transitverhandlungen auf,[574] für die die bisherigen Gespräche natürlich schon den Boden bereitet hatten. Parallel verhandelte der Berliner Senat mit der DDR[575] über den Zutritt von Westberlinern nach Ostberlin und in die DDR sowie über weitere Kommunikationen und den Gebietsaustausch. Mit ihrer Konzeption, mit der Bundesregierung nur über den Berlin-Verkehr von Bundesbürgern zu verhandeln und mit dem Senat über den Berlin-Verkehr der Westberliner, drang die DDR nicht durch.[576] Kurz vor Weihnachten 1971 lagen dann die Ergänzungsabkommen der DDR mit der Bundesrepublik und mit dem Senat vor.[577] Zuvor hatten Ende September die beiden deutschen Postministerien eine Vereinbarung[578] getroffen, deren Berlin-Teil man, ohne daß das notwendig oder ursprünglich beabsichtigt gewesen wäre, ebenfalls dem Regime des Viermächte-Abkommens unterstellte und zu diesem Zweck in das Viermächte-Schlußprotokoll mit aufnahm.

Die Bundesregierung hatte mit ihrer Zurückhaltung bei der Unterrichtung der parlamentarischen Opposition während der Aushandelung des Bahr-Papiers schlechte Erfahrungen gemacht; erhebliches Mißtrauen hatte entstehen und sich innenpolitisch zu einer regelrechten Kampagne auswachsen können. So weit wollte man es bei den Gesprächen mit der DDR nicht kommen lassen. Daher wurden von den Vorsitzenden der Bundestags-Fraktionen Vertreter benannt, die in einem sogenannten „Kontakt-Ausschuß" nach jeder Begegnung zwischen Bahr und Kohl von Ersterem ausführlich, aber notwendigerweise vertraulich, über den Stand der Gespräche der Bundesregierung und des Senats mit der DDR unterrichtet wurden. Zustimmung der Oppositionsvertreter zu Führung und Ergebnissen der Verhandlungen wurde nicht erwartet. Dieser Kontakt-Ausschuß hat, mit personellen Veränderungen, während der Verhandlungen zu den Ergänzungsvereinbarungen, zum Verkehrs- und zum Grundlagenvertrag regelmäßig getagt.[579] Ebenso regelmäßig wurden durch die Bundesregierung die Botschaften der Drei Mächte informiert und konsultiert.[580]

4. Die Struktur der Vertragswerke

Die Abkommen zwischen BRD und DDR (Transitabkommen, Verkehrsvertrag, Grundlagenvertrag) heben sich von anderen zwischenstaatlichen Verträgen durch die wachsende Zahl und Vielfalt der Teile des jeweiligen Vertragswerkes ab. Diese Praxis trägt nicht zur Übersichtlichkeit bei, nutzt aber das vom Völkerrecht zur Verfügung gestellte Instrumentarium zu beträchtlicher Nuancierung aus.

a) Abkommen und Briefe

Kern der Vertragswerke ist jeweils das betreffende Abkommen (Vertrag) mit Überschrift, Präambel, Artikeln, Datumszeile und Unterschriften. Neben dieses Hauptstück treten im Sinne von Artikel31, Ziffer 2, Buchstabe a) der Wiener Vertragsrechtskonvention (WVK)[581] Vereinbarungen über verwandte Gegenstände, die auf Wunsch beider Seiten (oder auch nur einer) nicht in den eigentlichen Vertrag aufgenommen, sondern in einem gesonderten reziproken Briefwechsel niedergelegt wurden (z.B. Transitabkommen: Briefwechsel über Warenbegleitschein; Verkehrsvertrag: Briefwechsel zum Beitritt bei den Eisenbahnübereinkommen CIM und CIV; Grundlagenvertrag: Briefwechsel zu den Viermächte-Rechten [Artikel 9]). Auch Erklärungen nur einer Seite finden sich in sogenannten Briefwechseln, die dann aber nicht reziprok sind, sondern gem. Artikel 31, Ziffer 2, Buchstabe b) der WVK nur aus Erklärungsschreiben und Eingangsbestätigung bestehen (z.B. Verkehrsvertrag: „Briefwechsel“ zur Information über Reiseerleichterungen; Grundlagenvertrag: „Briefwechsel“ zur Familienzusammenführung, zu Reiseerleichterungen und Verbesserung des nichtkommerziellen Warenverkehrs).

Im Falle des Briefes zur deutschen Einheit, den der inzwischen zum Bundesminister ernannte westdeutsche Verhandlungsführer Bahr bei Unterzeichnung des Grundlagenvertrages an Staatssekretär Kohl richtete, war die DDR zu nicht mehr als zu schlichter Entgegennahme gegen Quittung bereit. Inhalt des Briefes (gleicher Text wie der des Moskauer Vertrages) und Zeitpunkt seiner Übergabe (Tag der Unterzeichnung des Grundlagenvertrages) waren unter den Vertragspartnern abgesprochen. Damit war sein Bezug auf den Grundlagenvertrag, der sich auch aus dem Inhalt ergibt, bei der Entgegennahme von der DDR gewußt und zusammen mit dem Brief auch akzeptiert worden; dieser ist deshalb, wie in Artikel 31, Ziffer 2, Buchstabe b) der WVK vorgesehen, bei der Auslegung des Vertrages heranzuziehen. Einzelheiten werden unten im Zusammenhang mit dem Grundlagenvertrag dargestellt.

b) „Informationen“

In anderen Fällen lag der DDR (wie beim Warschauer Vertrag schon den Polen) daran, auch jeden Anschein einer Zustimmungsbedürftigkeit zu vermeiden, und ihre Souveränität dadurch zu unterstreichen, daß sie „Informationen“ über beabsichtigte oder getroffene innerstaatliche Regelungen gab und sich Bestätigungsschreiben verbat (z.B. Transitabkommen: Information über die Bedingungen für das Mitführen und den Transport bestimmter Gegenstände sowie lebender Tiere im Transitverkehr; Grundlagenvertrag: Erläuterungen zum Briefwechsel zur Familienzusammenführung, zu Reiseerleichterungen und Verbesserungen des nichtkommerziellen Warenverkehrs). Wenn es über diese innerstaatlichen Regelungen demzufolge nicht zu förmlichen Vereinbarungen gekommen ist, so waren sie doch das Ergebnis der einschlägigen Verhandlungen und eine wesentliche Grundlage der erzielten vertraglichen Vereinbarungen; ihre einseitige Änderung wäre deshalb unter dem Gesichtspunkt der „conditio sine qua non“, etwa gem. Artikel 62 der WVK, relevant.

c) Protokollvermerke und -erklärungen

Reichlicher Gebrauch wurde in den deutsch/deutschen Vertragswerken von „Protokollvermerken“ (auch „Protokollnotizen“) gemacht (12 Protokollvermerke zum Transitabkommen, Protokollnotiz zum Briefwechsel über den Warenbegleitschein; 9 Protokollvermerke zum Verkehrsvertrag, Zusatz-Protokoll und Protokollvermerk zum Grundlagenvertrag). Es gab, wie bei bilateralen Verhandlungen üblich (so auch bei den Moskauer, Warschauer und Prager Verhandlungen), keine gemeinsame Mitschrift der Delegationserklärungen im Verhandlungsablauf, sondern jede Seite führte ihr eigenes Protokoll (die DDR ein stenographisches Wortprotokoll, die BRD eine kürzere Niederschrift). Sollten nun Einigungen über Interpretationen oder Anwendungsbereich von Vertragsnormen festgehalten werden, so wurden diese Einigungen im gleichen Wortlaut in den Verhandlungsniederschriften beider Seiten niedergelegt. Gleichzeitig wurde auch die Qualifizierung dieser Niederschrift als zitatfähige Übereinkunft vereinbart. So war es auch schon mit den „agreed minutes" des Viermächte-Abkommens, den dort[582] besprochenen „Verhandlungsprotokollen I und II", geschehen. Demnach stellt ein Protokollvermerk eine zum Vertragstext akzessorische, d.h. von ihm abhängige oder auf ihn orientierte Vereinbarung über einen minderen Gegenstand oder von geringerem Gewicht dar, die von beiden Seiten im übereinstimmenden Wortlaut festgehalten und als zitierfähig mit Bindungswirkung ausgestattet ist. Soweit diese Protokollvermerke sich an ihre ursprüngliche interpretatorische Aufgabe halten, sind sie Abreden im Sinne von Artikel 31, Ziffer 4 der WVK. Bald schon aber überschritten sie diesen Rahmen und wurden auch zu operativen Randvereinbarungen benutzt; sie haben dann die gleiche Funktion wie die oben aufgeführten reziproken Briefwechsel.

Von den Protokollvermerken unterscheiden sich die „Protokollerklärungen" weniger in der Form denn in ihrem Inhalt (im Rahmen des Grundlagenvertragswerks z.B.: Protokollerklärungen von BRD und DDR zu Staatsangehörigkeitsfragen, zum Briefwechsel über Arbeitsmöglichkeiten von Journalisten, Erklärung der DDR zum Verwaltungsverkehr). Auch hier geben beide Seiten – oder auch nur eine Seite – zitierfähige Erklärungen zur Mitschrift durch beide Delegationen ab; diese Erklärungen enthalten aber in der Regel keine Vereinbarungen, sondern einseitige, gelegentlich kontradiktorische Stellungnahmen, Vorbehalte u.Ä. Sie sind Interpretationshilfen im Sinne von Artikel 31, Ziffer 2, Buchstabe b) der WVK, oder, sofern sie wie die oben behandelten einseitigen „Informationen" operative Zusagen einer Seite enthalten, für den Vertragsschluß wesentliche Umstände im Sinne von Artikel 62 der WVK. Ausnahmsweise ist beim Grundlagenvertrag auch eine echte Einigung in eine gemeinsame Protokollerklärung (über die Aufgaben der Grenzkommission)[583] gekleidet worden; sie ist trotz der anderen Bezeichnung ein Protokollvermerk im oben erörterten Sinne.

d) Mündliche Erklärungen

Schließlich gibt es noch Vereinbarungen und einseitige Erklärungen, die zwar auch in den Verhandlungsniederschriften beider Seiten festgehalten worden sind, die aber aus politischen Motiven „nur" als mündliche bezeichnet werden. Damit sie dadurch nicht verloren gingen, wurde durch ihren Vortrag bei besonderen Anlässen (Paraphierung, Unterzeichnung des jeweiligen Abkommens) sichergestellt, daß sie öffentlich geäußert und entgegengenommen wurden (z.B. Erstreckung auf Westberlin bei Verkehrs- und Grundlagenvertrag, Vereinbarung über politische Konsultationen nach Abschluß des Grundlagenvertrages).[584] Da für zwischenstaatliche Vereinbarungen die Schriftform, wenn auch üblich, so nicht zwingend vorgeschrieben ist und Beweisschwierigkeiten dank der Publizität der Erklärungen nicht zu erwarten sind, kommt diesen mündlichen Erklärungen die gleiche rechtliche Verbindlichkeit zu wie den entsprechenden schriftlichen.

Ebenso, wie es bei gewissen Erklärungen ein Interesse an vermehrter Publizität gab, konnte für andere Zusagen oder Vorbehalte ein Interesse an erhöhter Diskretion geltend gemacht werden. Ihre Verbindlichkeit wurde dadurch nicht beeinträchtigt.[585]

J. Die deutschen Ergänzungsvereinbarungen zum Berlin-Abkommen der Vier Mächte

Die deutschen Ergänzungsvereinbarungen[586] bestehen gem. Ziffer 2 des Viermächte-Schlußprotokolls (in chronologischer Reihenfolge) aus:

- Ziffern 6 und 7 des Postprotokolls vom 30. September 1971;
- dem Transitabkommen vom 17. Dezember 1971;
- der Besuchsvereinbarung vom 20. Dezember 1971;
- der Gebietsaustauschvereinbarung vom 20. Dezember 1971.

Zu dieser letzten Vereinbarung ist zwischen Senat und DDR-Regierung noch ein Nachtrag „über die Einbeziehung des Gebietes am ehemaligen Potsdamer Bahnhof" am 21. Juli 1972 unterzeichnet worden.

1. Das Post-Protokoll

Es war schon oben[587] erwähnt worden, daß Anfang September 1971, nach Vorliegen des Viermächte-Abkommens im englischen, französischen und russischen Wortlaut, eine Arbeitsgruppe der BRD- und der DDR-Delegation zunächst eine deutsche Übersetzung erarbeitete, die nicht zur völligen Einigung führte („Bindungen" oder „Verbindungen" Westberlins mit dem Bund, Westberlin kein „Bestandteil (konstitutiver Teil)" oder kein „Bestandteil" der Bundesrepublik). Das Verhältnis Westberlins zur Bundesrepublik Deutschland war schon bei den Vier Mächten die strittigste Frage gewesen, und man hatte den Streit nicht völlig ausgetragen. Die deutschen Seiten fanden daher beim Rekurs zu jeweils ihren Schutzmächten auch dort keine einheitliche Auffassung sondern Unterstützung für ihre jeweilige Haltung. So kam es zu dem Zeitpunkt, als die Verhandlungen über die deutschen Ausfüllungsabkommen aufgenommen werden sollten, sofort zu Schwierigkeiten in der Frage, ob die Bonner Delegation auch Westberlin vertrete.

In dieser Situation gewann das eingangs erwähnte Post-Protokoll eine über seinen eigentlichen Inhalt hinausgehende Präzedenzbedeutung. Während die Gespräche der beiden Staatssekretäre Bahr und Kohl an dieser Frage stagnierten,[588] nahm die DDR in den Postverhandlungen hin, daß die Delegation des Bundespostministeriums auch über westberliner Fragen verhandelte und abschloß. So enthielt das Protokoll nicht nur Absprachen über eine Pauschalzahlung und die Verbesserung des Post- und Fernmeldeverkehrs zwischen dem Bundesgebiet und der DDR, sondern auch Erklärungen über den Einschluß Westberlins in die Pauschalzahlung (Ziffern 2.1 und 3.10) und über Schaltung und Automatisierung von Fernsprech- und Fernschreibleitungen zwischen der DDR und Westberlin (Ziffern 6 und 7). Die Bundesregierung verstand – wie sich dann erwies zu Recht – das Einlenken der DDR in der Vertretungsfrage bei den Postverhandlungen als Signal dafür, daß auch bei den eigentlichen Ausfüllungsvereinbarungen zum Viermächte-Abkommen ihr Vertretungsrecht für Westberlin in einer befriedigenden Weise berücksichtigt werde.[589] Deshalb, und weil mit der Postvereinbarung die Isolierung Westberlins etwas gelockert und ein erster Erfolg auf dem Gebiet der menschlichen Erleichterungen erreicht worden waren, legte man Wert darauf, die diesbezüglichen Vereinbarungen des Post-Protokolls (Ziffern 6 und 7) dem Viermächte-Abkommen zu Teil II, Abschnitt C einzugliedern. So geschah es dann auch im Viermächte-Schlußprotokoll. Die Aufnahme der Pauschalzahlungsregelung (Ziffern 2.1 und 3.10) unterblieb, da sich für sie kein Auftrag an die „zuständigen deutschen Behörden" im Viermächte-Abkommen findet. Es sei noch bemerkt, daß das mehrfach erwähnte Übermittlungsschreiben[590] der drei westlichen Botschafter an den Bundeskanzler die Bundesregierung nur zu den Transitverhandlungen aufforderte, die postalischen Vereinbarungen betreffend Westberlin aber nicht erwähnt.

2. Das Transitabkommen

Das Transitabkommen, das drei Monate nach dem Post-Protokoll vorlag, ist die wichtigste deutsche Ausfüllungsvereinbarung, da es den Zugang nach Westberlin, also den Lebensnerv der Stadt betrifft. Es füllt die oben[591] besprochene Anlage I zum Viermächte-Abkommen aus und ergänzt sie.

Außerdem wiederholt es wörtlich alle einschlägigen Passagen des Viermächte-Abkommens; das ermöglicht der DDR, die ihr von den Vier Mächten auferlegten Verpflichtungen auch aus dem von ihr abgeschlossenen Transitabkommen abzuleiten. Das Viermächte-Abkommen wird dadurch als Rechtsgrundlage natürlich nicht ausgeschaltet oder gemindert.

a) Die Bindung an das Viermächte-Abkommen (Präambel und Artikel 21)

Die Präambel ist kurz, nennt als Abkommenspartner die beiden Regierungen, als Ziel (teilweise übernommen aus dem Ulbricht'schen Grundlagenvertragsentwurf vom Dezember 1969),[592] „einen Beitrag zur Entspannung in Europa zu leisten" und stellt schließlich die „Übereinstimmung" des Transitabkommens mit dem Viermächte-Abkommen fest. Die DDR hätte die Erwähnung des Viermächte-Abkommens sicher gern vermieden, da es die Souveränitätslücke der beiden deutschen Staaten zeigt. Die Bundesrepublik hingegen legte auf die Anknüpfung an das Viermächte-Abkommen besonderen Wert, da der Berlin-Zugang von ihr allein gegenüber der DDR und der Sowjetunion nicht gesichert werden kann. Die Formulierung „in Übereinstimmung" schont das Souveränitätsbewußtstein der DDR, da die Abhängigkeit nicht so deutlich wird, als wenn es geheißen hätte: „aufgrund" oder „in Ausführung" des Viermächte-Abkommens. Artikel 21 des Transitabkommens koppelt aber ganz klar das Inkrafttreten und Inkraftbleiben des Transitabkommens an Inkrafttreten und -bleiben des Viermächte-Abkommens. Das Gleiche tut, wie oben[593] erwähnt, das Viermächte-Schlußprotokoll.

b) Allgemeine Bestimmungen (Artikel 1–5)

Gegenstand des Transitabkommens ist der Transitverkehr von zivilen Personen und Gütern (Artikel 1). Die Herkunft ist (wie übrigens auch die Nationalität) unerheblich. Damit sind Westberliner, in Westdeutschland oder Westberlin wohnhafte Ausländer wie überhaupt alle Zivilpersonen ebenso einbezogen wie in- und ausländische Güter. Die ursprüngliche Vorstellung der DDR, mit allen infrage kommenden Regierungen Transitregelungen für ihre Staatsangehörigen auszuhandeln,[594] konnte sich nicht durchsetzen.

Es handelt sich gem. Artikel 1 um den Transitverkehr zwischen der Bundesrepublik Deutschland und den Westsektoren Berlins. Es wird also nicht unterschieden der Verkehr aus der Bundesrepublik nach Berlin und aus Berlin in die Bundesrepublik.

Schon oben[595] bei Teil II Abschnitt A des Berlin-Abkommens ist geklärt worden, daß das Wort „Transit" hier neutral gebraucht wird und nichts über die staatliche Zugehörigkeit Westberlins aussagt, wohl aber darüber, daß zwischen Bundesrepublik und Berlin ein anderes Land liegt.

Nicht geregelt ist im Transitabkommen der Luftverkehr und der militärische Verkehr, die beide ja auch aus den oben dargestellten Gründen vom Viermächte-Abkommen ausgespart werden.[596]

Artikel 2, Ziffer 1 wiederholt die den Transitverkehr privilegierende Bestimmung des Viermächte-Abkommens („einfachste, schnellste und günstigste Weise, wie es in der internationalen Praxis vorzufinden ist").

Ziffer 2 läßt, soweit das Abkommen selbst nichts anderes bestimmt, auf den Transitverkehr „die allgemein üblichen Vorschriften der Deutschen Demokratischen Republik bezüglich der öffentlichen Ordnung Anwendung" finden. Das Viermächte-Abkommen hatte hier (Anlage I, Abschnitt 2 d) von „den allgemein üblichen Vorschriften bezüglich der öffentlichen Ordnung" gesprochen, ohne ausdrücklich zu sagen, um wessen Vorschriften es sich handele. Abschnitt 2 d mit den nur in der DDR bestehenden Verboten der Materialverbreitung und Personenmitnahme zeigte allerdings, daß die Vier Mächte hier die öffentliche Ordnung der DDR im

Auge hatten.[597] Da zudem der Transit über DDR-Territorium geht, konnte die Bundesrepublik sich nicht der Einsicht entziehen, daß es sich hier nicht um ihre eigenen Vorschriften, oder die Westberlins, oder die einer der Vier Mächte handeln könne, sondern nur um die der DDR. Neben dem Hinweis auf die DDR-Hoheit enthält die Formel aber auch das Verbot einer Ausnahmeregelung für Transit-Reisende, da auf sie die allgemein üblichen Vorschriften angewendet werden müssen. So wäre es also verboten, westliche Transit-Reisende in der DDR mit höheren Verkehrsstrafen zu belegen als DDR-Bürger.

Artikel 3 weist auch für die Zukunft dem Berlinverkehr die „vorgesehenen Grenzübergangsstellen und Transitstrecken" zu; der Berlin-Transit des Viermächte-Abkommens ist also nach wie vor nicht beliebig durch die DDR, sondern nur auf den besonderen Transitstrecken möglich. Sie sind auf Grund der bestehenden inter-alliierten Regelungen in dem 1. Protokollvermerk zum Transitabkommen von der DDR nochmals mitgeteilt worden.

Artikel 4 hält an der Visumpflicht fest; dies war ein bis zuletzt umstrittener Punkt. Schon die drei Westmächte hatten den Sowjets keine Zusage betreffend die Abschaffung der Visapflicht abhandeln können[598] und auch die Bundesrepublik Deutschland vermochte dies, trotz der generellen Transitprivilegierung in Artikel 2, mangels sowjetischer Unterstützung nicht durchzusetzen. Nach der jahrzehntelangen Unterdrückungspolitik der BRD mochte die DDR jetzt nicht auf diese Demonstration ihrer Staatlichkeit verzichten. Erreicht werden konnte nur ein vereinfachtes Verfahren (am bzw. im Fahrzeug, Möglichkeit von Sammelvisa) und der Fortfall der individuell zu bezahlenden Visumsgebühren (vgl. Artikel 18).

Artikel 5 regelt für Gütertransporte die Prüfung der Begleitdokumente, z.B. der Frachtbriefe („am Transportmittel") und räumt der DDR das – übliche – Recht ein, gewisse Transporte (z.B. wegen ihrer Gefährlichkeit oder Sperrigkeit) begleiten zu lassen.

c) Die Verplombung von Transportmitteln (Artikel 6, 7, 20)

Ein Problem von grundsätzlicher Bedeutung regeln die Artikel 6, 7 und 20, nämlich die Verplombung von Transportmitteln. Das Viermächte-Abkommen eröffnete in Anlage I, Absatz 2, Buchstabe a) die Möglichkeit, im Güterverkehr verplompte Transportmittel zu benutzen, bei denen sich die Kontrolle auf die Prüfung der Plomben und Begleitdokumente beschränkt. Buchstabe b) erklärte bei Transportmitteln, die nicht verplombt werden können, in Ausnahmefällen eingehendere Kontrollen im Rahmen der Mißbrauchsregelungen (siehe unten[599] bei Artikel 16) für zulässig. Hier blieb also, darauf war oben[600] beim Viermächte-Abkommen schon hingewiesen worden, eine von den Vier Mächten übersehene Regelungslücke, nämlich hinsichtlich der Fahrzeuge, die zwar verplombt werden können –

also nicht unter b) fallen – aber nicht verplombt worden sind – also auch nicht unter a) fallen. Die Bonner Delegation war der Auffassung, daß der Berlin-Verkehr bislang gerade unter der Rechtsunsicherheit gelitten habe und daß daher um der Rechtssicherheit willen diese Lücke im Transit-Abkommen geschlossen werden müsse. So bestand man auf Ausleuchtung dieser Grauzone und konnte den 5. Protokollvermerk zum Transitabkommen durchsetzen, der „alle Gütertransportmittel" entweder dem Artikel 6 oder dem Artikel 7 unterwirft. Artikel 6 sieht für verplombte Transporte das besonders günstige Abfertigungsverfahren vor, nach welchem die DDR sich auf die Prüfung der Verplombung und der Begleitdokumente beschränkt; Artikel 7 regelt die weitergehenden Kontrollmöglichkeiten bei nicht verplombten Transportmitteln. Dafür übernahm die Bundesrepublik in Artikel 6 die Verpflichtung, darauf hinzuwirken, daß Transportmittel „im größtmöglichen Umfange" verplombt würden; dieser Verpflichtung hat sie durch ein Gesetz[601] genügt, mit dem die Verplombung von Transportmitteln im Berlin-Verkehr unter gewissen Voraussetzungen zur Pflicht gemacht wurde.

d) Besondere Bestimmungen

Nach den allgemeinen Bestimmungen (Artikel 1–7) behandeln Artikel 8 bis 10 den Straßenverkehr.

Artikel 8 und der 7. Protokollvermerk sehen die üblichen Zulassungen und Haftpflichtversicherungen (für Fahrzeuge) und Fahrerlaubnisse (Führerschein) für die Fahrer vor; der 6. Protokollvermerk kam der DDR entgegen und stellte das – inzwischen ausgehandelte – Haftpflichtversicherungsabkommen[602] zwischen den beiden Staaten „in international üblicher Form" in Aussicht.

Artikel 9 befaßt sich mit dem Individualverkehr auf der Straße; es entfällt regelmäßig die bis dahin exzessiv praktizierte Durchsuchung der Reisenden, des Gepäcks und der Fahrzeuge, vielmehr wird regelmäßig nur die Identität der Reisenden „am Fahrzeug" geprüft. Es ist ferner ausdrücklich festgelegt, daß Kontrollen nur aufgrund des Verdachts von „Mißbrauch der Transitwege" und nur „im Einzelfall und individuell" erlaubt sind (siehe hierzu unten bei Artikel 16). Danach sind Kontrollen ohne aktuellen Mißbrauchsverdacht, also etwa als Demonstration einer territorialen Souveränität über die Zufahrtswege, ebenso unzulässig wie eine razziaähnliche Kontrolle aller Fahrzeuge und Reisenden während bestimmter Zeitabschnitte.

Artikel 10 eröffnet die Möglichkeit eines beschleunigten Busverkehrs, Artikel 12 sieht das gleiche bei Eisenbahnzügen vor. Wenn im Anschluß an Anlage I des Viermächte-Abkommens von „durchgehenden" Bussen und Zügen gesprochen wird, so ist das irreführend, da die Identitätskontrollen – also auch hier keine Durchsuchung mehr – die schon das Viermächte-

Abkommen ausdrücklich gestattete,[603] einen Halt bei Ein- und Ausreise erforderlich machen. „Durchgehend" können Busse und Züge also lediglich zwischen den Grenzübergängen verkehren; Kontrollen haben sich auf die Identifizierung der Reisenden „in diesen Autobussen", bzw. „im Zuge" zu beschränken. Aussteigen ist hier nicht mehr erforderlich. Artikel 10 Ziffer 3 gestattet auch „durchgehenden" Bussen die Rast an hierfür vorgesehenen Rastplätzen, ohne daß dadurch die Privilegierung des „durchgehenden" Busses verloren geht. Wenn Busse, die „durchgehend" verkehren sollten, wegen außergewöhnlicher Ereignisse ihre Fahrt unterbrechen oder wenn Reisende einen „durchgehenden Zug" bei Langsamfahrt oder einem unvorhergesehenen Halt verlassen (beim Bus genügt also schon das Halten, beim Zug muß das Verlassen hinzukommen), entfällt die Privilegierung des Busses oder des Zugreisenden: dann, aber auch erst dann, greifen die Mißbrauchsregelungen (siehe unten bei Artikel 16) mit ihren erweiterten Kontrollmöglichkeiten ein.

Außer der Einführung durchgehender Züge enthält das Transitabkommen zum Eisenbahnverkehr nur noch in Artikel 11 mehrere Verweisungen auf Detailvereinbarungen (Fahrpläne, Betriebsvorschriften) sowie die Anerkennung der Ausweise des Zugpersonals. Ein Individualverkehr wie auf der Straße kam für den Eisenbahnverkehr ja nicht in Betracht.

Artikel 13 befaßt sich mit dem Transitverkehr auf den Binnenwasserstraßen. Hier wäre ein Personenverkehr, und zwar individuell (mit Sportbooten) und kollektiv (mit Fahrgastschiffen) denkbar gewesen; er war auch vom Viermächte-Abkommen nicht ausdrücklich ausgeschlossen worden. Die Bundesrepublik hat jedoch auf einem Personentransitrecht zu Wasser nicht bestanden. Artikel 13 sieht daher nur den Gütertransport vor, für den er eingehende Vorschriften festlegt. Der 10. Protokollvermerk stellt für Binnenschiffe der DDR auf westdeutschen Gewässern die gleichen Zulassungsbedingungen (Wegfall einer besonderen Erlaubnis) her, die für Binnenschiffe im Berlin-Transit auf DDR-Wasserstraßen gelten.

Artikel 14 und 15 fassen für Straße, Schiene und Wasserstraße Verpflichtungen der DDR zur Hilfeleistung bei Unfällen, Pannen und Havarien sowie zur Unterrichtung über Straßenzustand, Pegelstände und Ähnliches zusammen.

e) Die Mißbrauchsregelung (Artikel 16, 17)

Das schwierigste Kapitel des Transitabkommens ist die „Mißbrauchs"-Regelung, die in Artikel 16 Aufnahme fand. Hier mußte eine Grenze zwischen dem gezogen werden, was beim Transit *noch* und dem, was *nicht* mehr erlaubt war, und ferner eine ebenso scharfe Grenze zwischen dem, was die DDR mit Transitreisenden und -gütern tun darf und was nicht. Hier standen das Interesse der Bundesrepublik Deutschland an Rechtssicherheit auf den Transitwegen und das Interesse der DDR an politischer

Sicherheit, also an der Stabilität ihrer öffentlichen Ordnung einander gegenüber. Es ist an das zu erinnern, was oben[604] anläßlich des Erfurter Treffens der Regierungschefs gesagt wurde über das Interesse auch des Westens daran, daß revolteähnliche Erschütterungen der DDR vermieden werden: Die Transit-Regelung wäre dann schlecht gewesen, wenn sie einen Verkehr zugelassen hätte, der die innere Sicherheit der DDR gefährdet hätte; denn bei Verletzung vitaler Interessen werden DDR und Sowjetunion immer einschreiten.[605] Andererseits mußte die Sondernatur des Berlinverkehrs gewahrt und eine möglichst unbehinderte Durchfahrt sichergestellt werden.

Artikel 16 stellt zunächst klar, daß Mißbrauch im Sinne des Abkommens nur während der Benutzung der Transitwege möglich ist: Ein Verhalten vor Antritt oder nach Beendigung der Durchreise, gleichgültig, ob gegen die Interessen der DDR gerichtet, ist kein Mißbrauch. So darf etwa Jedermann nach Westberlin fahren, um dort an politischen Veranstaltungen teilzunehmen, selbst wenn diese – in legaler Form – gegen die DDR gerichtet sind. Die Verweigerung des Transits für Teilnehmer an einer Kundgebung gegen die Berliner Mauer stellt dann eine grobe Verletzung des Abkommens dar, wenn die bekanntgewordene Absicht der Teilnahme an einer solchen Veranstaltung der Grund für die Transitverweigerung war und nicht etwa der begründete Verdacht eines abkommenswidrigen Verhaltens während des Transits. Da in Westberlin DDR-Strafgesetze nicht gelten, kann die Anreise zu in Westberlin legalen Veranstaltungen auch nicht als Beginn von – in der DDR strafbaren – Ausführungshandlungen gesehen werden.[606] Zum Mißbrauch der Transitwege zählen Propaganda (Verbreitung von Materialien), Fluchthilfe (Aufnahme von Personen und Materialien), das unnötige Verlassen der Transitwege und schließlich überhaupt das Begehen von Straftaten oder Ordnungswidrigkeiten. Liegen „hinreichende Verdachtsgründe" für einen beabsichtigten oder begangenen Mißbrauch vor, so kann die DDR den betreffenden Reisenden zurückweisen oder (samt Fahrzeug und Gepäck) durchsuchen. Bestätigt sich der Verdacht, so können „im angemessenen Verhältnis zur Schwere der Mißbrauchshandlung entsprechend den allgemein üblichen Vorschriften der DDR" Sanktionen verhängt werden, deren Skala vom Verweis über die Beschlagnahme von Gegenständen bis zur Zurückweisung oder auch Festnahme von Personen reicht. Über Festnahmen und Zurückweisungen müssen die westdeutschen Behörden „alsbald" unterrichtet werden. Gegen diese Regelung ist wenig zu sagen, wenn man bedenkt, daß alles Weitergehende einen korridor-ähnlichen Rechtszustand herbeigeführt hätte, den aber die Vier Mächte keinesfalls ins Auge gefaßt hatten. Die DDR hat schließlich noch die Möglichkeit, die westdeutschen Behörden über Mißbrauchtäter zu unterrichten, die erst nach der Ausreise aus der DDR auffällig geworden sind. Die Bundesrepublik ist dann verpflichtet, die „entsprechenden Maßnahmen" zu treffen und kann darüber die DDR-Stellen unterrichten. Die westdeutschen Behörden müssen (und dürfen) aber nur gemäß den „allgemein üblichen Vorschriften der Bundesrepublik Deutschland bezüglich der allgemeinen Ordnung“ tätig werden. Dieser Rekurs auf den westdeutschen ordre public verbietet natürlich die Verfolgung von Tatbeständen, die in der Bundesrepublik und in Westberlin nicht strafbar sind, zum Beispiel „Republikflucht“ oder Fluchthilfe.[607] Auch nach westdeutschem Recht strafbare Handlungen können u.U. durch bei Fluchtsituationen eingetretenen Notstand entschuldigt sein und damit außer Verfolgung bleiben. Die aus der DDR häufig gehörte Ansicht, die westdeutschen Behörden hätten Fluchthilfe und ähnliche „Delikte“ zu bestrafen, trifft also nicht zu. Zum Auslieferungsverbot vgl. unten das Kapitel über den Grundvertrag.

Den gleichen Vorbehalt hinsichtlich des westdeutschen ordre public macht Artikel 17, der die Bundesregierung „im Rahmen ihrer Möglichkeiten“ unter anderem verpflichtet, Vorkehrungen zur Verhinderung von Mißbrauch der Transitwege zu treffen. Auch hier kann es sich nur um die Verhinderung solcher Taten handeln, die auch nach westdeutschem Recht verboten sind oder verboten werden können, sich also nicht aus vorrangigem, z.B. Verfassungsrecht legitimieren.

Im Zusammenhang mit den beim Mißbrauch geregelten Zugriffsrechten der DDR stellte sich aber noch die besonders heikle Frage, was passiere, wenn sich Personen, die in der DDR wegen politischer oder krimineller Straftaten gesucht werden, insbesondere z.B. Flüchtlinge, zum Berlin-Transit an der Grenze melden. Normalerweise, das heißt in anderen Staaten, würden gesuchte Personen bei dieser Gelegenheit festgenommen. Im Falle des Berlin-Verkehrs wäre damit wegen der großen Zahl politisch motivierter Straftatbestände im Strafgesetzbuch der DDR ein beträchtlicher Kreis von in Berlin oder Westdeutschland Lebenden vom Berlin-Transit ausgeschlossen worden. Außerdem weiß gar nicht jeder, ob er etwa auf einer DDR-Fahndungsliste figuriert. Hier mußte Klarheit geschaffen werden, wollte man nicht hinnehmen, daß Kategorien von Reisenden der Berlin-Transit verschlossen wäre. In zähen Verhandlungen konnte ein Weg gefunden werden, der für die Bundesrepublik akzeptabel war, für die DDR allerdings an der Grenze des Zumutbaren lag. Das Transit-Abkommen selbst sagt hierüber nichts; die Bundesregierung sah sich aber im Stande, in der Regierungserklärung vom 15. Dezember 1971[608] hierzu vor dem Bundestag zu erklären, daß die DDR sich das Recht der Zurückweisung vorbehalten habe gegenüber Personen, die Straftaten gegen das Leben, vorsätzliche Straftaten gegen die körperliche Unversehrtheit des Menschen und schwere Straftaten gegen Eigentum und Vermögen begangen haben. All dies sind nachprüfbare Begriffe des DDR-Strafgesetzbuches. Es konnte also erreicht werden, daß von allen außerhalb des Transits begangenen Straftaten die DDR sich nur für diese wenigen, genau definierten Tatbestände eine Sanktion vorbehalten hat, und daß diese Sanktion nicht in der

Festnahme, sondern nur in einer Zurückweisung besteht – eine sehr beachtliche Regelung. Der in der DDR steckbrieflich gesuchte Mörder dürfte also am Grenzübergang nur festgenommen werden, wenn er den Mord „bei der Benutzung der Transitwege begangen hat", andernfalls darf er nur zurückgewiesen werden. Der „Republikflüchtling" darf also, sofern er nicht eine der obengenannten Straftaten begangen hat, durch die DDR nach Westberlin fahren, wobei es allerdings selbstverständlich ist, daß er eine gewisse Frist verstreichen läßt und sich nicht schon kurz nach der Flucht zum Berlin-Transit meldet.

Die DDR hätte gern eigene Staatsbürger, zumindest ihr besonders verwerflich erscheinende Straftäter von den Privilegien des Transitweges ausgeschlossen.[609] Dem stand aber entgegen, daß die Bundesrepublik die Staatsbürgerschaft der DDR schon aus verfassungsrechtlichen Gründen (siehe unten im Kapitel Grundlagenvertrag) nicht anerkennen konnte, sowie ferner, daß damit Kategorien von Nicht-Transitberechtigten gebildet worden wären. Eines der wesentlichen bundesrepublikanischen Verhandlungsziele war es ja aber gewesen, eine Bildung von Kategorien solcher Personen, die nicht als „zivile Personen" im Sinne der Anlage I Ziffer 1 des Viermächte-Abkommens transitberechtigt sein würden (z. B. NPD-Mitglieder, Bundesbeamte, Minister o. ä.) nicht zuzulassen,[610] sondern allein auf das legale Verhalten beim Transit im Einzelfall abzustellen. Das Transitabkommen enthält denn auch keine Ausnahmeregelung.

Ein Vierteljahr (16. Oktober 1972) nach Inkrafttreten des Transit-Abkommens (3. Juni 1972) bürgerte die DDR alle „Republikflüchtigen" aus, die das Land bis Ende 1971 verlassen hatten (Einzelheiten siehe unten[611] zur Staatsangehörigkeit im Kapitel über den Grundlagenvertrag). Damit blieben als – unerlaubt – im Westen lebende DDR-Staatsbürger nur die wenigen Flüchtlinge übrig, denen ab 1972 die Flucht gelang (jährlich zunächst ca. 5000). Später versuchte die DDR, wenigstens ihnen den privilegierten Status des Transitreisenden streitig zu machen mit der Behauptung, man könne sich im eigenen Land grundsätzlich nicht in einem privilegierten Transitstatus befinden. Bonn hat diesen Standpunkt zu Recht unter Hinweis auf den besonderen besatzungsrechtlichen Charakter des Viermächte-Abkommens und seinen sowie des Transitabkommens Wortlaut nicht anerkannt.

Im 9. Protokollvermerk zum Abkommen ist auf Drängen der Bonner Delegation noch ausdrücklich festgehalten worden, daß das Mitführen von Büchern, Zeitungen und anderen Druckerzeugnissen zum persönlichen Gebrauch kein Mißbrauch im Sinne des Abkommens ist; damit sollte die bisherige Praxis der DDR-Grenzer ein Ende finden, mitgeführte Schriften wegen ihres „republikfeindlichen" Inhalts einzuziehen.

f) Die Gebührenpauschalierung (Artikel 18)

Artikel 18 in Verbindung mit einem besonderen Briefwechsel beendet die individuelle Erhebung von Abgaben und Gebühren, die den Verkehr auf den Transitwegen betreffen, durch die DDR mit Beginn des Jahres 1972; seither zahlt die Bundesrepublik für Straßenbenutzungsgebühren, Steuerausgleichsabgabe, Visumsgebühren und Lizenzausfälle jährlich eine Pauschalsumme (zunächst ca. 235 Millionen DM);[612] das Anwachsen des Transitverkehrs seit dem Inkrafttreten der Berlin-Regelung hat diese Pauschalierung als für die BRD nicht ungünstig erwiesen. Nach Auslauf des ersten Vierjahreszeitraumes wurden im Dezember 1975 und November 1979 für die Jahre 1976 bis 1979 bzw. 1980 bis 1989 neue Pauschalsummen vereinbart (jährlich 400 bzw. 525 Millionen DM).[613]

g) Schluß- und Ergänzungsbestimmungen

„Zur Klärung von Schwierigkeiten und Meinungsverschiedenheiten" haben BRD und DDR gem. Artikel 19 eine Kommission gebildet, die inzwischen routinemäßig arbeitet.[614] Wenn in ihr und auf Regierungsebene Einigkeit nicht erzielt werden kann, können sich die Abkommenspartner an die Vier Mächte wenden, denen dann der Konsultationsmechanismus des Viermächte-Schlußprotokolls (Ziffer 4) zur Verfügung steht.

Mit dem Transitabkommen führte die DDR eine Reihe von Erleichterungen für den Transitverkehr erlaubnispflichtiger Güter (z. B. Tiere, Betäubungsmittel, Sprengstoffe) ein, die in einer „Information" der DDR-Delegation an die Bonner Delegation niedergelegt wurden. Gleichzeitig vereinbarten beide Seiten ein vereinfachtes Verfahren für die Warenbegleitscheine,[615] die beim Gütertransport von und nach Westberlin erforderlich sind.

3. Die Vereinbarungen des Senats mit der DDR

Damit kann der Überblick über das Transitabkommen beendet und noch ein Blick auf die Berliner Vereinbarungen geworfen werden. Auch sie traten und bleiben gemeinsam mit dem Viermächte-Abkommen in Kraft (Ziffern 2 und 3 des Viermächte-Schlußprotokolls, Artikel 9 der Besuchsvereinbarung, Artikel 7 der Gebietstauschvereinbarung). Die Präambeln beider Vereinbarungen stellen wieder nach dem Modell des Transitabkommens mit Rücksicht auf die DDR nur die „Übereinstimmung" und nicht die Abhängigkeit vom Viermächte-Abkommen heraus. Mit den beiden Vereinbarungen wird die oben[616] besprochene Anlage III des Viermächte-Abkommens ausgefüllt und ergänzt. Anders als beim Transitabkommen hat die DDR bei den beiden Berliner Vereinbarungen auf eine in den Text eingearbeitete wörtliche Wiederholung der einschlägigen Bestimmungen des Viermächte-Abkommens verzichtet.

a) Besuche

Die Besuchsvereinbarung erfaßt, wie vom Viermächte-Abkommen vorgesehen, „Personen mit ständigem Wohnsitz in Berlin (West)" (Artikel 1); die Nationalität ist, wie beim Transit, ohne Belang. Die Einreisegründe („humanitäre, familiäre, religiöse, kulturelle und touristische" – Artikel 1, „gesellschaftliche, wissenschaftliche, wirtschaftlich-kommerzielle" – Artikel 4) schließen jeden denkbaren Fall ein. Die Einreise ist einmal oder mehrmals bis zur Dauer von 30 Tagen im Jahr möglich (Artikel 1); „aus dringenden familiären und humanitären Gründen" sind auch über diese Gesamtdauer hinaus Besuche möglich. Das Besuchsziel kann in Ostberlin oder der DDR liegen (Artikel 1 übernimmt die umständliche Bezeichnung von Abschnitt II C und Anlage III des Viermächte-Abkommens, die oben besprochen wurde). Die Verfahren zur Genehmigung der Besuche sind relativ unkompliziert, die Anlaufschwierigkeiten wegen der Tagesbesuche (Artikel 5) wurden durch Einführung einer Mehrfacherlaubnis behoben.[617] Um den Eindruck zu verringern, den der regelmäßig höhere Lebensstandard der westberliner Besucher bei der DDR-Bevölkerung machen mußte, knüpfte ein Protokollvermerk (Ziffer 9) die Mitnahme des eigenen PKW an besondere Voraussetzungen (Körperbehinderung, Mitnahme von Kleinkindern, verkehrsungünstige Lage des Zielortes, öffentlicher Zweck des Besuches). Diese Erlaubnisse werden nicht mehr so restriktiv erteilt.

Protokollvermerke und ein Briefwechsel regeln das Verfahren für Besuchsanträge, Einrichtung und Tätigkeit der in Westberlin einzurichtenden ostberliner „Büros für Besuchs- und Reiseangelegenheiten" und die Grenzübergangsstellen für den Fußgänger- und Kraftfahrzeugverkehr.

Auch die Besuchsvereinbarung hat durch besondere „Beauftragte" (Artikel 8) eine Ebene geschaffen, auf der Meinungsverschiedenheiten ausgetragen werden sollen. In einem Falle jedoch, der später verfügten Verdoppelung nämlich der Beträge, die bei jedem Besuch (auch von Westdeutschen und Ausländern) in DM-Ost umgetauscht werden müssen, konnten die Beauftragten sich nicht einigen; in der Vereinbarung und ihren Anlagen hatte eine Regelung über Abschaffung oder Pauschalierung der Zwangsumtauschbeträge nicht erreicht werden können, so daß die DDR formell nicht gehindert war, später die Erhöhung dieser Beträge anzuordnen.[618] Die Grenze, bei der solche finanziellen Forderungen prohibitiv wirken, wurde bei einem großen Bevölkerungsteil, vor allem den Rentnern, dadurch erreicht, wohl auch überschritten; eine prohibitive Kostensteigerung aber verletzt die Besuchsvereinbarung. Demarchen auf Regierungsebene hatten später Erfolg; die Erhöhung wurde Ende 1974 korrigiert.[619]

Wie beim Transit stellte sich auch bei den Besuchen die Frage, wie sich die DDR gegenüber von ihr gesuchten Personen verhalten darf, falls diese unter dem Regime der Besuchsvereinbarung einreisen. Da ein Besuchsaufenthalt etwas anderes ist als eine Durchfahrt, konnte hier keine ganz soweit gehende Bindung der DDR erzielt werden; in einer Erklärung vor dem Abgeordnetenhaus anläßlich der Paraphierung der beiden Vereinbarungen versicherte der Regierende Bürgermeister,[620] daß jeder westberliner Besucher auch wieder aus Ostberlin und der DDR ausreisen dürfe, selbst dann, wenn man eine früher begangene Straftat entdecke – mit einer Ausnahme: wenn diese Straftat gegen das Leben gerichtet gewesen war, könne der Täter festgenommen werden. In allen übrigen Fällen darf lediglich die Einreise verweigert werden; das gilt nach einer zur Besuchsvereinbarung abgegebenen Erklärung der DDR auch für Flüchtlinge, die die DDR erst nach dem Mauerbau (August 1961) verlassen haben.[621]

Mißt man die Besuchsvereinbarung am Viermächte-Abkommen, das, wie schon oben[622] bemerkt, Bedingungen vorsah, „die denen vergleichbar sind, die für andere in diese Gebiete einreisenden Personen gelten" (Anlage III), so ist Erhebliches erreicht worden, denn die Besuchsmöglichkeiten der Westberliner gehen sehr viel weiter als die von Westdeutschen oder von Ausländern. Schon oben war gesagt worden, daß „vergleichbar" nicht „gleich" heißt; der Spielraum, der hier also bestand, konnte weitgehend zugunsten der Westberliner ausgenutzt werden. Andererseits machte und macht sich die Teilung Deutschlands in Berlin besonders einschnürend bemerkbar. Immerhin zählte man etwa 1975 bereits 2,7 Millionen Reisen von Westberlin in die „angrenzenden Gebiete".[623] Ein Protokollvermerk über die beiderseitige Absicht, künftig, „die Kommunikationen zu verbessern", ist bislang noch nicht in der erhofften Weise ausgeschöpft worden. Allerdings umfassen die am Ende dieses Kapitels erwähnten Vereinbarungen auch inner-berliner Erleichterungen.

b) Gebietstausch und -kauf

Die Vereinbarung über den Gebietstausch, die zusammen mit der Besuchsvereinbarung abgeschlossen wurde, übertrug verschiedene Grenzgrundstücke und Enklaven auf die jeweils andere Seite. Die DDR erhielt 15, Westberlin 17 Hektar. Im Nachtrag vom Juli 1972[624] wurde ein weiteres Gelände von der DDR auf Westberlin übertragen. Da Westberlin mehr und wertvollere Grundstücke erhielt als die DDR, wurde letztere für die Differenz in Geld entschädigt. Private Berechtigte an den der DDR zugeschlagenen Grundstücken waren vorher abgefunden worden.

4. Das Inkrafttreten

Das Transitabkommen und die Berliner Vereinbarungen wurden zwischen Paraphierung und Unterzeichnung von der Bundesregierung bzw. dem Senat den drei Westmächten vorgelegt[625] und von diesen gegenüber der Bundesregierung etwas verbrämt

(„... mit dem Viermächte-Abkommen vom 3. September 1971 in Einklang stehen, welches den Maßstab für seine (des Transit-Abkommens) Auslegung und Anwendung darstellt"),

gegenüber dem Senat unverblümt („Der Senat wird ermächtigt") genehmigt.[626] Sie traten, wie oben[627] gesagt, zusammen mit dem Abkommen der Vier Mächte durch die Unterzeichnung des Viermächte-Schlußprotokolls am 3. Juni 1972 in Kraft, am gleichen Tage, an dem auch die Verträge von Moskau und Warschau durch Austausch der Ratifikationsurkunden in Kraft gesetzt wurden.

5. Würdigung

Es ist bezeichnend, daß diese ersten deutsch/deutschen Abkommen von einigem Gewicht aufgrund alliierten Mandats zustande kamen. Kein Zweifel, daß die Bundesregierung, anders als die DDR, an einem solchen Mandat interessiert gewesen war und auf es hingewirkt hatte. Die Bundesrepublik Deutschland war verhandlungs- und abschlußbereit. Das ergab sich schon aus dem Konzept ihrer Ostvertragspolitik. Es kann bezweifelt werden, daß die gleiche grundsätzliche Bereitschaft auch in der DDR bestand. Soweit sie nicht mit dem Ziel verhandelte, von ihr einzubringende Zugeständnisse zu verhindern oder zu verringern, dürfte sie über weite Strecken vor allem auf sowjetischen Wunsch am Verhandlungstisch gesessen haben. Das Mandat der Vier Mächte erleichterte aber auch der Bundesrepublik die ersten Schritte unter dem für sie ungewohnten Regime der Gleichberechtigung mit der DDR.

Das Ergebnis der Vereinbarungen blieb noch weit von normalen Verhältnissen entfernt: Wo gibt es sonst noch festgelegte Grenzübergänge und Transitstrecken? Warum muß es schwieriger sein, von Westberlin nach Dresden zu reisen als nach Kopenhagen? Aber es sind gleichwohl Regelungen erreicht worden, die ein paar Jahre zuvor auf westlicher Seite niemand erwartet, geschweige denn gefordert hatte.

Die DDR überstand die Unruhe, die durch die Transit- und die Besuchsregelung unter ihre Bewohner getragen wurde, sehr viel besser, als von mancher Seite erwartet worden war. Schwierigkeiten beim Vollzug der Vereinbarungen haben indessen häufig hier, also in der Sorge um Ruhe unter der Bevölkerung, ihre Ursache. Da in der DDR, wie in anderen Staaten auch, Sicherheitserwägungen immer vorgehen, kann hier auch in Zukunft nur ein behutsames Lavieren zwischen eigenen unaufgebbaren Positionen einerseits und nachweislichen Sicherheitsinteressen der DDR andererseits zur Verwirklichung der Abkommensziele führen.

Die deutsch/deutschen Berlin-Vereinbarungen bewiesen ihre Solidität dadurch, daß sie einige Jahre später zur Grundlage weiterer Vereinbarungen (vom Dezember 1975 und November 1978) wurden, mit denen u.a.

eine Verbesserung der Autobahnverbindungen nach Berlin, Planung u. Bau einer Autobahn von Hamburg nach Berlin, die Öffnung neuer Grenzübergänge, und Verbesserungen im Binnenschiffahrts- (u.a. Öffnung des Teltow-Kanals) und Eisenbahnverkehr verabredet wurden.[628] Nicht von ungefähr wurden zusammen mit diesen Vereinbarungen die oben bei Artikel 18 des Transitabkommens erwähnten Vereinbarungen über die Pauschalsumme für Transitgebühren und -abgaben (Jahre 1976 bis 1979 sowie 1980 bis 1989) abgeschlossen.

K. Der Verkehrsvertrag

Die deutschen Ausfüllungsvereinbarungen zum Viermächte-Abkommen verdanken, ebenso wie letztlich die gesamte Berlin-Problematik, ihre Existenz der Enklavenlage Westberlins. Es war daher situationsbedingt, daß diese Vereinbarungen zunächst Verkehrsfragen (Transit und Zugang zum Umland) betrafen. Für die beiden deutschen Staaten machte der Enklavenverkehr Westberlins aber nur eine, allerdings außerordentlich wichtige, Verkehrsrealition aus; das weite Gebiet des übrigen deutsch/deutschen Verkehrs befand sich noch in dem überkommenen Mischzustand von pragmatisch-technischen Absprachen (z.B. im Schienenverkehr) und einseitigen, durchweg beschränkenden Regelungen (z.B. Besucherverkehr).

1. Der Rahmen

Es lag also nahe, der Regelung des Enklavenverkehrs eine Vereinbarung über den restlichen deutsch/deutschen Verkehr an die Seite zu stellen. Wie schon oben bemerkt, ging das Interesse der DDR dahin, die besatzungsrechtliche Natur des Berlinverkehrs dadurch zu kaschieren, daß dieser in eine mit der Bundesrepublik Deutschland frei ausgehandelte allgemeine Verkehrsregelung eingebettet werde. Demgegenüber zielte Bonn auf Erleichterungen im deutsch/deutschen Verkehr, vor allem dem Besucherverkehr;[629] solche Erleichterungen konnten aber nur mit Ostberlin unmittelbar ausgehandelt werden. Der „Vertrag zwischen der Bundesrepublik Deutschland und der Deutschen Demokratischen Republik über Fragen des Verkehrs“ vom 26. Mai 1972 und seine Anlagen wurden diesen Zielen der Vertragspartner nur zu einem gewissen Umfang gerecht.

Schon zum Abschluß des Transitabkommens hatten beide Seiten verabredet, unverzüglich die Verhandlungen, nunmehr mit dem Ziel eines allgemeinen Verkehrsvertrages, fortzusetzen.[630] So gingen im Januar 1972, schon vier Wochen nach Unterzeichnung des Transitabkommens, die Verhandlungen Bahr/Kohl im 14tägigen Rhythmus weiter. Sie kamen damit in die Zeit hinein, in welcher in der Bundesrepublik um die Ratifizierung der Ostverträge gestritten wurde. Das Interesse der Sowjetunion, hier ein freundlicheres Klima zu schaffen, hat sich sicherlich nicht ungünstig auf den Vertrag und insbesondere die mit ihm verbundenen Zusagen der DDR über Verkehrserleichterungen niedergeschlagen. Staatssekretär Kohl selbst wies mehrfach, so bei der Paraphierung am 12. Mai 1972, darauf hin, daß der Verkehrsvertrag und die an ihn geknüpften Verkehrserleichterungen von der Ratifizierung der Verträge von Moskau und Warschau abhingen.[631] So wurde auch das Verkehrsvertragswerk in das „einheitliche Ganze" einbezogen, das gem. Ziffer 5 des Bahr-Papiers die Ostverträge der Bundesrepublik bilden. Der Text des Vertragswerkes wurde bei Paraphierung veröffentlicht, lag also bei der Abstimmung über die Verträge von Moskau und Warschau im Bundestag am 17. Mai 1972 vor. Erklärtermaßen[632] hat er beim Stimmverhalten der Abgeordneten eine Rolle gespielt. Das Vertragswerk wurde am 26. Mai 1972 unterzeichnet und durch Notenaustausch am 17. Oktober 1972 in Kraft gesetzt;[633] mit zwei Anordnungen von jenem Tage führte die DDR die einseitig versprochenen Reiseerleichterungen bei sich ein.

2. Der Inhalt des Vertragswerkes

Das Vertragswerk[634] besteht aus dem eigentlichen Vertrag, einer Reihe von Protokollvermerken, zwei Briefwechseln, sowie den mündlichen Erklärungen der beiden Delegationsleiter bei der Unterzeichnung; es soll hier erläutert werden, soweit es mehr politische denn verkehrstechnische Bedeutung hat.

a) Der Vertrag

Schon die Überschrift

> „Vertrag zwischen der Bundesrepublik Deutschland und der Deutschen Demokratischen Republik über Fragen des Verkehrs"

weist den Verkehrsvertrag als Staatsvertrag aus; Partner des Transitabkommens waren noch die beiden Regierungen gewesen.

Präambel („normal gutnachbarlich")

Die Präambel geht von der Formel aus, die in den deutsch/deutschen Verträgen seit dem Transitabkommen[635] zu den gesichertsten gehört:

> „in dem Bestreben, einen Beitrag zur Entspannung in Europa zu leisten ...";

der nächste Halbsatz

> „und normale gutnachbarliche Beziehungen beider Staaten zueinander zu entwickeln ..."

öffnet die Perspektive auf den Grundlagenvertrag, den beide Seiten als nächsten Schritt schon ins Auge gefaßt hatten. „Normale Beziehungen" waren eine alte Forderung der DDR,[636] gerichtet auf diplomatische Beziehungen. Da solche an das Tabu der völkerrechtlichen Anerkennung gerührt hätten, kamen sie für die Bundesrepublik nicht in Betracht. Andererseits war die „Normalisierung der Lage in Europa" (Artikel 1 des Moskauer Vertrages), und das meinte in erster Linie die Lage in Deutschland,

Hauptziel der gesamten Ostpolitik der Regierung Brandt/Scheel. Unter Verwendung eines Ausspruches über gutnachbarliche Beziehungen zwischen DDR und BRD, den Erich Honecker in jenen Tagen gezielt getan hatte,[637] und durch die Kombination von Formeln aus dem Ulbricht'schen Vertragsentwurf vom Dezember 1969 (Präambel: „Verhältnis der guten Nachbarschaft"; Artikel 1: „Aufnahme normaler gleichberechtigter Beziehungen" gelang es, die Forderung nach „normalen Beziehungen" in das Bestreben „normale gutnachbarliche Beziehungen zu entwickeln" münden zu lassen. Dabei wurde Wert darauf gelegt, daß Adjektiv „normal" auf „gutnachbarlich" zu beziehen, was durch das Fehlen eines Kommas zwischen den beiden Adjektiven ausgedrückt wurde! „Normal" wurde so durch „gutnachbarlich" entschärft und vom Bereich der völkerrechtlichen weg mehr auf den der praktischen Beziehungen gelenkt. Der abschließende Halbsatz

> „wie sie zwischen voneinander unabhängigen Staaten üblich sind"

ist eine Minderformel gegenüber der Wendung „souveräne Staaten"; sie entspricht dem 5. Kasseler Punkt und neutralisiert die „gute Nachbarschaft" etwas, die allein genommen für das DDR-Konzept der Abgrenzung zu familiär geklungen hätte.

Der Schlußabsatz der Präambel

> „geleitet von dem Wunsch, Fragen des grenzüberschreitenden Personen- und Güterverkehrs beider Vertragsstaaten in und durch ihre Hoheitsgebiete zu regeln,"

leitet nach den politischen Bekenntnissen der vorhergehenden Absätze zum eigentlichen Vertragsgegenstand über.

Geltungsbereich

Artikel 1, Ziffer 1 umreißt genau:

> „Gegenstand des Vertrages ist der gegenseitige Wechsel- und Transitverkehr auf Straßen, Schienen- und Wasserwegen mit Transportmitteln, die im Geltungsbereich dieses Vertrages zugelassen oder registriert sind – im folgenden Verkehr genannt."

Wechselverkehr ist der einreisende Verkehr (also mit Zielort im anderen Staat), Transitverkehr der durchreisende Verkehr (also mit Zielort außerhalb des anderen Staates).

Nicht dem Verkehrsvertrag unterliegen:

Erstens der Berlin-Verkehr; er war, wie oben erläutert, durch Viermächte- und Transitabkommen auf höherer, besatzungsrechtlicher Ebene geregelt und stand den beiden Vertragspartnern nicht mehr zur Disposition. Hierüber stellten BRD und DDR während der Verhandlungen Übereinstimmung fest.[638]

Zweitens der Luftverkehr. Für seine Einbeziehung hätte es sachliche Gründe gegeben (z.B. Luftverkehr zu den bevorstehenden Olympischen Spielen nach München oder umgekehrt zur Leipziger Messe). Der Bundesrepublik lag, wie an der Regelung aller Fragen, grundsätzlich auch an einer Regelung des Luftverkehrs.[639] Diese hätte aber auch einen westdeutschen, also nicht den alliierten, Luftverkehr nach Westberlin einschließen müssen. Ein solcher bestand aber noch nicht und würde auch in absehbarer Zeit mit den Westmächten (die ihn zu genehmigen haben) und den übrigen Beteiligten nicht auszuhandeln sein; der alliierte Luftverkehr nach Westberlin hätte als Sonderverkehr ohnehin nicht einem Abkommen zwischen BRD und DDR unterstellt werden können. So blieb der Luftverkehr zwischen Bundesrepublik und DDR zunächst ungeregelt.[640] In einem besonderen Protokollvermerk wurde aber die gemeinsame Absicht festgehalten, „zu gegebener Zeit" Verhandlungen aufzunehmen.

Drittens der Personenverkehr zu Wasser (See- und Binnenwasserstraßen); an ihm hatte noch keine der beiden Seiten ein größeres sachliches Interesse. Seine Regelung soll gemäß einem Protokollvermerk zu Artikel 1 „bei Vorliegen der Voraussetzungen" erfolgen.

In den Verkehrsvertrag einbezogen ist demgegenüber erstens Westberlin; hierzu gaben beide Seiten bei der Unterzeichnung die erforderlichen (mündlichen) Erklärungen ab („sinngemäße Anwendung in Übereinstimmung mit dem Viermächte-Abkommen"). Die Anwendung hatte „sinngemäß" und nicht unmittelbar zu erfolgen, da die Bundesrepublik über Westberlin keine Gebietshoheit in dem Sinne ausübt, wie das im Verkehrsvertrag (z.B. Artikel 1, Ziffer 2, Artikel 2) vorausgesetzt wird. Durch die – sinngemäße – Anwendung wird Westberlin jedenfalls Teil des „Geltungsbereichs" des Verkehrsvertrages im Sinne von Artikel 1, Ziffer 1. Einbezogen sind ferner Ausländer, sofern sie im Geltungsbereich zugelassene oder registrierte Transportmittel benutzen oder für sie verantwortlich sind, da Artikel 1 Ziffer 1 allein an diese Zulassung oder Registrierung anknüpft.

Verkehrsfreundlichkeit und Meistbegünstigung

Ziffer 2 des Artikels 1 ist die wichtigste materielle Bestimmung des Vertrages:

> „Die Vertragsstaaten verpflichten sich, den Verkehr in und durch ihre Hoheitsgebiete entsprechend der üblichen internationalen Praxis auf der Grundlage der Gegenseitigkeit und Nichtdiskriminierung in größtmöglichem Umfang zu gewähren, zu erleichtern und möglichst zweckmäßig zu gestalten."

Gewährung in größtmöglichem Umfang, Erleichterung und zweckmäßige Gestaltung sind unbestimmte Rechtsbegriffe, die sich wenig eignen, konkrete Ansprüche durchzusetzen. Der Absicherung einer Verkehrsbeschränkung durch die Behauptung, etwas anderes sei nicht möglich oder zweckmäßig, wird man nur selten mit zwingenden Argumenten entgegentreten können; denn, was „möglich" ist, wird natürlich nicht nur durch die Kapazität der Verkehrswege bestimmt, sondern Maßstab sind auch weitere, z.B. sicherheitspolizeiliche Normen des ordre public. Aber die Vorschrift enthält als Grundnorm die Verpflichtung zu verkehrsfreundlichem

Verhalten; eine willkürliche Verlängerung der Abgrenzungskampagne der DDR in diesen Bereich wäre deshalb vertragswidrig. Weitere Maßstäbe des verkehrsfreundlichen Verhaltens sind die Gegenseitigkeit (BRD – DDR) und die Nichtdiskriminierung (BRD und DDR jeweils im Verhältnis zu dritten Staaten). Hier ist also Meistbegünstigung vereinbart. Damit wird auch der seit 1945 nicht mehr mögliche Binnenschiffahrts-Gütertransit wieder gestattet.

Hoheitsgebiete

In der hier besprochenen Ziffer 2 des Artikels 1 ist, ebenso wie im Schlußabsatz der Präambel, von den „Hoheitsgebieten" der Vertragsstaaten die Rede, in den folgenden Artikeln (Artikel 2, 3, 7, 12–18, 25) nur von „Gebiet". Beides meint das Gleiche, nämlich den territorialen Geltungsbereich der jeweiligen Verfassung. Während auf Seiten der Bundesrepublik Deutschland noch eine historisch und innenpolitisch erklärbare Gêne bestand, der DDR zu ostentativ ein „Staats"- oder „Hoheits"-Gebiet zu attestieren, legte die DDR gerade auf die Nennung staatlicher Attribute besonderen Wert: Man handelte einen Mittelweg aus: „Hoheitsgebiet" in der Präambel und einem operativen Artikel, „Gebiet" in allen übrigen Artikeln. Zu Wasser war wegen der im Seerecht verwendeten präziseren Terminologie eine solche Bonner Zurückhaltung nicht gut möglich; Artikel 31 spricht deshalb von den „Hoheitsgewässern".

Artikel 2 stellt eigentlich eine Selbstverständlichkeit fest:

> „Der Verkehr unterliegt dem Recht desjenigen Staates, in dessen Gebiet er durchgeführt wird, soweit dieser Vertrag nichts anderes bestimmt."

Daß dort, wo vertraglich nichts anderes bestimmt wurde, das innerstaatliche Recht eingreift, ist als sog. Territorialprinzip eine Grundregel des zwischenstaatlichen Rechts; sie wurde im Verkehrsvertrag zitiert, weil die bisherige Unterdrückungspolitik der Bundesrepublik gegenüber der DDR mit der Staatlichkeit auch die Geltung solcher Grundnormen bestritten hatte. – Ein Vorbehalt zugunsten des Berlin-Verkehrs brauchte nicht angebracht zu werden, da er auf der besatzungsrechtlichen Grundlage des Viermächte-Abkommens beruht und den Parteien des Verkehrsvertrages gar nicht zur Disposition stand.

Einzelne Bestimmungen

Artikel 3, 4 und 7 sind verkehrsleitende Bestimmungen gemäß dem Territorialprinzip. Artikel 5, 13, 20, 26 und 30 statuieren die Anerkennung bestimmter amtlicher Dokumente (Führerscheine, Zulassungen etc.). Artikel 6 regelt Abgaben, Gebühren und Zölle, letztere werden „Ein- und Ausgangsabgaben" genannt, um den mit dem Zollwesen verbundenen Beigeschmack des Auslands zu vermeiden. Artikel 8 und 9 regeln den Austausch von Verkehrsinformationen und Planungsdaten für Verkehrsbauten. Die von der Bundesrepublik angestrebte Zusammenarbeit auf der unteren Arbeitsebene hat nur zögernd begonnen.

An die „Allgemeinen Bestimmungen“ schließen sich die Abschnitte „Eisenbahnverkehr“ (Artikel 10–16), „Binnenschiffsverkehr“ (Artikel 17–23), „Kraftverkehr“ (Artikel 24–28) und „Seeverkehr“ (Artikel 29–31) an.

Im Eisenbahnverkehr schafft Artikel 11 in Verbindung mit einem Briefwechsel negative innerdeutsche Sonderbeziehungen ab: Für den Personen- und Frachtgutverkehr werden entsprechende europäische Abkommen (CIM/CIV) übernommen. Um den Verkehr mit der DDR nicht als zwischenstaatlich klassifizieren zu müssen und um die DDR in Verfolg der Hallstein-Doktrin von der Mitgliedschaft in diesen Abkommen auszuschließen, hatte die Bundesrepublik bislang auf manche in den Abkommen vorgesehenen Verbesserungen und Vereinfachungen des innerdeutschen Verkehrs verzichtet und war auch selbst den Abkommen nicht beigetreten. Artikel 14, 15 und 16 enthalten Gestattungen zur Benutzung bestimmter Eisenbahnstrecken im Grenzbereich für den Hufeisenverkehr. Schon im September 1972 schlossen dann die beiden Eisenbahnverwaltungen ein Grenzübereinkommen zur Regelung des Verkehrs auf den Grenzstrecken.[641]

Beim Binnenschiffverkehr stellte das schwierigste Problem ein bestimmter Elbabschnitt (Kilometer 472,6 bis 566,3) dar wegen des Streites, ob er zum Territorium der BRD oder der DDR gehöre.[642] Artikel 23 und ein Protokollvermerk lassen die territoriale Frage offen und beschränken sich auf eine pragmatische Verkehrsregelung. Auch die durch das Zusatzprotokoll zum Grundlagenvertrag (vgl. dort zu Artikel 3) ins Leben gerufene Grenzkommission fand bei der Markierung der Grenze in diesem Abschnitt keine Lösung. Diese Grenzfrage hat ebenfalls den Abschluß eines Elbschiffahrtsabkommen aufgehalten.

Für den Kraftverkehr wurde u.a., ähnlich wie für die Eisenbahnen, der Beitritt auch der DDR zu zwei internationalen Übereinkommen (betreffend Zollverschluß unter Carnets – TIR – und gefährliche Güter – ADR)[643] vorgesehen (Artikel 28 und Protokollvermerk).

Noch im April 1972 wurde ein – bei den Verkehrsverhandlungen initiiertes – deutsch/deutsches Ressortabkommen über den Ausgleich von Schäden bei Kraftfahrzeugunfällen abgeschlossen, dem im Mai 1973 eine entsprechende Vereinbarung der Versicherungsorganisationen beider Seiten folgte. Damit wurde der Schadensausgleich auf die von der DDR gewünschte staatliche Ebene gehoben.[644]

Der Abschnitt Seeverkehr enthält Bestimmungen über Häfenbenutzung, Schiffsdokumente und Flaggenrecht. Es fehlt eine Vorschrift über den Status der DDR-Handels-Schiffe; die DDR betrachtet, wie alle Ostblock- und Staatshandelsländer, auch ihre Handelsflotte (also nicht nur Kriegs- und andere Staatsschiffe im engeren Sinne) als exemt und quasi-extraterritorial. Zwangshandlungen wie Beschlagnahme von Schiff oder Ladung,

Polizeischutz für fluchtwillige Passagiere und Besatzungsmitglieder gelten dem Ostblock als völkerrechtswidrig.[645] Dieser Auffassung hat der Ostblock jedoch bislang im westlichen Ausland keine Geltung verschaffen können, auch der Verkehrsvertrag enthält keine einschlägige Bestimmung.

Die Schlußbestimmungen setzen in Artikel 32 eine aus Delegationen der beiden Verkehrsministerien bestehende Kommission zur Regelung von Meinungsverschiedenheiten ein; diese Kommission ist trotz der nahezu wörtlichen Übernahme der entsprechenden Bestimmung (Artikel 19) nicht identisch mit der des Transitabkommens. Wie bei der Transitkommission sind auch bei der Verkehrskommission die beiden Regierungen die nächste Instanz, falls man sich in der Kommission nicht einigt; anders als beim Transitabkommen steht den Regierungen unter dem Verkehrsvertrag aber nicht mehr der Rekurs zu den Vier Mächten offen, den das Viermächte-Schlußprotokoll (Ziffer 4) zur Verfügung stellt. Der Protokollvermerk zu Artikel 32 hält ein früheres Konzept der westdeutschen Seite wach: Deutsch/deutsche Kommissionen zur Zusammenarbeit auf den verschiedenen Sachgebieten.[646] Der Protokollvermerk sieht nämlich vor, daß die Kommission außer der Klärung von Meinungsverschiedenheiten

> „zu gegebener Zeit auch Fragen der weiteren Erleichterung und zweckmäßigen Gestaltung des Personen- und Güterverkehrs beraten (kann)".

Entscheidungen sind aber den Regierungen vorbehalten.

Artikel 33 schließlich sieht für den Vertrag, der auf unbestimmte Zeit geschlossen wurde, ein Kündigungsrecht nach 5 Jahren vor. Ferner wurde hier das Inkrafttreten geregelt. Die DDR hätte wohl schon für den Verkehrsvertrag die feierliche Ratifizierung durch die Staatsoberhäupter gewünscht, um den Charakter des Staatsvertrages hervorzuheben.[647] Die Bundesrepublik glaubte, diese feierliche Art der Ratifizierung dem Grundlagenvertrag vorbehalten zu sollen. Man vereinbarte deshalb die einfachere Form des Notenwechsels.

b) Reiseerleichterungen

Der Verkehrsvertrag erfüllte weitgehend das Konzept der DDR von einer völkerrechtlichen Formalisierung deutsch/deutscher Kontakte; nach diesem Konzept sollen möglichst wenige der Verbindungen der gemeinsamen staatlichen Vergangenheit überleben, möglichst wenig auch soll spontan und selbstverständlich geschehen, sondern alles nur aus innerstaatlicher Gestattung und durch die von zwischenstaatlichen Vereinbarungen geöffneten Kanäle (wobei möglichst viele Schleusen und Wehre zur Strömungsregulierung einzubauen sind). Eine Vorschrift wie Artikel 3, Ziffer 1 des Verkehrsvertrages, die den Verkehrsteilnehmern ausdrücklich die Benutzung von Verkehrseinrichtungen (also Straßen, Eisenbahnen etc.) im anderen Vertragsstaat gestattet, ist durch deutschen Perfektionismus allein nicht zu erklären.

Der Bundesrepublik Deutschland mußte es daher darauf ankommen, den Verkehrsvertrag mit Leben zu erfüllen, ihn nicht zur leeren Hülse werden zu lassen. Da auf Seiten der Bundesrepublik völlige, auf Seiten der DDR keine Freizügigkeit herrscht, galt es allein, eine Lockerung der DDR-Verkehrsbeschränkungen, insbesondere auf dem Gebiet des Reiseverkehrs, zu erreichen.[648] Ergebnis dieser westdeutschen Bemühungen war die in einem Brief Staatssekretär Kohls an Staatssekretär Bahr enthaltene (und von diesem brieflich bestätigte) „Information über Reiseerleichterungen". In ihr wurden „im Ergebnis der Inkraftsetzung des Verkehrsvertrages" (für die sprachliche Form dieser einseitigen Mitteilung trägt die DDR die Verantwortung) „Reiseerleichterungen im Verkehr zwischen den beiden Staaten über das bisher übliche Maß" in Aussicht gestellt: Aus der BRD in die DDR wurde die jährlich mehrmalige Einreise eingeladener BRD-Bürger zu Verwandtenbesuchen, zu kommerziellen, kulturellen, sportlichen, religiösen und touristischen Zwecken und häufiger als bisher im Pkw und bei erhöhter Freigrenze für mitgeführte Geschenke ermöglicht; aus der DDR in die BRD wurden „in dringenden Familienangelegenheiten" Reisen gestattet – all dies ohne Gewährung von Ansprüchen unter dem Vorbehalt individueller Erlaubnisse (mit Ausnahme der generell geregelten Erhöhung der Geschenkfreigrenze).

Daß hier eine befriedigende Liberalisierung des Reiseverkehrs ausgehandelt worden sei, ist nicht behauptet worden; besonders die Zurückhaltung der DDR bei der Genehmigung von Reisen in die Bundesrepublik wurde immer wieder bedauert. Aber – hier wie häufig in der Deutschlandpolitik stand die Bundesregierung vor der Alternative der Bescheidung mit dem Möglichen gegenüber der Hoffnung auf das Nicht-Mögliche. Sie entschied sich auch hier für ersteres. Trotz zahlloser Enttäuschungen, die die Ablehnung von Besuchswünschen durch „die zuständigen Organe der Deutschen Demokratischen Republik" bei den Betroffenen auslöste, muß aber auch der Umfang der erreichten Verbesserung gesehen werden: Im ersten Jahr nach Inkrafttreten des Verkehrsvertrages nahm die Zahl der westdeutschen Reisen in die DDR um 60% (1,4 auf 2,3 Millionen) zu. Während in der umgekehrten Richtung bislang nur DDR-Bürger im Rentenalter hatten reisen dürfen – hier ergab sich im ersten Jahr nach dem Inkrafttreten des Verkehrsvertrages eine Steigerung um 19% (1,03 auf 1,23 Millionen) – konnten jetzt erstmals auch jüngere Bewohner der DDR bei dringenden Familienanlässen in den Westen reisen; im ersten Jahr nach Inkrafttreten des Verkehrsvertrages waren es 52000 Personen.[649]

c) Die mündlichen Erklärungen

Von Bedeutung waren schließlich die mündlichen Erklärungen der Staatssekretäre Bahr und Kohl anläßlich der Unterzeichnung. In ihnen wurde, wie oben[650] erläutert, das Einvernehmen über die Erstreckung des Verkehrsvertrages auf Berlin-West erklärt. Der Briefwechsel über die Reiseerleichterungen bezog Westberlin nicht ein, da hier bereits die entsprechenden – besseren – Regelungen der Besuchsvereinbarung unter dem Viermächte-Abkommen (s. oben) vorlagen. Ferner wurde in diesen Erklärungen vereinbart, den Meinungsaustausch nunmehr in Richtung auf den Grundvertrag fortzusetzen.

3. Würdigung

So regelt der Verkehrsvertrag ein Teilgebiet mehr technischer Natur; für die BRD war er Vehikel der damit verbundenen Reiseerleichterungen, für die DDR hingegen hatte er größere politische Bedeutung; er ist der erste Staatsvertrag, den sie mit Bonn geschlossen hat; mit ihm ließ die Bundesrepublik Deutschland den Worten über die Anerkennung und Gleichberechtigung erstmals – von der DDR langerwartete – Taten folgen. Sie wiesen auf die Beendigung der „westdeutschen Unterdrückungspolitik“ (End) hin. Die Information über die Reiseerleichterungen signalisierte eine Überprüfung der ostdeutschen Abgrenzungspolitik; daß das Ergebnis dieser Überprüfung hinter manchen Hoffnungen zurückbleiben werde, stand dabei zu erwarten. Der Verkehrsvertrag bildete für die Öffentlichkeitsarbeit der DDR aber auch den Rahmen für das Transit-Abkommen. Dieser Aspekt war oben schon hervorgehoben worden. Den mit ihm verbundenen Reiseerleichterungen verdankt der Verkehrsvertrag, daß er Bundestag und Bundesrat nicht nur mit den Stimmen der Regierungskoalition, sondern mit ausdrücklicher Zustimmung auch der Opposition passiert hat.[651]

L. Der Grundlagenvertrag

1. Ausgangspositionen und Verhandlungsziele

Die Ausgangspositionen der Bundesrepublik Deutschland und der DDR bei Aufnahme des Meinungsaustausches zum Grundlagenvertrag waren wohl nicht ganz gleichgewichtig. Hatte die DDR mit dem Verkehrsvertrag den gewünschten Rahmen für ihre nolens volens beim Berlin-Abkommen erbrachten Leistungen erhalten, so blieben nunmehr gegenüber der Bundesrepublik Deutschland nur noch zwei wichtigere Ziele ihrer Westpolitik offen: Erstens die vorbehaltlose völkerrechtliche Anerkennung ihrer souveränen Staatlichkeit, und das mit allen Konsequenzen z.B. für die Grenzen, das Staatsangehörigkeitsrecht, die Wiedervereinigungspolitik; zweitens die Aufhebung der Blockade ihrer Außenbeziehungen, multilateral in den internationalen Organisationen und bilateral bei den westlich orientierten oder neutralen Ländern, (soweit hier die Scheel-Doktrin[652] noch „gehalten" hatte).

a) Die Anerkennung der DDR

Die Anerkennung der DDR durch Bonn, also das erste Ziel der DDR, stand in den durch Viermächte-Rechte und Grundgesetz gezogenen Grenzen zur Disposition der Bundesregierung; aber, wenn die Mehrzahl der übrigen Staaten ihre Zurückhaltung gegenüber der DDR aufgegeben haben würde, verlöre eine Fortsetzung der Nichtanerkennungspolitik allein durch die Bundesrepublik ganz erheblich an politischem Gewicht, ja wäre den eigenen Interessen sogar schädlich, soweit sie die Bundesrepublik in die Isolation führen würde.

b) Die Außenbeziehungen der DDR

Damit wuchs dem zweiten Punkt zusätzliche Bedeutung zu: Wie weit reichte noch der Bonner Einfluß auf dritte Staaten und bei internationalen Organisationen? Wie lange würde der Riegel der Scheel-Doktrin noch halten?

Diese Frage hat, nicht ganz zu Unrecht, das Publikum in der Bundesrepublik bei seiner Einschätzung des Grundlagenvertrages, ja häufig der gesamten Ostvertragspolitik wesentlich beeinflusst. Leider kam aber Mancher schon hier zu falschen, d.h. abschätzigen Schlüssen, weil er nicht wußte oder erkennen wollte, daß die Zeit für die DDR arbeitete. Die DDR war zur zweiten Industriemacht des Ostblocks[653] und zum 10. Platz in der Weltrangliste der Industriestaaten aufgestiegen.[654] Die Zahl der Staaten, die mit der DDR diplomatische Beziehungen unterhielten, war langsam, aber stetig gewachsen und hatte bald dreißig erreicht. Die Anerkennung durch Schlüsselstaaten wie Indien oder Schweden stand bevor.[655]

Die Scheel-Doktrin hatte seit 1970 noch so erfolgreich sein können, weil sie nicht mehr um grundsätzliche und unbegrenzte, sondern nur noch um eine (durch die Erreichung einer innerdeutschen Regelung) befristete Zurückhaltung gegenüber der DDR warb. Durchweg war ein Aufschub der DDR-Anerkennung nur dadurch erreicht worden, daß man sich unter diesen Zugzwang begeben hatte: Würde es klar werden, daß in absehbarer Zeit eine deutsch/deutsche Regelung nicht zustande gebracht werden würde, so wäre der Scheel-Doktrin und der unter ihr verabredeten oder stillschweigend geübten Reserve der anerkennungswilligen Staaten die Geschäftsgrundlage entzogen. Und da diejenigen, die einen Boykott als erste durchbrechen, noch eine Prämie in Gestalt zusätzlichen Goodwills beim bislang Boykottierten erhalten, kam es den Staaten, die die DDR anerkennen wollten, auf Wochen und Tage an.

In den Sonderorganisationen der VN wurden die jährlich wiederkehrenden Anträge auf Aufnahme der DDR mit immer knapperen Mehrheiten abgelehnt.[656]

Hier wurde auch mit den überzeugendsten Gründen für die DDR geworben; wie wollte etwa die Weltgesundheitsorganisation im dichtbesiedelten Europa Seuchen bekämpfen, wenn im Herzen Europas die DDR ein weißer Fleck auf der Landkarte blieb? Es war auch kein Grund ersichtlich, der eine Entwicklung gegen die DDR, d.h. ihre verstärkte Isolierung hätte erwarten lassen. Insbesondere war es ein Irrtum anzunehmen, daß Schießbefehl und Todesstreifen an der Westgrenze der DDR und der Berliner Mauer zu einer internationalen Quarantäne der DDR führen müßten. Wer so dachte, hätte besser einmal die internationale Praxis der Staaten – des Westens wie des Ostens – darauf untersucht, was in einem Staat oder an seinen Grenzen passieren muß, ehe dritte Staaten daran so sehr Anstoß nehmen, daß sie handfeste eigene Interessen zurückstellen und auf Distanz bleiben oder gehen.[657]

Doch zurück zur schon oben gestellten Gretchenfrage der westdeutschen Deutschlandpolitik: Wie weit reichte noch der internationale Einfluß Bonns, bilateral und multilateral eine Aufwertung der DDR zu verhindern, oder anders gefragt, was hatte man hierzu noch in die Verhandlungen mit der DDR einzubringen?

Durch Artikel 7 des Deutschlandvertrages vom 26. Mai 1952 in der Fassung vom 28. Oktober 1954,[658] hatten sich die drei Westmächte verpflichtet, mit der Bundesrepublik zusammen auf ein „wiedervereinigtes Deutschland“ hinzuwirken, „das eine freiheitlich-demokratische Verfassung, ähnlich wie die Bundesrepublik besitzt“. Die Bundesregierung war der Auffassung, daß diese Bestimmung und die überhaupt ausgezeichneten politischen Beziehungen zu den Westmächten diese davon abhalten würden, gegen den Wunsch Bonns die DDR anzuerkennen und diplomatische Beziehungen mit ihr aufzunehmen.[659] Das hinderte aber besonders England und Frankreich schon nicht mehr daran, unterhalb der diplomatischen Ebene Beziehungen mit der DDR zu pflegen. Immerhin, eine ähnliche Zurückhaltung gegenüber der DDR war sonst nur noch von einigen, der Bundesrepublik eng befreundeten Staaten zu erwarten, vielleicht nicht einmal von allen NATO-Staaten.

Im multilateralen Bereich konnte die Bundesregierung, ebenso wie bei den bilateralen Beziehungen, annehmen, daß die Westmächte ein Aufnahmegesuch der DDR bei den Vereinten Nationen gegen den Wunsch Bonns nicht passieren lassen, sondern mit ihrem Veto im Sicherheitsrat zu Fall bringen würden. (Die gleiche Rücksicht würde natürlich die Sowjetunion auf die DDR nehmen und mit ihrem Veto einen einseitigen VN-Beitritt der Bundesrepublik Deutschland inhibieren.) Diese Situation traf aber schon nicht mehr für die VN-Sonderorganisationen zu, da sie kein Vetorecht der Großmächte kennen.

Unter einen ganz konkreten Zeitdruck geriet die Bundesrepublik schließlich durch die Konferenz für Sicherheit und Zusammenarbeit in Europa (KSZE).[660] Spätestens seit dem ersten Besuch des US-Präsidenten Nixon in Moskau[661] bestand bei allen Beteiligten Klarheit darüber, daß an dieser Konferenz die DDR als gleichberechtigter Partner teilnehmen werde. Sie würde damit erstmals als Verhandlungspartner der Westmächte mit am Tisch sitzen. Die Westmächte hatten sie übrigens im Berlin-Abkommen schon erstmals beim vollen Namen genannt, zweifelsohne ein Schritt in Richtung auf die Anerkennung.[662] Die Vorbereitungskonferenz zur KSZE hatte dann auch im Herbst 1972 unter Teilnahme der DDR begonnen.[663]

Zu bieten hatte die Bundesrepublik insgesamt also nur die Anerkennung durch sie selbst, ferner die Möglichkeit des VN-Beitrittes und diplomatischer Beziehungen zu den Westmächten und einigen anderen ihr befreundeten Staaten. Man darf aber nicht übersehen, daß es sich bei letzterem im wesentlichen um Leistungen dritter Länder an die DDR handeln würde; diese Länder wollten sich diese Leistungen aber natürlich auch ihrerseits noch von der DDR abhandeln lassen. Bonn hatte also keinesfalls das alleinige Verfügungsrecht über diese Trümpfe. Die allermeisten Länder, jedenfalls alle wichtigen, haben ja dann auch nicht nur der Aufnahme der DDR in die internationalen Organisationen zugestimmt, sondern selbst diplomatische Beziehungen mit ihr aufgenommen[664] und nicht etwa mangels eigenen Interesses den beziehungslosen Zustand zur DDR weiter fortbestehen lassen.

c) „Besonderes Verhältnis" und Viermächte-Rechte[665]

Welche Wünsche hatte demgegenüber Bonn an die Adresse der DDR?

Erstens sollte sie in möglichst starker Form auf die Vorstellung von der besonderen Qualität deutsch/deutscher Beziehungen eingehen.[666] Diese Vorstellungen gingen und gehen davon aus, daß die von den Siegermächten nach dem letzten Kriege übernommene oberste Gewalt im Deutschen Reich (vgl. Berliner Deklaration vom 5. Juni 1945)[667] inzwischen zwar zum größten Teil, aber eben nicht völlig, auf die Regierungen in Bonn und Ostberlin übertragen worden ist.[668] Zurückbehalten haben sich die Vier Mächte die Verantwortlichkeit für Deutschland als Ganzes und für Berlin (vgl. z.B. die beiden Schreiben der drei Hohen Kommissare an den Bundeskanzler vom 26. Mai 1952 i.d.F vom 23. Oktober 1954 betreffend die vorbehaltenen Rechte in bezug auf Deutschland als Ganzes[669] und in Bezug auf Berlin[670] – letzteres schon oben beim Viermächte-Abkommen (Übermittlungsschreiben) zitiert; ferner zum Verhältnis Sowjetunion-DDR die Präambel zum Vertrag vom 20. September 1955 und Artikel 9 des Vertrages vom 12. Juni 1964).[671] Dem trägt auch die Präambel des Viermächte-Abkommens über Berlin Rechnung.[672] Daraus wird gefolgert, daß beide deutsche Staaten, solange sie getrennt gegenüber dritten Völkerrechtssubjekten auftreten, souverän wie jeder andere Staat der Welt sind, in ihrer Gemeinsamkeit aber als deutsche Staaten immer noch unter der Tutel der Vier Mächte stehen. BRD und DDR wären hiernach nicht in der Lage, ohne Verletzung der Rechte der Vier Mächte die endgültige Trennung, z.B. die gegenseitige völkerrechtliche Anerkennung zu beschließen, weil mit der Spaltung in zwei einander nur noch völkerrechtlich gegenüberstehende Neustaaten die letzte Verbindung zwischen ihnen gekappt werden würde, welche sie noch zu dem Völkerrechtsubjekt „Gesamtdeutschland" oder „Deutschland als Ganzes" zusammenfaßt. Damit würde der völkerrechtliche Erinnerungsposten „Deutschland als Ganzes" gelöscht und könnte nicht mehr Gegenstand der Viermächte-Rechte sein. Ohne Mitwirkung der Vier Mächte ist nach dieser Auffassung ein solcher Schritt ultra vires, d.h. völkerrechtlich gar nicht möglich.[673] Die Vier Mächte werden also mit dem Scheidungsrichter verglichen, der allein die Befugnis hat, die Eheleute, selbst wenn sie schon seit 20 Jahren getrennt leben, auch rechtlich voneinander zu befreien. Dieser zwar abstrakte, aber völkerrechtlich wohl kaum bestreitbare Ansatz wurde übrigens gelegentlich strapaziert mit der Behauptung, auch ein Beschluß der beiden deutschen Staaten zur Wiedervereinigung sei ohne Mitwirkung der Vier Mächte ultra vires, weil auch er Gesamtdeutschland berühre, indem er dessen Einheit und Homogenität wiederherstellt. Im Unterschied zur Auflösung Gesamtdeutschlands würde indessen eine Wiedervereinigung das Substrat der Vier Mächte nicht löschen, sondern im Gegenteil verdichten.

Diese juristische Konstruktion steht hinter der Politik von den besonderen Beziehungen der beiden deutschen Staaten zueinander. Die Berufung auf die Viermächte-Rechte bedeutet das Eingeständnis einer Souveränitätslücke; wenn diese Berufung gleichwohl ein Hauptinstrument der westdeutschen Deutschlandpolitik war und bleibt, so erstens, weil die Viermächte-Rechte noch ein Rest Gesamtdeutschlands sind, nicht so entfernt wie die Wiedervereinigung als eine bloße Ziel- oder Wunschvorstellung, sondern ein jederzeit produzierbares Beweisstück für die Behauptung, daß BRD und DDR in einem engerem Verhältnis zueinander stehen als zu den übrigen Staaten. Hinzu kommt, daß die Berufung auf die Viermächte-Rechte wie der Wunsch nach dem Knüppel aus dem Sack jederzeit starke Helfer auf den Plan ruft, in erster Linie die drei Westmächte, etwas verschämter, aber nicht weniger interessiert, auch die Sowjetunion. Sie alle behalten nämlich aus eigenen Interessen, wie Bundeskanzler Brandt es formuliert hat, gern die „Finger im deutschen Teig".[674] So wie die BRD und die DDR bei den Berlin-Verhandlungen der Vier Mächte in der Kulisse und im Souffleurkasten mitgewirkt haben, so haben umgekehrt auch die Vier Mächte bei den deutsch/deutschen Verhandlungen mitgewirkt.[675] Solange die Bundesrepublik Deutschland an einer restaurativen, d.h. an einer in der gemeinsamen staatlichen Vergangenheit begründeten Wiedervereinigungspolitik festhält, wird sie daher die Viermächte-Verantwortung immer wieder beschwören.

Der Anruf der Viermächte-Rechte hat aber noch einen zweiten Sinn. Sie beziehen sich ja nicht nur auf Deutschland als Ganzes, sondern auch auf Berlin. Sollten die Viermächte-Rechte im Hinblick auf Deutschland als Ganzes einmal aufgegeben werden, so wäre ihr Fortbestand hinsichtlich Berlins politisch wohl etwas fraglich. In dem Umfang in dem Bonn bei der Sicherung Westberlins auf die drei Westmächte angewiesen ist, muß es auch auf die Erhaltung und Unversehrtheit der Viermächte-Rechte und -Verantwortung nicht nur hinsichtlich Berlins, sondern auch hinsichtlich Deutschlands als Ganzem achten.

Der DDR nun wurde und wird ein Eingehen auf die westdeutschen Vorstellungen von der besonderen Qualität der Beziehungen zwischen beiden deutschen Staaten erstens durch das aus der langjährigen Unterdrückungspolitik herrührende Trauma[676] und zweitens durch die unterschiedliche Größe der beiden Staaten erschwert, ja nahezu unmöglich gemacht; wenn 60 Millionen Westdeutsche 17 Millionen Ostdeutsche in einem besonders engen Verhältnis zu sich sehen, dann ist die Wahrscheinlichkeit, daß dies die Selbständigkeit des Kleineren belastet, sehr viel größer, als eine umgekehrte Assimilierung. Kurz, die DDR fürchtete und fürchtet die Anziehungskraft der größeren Masse, die ja auch in der Physik den Kleineren zum Trabanten des Größeren macht, und nicht umgekehrt.

d) Menschliche Erleichterungen

Hinzu kam und kommt die Attraktivität, die ungeachtet aller Größenverhältnisse der westliche Regierungs- und Lebensstil für den ideologisch nicht gefestigten Teil der DDR-Bevölkerung hat. Das zweite Bonner Verhandlungsziel, nämlich sog. menschliche Erleichterungen,[677] mußte, soweit diese in Kontakten und Besuchsmöglichkeiten bestehen sollten, die Anfälligkeit der DDR-Bevölkerung gegenüber dieser Anziehungskraft noch erhöhen und die DDR im Interesse ihrer Selbsterhaltung zu großer Zurückhaltung veranlassen.

e) Die Bindungen Westberlins

Das dritte westdeutsche Verhandlungsziel war die Anerkennung der Bindungen Westberlins an die Bundesrepublik Deutschland einschließlich seiner Außenvertretung.[678]

f) Die Außenbeziehungen der Bundesrepublik Deutschland

Viertens schließlich sollte die DDR die Außenbeziehungen der Bundesrepublik zu einigen an ihrer Seite treu ausharrenden Ostblockländern entriegeln.[679]

Es ist leicht zu sehen, daß jedenfalls hinsichtlich der ersten beiden westdeutschen Verhandlungsziele die Zeit für die DDR arbeitete: Rechtlich so fein gesponnen, drohte die Doktrin von den innerdeutschen Sonderbeziehungen unter dem Zahn der Zeit fadenscheinig zu werden. Familiäre und freundschaftliche Bindungen über die Grenze hinweg würde die Biologie weiter ausdünnen, neue Bande würden mangels Begegnung nicht geknüpft und würden eine konservierende oder integrierende Wirkung auf die Nation nicht ausüben können.

2. Meinungsaustausch und Verhandlungen

So war es nur zu verständlich, daß das Interesse der DDR an der Überleitung der Verkehrsverhandlungen in solche über der Grundverhältnis nicht allzu groß sein konnte, besonders, nachdem die Verkehrsverhandlungen genügend Gelegenheit zu der Einsicht geboten hatten, daß Bonn zur vollen völkerrechtlichen Anerkennung und zur Herstellung ganz normaler diplomatischer Beziehungen nicht bereit sein werde. Die DDR konnte sich indessen der weltweiten Entspannungspolitik der Supermächte, in concreto der Sowjetunion, nicht entziehen,[680] sie maß ferner der von dem Grundlagenvertrag erhofften alsbaldigen Entriegelung ihrer Außenbeziehungen, vor allem der Mitgliedschaft bei den VN und den Botschaften in

London, Paris und Washington ein beträchtliches Gewicht bei.[681] Einen Monat nach der Paraphierung des Verkehrsvertrages (12. Mai 1972) begann der Meinungsaustausch zum Grundverhältnis der beiden Staaten (15. Juni 1972).[682] Durch Kabinettsbeschluß vom 9. August 1972 wurde Staatssekretär Bahr zur Aufnahme offizieller Verhandlungen ermächtigt;[683] gleichzeitig erhielt er Richtlinien, die von den vorgenannten Verhandlungszielen auszugehen hatten. Am 16. August 1972 wurden die Verhandlungen eröffnet,[684] am 6. November 1972 abgeschlossen.[685] Am 8. November 1972 wurde der Vertrag in Bonn paraphiert, und, was wichtiger war, bekannt gemacht.[686] Damit lag er in den letzten 10 Tagen des damaligen Bundestagswahlkampfes vor.[687] Am 21. Dezember 1972, nach der für die Koalition erfolgreichen Bundestagswahl,[688] wurde er in Ostberlin von dem inzwischen zum Bundesminister für besondere Aufgaben beim Bundeskanzler ernannten Egon Bahr und von Staatssekretär Dr. Kohl unterzeichnet;[689] die ursprünglich vorgesehene Unterzeichnung durch die Regierungschefs konnte nicht stattfinden, weil einerseits Bundeskanzler Brandt keinen Termin bis Mitte Januar 1973 anbieten konnte, die DDR andererseits wegen des mit der Unterzeichnung des Grundlagenvertrages verknüpften internationalen Anerkennungsfahrplans nicht mehr länger warten wollte.

Der aufmerksame Beobachter hatte verfolgen können, wie mit der Aufnahme des Meinungsaustauschs, und danach auf den weiteren Stufen der Verhandlung, Paraphierung und Unterzeichnung dritte Staaten, wie z.B. Indien, Schweden, Schweiz, diplomatische Beziehungen zur DDR einleiten, und wie internationale Organisationen, z.B. durch Zulassung eines DDR-Beobachters oder durch Aufnahme der DDR, ihr Verhältnis zu dieser verbesserten.[690] Diese Parallelität der Fortschritte bei der Regelung des Grundverhältnisses und bei der Entwicklung der Außenbeziehungen der DDR waren der Schlußerfolg der Scheel-Doktrin.

3. Verhandlungsabschluß und Bundestagswahl

Manche Gegner des Vertrages haben der Bundesregierung einen übereilten Abschluß zu ungünstigeren Bedingungen vorgeworfen, als sie zähes Weiterverhandeln über die Bundestagswahl hinaus nach dieser Ansicht gebracht haben würde.[691] Die Bundesregierung hat demgegenüber immer behauptet, die Verhandlungen nicht wegen, sondern trotz der Bundestagswahl zu dem Zeitpunkt abgeschlossen zu haben, an welchem das Verhandlungsergebnis vorlag.

Beides dürfte den Kern der Sache nicht treffen. Sowjetunion und DDR haben in der Zeit des Bundestagswahlkampfes nicht mit Avancen gegenüber der bedroht erscheinenden Koalitionsregierung gespart, noch haben sie mit Angriffen gegen die CDU/CSU-Spitze zurückgehalten.[692] Die Regierungskoalition wurde als entspannungsfreundlich, die Opposition als entspannungsfeindlich gekennzeichnet. Sowjetunion und DDR sind ungewöhnlich weit mit derartigen Sympathie- und Antipathie-Kundgebungen gegangen. Es kann daher überhaupt nicht zweifelhaft sein, daß sie damit zur Wiederwahl der Regierung Brandt-Scheel beitragen wollten. Und es kann daher genauso wenig zweifelhaft sein, daß ein Vertrag, der noch rechtzeitig vor der Bundestagswahl ausgehandelt und veröffentlicht wurde, das Maximum an östlichen Zugeständnissen enthalten mußte – sehr viel mehr, als einer wiedergewählten sozial-liberalen oder einer neugewählten CDU/CSU-Regierung zugestanden worden wäre.

Es wäre der Bundesregierung vom Wähler honoriert worden, wenn sie vor ihn hingetreten wäre mit der Erklärung, sie habe alles versucht, um das Verhältnis zur DDR befriedigend zu klären, sei aber an den maßlosen Forderungen der anderen Seite gescheitert.[693] Umgekehrt mußte ein Grundlagenvertrag, der vor der Wahl veröffentlicht wurde, nicht nur recht und billig sein – das hätte in Zeiten des hitzigen Wahlkampfes nicht mehr genügt, ihn vor dem Verriß zu bewahren. Nein, er mußte besonders gut für die Bundesrepublik ausfallen, so gut, daß seine sachlichen Vorzüge das Odium der förmlichen DDR-Aufwertung, das ihn bei vielen Wählern stigmatisierte, mehr als überdeckte. Kurz, die Alternative für Alle, die an der Fortsetzung der Koalition interessiert waren, also auch für Sowjetunion und DDR, hieß vor der Wahl nicht: guter oder schlechter, sondern: besonders guter oder gar kein Vertrag. Der Vertrag ist danach zu dem denkbar günstigsten Zeitpunkt abgeschlossen worden – es sei denn, man hätte ihn Jahre oder Jahrzehnte früher abgeschlossen.

4. Ratifizierung

Der Vertrag wurde am 11. Mai 1973 mit den Stimmen der Koalition im Bundestag ratifiziert;[694] die überwältigende Mehrheit der Opposition stimmte gegen ihn. Im Bundesrat, der den Vertrag in erster Lesung mit den Stimmen der CDU- bzw. CSU-geführten Länder noch abgelehnt hatte, stand in der zweiten Lesung (25. Mai) Bayern nur noch allein: Sein Antrag auf Überweisung an den Vermittlungsausschuß wurde auch von den CDU-Ländern nicht mehr unterstützt; damit war der Antrag abgelehnt, der Vertrag angenommen. Dem VN-Beitritt stimmte der Bundesrat in gleicher Sitzung mehrheitlich zu. Trotz dem vom Freistaat Bayern beim Bundesverfassungsgericht anhängig gemachten Verfahren, das am Ende dieses Kapitels behandelt wird, setzten Bundesregierung und Regierung der DDR den Grundlagenvertrag am 21. Juni 1973 durch Notenaustausch in Bonn in Kraft.

5. Die Gliederung des Vertragswerkes

Das Vertragswerk[695] besteht aus drei Komplexen.

Der erste Komplex ist der eigentliche Vertrag; er datiert vom 21. Dezember 1972 und besteht aus

1. dem Vertrag über die Grundlagen der Beziehungen zwischen der BRD und der DDR,
2. einem Zusatzprotokoll zu diesem Vertrag,
3. einem Protokollvermerk zu Vermögensfragen,
4. einer gemeinsamen und drei einseitigen Protokollerklärungen zu Grenzkommission, Verwaltungsverkehr und Staatsangehörigkeit,
5. dem Briefwechsel zu den Viermächte-Rechten,
6. dem „Brief zur deutschen Einheit“,
7. den mündlichen Erklärungen beider Delegationsleiter bei Paraphierung und Unterzeichnung des Vertrages; diese Erklärungen haben Bedeutung auch für die übrigen zwei Komplexe.

Der zweite Komplex betrifft den Beitritt zu internationalen Organisationen; die deutschen Erklärungen datieren vom 8. November 1972, dem Datum der Paraphierung des Vertrages. Er besteht aus

1. der Erklärung der Vier Mächte zum VN-Beitritt von BRD und DDR, veröffentlicht am 9. November 1972,
2. dem Briefwechsel zum Beitrittsantrag von BRD und DDR zu den Vereinten Nationen mit einer gemeinsamen und einer einseitigen Protokollerklärung,
3. dem Briefwechsel zum Beitrittsantrag der DDR zu Weltpostverein und Internationaler Fernmeldeunion.

Der dritte Komplex betrifft die sogenannten Erleichterungen; er datiert mit einer Ausnahme wieder vom 21. Dezember 1972, dem Datum der Vertragsunterzeichnung und besteht aus

1. dem Briefwechsel zur Arbeit von Journalisten vom 8. November 1972, dem Datum der Paraphierung des Grundvertrages, mit mehreren einseitigen Protokollerklärungen,
2. dem Brief des Staatssekretärs Kohl über einzuführende Erleichterungen mit Bestätigungsschreiben des Bundesministers Bahr,
3. den Erläuterungen der Bundesregierung zu dem vorgenannten Brief, die auf einer von Staatssekretär Kohl erteilten Information beruhen,
4. dem Briefwechsel zur Öffnung von vier neuen Grenzübergängen.

6. Der Inhalt des Grundlagenvertrages

Innerhalb des ersten Komplexes soll zunächst der eigentliche Vertrag erläutert werden.

Anders als beim Moskauer Vertrag und dem Berlinabkommen der Vier Mächte gelang es, eine Überschrift zu finden. Während der Warschauer Vertrag von den „Grundlagen der Normalisierung der gegenseitigen Beziehungen" handelt, spricht die Überschrift des Grundlagenvertrages knapper nur von den „Grundlagen der Beziehungen"; an dieser Stelle von „Normalisierung" der Beziehungen zu sprechen, hätte zu sehr nach diplomatischen und völkerrechtlichen Beziehungen geklungen.

a) Präambel

In der Präambel wurde die feierlichste protokollarische Form, Vertragsparteien zu bezeichnen,

> „Die Hohen Vertragsschließenden Seiten ... sind wie folgt übereingekommen"

auf Wunsch der DDR gewählt; sie stand schon im oben[696] erwähnten Ulbricht'schen Vertragsentwurf von Dezember 1969.

> „– eingedenk ihrer Verantwortung für die Erhaltung des Friedens",

diese Passage stellt eine neutralere Umformulierung des 7. Kasseler Punktes dar, wonach niemals wieder ein Krieg von deutschem Boden ausgehen darf.

> „ – in dem Bestreben, einen Beitrag zur Entspannung und Sicherheit in Europa zu leisten",

diese Formel stand nahezu wörtlich in der Präambel des Ulbricht'schen Vertragsentwurfs vom Dezember 1969; schon das Transitabkommen und der Verkehrsvertrag hatten sie unter Fortlassung der „Sicherheit", die dort kein unmittelbares Vertragsziel sein konnte, aufgenommen. Die Formel erklärt, was die beiden Staaten endlich an den Verhandlungstisch gebracht hat.

„Unverletzlichkeit der Grenzen" und „Souveränität"

> „ – in dem Bewußtsein, daß die Unverletzlichkeit der Grenzen und die Achtung der territorialen Integrität und der Souveränität aller Staaten in Europa in ihren gegenwärtigen Grenzen eine grundlegende Bedingung für den Frieden sind"

Dieser Präambel-Passus ist ein Zitat aus der Präambel des Warschauer Vertrages und oben[697] mit ihr erläutert. Er belegt die Gleichheit der Interessen Polens und der DDR in der Grenzfrage. Artikel 2 und 3 des Grundlagenvertrages nehmen die Begriffe „Unverletzlichkeit" und „territoriale Integrität" wieder auf, die seit dem Bahrpapier (Ziffer 3) in den Ostverträgen ihren oben[698] erörterten festen Sinn haben.

Schwierigkeiten bereitete der Bundesrepublik bei der Definition des deutsch/deutschen Verhältnisses, wie schon[699] erwähnt, der Begriff der Souveränität. Zwei uneingeschränkt souveräne deutsche Staaten passen nicht in das Konzept des fortdauernden gesamtdeutschen Souveräns und der Viermächte-Rechte für „Deutschland als Ganzes". Die Bundesrepublik Deutschland hat es deshalb vermieden, im Grundlagenvertrag der DDR (und sich selbst) ausdrücklich die Souveränität zuzusprechen. Vielmehr wird in der Präambel nur das Bewußtsein angesprochen, daß die Achtung der Souveränität Bedeutung für den Frieden habe; Artikel 2 spricht von der „souveränen Gleichheit aller Staaten", ordnet (wie die Charta der Vereinten Nationen) das gefährliche Wort also der Gleichheit und nicht den Staaten zu, und Artikel 6, Satz 2, der das behandelt, was bei anderen Staaten die Souveränität wäre, umschreibt sie, wie unten[700] dargestellt wird, mit einer bedeutungsvollen Nuance.

Gewaltverzicht

„ – in der Erkenntnis, daß sich daher die beiden deutschen Staaten in ihren Beziehungen der Androhung oder Anwendung von Gewalt zu enthalten haben"

Hier in der Präambel stellt das „daher" eine Umkehrung der oben[701] besprochenen „Brücke" dar, die im Artikel 3 des Moskauer Vertrages die Grenzachtung an den Gewaltverzicht knüpft. Auch der 4. Kasseler Punkt hatte die Grenzachtung aus dem Gewaltverzicht herleiten wollen. Die DDR indessen sah mit Recht in einer an den Gewaltverzicht geknüpften Grenzerklärung weniger Anerkennung ihrer Staatlichkeit als in einer selbständigen Erklärung zu ihren Grenzen. Gewaltverzicht bedeutet Zurückhaltung gegenüber einem nicht näher qualifizierten Gemeinwesen, eine Grenzerklärung weist demgegenüber mehr auf eine eigenen Staatlichkeit des Vertragspartner hin, und sich diese von Bonn attestieren zu lassen, war ja erstes Vertragsziel der DDR. Im operativen Teil des Grundlagenvertrages (Artikel 3)[702] stehen dann Gewaltverzicht und Grenzachtung, in dieser Reihenfolge, unverknüpft nebeneinander.

Die „nationale Frage"

In diesem und im übernächsten Absatz der Präambel ist von den „beiden deutschen Staaten" die Rede. BRD und DDR sind die beiden einzigen Staaten in der Welt, die sich als „deutsch" bezeichnen.[703] Es lag der Bundesrepublik sehr daran, diese bedeutsame Gemeinsamkeit in dem Vertrag auch aufscheinen zu lassen. Sie konnte sich gegenüber der DDR darauf berufen, daß noch in der Präambel zum Ulbricht'schen Vertragsentwurf vom Dezember 1969 ebenfalls die „beiden deutschen Staaten" genannt werden.

„– ausgehend von den historischen Gegebenheiten"

In diesem Halbsatz sind die gemeinsame staatliche Vergangenheit und die aus ihr gewachsenen Probleme verankert; immerhin hat sich die DDR bereitgefunden, von diesen historischen Gegebenheiten „auszugehen", sie also nicht einfach als überholt abzutun.

Konnte man sich derart noch auf einen gemeinsamen Ausgangspunkt einigen, so war das hinsichtlich der grundlegenden politischen Zielvorstellungen nicht mehr möglich:

> „und unbeschadet der unterschiedlichen Auffassungen der Bundesrepublik Deutschland und der Deutschen Demokratischen Republik zu grundsätzlichen Fragen, darunter der nationalen Frage"

Dieser Passus ist einer der wichtigsten des ganzen Vertrages und war bis zuletzt umstritten.[704] Er enthält drei wesentliche und eindeutige Erklärungen: Erstens, es gibt für BRD und DDR „die nationale Frage"; zweitens: diese Frage ist eine „grundsätzliche"; drittens: beide Seiten haben zur „nationalen" und zu anderen „grundsätzlichen Fragen" „unterschiedliche Auffassungen" und dürfen diese auch künftig behalten („unbeschadet").

„Die nationale Frage" ist ein mehr in der DDR als in der Bundesrepublik geläufiges Kürzel.[705] Der bestimmte Artikel „die" macht zunächst deutlich, daß es sich um die nationale Frage schlechthin handelt und nicht um die Umschreibung der Bedeutung, die eine sonstige Frage haben kann (z.B. die Erhaltung einer gesunden Landwirtschaft ist eine nationale Frage).

Der Singular zeigt an, daß es sich um die nationale Frage handelt, die den beiden Vertragspartnern gemeinsam gestellt ist; Artikel 6 des schon oben erwähnten DDR-Vertragsentwurfes vom September 1967 hatte von der friedlichen Lösung der „nationalen Fragen" gesprochen, allerdings in der Präambel und Artikel 2 die gemeinsame Nation herausgestellt. Der Ulbricht'sche Entwurf vom Dezember 1969 schweigt sich über die Nation bereits aus. Spätestens nach der Ablösung Walter Ulbrichts durch Erich Honecker an der Spitze der SED[706] wurden aber auch die Fundamente überprüft – und neu gegossen, auf denen die DDR errichtet worden war. Eine Wiedervereinigung mit der Bundesrepublik unter kommunistischem Vorzeichen erschien für die absehbare Zukunft ausgeschlossen, daher wurde auch propagandistisch – und nicht nur faktisch – die Abgrenzung von der BRD zur politischen Doktrin der DDR-Westpolitik. Diesem Wandel fiel alsbald die gemeinsame Nation zum Opfer und man spricht in der DDR seither von der sich in der DDR herausbildenden sozialistischen und von der die BRD „noch" tragenden kapitalistischen Nation. Neben die ideologische und die staatliche soll so auch die nationale Verschiedenheit treten. Je weniger letztere evident ist, um so mehr wird sie in der DDR beschworen und damit zur Chiffre für die Abgrenzung.[707]

Bei der Vorbereitung des IX. SED-Parteitages wurde 1975 neben die Nation (der DDR) der Begriff der „Nationalität" gestellt, der bislang nur bei Vielvölker-Staaten, wie z.B. in der Sowjetunion, eine Rolle spielte; danach haben die Bürger der DDR die deutsche „Nationalität".[708] Dies ist der Versuch, mit einer ethnologischen Kategorie die Distanz zu überbrükken, die zwischen politischem Ziel (DDR als Nation) und Wirklichkeit klafft.

Wenn es auf dem VIII. Parteitag der SED vom Juni 1971 hieß, daß über „die nationale Frage" die Geschichte entschieden habe,[709] so steht dieser Begriff für die Alternative von Teilung oder Wiedervereinigung. Mit diesem Sinngehalt ist die „nationale Frage" in den politischen Jargon der DDR eingegangen. So ist er aber auch in der Bundesrepublik unmittelbar verständlich. Sein spezifisch vereinigungspolitischer Inhalt wird auch deutlich, wenn man sich einen Bezug auf die nationale Frage in Verträgen mit oder zwischen anderen Ländern, etwa der Bundesrepublik und Frankreich, oder der DDR und Polen, vorzustellen versucht; ein solcher Passus hat Sinn allein in geteilten Ländern. Die nationale Frage im Sinne des Grundlagenvertrages ist also die Frage nach Gegenwart und – vor allem – Zukunft der deutschen Nation, nachdem letztere nur staatlich, nicht auch national geteilt als Hinterlassenschaft des Dritten Reichs an BRD und DDR gelangt ist.

Die deutsche „nationale Frage" wird kaum auf unabsehbare Zeit offen bleiben. Entweder wird die Einheit der deutschen Nation von der staatlichen Spaltung nicht, zumindest nicht in ihrem Kern, betroffen und überdauert, wie etwa die polnische Nation, jahrzehnte- oder jahrhundertelange Teilung. Oder es leitet sich ein Teilungsprozeß ein, wie er schon manche neue Nation entbunden hat. Die Geschichte des Heiligen Römischen Reiches Deutscher Nation, die letztlich eine Geschichte seiner Auflösung ist, würde hier einen Nachtrag erhalten.

Es ist deshalb wahrscheinlich, daß zu irgendeinem Zeitpunkt wird festgestellt werden können, die deutsche „nationale Frage" habe – positiv oder negativ – ihre Erledigung gefunden. Wenn aber schon kurz nach Abschluß des Grundlagenvertrages DDR-Politiker begannen, bei jeder Gelegenheit öffentlich zu erklären, eine „nationale Frage" für DDR und BRD gebe es nicht mehr,[710] so erklärten sie damit sofort einen wichtigen Teil des just von ihnen geschlossenen Vertrages für bereits überholt und eilten der von ihnen gewünschten Entwicklung um ein weites voraus. Diese Kampagne, die in der Reinigung der Verfassung von allen Bezügen auf die einheitliche deutsche Nation im Oktober 1974 gipfelte,[711] zeigte, wie schwer es der DDR gefallen ist, in der Präambel des Grundlagenvertrages noch die Existenz einer nationalen Frage einzuräumen. Für die Bundesrepublik Deutschland war dies einer ihrer wichtigsten Verhandlungserfolge; eingerahmt von zwei Hinweisen auf die „beiden deutschen Staaten" macht dieser Präambelabsatz deutlich, daß nach Auffassung der „Hohen Vertragsschließenden Seiten" ihr Verhältnis zueinander eine gemeinsame nationale Komponente hat, die sich im Verhältnis der BRD oder der DDR zu dritten Staaten eben nicht nachweisen läßt. Obwohl zur Zeit der Vertragsverhandlungen die DDR-Verfassung vom April 1968 erst wenige Jahre alt war, gelang es nicht,[712] die DDR auf Formulierungen aus der Verfassungspräambel („der ganzen deutschen Nation") oder aus Artikel 1 („Staat deutscher Nation") festzulegen: Die oben[713] erwähnten Beschlüsse des VIII. SED-Parteitages vom Juni 1971 hatten diese Passagen der Verfassung bereits vor ihrer Tilgung im Oktober 1974 obsolet werden lassen.

Man mag ein, und nicht das geringste, Verdienst des Grundlagenvertrages darin sehen, die nationale Frage und das gemeinsame Deutschtum sozusagen im letzten Augenblick in einem Vertrag festgeschrieben und ihnen damit im Recht der DDR eine letzte, aber auch sichere Heimstatt verschafft zu haben; denn aus dem Vertrag können sie, anders als aus der Verfassung, auch durch einstimmigen Volkskammer-Beschluß nicht mehr entfernt werden.

Damit ist allerdings noch nichts darüber gesagt, ob es gelingt, die gemeinsame nationale Substanz auch in die Zukunft hinüberzuretten. Auch die Bedeutung der nationalen Einheit ist damit noch nicht erhellt. Rechtlich läßt der Begriff der Nation klare Definitionen und Grenzen vermissen. Nicht zuletzt deshalb eignet er sich allerdings für außen- und innenpolitische Konzeptionen – in gleicher Weise ein Vorzug wie auch eine Gefahr.

Die zweite wesentliche Festlegung des hier behandelten Präambelabsatzes ist, wie oben[714] gesagt worden war, die, daß die nationale Frage zu den „grundsätzlichen Fragen" gehört. Der Passus über die „grundsätzlichen Fragen" dient vor allem dem Interesse der DDR, die nationale Frage durch Einordnung in eine Kategorie zu relativieren; die „nationale Frage" erhielt durch diese Klassifizierung aber auch ausdrücklich prinzipielle Bedeutung zugeschrieben, was die Behauptung, sie sei bereits erledigt, nicht glaubhafter macht. Die Bundesrepublik konnte diesen Einschub daher akzeptieren. Was sonst noch „grundsätzliche Frage" in diesem Sinne sein kann, wurde nicht ausgehandelt. Jedenfalls muß es sich um Fragen handeln, die nicht nur ein gewisses Gewicht sondern auch ihre Verankerung im Grundsätzlichen haben; sonst würden sie der Zugehörigkeit zu einer Kategorie, der auch die „nationale Frage" angehört, nicht gerecht. Die Kompetenz, eine Frage für eine „grundsätzliche" im Sinne der Präambel zu halten, muß jedem der beiden Vertragspartner zustehen.

Die dritte wesentliche Festlegung ist die, daß beide Seiten zur nationalen und zu anderen grundsätzlichen Fragen ihre „unterschiedlichen Auffassungen" bewahren („unbeschadet"). Die Qualifizierung einer Frage als „grundsätzliche" im Sinne dieses Präambelabsatzes rechtfertigt also Meinungsverschiedenheiten der Vertragspartner; sie hat Sinn vor allem da, wo solche Meinungsverschiedenheiten ohne Berufung auf diesen Passus der Präambel nicht aufrechterhalten werden dürften. Gebote zur Einigung, die auf diese Weise ausgesetzt werden, könnten aus dem Vertrag selbst oder aus anderen Rechtsquellen fließen. Anwendungsfälle könnten sich am ehesten im Bereich des ordre public ergeben, z.B. bei der rechtlichen Beurteilung von Zuwiderhandlungen gegen das DDR-Strafgesetzbuch.

Anders als in dieser Einigung über die Uneinigkeit war eine ehrliche Aussage zur nationalen Frage nicht mehr möglich.[715] Hier ist eine der Stellen, an denen nachgewiesen werden kann, wie der Zeitablauf gegen die westdeutsche Deutschlandpolitik gewirkt hat und wie, ähnlich wie bei den mythischen sibyllinischen Büchern, ein hoher Preis für ein abnehmendes Angebot erlegt werden mußte: Noch 1968 hätte die DDR, das belegt die damals beschlossene Verfassung, die oben[716] zitierten Formulierungen von der „ganzen deutschen Nation" akzeptiert – und wohl nicht nur als Lippenbekenntnis. 1972 war das nicht mehr möglich.

Die Vertragsentwürfe der DDR vom September 1967 und Dezember 1969 lassen den Kurswechsel ihrer Deutschlandpolitik schon im Ansatz erkennen: Der Stoph-Entwurf (1967) möchte noch für die „Annäherung" der beiden deutschen Staaten „im Interesse der Zukunft der Nation" wirken (Präambel). Der Ulbricht-Entwurf (1969), ebenfalls in der Präambel, hatte schon nur noch „ein geregeltes Nebeneinanderleben und ein Verhältnis der guten Nachbarschaft" im Auge.[717]

Zur nationalen Frage sind die unterschiedlichen Auffassungen der beiden Seiten oben dargelegt. Die Bundesrepublik Deutschland hat die ihrige im „Brief zur Deutschen Einheit"[718] noch einmal zusammengefaßt und auch zum Teil des Vertragswerkes gemacht. Die DDR hat auf ein ähnliches Bekenntnis zu ihrer Auffassung (von der sich herausbildenden sozialisten Nation) im Rahmen des Vertragswerkes verzichtet.

Zusammenarbeit „zum Wohle der Menschen"

Der Schlußabsatz der Präambel konkretisiert das im 2. Absatz hervorgehobene Bestreben, zur Entspannung beizutragen:

> „– geleitet von dem Wunsch, zum Wohle der Menschen in den beiden deutschen Staaten die Voraussetzungen für die Zusammenarbeit zwischen der Bundesrepublik Deutschland und der Deutschen Demokratischen Republik zu schaffen".

Während die übrigen Präambelabsätze Gedanken, Erinnerungen und Erkenntnisse enthalten, geben die Vertragspartner im zweiten und im letzten Präambelabsatz Ziele an, auf die hin sie ihren Vertrag orientieren: Entspannung und Zusammenarbeit.

Der Grundlagenvertrag regelt laut dem oben zitierten Präambelabsatz noch nicht die Zusammenarbeit selbst, aber er will ihre Voraussetzungen schaffen, und zwar nicht einige, sondern „die", d.h. alle.

Das geschieht einmal durch Regelungen, die wie Artikel 7 und der zu ihm gehörende Teil des Zusatzprotokolls praktische Zusammenarbeit beider Staaten auf zahlreichen Gebieten ins Auge fassen; es geschieht zum anderen durch den dritten Komplex des Vertragswerkes, durch die sogenannten menschlichen Erleichterungen, die ja der Bundesrepublik besonders am Herzen lagen. Diese werden durch den Zusatz „zum Wohle der Menschen in beiden deutschen Staaten" angekündigt und in Artikel 7 durch den Hinweis auf die Regelung „humanitärer Fragen“ mit dem Grundlagenvertrag verknüpft. Gleichzeitig soll der Zusatz über das „Wohl der Menschen“ sicherstellen helfen, daß die im Grundlagenvertrag projektierte Zusammenarbeit auch den einzelnen Bürger erreicht. Die DDR konnte gegen diese Formulierung um so weniger einwenden, als der 1. Sekretär der SED, Erich Honecker, kurz nach der Übernahme dieses Amtes von Walter Ulbricht, das Wohl des Bürgers als oberstes Ziel proklamiert hatte.[719]

So läßt die Präambel in den Gegenständen der einzelnen Absätze eine Steigerung von Allgemeinen und beinahe Selbstverständlichen zum Konkreten und Vereinbarungsdürftigen erkennen: Von Friedenserhaltung und Entspannung über Grenzachtung, Gewaltverzicht und ideologische Vorbehalte zu Zusammenarbeit und – als Anklang – humanitären Regelungen.

b) „Gutnachbarliche Beziehungen“ und „Gleichberechtigung“ (Artikel 1)

Artikel 1 des Grundlagenvertrages lautet:

> „Die Bundesrepublik Deutschland und die Deutsche Demokratische Republik entwickeln normale gutnachbarliche Beziehungen zueinander auf der Grundlage der Gleichberechtigung.“

Damit statuiert Artikel 1, was seinerzeit in der Präambel zum Verkehrsvertrag noch als „Bestreben“ ausgedrückt war: „normale gutnachbarliche Beziehungen beider Staaten zueinander zu entwickeln“. Diplomatische Beziehungen würde man nicht entwickeln, sondern aufnehmen; was bei der Erläuterung der Verkehrsvertragspräambel zu den Begriffen „normal gutnachbarlich“ ausgeführt wurde,[720] gilt natürlich auch für dieses Zitat jener Passage.

Der Begriff der Nachbarschaft hat darüberhinaus Voraussetzungen, die in der Bundesrepublik ungern gesehen werden. Er setzt nämlich die Existenz zweier unverbundener Individuen, eben der Nachbarn, voraus, die eine gewisse räumliche und persönliche Distanz zueinander halten. Nachbarn leben nicht in derselben Bezugsgemeinschaft, sondern in separaten Bereichen nebeneinander: Innerhalb der Familie als Zimmernachbarn, innerhalb der Gemeinde als Hausnachbarn und so fort. Im eigenen Lebensbereich ist der Nachbar unabhängig vom Nachbarn. Ihr Verhältnis zueinander ist für jeden von ihnen ein Außenverhältnis, das mit seiner internen Lebenshaltung nichts zu tun haben muß. So kann ein despotischer Hausherr durchaus gute Nachbarschaft halten.

Auf Bundesrepublik und DDR bezogen bedeutet das, daß die „normalen gutnachbarlichen Beziehungen“ kein Anhaltspunkt dafür sein können, wie die DDR, nach innen gerichtet, mit ihren Bürgern zu verfahren hat. Eiserner Vorhang und Schießbefehl, die in das Bild einer Diktatur – und als solche (des Proletariats) versteht sich die DDR ja immer noch[721] – passen, schließen die Möglichkeit guter Beziehungen nach außen, zum Nachbarn also, nicht von vornherein aus (erst die – verständliche – Reaktion des Nachbarn mag dann die Entwicklung guter Beziehungen verhindern). Die Anwendung des Schießbefehls nach innen, wie überhaupt der Eiserne Vorhang, verletzen demnach nicht die in Artikel 1 des Grundlagenvertrages übernommene Verpflichtung, gutnachbarliche Beziehungen zu entwikkeln.[722] Eher könnte diese Vorschrift dadurch verletzt werden, daß diese Grenze als solche in Frage gestellt und bagatellisiert wird. Relevant für „gutnachbarliche Beziehungen" wird aber das nach außen gerichtete Verhalten an der Grenze. Durch Flüchtlinge, die auf der Flucht Volksarmisten töteten und durch Westdeutsche, die Teile der Grenzarmierung entführten, hatten sich die DDR-„Grenzorgane" zeitweise in eine Nervosität gesteigert, daß auch in Richtung Bundesrepublik auf Alles geschossen wurde, was sich den Grenzbefestigungen näherte.[723] Diese frontähnlichen Zustände, in denen Alles, was sich bewegt, ein Ziel darstellt, sind mit der in Artikel 1 des Grundlagenvertrages übernommenen Verpflichtung, „normale gutnachbarliche Beziehungen" zu entwickeln, mit Sicherheit so lange unvereinbar, wie sie nicht durch entsprechendes westdeutsches Verhalten provoziert worden sind. Man hat indessen nie von Aktionen diesseits der Grenze gehört, die als sozialadaequate Rechtfertigung der ostdeutschen gezielten und tödlichen Schüsse hätten angesehen werden dürfen.

Die seit Abschluß des Grundvertrages verstrichene Zeit hat so gezeigt, daß „normale gutnachbarliche Beziehungen" nicht einfach beschlossen werden können. Das war auch schon bei der Aushandlung des Vertragstextes abzusehen; dennoch legte gerade die Bundesrepublik Wert auf die möglichst verbindliche Festlegung einer nicht zu bescheiden formulierten Qualität, die in der „Entwicklung" der Beziehungen anzustreben beide Seiten sich verpflichteten.[724] Ohnehin unterwirft der Begriff „entwickeln" die hier eingegangene Verpflichtung noch einer gewissen zeitlichen und sachlichen Elastizität.

Der bedeutsamste Passus dieses Artikels ist der, welcher zur „Grundlage" der Beziehungen die „Gleichberechtigung" bestimmt. Im internationalen Verkehr ist die Gleichberechtigung aller Staaten eine Selbstverständlichkeit geworden – so sehr, daß schwerlich eine ahnliche Klausel in anderen zeitgenössischen Verträgen vorstellbar ist. Nach der jahrzehntelangen Unterdrückungspolitik der BRD kann es indes eigentlich nicht verwundern, daß die DDR außerordentlichen Wert auf das Fundament der Gleichberechtigung legte;[725] im Ulbricht-Entwurf vom Dezember 1969 sah Artikel 1 „normale gleichberechtigte Beziehungen" vor. Andererseits bleibt bei ihrem ausgeprägten Sinn für Prestige und Protokoll erstaunlich, daß die DDR mit dem Passus von der Gleichberechtigung einen Rückblick auf die Zeit nahelegte, in der ihr diese Gleichberechtigung vorenthalten wurde, und damit gleichzeitig auch die Besonderheit ihres Verhältnisses zur Bundesrepublik eingestand. Sie mag dies hingenommen haben in der Erkenntnis der großen praktischen Bedeutung dieser Bestimmung.

Wendet man nämlich, wozu beide Seiten ja nun verpflichtet sind, die Maxime der Gleichberechtigung auf die einzelnen, mit der DDR anhängigen Fragen und Streitigkeiten an, so zeigt sich, daß gerade in der Bundesrepublik mancherorts noch umgelernt werden muß. Um es sofort zu sagen, die Forderung der Gleichberechtigung gilt natürlich nur für die offiziellen zwischenstaatlichen Beziehungen; außerhalb dieser ist niemand gehindert, der Bundesrepublik Deutschland (oder auch der DDR) weiterhin in seiner Einschätzung grundsätzlich oder punktuell den Vorrang einzuräumen. Im offiziellen Umgang staatlicher Stellen miteinander allerdings ist die Gleichberechtigung nunmehr der Grundsatz, soweit nicht im Vertragswerk selbst Ausnahmen zugelassen worden sind. Einige Beispiele mögen das erläutern.

Auf dem Gebiet der Staatsangehörigkeit wäre die Bundesrepublik aus dem Grundsatz der Gleichberechtigung heraus verpflichtet, die DDR-Staatsbürgerschaft als eine der zahlreichen Staatsangehörigkeiten, die es in der Welt gibt, anzuerkennen und das eigene Staatsangehörigkeitsrecht so zu ändern, daß es nicht die Angehörigen eines anderen Staates in corpore für sich in Anspruch nimmt. Lediglich der recht mühsam ausgehandelte Vorbehalt zu Staatsangehörigkeitsfragen[726] gestattet der Bundesrepublik die Beibehaltung ihres Staatsangehörigkeitsrechts, das noch von der einen deutschen Staatsangehörigkeit ausgeht.

Ist die DDR gleichberechtigt, stellt sich auch die Frage nach ihrer Teilhabe am ehemaligen Reichsvermögen (einschließlich der Verbindlichkeiten!) anders, als sie bisher in Bonn gesehen wurde; ging man doch hier teilweise davon aus, daß man das Deutsche Reich allein fortsetze. Ein ebenfalls zäh ausgehandelter Vorbehalt zu Vermögensfragen[727] hält auch hier allerdings die Lage noch offen.

Vertragswidrig wäre seit Inkrafttreten des Grundlagenvertrages aber, etwa die in der DDR herrschende Rechtsordnung in toto als nicht-gleichberechtigte „Unrechtsordnung“ anzusehen und auch, soweit sie nicht dem ordre public der Bundesrepublik Deutschland widerspricht, unberücksichtigt zu lassen.

Eindeutig gegen den Geist der Gleichberechtigungsmaxime würden Weisungen staatlicher Stellen verstoßen, die den Gebrauch des Kürzels „BRD“ mit der Begründung verbieten, diese Abkürzung stelle die BRD auf eine Stufe mit der DDR: auf genau dieser Stufe befindet sich rechtlich die BRD. Etwas anderes ist es, wenn man den Staatsnamen „Deutschland“ mehr in das Bewußtsein rückt.

Die Gleichberechtigungsmaxime des Artikel 1 ist allerdings strikt reziprok. Sie schreibt nicht vor, daß BRD und DDR einander so behandeln wie dritte Staaten; die vertragsmäßige Gleichberechtigung, soweit sie aus Artikel 1, und nicht etwa aus Artikel 2 (siehe dazu unten) hergeleitet wird, weist dem Vertragspartner lediglich die Rechtsstellung der jeweils anderen Seite zu; sie wird verletzt, wenn eine Seite für sich gegenüber dem Vertragspartner einen besseren oder höheren rechtlichen Rang beansprucht, als sie dem Vertragspartner zugesteht – eine noch nicht überall überwundene Einstellung!

c) Die Ziele und Prinzipien der VN-Charta (Artikel 2)

Artikel 2 des Grundlagenvertrages lautet:

„Die Bundesrepublik Deutschland und die Deutsche Demokratische Republik werden sich von den Zielen und Prinzipien leiten lassen, die in der Charta der Vereinten Nationen niedergelegt sind, insbesondere der souveränen Gleichheit aller Staaten, der Achtung der Unabhängigkeit, Selbständigkeit und territorialen Integrität, dem Selbstbestimmungsrecht, der Wahrung der Menschenrechte und der Nichtdiskriminierung."

Artikel 2 unterstellt also BRD und DDR den Zielen und Prinzipien, d.h. dem oben[728] bei Ziffer 2 des Bahr-Papiers zitierten I. Kapitel, der Charta der Vereinten Nationen (ChVN).

Geltung

Einige der Ziele (Artikel 1 ChVN) und Prinzipien (Artikel 2 ChVN) werden im Grundlagenvertrag besonders genannt. Auch in den Verträgen von Moskau (Artikel 2, Satz 1) und Warschau (Artikel II, Absatz 2) unterstellten sich die Vertragspartner den Zielen und den Prinzipien der ChVN, allerdings ohne einzelne von ihnen aufzuführen. Im Grundlagenvertrag aber hatten beide Seiten Punkte, die sie gern ausdrücklich hervorgehoben sahen; die Bundesrepublik legte Wert darauf, aus Artikel 1 der ChVN die Wahrung der Menschenrechte und das Selbstbestimmungsrecht zu nennen;[729] selbstverständlich wäre es eine Illusion anzunehmen, daß die DDR sich damit diesbezüglichen westdeutschen Vorstellungen angeschlossen hätte, wie man diese Ziele am besten verwirklichte, wer etwa Träger des Selbstbestimmungsrechts sei, das deutsche Volk in BRD und DDR gemeinsam, oder die Bevölkerung der DDR getrennt von der Bevölkerung der BRD, und wie es in den beiden Staaten um die Verwirklichung des Selbstbestimmungsrechts oder auch der Menschenrechte stehe. Hier fällt der Dissens der beiden Vertragsstaaten auf den zur Auslegung der VN-Charta weltweit bestehenden Dissens zurück.

Die DDR legte Wert auf die Hervorhebung einiger Grundsätze des Artikels 2 ChVN, nämlich der souveränen Gleichheit aller Staaten sowie der Achtung der Unabhängigkeit (ergänzt durch die Selbständigkeit) und der territorialen Integrität.[730]

Wie schon zu Artikel 1 des Grundlagenvertrages oben gesagt, hat die Bundesrepublik Deutschland spätestens mit Abschluß des Vertrages die DDR als gleichberechtigt akzeptiert. Sie sieht auch sich selbst und die DDR als eigenständige Völkerrechtssubjekte, soweit es sich um Beziehungen zu dritten Staaten handelt; lediglich die deutsch/deutschen Beziehungen sind als „besondere" qualifiziert, eine Qualifizierung, die aber nicht auf eine Abhängigkeit der DDR-Staatsgewalt von der BRD, also eine Einschränkung der „souveränen Gleichheit" abstellt. Die Aufzählung „Unabhängigkeit" und „Selbständigkeit" ist hier (vgl. auch unten Artikel 6 des Grundlagenvertrages)[731] eine Ausfaltung des Begriffs der „politischen Unabhängigkeit", die Artikel 2, Ziffer 4, der ChVN vor der Androhung oder Anwendung von Gewalt schützt. Die Achtung der „territorialen Integrität" schließlich sichert das Staatsterritorium gegenüber Verletzungen, also, wie schon oben[732] zu Ziffer 3 des Bahrpapiers festgestellt, gegenüber gewaltsamen Einwirkungen.

All dies sind Begriffe, die für sich genommen ein völkerrechtliches Verhältnis der beiden deutschen Staaten anzeigen; Souveränität (wenn auch nur als Beschreibung der Gleichheit – „souveräne Gleichheit") oder Unabhängigkeit (und Selbständigkeit) passen nicht ohne weiteres zu innerdeutschen Sonderbeziehungen unterhalb der Ebene des Völkerrechts. Bis auf die „Selbständigkeit" waren diese Prinzipien auch schon in Artikel 1 oder 2 des Ulbricht'schen Entwurfs vom Dezember 1969 vorgesehen gewesen, allerdings ohne Bezug auf die ChVN.

Einschränkungen

Ein Vergleich mit den Verträgen von Moskau und Warschau macht aber einen wichtigen Unterschied deutlich: Dort lassen sich die Vertragspartner von den Zielen und Prinzipien der ChVN „in ihren gegenseitigen Beziehungen" leiten. Dieser Passus fehlt im Grundlagenvertrag, um anzudeuten, daß die BRD ihr Verhältnis zur DDR erst in zweiter Linie, also subsidiär, völkerrechtlich, vorrangig aber als besonderes, unterhalb des Völkerrechts angesiedeltes Rechtsverhältnis begreift.[733] In den Verträgen von Moskau und Warschau ist neben den gegenseitigen Beziehungen noch der Bereich der europäischen und internationalen Sicherheit als der Geltung der Ziele und Prinzipien der ChVN unterstellt genannt; dies hätte man auch im Grundlagenvertrag tun können, wenn nicht dadurch der Eindruck entstanden wäre, man habe durch gezielte Auslassung allein der „gegenseitigen Beziehungen" diese ausdrücklich von jeglicher Geltung der Charta-Ziele und Prinzipien ausschließen wollen. Das war aber nicht gewollt.

Dieser Teil der ChVN soll vielmehr nach dem Grundlagenvertrag insoweit auf das deutsch/deutsche Verhältnis anwendbar sein, wie die ausdrücklich für dieses Verhältnis getroffenen weiteren Vereinbarungen dafür Platz lassen. Bei den Zielen der ChVN kommen als solche Vereinbarungen in Betracht: Hinsichtlich des Selbstbestimmungsrechts die Anerkennung der Eigenständigkeit der DDR (und der BRD) durch Artikel 3, Absatz II und Artikel 6 des Grundlagenvertrages; sie lassen für ein Selbstbestimmungsrecht Raum, das sich nicht unbedingt mit den westdeutschen Vorstellungen decken muß. Die Geltung der Menschenrechte wird von den vorgenannten Artikeln und den in ihrer Geltung ebenfalls vereinbarten Prinzipien der ChVN (souveräne Gleichheit, Unabhängigkeit etc.) insoweit eingeengt, als sie dem so anerkannten Staat auch einen gewissen Spielraum bei der Gewährung der Menschenrechte einräumen. Letztere sind weder in der ChVN noch im Grundlagenvertrag spezifiziert, so daß eine Verletzung des Vertrages hier nur in extremen und eindeutigen Fällen nachgewiesen werden könnte.

Auch die in Artikel 2 des Grundlagenvertrages genannten Prinzipien der ChVN, also vor allem die souveräne Gleichheit, die Achtung der Unabhängigkeit (einschließlich der Selbständigkeit) und der territorialen Integrität, werden durch eine ganze Anzahl von Vereinbarungen des Grundlagenvertragswerkes eingeschränkt, die den besonderen Charakter des deutsch/deutschen Verhältnisses ausmachen: die Präambel mit ihren Hinweisen auf deutsche und nationale Gegebenheiten, die praktischen Regelungen des Artikel 7, der Austausch ständiger Vertretungen nach Artikel 8, die mit der Fortgeltung früherer Verträge – Artikel 9 – und dem Briefwechsel zu den Viermächte-Rechten angesprochene besondere Lage Gesamtdeutschlands, die Vorbehalte zu Staatsangehörigkeitsfragen und zu Vermögensfragen; nicht zuletzt gehört die – einseitige – Rechtsverwahrung der Bundesrepublik Deutschland durch den „Brief zur deutschen Einheit" hierher.

Es bleibt die Frage, ob nicht die im Grundlagenvertrag modifizierten Charta-Ziele und -Prinzipien nach dem Beitritt der beiden deutschen Staaten zu den Vereinten Nationen, das heißt, auf Grund der ausdrücklichen Übernahme der Charta-Verpflichtungen, noch einmal, und zwar diesmal unmodifiziert, Geltung beanspruchen können; diese Frage wird unten[734] mit dem VN-Beitritt behandelt und verneint.

Eines der Prinzipien der ChVN, die ohne besondere Nennung („insbesondere") durch Artikel 2 des Grundlagenvertrages diesem inkorporiert wurden, ist das der Nichteinmischung in die inneren Angelegenheiten; Artikel 2, Ziffer 7 ChVN verbietet aber nur den VN, nicht etwa den einzelnen Mitgliedstaaten, sich in die inneren Angelegenheiten eines anderen Staates einzumischen. Aber das Verbot der Nichteinmischung ist Teil des allgemeinen Völkerrechts, welches subsidiär hinter der ChVN steht. Dieses Verbot würde auch BRD und DDR in ihrem Verhältnis zueinander absolut binden, wenn dieses Verhältnis ein ausschließlich völkerrechtliches wäre. Da dies, wie schon wiederholt gezeigt, nicht der Fall ist, hätte es nahe gelegen, im Grundlagenvertrag etwas über den Umfang zu sagen, in welchem eine Einmischung in die Angelegenheiten des anderen Vertragspartners zulässig – oder verboten – ist. Ein von der DDR gewünschtes (vgl. Artikel 2 des Stoph-Entwurfs vom September 1967 und Artikel 1 des Ulbricht-Entwurfs vom Dezember 1969), ihrerseits aber nicht immer praktiziertes,[735] völliges Verbot der Einmischung in die inneren Angelegenheiten des anderen Vertragspartners kam für die BRD nicht in Betracht;[736] hier sei nur an ihre Auffassung zur nationalen Frage und an ihr geltendes Staatsangehörigkeitsrecht erinnert. Ein qualifiziertes Einmischungsverbot kam für die DDR nicht in Betracht. Eine ausdrückliche Erwähnung unterblieb.[737]

Hier, wie überhaupt da, wo die Frage entsteht, ob ein konkretes deutsch/deutsches Problem sich ausschließlich nach Völkerrecht regele oder nicht, wird, ausgehend von einer Vermutung für das Völkerrecht, einerseits sehr sorgfältig nach besonderen, also deutschen Anknüpfungen gesucht, andererseits deren Vorliegen aber auch wirklich zur unzweifelhaften Überzeugung nachgewiesen werden müssen. Ebensowenig, wie die DDR etwa beim Amts- oder Rechtshilfeverkehr die gemeinsame staatliche Vergangenheit übersehen und ausschließlich Völkerrecht anwenden dürfte, – ebensowenig wird der Rechtslage (von der Sachlage gar nicht zu sprechen) eine Beurteilung der deutsch/deutschen Grenze gerecht, die diese „ähnlich" den Grenzen sieht, „die zwischen den Ländern der Bundesrepublik Deutschland verlaufen" (so das am Ende dieses Kapitels behandelte Urteil des Bundesverfassungsgerichts vom 31. Juli 1973.[738] Gegenüber dem im zwischenstaatlichen Bereich dominierenden Völkerrecht wird sich der besondere deutsche Charakter bestimmter Beziehungen zwischen BRD und DDR nur erhalten, wenn er nicht strapaziert und damit unglaubwürdig gemacht wird. So wird langfristig die Vorherrschaft des Völkerrechts oder eines deutschen Sonderrechts im Verhältnis zwischen BRD und DDR auf der politischen Ebene entschieden werden.

d) Gewaltverzicht und Grenzachtung (Artikel 3)

Artikel 3 enthält den Gewaltverzicht (Absatz I) und die Grenzachtung (Absatz II):

> „Entsprechend der Charta der Vereinten Nationen werden die Bundesrepublik Deutschland und die Deutsche Demokratische Republik ihre Streitfragen ausschließlich mit friedlichen Mitteln lösen und sich der Drohung mit Gewalt oder der Anwendung von Gewalt enthalten.
>
> Sie bekräftigen die Unverletzlichkeit der zwischen ihnen bestehenden Grenze jetzt und in der Zukunft und verpflichten sich zur uneingeschränkten Achtung ihrer territorialen Integrität."

Während wie oben[739] erörtert, in der Präambel des Grundlagenvertrages, umgekehrt wie im Moskauer Vertrag, durch eine sog. „Brücke" die Grenzachtung als das Primäre dargestellt und der Gewaltverzicht aus ihr abgeleitet wurde, stehen hier, im operativen Artikel 3, Gewaltverzicht und Grenzachtung – in dieser Reihenfolge – unverbunden, aber als zwei Absätze des gleichen Artikels, nebeneinander. Durch diese unterschiedliche Behandlung in Präambel und operativem Teil wird ein sorgsam austariertes Gleichgewicht zwischen dem Interesse der Bundesrepublik (Grenzachtung folgt aus Gewaltverzicht) und dem der DDR (Gewaltverzicht folgt der Grenzachtung – so auch Artikel 2 und 3 des Ulbricht-Entwurfs vom Dezember 1969) hergestellt, mit dem Ergebnis, daß keines dieser Interessen den Vorrang vor dem anderen hat.

Hinweis auf die VN-Charta

Absatz I des Artikel 3 des Grundlagenvertrages entspricht Artikel 2 Satz 2 des Moskauer Vertrages[740] und Artikel II Absatz 2 des Warschauer Vertrages[741] in seiner umfassenden Formulierung („ausschließlich"). Wie in jenen Verträgen bleibt auch im Gewaltverzicht des Grundlagenvertrages das Recht der individuellen und der kollektiven Notwehr; denn es ist unverzichtbar. In Artikel 3 Absatz I des Grundlagenvertrages ist es außerdem durch die Anlehnung an die gesamte ChVN, also auch an deren Artikel 51, der das Notwehrrecht ja ausdrücklich vorbehält, mit erfaßt.

Dies war aber nicht der Grund für die insoweit von den Verträgen von Moskau und Warschau abweichende Formulierung; letztere hatten ja ausdrücklich nur Artikel 2 der ChVN, und nicht die gesamte ChVN, angezogen, um die Feindstaaten-Artikel der ChVN (Artikel 53 und 107) nicht als Beschränkungen des Gewaltverzichts mit zu vereinbaren, vielmehr sie durch Umkehrschluß auszuschließen. Ein solches Interesse bestand beim Gewaltverzicht mit der DDR nicht, da diese im Gegensatz zu Sowjetunion und Polen nicht Signatarstaat der ChVN ist (folglich aus den Feindstaaten-Artikeln Befreiungen auch nicht herleiten kann), sondern im Gegenteil selbst Rechtsnachfolger eines Feindstaates ist. Diesen Unterschied in der Rechtsstellung ihrer Vertragspartner wünschte die Bundesrepublik Deutschland durch die von den Verträgen von Moskau und Warschau abweichende Formulierung auch auszudrücken. Im Verhältnis der beiden benachbarten, nur durch eine gemeinsame Grenze voneinander getrennten deutschen Staaten zueinander erschien auch die Übernahme der Konkretisierung („in Fragen, die die Sicherheit in Europa und die internationale Sicherheit berühren, sowie in ihren gegenseitigen Beziehungen" – Artikel 2 Satz 2 des Moskauer Vertrags, ähnlich Artikel II Absatz 2 des Warschauer Vertrags) nicht am Platze.

Grenzbeschreibung

Artikel 3 Absatz II des Grundlagenvertrages ist die erheblich gekürzte Fassung der Grenzartikel der Verträge von Moskau und Warschau (Artikel 3 Moskauer Vertrag, Artikel I Warschauer Vertrag).

Die Einleitung des Moskauer Grenzartikels (Erhaltung des Friedens, „wenn niemand die gegenwärtigen Grenzen antastet"), die ja mehr Präambelcharakter hatte, war schon beim Warschauer Vertrag im letzten Präambelabsatz aufgegangen; ähnlich ist sie beim Grundlagenvertrag im 3. Präambelabsatz enthalten. Oben[742] waren zu Artikel 1 des Grundlagenvertrages schon die dort vorgesehenen „gutnachbarlichen Beziehungen" und der Eiserne Vorhang angesprochen worden.

Der erste Absatz des Warschauer und der letzte Absatz des Moskauer Grenzartikels enthalten eine Grenzbeschreibung („wie sie am Tage der Unterzeichnung dieses Vertrages verlaufen" – Moskauer Vertrag; „von der

Ostsee unmittelbar westlich von Swinemünde und von dort die Oder entlang ..." – Warschauer Vertrag). Beim Grundlagenvertrag wurde die Grenzbeschreibung in eine gemeinsame Protokollerklärung verwiesen („... bestimmt sich nach den diesbezüglichen Festlegungen des Londoner Protokolls vom 12. September 1944" d.h. der alliierten Vereinbarung über die Grenzen der Besatzungszonen) und fehlt im Vertrag selbst, weil die Bundesrepublik nicht bereit war, die deutsch/deutsche Grenze in ähnlicher Umständlichkeit und Förmlichkeit darzustellen.[743] Das nimmt aber der Verpflichtung zur Achtung dieser Grenze nichts.

Die Grenzkommission (Zusatzprotokoll und Protokollerklärung)
Mit dem Ziel, die Verhältnisse an der Grenze zu normalisieren, wurde in Abschnitt I des Zusatzprotokolls zum Grundlagenvertrag eine „Kommission aus Beauftragten der Regierungen beider Staaten" ins Leben gerufen, die die Markierung der Grenze überprüfen und „zur Regelung sonstiger mit dem Grenzverlauf im Zusammenhang stehender Probleme ... beitragen" soll. Damit die Bundesrepublik diese Kommission nicht zur Erörterung schwererwiegender politischer Grenzprobleme benutzen könnte, bestand die DDR auf einer beispielhaften Nennung einiger technischer Probleme („zum Beispiel der Wasserwirtschaft, der Energieversorgung und der Schadensbekämpfung").

Die gemeinsame Protokollerklärung „über die Aufgaben der Grenzkommission" überträgt der Kommission auch die Befugnis, „praktische Fragen von untergeordneter Bedeutung bei sonstigen mit dem Grenzverlauf im Zusammenhang stehenden Problemen ... zu klären". Die Schaffung mehrerer Kommissionen aus Beauftragten beider Seiten für verschiedene Sachkomplexe gehörte seit dem Erfurter Treffen zum öffentlichen Verhandlungsziel der BRD.[744] Die DDR sah – zu Unrecht – in ihnen den Versuch, durch ein Geflecht von sachlichen Kontakten die von ihr geforderten diplomatischen Beziehungen zu unterlaufen. Wo sie sich in der Folgezeit auf Kommissionen einließ, bemühte sie sich, ihnen keine Entscheidungsbefugnisse einzuräumen. So kam der oben zitierte vorsichtige Auftrag an die Grenzkommission zustande, Probleme „zu klären".

Im November 1978 hat die Grenzkommission ihre Arbeiten vorläufig abgeschlossen[745] und die Grenze mit der hauptsächlichen Ausnahme des beim Verkehrsvertrag genannten Elbabschnitts[746] markiert. Dort blieben zwischen BRD und DDR Meinungsverschiedenheiten darüber, wo die Besatzungsmächte (England und Sowjetunion) bei von dem Londoner Protokoll von 1944 abweichenden Grenzkorrekturen die Grenze gezogen haben: ob auf bestimmten Linien im Wasser (etwa Strommitte, Mitte Talweg o.ä.) oder ob am östlichen Ufer (z.B. Verbindungslinie der östlichen Buhnenspitzen). Diese Schwierigkeiten hatten beim Verkehrsvertrag noch durch eine Verkehrsregelung überbrückt werden können, die die Besitzverhältnisse offen ließ.

Zu schnellerem Erfolg kam die Grenzkommission bei der Vorbereitung mehrerer Vereinbarungen, die zwischen September 1973 und November 1978 abgeschlossen wurden u. a. über Schadensbekämpfung an der Grenze, über die Wartung wasserwirtschaftlicher Anlagen, über die historischen Fischereirechte der Lübecker Fischer vor der mecklenburgischen Küste, über die Wasserversorgung von Duderstadt und die Nutzung bestimmter Grenzflüsse durch westdeutsche Wassersportler.[747]

Die übrigen Grenzen

Die unterschiedliche politische Bedeutung der Vertragspartner und der jeweiligen Grenzprobleme der Bundesrepublik in den Verträgen von Moskau, Warschau und Berlin (Grundlagenvertrag) fand ihr Echo in der Anzahl der in den Verträgen erwähnten Grenzen: Der Moskauer Vertrag (Artikel 3) postuliert die Unverletzlichkeit der „Grenzen aller Staaten in Europa"; so wollte es auch Artikel 2 des Ulbricht-Entwurfs von 1969: „Grenzen in Europa". Der Warschauer Vertrag (Artikel 1) bekräftigt die Unverletzlichkeit lediglich „ihrer (also der Bundesrepublik Deutschland und Polens) bestehenden Grenzen", Artikel 3 Absatz II des Grundlagenvertrages schließlich nennt nur noch die eine „zwischen ihnen bestehende Grenze". Während Polen sich darauf berufen konnte, daß aus der Bundesrepublik immer wieder die polnische Westgrenze in Frage gestellt worden sei, ist die gleiche Grenze als Ostgrenze der DDR nie Gegenstand besonderer Erklärungen gewesen. Die DDR hätte gern alle Grenzen beider Staaten genannt (vgl. Artikel 2 des Stoph-Entwurfs von 1967 und des Ulbricht-Entwurfs von 1969), Bonn hatte jedoch keine Veranlassung, gegenüber der DDR zu einer Grenze zwischen der DDR und Polen Stellung zu nehmen.

Die territoriale Integrität

Der Schlußhalbsatz des Artikels 3 Absatz II des Grundlagenvertrages betreffend die „Achtung ihrer territorialen Integrität" geht auf ein altes westdeutsches Verhandlungsangebot zurück, daß sich in Ziffer 4 der Kasseler Punkte ebenso wie im Bahrpapier (Ziffer 3) und in den Verträgen von Moskau (Artikel 3) und Warschau (Artikel I) findet. Hier sei nochmals wie schon oben bei der Erörterung der genannten Verträge daran erinnert, daß die territoriale Integrität die Gesamtheit eines Gebietes vor gewaltsamen Abtrennung von Teilen schützen will, nicht vor freiwilligen Grenzänderungen oder gar -aufhebungen.

Gebietsansprüche

Bemerkenswert ist schließlich das Schicksal der Erklärung über Gebietsansprüche in den Ostverträgen: Artikel 3 des Moskauer Vertrages enthält die Erklärung beider Seiten, „keine Gebietsansprüche gegen irgend jemand (zu) haben" bzw. künftig zu erheben. Artikel I des Warschauer Vertrages enthält die gleiche Erklärung, aber, wie schon bei der Grenzachtung, bezogen allein auf den jeweils anderen Vertragspartner („daß sie gegeneinander keinerlei Gebietsansprüche haben" bzw. künftig erheben). Im Grundlagenvertrag fehlt – ebenso wie schon in den Kasseler Punkten – eine solche Erklärung überhaupt.

In der Tat macht auch die Bundesrepublik keine Gebietsansprüche gegenüber der DDR geltend, sonst hätte sie ja nicht im Moskauer Vertrag die vorstehend zitierte allgemeine Erklärung abgeben können. Im Anschluß an den Moskauer Vertrag (weder im Stoph-Entwurf von 1967 noch im Ulbricht-Entwurf von 1969 taucht diese Erklärung auf) hätte eine entsprechende Wendung in den Grundlagenvertrag übernommen werden können; dem hat sich aber die Bundesrepublik versagt, um Mißverständnissen im Hinblick auf ihre Wiedervereinigungspolitik vorzubeugen. Diese zielt auf die gesamte Staatlichkeit beider deutscher Staaten, der DDR und der BRD ab; so läßt z.B. Artikel 146 des Bonner Grundgesetzes dieses an dem Tage seine Gültigkeit verlieren, an dem eine „von dem deutschen Volk" beschlossene Verfassung in Kraft tritt. Die Geltendmachung eines Gebietsanspruchs setzt demgegenüber begrifflich zwei in ihrer Identität fortdauernde Staatswesen voraus, deren eines den Anspruch erhebt und deren anderes ihn erfüllt (oder auch nicht). Die Wiedervereinigungspolitik gegenüber der DDR enthält also keinen Gebietsanspruch. Die Bundesrepublik konnte aber die Möglichkeit voraussehen, daß ihre Wiedervereinigungspolitik polemisch als Gebietsanspruch entstellt und dann auf Grund einer entsprechenden Bestimmung des Grundlagenvertrages in ihrer Rechtsmäßigkeit bestritten werden könnte. Dem begegnet die Auslassung des ganzen Passus.

e) Das Ende des Alleinvertretungsanspruchs (Artikel 4)

Artikel 4 des Grundlagenvertrages macht Schluß mit dem Alleinvertretungsanspruch der Bundesrepublik:

> „Die Bundesrepublik Deutschland und die Deutsche Demokratische Republik gehen davon aus, daß keiner der beiden Staaten den anderen international vertreten oder in seinem Namen handeln kann."

Dieser Artikel geht zurück auf den 6. der Kasseler Punkte, der in seiner apodiktischen Form („Keiner der beiden deutschen Staaten kann für den anderen handeln oder ihn vertreten") allerdings noch klarer war.

Die „internationale Vertretung" des anderen Staates und das „Handeln in seinem Namen" sind Begriffe, die sich teilweise decken. Gleichwohl erscheinen beim „Vertreten" die Situationen nicht miterfaßt, in denen der agierende Staat durch schlichtes Handeln den Handlungsspielraum des Anderen mit ausgefüllt hat; als Beispiel mögen internationale Organisationen und Konventionen aus der Zeit vor 1945 dienen, nach denen „Deutschland" nicht aufzuspaltende Mitgliedschaftsrechte zustehen; ein solches Mitgliedschaftsrecht einseitig mit Wirkung für ganz Deutschland, also für

BRD und DDR, auszuüben, würde künftig gegen diesen Artikel des Grundlagenvertrages verstoßen.

Eine Konsequenz der in Artikel 1 vereinbarten Gleichberechtigung und der Aufgabe des Alleinvertretungsanspruchs in Artikel 4 ist die Korrektur von Amtsbereich und -bezeichnung, die – nach einer Frist von mehreren Jahren – der Heilige Stuhl für seinen Bonner Nuntius vornahm: Aus der Akkreditierung für Deutschland wurde die für die Bundesrepublik Deutschland.[748]

Für Artikel 4 mußte eine Formulierung gefunden werden, die weder ausdrücklich noch implizit und weder sanktionierend noch verurteilend zu der bislang von Bonn praktizierten und von einer Vielzahl von Drittstaaten akzeptierten Alleinvertretung Stellung bezog. Ferner durfte das Selbstverständnis beider Staaten in ihrer Beziehung zum Deutschen Reich (Fortsetzung oder Rechtsnachfolge) nicht präjudiziert werden. Schließlich mußte sichergestellt sein, daß nicht auch eine gewollte Stellvertretung oder ausdrückliche Beauftragung ausgeschlossen würde; warum sollte nicht einmal der Vertreter der DDR auf einer Rechtschreibungskonferenz der deutschsprachigen Staaten in einer bestimmten Frage seinen westdeutschen Kollegen auf dessen Bitte hin vertreten können? All diesen Erfordernissen genügt die Vorschaltung des Halbsatzes: BRD und DDR „gehen davon aus ...“, denn er nimmt weder zur Praxis der Vergangenheit noch zur Rechtsgrundlage Stellung und läßt immer noch korrigierende Vereinbarungen im Einzelfall zu.

Unredlich wäre der Einwand, daß die Bundesrepublik sich nie angemaßt habe, den Staat DDR zu vertreten oder für ihn zu handeln, sondern daß es immer nur um „das deutsche Volk“ (z.B. Ziffer 1 der Londoner Erklärung der drei Westmächte vom 3. Oktober 1954: „... für Deutschland als Vertreterin des deutschen Volkes in internationalen Angelegenheiten zu sprechen“), also um die Bevölkerung auch der DDR gegangen sei, und daß diese Mitvertretung durch Artikel 4 des Grundlagenvertrages nicht ausgeschlossen sei.[749] Der Kontext, insbesondere das in Artikel 6 statuierte Territorialprinzip, schließt eine solche Auslegung des Artikel 4 aus.

f) Frieden und KSZE (Artikel 5 Absatz I)

Artikel 5 ist der längste, in seiner textlichen Ausgestaltung auch immer wieder umgeformte Artikel des Grundlagenvertrages; gleichwohl enthält er den geringsten Zündstoff. Sein Absatz I lautet:

> „Die Bundesrepublik Deutschland und die Deutsche Demokratische Republik werden friedliche Beziehungen zwischen den europäischen Staaten fördern und zur Sicherheit und Zusammenarbeit in Europa beitragen.“

Der Absatz enthält zwei Elemente verschiedenen Ursprungs. Das Versprechen, friedliche Beziehungen zwischen den europäischen Staaten zu fördern, geht auf das Bekenntnis auch früherer Bundesregierungen zurück, daß Deutschland nach 1945 eine besondere Verantwortung für den Frieden in Europa trage. In den Vertragsentwürfen der DDR von 1967 und 1969 fehlte ein entsprechender Passus. Der 7. Kasseler Punkt formulierte hingegen, daß „niemals wieder ein Krieg von deutschen Boden ausgehen darf".

Der 8. Kasseler Punkt wollte die beiden deutschen Staaten verpflichten, „alle Handlungen zu unterlassen, die geeignet sind, das friedliche Zusammenleben der Völker zu stören". Artikel 1 Absatz II des Moskauer Vertrages machte aus der Unterlassens- eine Handlungspflicht („die Entwicklung friedlicher Beziehungen zwischen allen europäischen Staaten zu fördern"). In der so von der Sowjetunion sanktionierten Form war der Passus dann auch für die DDR akzeptabel.

Das Ende des I. Absatzes („und zur Sicherheit und Zusammenarbeit in Europa beitragen") bringt Ziffer 10 des Bahr-Papiers à jour. Inzwischen stand die Eröffnung der Konferenz über Sicherheit und Zusammenarbeit in Europa (KSZE) vor der Tür.[750] Andererseits hatte die Bundesrepublik während der Verhandlungen zum Grundlagenvertrag wenig Veranlassung, in einem Vertragsartikel ausdrücklich die – damals ohnehin schon feststehende[751] – Teilnahme der DDR zu fixieren. Daher wurden die Parteien auf den Konferenzgegenstand verpflichtet, ohne daß die Konferenz selbst erwähnt wurde.

g) MBFR und Abrüstung (Artikel 5 Absatz II und III)

Absätze II und III des Artikels 5, die ebenso gut einen eigenen Artikel hätten bilden können, behandeln die Rüstungsverminderung und Abrüstung. Oben[752] war schon gesagt worden, daß bereits in dem Verhandlungsangebot des damaligen Ministerratsvorsitzenden Stoph vom Mai 1967 Vorschläge figurierten, die Rüstungsausgaben um jeweils die Hälfte herabzusetzen und auf Kernwaffen zu verzichten; auch der Ulbricht-Entwurf von 1969 sah ein Verbot von A-, B- und C-Waffen sowie Abrüstungsverhandlungen vor. Demgegenüber waren Abrüstungsvereinbarungen mit der DDR für die Bundesrepublik nie ein vordringliches Ziel gewesen, was sich schon aus der unterschiedlichen Größe der beiden Staaten erklärt. Im übrigen schloß die Mitgliedschaft in den jeweiligen militärischen Allianzen (NATO und Warschauer Pakt) zweiseitige konkrete Vereinbarungen ohnehin aus. In den Kasseler Punkten, die an Abrüstungsfragen nicht völlig vorbeigehen konnten, hieß es daher (Punkt 9) allgemein: „Beide Seiten bekräftigen ihren Willen, alle Bemühungen um Abrüstung und Rüstungskontrolle zu unterstützen, die der Erhöhung der Sicherheit Europas dienen".

Trotz dem Interesse der DDR an einem Artikel über Abrüstungsfragen mußten beide Seiten darauf achten, nicht die eigene Sicherheit oder auch Positionen der jeweiligen Allianz auf künftigen Konferenzen (SALT, MBFR) zu präjudizieren. So übernahm man den vorstehend zitierten

9. Kasseler Punkt und ergänzte ihn durch Berücksichtigung laufender oder doch angekündigter multilateraler Abrüstungskonferenzen. Die Formulierung ist, wie schon der 9. Kasseler Punkt, im Wortlaut so vorsichtig und allgemein gehalten („werden Bemühungen unterstützen"), daß sie sich kaum noch von bloßen Absichtserklärungen unterscheiden. Absatz II und III lauten:

„Sie unterstützen die Bemühungen um eine Verminderung der Streitkräfte und Rüstungen in Europa, ohne daß dadurch Nachteile für die Sicherheit der Beteiligten entstehen dürfen.

Die Bundesrepublik Deutschland und die Deutsche Demokratische Republik werden mit dem Ziel einer allgemeinen und vollständigen Abrüstung unter wirksamer internationaler Kontrolle der internationalen Sicherheit dienende Bemühungen um Rüstungsbegrenzung und Abrüstung, insbesondere auf dem Gebiet der Kernwaffen und anderen Massenvernichtungswaffen, unterstützen."

In Absatz II unterstützen beide Staaten – wiederum ohne die Konferenz selbst zu nennen – die Verhandlungen über eine ausgewogene Truppenreduktion in Europa, nach der englischen Bezeichnung „Mutual Balanced Forces Reduction" im politischen Jargon MBFR abgekürzt.[753] Die umständliche Formulierung des Vorbehalts der Ausgewogenheit („ohne daß dadurch Nachteile für die Sicherheit der Beteiligten entstehen dürfen"), vermeidet die Festlegung auf ein Reduktionsmodell, auf das sich beide Seiten damals noch nicht einigen konnten; die Formel, auf die man dann dankbar zurückgriff, stammt aus dem Communiqué[754] über den Besuch des amerikanischen Präsidenten in Moskau (Mai 1972), war mithin von dem jeweiligen Lager-Ältesten abgesegnet.

Absatz III behandelt den gesamten Fächer der Abrüstung, von der bloßen Rüstungsbegrenzung bis zur allgemeinen und vollständigen Abrüstung auf dem Gebiet der konventionellen ebenso wie („insbesondere") der Kern- und sonstigen Massenvernichtungswaffen.

Die Nuklearpolitik der Bundesrepublik war schon immer Gegenstand besorgten Interesses des Ostblocks gewesen.[755] Im Bahr-Papier und im Moskauer Vertrag hatte die Frage wegen der Unterzeichnung des Nichtverbreitungsvertrages, die in der Regierungserklärung des ersten Kabinetts Brandt-Scheel bereits angekündigt wurde,[756] keine Rolle mehr gespielt. Deshalb konnte Bonn aber auch bei den Verhandlungen zum Grundlagenvertrag der DDR, der dies wohl sehr wichtig war,[757] entgegenkommen und der Aufnahme der Kern- und anderen Massenvernichtungswaffen in die Abrüstungsbestimmung zustimmen. Die „allgemeine und vollständige Abrüstung" ist im übrigen ein Ziel, das seit langem in den Vereinten Nationen behandelt wird und das die Bundesrepublik auch dort unterstützt.

Da die von den beiden Vertragsparteien zu unterstützenden Bemühungen „der internationalen Sicherheit" dienen müssen, sind Bemühungen in Richtung auf die nationale innere und äußere Sicherheit zunächst nicht miterfaßt, es sei denn, sie haben unstreitig internationale Relevanz. Wichtigste Passage für die Bundesrepublik war die Bedingung, daß die zur Zielvorstellung gewählte allgemeine und vollständige Abrüstung „unter wirksamer internationaler Kontrolle" stehen muß. Abrüstungsmaßnahmen, die nicht auf eine solche Kontrolle abstellen, brauchen also nicht unterstützt zu werden. Das könnte vor allem für die Abrüstungsvorschläge des Ostblocks gelten, die regelmäßig keine oder keine wirksamen internationalen Kontrollen vorsehen, da letztere nach östlicher Auffassung eine unzumutbare Souveränitätseinbuße darstellen.

h) Das Territorialprinzip (Artikel 6 Satz 1)

Art. 4 des Grundlagenvertrages beendet die westdeutsche Unterdrükkungspolitik gegenüber der DDR, soweit sie in der Ausformung des Alleinvertretungsanspruchs bei dritten Staaten geltend gemacht worden war. Noch nicht erledigt war damit der Teil der Unterdrückungspolitik, der sich gegenüber der DDR selbst geäußert hatte, indem DDR-Staatsgewalt negiert und das so entstehende Vakuum mit eigener (westdeutscher) Staatsgewalt durch „Hineinregieren" ausgefüllt worden war. Im Laufe von 20 Jahren hatten auf diese Weise westdeutsche Gesetzgebung, Verwaltung und Rechtssprechung der DDR-Staatsgewalt weite Bereiche vorenthalten oder entzogen. Diesen Zustand sofort und umfassend zu beenden, war verständlicherweise eines der Hauptziele der DDR. Der Ulbricht-Entwurf von 1969 enthielt in 2 Artikeln (Artikel 1 und 3) ausführliche Bestimmungen über ein Diskriminierungsverbot und seine Effektuierung durch Aufhebung von bislang ergangenen entgegenstehenden Gesetzen und Gerichtsentscheidungen. Der Bundesregierung indessen war klar, daß ihre bisherigen Positionen nicht mit einem Federstrich geräumt werden konnten. Andernfalls wäre es nicht nur zu einem erheblichen administrativen Durcheinander gekommen, sondern auch das Vertrauen der Bürger in eine gefestigte Gesetzgebung und Rechtssprechung wäre in rechtswidriger Weise getäuscht worden. Schließlich galt es, die Festlegungen des Bonner Grundgesetzes (gesamtdeutsche Verantwortung, Wiedervereinigungsgebot, Staatsangehörigkeit etc.) zu beachten, die gerade hier relevant waren.

In den Kasseler Punkten hatte die Bundesregierung deshalb (Punkt 13) ein Stufenverfahren vorgeschlagen, nach welchem zunächst geprüft werden sollte, auf welchen Gebieten „Kollisionen zwischen der Gesetzgebung der beiden Staaten bestehen", und danach „werden (beide Staaten) darauf hinwirken, daß Kollisionen beseitigt werden, um Nachteile für Bürger beider Staaten in Deutschland zu vermeiden". Für die DDR war eine solche Formulierung, die nur schrittweises Vorgehen vorsah, und dieses auch noch relativ unverbindlich („werden darauf hinwirken") und begrenzt (nur zur Vermeidung von Nachteilen für die Bürger), wohl nicht akzeptabel. Die Bundesrepublik konnte aus den vorgenannten Gründen nicht weiter gehen; eine konkrete Vereinbarung über die Beseitigung von Kollisionen der beiden Staatsgewalten, oder auch nur der beiden Gesetzgebungen, war also ebenso unmöglich wie über das schon bei Artikel 2[758] ausgesparte Verbot der Einmischung in die inneren Angelegenheiten des jeweils anderen Staates.

Aber schon im 13. Kasseler Punkt war auch ein Prinzip aufgestellt worden, welches abstrakt und generell das Nebeneinander der beiden Staatsgewalten regeln sollte: „Dabei werden sie von dem Grundsatz ausgehen, daß die Hoheitsgewalt jeder Seite sich auf ihr Staatsgebiet beschränkt." Mit geringen redaktionellen Änderungen wurde dieser Passus als Artikel 6 Satz 1 in den Grundlagenvertrag übernommen:

> „Die Bundesrepublik Deutschland und die Deutsche Demokratische Republik gehen von dem Grundsatz aus, daß die Hoheitsgewalt jeder der beiden Staaten sich auf sein Hoheitsgebiet beschränkt."

Satz 1 formuliert noch vorsichtiger als Artikel 4. Zunächst wird wie dort nicht ein Gebot oder Verbot vereinbart, sondern nur, daß beide Seiten von etwas „ausgehen"; auch hier wird nicht incidenter die frühere Politik der BRD gegenüber der DDR verurteilt. Aber auch das, was beide Seiten als Ausgangslage für ihre künftige Politik nehmen, ist keine absolute Norm, sondern nur ein „Grundsatz", von dem nach juristischem Sprachgebrauch also auch Ausnahmen denkbar sind.

Solche Ausnahmen spricht der Grundlagenvertrag nicht ausdrücklich an. Sucht man nach Kriterien für ihre Zulässigkeit, so wird man in jedem der beiden Staaten zunächst an den ordre public, also an die im materiellen Sinne verfassungsmäßige Grundordnung einschließlich ihrer deutschlandpolitischen Komponente zu denken haben; Rechtsquellen niedrigeren Ranges kommen für die Begründung von Ausnahmen wohl nicht in Betracht, da sie den Rang des Vertrages selbst nicht erreichen. Neben den ordre public muß aber als zweites Kriterium natürlich die Grundlagenvertrags-Konformität treten, das heißt, die Ausnahme darf nicht gegen andere Vorschriften des Vertrages verstoßen; dabei sind dann allerdings auch die im Vertragswerk fixierten deutsch/deutschen Besonderheiten zu berücksichtigen, wie sie insbesondere im „Brief zur deutschen Einheit"[759] festgehalten worden sind.

Der Grundsatz, von dem laut Artikel 6 Satz 1 beide Seiten ausgehen, ist das Territorialprinzip.[760] Dieses allein ermöglicht ein Nebeneinander gleichberechtigter Staaten, indem es die Hoheitsgewalt eines jeden Staates auf sein Staatsgebiet beschränkt, dort aber monopolisiert. Nicht unter Artikel 6 Satz 1 (noch unter das Territorialprinzip) fallen staatliches Handeln, das nicht hoheitlich ist, sowie privates Handeln.

Der Begriff der Hoheitsgewalt ist dem gemeinen deutschen öffentlichen Recht entnommen. Territorial beschränkt ist demnach jedenfalls der Teil staatlicher Gewalt, der *in beiden Staaten* als hoheitlich aufgefaßt wird, z. B. die staatliche Zwangsgewalt. Im übrigen wird der Begriff allerdings in den beiden Staaten nicht mehr deckungsgleich verwendet; das totalitäre Staatsverständnis der DDR organisiert oder versteht manche Bereiche öffentlicher Interessen hoheitlich (z.B. Staatshandel oder Pressewesen), die im Westen nicht hoheitlich ausgestaltet sind oder verstanden werden. Da die DDR mehr hoheitliche Verwaltung hat als die Bundesrepublik, ist ihr durch Artikel 6 Satz 1 auch mehr verboten als der Bundesrepublik, deren Hinüberwirken in die DDR in weiten Bereichen, man nehme nur das Fernsehen, eben nicht hoheitlich ist. Hier wird es zu Auslegungsschwierigkeiten kommen, die aber in diesem Bereich bei Verträgen mit Ostblockstaaten üblich sind; denn natürlich ändert keine Seite wegen eines solchen Vertrages ihre grundlegende Staatsauffassung. Da der westdeutsche Begriff der Hoheitsgewalt der engere ist, wird man in der Regel annehmen können, daß Handeln, das schon nach westdeutscher Rechtsauffassung hoheitlich ist (also z.B. die gewaltsame Verhinderung sog. Republikflucht durch den von DDR-Behörden bestellten Reiseleiter einer offiziellen DDR-Besuchergruppe in der Bundesrepublik) unter Artikel 6 Satz 1 fällt und daher verboten ist. (Das Personalprinzip, also die staatliche Anknüpfung an die Person und nicht an das Territorium wie beim Territorialprinzip, ist in Artikel 6 Satz 1 nicht berücksichtigt.) Sollte die Bundesregierung gelegentlich ein Interesse daran haben, nicht-hoheitliches westdeutsches Handeln in oder gegenüber der DDR zu unterbinden, so könnte sie sich hierfür nicht auf Artikel 6 Satz 1 des Grundlagenvertrages berufen. Artikel 6 Satz 2 könnte nur herangezogen werden, wenn seine nachfolgend erörterten Voraussetzungen gegeben wären, was nicht häufig der Fall sein dürfte.

i) Unabhängigkeit und Selbständigkeit (Artikel 6 Satz 2)

Artikel 6 zielt in Satz 1 auf den Ausschluß eines bestimmten Verhaltens der Vertragspartner ab (Ausübung von Hoheitsgewalt außerhalb des eigenen Territoriums), weil unabhängig von seiner Intensität und Zielrichtung dieses Verhalten allemal das Monopol des anderen Staates auf Hoheitsgewalt in seinem Territorium verletzt. Die auf Abgrenzung bedachte DDR strebte jedoch seit jeher nach einem generelleren Verbot des Über-die-Grenze-Wirkens. Nach Auffassung der Bundesrepublik, der ja schon ein unqualifiziertes Verbot der Einmischung in die inneren Angelegenheiten zu weit geht,[761] war dies nur begrenzt und zwar dadurch möglich, daß man das Objekt benannte, das auf jeden Fall und vor Eingriffen jeglicher Art zu schützen sei. Im 5. Kasseler Punkt hatte sie daher angeboten, „die Unabhängigkeit und Selbständigkeit jedes der zwei Staaten in Angelegenheiten, die ihre innere Hoheitsgewalt betreffen, (zu) respektieren". Wie schon früher erwähnt,[762] war Bonn in Kassel auf Grund der Scheel-Doktrin noch nicht bereit gewesen, der DDR auch eine Hoheitsgewalt in „äußeren" Angelegenheiten zuzuerkennen. Ergänzt um diese äußeren Angelegenheiten wurde der 5. Kasseler Punkt dann Satz 2 des Artikels 6:

„Sie" (BRD und DDR) „respektieren die Unabhängigkeit und Selbständigkeit jedes der beiden Staaten in seinen inneren und äußeren Angelegenheiten."

Im normalen zwischenstaatlichen Verkehr würde man, wenn man überhaupt eine entsprechende ausdrückliche Vereinbarung für erforderlich gehalten hätte, kurz und bündig von der Souveränität der beiden Vertragspartner gesprochen haben; dies lag auf der Linie der DDR-Entwürfe vom September 1967 (Artikel 2) und Dezember 1969 (Präambel). Wie schon mehrfach[763] dargetan, paßte eine solche ausdrückliche Festlegung aber schlecht in das in der Bundesrepublik entwickelte Konzept des gesamtdeutschen Souveräns und der Viermächte-Rechte für Deutschland als Ganzes, sowie in ihre im „Brief zur deutschen Einheit" vorbehaltene künftige Einigungspolitik. Wenn Souveränität definiert werden kann als die absolute, in keiner Weise eingeschränkte Unabhängigkeit und Selbständigkeit eines Staates, dann schließen Formulierungen über die – unqualifizierte – Unabhängigkeit und Selbständigkeit von Staaten deren Souveränität nicht aus, haben die Souveränität aber auch nicht zum notwendigen Inhalt; dies gilt um so mehr, wenn man bei der Auslegung berücksichtigt, daß die Vertragspartner ja von Souveränität hätten sprechen können, wenn sie es gewollt hätten. Da Unabhängigkeit und Selbständigkeit Charakteristika sind, die von Staatswesen aller Art, von Supermächten und von Schweizer Kantonen, für sich reklamiert werden, präjudiziert Artikel 6 Satz 2 die Rechtslage Deutschlands insoweit nicht. Übrigens darf man sich angesichts der Ausuferung, die der Begriff der Souveränität in der Moderne erfahren hat, fragen, ob nicht auch die Qualifizierung der beiden deutschen Staaten als souverän noch mit dem Konzept eines „Deutschlands als Ganzem" vereinbart werden könnte.

Das durch Artikel 6 Satz 2 vorgeschriebene Verhalten ist der Respekt, die Achtung der Unabhängigkeit und Selbständigkeit des anderen Staates. Respekt ist weniger als Anerkennung; diese verlangt eine rechtlich, jener benügt sich mit einer tatsächlich bedingten Hinnahme. Hinzunehmen sind nicht die Ausflüsse des anderen Staates „in seinen inneren und äußeren Angelegenheiten", sondern allein seine Unabhängigkeit und Selbständigkeit in diesen Angelegenheiten; d.h., keiner der beiden Staaten darf in diese Bereiche des anderen eingreifen, selbstverständlich aber kann er einem Herübergreifen der anderen Staatsgewalt in seinen eigenen Hoheitsbereich mit dem eigenen ordre public begegnen, muß es gegebenenfalls sogar.

Der geschützte Bereich der inneren und äußeren Angelegenheiten deckt sich teilweise mit dem „Staatsgebiet" des 1. Satzes; insoweit darf der andere Staat weder hoheitlich noch in einer Weise tätig werden, welche die Unabhängigkeit und Selbständigkeit des betreffenden Staates nicht achtet. Soweit aber die inneren und äußeren Angelegenheiten außerhalb des eigenen Staatsgebietes verwaltet werden, kann und muß, wie oben gesagt, der örtliche ordre public eingreifen; soweit auf dem einen Staatsgebiet Angelegenheiten nicht solche sind, die zu den inneren und äußeren des betreffenden

Staates gehören, also z. B. private Angelegenheiten, kann aus dem anderen Staat auf nicht-hoheitliche Weise Einfluß genommen werden.

Dies alles ist aber nichts Außergewöhnliches, dieser Freiraum besteht auch in den üblichen internationalen Beziehungen; gegenüber diesen wird Artikel 6 aber noch durch die schon oben erwähnten besonderen Regelungen wie das gemeinsame Deutschtum, die Viermächte-Rechte, die Vorbehalte zu früher geschlossenen Verträgen, zur Staatsangehörigkeit und zu den Vermögensrechten und vor allem durch die Interpretation der Wiedervereinigungspolitik (Brief zur deutschen Einheit) eingeschränkt. Wie unten bei der Erläuterung des Briefes zur deutschen Einheit dargelegt wird, hat sich die Bundesrepublik Deutschland vorbehalten, eine Politik zur Überwindung der Unabhängigkeit und Selbständigkeit der beiden Staaten zu führen.

Der Bereich, in welchem der eine deutsche Staat Interessen gegenüber dem anderen nicht nur hat, sondern auch grundlagenvertragskonform wahrnehmen kann, besteht also erstens aus dem von Artikel 6 gelassenen, auch international üblichen Freiraum und zweitens darüberhinaus aus dem durch die oben erwähnten deutschlandpolitischen Sonderregelungen geschaffenen Vorbehaltsraum: Frei- und Vorbehaltsraum machen also zusammen den Konkurrenzbereich aus, in welchem beide deutsche Staaten vertragskonform, d. h. legal, Interessen wahrnehmen können.

j) Die Zusammenarbeit (Artikel 7, Zusatzprotokoll, Protokollvermerk zu Vermögensfragen und Protokollerklärung zur Amtshilfe)

Der Grundlagenvertrag leitet nicht nur die überfällige Bereinigung des Verhältnisses zwischen den beiden deutschen Staaten ein, er soll ja auch, das sagt schon der Name, Grundlage der Beziehungen sein. Diese Beziehungen sind in der bislang besprochenen Weise solche allgemein politischer Art; sie sind aber auch, oder sollen sein, solche mehr alltäglichen Charakters: Handel, Verkehr, Post, Sport: Diese und zahlreiche weitere Bereiche des öffentlichen und privaten Lebens verlangten und verlangen nach Verbesserung und Intensivierung (dies erklärtermaßen das Ziel der Bundesregierung[764]) oder auch nach Reglementierung (dies das Ziel der DDR-Regierung). Letztere hatte deshalb schon in ihren veröffentlichten Vertragsentwürfen den Abschluß der „erforderlichen Vereinbarungen" (Artikel 4 des Entwurfs von 1967) über die „Beziehungen auf Teilgebieten" (Artikel 6 des Entwurfs von 1969) vorgeschlagen. Die Bundesregierung wünschte im 17. Kasseler Punkt die „Intensivierung und Erweiterung der Zusammenarbeit", ohne von Vereinbarungen zu sprechen; gleichwohl war auch ihr klar, daß hierzu Vereinbarungen nötig werden würden, sie wollte daher auch „die Bereitschaft bekräftigen, ... Verhandlungen über die Einzelheiten aufnehmen." So war die Absicht, in den Grundlagenvertrag einen Artikel über Folgeabkommen aufzunehmen, eine der wenigen

Übereinstimmungen, in denen sich beide Delegationen von Anfang an befanden, jede allerdings darauf bedacht, die Regelung mit ihrem Akzent (Zusammenarbeit oder Reglementierung) zu versehen. Für die Bundesrepublik Deutschland bot eine Vorschrift über die Förderung der praktischen Zusammenarbeit darüberhinaus die Gelegenheit, für die ihr am Herzen liegenden (weiter unten gesondert behandelten) menschlichen Erleichterungen, die bislang nur in der Präambel („zum Wohle der Menschen") erwähnt waren, eine sedes materiae im operativen Teil des Vertrages herzustellen.

Der so zustandegekommene Artikel 7 des Grundlagenvertrages lautet:

„Die Bundesrepublik Deutschland und die Deutsche Demokratische Republik erklären ihre Bereitschaft, im Zuge der Normalisierung ihrer Beziehungen praktische und humanitäre Fragen zu regeln. Sie werden Abkommen schließen, um auf der Grundlage dieses Vertrages und zum beiderseitigen Vorteil die Zusammenarbeit auf dem Gebiet der Wirtschaft, der Wissenschaft und Technik, des Verkehrs, des Rechtsverkehrs, des Post- und Fernmeldewesens, des Gesundheitswesens, der Kultur, des Sports, des Umweltschutzes und auf anderen Gebieten zu entwickeln und zu fördern. Einzelheiten sind in dem Zusatzprotokoll geregelt."

„Praktische und humanitäre Fragen"

Satz 1 fixiert demnach die Bereitschaft der Vertragspartner, bestimmte Fragen „zu regeln". Die Formulierung ist sehr zurückhaltend; der 17. Kasseler Punkt hatte noch von der „Bereitschaft" gesprochen, „die Zusammenarbeit ... zu intensivieren und zu erweitern". Zusätzlich wurde noch ein Regulativ eingebaut, indem die Fragen von den Vertragspartnern „im Zuge der Normalisierung ihrer Beziehungen" geregelt werden sollen. Diese Koppelung der Fragenregelung an den Normalisierungsprozeß ist zweischneidig: In Ziffer 7 des Bahr-Papiers hatte eine ähnliche Formulierung („im Zuge der Entspannung") dazu gedient, den Beitritt zu den Vereinten Nationen bis zum geeigneten Zeitpunkt hinauszuschieben. Hier hat die DDR wohl ähnliche Absichten verfolgt.[765] Andererseits gewährt die Koppelung von Fragenregelung und Normalisierung aber auch den Anspruch auf angepaßte Fragenregelung jeweils dann, wenn der Normalisierungsprozeß entsprechende Fortschritte gemacht haben sollte. Letztlich besteht indes zwischen beidem ein so enger sachlicher und politischer Zusammenhang, daß mit oder ohne förmliche Koppelung eines das andere stets bedingen oder beeinflussen wird.

Als zu regelnde Fragen werden in Satz 1 „praktische und humanitäre" genannt. Das ist keine Beschreibung nach Sachgebieten, denn solche Fragen können unter Artikel 4, 5 oder 8 des Grundlagenvertrages genauso auftauchen wie unter Artikel 7. Gemeint ist in Artikel 7 Satz 1 vielmehr ein besonderes Niveau regelungsbedürftiger Probleme: Der Grundlagenvertrag will zwischenstaatliche Probleme nicht nur auf der Ebene der Völkerrechtssubjekte, der Staaten also, einer Regelung näherbringen, sondern gemäß Artikel 7 Satz 1 auch durchgreifen bis hin zum Bereich des einzelnen

Bürgers. Die praktischen Fragen des Artikels 7 Satz 1 sind die des Reise- und Paketverkehrs, der Sperrkonten und Alimentenklagen, des Zeitungs- und des Medikamentenbezugs, kurz, die Fragen, die den Bürger mehr beschäftigen als diejenige, ob der Vertrag durch Austausch von Noten (so Artikel 10) oder von Ratifikationsurkunden in Kraft zu setzen sei. Damit dieses Verständnis des Wortes „praktisch" in Artikel 7 Satz 1 nicht bestritten werden könne, ist noch das Wort „humanitär" hinzugefügt worden. Letzteres allein wiederum hätte nicht den weiten Umfang der regelungsbedürftigen Fragen abgedeckt, sondern wäre unter Umständen nur auf eine einzelne Ausreiseerlaubnis oder die Begnadigung eines einzelnen Strafgefangenen bezogen worden. Solche Probleme sind natürlich auch gemeint, das ergibt schon der Wortsinn „humanitär" bei selbst engster Auslegung. Aber „praktische und humanitäre Fragen" sind eben alle Fragen, in denen die Verwaltung in die Lebensführung des Einzelnen eingreift.

Während Artikel 7 Satz 1 festlegt, daß und wann solche Fragen geregelt werden sollen, sagt der letzte Präambelabsatz, der sich inhaltlich auf Artikel 7 bezieht, in welcher Richtung diese Regelung zu erfolgen hat: „Zum Wohle der Menschen in den beiden deutschen Staaten".[766] Eine solche Zweckbestimmung findet sich kaum in Staatsverträgen, die ja eher die Staatsraison im Auge zu haben pflegen. Um so ernster muß sie hier genommen werden.

Die Folgeabkommen

Satz 2 des Artikels 7 konkretisiert das Verfahren, nach welchem die Fragen geregelt werden sollen. Auf den namentlich genannten „und auf anderen Gebieten" soll die Zusammenarbeit entwickelt und gefördert werden, von dieser Zusammenarbeit sollen beide Seiten profitieren („zum beiderseitigen Vorteil"), und dies alles soll durch den Abschluß entsprechender Abkommen in die Wege geleitet werden. Einzelheiten über die Abkommen und ihren Inhalt wurden gemäß Artikel 7 Satz 3 in das Zusatzprotokoll verwiesen, dessen Abschnitt II zu Artikel 7 des Grundlagenvertrages gehört (während der Abschnitt I den Artikel 3 – Grenzkommission – ausführt).

Auf den ersten Blick erscheint der Weg über die Folgeabkommen umständlich. Er war aber der einzig gangbare, da die auf den einzelnen Gebieten anstehenden Fragen zu detailliert, zahlreich und kompliziert sind, als daß man sie schon im Grundlagenvertrag hätte angehen können; eine Generalklausel hätte notwendig so vage sein müssen, daß konkrete Ansprüche auf sie wohl kaum zu stützen gewesen wären. Die Klausel über den „beiderseitigen Vorteil" ist eine Standardformel des sozialistischen Vertragsrechts. An dieser Stelle hatte die Bundesrepublik keinen Anlaß, sich gegen ihre Aufnahme in den Text zu wenden; denn einmal entscheidet ohnehin jeder Staat für sich, was für ihn vorteilhaft ist und schließt danach seine Verträge ab – oder nicht; zum anderen sind die deutsch/deutschen Beziehungen, da, wo man von Vorteilen reden kann, also z.B. auf dem Gebiet der Wirtschaft (siehe unten), häufiger durch westdeutsche als durch ostdeutsche Großzügigkeit geprägt, weil ja jeder Kontakt mit der DDR von der Bundesrepublik als deutschlandpolitisch erwünscht unter Umständen auch mit einem entsprechenden Bonus honoriert wird. Die Verankerung des „beiderseitigen Vorteils“ würde es also der Bundesrepublik erleichtern, da, wo sie es wünscht, von dieser Praxis loszukommen.

Wirtschaft und Interzonenhandel

Artikel 7 Satz 2 und Abschnitt II des Zusatzprotokolls nennen für die Zusammenarbeit Gebiete höchst unterschiedlichen Gewichts. Die zunächst aufgeführte „Wirtschaft“ führte auch schon im DDR-Vertragsentwurf von 1967 die Liste der gewünschten Vereinbarungen an, gefolgt vom „Handel“. In den Kasseler Punkten wurde die Wirtschaft nicht erwähnt, dem Handel ein eigener Punkt (18.) gewidmet, der aber kein neues Abkommen, sondern die Weitergeltung der „bestehenden Abkommen, Beauftragungen und Vereinbarungen“ vorsah. Der Grund hierfür war das nationale und teilweise auch ökonomische Bonner Interesse[767] an der Fortsetzung des sog. Interzonenhandels, also des Warenaustauschs zwischen BRD und DDR zu den Bedingungen des „Protokolls über den innerdeutschen Handel“[768] des EWG-Vertrages. Bei der Gründung der Europäischen Wirtschaftsgemeinschaft hatte die Bundesrepublik durchgesetzt, daß ihr Handel mit „den deutschen Gebieten außerhalb des Geltungsbereichs des Grundgesetzes“ nicht als Außenhandel, sondern als Binnenhandel betrachtet wurde. Das bedeutet z.B., daß die EWG-Vorschriften über Zölle, Abschöpfungen und ähnliche Abgaben insoweit nicht zum Zuge kommen – eine interessante wirtschaftliche Konsequenz der damaligen westdeutschen Auffassung von der Einheit des (gesamt-)deutschen Staatsgebietes. Dieser Auffassung trug man bis in die Nomenklatur Rechnung, so daß z.B. Einfuhren aus der DDR in die BRD nicht als solche, sondern als „Bezüge“, Ausfuhren als „Lieferungen“ bezeichnet werden. Die DDR hat immer gern die wirtschaftlichen Vorteile des „Innerdeutschen Protokolls“ entgegengenommen, die Etikettierung und ihre deutschlandpolitischen Voraussetzungen aber niemals goûtiert.[769] Die EWG-Partner Bonns wiederum sahen und sehen nicht ohne einen gewissen Neid auf die bevorrechtigte Handelsverbindung.

Der Grundlagenvertrag sollte niemandem einen Vorwand bieten, das „Innerdeutsche Protokoll“ für überholt zu erklären, etwa mit den Argumenten, auch Bonn gehe nun von zwei, einander nur noch völkerrechtlich gegenüberstehenden deutschen Staaten aus, oder, BRD und DDR selbst hätten im Grundlagenvertrag vereinbart, den Handel zwischen ihnen auf neue Grundlagen zu stellen. Das erste Argument hat sich durch die schon mehrfach erwähnten deutsch/deutschen Besonderheiten des Vertrages erledigt, dem zweiten wird mit Abschnitt II Ziffer 1 des Zusatzprotokolls begegnet:

„Der Handel zwischen der Bundesrepublik Deutschland und der Deutschen Demokratischen Republik wird auf der Grundlage der bestehenden Abkommen entwickelt.

Die Bundesrepublik Deutschland und die Deutsche Demokratische Republik werden langfristige Vereinbarungen mit dem Ziel abschließen, eine kontinuierliche Entwicklung der wirtschaftlichen Beziehungen zu fördern, überholte Regelungen anzupassen und die Struktur des Handels zu verbessern."

Der erste Absatz stellt also klar, daß die bisherigen Abkommen die Grundlage des Handels zwischen BRD und DDR bleiben.

Aus dem oben zitierten 18. Kasseler Punkt sind die „Beauftragungen" und „Vereinbarungen" entfallen; erstere bedurften als einseitige innerstaatliche Regierungsakte nicht einer vertragsmäßigen Festlegung, letztere sind duch den Begriff „Abkommen" miterfaßt. „Beauftragt" waren und sind seitens der Bundesrepublik die „Treundhandstelle für Interzonenhandel" (TSI) in Westberlin, seitens der DDR das „Ministerium für Außenwirtschaft der DDR" (bis 1967 „Ministerium für Außenhandel und innerdeutschen Handel"). Diskutiert wurde nach Abschluß des Grundlagenvertrages, ob die Treuhandstelle für Interzonenhandel der Ständigen Vertretung der BRD in Ostberlin angeschlossen werden sollte;[770] es blieb dann aber bei der bisherigen Regelung.

Die in Absatz 1 angesprochenen „bestehenden Abkommen" sind in erster Linie das „Abkommen über den Handel zwischen den Währungsgebieten der Deutschen Mark (DM-West) und den Währungsgebieten der Deutschen Mark (DM-Ost)" vom September 1951, kurz „Berliner Abkommen" genannt, und seine zahlreichen späteren Änderungen und Ergänzungen.[771] Der Plural „Währungsgebiete" meint BRD und DDR mit jeweils „ihrem" Teil Berlins.

Um das eigentliche „Berliner Abkommen" herum gibt es weitere mehr oder weniger technische Vereinbarungen, von denen die vom Dezember 1968 betreffend die Festsetzung des sog. „Swing's" eine gewisse Publizität erhalten hat. Der „Swing" ist der Betrag, mit dem die Verrechnungskonten der BRD und der DDR im bilateralen Zahlungsverkehr zinslos überzogen werden dürfen. Mit der erwähnten Vereinbarung wurde er für die Jahre 1969 bis 1975 auf 25% der Zahlung des jeweiligen Vorjahres festgesetzt. Von dieser Möglichkeit der Inanspruchnahme eines zinslosen Kredits macht seit längerem allein die DDR Gebrauch. Der Swing ist mit der Ausweitung des Interzonenhandels gewachsen und betrug 1973 bereits 620 Millionen DM (West); der hierfür ersparte Zins, also der effektive Vorteil der DDR, bewegte sich 1973 in der Größenordnung von ca. 50 Millionen DM (West).

Überlegungen in Bonn, diese Subvention nach Auslaufen der obengenannten Vereinbarung vom Dezember 1968 abzubauen, riefen 1974 Stimmen aus der DDR auf den Plan,[772] die Vereinbarung über den Swing falle unter Ziffer 1, Abschnitt II des Zusatzprotokolls (zu Artikel 7) d.h., gehöre zur „Grundlage der bestehenden Abkommen", auf welcher der deutsch/deutsche Handel zu entwickeln sei. Demgegenüber konnte sich die Bundesrepublik auf die Klausel aus Artikel 7 Satz 2 des Grundlagenvertrages selbst berufen, wonach „die Zusammenarbeit auf dem Gebiet der Wirtschaft" dem „beiderseitigen Vorteil" dienen muß. Unter dieser Zweckbestimmung stehen dann auch die „langfristigen Vereinbarungen", die gemäß dem oben zitierten Text der Ziffer 1, Abschnitt II des Zusatzprotokolls (zu Artikel 7) abgeschlossen werden sollen „mit dem Ziel, ... überholte Regelungen anzupassen und die Struktur des Handels zu verbessern". Erkennt die DDR die „überholte" Natur der Swingregelung auch nicht an, so zielt aber die Absicht, „die Struktur des Handels zu verbessern" direkt auf den Ausgleich einer derartigen, einseitig in Anspruch genommenen Handelssubvention. Ein Anspruch der DDR auf eine Beibehaltung dieser für sie vorteilhaften Regelung ohne Gegenleistung bestand mithin nicht. Im Januar 1976 wurde die Swingregelung bis 1981 verlängert (25% der BRD-Zahlungen des Vorjahres, höchstens 850 Millionen DM).[773] Die DDR erbrachte ihre Gegenleistung in den oben[774] beim Transit-Abkommen erwähnten Vereinbarungen zur Verbesserung des Berlin-Verkehrs (Autobahn-Erneuerung etc.), die zusammen mit der Swingvereinbarung abgeschlossen wurden.

Der Vorbehalt zu Vermögensfragen

Eng mit den wirtschaftlichen Fragen verknüpft, insbesondere nachdem der deutschlandpolitische Aspekt durch die Anerkennung der DDR in den Hintergrund getreten ist, war und bleibt die Frage des ehemaligen Reichsvermögens. BRD und DDR haben jeweils die auf ihrem Territorium belegenen Aktiva übernommen und sich auch mit den inneren und äußeren Passiven auseinandergesetzt, (die Bundesrepublik zwecks Wahrung der Kontinuität mit dem Reich großzügiger, vor allem bei den Auslandsschulden, als die DDR). Von der DDR werden aber seit langem Ansprüche erhoben, und zwar besonders nachdrücklich hinsichtlich bestimmter Kunstwerke, die früher in Mitteldeutschland gewesen, während des Krieges oder der anschließenden Wirren aber in das heutige Staatsgebiet der Bundesrepublik (und Westberlins) oder auch ins (vor allem westliche) Ausland verbracht worden waren. Prominent figurieren hier die Sammlungen der Stiftung Preußischer Kulturbesitz.[775] Ferner ist nicht überall der Status früheren deutschen öffentlichen Grundbesitzes im Ausland geklärt. In der Frage des Verbleibs dieser teilweise mit erheblichem Prestige belasteten Objekte war für Bonn ein Eingehen auf Vorstellungen der DDR von vornherein ausgeschlossen, die DDR ihrerseits rückte von ihnen nicht ab.[776]

Eine ähnlich kontroverse Situation bestand und besteht für das private Vermögen von Einwohnern der BRD und der DDR, das im jeweils anderen Staate belegen ist. Die Bundesrepublik Deutschland will Eingriffe in das Privateigentum deutscher Staatsangehöriger nicht sanktionieren, die

DDR die Hand auch auf West-Vermögen ihrer Bürger legen. So konnte in den Grundlagenvertrag keine positive Regelung über öffentliches oder privates Vermögen aufgenommen werden.

Damit allein aber war vornehmlich der Bundesrepublik nicht gedient. Denn ein Schweigen des Vertrages hätte auch zu der Rechtsauffassung führen können, mit der Anerkennung der DDR auf dem Gebiet des Deutschen Reiches habe die BRD der DDR auch ein Mitspracherecht hinsichtlich des Reichsvermögens oder bestimmter Teile desselben einräumen, oder auch Eingriffe in private Eigentumsverhältnisse, die eine Anknüpfung außerhalb der DDR haben, sanktionieren wollen. Bonn mußte deshalb auf dem schon erwähnten Vorbehalt bestehen, der in Gestalt eines abgestimmten Protokollvermerks mit folgendem Wortlaut angebracht wurde:

> „Wegen der unterschiedlichen Rechtspositionen zu Vermögensfragen konnten diese durch den Vertrag nicht geregelt werden."

Der Vermerk ist also so gefaßt, daß er die beiderseitigen Rechtspositionen hinsichtlich aller Vermögensfragen, betreffend öffentliches wie privates Vermögen, intakt hält; nach der Wiener Vertragsrechtskonvention[777] handelt es sich um eine interpretatorische Randvereinbarung gemäß deren Artikel 31, Ziffer 2, Buchstabe a).

Nichtkommerzieller Zahlungsverkehr

Aus dem weiteren Gebiet der Wirtschaft ist ein Bereich als für den einzelnen Bürger besonders dringlich herausgenommen und besonders angesprochen worden: Laut Ziffer 11, Abschnitt II des Zusatzprotokolls (zu Artikel 7) des Grundlagenvertrages werden BRD und DDR

> „im Interesse der beteiligten Menschen Verhandlungen zur Regelung des nichtkommerziellen Zahlungs- und Verrechnungsverkehrs aufnehmen. Dabei werden sie im gegenseitigen Interesse vorrangig für den kurzfristigen Abschluß von Vereinbarungen unter sozialen Gesichtspunkten Sorge tragen."

Da das oben[778] erwähnte „Berliner Abkommen" nur für den kommerziellen Zahlungsverkehr gilt, fehlte es an einer entsprechenden generellen Möglichkeit, private Zahlungen aus einem der beiden deutschen Staaten in den anderen zu leisten. Eine Ausnahme macht die bestehende Verrechnungsmöglichkeit bei Unterhaltszahlungen für Minderjährige. Weitere Zahlungen waren nur möglich, soweit die DDR eine Inanspruchnahme der kommerziellen Verrechnungskonten zuließ.[779] So bestanden auf beiden Seiten zahlreiche Sperrkonten. Ziel der zitierten Ziffer 11 ist es, hier zu helfen.

Auf den nichtkommerziellen Zahlungsverkehr sind zahllose zwischenmenschliche Beziehungen angewiesen: Nicht nur Unterhalt und Unterstützung für Verwandte und Freunde, auch Pensionen und Renten, Miet- und Pachteinkünfte, Honorare, Grabpflege u. ä. sind in der Regel von den Transfermöglichkeiten abhängig, da die Gelegenheit zur Zahlung oder zum Verbrauch bei Besuchen kaum besteht. Hier verspricht Ziffer 11 des Zusatzprotokolls Verhandlungen zu einer (Gesamt-)„Regelung", wiederum „im Interesse der beteiligten Menschen". Da das Aushandeln einer solchen Regelung lange Zeit in Anspruch nehmen würde, wurde in Satz 2 vereinbart, kurzfristig und vorrangig Vereinbarungen unter sozialen Gesichtspunkten abzuschließen. Hierbei hatten die Vertragspartner vor allem ältere Berechtigte im Sinn, die den Abschluß der Generalregelung kaum noch erleben würden, der festliegenden Gelder aber gerade in ihrem Alter besonders bedürfen. Weiter war an gewisse Unterhaltszahlungen gedacht, die vor allem in der Bundesrepublik auf Sperrkonten geleistet werden. Zahlungsbilanzschwierigkeiten der DDR setzen dabei insoweit einen Rahmen, als die zu vereinbarende Regelung „im gegenseitigen Interesse" erfolgt, der Zahlungsfluß also in beiden Richtungen in etwa ausgeglichen sein sollte. Die bald nach Abschluß des Grundlagenvertrages aufgenommenen Verhandlungen hatten das zu berücksichtigen. Sie führten im April 1974 zum Abschluß zweier entsprechender Transfervereinbarungen über „bestimmte Fälle" (die altersbedingten) sowie über „Unterhaltszahlungen"; eine weitere Vereinbarung folgte im November 1978.[780]

Verkehr

Ein ständiger Punkt auf der deutsch/deutschen Traktandenliste war und bleibt der Verkehr. Das Viermächte-Abkommen mit Transit- und Besuchsregelung und der Verkehrsvertrag sind oben ausführlich dargestellt worden. Es war klar, daß ein für die Bundesrepublik Deutschland akzeptabler Vertrag über die „Grundlagen der Beziehungen" auch zur wirtschaftlichen, mehr aber noch zur humanitären Seite der immer noch bestehenden Verkehrshemmnisse Verbesserungen bringen mußte. Artikel 7 Satz 2 des Grundlagenvertrages zusammen mit Ziffer 3 (Abschnitt II) seines Zusatzprotokolls bestimmen daher, daß die mit dem Verkehrsvertrag begonnene Zusammenarbeit auf dem Gebiet des Verkehrs „erweitert und vertieft" wird. (Das Transit-Abkommen der Berlin-Regelung wurde als Beginn der Zusammenarbeit nicht genannt, weil es sich bei ihm um eine im Auftrage der Vier Mächte getroffene, zudem regional eng begrenzte Vereinbarung handelte.[781] Dem humanitären Aspekt dieser Zusammenarbeit trug der dritte Komplex des Grundlagenvertragswerks Rechnung, der weiter unten[782] behandelt wird; mehr wirtschaftliche Ziele beherrschten die Vereinbarungen über den Ausbau bestimmter Verkehrswege in der DDR vom Dezember 1975 und November 1978.[783]

Post

Ähnliche Probleme wie beim (Personen-)Verkehr stellten (und stellen) sich bei Post- und Fernmeldewesen. Während Bonn für möglichst großzügige und unbehinderte Versandmöglichkeiten eintrat, lag der DDR im Zuge ihrer allgemeinen Abgrenzungspolitik daran, die Schleusen nicht zu weit zu öffnen. Ferner drängte sie mit Macht in die entsprechenden weltweiten

Organisationen (Weltpostverein und Internationale Fernmelde-Union), in denen die Bundesrepublik bisher allein Deutschland vertrat und die DDR nur als ein Gebiet, zu dem man faktische beschränkte Beziehungen unterhielt, mit einem minderen Status zugelassen war. Die selbständige und unqualifizierte Mitgliedschaft der DDR in diesen Organisationen wiederum würde a priori die postalischen Beziehungen zwischen ihr und der Bundesrepublik Deutschland einem internationalen Regime unterstellt und das eine oder andere Verfahren, wie z.B. das Inlandsporto für Sendungen aus der BRD in die DDR, gefährdet haben, das aus der gemeinsamen staatlichen Vergangenheit herübergerettet worden war.[784]

Das Grundlagenvertragswerk ist auch in diesem Punkt auf einen Interessenausgleich hin angelegt. Artikel 7 Satz 2 des Vertrages hält den Willen der Vertragsparteien fest, ein Abkommen zur Entwicklung und Förderung der Zusammenarbeit im Post- und Fernmeldewesen zu schließen. Ziffer 5, Abschnitt II des Zusatzprotokolls (zu Artikel 7) unterstellt dann in Absatz 1 das zu schließende Abkommen der Satzung des Weltpostvereins und dem Internationalen Fernmeldevertrag,[785] trägt also insoweit dem Anliegen der DDR Rechnung, die Postbeziehungen weitgehend zu internationalisieren. Absatz 2 der Ziffer 5 berücksichtigt hingegen die Wünsche der BRD, in dem er das zu schließende Abkommen bereits präjudiziert: Die bestehenden Vereinbarungen und die für beide Seiten vorteilhaften Verfahren müssen in das Abkommen übernommen werden; dadurch ist zwar das Etikett von nationalem zu internationalem Postregime geändert, die Fortgeltung vorteilhafter Verfahren aber auch unter diesem neuen Regime sichergestellt. Fraglich kann nur im Einzelfall werden, ob ein Verfahren auch, wie es verlangt wird, für beide Seiten vorteilhaft ist; die Fortgeltung der Verfahren zu verlangen, die allein für eine Seite Vorteile mit sich bringt, wäre aber schon mit dem Gleichberechtigungsgebot des Artikels 1 des Vertrages nur schwer zu vereinbaren gewesen. Das entsprechende Abkommen ist dann im März 1976 abgeschlossen worden.[786] Der Beitritt der DDR schließlich zu den beiden einschlägigen internationalen Organisationen (Weltpostverein und Internationale Fernmelde-Union) wird gesondert unten[787] beim zweiten Komplex des Vertragswerks behandelt.

Umweltschutz

Zunehmende Schwierigkeiten bereitet beidseits der deutsch/deutschen Grenze die Abwehr grenzüberschreitender Immissionen: Verschmutzung von Grenzflüssen, Industrieabgase, aus der DDR-Grenzbefestigung abgetriebene Minen, um nur einige zu nennen. Sieht man von den Minen als DDR-typischen Immissionen ab, so trugen im übrigen beide Seiten gegenseitig zum Verderb ihrer Umwelt bei. Da man Beschwerden der anderen Seite üblicherweise mit dem wenig hilfreichen, aus dem Völkerrecht bekannten Argument des „tu quoque“ („Du auch!“) begegnet war, lag hier ein Übelstand vor, der nach gemeinsamer Abhilfe rief. Artikel 7 des

Grundlagenvertrages und Ziffer 9 seines Zusatzprotokolls verpflichten daher BRD und DDR „auf dem Gebiet des Umweltschutzes" Vereinbarungen zu schließen, „um zur Abwendung von Schäden und Gefahren für die jeweils andere Seite beizutragen". Die Verhandlungen über ein Umweltschutzabkommen, die alsbald aufgenommen worden waren, sind allerdings zunächst von der DDR abgebrochen worden; sie protestierte damit gegen die Errichtung des Umweltbundesamtes in Westberlin.[788] Ein Teil der hier anliegenden Probleme, soweit er mehr grenzbezogen ist, war allerdings schon zwangsläufig bei den Arbeiten der oben besprochenen Grenzkommission angefallen (Abschnitt I des Zusatzprotokolls zu Artikel 3),[789] zu deren Aufgaben ja die „Schadensbekämpfung" gehört.

Rechtshilfe

Ähnlich wie beim Eisenbahnverkehr und im Post- und Fernmeldewesen hatten auch auf dem Gebiet des Justizverkehrs einerseits gewisse Verfahren aus der Zeit der Reichsjustizverwaltung überlebt, andererseits hatte die DDR bestimmte Verbindungen, die ihr zu deutlich innerstaatlichen Charakter trugen, gekappt; trennend wirkte sich ferner gerade hier die ideologische Verschiedenheit beider Staaten aus; denn Rechtshilfeersuchen der einen oder anderen Seite außerhalb der gemeinen Kriminalität mußten häufig schon wegen des entgegenstehenden ordre public abschlägig beschieden werden.

Die DDR forderte eine Formalisierung des Rechtsverkehrs, wie sie zwischen einander nicht sehr verbundenen Staaten üblich ist, z.B. Übermittlung von Ersuchen über die Justizministerien (u.U. noch auf diplomatischem Wege) und sie reagierte auf unmittelbar vorgelegte Ersuchen seit Jahren kaum noch;[790] die BRD wollte aus praktischen und nationalen Gründen soweit wie möglich am unmittelbaren Verkehr auch nachgeordneter Gerichte und Behörden festhalten, stand aber letztlich vor der Alternative, gar keinen oder einen formalisierten Rechtsverkehr zu bekommen. Wiederum zeigte sich, daß man wohl einseitig abgrenzen, nicht aber einseitig Verbindungen aufrecht erhalten kann.

Einzelheiten der komplizierten Materie mußten den Folgeverhandlungen überlassen bleiben. In Artikel 7 und Ziffer 4 seines Zusatzpotokolls (Abschnitt II) wurde deshalb nur die Bereitschaft beider Seiten erklärt, überhaupt ein Abkommen für den Rechtsverkehr, besonders in Zivil- und Strafsachen, abzuschließen, und den Rechtsverkehr „im Interesse der Rechtssuchenden ... vertraglich so einfach und zweckmäßig wie möglich zu regeln". Es wurde also ausdrücklich das Individualinteresse des einzelnen Bürgers an einer unkomplizierten und praktischen Regelung hervorgehoben – eine Festlegung ganz im Sinne der westdeutschen Vorstellungen; denn ein Weg über Ministerien oder ständige Vertretungen dürfte vermutlich unzweckmäßiger und weniger einfach sein, als der von ersuchender zu ersuchter Stelle unmittelbar.

An den schon erwähnten politisch-ideologischen Gegensätzen blieben bislang die Verhandlungen über ein Rechtshilfeabkommen hängen. Die Weigerung westdeutscher Justizbehörden, Deutsche aus der DDR, die dort wegen bestimmter Delikte strafrechtlich verfolgt werden, den DDR-Behörden „zuzuliefern" („Auslieferung" gibt es nur bei Nicht-Deutschen und nur an das Ausland – was die DDR für westdeutsche Behörden ja nicht ist), hat die DDR zu scharfen Reaktionen veranlaßt. Bekannt geworden sind besonders Fälle, in denen die Zulieferung trotz begründetem Totschlags- oder Mordverdacht unterblieb,[791] weil die westdeutschen Justizbehörden nicht zuletzt im Hinblick auf das exorbitante Strafmaß bei Fluchthilfeprozessen dem zu erwartenden DDR-Verfahren den rechtsstaatlichen Charakter bestritten.[792] In dem so gekennzeichneten Klima dürfte noch auf längere Zeit ein umfassendes Rechtshilfeabkommen nicht ausgehandelt werden können. Hinzu kommen noch die Schwierigkeiten, welche sich aus der Auffassung der BRD über Staatsangehörigkeit[793] und über die Nicht-Auslands-Qualität der DDR ergeben.

Amtshilfe

Neben dem Justiz- oder Rechtshilfeverkehr gab und gibt es aber noch den Verkehr von Verwaltungsbehörden miteinander.[794] Auf einigen ideologisch eher neutralen Gebieten hatte sich hier aus der Zeit der Reichsverwaltung ein direkter Amtsverkehr nachgeordneter Stellen erhalten, an dessen Sicherung der Bundesrepublik aus den gleichen Gründen wie schon beim Rechtsverkehr sehr lag. Die DDR betrachtete diese direkten Beziehungen mehr als ein Relikt, das mit dem Tode der von diesen Beziehungen betroffenen Bürger seine endgültige Erledigung finden werde. Diese Auffassung war insofern nicht ganz von der Hand zu weisen, als es sich weitgehend um personenbezogene Verwaltung, nämlich um Unterhalts-, Vormundschafts-, Personenstands- und Sozialversicherungsangelegenheiten handelte; neue Aufgaben dieser Art entstehen infolge der Abgrenzungspolitik der DDR nur noch gelegentlich. Immerhin gab es aber ähnliche Verwaltungskontakte vereinzelt aber auch noch auf anderen Gebieten.

Da der schwindende Umfang der Materie ein eigenes Abkommen kaum rechtfertigte, begnügte man sich mit einer einseitigen Zusage der DDR in Form der folgenden Protokollerklärung:

> „Die Deutsche Demokratische Republik beabsichtigt nicht, den bestehenden Verkehr zwischen den zuständigen Organen der Deutschen Demokratischen Republik und den zuständigen Verwaltungsbehörden der Bundesrepublik Deutschland, Unterhalts-, Vormundschafts-, Personenstands- und Sozialversicherungsangelegenheiten, zu ändern, sondern ihn beizubehalten und im Rahmen der Möglichkeiten zu beschleunigen."

Die unterschiedliche Bezeichnung der miteinander verkehrenden Dienststellen („Organe", „Behörden") zeigt keinen sachlichen Unterschied an, sondern nur, daß die Amtssprache in beiden Staaten sich auseinander entwickelt: Die Bundesrepublik Deutschland ist nicht bereit, einheitlich von „Organen“ zu sprechen, die DDR will ihre „Organe“ nicht „Behörden“ nennen lassen. Aber auch im übrigen ist dieser mehr marginale Text nicht uninteressant, da er seine Verhandlungsgeschichte unretuschiert preisgibt. An den ursprünglich nur negativ formulierten Teil der Erklärung („... beabsichtigt nicht, den bestehenden Verkehr ... zu ändern“), wurde der positive Halbsatz angehängt („... sondern ihn beizubehalten und ... zu beschleunigen“). Auffällig und nicht einfach verständlich erscheint der Einbau der Aufzählung der betroffenen Verwaltungsbereiche in den Satz („... der Bundesrepublik Deutschland, Unterhalts-, Vormundschafts-, Personenstands- und Sozialversicherungsangelegenheiten, zu ändern ...“). Am einfachsten wäre es gewesen, die in Frage kommenden Bereiche aufzuzählen; dann wäre aber diese Aufzählung durch die Interpunktion (Doppelpunkt oder Klammern) als abschließend erschienen („... Deutschland: Unterhalts-, ...“). Bonn hätte die Aufzählung im Hinblick auf später sich vielleicht anbietende weitere Bereiche gern offen gehalten („ ... Deutschland, insbesondere bei Unterhalts-, ...“). Die nunmehr vorliegende Aufzählung der Verwaltungsbereiche ohne Präposition zwischen Kommata läßt sie ein wenig offener erscheinen, als zwischen zwei Klammern. Diese ungewöhnliche Interpunktion und die grammatikalische Unebenheit („... beabsichtigt nicht, ... sondern ... beizubehalten ...“) hat die DDR zu verantworten, um deren einseitige Erklärung es sich handelt. Ein erhellendes Stück des Vertragswerks!

Gesundheitswesen

Ein weiterer in Artikel 7 und seinem Zusatzprotokoll (Ziffer 6 des II. Abschnitts) behandelter Punkt ist – jedenfalls seitens der Bundesrepublik Deutschland – in seiner praktischen Bedeutung vor allem durch Stimmen aus der Bevölkerung (beiderseits der Grenze) erkannt worden: die Zusammenarbeit auf dem Gebiet des Gesundheitswesens. Immer wieder hatten sich Bürger aus BRD und DDR gemeldet, die ein Medikament aus oder eine Behandlung in dem anderen Staat wünschten.[795] Die DDR war bereit, das Gesundheitswesen in den Katalog der Folgevertragsmaterien aufzunehmen. Wenn Ziffer 6 des Zusatzprotokolls (Abschnitt II) von einem „Vertrag“ spricht, so ist das nur ein Wechsel im Ausdruck: Gemeint ist im Zusatzprotokoll immer dasselbe, ob von „Vertrag“, „Abkommen“ oder „Vereinbarung“ die Rede ist, nämlich die in Artikel 7 Satz 2 des Grundlagenvertrages genannten „Abkommen“. Die eingebaute Beschränkung („... im Rahmen der gegebenen Möglichkeiten ...“) spiegelt die Befürchtung der DDR wieder, ihre vorzüglichen „Spezialkliniken und Kuranstalten“ von westdeutschen Patienten übervölkert zu sehen, bezieht sich aber jetzt ebenso auf die in der DDR begehrten westdeutschen Medikamente; denn wie auch bei anderen Gelegenheiten wurde die Vorschrift so gefaßt, daß die

Interessen jeder Seite für beide Staaten in gleicher Weise geregelt wurden. Das entsprechende Abkommen wurde im April 1974[796] nach einjährigen Verhandlungen geschlossen.

Sport

Gegenstand ständigen Streits zwischen beiden Staaten waren bislang die Sportbeziehungen gewesen.[797] Obwohl auf beiden Seiten in den Händen von mehr oder weniger unabhängigen Organisationen, hatten sie sich infolge ihres politischen Aspekts nicht entwickeln können. Die DDR hatte stets die Gleichstellung mit anderen Staaten gewünscht, die Bundesrepublik Deutschland hatte demgegenüber versucht, zwischen internationalen und deutsch/deutschen Wettkämpfen einen Unterschied zu machen. In dem Maße, in welchem sich das Verhältnis zwischen BRD und DDR im übrigen normalisierte, schob sich dann aber das Berlin-Problem in den Vordergrund; während die DDR die westberliner Sportler als Vertreter der „selbständigen politischen Einheit" zu behandeln suchte, legten Bundesregierung, Senat und die Sportorganisationen der Bundesrepublik und Westberlins den größten Wert darauf, daß ihre Sportler geschlossen in gemeinsamen Mannschaften für das einheitliche „Mutterland" Bundesrepublik Deutschland (und Westberlin) antraten, damit auch so deren Zusammengehörigkeit deutlich werde.

Beiden Seiten war klar, daß Bonn sich mehr und mehr zu der Einsicht durchringen würde, daß Wettkämpfe mit der DDR wie solche mit anderen Ostblockländern ausgerichtet werden mußten; eine Trennung der westberliner von den westdeutschen Sportlern und Sportereignissen hinzunehmen, war die Bundesrepublik jedoch unter keinen Umständen bereit. Aber auch die DDR wollte hier (noch) keine Zugeständnisse machen. (Später hat sie dann in der Vereinbarung der Sportorganisationen[798] die Eingliederung der Westberliner in die westdeutschen Mannschaften akzeptiert.) Da dieses Berlin-Problem letztlich nicht auf den Sport beschränkt war – dort wurde es dem breiten Publikum sichtbar – sondern genauso bei Delegationen von Wissenschaftlern etc. bestand, brauchte man in Artikel 7, der den Sport nicht erwähnt, und in Ziffer 8 seines Zusatzprotokolls (Abschnitt II), die den Sport behandelt, keine besondere Berlin-Regelung vorzusehen, konnte sie vielmehr der für den gesamten Vertrag auszuhandelnden (weiter unten dargestellten) Gesamtregelung zuweisen.

Wie oben gesagt, liegt der Sport in den Händen eigener Organisationen; die Vereinbarung der beiden Staaten im Grundlagenvertrag konnte deshalb nur die Unterstützung dieser Organisationen „bei den Absprachen zur Förderung der Sportbeziehungen" (Ziffer 8 des Zusatzprotokolls zu Artikel 7) in Aussicht stellen. Da die Sportproblematik wegen des internationalen Wettkampfkalenders ständig aktuell und im übrigen wegen ihrer Breitenwirkung für beide Seiten, also auch für die DDR, interessant war, erklärten sich BRD und DDR in der zitierten Vorschrift bereit, schon „nach der Unterzeichnung des Vertrages", also noch vor seinem Inkrafttreten, ihren Sportorganisationen die vereinbarte „Unterstützung" zukommen zu lassen. Das ist dann auch geschehen.

Wissenschaft und Technik

Es war klar, daß ein Katalog wie der des Artikels 7 nicht „Wissenschaft und Technik" auslassen konnte. Schon der Moskauer Vertrag erwähnt sie in der Präambel, so daß eine entsprechende Bereitschaft der DDR vorausgesetzt werden konnte, obwohl ihr Vertragsentwurf vom September 1967 (Artikel 4) – der Entwurf vom Dezember 1969 hatte ja keine Gebiete für Folgeabkommen benannt – sich insoweit ausgeschwiegen hatte. Es gab auch immer wieder Wissenschaftler aus der Bundesrepublik Deutschland, denen DDR-Archive und -Bibliotheken verschlossen blieben, oder Interessenten aus der DDR, denen die Mittel für den Bezug von wissenschaftlichen westdeutschen Werken fehlten. Wichtigstes Gravamen: Der Besuch von Kongressen und anderen Veranstaltungen scheiterte häufig an der Versagung der Einreise in die oder der Ausreise aus der DDR. Zu deutlichen Lockerungen war die DDR hier aus allgemeinen Sicherheitserwägungen nicht bereit – gerade für hochqualifizierte Wissenschaftler und Techniker wäre die Versuchung groß, von einem Kongreß im Westen nicht mehr zurückzukehren. In Ziffer 2, Abschnitt II des Zusatzprotokolls „bekunden" BRD und DDR daher nur „ihren Willen, ... die Zusammenarbeit ... zu entwikkeln und ... Verträge abzuschließen". Nimmt man die Zurückhaltung bei der „Willensbekundung", die vage Formulierung des Ziels und die auch dann noch eingebauten Kautelen („zum beiderseitigen Nutzen", „die hierzu erforderlichen Verträge"), so sind Wissenschaft und Technik im Grundlagenvertrag recht dürftig bedacht worden. Immerhin, der Abschluß des vorgesehenen Abkommens scheiterte bislang nicht an Sachfragen, sondern an der Weigerung der DDR (die insoweit die Sowjetunion kopiert), auf der Seite der Bundesrepublik Westberlin einzubeziehen. Solange dieses oben[799] beim Berlin-Abkommen beschriebene Problem mit der Sowjetunion nicht gelöst ist, dürfte auch das Abkommen mit der DDR noch liegen bleiben müssen.

Kultur

Karg hat im Grundlagenvertrag ferner ein Gegenstand abgeschnitten, der mindestens ebenso wie die Wissenschaft nach Kommunikation ruft, dessen Ruf aber, sofern er aus dem Westen kommt, in der DDR als besonders gefährlicher Sirenensang gilt: die Kultur.

Im deutschlandpolitischen Konzept der sozialliberalen Bundesregierung spielt die – beiden Staaten gemeinsame – deutsche Kultur eine herausragende Rolle. Vor oder in der Zeit des staatlichen Partikularismus entstanden (je nachdem, wann in der Geschichte man ihre Anfänge erkennen will), hat sie zwar niemals das Schicksal der deutschen Staatlichkeit geteilt, ja, gelegentlich möchte man ihr eine antizyklische Entwicklung zuschreiben: Blüte in der Vielfalt, Niedergang im Einheitsstaat. Ihr Beitrag aber zur Entstehung und Erhaltung der deutschen Nation war maßgeblich und wird es auch wohl bleiben: Offenbar gibt es eine Tendenz von Kultur und Nation, sich aneinander zu orientieren, sich gegenseitig zu befruchten und ihre Substrate zur Kongruenz zu bringen. Die Bemühungen der Bundesregierung um die Erhaltung der deutschen Nation schlossen daher das Interesse ein, die kulturellen Bande zur DDR zu stärken. Die DDR, an der Herausbildung ihrer eigenständigen sozialistischen Nation wirkend, hatte demgegenüber gerade hier ihre Abgrenzungspolitik zu treiben.[800] Die Sowjetunion und Polen, die eine kulturelle Kohäsion nicht zu fürchten hatten, konnten da großzügiger sein.

Versuche, schon sofort bestimmte kulturelle Kontakte zu institutionalisieren, z.B. eine gemeinsame Überprüfung der in beiden Staaten benutzten Geschichtsschulbücher (wie sie mit Polen hatte vereinbart werden können)[801] scheiterten an der ablehnenden Haltung der DDR. Aber auch die DDR hat konkrete Wünsche, denen sich die BRD bekanntermaßen a limine versagt. Es geht um die schon oben[802] bei den Vermögensfragen erwähnte Rückführung von Kunstgütern, die in den Kriegs- und Nachkriegsjahren ausgelagert worden waren und sich jetzt nicht in dem deutschen Staat befinden, auf dessen Territorium sie früher ihren Standort hatten, z.B. Kunstschätze aus Dresden, die sich heute in der Bundesrepublik befinden. Ein besonders Kapitel bildet, wegen der zusätzlichen Berlin-Problematik, das archäologische und Kunstgut, das sich früher in den verschiedenen Museen der (ost-) berliner Museumsinsel befand und jetzt zum westberliner Kernbestand der „Stiftung Preußischer Kulturbesitz"[803] gehört, z.B. die berühmte Nofretete-Büste. Jedenfalls befindet sich in der Bundesrepublik und Westberlin sehr viel mehr Kunstgut aus Ostdeutschland als umgekehrt. Aus staatsrechtlichen (wie auch aus politischen) Gründen kam eine Übergabe dieser Kunstschätze an DDR-Stellen im Rahmen des Grundlagenvertrages nicht in Betracht. Nicht zuletzt im Hinblick auf die hier involvierten beträchtlichen Werte bestand Bonn auf dem schon erwähnten Protokollvermerk, der Vermögensfragen als „nicht geregelt" aus dem Grundlagenvertrag ausklammerte.

Von solchen Hypotheken belastet konnte die kulturelle Zusammenarbeit im Grundlagenvertrag keine größeren Fortschritte machen. Ziffer 7, Abschnitt II des Zusatzprotokolls (zu Artikel 7) hält demnach nur fest, daß BRD und DDR „beabsichtigen", sie „zu entwickeln". Worin diese Entwicklung zunächst besteht, wird ebenfalls gesagt: „Zu diesem Zweck werden (BRD und DDR) Verhandlungen über den Abschluß von Regierungsabkommen aufnehmen". Dies ist inzwischen geschehen; die Unterschiede der beiden Positionen haben indessen einen Brückenschlag noch nicht gestattet.

Wenn demnach zur Zeit wenig Hoffnung auf ein freieres Spiel der kulturellen Kräfte über die deutsch/deutsche Grenze hinüber besteht, so kann man doch auch ein wenig auf die (beinahe) Allgegenwart der Kultur vertrauen: Jeder Besucher aus dem einen Staat, der im anderen eine Buchhandlung oder ein Kino betritt, nimmt einen kulturellen Eindruck mit; wie dieser Eindruck ausfällt, auch das wird den Zusammenhalt zwischen den Deutschen in Ost und West beeinflussen.

Bücher und Medien

Auf einem Teilgebiet allerdings gibt es schon jetzt ein in den jeweils anderen Staat hineinwirkendes Kultur- und Informationsangebot: Radio und vor allem Fernsehen aus der Bundesrepublik und Westberlin werden fast in der gesamten DDR empfangen, in der entgegengesetzten Richtung allerdings reichen die Sender nicht so weit ins Land hinein. Der DDR war dieser unkontrollierte Empfang über die Grenze hinweg stets ein Dorn in Auge und Ohr gewesen. Vor Jahren war eine großangelegte Kampagne gegen das West-Fernsehen ohne durchschlagenden Erfolg geblieben. Andererseits kennt die DDR die Verhältnisse im Westen zu gut, um auf eine Reglementierung der westdeutschen Medien durch die Bundesregierung zu hoffen. Ihr Wille, ihrerseits missonarisch in die Bundesrepublik hineinzuwirken, war mit dem Ende der Ulbricht-Ära ebenfalls vorläufig erloschen – auch eine Voraussetzung der Abgrenzungspolitik. Die Bundesrepublik Deutschland kannte ihrerseits noch die Indizierung von DDR-Zeitungen und -Zeitschriften, die vom öffentlichen Zeitungshandel ausgeschlossen waren;[804] das „Neue Deutschland" etwa war an keinem Kiosk zu kaufen.[805] Die DDR ging in ihrer Ablehnung von westlichem Gedruckten noch weiter: Auch der private Besitz entsprechender Publikationen war verboten.

Dem westdeutschen Wunsch, auch hier zu Verbesserungen zu kommen, stand, wie schon häufig, eine Haltung der DDR gegenüber, die solche Verbesserung vornehmlich in der beschränkenden Reglementierung sah. Alles, was Bonn unter diesen Umständen erreichen konnte, war eine Festlegung, daß Verhandlungen mit dem Ziel geführt werden würden, „den gegenseitigen Bezug von Büchern, Zeitschriften, Rundfunk- und Fernsehproduktionen zu erweitern". Zeitungen fielen wegen ihrer durchweg politischen Ausrichtung und der damit verbundenen Kontaminationsgefahr von vornherein aus dieser Liste heraus, dafür nahm man Bücher, die ja nicht Massenartikel und daher weniger gefährlich sind, hinein. Mehr in Ermangelung eines kurzen und aussagekräftigen Oberbegriffs, der z.B. neben Wirtschaft, Kultur oder Sport in Artikel 7 hätte aufgezählt werden können, als aus grundsätzlichen Überlegungen verzichtete man auf eine Erwähnung in Artikel 7 des Vertrages und begnügte sich mit der Aufnahme des vorzitierten Textes in das Zusatzprotokoll zu Artikel 7 (Ziffer 10). Dabei blieb offen, ob diese Ziffer 10 bei einer Anzahl der in Artikel 7 genannten Bereiche (z.B. Wirtschaft, Wissenschaft und Technik, Kultur) gemeinsam aufgehängt ist, oder zu den in Artikel 7 auch erwähnten „anderen Gebieten“ gehört.

„Andere Gebiete“

Diese „anderen Gebiete“ waren keine Tarnung für irgendwelche Bereiche, auf denen eine Zusammenarbeit bereits ins Auge gefaßt wäre, die man aber der Öffentlichkeit nicht näher bezeichnen wollte (so seinerzeit ein besonders findiger Kommentator), sondern beide Seiten wollten eine leicht zugängliche Anknüpfung in dem Vertrag sehen, die ihnen gegebenenfalls später einmal die Aufnahme von Verhandlungen gestatten würde, ohne daß sich die andere Seite mit der Frage nach der Rechtsgrundlage von vornherein verweigern könnte. Die Bundesrepublik Deutschland sah in dieser Öffnung des Katalogs der Folgeabkommen eine wesentliche Qualifikation des Vertrages als „Grundlagen-Vertrag“.[806] Denn eine geschlossene Liste hätte kaum die „Grundlage der (d.h. aller) Beziehungen“ zwischen den beiden Staaten abdecken können. Und daß diese Grundlage so beschaffen war, daß die politischen Bestimmungen (der anderen Artikel) komplementiert würden durch die Vorbereitung praktischer Zusammenarbeit (in Artikel 7), das war ja ein wichtiges westliches Verhandlungsziel gewesen.

k) Die „Ständigen Vertretungen“ (Artikel 8 und Protokoll von 1974)

Artikel 7 beschließt die Reihe der Artikel mit grundsätzlichem, materiell-operativem Inhalt; die drei noch folgenden Artikel haben institutionellen (Artikel 8), verwahrenden (Artikel 9) oder prozeduralen (Artikel 10 und Datumszeile) Charakter, sind also bis auf den überleitenden Artikel 8 typische Schlußbestimmungen.

Artikel 8 des Grundlagenvertrages regelt eine Frage, deren Lösung nicht im Kern sondern nur in Äußerlichkeiten, dort dafür um so hartnäckiger, umstritten war.

Vorgeschichte

Beide Seiten waren stets davon ausgegangen, daß entspannte Beziehungen zwischen ihnen die Eröffnung von Missionen in den beiden Hauptstädten erforderlich machen würde. Nach der bekannten, mehrfach erörterten Auffassung der DDR über das rein völkerrechtliche Verhältnis der beiden Staaten zueinander konnte es sich dabei nur um normale diplomatische Vertretungen, nach moderner Übung also Botschaften, handeln. Botschaften oder sonstige uneingeschränkt diplomatische Vertretungen paßten aber nicht in das ebenfalls oben dargestellte Bonner Konzept von den historisch bedingten deutsch/deutschen Sonderbeziehungen, denen die völkerrechtlichen Beziehungen nachgehen. Damit erhielten an sich belanglose Äußerlichkeiten der Missionen wie ihre Benennung und ihr protokollarischer Status einen Symptomwert, der allein die Hartnäckigkeit erklärt, mit der beide Seiten ihren Standpunkt in dieser Frage vertraten.[807] Eine weitere Komplikation, die auch später immer wieder, so z.B. bei der Eröffnung der Botschaften der Drei Westmächte, sorgsam berücksichtigt wurde, lieferte der umstrittene Status Ostberlins, das, wie oben[808] im Zusammenhang mit dem Berlin-Abkommen der Vier Mächte dargestellt, östlicherseits als Teil und Hauptstadt der DDR behandelt, westlicherseits aber als sowjetischer Sektor des besonderen Besatzungsgebiets Berlin betrachtet wird. Um hier entgegenzukommen, sprach der Vorsitzende des DDR-Ministerrats, Stoph, in seinen Briefen an Bundeskanzler Kiesinger vom Mai und September 1967[809] nur vom „Amtssitz der Regierung der Deutschen Demokratischen Republik" ohne nähere Ortsbezeichnung; dieses Entgegenkommen wurde dadurch verdeutlicht, daß er in beiden Briefen Bonn als „Ihren (des Bundeskanzlers) Amtssitz" ausdrücklich nannte. Sein Vertragsentwurf (vom September 1967) kam dann auch ohne die Nennung des Regierungssitzes aus. Zwei Jahre später allerdings wollte der Ulbricht'sche Entwurf vom Dezember 1969[810] schon keinen Zweifel mehr aufkommen lassen: Gemäß seinem Artikel V sollten DDR und BRD „sich gegenseitig in den Hauptstädten Berlin und Bonn" durch Botschaften vertreten lassen.

Die Bundesrepublik präzisierte ihre Vorstellungen im Mai 1970 durch den 19. Kasseler Punkt.[811] Danach sollte die Zuständigkeit für die deutsch/deutschen Beziehungen bei „Bevollmächtigten im Ministerrang" liegen, in Bonn also wohl beim Minister für innerdeutsche Beziehungen. Diese Bevollmächtigten sollten ihrerseits „ständige Beauftragte" ernennen, denen „Dienststellen" errichtet sowie „am Sitz der jeweiligen Regierung Arbeitsmöglichkeiten gegeben und die notwendigen Erleichterungen und Vergünstigungen gewährt" werden sollten. Diese Formulierung vermeidet in Bezug auf Personen, Dienststellen und Status jeden Begriff, der im diplomatischen Verkehr gebräuchlich ist, sowie jede Benennung der Regierungssitze. Der Grundlagenvertrag folgt diesem Konzept, wenn nicht vollständig, so doch weitgehend.

Die Missionen und ihre Besonderheiten

Artikel 8 lautet:

> „Die Bundesrepublik Deutschland und die Deutsche Demokratische Republik werden ständige Vertretungen austauschen. Sie werden am Sitz der jeweiligen Regierung errichtet.
>
> Die praktischen Fragen, die mit der Einrichtung der Vertretungen zusammenhängen, werden zusätzlich geregelt."

Absatz I des Artikel 8 enthält demnach zunächst die Benennung der Dienststelle als „ständige Vertretung". Dies ist ein neutraler Ausdruck, der im zwischenstaatlichen Verkehr unüblich ist; wohl gibt es „Ständige Vertretungen" von Staaten bei multilateralen Organisationen (z.B. bei den Vereinten Nationen und den Europäischen Gemeinschaften) und, auf niedrigerem Niveau als dem der Staaten selbst, auch im bilateralen Verkehr,

(z. B. der Staatsbanken oder Außenhandelsgesellschaften). Aber im normalen völkerrechtlichen Verkehr von Staaten untereinander gibt es nur Botschaften, Hochkommissionen (innerhalb des Britischen Commenwealth) und, für einige kleinere Staaten, auch noch Gesandtschaften. Wenn die beiden Missionen in Bonn und Ostberlin sich anders nennen, so, weil sich die Auffassung der Bundesrepublik durchgesetzt hat, daß sie nicht das Gleiche seien wie völkerrechtliche Vertretungen.

Aus der Beziehung der Vertretung als „ständige" ist schon einmal geschlossen worden, es sei eine Besonderheit dieser Vertretungen, daß eine Schließung, etwa auf Grund eines Abbruchs der Beziehungen, nicht möglich sei. Diese Auslegung ist überzogen und falsch: Das Beiwort „ständig" soll allein den Unterschied zu den ad-hoc-Missionen hervorheben, denen bisher die Pflege der Beziehungen oblag.

Satz 2 des I. Absatzes vermeidet die Nennung der Hauptstädte und spricht, wie der 19. Kasseler Punkt, nur vom „Sitz der jeweiligen Regierung". Diese Praxis ist auch in späteren Durchführungsabkommen zu Artikel 8 des Grundlagenvertrages durchgehalten worden.

Absatz II des Artikel 8 verweist wegen der praktischen Fragen der Einrichtung der Vertretung auf diese Durchführungsregelung. Deren Aushandelung hat nochmals anderthalb Jahre in Anspruch genommen. Erst am 14. März 1974 konnten Staatssekretär Gaus für die Bundesrepublik Deutschland und der Stellvertretende Außenminister Nier für die DDR das entsprechende Protokoll[812] unterzeichnen, das als Durchführungsvereinbarung zum parlamentarisch genehmigten Grundlagenvertrag nicht noch seinerseits der parlamentarischen Zustimmung bedurfte, sondern als Regierungsabkommen geschlossen werden konnte.

Zuvor hatte der Bundestag durch Gesetz vom 16. November 1973[813] die Bundesregierung ermächtigt, den Angehörigen der ständigen Vertretung der DDR Erleichterungen, Vorrechte und Befreiungen zu gewähren „bis zu dem Umfang ..., wie sie diplomatischen Missionen ... zustehen oder eingeräumt werden können". Gemäß Ziffer 4 des vorgenannten Protokolls „gilt" für die Ständigen Vertretungen (seit dem Protokoll wird das Adjektiv „Ständig" großgeschrieben und ist laut Ziffer 2 in die amtliche Bezeichnung der Vertretungen aufgenommen worden) „die Wiener Konvention vom 18. April 1961[814] entsprechend" – ein weiteres Indiz dafür, daß die Beziehungen nicht diplomatischer Art sein sollen, da dann diese Wiener Konvention ja unmittelbar Anwendung finden könnte. Die Benennung dieser Konvention („über diplomatische Beziehungen") hat man auf westdeutsches Drängen nicht mitzitiert.

Auch in einer Reihe weiterer – symptomatischer – Äußerlichkeiten unterscheiden sich die beiden Ständigen Vertretungen von Botschaften. Ausgehend davon, daß jedem der beiden Staaten im Rahmen seiner Organisationsgewalt seine eigene Zuständigkeitsregelung überlassen bleibt, erklärte zwar die DDR ihr Ministerium für Auswärtige Angelegenheiten zur Anlaufstelle für die westdeutsche Vertretung (Ziffer 6 des Protokolls). An diesem Ministerium hängte sie auch ihre eigene Vertretung in Bonn wie eine normale Auslandsvertretung auf; deren Leiter bekam den persönlichen Titel „Botschafter", der aber in diesem Falle keine Amtsbezeichnung ist, wie weiter unten erläutert wird. Im Rahmen der bundesrepublikanischen Organisationsgewalt verfuhr man indessen anders. Anlaufstelle für die ostdeutsche Vertretung wurde nicht das Auswärtige Amt, sondern, ebenfalls in Ziffer 6 des Protokolls festgelegt, das Bundeskanzleramt (das intern seine Weisungen mit dem Bundesministerium für innerdeutsche Beziehungen und, in auswärtigen Fragen, auch mit dem Auswärtigen Amt abstimmt).

Bei der Aushandlung des Protokolls ist allerdings auch erörtert worden, daß im Zuge einer künftigen Normalisierung das Bundeskanzleramt der DDR-Vertretung unter Umständen eine generelle Ermächtigung erteilen kann, unmittelbar mit anderen westdeutschen Stellen Kontakt aufzunehmen; gegebenenfalls würde die DDR-Vertretung dann sicher einen besonders nachdrücklichen Kontakt mit dem Auswärtigen Amt suchen. Am Bundeskanzleramt ist auch die Bonner Vertretung in Ostberlin aufgehängt. Ihr Leiter ist einer der drei beamteten Staatssekretäre, die zum Bundeskanzleramt gehören (die beiden anderen sind der Chef des Bundeskanzleramts und der Berlinbevollmächtigte). Beide Missionschefs führen unbeschadet sonstiger Ränge oder Titel gemäß Ziffer 2 des Protokolls die Amtsbezeichnung „Der Leiter der Ständigen Vertretung der Bundesrepublik Deutschland" bzw. „der Deutschen Demokratischen Republik".

Gemäß Ziffer 3 des Protokolls werden die Leiter der beiden Ständigen Vertretungen beim Staatsoberhaupt des Gastlands akkreditiert. Dies ist eine weitere Parallele zu diplomatischen Gepflogenheiten (Artikel 59, Absatz I Satz 3 des Grundgesetzes), die die Bundesrepublik hier aber nicht umgehen konnte, da sie durch den Grundlagenvertrag ja Beziehungen von Staat zu Staat, und nicht etwa nur zwischen den Regierungen hergestellt hatte (welch letztere eine Beglaubigung beim Regierungschef oder einem Kabinettsmitglied nahegelegt hätten). Da der vorzitierte Artikel des Grundgesetzes nicht festlegt, daß der Bundespräsident *nur* diplomatische Vertreter beglaubigt und empfängt, kann aus der Akkreditierung bei ihm auch nicht zwingend auf die diplomatische Qualität des Akkreditierten geschlossen werden. Wie bei Chefs diplomatischer Missionen das Agrément, so wird gemäß dem 1. Protokollvermerk zum Protokoll auch vor der Ernennung des Leiters einer Ständigen Vertretung „das Einvernehmen über die Person ... durch Notenwechsel der Regierungen herbeigeführt". Der erste Leiter der DDR-Vertretung, Dr. Michael Kohl, schon mit dem persönlichen Titel „Botschafter" versehen, wurde rechtzeitig vor dem Dienstantritt in Bonn auch noch zum Minister befördert. Dies geschah, nachdem und wohl weil sein präsumtiver Gesprächspartner[815] im Bundeskanzleramt, Staatssekretär Bahr, zum Minister für besondere Angelegenheiten beim Bundeskanzler ernannt worden war. Auf der innenpolitischen Szene der Bundesrepublik fand aber kurz danach ein Wechsel statt, der neben dem Rücktritt des Bundeskanzlers auch den des Bundesministers für besondere Aufgaben mit sich brachte.[816] Als Nachfolger in dieser Funktion darf aber der Staatsminister beim Bundeskanzler betrachtet werden. Dr. Kohl's Nachfolger H. Moldt wurde nicht mehr zum Minister ernannt.

Auch in vielen sonstigen Äußerlichkeiten spielt die Ständige Vertretung der DDR in Bonn eine Sonderrolle. In der vom Auswärtigen Amt herausgegebenen Liste ist sie als – einzige – „andere Vertretung“ aufgeführt; der Titel der Liste wurde dementsprechend geändert („Liste der diplomatischen Missionen und anderen Vertretungen“). Der Status der Vertretung wurde aufgrund des oben zitierten Bundesgesetzes vom November 1973 durch eine umfängliche Verordnung vom April 1974[817] im Detail, und zwar analog dem Status diplomatischer Missionen, besonders geregelt; diese Regelung hatte zu berücksichtigen, daß die Angehörigen der Vertretung nach bundesrepublikanischer Auffassung deutsche Staatsangehörige (und nicht Ausländer) sind, und daher von einer Reihe von Pflichten freizustellen waren, die für Ausländer von vornherein nicht bestehen, z. B. Wehrdienst. Andererseits genießen sie viele Rechte, die Ausländern nicht ohne weiteres zustehen, z. B. die Freizügigkeit im gesamten Bundesgebiet.

Für die Angehörigen der Bonner Vertretung in Ostberlin hatte demgegenüber eine besondere Vereinbarung über ihre Bewegungsfreiheit getroffen werden müssen. Auch zur Regelung ihres Dienstrechts war ein besonderes Bundesgesetz[818] erforderlich, da sie einer bundesrepublikanischen Behörde angehören, die nicht im Geltungsbereich des Grundgesetzes arbeitet, gleichwohl keine diplomatische oder konsularische Mission ist und auf die jene Bestimmungen nicht anwendbar sein sollten, die sich auf Auslandsaufenthalte von Angehörigen des öffentlichen Dienstes beziehen (z. B. Auslandsbesoldung, Auslandsumzüge). Die Bundesrepublik hat sich auf diese Weise die Durchhaltung ihrer Ansicht, daß die DDR kein Ausland sei, einigen Verwaltungsaufwand kosten lassen.

Die Aufgaben

Analog, aber mit feinen Unterschieden, zu den Zuständigkeiten diplomatischer und konsularischer Missionen wird im Protokoll (Ziffer 5) auch der Aufgabenkreis der Ständigen Vertretungen umschrieben:

> „... die Interessen des Entsendestaates im Gastland zu vertreten, einschließlich Hilfe und Beistand für Personen, sowie normale gutnachbarliche Beziehungen zwischen der Bundesrepublik Deutschland und der Deutschen Demokratischen Republik auf politischem, wirtschaftlichem und kulturellem Gebiet wie auch auf anderen Gebieten zu fördern und auszubauen.“

Gemäß Artikel 3 der schon[819] zitierten Wiener Konvention vom April 1961 über diplomatische Beziehungen vertritt eine diplomatische Mission

„den Entsendestaat" (nicht seine Interessen, diese sind „zu schützen"). Eine entsprechende Formulierung wäre hier schon wegen Berlins unakzeptabel gewesen: Ostberlin mag zu den Interessen der DDR gehören; aber, wie oben[820] beim Berlin-Abkommen erläutert, die BRD erkennt die Zugehörigkeit Ostberlins zur DDR, und damit eine direkte Zuständigkeit nicht an; für die DDR umgekehrt wäre eine zusätzliche Klausel, daß sie auch „die Interessen" Ostberlins vertrete, nicht akzeptabel gewesen. Daß die Interessen Westberlins von der BRD-Vertretung mit vertreten werden, wurde schon in den mündlichen Erklärungen zum Grundlagenvertrag[821] vereinbart.

Die Formel „einschließlich Hilfe und Beistand für Personen" stellt klar, daß die Ständigen Vertretungen auch quasi-konsularisch, also zum Schutz einzelner Bürger, tätig werden dürfen. Die Wiener Konventionen[822] über diplomatische Beziehungen vom April 1961 (Artikel 3) sowie über konsularische Beziehungen vom April 1963 (Artikel 5) sprechen von den „Angehörigen des Entsendestaates", denen der konsularische Schutz zu gewähren sei. Mangels einer gemeinsamen Auffassung über die Staatsangehörigkeit, also darüber, wer Angehöriger des jeweiligen Entsendestaates ist, sind in der oben zitierten Formel des Protokolls die „Personen" nicht näher definiert. Jedenfalls gehören, wie auch bei Artikel 5 Buchstabe e) der Wiener Konsularkonvention, natürliche und juristische Personen zum Kreis der Beistandsberechtigten. Die Bundesrepublik Deutschland geht ferner davon aus, daß, soweit nicht Sondervereinbarungen der DDR mit dem Senat, z.B. Besuchsregelungen unter dem Viermächte-Abkommen, vorgehen, ihre Ständige Vertretung auch für die Betreuung von westberliner Bürgern in der DDR zuständig ist. Sie stützt sich dabei auf die vorzitierte Ziffer 5 des Protokolls und die erwähnte Vereinbarung bei Unterzeichnung des Grundlagenvertrages[823] über die Vertretung westberliner Interessen. Im übrigen geht jede Seite, soweit sie das kann, von ihrer eigenen Auffassung in Sachen Staatsangehörigkeit aus (die weiter unten an Hand der entsprechenden Protokollerklärungen zusammenfassend dargestellt wird). Da, wo ein positiver Kompetenzkonflikt entsteht, d.h. wo etwa eine Person von beiden Staatsangehörigkeitsrechten in Anspruch genommen wird, setzt sich der infolge den äußeren Bedingungen stärkere durch, also der Staat, auf dessen Territorium der Konflikt entsteht; gelegentlich wird auch eine andere Anknüpfung als die – umstrittene – Staatsangehörigkeit gesucht; das sind dann meistens der Wohnsitz oder die eigene Entscheidung der betroffenen Person.[824]

Der Schlußpassus der Ziffer 5 des Protokolls (Ausbau der normalen gutnachbarlichen Beziehungen auf den verschiedenen Gebieten) weicht ebenfalls von seinem Modell, dem Artikel 3 Absatz I Buchstabe e der Wiener Konvention über diplomatische Beziehungen, mit interessanten Nuancen ab. Dort nämlich wird den Missionen die Aufgabe zugewiesen, „freundschaftliche Beziehungen ... zu fördern ...". So weit zu gehen haben die

Autoren des Protokolls noch nicht gewagt: Sie zitieren lieber die bescheidenere, aber etablierte Formel des 1. Artikels des Grundlagenvertrages von den „gutnachbarlichen Beziehungen". Die Liste der Gebiete, auf denen die Beziehungen ausgebaut werden sollen, ist offen („wie auch auf anderen Gebieten"); die beiden Ständigen Vertretungen sind also sachlich nicht eingeschränkt.

Die DDR unterhielt schon seit langem ein Außenhandelsbüro in Düsseldorf. Dieses wurde gemäß dem 4. Protokollvermerk zu dem Protokoll über die Errichtung der Ständigen Vertretungen in eine Nebenstelle der Ständigen Vertretung umgewandelt. Die Bundesrepublik hat noch nichts Vergleichbares in der DDR, hat aber nach dem zitierten Protokollvermerk Anspruch auf eine vergleichbare Außenstelle; für sie käme z. B. Leipzig in Betracht.

Der 6. Protokollvermerk zu dem Protokoll schließlich führt eine Vereinbarung aus, die schon zum Grundlagenvertragswerk gehörte, dort aber wegen ihrer heiklen Natur nur mündlich – und öffentlich, während der Unterzeichnung – festgehalten worden war: Die Vertretung der Interessen Westberlins durch die bundesrepublikanische Mission in Ostberlin. Dieser lang umstrittene Punkt wird weiter unten[825] im Zusammenhang mit der Rolle Berlins im gesamten Grundlagenvertragswerk erörtert.

Nachdem die notwendigen Gesetze und Verordnungen über den Status der Vertretungen verabschiedet, das „Einvernehmen über die Person" der beiden Missionschefs durch Notenwechsel der Regierungen herbeigeführt und sonstige Vorbereitungen (Anmietung von Gebäuden etc.) getroffen waren, überreichten die beiden Leiter der Vertretungen am 20. Juni 1974 in Ostberlin dem Staatsratsvorsitzenden bzw. in Bonn dem Bundespräsidenten ihre Beglaubigungsschreiben. In Bonn war es noch zu kleinlichen Querelen (Cut oder dunkler Anzug, Salut der Bundeswehr oder des Bundesgrenzschutzes, roter oder kein Teppich) gekommen.[826] Dann begann für die Ständigen Vertretungen der Alltag.

l) Die „Nicht-Berührens"-Klausel (Artikel 9)

Beschlossen Artikel 8 des Grundlagenvertrages und seine Durchführungsbestimmungen mit der Einrichtung der Ständigen Vertretungen die positiven Regelungen des Vertrages, so hat der folgende Artikel 9 die Funktion der juristischen Einschränkung; er erhält zusätzliches Interesse durch einen an ihm hängenden Noten- und Briefwechsel zu dem so bedeutsamen Komplex der Viermächte-Rechte.

Artikel 9 des Vertrages enthält die schon aus dem Bahr-Papier (Ziffer 4), dem Moskauer Vertrag (Artikel 4), dem Warschauer Vertrag (Artikel IV) und dem Berlin-Abkommen der Vier Mächte (Präambel) bekannte und oben[827] im jeweiligen Zusammenhang besprochene „Nicht-Berührens"-Klausel. Artikel 9 lautet:

„Die Bundesrepublik Deutschland und die Deutsche Demokratische Republik stimmen darin überein, daß durch diesen Vertrag die von ihnen früher abgeschlossenen oder sie betreffenden zweiseitigen und mehrseitigen internationalen Verträge und Vereinbarungen nicht berührt werden."

Während die genannten vorhergehenden Verträge die Klausel apodiktisch formulierten: „Der Vertrag berührt nicht...", halten BRD und DDR in Artikel 9 des Grundlagenvertrages fest, daß sie „darin übereinstimmen, daß ... nicht berührt werden". Ein tiefer greifender Unterschied war damit nicht beabsichtigt, wohl aber spricht aus dieser ausdrücklichen Subjektivierung des „Nicht-Berührens" eine gewisse Unsicherheit: Beide Seiten haben in früheren Jahren Verträge mit dritten Staaten abgeschlossen, die, wenn nicht im Buchstaben, so doch im Geist von Teilen oder dem Ganzen des Grundlagenvertrages abweichen könnten; jedenfalls hätte keine Seite das Gegenteil verbindlich zusichern können. Durch „Übereinstimmung darin, daß ..." erhält die „Nicht-Berührens"-Klausel des Grundlagenvertrages einen mehr versprechenden Akzent, als er in den Klauseln der vorhergehenden Ostverträge erkennbar ist: Sollte sich herausstellen, daß ein früher von ihnen geschlossener Vertrag in ein Spannungsverhältnis zu Aspekten des Grundlagenvertrages tritt, so wird nicht einfach festgestellt, daß nicht sein kann, was nicht sein darf, sondern Artikel 9 des Grundlagenvertrages erinnert den betreffenden Vertragspartner an seine diesbezügliche Erwartung und verpflichtet ihn zu einer entsprechenden harmonisierenden Auslegung der inkongruenten Vereinbarungen.

Die vorsichtige Formulierung des „Übereinstimmens" ist auch im Hinblick darauf angemessen, daß Artikel 9 anders als der Moskauer Vertrag und das Berlin-Abkommen, nicht nur von Verträgen spricht, die man selbst vorher abgeschlossen hat, sondern wie der Warschauer Vertrag auch von solchen, welche die Vertragspartner „betreffen", die also von anderen, in erster Linie den vier großen Siegermächten des letzten Krieges, sie Beide oder Einen von ihnen „betreffend" abgeschlossen worden sind. Daß solche zwischen Anderen geschlossenen Verträge sich zwanglos mit dem eigenen Vertrag decken, können die Vertragspartner mit letzter Sicherheit eigentlich nicht sagen; die apodiktische Formulierung in Artikel IV des Warschauer Vertrages wird diesem Umstand wohl nicht so gerecht, wie die größere Vorsicht in Artikel 9 des Grundlagenvertrages.

Im Auge hatten die Vertragspartner in erster Linie die gleichen Verträge und Vereinbarungen, die schon die entsprechenden Artikel der Verträge von Moskau und Warschau meinten und die oben,[828] bei Ziffer 4 des Bahr-Papiers, genannt worden sind.

m) Die Viermächte-Rechte (Noten- und Briefwechsel)

Die Bundesrepublik Deutschland und, in einem nicht viel geringerem Maße, auch die drei Westmächte hatten, wie oben[829] wiederholt dargestellt, schon bei den Verträgen von Moskau und Warschau ein Interesse daran gehabt, eine Bestätigung dafür zu erhalten, daß nicht nur die vereinbarten, sondern auch die originären Viermächte-Rechte unberührt blieben. Neben der generellen „Nicht-Berührens"-Klausel fand sich die Sowjetunion zu der oben beim Moskauer Vertrag behandelten Erklärung bereit, überließ es allerdings der Bundesrepublik, die drei Westmächte hiervon zu unterrichten. Polen beließ es demgegenüber bei dem verschleierten Hinweis auf die die Vertragspartner „betreffenden ... internationalen Vereinbarungen" und bei der protestlosen Entgegennahme einer Unterrichtung über den diesbezüglichen, oben beim Warschauer Vertrag behandelten Notenwechsel zwischen Bundesrepublik Deutschland und den Westmächten.

Im Grundlagenvertragswerk gelang es,[830] die DDR zu einem erheblich weiteren Entgegenkommen zu veranlassen: In einem förmlichen Notenwechsel mit ihren jeweiligen „Schutzmächten" (die BRD also mit England, Frankreich und den USA, die DDR mit der Sowjetunion) vom Tage der Unterzeichnung des Vertrages (21. Dezember 1972)

„stellen die Bundesrepublik Deutschland und die Deutsche Demokratische Republik unter Bezugnahme auf Artikel 9 des Vertrages über die Grundlagen der Beziehungen vom 21. Dezember 1972 fest, daß die Rechte und Verantwortlichkeiten der Vier Mächte und die entsprechenden diesbezüglichen vierseitigen Vereinbarungen, Beschlüsse und Praktiken durch diesen Vertrag nicht berührt werden können."

BRD und DDR teilten ihren Schutzmächten mithin eine gemeinsame Feststellung beider Vertragspartner mit, die von allen Vier Mächten bestätigt wurde. Um aber in diesem wichtigen Punkte rechtserhebliche Beziehungen der beiden Vertragspartner nicht nur zu ihren Schutzmächten, sondern auch zueinander entstehen zu lassen, teilten BRD und DDR nun auch noch einander unter dem Datum des Vertragsabschlusses Tatsache und Wortlaut dieses Notenwechsels mit ihren Schutzmächten in einem eigenen Briefwechsel mit. Die ausdrückliche Absicherung der Viermächte-Rechte geschah im Grundlagenvertragswerk also durch eine gemeinsame Erklärung von BRD und DDR zu Artikel 9 des Vertrages, die man in einem Briefwechsel mit einander und einem Notenwechsel mit den jeweiligen Schutzmächten festhielt.

Natürlich wurden die Vier Mächte nicht überraschend mit dieser Erklärung konfrontiert. Sie wurde vielmehr von den beiden Vertragspartnern mit ihren Schutzmächten, und vor allem auch von diesen untereinander, abgesprochen und abgestimmt. Die Botschafter der Vier Mächte, die schon das Berlin-Abkommen ausgehandelt hatten, waren nämlich im Herbst 1972, als die Verhandlungen zwischen Bundesrepublik und DDR über Grundlagenvertrag und VN-Beitritt Fortschritte machten, wiederum im alten Berliner Kontrollratsgebäude zu Besprechungen über die deutsch/deutschen Verhandlungen zusammengetreten.[831]

Zum geplanten VN-Beitritt gaben die Vier Mächte als Ergebnis dieser Besprechungen am Tage (9. November 1972) nach der Paraphierung – und Veröffentlichung – des entsprechenden Briefwechsels von BRD und DDR eine eigene Erklärung heraus, die unten[832] mit dem VN-Beitritt besprochen wird und in der sie feststellen, daß eine VN-Mitgliedschaft der beiden deutschen Staaten „die Rechte und Verantwortlichkeiten der Vier Mächte und die entsprechenden diesbezüglichen vierseitigen Vereinbarungen,[833] Beschlüsse und Praktiken in keiner Weise berührt."

Die in Brief- und Notenwechsel enthaltene Erklärung von BRD und DDR zu Artikel 9 des Grundlagenvertrages hat ihren letzten Halbsatz aus diesem Passus der Viermächte-Erklärung zum VN-Beitritt abgeschrieben, sie dabei allerdings noch verstärkt („nicht berührt werden können").[834]

Man hat auch hier, wie in der Viermächte-Erkärung und schon vorher im Berlin-Abkommen, sich nicht auf eine geographische Benennung des Gebiets einigen können, in dem die Vier Mächte ihre Rechte und Verantwortlichkeiten haben: „Deutschland" existiert nach östlicher Ansicht nicht mehr, der Name ist auch durch die Aufnahme in den Staatsnamen der Bundesrepublik Deutschland in einem geographisch eingeengten Sinne belegt. Eine Aufzählung der Teile, in die das alte Deutsche Reich zumindest praktisch zerfallen ist, war ebenso wenig tunlich, da nicht nur die zur Sowjetunion und Polen geschlagenen Ostgebiete des Reiches mit aufgeführt oder – die Rechtspositionen deutlich präjudizierend – ausgelassen hätten werden müssen, sondern die gesonderte oder unterbleibende Nennung Berlins oder seiner verschiedenen Sektoren hätte auch die gesamte Berlinproblematik aufgerollt. Über all diese Fragen war eine Einigung unter den Beteiligten nicht möglich. Schließlich schied auch eine „Mindest-Bezeichnung" (z.B. „die *vor allem* die BRD und die DDR betreffenden Rechte und Verantwortlichkeiten ...") aus, da Sowjetunion und DDR eine Geltung von Viermächte-Rechten bezüglich der DDR deutlich und öffentlich zuzugeben nicht mehr bereit sind; nach ihrer veröffentlichten Auffassung gibt es solche Rechte ja nur noch über die Westsektoren Berlins und allenfalls über die BRD.[835]

Gleichwohl läßt sich zweifelsfrei erschließen, daß – zumindest auch (für den Fall, daß es noch andere geben sollte) – die Deutschland und Berlin betreffenden Viermächte-Rechte gemeint sind: Es werden nämlich „die" Rechte und „die" Vereinbarungen, d.h. alle Rechte und alle Vereinbarungen, nicht berührt, und andere als auf Deutschland und Berlin bezügliche würden in keinem Zusammenhang mit dem Grundlagenvertrag und seinem Artikel 9 stehen.

In der Präambel des Viermächte-Abkommens vom September 1971 waren die „Vereinbarungen" noch zeitlich eingegrenzt: „... aus der Kriegs- und Nachkriegszeit". In der Erklärung von BRD und DDR, die sich (ebenso wie die schon erwähnte Erklärung der Vier Mächte zum VN-Beitritt) weitgehend an jenen Präambelsatz anlehnt, hat man jene Zeitangabe durch das „diesbezügliche" („... diesbezügliche vierseitige Vereinbarungen ...") ersetzt. Des weiteren hat man, um auch nichts auszulassen, den „Vereinbarungen" und „Beschlüssen", so wie dies schon in der Viermächte-Erklärung zum VN-Beitritt geschehen war, noch die „Praktiken" hinzugefügt. Hiermit sind gewisse Usancen einer Praxis gemeint, für die sich eine ausdrückliche Absprache unter den Vier Mächten nicht nachweisen läßt, die aber seit langem besteht, z. B. Besuche westlicher uniformierter Soldaten in Ostberlin und umgekehrt, bestimmte Kontrollverfahren für Angehörige der Vier Mächte bei der Durchfahrt durch den „eisernen Vorhang" etc. Nach all dem ist wirklich nichts zu erkennen, was neben den in Noten- und Briefwechsel erwähnten Viermächte-Rechten, -Verantwortlichkeiten, -Vereinbarungen, -Beschlüssen und -Praktiken an Viermächte-Positionen noch existieren könnte: Originäres, Vertrags- und Gewohnheitsrecht der Vier Mächte sind voll erfaßt.

Die Erklärung von BRD und DDR wird eingeleitet durch die „Bezugnahme auf Artikel 9 des Vertrages". Wie oben zitiert handelt Artikel 9 von zwei Kategorien internationaler Abkommen: Erstens von den „von ihnen (BRD und/oder DDR) früher abgeschlossenen" und zweitens von den „sie (BRD und/oder DDR) betreffenden". Die die Viermächte-Rechte und -Vereinbarungen ohne gleichberechtigte Teilnahme von BRD und DDR zustandegekommen sind, können sie also nur unter die zweite Kategorie, die der „sie betreffenden" Abkommen fallen.

Der denkbare Einwand, Verträge etc. aus der Zeit vor der Entstehung der beiden deutschen Staaten könnten sie auch nicht „betreffen", verschlägt nicht, da „Betroffen-Sein" dem allgemeinen Sprachgebrauch nach nur voraussetzt, daß man – unmittelbar oder mittelbar – einer Handlung oder ihren Konsequenzen ausgesetzt ist. So wie das vor Zeugung oder Geburt eines Erbberechtigten errichtete Testament diesen später „betrifft", so betreffen auch die Viermächte-Rechte und -Vereinbarungen bezüglich Territorium, Bevölkerung und Hoheitsgewalt des Deutschen Reiches die Staaten, die ihm in diese Substrate nachgefolgt sind.

In die übrige Argumentation der DDR paßt auch der Einwand, die Viermächte-Rechte beträfen nur die Bundesrepublik, gegebenenfalls auch Westberlin; der Brief- und Notenwechsel zu Artikel 9 habe nur den Sinn, der Bundesrepublik zu bestätigen, daß auch ihr Vertragspartner DDR im Grundlagenvertrag nichts sehe, was den von Bonn so geschätzten Viermächte-Rechten Abbruch tue. Dieser Einwand ist allerdings schwerlich in Einklang zu bringen mit der Tatsache, daß die DDR über die Viermächte-Rechte nicht nur einen Brief mit der Bundesrepublik Deutschland, sondern auch eine Note mit der Sowjetunion gewechselt hat; letztere hat nur Sinn, wenn auch die DDR Gegenstand von Viermächte-Rechten ist. Der Einwand wird ferner widerlegt dadurch, daß die DDR anläßlich ihres VN-Beitritts die schon erwähnte, in der Erklärung zu Artikel 9 teilweise abgeschriebene und unten[836] im Zusammenhang erläuterte Viermächte-Erklärung zu den Viermächte-Rechten widerspruchslos hingenommen hat. Wollte sie die Existenz von Viermächte-Rechten im Hinblick auf sich, die DDR, bestreiten, so hätte sie dies spätestens anläßlich ihres VN-Beitritts tun müssen. Sie hat es aber nicht getan.

Die Verknüpfung der Erklärung von BRD und DDR zu den Viermächte-Rechten mit Artikel 9 des Grundlagenvertrages ist daher eines der wichtigeren Ergebnisse der deutsch/deutschen Verhandlungen: Die DDR hat hier erstmals der Bundesrepublik Deutschland gegenüber in rechtsverbindlicher Weise die Existenz von auch sie einschränkungslos betreffenden Viermächte-Rechten eingeräumt. Es darf zwar angenommen werden, daß auch vorher der Sowjetunion gegenüber die DDR sowjetischerseits reklamierte „Viermächte-Rechte" niemals mit Erfolg hat bestreiten können; aber das ist nie an die große Glocke gehängt worden. Durch den Notenwechsel mit der Sowjetunion und den entsprechenden Briefwechsel mit der Bundesrepublik hat die DDR in Richtung auf die Anerkennung der Viermächte-Rechte einen Schritt getan, der noch zur Zeit des Berlins-Abkommens der Vier Mächte nicht möglich erschien. Die Einwendung, es gebe für sie keine Viermächte-Rechte (mehr), ist ihr künftig abgeschnitten; sie kann nur noch behaupten, ein bestimmter Anspruch sei durch die – bestehenden – Viermächte-Rechte nicht gedeckt.

Schließlich ist noch eine wichtige, weiter oben[837] schon angesprochene Nuance zu registrieren. Sowjetunion und Polen hatten in den entsprechenden „Nicht-Berührens"-Artikeln ihres jeweiligen Vertrages bzw. in den Erklärungen zu diesen Artikeln durch die Bundesrepublik Deutschland die Formel hingenommen, daß der Vertrag Viermächte-Rechte „nicht berührt". Die Antwortnoten der Westmächte an die Bundesrepublik, die ihnen ja jeweils diese Erklärungen zur Kenntnis gebracht hatte, verstärkten diese Formulierung, wie oben[838] vermerkt wurde, durch die zusätzliche eigene Erklärung, daß die Viermächte-Rechte durch den jeweiligen Vertrag auch „nicht berührt werden können". Genau diesen Zusatz nun haben BRD und DDR in ihrer Erklärung in den Noten und in dem Briefwechsel übernommen (und dies, obwohl er in der von den Drei Mächten gleichzeitig mit der Sowjetunion ausgehandelten erwähnten Erklärung zum VN-Beitritt der beiden deutschen Staaten nicht erscheint). Mit der Übernahme dieser Formulierung hat die DDR sich auf den Boden der von Bonn vertretenen (und oben[839] dargestellten) Rechtsauffassung begeben, wonach eine Rechtshandlung der beiden Staaten, die den Vier Mächten das Substrat ihrer entsprechenden Rechte und Verantwortlichkeiten, nämlich Deutschland als Ganzes, entzöge, ultra vires sei, d.h. über ihr rechtliches Vermögen gehe. Dem kann auch nicht mit der Behauptung entgegengetreten werden, diese Formulierung sei für die bisherige Rechtsauffassung der DDR (betreffend ihre volle Souveränität und die Unerheblichkeit der Viermächte-Rechte) unschädlich, da der Grundlagenvertrag in der Tat nichts berühren könne, was nicht bestehe: Wie vorstehend dargetan, hat die DDR (ebenso wie die Bundesrepublik) sich ja als von *den* Viermächte-Rechten und -Vereinbarungen betroffen erklärt, und nicht, wie noch die Sowjetunion in der entsprechenden Erklärung aus Anlaß des Moskauer Vertrages,[840] von der „Frage der Rechte der Vier Mächte" gesprochen. Erklärung, Brief- und Notenwechsel zu den Viermächte-Rechten und die Konstruktion des Artikels 9 des Grundlagenvertrages bedeuten also ein Zugeständnis der DDR von ganz beträchtlichem rechtlichen Gewicht.

n) Schlußbestimmungen

Artikel 10 des Grundlagenvertrages regelt sein Inkrafttreten:

„Dieser Vertrag bedarf der Ratifikation und tritt am Tage nach dem Austausch entsprechender Noten in Kraft."

Was oben[841] über den Symptomcharakter bestimmter Äußerlichkeiten bei der Einrichtung der Ständigen Vertretungen gesagt wurde, gilt auch für die Formalitäten beim Inkrafttreten des Vertrages: Sie waren umstritten allein wegen ihrer Nützlichkeit bei der Argumentation für und wider die besondere Qualität der deutsch/deutschen Beziehungen.

Für die Bundesrepublik Deutschland (die DDR wünschte ohnehin die feierlichste Form des Abschlusses) war es selbstverständlich, daß die Grundlagen ihrer Beziehungen zum anderen deutschen Staat in einem Vertrag gelegt würden, an dessen Inkrafttreten die wichtigsten politischen Staatsorgane mitwirken, also die Bundesregierung durch Aushandeln und billigende Unterzeichnung, das Parlament und der Bundespräsident durch Genehmigung und Ausfertigung. Da im zwischenstaatlichen Verkehr für diese Form der Genehmigung von Vertragstexten durch andere Verfassungsorgane der Begriff der Ratifikation existiert, lag es nahe, den Vorgang auch hier so zu bezeichnen.

Übrigens werden nicht nur völkerrechtliche Verträge ratifiziert, sondern auch bei Verträgen innerhalb eines Bundesstaates (Gliedstaaten mit dem Bund oder untereinander) ist eine Ratifizierung nicht ungewöhnlich. Sie taugt also nicht als Beweis eines völkerrechtlichen Verhältnisses.[842] Der letzte Schritt des Inkraftsetzens wurde auf Bonner Wunsch wie schon beim Verkehrsvertrag möglichst bescheiden getan, durch Austausch von Noten, und nicht von Ratifikationsurkunden – Finessen, deren Wirkung sich vor allem in der Schaffung des Präzedenzfalles erschöpfen.

Die Datumszeile schließlich:

„Geschehen in Berlin am 21. Dezember 1972 in zwei Urschriften in deutscher Sprache.

Für die Bundesrepublik Deutschland	Für die Deutsche Demokratische Republik"

enthält als Ortsangabe „Berlin". Die DDR hätte wohl etwa entsprechend Artikel V des Ulbricht'schen Vertragsentwurfs vom Dezember 1969 eine

Ortsangabe wie „Geschehen in der Hauptstadt der DDR, Berlin" vorgezogen. Wie schon oben[843] bemerkt, wäre das für die Bundesrepublik nicht akzeptabel gewesen. Sie konnte aber wie schon beim Verkehrsvertrag mit der schlichten Nennung Berlins einverstanden sein, da auch nach ihrer Auffassung Ostberlin keine eigene Stadt ist, sondern ein Teil Berlins.

Im Rahmen der Vereinten Nationen hat später die DDR versucht, diese Ortsangabe zum Beweis dafür anzuführen, daß Ostberlin Berlin sei und Westberlin nur der Westteil der Stadt. Common sense hat aber angesichts der unterschiedlichen Größe beider Stadtteile verhindert, daß der Schwanz mit dem Hund wedelt. Nach den Präzedenzfällen des Transitabkommens und des Verkehrsvertrages ist schließlich erneut erwähnt worden, daß beide Vertragspartner ihre Urschrift in deutscher Sprache bekommen.

Damit ist der Text des Grundlagenvertrages im engeren Sinne abgehandelt.

o) Vertragsdauer

Bevor die restlichen Teile des ersten Vertragskomplexes erörtert werden, ist noch der Hinweis auf etwas erforderlich, was nicht im Vertrag (noch in anderen Papieren) enthalten ist: Eine Befristung oder eine einseitige Kündigungsmöglichkeit. Wie die übrigen Ostverträge ist der Grundlagenvertrag auf unbestimmte Zeit abgeschlossen.

Kündigung

Er enthält auch nicht, wie einzig der Verkehrsvertrag, ein Kündigungsrecht nach Ablauf einer bestimmten Zeit. Dies entsprach der Bedeutung des Gegenstandes (Grundlage der künftigen Zusammenarbeit – vgl. den letzten Präambelabsatz), der eine nur vorübergehend wirksame Regelung nicht vertragen hätte. Das Kündigungsrecht konnte auch deshalb nicht in Betracht kommen, weil die gegenseitigen Leistungen zwar durchaus abgewogen, aber in unterschiedlicher Weise zeitlich verknüpft waren; so bestanden gewisse wichtige Zugeständnisse an die DDR aus nur einmal vorzunehmenden oder zu unterlassenden Akten (etwa beim VN-Beitritt oder bei der Festschreibung der Gleichberechtigung), während manche Leistungen der DDR (wie auch der BRD) dauernd zu erbringen sind (etwa gem. Artikel 7 oder bei der Berücksichtigung erklärter Auffassungen, z.B. bezüglich des Bestehens einer „nationalen Frage"). Die Vereinbarung eines Kündigungsrechts hätte es also der DDR, sofern sie es gewollt hätte, erlaubt, zunächst die mit dem Vertrag verbundene Statusverbesserung zu erreichen und sich danach ab dem vereinbarten Kündigungszeitpunkt den aus ihren Erklärungen folgenden Verpflichtungen zu entziehen.

Friedensvertrag

Gleichwohl hat die Bundesrepublik Deutschland eine Zeit lang versucht, im Grundlagenvertrag selbst sein Auslaufen vorzusehen; die Befristung sollte nämlich analog zu Artikel 146 des Grundgesetzes das Vehikel einer deutschlandpolitischen Aussage werden, etwa dergestalt, daß der Vertrag bei einer Vereinigung der beiden Vertragspartner oder auch bei Abschluß eines Friedensvertrages[844] mit ihnen außer Kraft trete.

Zur Erwähnung des noch ausstehenden Friedensvertrages hatten sich schon die Sowjetunion und Polen in den Verträgen von Moskau und Warschau nicht mehr bereitgefunden. Damals hätte diese Erwähnung auch als zusätzlicher Beleg dafür dienen können, daß die Verträge keine Friedensregelung im Sinne von Artikel 79 des Grundgesetzes darstellten oder vorbereiteten (mithin nicht der Zwei-Drittel-Mehrheit in Bundestag und Bundesrat bedurften). Beim Moskauer Vertrag konnte Bonn die Erwähnung des ausstehenden Friedensvertrag nur im Notenwechsel mit den drei Westmächten unterbringen, beim Warschauer Vertrag gar nicht.[845]

Dafür enthielt die entsprechende Note beim Warschauer Vertrag den etwas verschlüsselten Hinweis auf eine mögliche Wiedervereinigung, indem sich die Bundesrepublik Deutschland nur als Teil oder Vorläufer eines größeren Ganzen versteht. Die Bundesregierung teilte mit, daß sie „nur im Namen der Bundesrepublik Deutschland handeln" könne – ohne diesen Hintergrund eine Selbstverständlichkeit!

Im Grundlagenvertrag entfiel das Interesse an einem Negativattest zu Artikel 79 des Grundgesetzes, da die DDR kein ehemaliger Feindstaat und mithin gegenüber der Bundesrepublik kein möglicher Partner eines Friedensvertrages war. Das deutschlandpolitische Interesse hingegen konnte schließlich durch die Erwähnung der „nationalen Frage" in der Präambel abgedeckt werden; das machte der Bundesrepublik dann den Verzicht auf eine Erwähnung des noch ausstehenden Friedensvertrages möglich.

Wiedervereinigung

Die Bemühungen, die DDR zur Erwähnung einer möglichen Wiedervereinigung als Beendigungsgrund für den Grundlagenvertrag zu bewegen, mußten bei der DDR auf völlige Ablehnung stoßen. Letztlich hätte eine solche Befristung auch nur Selbstverständliches gesagt: Es kann nicht zweifelhaft sein, daß die Vertragsparteien einvernehmlich den Vertrag ändern oder auch aufheben können. Bei einer einvernehmlichen Vereinigung der beiden deutschen Staaten – und nur eine solche kommt ja überhaupt in Betracht – würde dem Grundlagenvertrag im Einvernehmen der beiden Vertragsparteien für die einheitsstaatliche Zukunft Boden und Sinn entzogen: Die ursprünglichen Vertragsparteien würden ja in nur noch einer Rechtspersönlichkeit fortleben, in der Rechte und Pflichten aus dem Vertrage zusammenfallen und erlöschen würden.

p) Der „Brief zur deutschen Einheit"

Mehr wegen politischer denn rechtlicher Erwägungen bestand die Bundesrepublik aber auf einer ausdrücklichen Absicherung ihrer Wiedervereinigungspolitik. (Juristisch deckten die Präambel mit dem Hinweis auf die nationale Frage und ferner Artikel 9 in Verbindung mit dem Deutschlandvertrag, vor allem seinem Artikel 7, jede friedliche Wiedervereinigungspolitik.)[846] Denn es war vorauszusehen, daß die DDR weniger juristisch denn politisch und propagandistisch auch weiterhin gegen die westdeutsche Wiedervereinigungspolitik zu Felde ziehen werde, gleichgültig, in welchem Gewand diese Politik daherkommen würde. Nachdem feststand, daß eine befriedigende Erklärung beider Vertragspartner nicht zu erreichen war, setzte die Bundesrepublik doch durch, daß die DDR eine einseitig interpretierende Erklärung der Bundesrepublik Deutschland über ihre diesbezüglichen politischen Ziele entgegennahm.

Mit dem gleichen Wortlaut des „Briefes zur deutschen Einheit", den Außenminister Scheel beim Abschluß des Moskauer Vertrages an den sowjetischen Außenminister gerichtet hatte,[847] stellte unter dem Datum der Vertragsunterzeichnung (21. Dezember 1972) Bundesminister Bahr namens der Bundesregierung in einem Brief an Staatssekretär Dr. Kohl

„im Zusammenhang mit der heutigen Unterzeichnung des Vertrages ... (fest), daß dieser Vertrag nicht im Widerspruch zu dem politischen Ziel der Bundesrepublik Deutschland steht, auf einen Zustand des Friedens in Europa hinzuwirken, in dem das deutsche Volk in freier Selbstbestimmung seine Einheit wiedererlangt."

Tatsache und Text des Briefes sowie Form und Zeitpunkt seiner Zustellung waren bei den Vertragsverhandlungen erörtert worden.[848] Der „Brief zur deutschen Einheit" wurde auch von der DDR als zum Vertragswerk gehörig akzeptiert; sie hat ihn in Kenntnis seines Inhalts und Bezuges nicht zurückgewiesen und den Vertrag später im Besitz des Briefes in Kraft gesetzt. Der Brief ist demnach, wie sein Vorläufer anläßlich des Moskauer Vertrages, ein Interpretationsvorbehalt im Sinne von Artikel 31, Ziffer 2, Buchstabe b) der Wiener Vertragsrechtskonvention.[849]

An der Rechtsförmlichkeit des Zugangs, ja an der Übermittlung überhaupt waren in der Öffentlichkeit zunächst Zweifel aufgetaucht,[850] nachdem Staatssekretär Dr. Kohl, als ihn Reporter unmittelbar nach der Unterzeichnungszeremonie des Grundlagenvertragswerkes befragten, geantwortet hatte, er kenne den Brief nicht.[851] Mit dieser Antwort versuchte er nach außen hin die Bresche zu kaschieren, die der Brief juristisch in die intransigente Haltung der DDR zu Wiedervereinigungsfragen geschlagen hatte.[852] Der Brief war nämlich verabredetermaßen von einem westdeutschen Beamten kurz vor der Unterzeichnung des Grundlagenvertrages in der Poststelle des DDR-Ministerrats abgegeben worden. Als er gefragt wurde, hatte Staatssekretär Dr. Kohl den Brief in der Tat noch nicht in Händen, konnte also behaupten, ihn nicht zu kennen. Andere Bemerkungen etwa derart, daß man von einem solchen Brief noch nichts gehört habe, seinen Inhalt nicht kenne, ihn nicht akzeptiert habe oder nicht akzeptieren werde, wären nicht wahrheitsgemäß gewesen und sind daher nicht gefallen.

Mehr noch als beim Moskauer Vertrag hat der Brief beim Grundlagenvertrag eine kapitale politische Bedeutung. Er ist augenfälliger Beweis für die Sonderbeziehung, die zwischen BRD und DDR (auch) besteht. Sein Wortlaut ist deshalb als authentische Interpretation der bundesrepublikanischen Deutschlandpolitik bei zahlreichen völkerrechtlich relevanten Gelegenheiten zitiert worden, zum Beispiel beim VN-Beitritt[853] und bei der Verabschiedung der KSZE-Schlußakte in Helsinki.[854] Er verdient eine ausführlichere Darstellung.

Ziel (Einheit)

Es ist eigentlich nichts Besonderes, daß Staaten sich vereinigen wollen. Die Bemühungen um die Einigung Europas wie auch die jüngere Geschichte der arabischen Staaten bieten unverfängliche Beispiele. Ungewöhnlich aber ist, daß ein Staat, hier also die Bundesrepublik, gegen den erklärten Willen des anderen, also der DDR, an dem Ziel festhält, sich mit diesem zu vereinigen. Ein solches einseitig vorgegebenes Ziel hat häufig Züge eines Irredentismus oder einer „Anschluß"-Politik, die schon wegen des Verstoßes gegen das Gewaltverbot völkerrechtswidrig sind. Dabei pflegt solche Völkerrechtswidrigkeit weniger dem Ziel selbst als vielmehr den Mitteln anzuhaften, mit denen dieses Ziel verfolgt wird.

Entsprechend dem fundamentalen Rechtsgrundsatz „volenti non fit iniuria" kann durch eine bestimmte Rechtsänderung Demjenigen kein Unrecht geschehen, der diese Rechtsänderung selbst wünscht. Die Formulierung auch eines weitgesteckten politischen Zieles ist demnach an sich völkerrechtlich unbedenklich, sofern es an die Zustimmung aller Betroffenen gebunden ist. Hier läßt die Formulierung des „Briefes zur deutschen Einheit" für seine beiden Adressaten, also die Sowjetunion und – vor allem – die DDR, zu wünschen übrig.[855] Deren Scheu, durch Mitarbeit an einem Text diesem unter Umständen den Charakter einer Absprache (und nicht nur einer mit Not entgegengenommenen einseitigen Erklärung) zu verschaffen, gestattete der Bundesrepublik sehr viel großzügigere Formulierungen, als sie in einer Vereinbarung durchsetzbar gewesen wären. Für die DDR wäre es allerdings auch kaum möglich gewesen, die Bundesrepublik zu einem engeren Wortlaut zu bewegen, nachdem der weitere beim Moskauer Vertrag von der Sowjetunion akzeptiert worden war.

Der „Brief zur deutschen Einheit" stellt als deutschlandpolitisches Endziel der Bundesrepublik Deutschland zunächst „einen Zustand des Friedens in Europa" heraus – politisch wie völkerrechtlich eine unverdächtige Aussage. Aber dieses Endziel wird einerseits deutlich qualifiziert („... Zustand des Friedens ..., in dem das deutsche Volk in freier Selbstbestimmung seine Einheit wiedererlangt") und andererseits durch Aufnahme auch der zielgerichteten Tätigkeit („auf einen Zustand ... hinzuwirken ...") ganz beträchtlich erweitert. Beide Modifikationen sind nicht nur auslegungsfähig, sondern auch auslegungsbedürftig.

Die Deutschlandpolitik ist nicht auf jeglichen „Zustand des Friedens in Europa" gerichtet, sondern auf den, der die „Einheit" zurückbringt. (Außen- und sicherheitspolitische Vorstellungen sind weniger eng.) Gemeint ist die staatliche Einheit, weil sie die grundlegende und auch die einzige ist, die bislang verloren ging; die kulturelle Einheit z.B. ist bislang wohl nur gefährdet. In seiner Einheit wiederhergestellt werden soll nach dem Text gleichwohl nicht der deutsche Staat, Deutschland, das Deutsche Reich, oder das deutsche Staatsgebiet, sondern „das deutsche Volk". Diese Formulierung berücksichtigt erstens die Theorie von der Identität des Deutschen Reiches mit der Bundesrepublik[856] (nach ihr bedürfte das Reich keiner Wiederherstellung) und zweitens, daß das Deutsche Reich mit dem Kriegsausgang territoriale Verluste erlitten hat: Die Wiederherstellung des alten Staatsgebietes „von der Maas bis an die Memel" kann nicht Ziel einer von den Empfängern des „Briefes zur deutschen Einheit" auch nur zur Kenntnis zu nehmenden Deutschlandpolitik sein.

Das Ziel der staatlichen Einheit hätte sich auch als Vereinigung der beiden bestehenden deutschen Staaten beschreiben lassen; damit wären die Völkerrechtssubjekte benannt worden, von denen die Vereinigung normalerweise auszugehen hätte. So weit wollte die Bundesrepublik Deutschland zumal in Moskau, also vor dem Grundlagenvertrag, nicht gehen. Wenn sie demgegenüber auf „das deutsche Volk" zurückgreift, so läßt sie mit dieser Formulierung die beiden Verfassungsgebungen in West- und Ost-Deutschland unberücksichtigt und wendet sich sozusagen im Durchgriff an den pouvoir constituant unmittelbar. Dazu ist wenig zu bemerken, soweit die Bundesrepublik eigene Verfassungsorgane außeracht läßt. Hier wird aber auch in einem anderen Staat, also der DDR, das Volk unter Umgehung der Regierung unmittelbar angesprochen. Die Sache wird dadurch nicht einfacher, daß der Brief vorsieht, daß das deutsche Volk seine Einheit „in freier Selbstbestimmung ... wiedererlangt". Wird doch damit die Möglichkeit angedeutet, daß vor Erreichung des ins Auge gefaßten „Zustands des Friedens in Europa" das deutsche Volk der freien Selbstbestimmung nicht fähig sei – zusammen mit dem Aussparen der Regierungen bei der Wiedererlangung der Einheit eine kaum verhüllte Kritik an Zuständen irgendwo in Deutschland! Betrachtet man neben diesen Qualifikationen des anvisierten „Zustands des Friedens in Europa" noch die Erweiterung des vorbehaltenen politischen Spielraums durch den schon erwähnten Einschluß auch der zielgerichteten Tätigkeit, des – unbeschränkten – „Hinwirkens auf" den bewußten Friedenszustand, so erkennt man unschwer mehrere völkerrechtliche Ge- und Verbote, die hier einschlägig sind: Vor allem das Gebot der Achtung der Unabhängigkeit (und Selbständigkeit) des anderen Staates, ferner das Verbot der Androhung oder Anwendung von Gewalt, und schließlich das Verbot der Einmischung in die inneren Angelegenheiten des anderen Staates.

Ausgangspunkt (Eigenständigkeit)
Das Gebot der Achtung von Unabhängigkeit und Selbständigkeit des anderen Staates wird in Artikel 2 des Moskauer und Artikel 2 des Grundlagenvertrages als Prinzip der Charta der Vereinten Nationen[857] zitiert. Deren Artikel 2 Ziffer 4 kennt nur die „politische Unabhängigkeit" (Selbständigkeit wird nicht erwähnt), und fordert auch nur ihren Schutz vor unzulässiger Gewaltandrohung oder -anwendung. Die genannten Vorschriften des Moskauer und des Grundlagenvertrages, die sich beide auf diese Vorschrift der Charta stützen, können also nicht mehr als dies zum Inhalt haben. Der Grundlagenvertrag spricht von „Unabhängigkeit und Selbständigkeit" ferner dort, wo (in Artikel 6) die Bundesrepublik Deutschland, wie oben[858] gesagt, den Begriff der Souveränität nicht akzeptierte.

Infolge der ständigen Verdichtung und Vermehrung der internationalen Beziehungen ist heute kein Staat mehr völlig selbständig und unabhängig. Es braucht nur an Bündnisverpflichtungen oder wirtschaftliche Fragen erinnert zu werden. In ihrem Freundschaftsvertrag (Präambel) vom Oktober 1975[859] sprechen Sowjetunion und DDR sogar von der „allseitigen Festigung der Einheit" ihrer beiden Staaten. BRD und DDR sind aber noch durch deutsch/deutsche Besonderheiten, die das Grundlagenvertragswerk auch registriert, (z.B. die „nationale Frage" und die Viermächte-Verantwortung) auf einander zugeordnet. Wenn sie dadurch auch in gewissem Umfang von den Vier Mächten abhängen, so doch nicht von einander; allenfalls, so könnte man sagen, hängen sie insoweit noch an einander.

Die in den Artikeln 2 und 6 des Grundlagenvertrags wie auch durch Artikel 2 des Moskauer Vertrages versprochene Respektierung der Unabhängigkeit (und Selbständigkeit) der DDR muß also darin bestehen, entgegen einer früher[860] in der Bundesrepublik vertretenen politischen Auffassung die DDR nicht mehr als durch die Truppen einer fremden Macht besetztes und so der bundesrepublikanischen Staatsgewalt entzogenes, ihr aber letztlich unterstehendes Staatsgebiet (und -volk) zu betrachten, sondern als eigenständigen Staat. Ausdruck dieses Respekts vor der Eigenständigkeit der DDR ist der Grundlagenvertrag selbst, der andernfalls gar nicht oder mit einem anderen Partner hätte abgeschlossen werden müssen. Auch der bei Abschluß des Grundlagenvertrages geschriebene „Brief zur deutschen Einheit", der korrekter „Brief zur westdeutschen Einigungspolitik" hieße, respektiert die Unabhängigkeit und Selbständigkeit der DDR, da er andernfalls nicht an die DDR adressiert worden wäre.

Auf diesem unstreitigen Fundament (der Unabhängigkeit und Selbständigkeit der beiden Staaten im Verhältnis zu einander) können nun aber zwei Stellungen bezogen werden: Erstens eine in der Situation beharrende Haltung, nach der es auch künftig bei der Unabhängigkeit und Selbständigkeit der beiden Staaten bleiben muß, nahezu also eine Garantie des status quo, oder zweitens die aus der gegebenen Situation herausdrängende Vorstellung, die Eigenständigkeit der beiden deutschen Staaten müsse in einem gemeinsamen größeren Ganzen „aufgehoben" werden (in der Hegel'schen Sinngebung des Wortes). Die erste, konservierende Haltung ist die der DDR; sie liegt interpretatorisch näher, da die Andauer bestehender Zustände die Regel, ihre „Aufhebung" – trotz der Popularität des dialektischen Prinzips – immer noch das Ungewöhnliche ist. Die beiden Briefe „zur deutschen Einheit" bringen aber diesen Willen zur Aufhebung der staatlichen Eigenständigkeit als – einseitige – politische Vorstellung der Bundesrepublik in den Moskauer und in den Grundlagenvertrag ein.

Gewaltverzicht

Sind so für die Bundesrepublik Ausgangspunkt (Achtung von Unabhängigkeit und Selbständigkeit der beiden deutschen Staaten) und Ziel (Einheit des deutschen Volkes) ihrer Einigungspolitik bestimmt, so bleibt noch die Beschreibung und Eingrenzung des Weges zwischen Ausgangspunkt und Ziel, der Mittel also dieser Politik.

Das Gewaltverbot ist im Brief zur deutschen Einheit selbst nicht erwähnt; isoliert betrachtet würde das im Brief beschriebene deutschlandpolitische Konzept nicht ausschließen, daß auch gewaltsam auf einen Zustand des Friedens hingewirkt würde, in welchem dann das deutsche Volk in freier Selbstbestimmung entscheidet. Aber ein Zusatz etwa „mit friedlichen Mitteln" wäre eine überflüssige Wiederholung gewesen: Seit ihrer Gründung hatte die Bundesrepublik in politischen und auch völkerrechtlich wirksamen Erklärungen sich darauf festgelegt, eine Wiedervereinigung „mit friedlichen Mitteln" (Londoner Schlußakte vom 3. Oktober 54)[861] anzustreben. In den Verträgen selbst, bei deren Unterzeichnung die beiden „Briefe zur deutschen Einheit" abgesandt wurden, wurde nochmals (Artikel 2 des Moskauer, Artikel 3 des Grundlagenvertrages) der Gewaltverzicht ausdrücklich bekräftigt. Der „Brief zur deutschen Einheit" läßt daher in der – notwendigen – vertragskonformen Auslegung den Gewaltverzicht intakt: Androhung oder Anwendung von Gewalt werden auch durch Berufung auf ihn nicht zulässig, das Gewaltverbot bleibt (auch) für die Bundesrepublik Deutschland in vollem Umfang gültig.

Damit ist schon gesagt, daß ebenfalls weitere Ge- und Verbote des zwischenstaatlichen Rechts, bei denen die Gewaltanwendung oder -androhung ein Tatbestandsmerkmal (von mehreren) ist, für die Bundesrepublik gültig bleiben: Hierher gehören das Gebot der Achtung der territorialen Integrität und das Verbot des Antastens bzw. des Verletzens der Grenzen. Wie oben[862] bei der Behandlung der Ziffer 3 des Bahr-Papiers dargelegt, setzen ja die Begriffe „Integrität", „Antasten" und „Verletzen" ein gewaltsames Einwirken voraus (und sind deshalb bei einvernehmlichen Regelungen nicht einschlägig). Der „Brief zur deutschen Einheit" hat also auch insoweit keinerlei freizeichnende Wirkung.

Grenzen des Einmischungsverbots

Es bleibt aber die Frage, ob und gegebenenfalls wie weit die Bundesrepublik sich gewaltlos in Angelegenheiten der DDR vertragskonform „einmischen" darf.

Das Verbot der Einmischung in die inneren Angelegenheiten anderer Staaten teilt das Schicksal mancher aus den Zeiten des klassischen europäischen Völkerrechts überkommenen Regel, daß sie immer mehr ausgehöhlt, aber auch immer häufiger zitiert werden. Wie oben[863] bei der Behandlung von Artikel 2 des Grundlagenvertrages gesagt, hat die Bundesrepublik Deutschland sich geweigert, sich ungeachtet einer entgegenstehenden Praxis auf den Grundsatz der Nichteinmischung vertraglich festlegen zu lassen.[864] Da, wie ebenfalls oben[865] schon gesagt, das deutsch/deutsche Sonderverhältnis die bloß völkerrechtlichen Beziehungen der BRD zur DDR überlagert, gilt auch das allgemeine völkerrechtliche Einmischungsverbot nicht, soweit die innerdeutsche Besonderheit reicht. Diesen Bereich in abstracto auszuleuchten, erscheint unmöglich. Folgende Festlegungen aber wird man treffen können. Artikel 6 Satz 1 des Grundlagenvertrages beschränkt grundsätzlich die Hoheitsgewalt der Vertragsstaaten auf das eigene Staatsgebiet. Schon bei der Erörterung dieser Vorschrift war[866] gesagt worden, daß Ausnahmen von diesem Territorialprinzip sich auf ordre public-Vorschriften von Verfassungsrang stützen müßten. Ist auch das Gewaltverbot absolut, so gilt das Territorialprinzip im übrigen also nicht unbedingt. Solange z.B. das Grundgesetz an der einen deutschen Staatsangehörigkeit festhält, oder solange die Freizügigkeit für alle Deutschen im Grundgesetz verankert ist, sind vertragskonform hoheitliche Auswirkungen dieser Rechtslage in die DDR hinein denkbar. Das Gleiche gilt – und das ist die beabsichtigte Wirkung des „Briefes zur deutschen Einheit" – für einigungspolitische Vorstellungen, soweit sie den Festlegungen des Briefes entsprechen und Verfassungsrang haben. Andererseits darf nicht verkannt werden, daß weder in den vorgenannten Beispielen noch hinsichtlich der Einigungspolitik die DDR von ihren entgegengesetzten Vorstellungen innerhalb oder außerhalb des Vertrages abgewichen ist;[867] sie wird sich also gegen die unerwünschten hoheitlichen Auswirkungen der westdeutschen Verfassungslage nachdrücklich und notfalls hoheitlich zur Wehr setzen – ebenfalls vertragsskonform: Der offene Dissens des Vertragswerks würde sich also zwangsläufig in die Wirklichkeit hinein fortsetzen. Es bleibt der politischen Weisheit beider Seiten überlassen, hieraus die Konsequenzen für ihr politisches Verhalten zu ziehen.

Für den weiten Bereich, der nicht von der grundsätzlichen Einschränkung des Artikel 6 Satz 1 des Grundlagenvertragswerks betroffen ist, nämlich das hoheitliche Tätigwerden auf dem eigenen Territorium und jegliche nicht hoheitliche Tätigkeit, gleich wo, ist im Völkerrecht unentschieden, ob und inwieweit er überhaupt durch das generelle Einmischungsverbot anvisiert wird.[868] Für das deutsch/deutsche Verhältnis jedenfalls stellt der

„Brief zur deutschen Einheit“ klar, daß für die Bundesrepublik Deutschland ihre Einigungspolitik hinreichende Rechtfertigung für alle in diesem Bereich unternommenen Schritte ist, soweit sie im übrigen vertragskonform sind.[869] Maßnahmen, die im gewöhnlichen völkerrechtlichen Verkehr nicht mehr als zulässige Interzession aufgefaßt werden könnten, da ihnen die Anknüpfung an Interessen entweder der Völkergemeinschaft oder des Interzedenten fehlen würden, erhalten durch den „Brief zur deutschen Einheit“ die erforderliche Anknüpfung an die Interessen der Bundesrepublik, sofern sie einigungspolitisch bedingt sind: Demarchen zugunsten von DDR-Bürgern, Werben für die Einigungspolitik bei Drittstaaten, all dies ist durch den „Brief zur deutschen Einheit“ nochmals ausdrücklich legitimiert, sofern es einer solchen Legitimation überhaupt bedurfte. Auch hier bleibt es indessen eine politische Entscheidung, wie weit der so zur Verfügung gestellte rechtliche Vorbehaltsraum politisch ausgefüllt wird.

q) Staatsangehörigkeit (Protokollerklärungen)

Wenn das deutsch/deutsche Verhältnis problematisch wird, liegt fast immer an der Wurzel des Problems oder nicht zu weit von ihr entfernt die unterschiedliche Auffassung beider Staaten zur Staatsangehörigkeit. Die Staatsangehörigkeit ist neben dem Staatsgebiet wichtigster Bezug der Staatsgewalt und des Staates überhaupt. Kein Wunder also, daß Meinungsverschiedenheiten benachbarter Staaten hier besonders gravierend und folgenreich sind. Kein Wunder auch, daß man von einem „Vertrag über die Grundlagen der Beziehungen“ eigentlich eine schiedliche Lösung hätte erwarten müssen.

Das Deutsche Reich hatte sein Reichs- und Staatsangehörigkeitsgesetz von 1913 mit zahlreichen späteren Änderungen.[870] Dieses Gesetz wurde mit Ausnahme einiger Vorschriften vom Alliierten Kontrollrat in Gültigkeit belassen; auch die Bundesrepublik Deutschland übernahm es, nicht ohne im Laufe der Zeit zahlreiche Bestimmungen zu ändern.[871] Immerhin, der Kern, nämlich die eine deutsche Staatsangehörigkeit, blieb in ihm bis heute erhalten und wurde im Grundgesetz (Artikel 116) zu Verfassungsrang erhoben.

Die DDR hatte sich gleichfalls noch in ihrer Gründungsverfassung von 1949 darauf festgelegt, daß es „nur eine deutsche Staatsangehörigkeit“ gebe (Artikel 1)[872] Erst als in der DDR das gesamtdeutsche Engagement mehr und mehr in den Hintergrund trat, entwickelte man die Idee einer eigenen Staatsbürgerschaft, die dann im entsprechenden Gesetz vom Februar 1967[873] niedergelegt wurde. War anfangs die Staatsbürgerschaft noch neben die deutsche Staatsangehörigkeit getreten, so drängte sie diese mehr und mehr in den Schatten der Bedeutungslosigkeit, bis sie aus der Verfassung getilgt[874] ihre rechtliche Existenz völlig einbüßte und jetzt nur noch als mehr ethnisch-kulturell verstandene „deutsche Nationalität“ überlebt.[875]

Verhandlungsziel der DDR war demnach, von der Bundesrepublik in erster Linie eine ausdrückliche, hilfsweise eine aus dem Grundlagenvertrag zu erschließende Anerkennung ihrer eigenständigen Staatsbürgerschaft zu erlangen und Bonn zu veranlassen, dem Vorbild der DDR folgend die eine (gesamtdeutsche) Staatsangehörigkeit fallen zu lassen (und die eigene Staatsangehörigkeit auf die BRD-Angehörigen zu beschränken.[876] Dieses Verhandlungsziel hatte die Logik für sich, daß, wer einen Staat anerkennt (und das hatte die Bundesrepublik Deutschland hinsichtlich der DDR ja schon mit der Regierungserklärung vom Oktober 1969 getan und wiederholte es in aller Form mit dem Grundlagenvertrag), eigentlich auch das Staatsvolk dieses Staates in eine eigene, auf diesen Staat bezogene Staatsangehörigkeit entlassen müßte.[877]

Für die Bundesrepublik aber war dies eine Frage weniger der Logik als ihrer nationalen Einigungspolitik: Die eine Staatsangehörigkeit war das letzte Band, das sie um die Deutschen in der DDR, in der BRD und in Berlin schlang. Dieses Band zu zerschneiden, hätte zudem die Aktualisierung des Grundrechtsschutzes für DDR-Bürger bei Eintritt in die Bundesrepublik erschwert, ferner, wie oben[878] beim Berlin-Abkommen angedeutet, die Frage der Staatsangehörigkeit für die Berliner aufgeworfen und schließlich, selbst wenn man all dies hätte hinnehmen wollen, im Hinblick auf die Verankerung im Grundgesetz einer Zweidrittel-Mehrheit im Parlament bedurft, die sich keinesfalls finden würde.

Diese Einsicht war für die DDR nicht einfach; wie es in Verhandlungen gelegentlich der Fall ist, blieb dieses zentrale Problem bis kurz vor Schluß offen. Dann setzte die DDR ein, wie sie hoffte beispielgebendes, Zeichen.

Seit der Gründung der DDR (1949) waren Millionen von Bewohnern der DDR in den Westen, vor allem in die Bundesrepublik geflüchtet. Das vorgenannte Gesetz über die DDR-Staatsbürgerschaft reklamierte diese Flüchtlinge und in der Generationenfolge unbeschränkt alle Abkömmlinge, zu deren Vorfahren auch nur einer dieser Flüchtlinge gehörte, für die DDR-Staatsbürgerschaft. Infolge der Ehen zwischen Westdeutschen und DDR-Flüchtlingen oder ihren Nachfahren war nach Ablauf etlicher Generationen der Zeitpunkt absehbar, zu dem der größte Teil der bundesrepublikanischen Bevölkerung neben der deutschen Staatsangehörigkeit auch noch die DDR-Staatsbürgerschaft besessen hätte. Damit hätten dann nahezu alle Deutschen – in BRD und DDR – sich erneut in der gleichen Lage, diesmal allerdings mit zweifacher Zuordnung, befunden: Als Besitzer der deutschen Staatsangehörigkeit und der DDR-Staatsbürgerschaft – kein überzeugender Beleg einer erfolgreichen Abgrenzungspolitik. Die DDR rang sich deshalb drei Wochen vor dem Abschluß der Grundlagenvertragsverhandlungen zu einem spektakulären Verzicht durch: Mit dem Gesetz zur Regelung von Fragen der Staatsbürgerschaft vom Oktober 1972[879] erkannte sie allen Bürgern, die bis zu Beginn jenes Jahres „unter Verletzung der Gesetze des Arbeiter- und Bauernstaates" die DDR endgültig verlassen hatten, die DDR-Staatsbürgerschaft ab. Gleichzeitig wurden die Ausgebürgerten hinsichtlich „des ungenehmigten Verlassens" der DDR amnestiert. Mit einem Federstrich gab die DDR so Millionen auswärtiger Staatsbürger auf. Die wenigen, denen seither noch die Republikflucht gelingt (jährlich zunächst um 5000), fallen nicht mehr unter dieses Gesetz; ihnen bleibt die DDR-Staatsbürgerschaft und sie und ihre Abkömmlinge bilden daher eine erneut ständig wachsende Gruppe von in der Bundesrepublik Deutschland lebenden deutsch/deutschen „Doppelstaatern".

Die Bundesrepublik war aus den oben genannten Gründen nicht willens noch in der Lage, einen ähnlichen Schritt in der Zurücknahme der von ihr verwalteten Staatsangehörigkeit auf ihre Bevölkerung zu tun. Die Möglichkeit, an der deutschen Staatsangehörigkeit festzuhalten, daneben aber für DDR-Bewohner deren Staatsbürgerschaft förmlich anzuerkennen, kam für beide Seiten als Kompromiß nicht in Betracht: Um für die Bundesrepublik akzeptabel zu sein, hätte der Teilcharakter der DDR-Staatsbürgerschaft ausgedrückt werden müssen; für die DDR dagegen wäre ihre Staatsbürgerschaft damit in die Nähe der Angehörigkeit in einem untergeordneten Teilstaat gerutscht, vergleichbar etwa der bayrischen Staatsangehörigkeit (Artikel 6, 8 der bayrischen Landesverfassung). So konnte eine positive Regelung nicht gefunden werden.

Eine Durchsicht des eigentlichen Vertragstextes ließ aber erkennen, daß, wenn auch die DDR schließlich auf eine ausdrückliche Regelung verzichten würde, dies für die Bundesrepublik Deutschland unmöglich geworden war; denn dann hätte die oben beschriebene Logik spätere Vertragsinterpreten zu der Annahme verführt, die Bundesrepublik habe mit der Staatlichkeit auch die Staatsangehörigkeit der DDR anerkannt.[880] Allgemeines Völkerrecht hätte dann unter Umständen die Bundesrepublik zwingen können, ihr eigenes Staatsangehörigkeitsrecht entsprechend einzuschränken.

So mußte Bonn darauf bestehen, die folgende Erklärung zu Protokoll zu geben:

> „Staatsangehörigkeitsfragen sind durch den Vertrag nicht geregelt worden."

Die DDR wiederum wollte dies auch nicht als das letzte Wort in einer so wichtigen Sache hinnehmen und replizierte mit der Protokollerklärung:

> „Die Deutsche Demokratische Republik geht davon aus, daß der Vertrag eine Regelung der Staatsangehörigkeitsfragen erleichtern wird."

Diesen Optimismus teilte die Bundesrepublik nicht; sie hat daher auch nichts Entsprechendes erklärt.

Beide Seiten stimmen also jedenfalls darin überein, daß der Grundlagenvertrag selbst keine Regelung des Staatsangehörigkeitsproblems enthält. Es bleibt also bis auf weiteres beim status quo ante.

Danach hält die Bundesrepublik Deutschland an der einen Staatsangehörigkeit für alle Deutschen fest; die DDR-Staatsbürgerschaft erkennt sie de iure nicht an, weist ihr aber de facto die Rolle einer zusätzlichen, zweiten Staatsangehörigkeit zu. Sie nimmt mangels förmlicher Anerkennung keinerlei Einfluß auf jene Staatsbürgerschaft, dürfte aber logischerweise Ausbürgerungen nach dem DDR-Staatsbürgerrecht keine Wirkungen für die deutsche Staatsangehörigkeit zuerkennen; DDR-Einbürgerungen hingegen sollen in der Regel auch die Staatsangehörigkeit des Reichs- und Staatsangehörigkeitsgesetzes von 1913 vermitteln.[881] „DDR-Deutsche" i.S.d. Reichs- und Staatsangehörigkeitsgesetzes haben in der Bundesrepublik den gleichen Status wie „BRD-Deutsche". Im Ausland sind sie berechtigt, von den westdeutschen Auslandsvertretungen den gleichen diplomatischen und konsularischen Schutz zu verlangen wie Westdeutsche. Die westdeutschen Auslandsvertretungen selbst beanspruchen diese Zuständigkeit für DDR-Deutsche de facto nur noch dann, wenn zur deutschen Staatsangehörigkeit noch das entsprechende Begehren des betreffenden DDR-Deutschen und – last not least – die Anerkennung oder wenigstens Duldung dieser Zuständigkeit durch die Behörden des Gastlandes tritt. Letztlich läuft dies auf eine doppelte Staatsangehörigkeit hinaus.

Ebenso, wie die zunehmende Anerkennung der DDR durch dritte Staaten der Bundesrepublik das Abgehen von der alten Alleinvertretungsdoktrin nahelegte, so, hofft die DDR, soll auch die Unterstützung durch dritte Staaten Bonn zur Überprüfung seiner Haltung in Sachen Staatsangehörigkeit bewegen. Daher bemühte sie sich um den Abschluß von Konsularabkommen mit anderen Staaten (z.B. Österreich, Finnland, England, USA), in deren Text dann zwangsläufig von den Bürgern oder Angehörigen der Abkommenspartner gesprochen werden muß. Das – verständliche – Interesse der dritten Staaten an einem solchen Abkommen liegt in der Erleichterung des konsularischen Schutzes der eigenen Staatsangehörigen z.B. der Österreicher in der DDR. Je nach dem, wie weit ein solcher Staat auf die Vorstellungen der DDR eingeht, reduziert sich die Zuständigkeit der Bundesrepublik Deutschland für DDR-Staatsbürger im Ausland de facto von der Alleinzuständigkeit bei Verlangen auf die mehr oder minder kontrollierte „offene Tür" für Doppelstaater[882] oder gar Asylsuchende anderer Staatsangehörigkeit.

Daß die Haltung der Bundesrepublik völkerrechtsgemäß ist, versteht sich nicht von selbst.[883] Die Belehnung eines ganzen Staatsvolkes, das der Staatsgewalt des belehnenden Staates nicht zugänglich ist, mit der Staatsangehörigkeit dieses Staates verletzt unter normalen Umständen die Souveränität des anderen Staates und stellt eine grobe Einmischung in dessen innere Angelegenheiten dar. Allein die gesamtstaatliche Vergangenheit der beiden deutschen Staaten und das völkerrechtlich fundierte (Viermächte-Verantwortung) und abgesicherte (deutsch/deutsche Besonderheiten im Grundlagenvertrag) Sonderverhältnis zwischen ihnen sind in der Lage, eine solche Praxis für eine Übergangszeit zu rechtfertigen. Wie alle Fristen, die sich an einer völkerrechtlichen Entwicklung orientieren, ist dieser Übergangszeitraum großzügig zu bemessen; sicherlich endet er nicht, solange politische Entwicklungen das Absterben und eine Mumifizierung des deutsch/deutschen Sonderverhältnisses verhindern.

Die DDR auf der anderen Seite hält diesen Übergangszeitraum schon für beendet.[884] Das ihn tragende Sonderverhältnis ist nach ihrer Auffassung schon lange obsolet und hat spätestens mit der völkerrechtlichen Anerkennung durch die Staatengemeinschaft (etwa der Aufnahme in die Vereinten Nationen) geendet. Da dies gerade für die zahlreichen Länder der Dritten Welt, aber nicht nur für sie, die natürliche Anschauung ist, wird die Bundesrepublik Deutschland hier Terrain verlieren – es sei denn, es gelinge ihr, die deutsche nationale Frage auch bei Ausländern nicht nur „offen" sondern auch aktuell zu halten.[885]

Damit ist der erste Komplex des Grundlagenvertragswerkes, der eigentliche Vertrag, abgehandelt, einige wichtige Ergänzungen (vor allem betreffend Westberlin) sind allerdings noch in den bei der Unterzeichnung des Vertrages – 21. Dezember 1972 – abgegebenen mündlichen Erklärungen enthalten. Diese Erklärungen werden unten,[886] nach Erörterung des zweiten und dritten Komplexes, auf die sie sich ebenfalls beziehen, im Zusammenhang dargestellt.

7. Die Mitgliedschaft in internationalen Organisationen

Der zweite Komplex des Vertragswerkes betrifft die Mitgliedschaft der beiden deutschen Staaten in drei internationalen Organisationen: Vereinten Nationen (VN), Weltpostverein und Internationaler Fernmelde-Union.[887] Dieser Komplex war der DDR sehr viel wichtiger als der Bundesrepublik. Letztere war in ihrer Staatlichkeit weltweit nie angezweifelt worden, war Mitglied aller VN-Sonderorganisationen (also auch des Weltpostvereins und der Internationalen Fernmelde-Union), hatte seit langem Beobachter-Status bei den VN und arbeitete sogar schon in einigen VN-Unterorganen mit.

Zu Eingang des Kapitels[888] ist dargestellt worden, wie es der Bundesrepublik Deutschland gelungen war, zunächst mit Hilfe der Hallstein-, dann der Scheel-Doktrin die DDR aus der Mehrzahl der weltweiten internationalen Organisationen herauszuhalten, wie aber auch dieser Riegel brüchig und der Durchbruch der DDR nur noch eine Frage kurzer Zeit geworden war. Dabei würde die DDR nicht mühsam ihren Beitritt von Organisation zu Organisation haben erkämpfen müssen, sondern die in fast allen Sonderorganisationen der VN inhaltlich gleichen Beitrittsbestimmungen gewähren das Beitrittsrecht u.a. jedem Staat, der in einer anderen Sonderorganisation Mitglied ist. Hatte sich die DDR also erst einmal die Mitgliedschaft in einer Sonderorganisation erkämpft – und das stand, etwa in der Weltgesundheitsorganisation, bevor – so hatte sie damit auch freien

Zutritt zu den anderen. Lediglich die Vereinten Nationen selbst, immerhin die bedeutendste aller internationalen Organisationen, würde der DDR (und der Bundesrepublik) verschlossen bleiben, solange die jeweiligen Verbündeten (die Westmächte für die BRD und die Sowjetunion für die DDR) im VN-Sicherheitsrat und reziprok ihr Veto einsetzen würden. Diese Erfahrung hatte die DDR schon in den sechziger Jahren machen müssen. Ohne Absprache mit den westlichen Vetomächten (oder Bonn) hatte sie 1966 allein ihren oben[889] erwähnten Aufnahmeantrag an das VN-Sekretariat geleitet, der wegen Aussichtslosigkeit nie dem VN-Sicherheitsrat vorgelegt wurde. Er blieb aber anhängig[890] und wurde durch den neuen, im Zusammenhang mit dem Grundlagenvertrag gestellten Antrag obsolet – bedauerlicherweise, da er noch sehr gesamtdeutsch-national formuliert gewesen war.

a) Der VN-Beitritt

Für die Bundesrepublik war nicht ihr Wille fraglich, in den VN, der einzigen weltweiten Organisation, der sie nicht voll angehörte, mitzuarbeiten, sondern allein die Bereitschaft, dafür mit dem gleichzeitigen Beitritt auch der DDR, also mit einer weiteren spektakulären Demonstration der Teilung Deutschlands zu zahlen.[891]

Diese Vor- und Nachteile waren nur im Gesamtzusammenhang einer grundlegenden Regelung des deutsch/deutschen Verhältnisses abzuwägen. Oben[892] ist dargestellt, wie Ziffer 7 des Bahr-Papiers den VN-Beitritt von BRD und DDR an Fortschritte der Entspannung knüpfte. Es war nicht von ungefähr der letzte (20.) der Kasseler Punkte, der die bundesrepublikanischen Vorstellungen dahin konkretisierte, daß das im Bahr-Papier anvisierte Stadium der Entspannung erst „auf der Grundlage des zwischen ihnen (BRD und DDR) zu vereinbarenden Vertrages" erreicht sein werde.

Um die Erfahrung mit ihrem Aufnahmeantrag von 1966 reicher – der Stoph-Entwurf von 1967[893] hatte sich zum VN-Beitritt noch ausgeschwiegen – verschloß sich die DDR im Ulbricht'schen Vertragsentwurf von 1969[894] nicht mehr der Erkenntnis dieses Junktims: Artikel VII sah vor, daß beide Staaten „ohne Verzögerung" die Aufnahme in die VN beantragten und „dafür eintreten, daß andere Staaten die Aufnahme ... unterstützen". Hier war die ausschlaggebende Rolle der Veto-Mächte erkannt und freimütig angesprochen; ebenfalls richtig erkannt war auch, daß die Vier Mächte bei einem deutschen VN-Beitritt weniger eigene Interessen als vielmehr die ihres jeweiligen deutschen Verbündeten im Auge haben würden, daß sie sich also dessen „Eintreten" für die Beitrittslösung kaum entziehen würden.

Vor einem chinesischen Veto glaubten beide deutsche Staaten sich sicher fühlen zu können: Die DDR unterhielt seit langem diplomatische Beziehungen mit (Rot-)China und die Bundesrepublik Deutschland hatte als eine der ganz wenigen westlichen Mächte jedenfalls niemals diplomatische Beziehungen zu den National-Chinesen unterhalten; außerdem zeichnete sich bereits deutlich die durch den chinesisch-sowjetischen Streit gewachsene Sympathie China's für das Nato-Mitglied Bundesrepublik ab.[895]

Die Viermächte-Erklärung

Die übrigen 4 Veto-Mächte (England, Frankreich, USA und Sowjetunion) hatten, das war schon oben[896] im Zusammenhang mit Artikel 9 des Grundlagenvertrages gesagt worden, die deutsch/deutschen Verhandlungen aufmerksam verfolgt und sich in den Botschafter-Besprechungen darüber verständigt, daß sie unter den gegebenen Umständen die beiden deutschen Aufnahmeanträge unterstützen könnten, sofern sie gleichzeitig einen Vorbehalt zur Fortdauer der Viermächte-Rechte anbringen würden.

Drei Tage (5. November 1972) vor der Unterzeichnung des entsprechenden Briefwechsels durch BRD und DDR, als dessen Text schon so gut wie feststand, verabschiedeten die vier Botschafter die Erklärung, welche einen Tag nach der Unterzeichnung (9. November 1972) in den vier Hauptstädten veröffentlicht, am gleichen Tag durch die drei Westmächte der BRD[897] und durch die Sowjetunion der DDR[898] förmlich notifiziert und schließlich auch auf Veranlassung der Vier Mächte in den Vereinten Nationen als Dokument des VN-Sicherheitsrats zirkuliert wurde (18. Juni 1973), bevor dieser[899] und später die Generalversammlung[900] über die beiden deutschen Anträge Beschluß faßten. Der operative Teil dieser so weidlich bekannt gemachten Erklärung lautet in der Übersetzung des Auswärtigen Amtes:

„Die Regierungen (der Vier Mächte) ... sind sich darüber einig, daß sie die Anträge auf Mitgliedschaft in den Vereinten Nationen unterstützen werden, wenn diese von der Bundesrepublik Deutschland und der Deutschen Demokratischen Republik eingereicht werden; sie bekräftigen in diesem Zusammenhang, daß diese Mitgliedschaft die Rechte und Verantwortlichkeiten der Vier Mächte und die entsprechenden diesbezüglichen Viermächte-Vereinbarungen, -Beschlüsse, und -Praktiken in keiner Weise berührt."[901]

Die Erklärung geht im ersten zitierten Satz von „Anträgen" und nicht etwa von einem gemeinsamen Antrag der beiden deutschen Staaten aus. Eine Zeitlang hatte man in Bonn gehofft, den Beitritt der beiden Staaten aufgrund nur eines Antrages und nur jeweils eines Beschlusses von Sicherheitsrat und Generalversammlung vollziehen zu lassen und so den Eindruck der Trennung der beiden Staaten etwas verwischen zu können, jedoch hatte die DDR sich auf dieses Verfahren nicht eingelassen. Andererseits hatten alle Interessierten noch die Schwierigkeiten in Erinnerung, die es 1947 mit den Aufnahmeanträgen einiger Staaten unterschiedlicher Couleur gegeben hatte; die einzelnen Anträge wurden jeweils von der „gegnerischen" Vetomacht zu Fall gebracht, bis sie, Jahre später, gebündelt den Sicherheitsrat passierten.[902] Auf diese Weise wurde sichergestellt, daß nicht der eine akzeptiert und der andere hernach abgelehnt werde. Nach jenem

Modell wurden jetzt auch die deutschen Anträge im Sicherheitsrat zwar separat eingebracht und behandelt, dann aber in einer Entschließung zusammen an die Generalversammlung weitergeleitet und dort (nach erneuter getrennter Beratung) wieder zusammen verabschiedet – prozedurale Finessen, deren Bedeutung nicht zu hoch veranschlagt werden darf.

Die Erklärung der Vier Mächte vom 9. November 1972 stellt die „Unterstützung" für die deutschen Anträge in Aussicht. Damit ist in erster Linie der Ausschluß des Vetos gemeint, aber auch ein aktives Eintreten bei den übrigen VN-Mitgliedern, die in Sicherheitsrat und Generalversammlung ja auch noch mehrheitlich zustimmen mußten.

Die Vier Mächte wollten die Anträge unterstützen, „wenn diese ... eingereicht werden". Wenn auch zum Zeitpunkt der Herausgabe dieser Erklärung feststand, daß beide deutsche Regierungen ihre Anträge einreichen würden, so war noch offen, wann. Schuld an dieser Ungewißheit trug vor allem das – weiter unten[903] besprochene – Verfahren, welches das Bonner Grundgesetz für einen solchen Antrag vorschrieb, und das, da der Beitritt nur gemeinsam oder garnicht in Frage kam, auch die DDR noch zu warten zwang.

Der zweite oben wiedergegebene Satz der Viermächte-Erklärung enthält den Vorbehalt für die Viermächte-Rechte. Er ist von BRD und DDR in ihren Erklärungen zu Artikel 9 des Grundlagenvertrages wörtlich zitiert und mit diesen schon im Einzelnen[904] erläutert worden. Auf eine wichtige Besonderheit ist allerdings noch hinzuweisen.

Der Minderstatus von BRD und DDR

Die Charta der Vereinten Nationen gewährt den Mitgliedern einen bestimmten Status, vor allem gegenüber den übrigen Mitgliedern. Artikel 2, Ziffer 1 zum Beispiel statuiert den Grundsatz der souveränen Gleichheit aller Mitglieder. Mit diesem Grundsatz ist eine Unterworfenheit bestimmter Mitglieder, hier also der BRD und DDR, unter eine wie immer geartete Tutel (hier also der Viermächte-Verantwortlichkeit) anderer Mitglieder (hier der Vier Mächte) schlecht vereinbar. Sollte der Viermächte-Status Deutschlands gleichwohl fortdauern, so hätten entweder die betroffenen Mitglieder sich ihm einseitig und ausdrücklich unterwerfen können; entsprechende Erklärungen sind aber weder von der BRD noch von der DDR im Zusammenhang mit dem Beitritt abgegeben worden. (Die Erklärungen zu Artikel 9 des Grundlagenvertrages beziehen sich nur auf diesen.) Oder der Erwerb der Rechte (und Pflichten) aus der Charta, das heißt der Beitritt zu den Vereinten Nationen, mußte von vornherein nur unter der Bedingung des mit dem Viermächte-Status verbundenen und – nur den Vier Mächten gegenüber wirksamen – Souveränitätsdefekts stattfinden.[905] So etwa sind bei Gründung der Vereinten Nationen die sowjetischen Teilstaaten Ukraine und Weißrußland zu im übrigen vollberechtigten VN-Mitgliedern geworden. Und so nur sind auch BRD und DDR den VN beigetreten:

Die Erklärung der Vier Mächte vom 9. November 1972 bindet die „Unterstützung" der beiden Beitrittsanträge, d.h. den Verzicht auf das Veto, an das „In-keiner-Weise-Berührt-Werden" der Viermächte-Verantwortung.

In der – unverbindlichen – deutschen Übersetzung des Auswärtigen Amtes[906] liest sich das, wenn man es herauslesen will, auch so, als ob die Vier Mächte der Auffassung seien und die tatsächliche Feststellung träfen, die Mitgliedschaft in den VN berühre wegen ihrer besonderen Beschaffenheit die Viermächte-Rechte nicht, in dem Sinne, daß sie sie auch nicht berühren könne. Ein Blick schon auf den englischen Text der Erklärung, der mit dem französischen und russichen Text authentisch ist, belehrt eines Anderen: „... and confirm in this connexion that this membership shall in no way affect the rights ...". Hier wird nicht eine sachliche Feststellung getroffen (z.B. „... affects in no way", oder „does not affect in any way"), sondern hier wird eine Weisung gegeben, eine Norm gesetzt, deren deutsche Übersetzung eigentlich lautet: „... daß diese Mitgliedschaft die Rechte ... in keiner Weise berühren darf."[907] Das heißt, eine Mitgliedschaft in den VN hätte den Viermächte-Status Deutschlands, also das Verhältnis der beiden deutschen Staaten zu den Vier Mächten, sehr wohl berühren können, aber nur in dem Umfang, in dem dies nicht der Fall ist und relevant wird, lassen die Vier Mächte diese Mitgliedschaft zu. Während der Grundlagenvertrag und die übrigen Ostverträge den Viermächte-Status ganz Deutschlands nicht berührten, weil sie ihn nicht berühren konnten, berührt die VN-Mitgliedschaft den Viermächte-Status nicht (obwohl sie es sonst gekonnt hätte), weil sie durch die Viermächte-Erklärung von Anfang an entsprechend zurückgestutzt worden ist. Daher fehlt der bekräftigende Hinweis auf das „Nicht-Berühren-Können" aus den alliierten Noten zum Moskauer und Warschauer Vertrag und den Briefen von BRD und DDR zum Grundlagenvertrag (Artikel 9)[908] in der alliierten Erklärung zum VN-Beitritt, daher auch die Notifizierung der Erklärung an BRD und DDR sowie die VN-Organe und die Zirkulierung bei allen VN-Mitgliedern vor der Beschlußfassung über die Beitrittsanträge und vor dem Beginn der Mitgliedschaft.

BRD und DDR (als Betroffene), aber auch die übrigen VN-Mitgliedstaaten (als Partner unter der VN-Charta) oder die VN-Organe selbst haben nicht dagegen protestiert, daß die Vier Mächte die Charta der VN gegenüber den beiden deutschen Staaten in dieser Weise auslegten. BRD und DDR hatten vielmehr im Zusammenhang mit Artikel 9 des Grundlagenvertrages die Viermächte-Verantwortung noch einmal bestätigt.

In dem Schreiben vom 12. Juni 1973, mit dem er den Beitrittsantrag der DDR an den VN-Generalsekretär übermittelte (nicht in dem Antrag selbst), bezog sich der DDR-Außenminister außerdem ausdrücklich auf die alliierte Erklärung vom 9. November 1972.[909] Die Bundesrepublik Deutschland verzichtete auf einen solchen Hinweis;[910] aber auf absehbare Zeit dürfte sie die letzte sein, die den Viermächte-Status Deutschlands angreift. Die Haltung beider Staaten gegenüber der Erklärung der Vier Mächte vom 9. November 1972 anläßlich des Beitrittsverfahrens kann daher nur als Zustimmung verstanden werden, wenn man überhaupt entsprechend dem Rechtsgedanken von Artikel 41 der Wiener Vertragsrechtskonvention eine Vereinbarung zwischen den Vier Mächten und den beiden deutschen Staaten über eine unter ihnen wirksame Auslegung der VN-Charta für notwendig hält.

Die Feindstaaten-Artikel

Ein anderer Weg, den die Charta selbst vorsieht, um alliierte Siegerrechte vor Einschränkungen durch die Charta zu schützen, ist die Berufung auf die Feindstaaten-Artikel der Charta (Artikel 53 und 107), die oben[911] beim Bahr-Papier ausführlich behandelt wurden. Läßt man einmal Verträge zwischen Siegermächten und ehemaligen Feindstaaten über den Gewaltverzicht außer Betracht, so muß man wohl davon ausgehen, daß diese Artikel gegenüber (neuen) Mitgliedstaaten nur noch insoweit angerufen werden können, wie sie ihnen gegenüber bei der Aufnahme in die VN vorbehalten wurden und daß nur in dem Umfang, in dem dieser Vorbehalt nicht angebracht wurde, spätestens mit dem Beitritt ehemaliger Feindstaaten deren Negativstatus, soweit er auf der Charta beruhte, hinfällig geworden ist.[912]

Die Erklärung der Vier Mächte vom 9. November 1972 erwähnt die Feindstaaten-Artikel der Charta nicht ausdrücklich, macht aber den Vorbehalt der „Rechte und Verantwortlichkeiten der Vier Mächte"; damit dürften auch die Feindstaaten-Artikel miterfaßt sein. Sollte also ein Mitglied oder ein Organ der VN sich gegenüber BRD und/oder DDR einmal auf die Feindstaaten-Artikel der VN-Charta berufen, so könnte demgegenüber wohl nicht auf die Mitgliedschaft in den VN verwiesen werden; denn diese ist ja schon mit dem Geburtsfehler der Viermächte-Verantwortlichkeit erworben worden. Das schließt nicht aus, daß die Berufung auf die Feindstaaten-Artikel im Einzelfall gegen bilaterales Vertragsrecht, z. B. den Moskauer Vertrag, verstoßen würde.

Es ist unwahrscheinlich, daß im Rahmen der Vereinten Nationen eine der Vier Mächte oder die Vier Mächte zusammen der Bundesrepublik oder der DDR gegenüber sich je auf deren Minderstatus berufen werden; die Gelegenheit dafür dürfte sich dort kaum bieten, eine solche Berufung würde auch viel Widerspruch von allen möglichen Seiten hervorrufen. Der Minderstatus dürfte aber BRD oder DDR entgegengehalten werden, sobald sie den Viermächte-Status unter Zuhilfenahme von Charta-Artikeln im bilateralen Verhältnis angreifen sollten. Wie schon mehrfach gesagt, würde allerdings ein solcher Angriff überhaupt nicht in das gegenwärtige deutschlandpolitische Konzept der Bundesrepublik Deutschland passen, die DDR andererseits wird hier nicht weiter gehen, als sie von der Sowjetunion gedeckt wird (die bislang noch weit davon entfernt ist, auf ihre diesbezüglichen Rechte zu verzichten). Die praktische Bedeutung des Viermächte-Vorbehalts beim VN-Beitritt der beiden deutschen Staaten reduziert sich damit weitgehend auf die argumentative Stützung politischer Positionen; ob letzte gehalten oder durchgesetzt werden können, hängt dann von ganz anderen Faktoren ab.

Nur in dieser kardanischen Aufhängung, also innerhalb des durch den Viermächte-Status abgesteckten Bereichs, konnten BRD und DDR sich frei bewegen und ihre Mitgliedschaft in den Vereinten Nationen planen.

Die deutsch/deutschen Besonderheiten und Artikel 103 ChVN

Die erste conditio sine qua non des westdeutschen VN-Beitritts war die Sicherung der deutsch/deutschen Besonderheiten. Keinesfalls durfte mit dem VN-Beitritt das Verhältnis zur DDR auf eine ausschließlich völkerrechtliche Ebene gestellt werden.[913]

Daß der VN-Beitritt der Bundesrepublik nicht die völkerrechtliche Anerkennung des anderen deutschen VN-Mitglieds bedeutete, erweist sich ohne dogmatische Ausführungen schon an den Präzedenzfällen zahlreicher anderer VN-Mitglieder, man denke nur an das Verhältnis arabischer Staaten zu Israel oder das der Sowjetunion zu Weißrußland und der Ukraine. Eine völkerrechtliche Anerkennung wäre, wie schon zu Eingang dieses Kapitels[914] bemerkt, auch nicht mit dem Viermächte-Status vereinbar gewesen.

Aber es gibt auch deutsch/deutsche Besonderheiten, die nicht auf dem Viermächte-Status Deutschlands, sondern allein auf dem politischen Willen der Bundesrepublik und der Anerkennung beruhen, die dieser Wille im Grundlagenvertrag (und in anderen Verträgen, z.B. denen von Rom)[915] gefunden hat. Die von der Bundesrepublik Deutschland fortgesetzte eine deutsche Staatsangehörigkeit etwa, die innerdeutsche Qualität des Handels, das politische Ziel der Vereinigung, sie könnten teilweise oder auch ganz aufgegeben werden, ohne daß der Viermächte-Status dadurch berührt sein müßte. Könnte die DDR nun unter Berufung auf Artikel 103 der VN-Charta, nach welchem Verpflichtungen aus der VN-Charta solchen aus anderen internationalen Übereinkünften vorgehen, von der Bundesrepublik entsprechende Änderungen verlangen? Theoretisch wäre das denkbar, praktisch aber wohl nicht durchführbar; denn erstens dürfte der größte Teil der Ansprüche, die die DDR denkbarerweise gegen die Bundesrepublik erheben würde, gar nicht die hohe Schwelle der Charta als Satzung der Völkergemeinschaft erreichen und mithin gar nicht zu einer korrespondierenden Charta-Verpflichtung Bonns aufbereitet werden können. Was sonst im Rahmen der Vereinten Nationen beschlossen wird, sind, abgesehen von hier nicht einschlägigen Ausnahmen (Sicherheitsrat,[916] Internationaler Gerichtshof),[917] entweder politische Empfehlungen ohne Rechtskraft oder Konventionsentwürfe, deren Rechtswirksamkeit von einer gesonderten ausdrücklichen Zustimmung (Ratifikation) jedes Staates, also auch der Bundesrepublik, abhängt. Zweitens wird es schwer fallen, aus dem Text der Charta-Artikel überhaupt konkrete Verpflichtungen eines Mitglieds gegen das andere zwingend abzuleiten; die über dreißigjährige Geschichte der Charta und der Streitigkeiten bei der Charta-Interpretation belegt das nur zu nachdrücklich; drittens würde die Bundesrepublik ihrerseits z.B. einem auf die Charta begründeten Selbständigkeitsanspruch der DDR das ebenfalls auf die Charta zu gründende Selbstbestimmungsrecht des (ganzen) deutschen Volkes entgegenhalten (und die Charta muß in ihrer Gesamtheit berücksichtigt werden). Viel wird auch von dem Ansehen und der Effizienz abhängen, die sich einzelne VN-Organe sichern oder erhalten – letztlich also von der politischen Abstützung von Ansprüchen und Entscheidungen.

Der Briefwechsel von BRD und DDR

Der VN-Beitritt hat mithin dem deutsch/deutschen Verhältnis nicht seine besondere Qualität nehmen können. Sie so wenig wie möglich aufscheinen zu lassen, lag aber natürlich der DDR sehr am Herzen. Der Briefwechsel zum VN-Beitritt[918] enthält daher keine Verabredung des Beitritts sondern nur die Bestätigung erhaltener und in Aussicht gestellter Informationen:

> „Die Regierung der Bundesrepublik Deutschland hat zur Kenntnis genommen, daß die Regierung der Deutschen Demokratischen Republik in Übereinstimmung mit dem innerstaatlichen Recht der Deutschen Demokratischen Republik die notwendigen Schritte zur Erlangung der Mitgliedschaft in der Organisation der Vereinten Nationen einleitet. Beide Regierungen werden sich über den Zeitpunkt der Antragstellung informieren."

Der Brief der DDR lautet umgekehrt entsprechend.

Während die DDR nach wie vor auf einen raschen Beitritt drängte und diesen am liebsten noch während der Verhandlungen, also während der 27. Sitzungsperiode der VN-Generalversammlung im Herbst 1972, beantragt und vollzogen hätte,[919] wollte die Bundesrepublik Deutschland verständlicherweise erst das ganze Vertragswerk vorliegen haben.[920]

Außerdem war nach dem Grundgesetz die förmliche Zustimmung des Deutschen Bundestages zum VN-Beitritt erforderlich. Der Beitritt zu den VN bedeutete u.a. die Übernahme der Rechte und Pflichten aus der VN-Charta, also den Beitritt zu einem internationalen Vertrag; Inhalt und Bedeutung der Charta verboten es der Bundesregierung gemäß Artikel 59 Absatz II des Grundgesetzes, hier ohne die Zustimmung des Parlaments zu handeln. Diese Zustimmung (in Form eines Bundesgesetzes) mußte auch schon vor der Stellung des Beitrittsantrages erbeten und erteilt werden, da gemäß Artikel 4 Absatz II der VN-Charta die Mitgliedschaft, und damit die Unterwerfung unter die Charta, mit dem Aufnahme-Beschluß der VN-Generalversammlung wirksam wird. Eine nachträgliche Genehmigung (oder ihre Verweigerung) durch den Bundestag wäre also ins Leere gelaufen. Der Hinweis auf das innerstaatliche Recht ist also allein im Hinblick auf die notwendigen westdeutschen Vorbereitungen in die Briefe gekommen. Die im letzten Satz der Briefe in Aussicht genommene Unterrichtung bezieht sich, trotz der vertragskosmetisch bedingten Gegenseitigkeit, vor allem auf den Abschluß des bundesrepublikanischen Gesetzgebungsverfahrens.

Der Zeitpunkt des Beitritts (Protokollerklärungen)

Um Besorgnisse der DDR über eine bewußte Verzögerung der Beitrittsvorbereitungen durch die Bundesregierung auszuräumen, war die Bundesregierung mit der Veröffentlichung ihrer während der Verhandlungen gemachten entsprechenden (einseitigen) Protokollerklärung[921] einverstanden, wonach sie

„nach Zusammentreten des Bundestages die notwendigen Schritte zur Schaffung der innerstaatlichen Voraussetzungen für die Antragstellung auf Mitgliedschaft der Bundesrepublik Deutschland einleiten"

werde. Zu mehr konnte sie sich nicht verpflichten, da der Bundestag als unabhängiges Verfassungsorgan Festlegungen durch die Bundesregierung nicht zu honorieren braucht.

Für den Außenstehenden erklärt sich das sonst unverständliche Interesse der DDR an einem zügigen VN-Beitritt der Bundesrepublik durch die gemeinsame Protokollerklärung:

„Die gegenseitige Information (über den Zeitpunkt der Antragstellung) hat zum Ziel, daß die Antragstellung etwa zum gleichen Zeitpunkt erfolgt."

Verschämt wird hier auf die Tatsache angespielt, daß der Beitritt gemeinsam oder gar nicht erfolgen würde.

Der vorzeitige Abschluß der Verhandlungen zum VN-Beitritt (Unterzeichnung der betreffenden Briefe am Tage, an dem der Grundlagenvertrag erst paraphiert wurde) konnte nicht zu einer Beschleunigung führen, weil die Bundesregierung das Vertragswerk nur im Zusammenhang aller drei Komplexe in das Ratifizierungsverfahren geben konnte: Einem VN-Beitritt ohne Grundlagenvertrag und ohne menschliche Erleichterungen hätte der Bundestag nie zugestimmt. Die frühere Unterzeichnung dieser Briefe war ein Signal an die Völkergemeinschaft, daß eine weitere Stufe im Aufwertungsprozeß der DDR erreicht war. Manche anerkennungswilligen Staaten warteten auf ein solches Zeichen, um ihre Beziehungen zu DDR zu normalisieren. Gleichzeitig führte sie zu einer oberflächlichen Trennung des Komplexes über den Beitritt zu internationalen Organisationen von den beiden anderen Komplexen des Vertragswerks.

Die Vertretung der Interessen Westberlins

Der zweite Punkt, der in Verhandlungen aller Interessierter geklärt sein mußte (und auch wurde), bevor die Bundesrepublik einem VN-Beitritt näher treten konnte, war die Aussicht, daß die Bundesrepublik Deutschland in den Vereinten Nationen auch die Interessen Westberlins vertreten würde. Dies war allerdings nur möglich, soweit nicht Angelegenheiten der Sicherheit und des Status berührt würden, für die sich ja die Drei Westmächte grundsätzlich die Zuständigkeit vorbehalten hatten.[922] Wie weit dieser Vorbehalt praktisch reicht, ist in den VN noch nicht ausgetragen worden. Mit großem Raffinement (z.B. Umfang der Bezeichnung „deutsch“ bei Gebrauch durch West- oder Ostdeutsche) und auf teilweise recht abgelegenen Gebieten (z.B. Einordnung Berlins in das Demographische Jahrbuch der Vereinten Nationen) wird diese Frage von der DDR und ihren Verbündeten in verschiedenen VN-Gremien wachgehalten. Von solchen Finessen sind schon oben bei der Darstellung des Berlin-Abkommens der Vier Mächte Beispiele gegeben worden.[923] Das Prinzip der Vertretung der Interressen Westberlins durch die Bundesrepublik hat in den VN jedenfalls nicht mit Erfolg bestritten werden können.

Der Ablauf des Beitritts

„Die notwendigen Schritte zur Erlangung der Mitgliedschaft“ (einschließlich der Vertretung Westberlins) liefen dann nach folgendem Szenario ab:

Die Bundesregierung bereitete einen Gesetzentwurf mit Berlin-Klausel vor, der wegen der Berlin-Klausel der Alliierten Kommandatura in Berlin zugeleitet wurde. Diese erteilte mit dem oben[924] bei Anlage IV des Berlin-Abkommens zitierten Schreiben an den Senat (BKC/L (73) 1 vom 13. April 1973) ihre Genehmigung.

Darauf wurde am 6. Juni 1973 das „Gesetz zum Beitritt der Bundesrepublik Deutschland zur Charta der Vereinten Nationen“[925] zusammen mit dem Ratifikationsgesetz zum Grundlagenvertrag verkündet und in Kraft gesetzt (10. Juni 1973). Damit wurde es der Bundesregierung möglich, die DDR „über den Zeitpunkt der Antragstellung (zu) informieren.“

In der oben zitierten gemeinsamen Protokollerklärung hatte es geheißen, daß die Antragstellung „etwa“ zum gleichen Zeitpunkt erfolgen solle. Die Bundesrepublik Deutschland ließ der DDR einen von ihr sehr geschätzten Anciennitätsvorsprung von einem Tag. Schon 2 Tage (12. Juni) nach dem Inkrafttreten des bundesrepublikanischen Vertragsgesetzes stellte die DDR, bei der solche förmlichen Voraussetzungen ja nicht problematisch gewesen waren, in New York ihren Beitrittsantrag. Einen Tag später (13. Juni) zog die Bundesrepublik nach; dabei übernahm sie mit dem oben bei Anlage IV des Berlin-Abkommens zitierten besonderen Schreiben auch die Vertretung der Interessen Westberlins.[926] Am 16. Juni ließen die Vier Mächte ihre Erklärung zum VN-Beitritt vom 9. November 1972 in New York zirkulieren und schon am 21. Juni, also 9 bzw. 8 Tage nach dem Eingang der beiden Anträge passierten diese den VN-Sicherheitsrat der, wie schon bemerkt, in *einer* Entschließung beide Anträge der Generalversammlung zur Annahme empfahl.[927] Damit war der entscheidende Schritt zum Beitritt getan; denn in der Generalversammlung war beiden Anträgen die erforderliche einfache Mehrheit sicher. Diese Daten spielten übrigens eine Rolle für den Ablauf des unten[928] besprochenen gleichzeitigen Verfahrens über den Grundlagenvertrag vor dem Bundesverfassungsgericht.

Das gesonderte Schreiben zur Vertretung Westberlins zog noch einen nur teilweise kontroversen Notenwechsel der Sowjetunion und der Drei Westmächte nach sich, der aber den Grundsatz unberüht ließ.[929] Am 18. September 1973 beschloß die VN-Generalversammlung durch Akklamation ohne Gegenstimme, wiederum in *einer* Entschließung, DDR und BRD (wegen der Anciennität in dieser Reihenfolge) in die Vereinten Nationen aufzunehmen.[930] In den Begrüßungsreden, die im allgemeinen sehr freundlich waren, machten allein Guinea (gegen die Bundesrepublik) und Israel (gegen die DDR) Vorbehalte geltend.

So wurden die beiden deutschen Staaten Mitglied der Weltorganisation.

b) Weltpostverein und Internationale Fernmeldeunion

Neben dem VN-Beitritt behandelt der zweite Komplex[931] des Grundlagenvertragswerks noch den Beitritt der DDR zu zwei VN-Sonderorganisationen, dem Weltpostverein (gebräuchliche französische Abkürzung: UPU) und der Internationalen Fernmeldunion (abgekürzt UIT).

Post- und Fernmeldefragen waren schon im Grundlagenvertrag selbst (Artikel 7 und sein 5. Protokollvermerk) angesprochen (und sind in diesem Zusammenhang oben[932] behandelt) worden. Das dort in Aussicht genommene Post- und Fernmeldeabkommen drängte; schon bei der deutschen Ausfüllung des Berlin-Abkommens hatte die Post, die aus praktischen Zwängen heraus weniger elastisch ist als etwa der Kulturaustausch, den Vorreiter gemacht.[933] So auch jetzt. Die bündige Regelung des deutsch/deutschen Post- und Fernmeldeverkehrs setzte die Mitarbeit der DDR in den beiden einschlägigen internationalen Organisationen voraus – für die DDR ein über die sachliche Notwendigkeit hinaus politisch außerordentlich wichtiger Punkt; wie oben[934] schon bemerkt, öffnete die Mitgliedschaft etwa im Weltpostverein der DDR auch fast alle übrigen internationalen Organisationen, was für die DDR um so interessanter war, als ein anderer Schlüssel zum Einlaß in diese Organisationen, nämlich die Mitgliedschaft in den Vereinten Nationen, wegen der langwierigen Beitrittsvorbereitungen noch auf sich warten lassen würde.

Die Bundesrepublik Deutschland war hier zu einem Entgegenkommen bereit. In einem schon bei Paraphierung des übrigen Vertragswerks unterzeichneten zweiten Briefwechsel (der erste betraf den VN-Beitritt) einigte man sich auf die sofortige Aufnahme von Verhandlungen über das im Grundlagenvertrag anvisierte Post- und Fernmeldeabkommen; dann, das lag in der sachlichen Logik, würde die Bundesrepublik ihren Widerstand gegen den Beitritt der DDR in den beiden Organisationen aufgeben:

„... im Hinblick auf die gleichberechtigte Mitgliedschaft beider Staaten ... nimmt (im DDR-Brief „gibt") die Regierung ... zur Kenntnis, daß die Deutsche

Demokratische Republik nach Beginn der Verhandlungen die erforderlichen Schritte zur Erlangung ihrer Mitgliedschaft unternehmen wird."

Vom sachlichen Inhalt her hätte dieser Teil des Briefwechsels eigentlich so formuliert werden müssen, daß die Bundesrepublik Deutschland mitteilte, sie werde ihren Widerstand aufgeben und die DDR antwortete, dann werde sie den Beitritt beantragen. Die vorstehende Formulierung ist diskreter und diplomatischer. Immerhin war die DDR auch schon gelassener geworden. Während sie anläßlich ihres Beitritts zu zwei Straßenverkehrsübereinkommen (TIR und ADR)[935] im Protokollvermerk zu Artikel 28 des Verkehrsvertrages noch Wert darauf gelegt hatte, die gleichberechtigte Mitgliedschaft als „notwendig" zu bezeichnen, verzichtete sie hier auf eine solche Qualifizierung.

Die Post- und Fernmeldeverhandlungen begannen kurz darauf, und dann wurde die DDR in den Weltpostverein und die Internationale Fernmeldeunion aufgenommen. Mittlerweile sind die Post- und Fernmeldefragen geregelt[936] und die DDR ist – wie die Bundesrepublik – Mitglied auch aller übrigen VN-Sonderorganisationen. Damit sind die Vereinbarungen dieses Komplexes des Grundlagenvertrages verwirklicht.

8. Erleichterungen

Der dritte Komplex des Vertragswerk enthält die sogannten „menschlichen Erleichterungen" unter Einschluß der Arbeitsmöglichkeiten für Journalisten.[937] Er besteht mit der Ausnahme einer Aufwertung der in Bonn tätigen DDR-Journalisten ausschließlich aus Zugeständnissen der DDR.

Das kann nicht verwundern; denn allein die DDR ist aus den bekannten ideologisch-politischen Gründen gezwungen, ihr Überleben als sozialistischer Staat in Deutschland mit administrativen Restriktionen und tödlichen Installationen zu sichern. Nach den Erfahrungen der Massenflucht vor dem Mauerbau glaubte die DDR, hier wenig Spielraum zu haben; auch das Schicksal des Prager Frühlings wirkte nicht ermutigend. Die Stimmung der DDR-Bevölkerung war eher in einem labilen denn stabilen Gleichgewicht, zumal in der Atmosphäre der durch die Verhandlungen geweckten Hoffnungen.

Was der Grundlagenvertrag zur Nation sagen würde, oder auch der Beitritt zu internationalen Organisationen, waren politische Fragen hohen Ranges, aber sie hatten keinen unmittelbaren Einfluß auf Existenz und Überleben des Staatswesens. Anders die „menschlichen Erleichterungen": Hier konnten „Republikflucht" und „Subversion", „Revisionismus" und gar „Konterrevolutionäre Strömungen" Nahrung finden. Schon oben[938] ist auf die Symptome „ideologischer Unzuverlässigkeit" der Erfurter Bevölkerung anläßlich des ersten Treffens Brandt/Stoph hingewiesen worden. Es ist in der westdeutschen Öffentlichkeit wohl nie wirklich gesehen und gewürdigt worden, daß man die Existenz und Orientierung der DDR zwar beklagen, von ihrer Regierung aber nicht mit Aussicht auf Erfolg verlangen konnte, an der Gefährdung ihrer eigenen Sicherheit mitzuwirken.[939]

So war nicht unerwartet, daß die DDR den Forderungen der Bundesrepublik Deutschland nach mehr Freizügigkeit im innerdeutschen Verkehr mit der allergrößten Zurückhaltung begegnete. Immerhin stand aber nach den Präzedenzfällen des Berlin-Abkommens und des Verkehrsvertrages fest, daß auch das Grundlagenvertragswerk ohne Ergänzung durch menschliche Erleichterungen nicht zustande kommen werde.[940]

Zu den umstrittenen Fragen gehörte auch die Form, welche die Zusagen der DDR annehmen würde[941] (einseitige Erklärungen oder Briefwechsel). Das Ergebnis zeigt, wie das übrige Vertragswerk, Kompromißcharakter. Soweit es sich um einseitige Zugeständnisse der DDR handelt – alle bis auf eine Ausnahme – wurden die Grundsätze in einem unechten Briefwechsel (Schreiben der DDR mit Empfangsbestätigung der BRD), die Einzelheiten in einer Information der BRD durch die DDR aufgenommen, die erstere dann in den Stand setzte, den Briefwechsel ausführlich und wörtlich authentisch zu erläutern.[942] Für das einzige Zugeständnis der DDR, das ein unmittelbares Mitwirken der Bundesrepublik voraussetzte – die zusätzlichen Grenzübergänge mußten auf beiden Seiten eingerichtet werden – wählte man den reziproken Briefwechsel.

Noch während der Verhandlungen traten (mit dem Verkehrsvertrag, 17. Oktober 1972) in der DDR die schon oben[943] beim Verkehrsvertrag erwähnten zwei Anordnungen in Kraft, welche die zusammen mit dem Verkehrsvertrag ausgehandelten Verkehrserleichterungen brachten. Wenn in Bonn auch das pünktliche Inkrafttreten mit Genugtuung registriert wurde, so konnte darin doch keine neue im Rahmen des Grundlagenvertrages „anrechenbare" Leistung der DDR gesehen werden. Anders verhielt es sich mit dem vom Vortage (16. Oktober) datierenden „Gesetz zur Regelung von Fragen der Staatsbürgerschaft",[944] das die „Republikflüchtlinge" (bis Ende 1971) aus der DDR-Staatsbürgerschaft entließ und gleichzeitig – sehr wichtig für künftige Besuche in der DDR – amnestierte: Diese Frontbegradigung im DDR-Staatsbürgerrecht wurde oben mit den Protokollerklärungen zur Staatsangehörigkeit besprochen. Sie brachte für die DDR zwar die mit jeder Frontverkürzung verbundenen Vorteile, zugleich aber auch einen erheblichen Verlust an Bürgern und – durch die Amnestie – für die Betroffenen und die zu ihren Gunsten interzedierende Bundesrepublik einen Erfolg.

Die Bundesrepublik hatte aber sehr viel weitergehende Vorstellungen;[945] sie betrafen, abgesehen von Arbeitserleichterungen für Journalisten, den Abbau administrativer Erschwernisse beim sog. nichtkommerziellen Warenverkehr, die Familienzusammenführung und eine Erweiterung der Besuchsmöglichkeiten in beiden Richtungen, sowie vor allem eine Normalisierung der innerdeutschen Grenze.

Die DDR erhob demgegenüber den bekannten Einwand, es handele sich bei all dem um ihre inneren Angelegenheiten, die sie einseitig regele, aber für die sie keine Vereinbarungen abschließe. Gleichwohl sah auch sie, daß dies nicht das letzte Wort sein konnte.

Die dann gefundenen Regelungen ließen gewiß nicht alle westdeutschen Blütenträume reifen, enthielten aber Zugeständnisse der DDR, auf die in den vorhergehenden zehn Jahren kein westdeutscher Politiker mehr hatte hoffen können.

a) Arbeitsmöglichkeiten für Journalisten (Briefwechsel und Protokollerklärungen)

Mehr technisch-politische denn humanitäre Bedeutung hatte noch der vorab (8. November 1972) unterzeichnete „Briefwechsel über die Arbeitsmöglichkeiten für Journalisten“ mit den Protokollerklärungen jeder Seite und seiner Ausdehnung auf Berlin (West) durch mündliche Vereinbarung.[946]

Die Verbesserung der journalistischen Arbeitsmöglichkeiten war ein westdeutsches Anliegen gewesen. Gerade während der recht publizitätsträchtigen Verhandlungen mit der DDR hatte sich gezeigt, wie sehr die Berichterstattung der westdeutschen Massenmedien aus Ostberlin, im Gegensatz sogar zu Plätzen wie Moskau und Warschau, behindert war.[947] Im übrigen stand zu erwarten, daß der Prozeß der Normalisierung durch eine Berichterstattung aus der DDR erheblich gefördert werden könnte; das Ungewöhnliche einer touristischen Reise in die DDR z.B. würde sich verlieren, wenn über solche Besuche in den Reisebeilagen der westdeutschen Zeitungen berichtet würde. In der Hoffnung, die sich dann als trügerisch erweisen sollte, sehr bald die ersten ständigen Korrespondenten in Ostberlin akkreditieren zu können, wurde daher der Briefwechsel vorgezogen und zusammen mit den Vereinbarungen über den Beitritt zu den internationalen Organisationen schon vor dem Hauptteil des Vertragswerks, nämlich am 21. Dezember 1972, in Kraft gesetzt.[948]

Der reziprok wortgleiche Briefwechsel gibt die Erleichterungen wieder, welche die DDR westdeutschen Journalisten zu gewähren bereit war und welche deshalb auch die Bundesrepublik Deutschland in ihrem Brief den Journalisten aus der DDR nochmals zusicherte, obwohl diese als Deutsche ohnehin bereits alle Grundrechte, vor allem die Freizügigkeit, in der Bundesrepublik genossen. Immerhin brachte der Briefwechsel den Bonner DDR-Journalisten gewisse Berufserleichterungen.

Der Briefwechsel enthält eine Definition des „Journalisten“ (58 Worte!), sichert diesem bestimmte Rechte zu und zählt Voraussetzungen für die Akkreditierung und Rechte nach der Akkreditierung als ständiger Korrespondent auf.

Der Briefwechsel stellt die journalistische Tätigkeit in den „Rahmen ihrer“ (der BRD bzw. DDR) „geltenden Rechtsordnung“ und bindet sie an „rechtmäßige Ausübung". In der DDR wurde dieser Rahmen bald darauf durch eine Verordnung ausgefüllt,[949] welche die journalistische Tätigkeit nicht unerheblich reglementierte und bei späteren Ausweisungen westdeutscher Korrespondenten als Rechtsgrundlage dienen mußte. Rechtstechnisch ist gegen dieses Verfahren wenig einzuwenden, den ideologischen Maulkorb allerdings, den das Gesetz enthält, haben westliche Korrespondenten sich nicht umhängen lassen. Für kritische und auch brisante Berichte haben sie dann gelegentlich ihre Ausweisung hinnehmen müssen.[950] Aber, daß Berichterstattung aus einem totalitären Staat etwas Anderes ist als die aus westlichen Staaten, lag für jedermann auf der Hand.[951] Der Briefwechsel hat eine Berichterstattung vor Ort überhaupt erst ermöglicht und eventuelle negative Konsequenzen gemildert. Retorsionsmaßnahmen, etwa die Ausweisung von Bonner DDR-Korrespondenten, kommen dabei kaum in Betracht, da sie nur zu einer weiteren Abgrenzung führen würden und außerdem Grundrechte der – deutschen – DDR-Korrespondenten verletzen würden.

Die Protokollerklärungen der DDR behandeln Reisekorrespondenten, die Residenzpflicht der ständigen Korrespondenten (viele hätten gern in Westberlin gewohnt) und die Stellung der Bonner DDR-Korrespondenten.

Hier lag die einzige nennenswerte Schwierigkeit auf Bonner Seite. Mit ihrem Status als Deutsche keineswegs zufrieden begehrten die DDR-Korrespondenten ihre Anerkennung als Ausländer und die Gleichstellung mit solchen. Ersteres war der Bundesrepublik nicht möglich, letzteres nur teilweise. In ihren Protokollerklärungen wies die Bundesrepublik Deutschland darauf hin, daß der „Verein der ausländischen Presse in der Bundesrepublik Deutschland" als journalistische Standesorganisation unabhängig ist, daß die BRD aber ihrerseits den DDR-Korrespondenten die gleichen Arbeitsmöglichkeiten wie den Auslandskorrespondenten einräumen werde.[952] Der „Verein der ausländischen Presse" war dann nach einer Satzungsänderung, die den Begriff „Ausländer" modifizierte, zur Aufnahme der DDR-Korrespondenten bereit.

Da der Journalisten-Briefwechsel schon am Tage der Paraphierung des Grundlagenvertrages (8. November 1972) unterzeichnet wurde, mußte seine Ausdehnung auf Berlin (West) auch schon zu diesem Tage geregelt werden. Dies geschah, wie schon beim Verkehrsvertrag und wie es sechs Wochen später auch beim Grundlagenvertrag geschehen würde,[953] durch mündliche Vereinbarung, die durch Erklärungen bei der Unterzeichnung des Briefwechsels bekannt gemacht wurde. In der gleichen Erklärung wurde mitgeteilt, daß der Briefwechsel schon bei Unterzeichnung des übrigen Vertragswerks in Kraft treten werde.[954]

Inzwischen arbeiten mehr als ein Dutzend westdeutsche und westberliner Korrespondenten in der DDR, während die DDR eine geringere Zahl von akkreditierten Korrespondenten in der Bundesrepublik unterhält.

b) Menschliche Erleichterungen (Briefwechsel und Erläuterungen)

Der Kern des dritten Komplexes, die eigentlichen menschlichen Erleichterungen, umfassen Maßnahmen ganz unterschiedlichen Gewichts: Einige waren für die DDR sehr viel leichter zu erbringen und daher auch sehr viel eher abgestimmt als andere, um die bis zum letzten Augenblick gerungen wurde.

Der erste – unechte – Briefwechsel besteht aus dem Brief Staatssekretär Kohls an Bundesminister Bahr und dem Bestätigungsschreiben vom 21. Dezember 1972; der DDR-Brief stellt für die Erleichterungen zunächst das Junktim mit dem Grundlagenvertrag her:

> „Anläßlich der heute erfolgten Unterzeichnung des Vertrages über die Grundlagen der Beziehungen zwischen der Deutschen Demokratischen Republik und der Bundesrepublik Deutschland habe ich die Ehre, Ihnen folgendes mitzuteilen:
> Die Regierung der Deutschen Demokratischen Republik wird im Zuge der Normalisierung der Beziehungen nach Inkrafttreten des Vertrages Schritte zur Regelung von Fragen auf folgenden Gebieten unternehmen:"

Das hieß, daß es ohne „Inkrafttreten des Vertrages" auch die in Aussicht gestellten Erleichterungen nicht geben werde.

Die Klausel „im Zuge der Normalisierung" hat hier einen doppelten Sinn: Einmal fixiert sie die Geschäftsgrundlage: Beide Seiten gehen davon aus, daß der Grundlagenvertrag einen Prozeß der Normalisierung einleiten bzw. fortsetzen[955] werde; eine Degeneration der Beziehungen zu einem neuerlichen Kalten Krieg würde Auswirkungen auf die Zusagen (beider Seiten) haben. Zum zweiten bestimmt die Klausel aber auch die Richtung der „Schritte", auf die sich die DDR im Folgenden festlegt: Es müssen Maßnahmen sein, die die Beziehungen „normalisieren", und nicht etwa nur regularisieren oder gar komplizieren.

Diese Richtungsangabe, zusammen mit den im Folgenden benutzten Wörtern („Lösung der Probleme", „weitere Verbesserung", „Verbesserung", „weitere Erleichterungen", „Vereinfachung") und den konkreten Angaben der Information, machte es der Bundesrepublik Deutschland möglich, die im übrigen sehr vage formulierte Einleitung des Briefes („Schritte zur Regelung von Fragen auf folgenden Gebieten unternehmen") zu akzeptieren. Gleichzeitig sind diese Einleitung und der ganze Brief so angelegt, daß die in der Information konkretisierten Maßnahmen sie nicht ausschöpfen, sondern daß die Aussicht auf weitere Verbesserungen freigehalten wird.

Nichtkommerzieller Warenverkehr

Leicht zu erbringen waren für die DDR die Zusagen auf dem Gebiet des sog. nichtkommerziellen Warenverkehrs. Hier handelt es sich um die Lockerung der Bestimmungen für Umzugs- und Erbschaftsgut sowie für Geschenkpaket- und päckchenverkehr, ferner um die Aufhebung bestimmter

Einfuhrverbote für Filmmaterial und Schallplatten.[956] Hinsichtlich letzterer machte die DDR allerdings den Vorbehalt, daß „es sich um Werke des kulturellen Erbes oder des wirklichen kulturellen Gegenwartschaffens handeln" müsse; die Qualifikation „wirklich" dürfte den einen oder anderen „heißen Puffer" (so ein DDR-Jargon) zur Konterbande machen.

Familienzusammenführung

Von einer ganz anderen Größenordnung waren – und sind – die Wunden, die das Heruntergehen des eisernen Vorhangs den Familien geschlagen hat. Der Briefwechsel handelt hier zunächst über die

> „Lösung von Problemen, die sich aus der Trennung von Familien ergeben."

Der Problemlage nach bedeutet dies die Zusammenführung von Familienmitgliedern im Westen, d.h. also die Gewährung von Ausreiseerlaubnissen durch die DDR.

Schon immer hatten sich getrennte Familien mit der Bitte um Hilfe an die Bundesregierung gewandt; während der Verhandlungen nahm verständlicherweise die Zahl dieser verzweifelten Briefe und Demarchen sprunghaft zu. Es hätte dessen nicht bedurft, um die Bundesregierung zu äußersten Anstrengungen zu veranlassen. Sie stieß hier aber, wie bei den Verhandlungen mit anderen Ostblockstaaten, auf Überlegungen der Staatsräson: Jede Ausreiseerlaubnis bedeutet nicht nur den Verlust eines Bürgers, sondern weckt Wünsche und schafft Unruhe, Unzufriedenheit und Neid im Bekanntenkreis des glücklichen Ausreisenden; sie wird so zu einem kleinen Herd der Staatsverdrossenheit.[957] Die Tatsache, daß die DDR einer Familienzusammenführung auf ihrer Seite, also der Übersiedlung der im Westen lebenden Familienangehörigen zu ihren Verwandten in die DDR, keinerlei Hindernisse in den Weg legt, erleichtert die Argumentation nicht.

Vornehmlich ökonomische und demographische Überlegungen bestimmten daher für die noch an der Massenflucht der 50er Jahre laborierende DDR Inhalt und Umfang ihrer Erlaubnisse: Am ehesten kamen pflegebedürftige ältere Leute, die nicht mehr produktiv eingesetzt werden konnten, und solche Jüngere, von denen eine baldige Eheschließung in der DDR nicht zu erwarten war, in Betracht. Daß humanitäre Erwägungen nicht unbedingt im Vordergrund standen, zeigt auch das Fehlen von Kindern in der Liste. Wie alle totalitären Staaten legte die DDR besonderen Wert auf die Gewinnung der Jugend. Zahlreiche in der DDR lebende Kinder konnten daher erst später durch zusätzliche Bemühungen ihren Eltern im Westen zugeführt werden.

In den – auf der Information durch die DDR basierenden[958] – Erläuterungen (der Bundesregierung) liest sich das so:

> „Mit dem Inkrafttreten des Vertrages über die Grundlagen der Beziehungen werden folgende Erleichterungen wirksam:

1. Zur Lösung von Problemen der Zusammenführung von Familien:
- Zusammenführung von Ehegatten
- Umzug von Eltern, die sich von ihren Kindern betreuen lassen müssen, insbesondere dann, wenn nur noch ein Elternteil lebt. Entsprechendes gilt für den Umzug von Großeltern zu ihren Enkeln.
- In besonderen Ausnahmefällen Genehmigung der Eheschließung."

In der vorzitierten Passage der Erläuterung ist neutral von „Ehegatten" und „Eheschließung" die Rede; in der Praxis der DDR handelt es sich jedoch regelmäßig um den weiblichen Partner, dem die Ausreise gestattet wird.

Die im letzten Anstrich angesprochene ‚Genehmigung der Eheschließung' bezieht sich auf eine Besonderheit des DDR-Rechts (das seinerseits an entsprechende sowjetische Vorschriften anknüpft). DDR-Bürger bedürfen nämlich für die Heirat mit einem Ausländer, d.h. auch einem Westdeutschen, gleich, wo die Eheschließung erfolgt, einer staatlichen Genehmigung.[959] Die Bedeutung solcher Eheschließung für eine Ausreise des DDR-Bürgers veranlaßt die DDR-Behörden, mit diesen Genehmigungen sehr restriktiv umzugehen.

Häufig werden Zusammenführungen zum Dilemma, wenn die ausreisende Braut oder Ehefrau Verwandte zurückläßt und so neue Probleme entstehen; es gibt wenig Gelegenheiten, bei denen die Grausamkeit des eisernen Vorhanges offener zutage tritt.

Immerhin geriet auf dem Gebiet der Familienzusammenführung erstmals Einiges in Bewegung; die DDR hat nach Inkrafttreten des Grundlagenvertrages hier gegenüber der Bundesrepublik Deutschland mehr getan, als gegenüber andern westlichen Staaten, denen sie wegen der geringeren Zahl der Betroffenen eigentlich hätte mehr entgegenkommen können.

Besuche

Großzügiger als bei der dauernden Übersiedlung in den Westen zeigte sich die DDR bei der Ermöglichung vorübergehender Besuche, obwohl dies mit der Abgrenzungspolitik eigentlich weniger gut vereinbar ist: Während die Familienzusammenführung Bevölkerungsteile verschiebt, aber keine Verbindung über die Grenze hin herstellt oder erneuert (ja, im Gegenteil, die Zahl der Beziehungspartner in der DDR vermindert und so die beiden Bevölkerungen noch mehr von einander isoliert), knüpft oder stärkt der Besuchsverkehr Bande zwischen Deutschen in Ost und West und trägt damit zur Erhaltung einer Gemeinsamkeit, zur Belebung der nationalen Substanz bei.[960] Anders als bei der Familienzusammenführung, bei der die DDR erstmals Verpflichtungen übernahm, konnte man hier übrigens auf Vereinbarungen anläßlich des Verkehrsvertrages aufbauen.

Im Briefwechsel zum Grundlagenvertrag verspricht die DDR:

„In Fortführung des Briefwechsels vom 26. Mai 1972 Maßnahmen zur weiteren

Verbesserung des grenzüberschreitenden Reise- und Besucherverkehrs einschließlich des Tourismus."

In der Information wurden diese „Maßnahmen" spezifiziert: Bei dringenden Familienangelegenheiten, zu denen künftig auch Goldene und Silberne Hochzeiten gehörten, wurde die Antragsberechtigung zu Besuchsreisen auch auf solche DDR-Bürger ausgedehnt, die nur Halbgeschwister (gleiche Mutter) sind. Transitreisende aus Westdeutschland (außer beim Berlin-Transit) können ihre Reisen in der DDR unterbrechen; ähnliches gilt für Passagiere auf Frachtschiffen in DDR-Häfen. Schließlich wurde das – vereinfachte – Berlin-Transitvisa-Verfahren auf den übrigen Eisenbahn- und Binnenschiffstransit ausgedehnt. Diese Maßnahmen bedeuten dem Unbeteiligten nicht viel, für die Betroffenen hatten sie erheblichen Wert; seit 1973 etwa haben jährlich mehr als 40000 Ost-Deutsche in dringenden Familienangelegenheiten die Bundesrepublik besucht.[961]

Grenznaher Verkehr

Bonn hatte immer die Auffassung vertreten, daß die unmenschlichen Verhältnisse an der Grenze zwischen den beiden Staaten humanisiert werden müßten.[962]

Die DDR sah, um drohende Bevölkerungsverluste zu vermeiden, keine Möglichkeit, von Schießbefehl und Tretminen abzugehen; aus ihrer Optik heraus wird es um so weniger blutige Zwischenfälle geben, je perfekter – und gefährlicher – die Grenze armiert ist, weil dann mangels Hoffnung auf einen unbeschadeten Grenzübertritt niemand mehr einen solchen versuchen wird. Insofern liegt auch die weite – und abschreckende – Publizität des grausamen oder tödlichen Endes eines Fluchtversuchs im Interesse der DDR. Hier war, da es um die Sicherung ihrer staatlichen Existenz ging, von der DDR kein Zugeständnis zu erlangen.

Schon immer war die Grenze von den Gemeinden ganz besonders schmerzlich empfunden worden, die geteilt oder von ihren unmittelbaren Nachbarn abgeschnitten worden waren. Dort bestand natürlicherweise auch das dichteste Geflecht von Familien- und Freundschaftsbanden sowie sonstigen Beziehungen. Die gleiche Situation hat an zivilisierten Staatsgrenzen zur Einrichtung eines sog. kleinen Grenzverkehrs geführt, der für Bewohner bestimmter Grenzbezirke den Grenzübertritt vereinfacht. Die Möglichkeit, Ähnliches mit der DDR zu vereinbaren, dürfte früher kaum jemanden in den Sinn gekommen sein; die Verhältnisse waren dazu auch nicht angetan.

Im Rahmen der Grundlagenvertragsverhandlungen allerdings konnte die Bundesrepublik darauf bestehen, daß einer Normalisierung der staatlichen Beziehungen eine ähnliche Entwicklung im Grenzverkehr entsprechen müsse.[963] Es zeigte sich, daß auch hier die DDR sich noch außerstande sah, eine großzügigeres Ausreiseregime für ihre Grenzanwohner einzuführen; aber für Einreisen aus dem bundesrepublikanischen Grenzgebiet konnte ein Verfahren vereinbart werden, das einen spektakulären Fortschritt gegenüber den bisherigen Verhältnissen bedeutete.

Die mühsam und langwierig ausgehandelte, dann in der Information niedergelegte und in den auf ihr basierenden Erläuterungen bekanntgemachte Regelung führte für Einwohner von 56 zur DDR hin gelegenen westdeutschen Stadt- und Landkreisen die Möglichkeit ein, an bis zu 30 Tagen im Jahr einen Tagesbesuch in einem der 54 gegenüber auf der DDR-Seite liegenden Stadt- oder Landkreise zu machen. Zwei Anlagen zu der Information bzw. den Erläuterungen enthielten die Listen der so privilegierten BRD- und DDR-Grenzkreise. Damit erhielten ca. 6 Millionen Westdeutsche die Gelegenheit zum jährlich mehrfachen Besuch in den ihnen benachbarten Gebieten der DDR.[964]

Es ist heute nur noch schwer zu ermessen, welchen Durchbruch man in Bonn mit dieser Vereinbarung erzielt zu haben glaubte. Immerhin konnte auf diese Weise eine Zahl von Westdeutschen die DDR besuchen, die mehr als ein Drittel der DDR-Bevölkerung (ca. 17 Millionen) ausmachte. Bus-Linien wurden pünktlich zum Inkrafttreten des Vertragswerkes auf beiden Seiten eingerichtet, um des Besucherstroms Herr zu werden.

Nach einer gewissen Neugier am Anfang ließ das Interesse nach. Dies war für Manchen in Bonn eine Enttäuschung. Sie zeigte indes nur, wie schnell eine hermetische Grenze das Interesse an der Kommunikation abtöten kann, wie wichtig aber auch die Möglichkeit zur Kommunikation für die Erhaltung eines solidarischen Interesses mit dem Nachbarn ist. Die Gefährlichkeit der Abgrenzungspolitik für das Überleben eines gemeinsamen Nationalgefühls wurde hier ad oculos demonstriert. Immerhin hat die Zahl der Tagesbesuche im grenznahen Bereich später jährlich etwa eine halbe Million erreicht.[965]

Grenzübergänge

Eine unmittelbar praktische Konsequenz der Vereinbarung eines grenznahen Verkehrs war die Notwendigkeit, zusätzliche Grenzübergänge zu schaffen. Die Öffnung der Grenze an weiteren 4 Stellen, also nahezu die Verdoppelung der Straßenübergänge, war aber auch als eigenständige Maßnahme eines der bedeutsamsten Verhandlungsergebnisse. Ganz sicht- und merkbar wurde die Grenze durchlässiger – ein Resultat, das früher niemand auch nur anvisiert hatte.

Die neuen Übergangsstellen placierte man so, daß eine gleichmäßige Verteilung aller Übergänge über die ganze Grenzstrecke erreicht wurde. In einem gesonderten reziproken Briefwechsel teilt die DDR mit, sie werde

> „... zum Zeitpunkt des Inkrafttretens des Vertrages ... folgende Straßengrenzübergangsstellen an der Grenze zur Bundesrepublik Deutschland für den Personenverkehr öffnen:
> Salzwedel, Worbis, Meiningen, Eisfeld."

Die Bundesrepublik antwortete, sie werde

„... folgende den von Ihnen mitgeteilten Straßengrenzübergangsstellen entsprechende Übergangsstellen für den Personenverkehr öffnen:
Uelzen, Duderstadt, Bad Neustadt (Saale), Coburg."

Dieser Antwortbrief ist in der Bundesrepublik angegriffen worden, er berücksichtige das Grundrecht der Freizügigkeit nicht: Die Bundesrepublik Deutschland habe nur die Öffnung von Grenzübergängen durch die DDR zur Kenntnis nehmen dürfen; durch eigene Übergangsstellen wirke sie im Prinzip an der Aufrechterhaltung der innerdeutschen Grenze mit. Diese Kritik übersah, daß Artikel 11 des Grundgesetzes das Grundrecht der Freizügigkeit nur Deutschen gewährt, daß aus der DDR aber auch Ausländer (z.B. Schweden oder Polen) in die Bundesrepublik einreisen, die bei der Einreise identifiziert und gegebenenfalls kontrolliert werden; ferner verletzt eine aus Sicherheitsgründen unumgängliche Identifizierung auch der in das Bundesgebiet einreisenden Deutschen deren Recht auf Freizügigkeit nicht. Im Gegenteil, erst die Feststellung, daß es sich bei dem Einreisenden um einen Deutschen handelt, ermöglicht überhaupt, ihm die entsprechende Rechtstellung einzuräumen. Im übrigen vermeidet der Antwortbrief gerade aus solchen Überlegungen das Präfix „Grenz-" für die westdeutschen „Übergangsstellen".

Sieht man von Erleichterungen für Journalisten und im nichtkommerziellen Warenverkehr einmal ab, die zwar mehr darstellen, als bis dahin erreicht worden war, aber dennoch von geringerem Gewicht sind, so bedeuten die ersten Schritte bei der Familienzusammenführung, ferner die Verbesserungen beim Besuchsreiseverkehr, weiter der grenznahe Verkehr und schließlich die Öffnung der Grenze an vier zusätzlichen Stellen ganz erhebliche Verbesserungen in den deutsch/deutschen zwischenmenschlichen Beziehungen. Zusammen mit den vorher vereinbarten Erleichterungen des Berlinabkommens und des Verkehrsvertrages und sich fortsetzend in den späteren Vereinbarungen über die Erneuerung der Transitautobahnen, den Ausbau weiterer Transitstrecken und über weitere Verkehrserleichterungen[966] markieren sie unübersehbar eine Tendenzwende.

Damit ist der Überblick über den dritten Komplex des Grundlagenvertragswerkes abgeschlossen.

9. Die mündlichen Erklärungen bei der Unterzeichnung

Zusammengebunden und nicht unwesentlich ergänzt werden die drei Komplexe des Vertragswerkes durch die mündlichen Erklärungen der beiden Verhandlungsführer bei der Unterzeichnungszeremonie am 21. Dezember 1972.[967] Sie enthalten zunächst Bemerkungen zu den Punkten, die jeder Seite besonders am Herzen lag: Bundesminister Bahr ist schon im zweiten Satz bei dem Ziel, das „Wohl der Menschen" zu fördern, kommt dann über die Tatsache, daß beide Staaten sich deutsch nennen, zu den „gutnachbarlichen Beziehungen", den menschlichen Erleichterungen und schließlich zur nationalen Frage. Es fehlt natürlich auch nicht die Erläuterung, daß die Rechte und Verantwortlichkeiten der Vier Mächte durch den Vertrag nicht berührt werden.

Staatssekretär Kohl verliert über die Vier Mächte kein Wort; er kommt sofort auf die „normalen Beziehungen" zwischen den beiden Staaten zu sprechen, läßt die gutnachbarlichen Beziehungen auf der „dem Völkerrecht entsprechenden Grundlage" des Vertragswerks beruhen, macht Ausführungen über Souveränität und Unabhängigkeit, VN-Charta und VN-Mitgliedschaft und unterstreicht in diesem Zusammenhang das Interesse der DDR an einer beschleunigten Ratifizierung. Er erwähnt auch, daß er Herrn Bahr über die Erleichterungen „informiert" habe.

Neben dieser „Kür" enthielten die über Fernsehen und andere Medien verbreiteten Ansprachen aber auch eine „Pflicht". Sie bestand in Erklärungen, welche die DDR nicht schriftlich hatte abgeben wollen und die deshalb mündlich und öffentlich bekanntgegeben wurden. Die erste dieser Erklärungen, die beide Verhandlungsführer im Rahmen ihrer Ansprache wortgleich abgaben, betraf die Einbeziehung Westberlins.

a) Die Einbeziehung Westberlins

Der Grundlagenvertrag behandelte, mit der Ausnahme des Artikels 7, Fragen der Sicherheit (Artikel 3 und 5) und des Status der beiden deutschen Staaten. Da bezüglich Westberlins sich die Drei Schutzmächte die Zuständigkeit für solche Fragen vorbehalten haben (vgl. oben die Erläuterungen zur Anlage IV des Berlinabkommens), konnte der Grundlagenvertrag nicht auf Westberlin ausgedehnt werden.[968]

Die Erstreckung der Folgeabkommen

Artikel 7 des Vertrages aber und sein Zusatzprotokoll enthielten die Absichtserklärungen, eine Reihe weiterer Abkommen über praktische Fragen abzuschließen. Es wäre nun möglich gewesen, die Frage der Ausdehnung jener Abkommen auf Westberlin im Rahmen des Grundlagenvertragswerkes offen zu lassen, daß heißt, sie gar nicht anzusprechen, und sie erst dann aufzugreifen, wenn sie beim Abschluß aktuell werden würde; die Frage wäre damit im Grundlagenvertragswerk nicht präjudiziert worden.

Aber gerade dies wollte die Bundesrepublik. Wenn auch der Grundlagenvertrag selbst nicht auf Westberlin ausgedehnt werden konnte, so wäre die Grundlegung eines normaleren deutsch/deutschen Verhältnisses doch unvollkommen geblieben, wenn nicht die Berlinfrage in den Verhandlungen angesprochen und künftige Entscheidungen, soweit das möglich war, auch – in günstigem Sinne – präjudiziert worden wären. Es traf sich, daß

Staatssekretär, später Bundesminister Bahr auch Berlinbevollmächtigter der Bundesregierung war,[969] eine amtliche Eigenschaft, die von BRD und DDR nie hochgespielt worden ist, die aber das Berlinengagement des westdeutschen Unterhändlers augenfällig machte. Obwohl klar war, daß ohne eine begleitende positive Aussage zur Berlinfrage die Bundesrepublik den Grundlagenvertrag nicht abschließen würde, wiesen DDR-Vertreter bis kurz vor Schluß der Verhandlungen öffentlich darauf hin, daß sie mit der BRD nicht über Berlin verhandeln könnten. Dies läßt die Hartnäckigkeit erkennen, mit der dieser Punkt umkämpft war.[970]

Mit dem Berlinabkommen der Vier Mächte ist oben[971] die Ziffer 2 Buchstabe b der Teile A und B der Anlage IV des Abkommens erläutert worden, wonach „in Übereinstimmung mit den festgelegten Verfahren völkerrechtliche Vereinbarungen und Abmachungen, die die Bundesrepublik Deutschland schließt, auf die Westsektoren Berlins ausgedehnt werden können ...".

Die Bundesrepublik Deutschland sieht ihre Beziehungen zur DDR zwar nicht primär völkerrechtlich, hatte aber keine Bedenken, sie u. a. wegen der in ihnen auch enthaltenen völkerrechtlichen Züge unter die zitierte Passage des Viermächte-Abkommens zu stellen,[972] d. h. die Ausdehnung von Abkommen mit der DDR „in Übereinstimmung mit dem Viermächte-Abkommen" vorzusehen. Eine sauberere Lösung wäre gewesen, für Verträge mit der DDR wegen ihrer besonderen Rechtsqualität ein eigenes Verfahren der Ausdehnung auf Westberlin auszuhandeln, dem dann aber mindestens die DDR und die drei Westmächte hätten zustimmen müssen – wegen des engen Zusammenhangs mit dem Viermächtestatus der Stadt ein aussichtsloses Unterfangen.

Die zitierte Passage des Viermächte-Abkommens sieht vor, daß Verträge auf Westberlin „ausgedehnt werden *können*". Von einem Zwang oder auch nur einer Regel wird nicht gesprochen. Letztere ergibt sich allein aus dem politischen Willen Bonns, Verträge ohne Einbeziehung Westberlins nicht abzuschließen.[973] Hinzukommt, daß der einzelne Vertragstext erst vorliegen und von den Drei Westmächten in seiner Ausdehnung auf Westberlin im Hinblick auf den Sonderstatus der Stadt geprüft und gebilligt werden muß, bevor die Bundesrepublik und Westberlin die Ausdehnung effektuieren dürfen. Dieses Prüfungs- und Genehmigungsrecht der Drei Mächte ist Teil der „festgelegten Verfahren", auf die die oben zitierte Passage des Berlinabkommens verweist. Eine pauschale Vereinbarung, alle Folge-Abkommen mit der DDR auf Westberlin auszudehnen, hätte also schon die hochsensiblen „festgelegten Verfahren" berührt.[974] Es wäre allerdings eine Vereinbarung möglich gewesen, wie sie der Prager Vertrag später vorsah;[975] die etwa die Absicht beider Staaten festgehalten hätte, Westberlin in die Folgeabkommen einzubeziehen. Das war aber nicht zu erreichen. Vielmehr konnte vorab mit der DDR nur abgesprochen werden, daß die Folge-Abkommen auf Westberlin ausgedehnt werden *können*. Beide

Verhandlungsführer verwiesen demnach in ihren Unterzeichnungserklärungen auf das

„Einvernehmen, daß die Ausdehnung von Abkommen und Regelungen, die im Zusatzprotokoll in Artikel 7 (des Grundlagenvertrages) vorgesehen sind, in Übereinstimmung mit dem Viermächte-Abkommen (Kohl: „Vierseitigen Abkommen") vom 3. September 1971 auf Berlin (West) im jeweiligen Fall vereinbart werden kann."

Damit hatte die DDR ihren grundsätzlichen Einwand, Bonn könne ihr gegenüber die Interessen Westberlins überhaupt nicht vertreten, aufgegeben und diesen Stellungswechsel auch öffentlich verkündet. Die Bundesrepublik hat hier einen sehr wichtigen Verhandlungserfolg errungen; seither abgeschlossene Folge-Abkommen mit der DDR wurden in der Regel ebenso auf Westberlin erstreckt, wie schon zuvor der oben abgehandelte Briefwechsel über die Arbeitsmöglichkeiten für Journalisten.

Die Zuständigkeit der Ständigen Vertretungen

Noch in einem anderen Punkt wurde das Eisen geschmiedet, solange es heiß war.

Auswärtige Vertretungen sind in der Wahrnehmung ihrer Aufgaben auf einen Amtsbezirk beschränkt; innerhalb dieses Amtsbezirks aber unterscheiden sie regelmäßig nicht mehr nach Herkunft oder Staatsangehörigkeit ihrer ausländischen Klientele. So wenden sich beispielsweise Franzosen und Ausländer mit ihren italien-bezogenen Problemen an die italienische Botschaft in Paris. Ebenso werden Westberliner, die sich in der Bundesrepublik oder im Ausland aufhalten, wenn sie Wünsche an DDR-Behörden haben, bei der nächsten DDR-Vertretung, sei sie in Bonn oder Kairo, vorsprechen. Einer ausdrücklichen Zuständigkeitszuweisung für Westberliner bedurfte es deshalb bei der DDR-Vertretung in Bonn nicht.

Anders aber lag es bei der Bonner Vertretung in Ostberlin. Man mußte befürchten, daß ihre Zuständigkeit für westberliner Interessen später bestritten werden würde. Auch hier bestand die Bundesrepublik daher schon jetzt auf einer klärenden Absprache, die sie dann in Form der folgenden weiteren mündlichen[976] Erklärung der Verhandlungsführer durchsetzte:

„Die ständige Vertretung der Bundesrepublik Deutschland in der Deutschen Demokratischen Republik wird in Übereinstimmung mit dem Viermächte-Abkommen" (Kohl: „Vierseitigen Abkommen") „vom 3. September 1971 die Interessen von Berlin (West) vertreten."

Die Formulierung „Vertretung der Interessen von Berlin (West)" und der Hinweis auf das Viermächte-Abkommen sind an dieser Stelle etwas pauschal, da das Viermächte-Abkommen, wie oben[977] bei seiner Erläuterung gesagt, gerade über die bilaterale Interessenvertretung nichts sagt. Hier konnte die Bundesrepublik also über die ausdrücklichen Regelungen des Viermächte-Abkommens hinaus bei dem Bemühen um die Konsolidierung der Außenvertretung Westberlins einen wichtigen Präzedenzfall schaffen. Nach westdeutscher Auffassung umfaßt diese Interessenvertretung auch die Betreuung einzelner Westberliner in der DDR, da im Protokoll (Ziffer 5) über die Errichtung der Ständigen Vertretungen[978] ganz allgemein von den „Interessen des Entsendestaates ... einschließlich Hilfe und Beistand für Personen" gesprochen wird. Die Verweisung auf das Viermächte-Abkommen hat in diesem Fall, wie auch bei den vorhergehenden Vereinbarungen betreffend die Arbeitsmöglichkeiten für Journalisten und die Folge-Abkommen zu Artikel 7 des Grundlagenvertrages, auch die Funktion von Vorbehalten für BRD und DDR: Erstere sieht diese Vereinbarungen als Ausdruck der Bindungen an Westberlin, letztere als durch die Sonderung Westberlins von der Bundesrepublik (kein Bestandteil/konstitutiver Teil) begrenzt, beides im Sinne von Teil II B des Viermächte-Abkommens.

Gerade bei der Betreuung von Westberlinern durch die Bonner Ständige Vertretung in Ostberlin wird aber ein weiterer Passus relevant, der sich in den Erklärungen der beiden Verhandlungsführer bei der Unterzeichnung des Grundlagenvertrages unmittelbar an die beiden vorhergehenden Berlin-Erklärungen (Folge-Abkommen und Ständige Vertretung) anschließt und für beide gilt:

„Vereinbarungen zwischen der Deutschen Demokratischen Republik und dem Senat bleiben unberührt."

Der gleiche Passus findet sich auch schon beider Erstreckung des Journalisten-Briefwechsels auf Westberlin.[979]

Der „Senat" ist auch hier natürlich wieder der Senat von Berlin, den die DDR, wie auch schon das Viermächte-Abkommen, nicht so bezeichnen mag. Vereinbarungen, die der westberliner Senat im Auftrag der Drei Schutzmächte mit der DDR getroffen hat – oder treffen wird –, gehen den Vereinbarungen der Bundesrepublik mit der DDR über den gleichen Gegenstand vor.

Neben vielen sehr technischen Abkommen und Absprachen spielt hier vor allem die zur Ausfüllung des Viermächte-Abkommens abgeschlossene Besuchsvereinbarung[980] eine Rolle. Wann ein Westberliner auf Grund dieser Besuchsvereinbarung in Ostberlin oder der DDR ist, und wann er im Sinne der vorgenannten Ziffer 5 des Protokolls über die Errichtung der Ständigen Vertretungen „Hilfe und Beistand" der Bonner Vertretung beanspruchen kann, darüber können die Meinungen von DDR-Behörden und BRD-Vertretung im Einzelfall noch auseinandergehen.

Der Berlin-Teil der mündlichen Erklärungen enthält keinerlei Zusagen der Bundesrepublik Deutschland bezüglich des Einschlusses von Ostberlin auf Seiten der DDR. Solche Zusagen waren auch nicht verlangt worden. Die DDR vertraut hier auf die günstigere geographische Lage, auf ihren Rückhalt bei der Sowjetunion und auf die unter diesen beiden Voraussetzungen u. U. wirkende normative Kraft des Faktischen.

b) Die Vereinbarung von Konsultationen

Die Erklärungen, welche die beiden Verhandlungsführer bei der Unterzeichnung des Grundlagenvertrages abgaben, trafen schließlich noch eine Aussage, die damals – ein Zeichen, wie anomal die Beziehungen noch waren – einen vielbeachteten Akzent setzten. Immer noch wortgleich verwiesen beide Sprecher auf die „Vereinbarung" ihrer Regierungen,

„sich im Zuge der Normalisierung der Beziehungen ... über Fragen von beiderseitigem Interesse, insbesondere über solche, die für die Sicherung des Friedens in Europa von Bedeutung sind, zu konsultieren."

Konsultieren ist mehr als bloßes Unterrichten; es gehört noch das Anhören des Partners, ein argumentatives Eingehen auf seine Vorstellungen dazu; allerdings braucht er nicht überzeugt zu werden, der konsultierte Schritt kann auch gegen seinen erklärten Willen erfolgen. Der Kreis der Fragen, über die man sich konsultieren will, ist umfassend: Was etwa könnte nicht eine „Frage von beiderseitigem Interesse" sein? Kontrolliert wird diese Konsultationsvereinbarung durch die bekannte Formel „im Zuge der Normalisierung der Beziehungen". Sie gibt den beiden Partnern die benötigte Gelegenheit zur Zurückhaltung – oder auch zur Intensivierung, je nach Bedarf. Insoweit gibt die Vereinbarung letztlich nur Selbstverständliches wieder; denn immer werden Staaten, die nicht gerade im heißen oder kalten Krieg miteinander liegen, sich bemühen, Fragen beiderseitigen Interesses zu besprechen. So sind auch die beiden deutschen Staaten inzwischen bei zahlreichen Anlässen der Konsultationsvereinbarung nachgekommen;[981] die Kontakte der beiden Ständigen Vertretungen mit der jeweiligen Gastregierung sind kaum etwas anderes. Die nächstliegende Verwirklichung der Vereinbarung, die in häufigeren Besprechungen der Verhandlungsführer auch nach Abschluß der Verhandlungen hätte bestehen können, stieß sich dann aber an den personellen Veränderungen im Gefolge des Rücktritts von Bundeskanzler Brandt.[982]

Damit sind die drei Komplexe des Grundlagenvertragswerks (der eigentliche Vertrag, der Beitritt zu internationalen Organisationen und die Erleichterungen) sowie die mündlichen Erklärungen bei Unterzeichnung abgehandelt.

10. Die Anrufung des Bundesverfassungsgerichts

Einige Bemerkungen zum Verfahren vor dem Bundesverfassungsgericht über die Verfassungsmäßigkeit des Grundlagenvertrages[983] mögen als Würdigung des Vertragswerks dieses Kapitel beschließen.

a) Das Verfahren

Die CDU/CSU Fraktion, die im Bundestag fast geschlossen gegen den Vertrag gestimmt hatte, mochte sich nicht dazu entschließen, das Bundesverfassungsgericht gegen den Vertrag anzurufen. Sie hätte dies gekonnt, da schon ein Drittel der Mitglieder des Bundestages hierzu berechtigt ist.[984] Darauf unternahm die Bayerische Staatsregierung – auch Landesregierungen sind antragsberechtigt – diesen Schritt. Am 28. Mai 1973 stellte sie den Antrag,[985] den Vertrag, genauer das Gesetz, mit dem das Parlament dem Vertrag zustimmte, für „mit dem Grundgesetz nicht vereinbar und deshalb nichtig" zu erklären. Am gleichen Tag lehnte sie einen der 8 Richter des erkennenden Zweiten Senats des Bundesverfassungsgerichts (Dr. Rottmann) als befangen ab,[986] da dieser auf einer FDP-Parteiveranstaltung sich bereits zur Rechtslage Deutschlands dezidiert geäußert habe. Einige Tage zuvor (22. Mai) hatte die Bayerische Staatsregierung bereits eine einstweilige Anordnung beantragt,[987] um das Inkraftsetzen des Zustimmungsgesetzes und des Vertrages anzuhalten, bis über die Verfassungsmäßigkeit entschieden sei; die Bundesregierung hatte nämlich zu erkennen gegeben, daß sie unabhängig von dem Karlsruher Verfahren die erforderlichen Schritte tun werde, um den Grundlagenvertrag möglichst bald in Kraft treten zu lassen.[988]

In einem ersten Beschluß (am 29. Mai ohne Richter Rottmann gefaßt)[989] erklärte das Gericht die bayerische Besorgnis der Befangenheit bei Richter Rottmann für unbegründet. In einem zweiten Beschluß (am 4. Juni, nun wieder vollzählig)[990] lehnte das Gericht den Antrag auf eine einstweilige Anordnung als „derzeit nicht dringend geboten" ab, da das Ratifikationsverfahren das kritische Stadium noch nicht erreicht habe; die acht Richter teilten sich bei der weiteren Begründung des Beschlusses in zwei Gruppen von je vier Richtern, deren eine (mit Richter Rottmann) es überhaupt für „wenig wahrscheinlich" hielt, daß das Gericht später den Vertrag für verfassungswidrig erklären werde, während die anderen vier Richter diese Möglichkeit ins Auge faßten.

Als das Ratifikationsverfahren wenige Tage später so weit gediehen war, daß die Bundesregierung mit der DDR den Termin des – den Vertrag in Kraft setzenden – Notenaustausches für den 20. Juni vereinbarte, erneuerte (13. Juni) die Bayerische Staatsregierung ihren Antrag auf Erlaß einer einstweiligen Anordnung.[991] Nach der Begründung des bereits ergangenen Beschlusses war vorauszusehen, daß bei der Patt-Situation im Senat eine Mehrheit für diesen Antrag sich nicht finden werde; aber die Bayerische Staatsregierung lehnte (15. Juni) den voraussichtlich gegen ihren Antrag votierenden Richter Rottmann zum zweiten Mal als befangen ab;[992] ihr war mittlerweile eine noch eindeutigere Stellungnahme Rottmanns zur Rechtslage Deutschlands bekanntgeworden. Am folgenden Tage erklärte das Gericht diesen Antrag für begründet;[993] da Rottmann daraufhin nicht mehr mitwirken konnte (für ihn auch niemand nachrückte)[994] standen im zweiten Senat jetzt 3 Richtern, die eine Verfassungswidrigkeit des Vertrages für „wenig wahrscheinlich" gehalten hatten, 4 skeptischere Richter gegenüber. Am gleichen Tag (16. Juni) fand dann eine nicht-öffentliche mündliche

Verhandlung statt, in welcher für die Bundesregierung die Bundesminister Bahr und Jahn dem Gericht die Gründe darlegten, warum der Austausch der Noten und damit das Inkraftsetzen des Vertrages am 20. Juni erfolgen müsse und nicht bis zum 31. Juli hinausgeschoben werden könne, dem Tage, an dem das Gericht das Urteil in der Hauptsache verkünden wollte.[995]

b) Der Zeitdruck

Aufhalten nämlich konnte das Gericht allein das Inkrafttreten des eigentlichen Grundlagenvertrages.

Ein Teil des übrigen Vertragswerks hatte sich inzwischen verselbständigt: Der Beitritt zu den Vereinten Nationen. Die Anträge der DDR und der BRD würden am 21. Juni, dem Tage, für den das Inkrafttreten des Grundlagenvertrags vorgesehen war, im VN-Sicherheitsrat behandelt und verabschiedet werden.[996] Die Bundesrepublik Deutschland konnte zwar ihren eigenen Antrag kurzfristig zurückstellen, aber keinen Einfluß mehr auf das Schicksal des DDR-Antrags nehmen, den zu unterstützen die Vier Mächte sich ja in der Erklärung vom 9. November 1972 ausdrücklich und öffentlich verpflichtet hatten. Solange also die DDR ihrerseits nicht die Voraussetzung dieser Unterstützung, d.h. die Bereitschaft, den Grundlagenvertrag im ausgehandelten Wortlaut zu ratifizieren, in Frage stellte, war ihr VN-Beitritt nicht mehr zu verhindern.

Ein weiterer Teil des Vertragswerks, nämlich die menschlichen Erleichterungen, waren an das Schicksal des Grundlagenvertrages selbst geknüpft.[997] Sie würden jedenfalls verzögert werden und unter Umständen aus den im übernächsten Absatz zu erörternden Gründen auf Dauer Schaden nehmen.

Anfang Juli würde in Helsinki die KSZE-Außenministerkonferenz von über 30 Staaten zusammentreten, darunter die Vier Mächte, die übrigen Staaten der NATO und des Warschauer Pakts, der Heilige Stuhl, und die beiden deutschen Staaten. Der DDR-Außenminister würde hier zum ersten Mal die Außenminister der westlichen Staaten treffen.[998] Die Dinge hatten so geführt werden können, daß dieses erstmalige Nebeneinander der beiden deutschen Außenminister erst erfolgen würde, nachdem durch den Grundlagenvertrag das Sonderverhältnis der beiden deutschen Staaten in dem möglichen Umfang öffentlich festgeschrieben worden war. Der Konferenztermin würde sich durch das Verfahren vor dem Bundesverfassungsgericht nicht aufschieben lassen. Auch hier, wie bei dem VN-Beitritt, würde der Bundesregierung nur die Wahl bleiben, der DDR das Feld allein zu überlassen oder ohne eine in Kraft befindliche deutsch/deutsche Grundlagenregelung neben der DDR aufzutreten.

Endlich, wie könnte die DDR reagieren, wenn sie gleichberechtigt auf der KSZE saß und, nach dem Votum im VN-Sicherheitsrat, den Sitz in den

VN so gut wie in der Tasche hatte, wenn also die internationale Anerkennung als zweiter deutscher Staat erlangt war, ohne daß der Grundlagenvertrag in Kraft wäre?[999] Wäre nicht die Versuchung groß, nun selbst die Ratifikation des Vertrages unter Hinweis auf eine Unvereinbarkeit mit eigenem Verfassungsrecht, festgestellt von einem eigenen zuständigen Verfassungsorgan, zu verweigern, sich damit den im Vertrage vorgesehenen deutsch/deutschen Besonderheiten ebenso zu entziehen, wie den am Vertrag hängenden menschlichen Erleichterungen? Wenn in der Bundesrepublik Deutschland die Prüfung der Verfassungsmäßigkeit des Vertrages mit aufschiebendem oder gar negativem Ausgang möglich war, warum dann nicht beim Vertragspartner? In dieser Situation würde die Bundesrepublik den größten Teil ihrer Verhandlungserfolge verloren haben. Dies war auch keine Gefahr, die ohnehin, also auch ohne Verzögerung der westdeutschen Ratifizierung bestand; zwar war die Beteiligung der DDR an der KSZE nicht mehr aufzuhalten, aber ein Bruch des Junktims zwischen VN-Beitritt und Grundlagenvertrag (mit den an ihm hängenden menschlichen Erleichterungen) hätte zu Reaktionen der Westmächte im VN-Sicherheitsrat führen können, Reaktionen, die kaum möglich waren, solange die DDR sich vertragstreu zeigte.

Zwei Tage nach der mündlichen Verhandlung lehnte der Senat (18. Juni) – einstimmig – auch den zweiten bayerischen Antrag auf Erlaß einer einstweiligen Anordnung ab.[1000] Ebenso entschied übrigens der Erste Senat in einer Verfassungsbeschwerde, die bei ihm anhängig war. Am 19. Juni fand dann die mündliche Verhandlung in der Hauptsache statt,[1001] am 20. Juni vollzog die Bundesregierung den Notenaustausch mit der DDR,[1002] am 21. Juni trat der Vertrag in Kraft, am 31. Juni schließlich erließ der zweite Senat (mit 7 Richtern, ohne Richter Rottmann, einstimmig) sein Urteil,[1003] in dem er das Vertragsgesetz, d.h. also den Vertrag für „in der sich aus den Gründen ergebenden Auslegung mit dem Grundgesetz vereinbar" erklärte.

c) Das Hauptsachen-Urteil

Dem Verfahren mit seinen auf Dezimierung der Richterbank und auf Zeitgewinn gerichteten Scharmützeln sowie vor allem dem Schlußurteil wird nur gerecht, wer in Rechnung stellt, daß nicht nur der Antragsteller (Bayerische Landesregierung) und die zu dem Antrag gehörte Bundesregierung, sondern auch das Gericht selbst politische Organe sind, die hier zudem noch einen hochpolitischen Gegenstand behandelten.

Die politische Qualität des Bundesverfassungsgerichts wird gern über der juristischen Seite, die seine Arbeit natürlich auch hat, übersehen. Aber schon ein Blick auf die Besetzung des Gerichts sollte genügen: Sie kommt als Ergebnis eines hart umkämpften Parteiproporzes zustande; vielfach haben die Richter bis zu ihrer Ernennung eine Parteikarriere hinter sich;[1004]

ihre Parteizugehörigkeit oder -sympathie wird öffentlich diskutiert und ist zugegebenermaßen berufungsrelevant. Das Gericht selbst erwähnt gelegentlich seine besondere Struktur und das besondere Berufungsverfahren.[1005]

Das Entscheidungsklima wurde nicht unbefangener dadurch, daß eine Tageszeitung ein grobes Schimpfwort über die Richter kolportierte, das angeblich von einem – nie benannten – Politiker der Bonner Regierungskoalition stammte.[1006]

Nicht zu übersehen war schließlich der Informationsvorsprung, den die Bundesregierung vor der Bayerischen Staatsregierung und dem Gericht selbst hatte; die Verhandlungsgeschichte, die deutschland- und außenpolitischen Voraussetzungen und Weiterungen konnte letztlich nur die Bundesregierung beurteilen.

Bei Berücksichtigung all dieser Umstände erfordert das dann ergangene Schlußurteil zunächst Respekt vor der Überwindung, die dieser Kompromiß den beiden Fraktionen der Richterbank – für und wider den Vertrag – gekostet haben muß: Die Mehrheit ließ den Vertrag passieren, die Minderheit tolerierte die teilweise recht eigenwillige Auslegung, die die Mehrheit ihm gab; alle Richter nahmen in Kauf, sich für die Zugeständnisse, die sie in das Urteil eingebracht hatten, schelten zu lassen.[1007] Es ist vor allem diese Seite des Urteils, die dem hohen Anspruch gerecht wird, den das höchste Gericht der Bundesrepublik an seine Mitglieder stellen darf.

Aus dem Urteil selbst sollen hier einige Punkte hervorgehoben werden. Das Urteil, das nach der Inkraftsetzung des Vertrages, also außenrechtlich post festum erging, läßt Verärgerung darüber erkennen, daß die Bundesregierung mit dem Notenaustausch nicht gewartet hatte: Das „Überspielen" des Bundesverfassungsgerichts durch die Exekutive sei verfassungswidrig;[1008] da, wo „ausnahmsweise einmal, wie in diesem Fall" das Inkrafttreten eines Vertrages vor Abschluß der verfassungsgerichtlichen Prüfung „unabweisbar geboten erscheint", hätten die „dafür verantwortlichen Verfassungsorgane für die ... Folgen einzustehen". Diese Verärgerung war unberechtigt. Die Bundesregierung hatte keinen Zweifel daran gelassen, daß sie vor der VN-Sicherheitsratssitzung den Notenaustausch vollziehen werde, sofern sie nicht durch eine einstweilige Anordnung daran gehindert werde;[1009] das Gericht hat sich in Würdigung der politischen Konsequenzen zu diesem – verfahrensrechtlich eigentlich naheliegenden – Schritt nicht durchgerungen. Die Bundesregierung ist danach ihrer politischen Verantwortung nur in dem Rahmen nachgekommen, den ihr das Gericht selbst gelassen hatte.

Das Urteil retouchiert das konservative Deutschlandbild (Bundesrepublik Deutschland = Deutsches Reich) mit einem neuen Identitätsbegriff: „Das Deutsche Reich existiert fort, besitzt nach wie vor Rechtsfähigkeit, ist allerdings als Gesamtstaat mangels Organisation ... selbst nicht handlungsfähig ... Die Bundesrepublik Deutschland ist ... als Staat identisch mit dem Staat ‚Deutsches Reich', – in bezug auf seine räumliche Ausdehnung allerdings ‚teilidentisch', so daß insoweit die Identität keine Ausschließlichkeit beansprucht."[1010] Wieso das Deutsche Reich trotz Identität mit der – sicherlich handlungsfähigen – Bundesrepublik selbst nicht handlungsfähig ist, bleibt offen; auch die Figur der „keine Ausschließlichkeit beanspruchenden Identität" muß ihren Kampf gegen Logik und staatsrechtliche Dogmatik noch bestehen.[1011]

Die Bundesregierung hatte, wie oben mehrfach dargestellt,[1012] bis dahin die Auffassung vertreten, daß das Deutsche Reich zumindest in einer Reihe tatsächlicher und rechtlicher Residuen überlebt habe, nicht zuletzt als Gegenstand der Viermächte-Rechte und -Verantwortlichkeiten für Berlin und Deutschland als Ganzes. Der Anspruch früherer Bundesregierungen auf Identität der Bundesrepublik Deutschland mit dem Deutschen Reich war, wie ebenfalls oben[1013] geschildert, selbst von befreundeten Mächten nicht voll anerkannt worden.

Die bisherige Auffassung der Bundesregierung und die Doktrin des Urteils unterschieden sich also nicht prinzipiell, sondern nur graduell; allerdings führte das Urteil seine Auffassung gelegentlich bis zu einem Punkt, an dem Beachtung wohl nicht mehr aufgrund von belehrter Einsicht, sondern nur noch durch gleichzeitig ergangene Weisung[1014] sichergestellt werden konnte.

„Berlin", an anderen Stellen „das Land Berlin" oder „Berlin (West)"[1015] (aber nicht, wie im Grundgesetz, „Groß-Berlin")[1016] wird als Land der Bundesrepublik in Anspruch genommen, dieser Status aber korrekt als durch den Vorbehalt der Militärgouverneure der Drei Westmächte „gemindert und belastet" beschrieben. Die DDR „gehört zu Deutschland und kann im Verhältnis zur Bundesrepublik Deutschland nicht als Ausland angesehen werden".[1017]

Das Gericht hält an seiner Rechtsprechung aus dem KPD-Verbotsurteil fest, wonach das Wiedervereinigungsgebot Verfassungsrang hat, es den politischen Organen aber überlassen bleibt „zu entscheiden, welche Wege sie zur Herbeiführung der Wiedervereinigung als politisch richtig und zweckmäßig ansehen ... Das Grundgesetz verlangt aber, daß insoweit kein in ihm begründeter Rechtstitel preisgegeben wird, der jetzt oder später ein Argument zur Förderung des Bestrebens nach Wiedervereinigung bieten kann."[1018]

Nachdem das Gericht so die anzuwendenden Normen vorgestellt hatte, maß es an ihnen den Vertrag. Dieser sei „kein vereinbarter ‚modus vivendi', der in absehbarer Zeit durch eine andere grundsätzliche Neubestimmung des Verhältnisses zwischen diesen beiden Staaten abgelöst werden soll. Er selbst ist die ernsthaft gewollte neue Grundlage.[1019] ... Der Vertrag hat also einen Doppelcharakter, er ist seiner Art nach ein völkerrechtlicher Vertrag, seinem spezifischen Inhalt nach ein Vertrag, der vor allem inter-se-Beziehungen[1020] regelt." Diese inter-se-Beziehungen seien dann völkerrechtlich zu regeln, wenn „eine staatsrechtliche Ordnung, wie hier wegen der Desorganisation des Gesamtstaates, fehlt". Der Vertrag sei auch „kein Teilungsvertrag, sondern ein Vertrag, der weder heute noch für die Zukunft ausschließt, daß die Bundesregierung jederzeit alles ihr Mögliche dafür tut, daß das deutsche Volk seine staatliche Einheit wieder organisieren kann."[1021]

Weitere einzelne Punkte fixierte das Gericht offenbar unter dem nicht zuletzt durch die innenpolitische Auseinandersetzung verstärkten Eindruck, die Deutschlandpolitik der Bundesregierung brauche diese Wegmarken, um die orthodoxe Richtung nicht zu verfehlen: Die „Aufnahme der anderen Teile Deutschlands in *einen* freien deutschen Staat", die Artikel 23 des Grundgesetzes ins Auge faßt, müsse rechtlich auch nach Inkrafttreten des Vertrages möglich bleiben:[1022] die eine deutsche Staatsangehörigkeit im Sinne der Artikel 16 und 116 des Grundgesetzes dürfe nicht geschmälert werden;[1023] jedes Abkommen, bei dem dies von seinem Inhalt her möglich sei, müsse auf das Land Berlin und seine Bürger ausgedehnt werden; die Folgeabkommen gemäß Artikel 7 des Vertrages dürften nicht zur Verkürzung von Grundrechten führen.[1024]

Diese Festlegungen konnten der Zustimmung sowohl der Bayerischen Staatsregierung wie der Bundesregierung sicher sein.

Das Urteil nimmt dann unnötig deduktiv Stellung zu der Verpflichtung beider Seiten (Artikel 6 des Vertrages), die eigene Hoheitsgewalt auf das eigene Staatsgebiet zu beschränken und Unabhängigkeit und Selbständigkeit des Vertragspartners zu respektieren. Bei der Erörterung oben des Artikels 6 war am Ende auf die Teile des Vertragswerks hingewiesen worden, die bei der Auslegung der Vorschrift zu berücksichtigen sind (insbesondere die Viermächte-Rechte, der Brief zur deutschen Einheit und eine Anzahl von Vorbehalten).[1025] Auf die konkreten Vertragsteile hätte auch das Gericht sich beziehen können, um zu seiner Feststellung zu gelangen, daß die Verpflichtungen des Artikels 6 „ihren Bezug auf das besondere Verhältnis haben, in dem beide Staaten ... zueinander stehen." Das Urteil jedoch zieht vor, seine Festlegung abstrakt auf den „nach dem Grundgesetz anzuerkennenden Fortbestand Deutschlands" und die Qualität der beiden Staaten „als Teilstaaten Gesamtdeutschlands" zu stützen[1026] – eine nicht ungefährliche Argumentation.

Das Urteil enthält darüberhinaus aber auch Aussagen, die sich, wenn überhaupt, nur noch auf sein eingangs skizziertes Deutschlandbild stützen lassen und mit diesem die Nähe zur Wirklichkeit entbehren müssen.

Diese Aussagen betreffen vor allem die deutsch/deutsche Grenze. Aus der Prämisse, daß diese Grenze zwischen zwei Staaten verlaufe, die „auf dem Fundament des noch existierenden Staates ‚Deutschland als Ganzes' existieren", folgert das Gericht, „daß es sich also um eine staatsrechtliche Grenze handelt ähnlich denen, die zwischen den Ländern der Bundesrepublik Deutschland verlaufen".[1027] So wie bis dahin die Bundesregierung hätte man die Ansicht, daß die Grenze keine normale völkerrechtliche sei, auch vertreten können, ohne sich durch den Vergleich mit den Ländergrenzen zu exponieren.

Ohne Begründung („Schließlich muß klar sein"), statuiert das Urteil dann, „daß mit dem Vertrag schlechthin unvereinbar ist die gegenwärtige Praxis an der Grenze ... also Mauer, Stacheldraht, Todesstreifen und Schießbefehl."[1028]

Die „gegenwärtige Praxis an der Grenze" hatte sich zur Zeit der Urteilsfindung noch nicht in der oben[1029] zu Artikel 1 des Grundlagenvertrages erörterten Weise gegen Leute gewandt, die von Westen her DDR-Territorium betreten hatten, also noch nicht gegen den Nachbarn. Die vom Bundesverfassungsgericht beschriebene „Praxis" konnte daher nur die Maßnahmen zur Verhinderung von „Republikflucht" und die Verfolgung von Flüchtlingen meinen. Beides ist sicher nicht mit dem vom Bundesverfassungsgericht entwickelten Deutschlandbild und mit von den Vereinten Nationen verabschiedeten Deklarationen in Einklang zu bringen – wo der Grundlagenvertrag diese Praxis, soweit sie sich nach innen richtet, verbietet, ist schwer zu sehen. Es ist oben bei Artikel 1 und bei der Besprechung des grenznahen Verkehrs[1030] gesagt worden, daß ein solches Verbot eben nicht in den Vertrag hineingebracht werden konnte. Richtig bemerkt das Gericht, daß der Vertrag (insbesondere also wohl Artikel 1 und die Präambel, die das Urteil übrigens beim Abdruck des Vertrages ausläßt und nur als Auslegungshilfe erwähnt)[1031] „eine zusätzliche Rechtsgrundlage dafür ab(gibt), daß die Bundesregierung ... alles ihr Mögliche tut, um diese unmenschlichen Verhältnisse zu ändern und abzubauen".[1032] Aber die rechtliche Möglichkeit, bei einem Partner für ein Anliegen zu wirken, ist etwas Anderes als dessen Verpflichtung, dieses Anliegen zu erfüllen. Wer Verträge überfordert, stärkt sie sicherlich nicht.

Das Gericht hat offenbar vorausgesehen, daß Teile seiner Urteilsbegründung von der Praxis kaum ohne weiteres rezipiert werden würden. Es hat daher bestimmt:

> „Alle Ausführungen der Urteilsbegründung, auch die, die sich nicht ausschließlich auf den Inhalt des Vertrages selbst beziehen, sind nötig, also im Sinne der Rechtsprechung des Bundesverfassungsgerichts Teil der die Entscheidung tragenden Gründe."[1033]

Die vom Gericht angezogene Rechtsprechung führt zusammen mit der besonderen Formulierung des Urteilstenors („in der sich aus den Gründen ergebenden Auslegung")[1034] dazu, daß nicht nur der Tenor, sondern auch die gesamte Urteilsbegründung gem. § 31 des Gesetzes über das Bundesverfassungsgericht Gesetzeskraft hat.

Das Gericht hat sich bei der Abfassung des Urteils noch Zurückhaltung auferlegt. Es schreibt sich „judicial self-restraint" zu, den „Verzicht, ‚Politik zu treiben', d.h. in den von der Verfassung geschaffenen und begrenzten Raum freier politischer Gestaltung einzugreifen".[1035] Dieser Verzicht, in der Struktur des Gerichts nicht unbedingt angelegt, ist auch in dem Urteil nicht überall augenfällig geworden.

Die Konservierung des alten, schon leicht verblichenen Deutschlandbildes erfreute die Kritiker der Deutschland- und Ostpolitik. Das Attest der Verfassungsmäßigkeit des Vertrages ließ den Schlußstein dieser Politik, wenn auch nicht intakt, so doch am Platze. Innenpolitisch können also alle Beteiligten – bis auf weiteres – mit dem Urteil leben.

Das Ausland allerdings prüfte das Urteil auch unter dem Gesichtspunkt der Zuverlässigkeit und Glaubwürdigkeit der Bundesregierung bei der Aushandelung von Verträgen. Die Westmächte, vertraut mit einem gewaltengeteilten Staatsaufbau, wußten das Urteil nach Zustandekommen, innenpolitischer Bedeutung und außenpolitischer Tragweite einzuordnen. Anders im Ostblock, vor allem in Moskau, wo die Unabhängigkeit von Gerichten zwar gewußt, aber da, wo sie leibhaftig begegnet, nicht verstanden wird. Das Urteil wurde dort der Bundesregierung zugerechnet, die sich von ihm ja auch nicht distanzieren konnte.[1036] So wurde das Urteil als Abkehr von einer Entspannungspolitik verstanden, die „von der wirklichen Lage ausgeht" (Artikel 1 des Moskauer Vertrages). Von Interessenten mit Fleiß beschworen ging das Gespenst eines westdeutschen Irredentismus, das gerade erst zur Ruhe gebracht worden war, wieder um. Es muß kein Zufall sein, daß die sowjetische Haltung zu Deutschland- und Berlin-Fragen sich damals erneut zu verhärten begann.

Gegenüber dem Vertragspartner, also der DDR, beansprucht das Urteil für seine Auslegung des Vertrages unmittelbare Relevanz, obwohl dieser Vertragspartner an dem Verfahren natürlich nicht beteiligt war. Das Gericht legt dar,[1037] daß die DDR „vor Inkraftsetzen des Vertrages (20. Juni 1973) volle Kenntnis von dem beim Bundesverfassungsgericht anhängigen Verfahren" hatte, daß sie die rechtlichen Darlegungen der Bundesregierung im Gesetzgebungsverfahren gekannt habe, die „in der Substanz" zu der durch das Urteil verbindlich gewordenen Rechtsanschauung „nicht im Widerspruch" stünden, und daß die Bundesregierung immer darauf hingewiesen habe, den Vertrag nur verfassungskonform abschließen zu können. „Diese Umstände sind geeignet, auch in der völkerrechtlichen Auseinandersetzung, insbesondere auch gegenüber dem Vertragspartner, dem Vertrag die Auslegung zu geben, die nach dem Grundgesetz erforderlich ist", soll also heißen, die Auslegung des Urteils.

Solche Versuche, den Vertragspartner nach der Fertigstellung des Textes an einseitige Interpretationen zu binden, sind aus dem Ausland weniger bekannt geworden.

Als England die Bedingungen für seinen EG-Beitritt verbessern wollte, bewog es – nicht ohne Schwierigkeiten – seine Partner zu neuen Verhandlungen.[1038] Als die Westmächte 1950 ihre Unterstützung des westdeutschen Alleinvertretungsanspruchs vor Fehldeutungen in Richtung auf eine Identität schützen wollten, mußten sie die Bundesregierung zur Entgegennahme der oben[1039] beim Warschauer Vertrag (Die Kompetenz der Bundesregierung) zitierten Mitteilung vom September 1950 veranlassen, in welcher klar zwischen der Bundesregierung und einer Regierung Gesamt-Deutschlands unterschieden wurde. Akzeptiert der Partner solche Nachbesserungswünsche nicht, dann scheitert das Vertragswerk, so wie die amerikanisch-sowjetische Meistbegünstigungsvereinbarung im Obersten Sowjet, nachdem sie auf amerikanischer Seite durch das Jackson-Amendment um eine Ausreiseregelung für russische Juden angereichert worden war.[1040]

In der Bundesrepublik verliert man gelegentlich die Scheu vor solchem Risiko. Steht fest, daß der Vertragspartner Verbesserungen nicht mehr konzedieren wird, so ist man versucht, sich von ihm zu emanzipieren: Dem Freundschaftsvertrag mit Frankreich wurde in der Präambel des Vertragsgesetzes[1041] die NATO-Konformität beigeschrieben, die de Gaulle ihm gezielt verweigert hatte;[1042] die Verträge von Moskau und Warschau erhielten durch die an sie geknüpfte Parlamentsresolution[1043] die gewünschte Interpretation; den Grundlagenvertrag legte das Bundesverfassungsgericht authentisch aus.

Diese Praxis entlastet den Vertragspartner zunehmend von der Mitarbeit am Vertragstext. Sie nähert sich einer dem Vertragsrecht fremden Regelungsautarkie.

M. Schluß

„Es ist an sich unmöglich, daß sich die Staaten anziehen, die Natur will, daß sie sich abstoßen" (O. Thon, 1815).[1044] Die Richtigkeit dieser Erkenntnis haben Wenige so im und am eigenen Leibe gespürt wie die Deutschen.

Diese „Abstoßung" ist eine Determinante der Außenpolitik. Setzt sie sich durch, so kann von eigentlicher Politik nicht mehr die Rede sein; diese wird dann „mit anderen Mitteln fortgesetzt", dem Krieg.[1045] Da die Abstoßung dem eingangs zitierten „Willen der Natur" entspricht, degenerieren außenpolitische Beziehungen leicht und wie von selbst in jene Richtung.

Verträge, ganz allgemein, sind eine Fortsetzung der Politik auf der entgegengesetzten Seite, und zwar auch mit anderen, nämlich juristischen Mitteln. Sie versuchen, die Abstoßung durch Brückenschlag zu überwinden, den „Willen der Natur" zu fesseln.

In den selteneren Fällen gelingt dies dauerhaft durch den bloßen Abschluß des Vertrages. Normal ist, daß die Natur an den vertraglichen Bindungen zu leiden, und dann auch an ihnen sich zu reiben und sie aufzureiben beginnt. Verträge, sofern sie auf Dauer angelegt sind, bedürfen deshalb ständigen Schutzes gegen die natürliche Neigung der Partner zur Gegnerschaft, wie jede Brücke der ständigen Ausbesserung und Verstärkung gegen die Kräfte der Natur. Es genügt nicht, solche Verträge zu halten, an ihnen muß ein Dienst versehen werden, wie es schon die Urformel des Vertragsrechts ausdrückt: „ Pacta sunt servanda".

Die Ostverträge stellen den Versuch dar, die natürliche Abstoßung im Verhältnis zu einigen Staaten zu überwinden, die für die Bundesrepublik wichtig bis existentiell bedeutsam sind. Dabei waren und bleiben die Umstände derart, daß von Abstoßung zu sprechen gelegentlich noch ein Euphemismus ist. Um so gefährdeter ist die Integrität, ja das Überleben der Verträge. Schmerzvolle Erinnerungen und ideoligische Gegnerschaft, Borniertheit und Chauvinismus, Risikofreude und die Lust an Positionsgewinn – sie alle zerren an ihren Fesseln, und zwar in Ost wie in West.

Gegenüber einem Vertragspartner, der sich zum Überspielen oder zum Bruch des Vertrages entschlossen hat, hilft kein einseitiges Festhalten am Vertrage. Aber immer mag dann noch die Frage auftauchen, ob der Vertragspartner nicht provoziert wurde.

Die Gefahren, denen die Verträge bei unseren östlichen Partnern ausgesetzt sind, kann man in der Bundesrepublik nur ahnen. Hier gilt es, dem östlichen Partner die ihm vertraglich zugesicherten Positionen nicht zu schmälern sondern sein Interesse an Einhaltung und Ausfüllung des Vertrages zu erhalten. Kenntnis der Situation des Vertragspartners und Verständnis seiner Motivation sind Voraussetzung für eine sinnvolle Arbeit mit den Ostverträgen. Man stelle sich etwa Köln als alte Exklave der sowjetischen Besatzungszone vor mit nunmehr zahllosen Bindungen an die DDR und häufigen Besuchen östlicher Prominenz! Wie würde man selbst es mit einem solchen Vorposten der Arbeiter- und Bauernmacht neben dem eigenen Regierungssitz halten? Man bedenke einmal, mit welcher Aufmerksamkeit bei uns jede relevante Äußerung zu Ostvertragsgegenständen registriert wird, die aus dem Ostblock herüberdringt; wie wird in den östlichen Hauptstädten mancher Schlachtruf aus der Bundesrepublik aufgenommen werden? Es ist leichtfertig, wider den Vertragstext jegliches unliebsame Verhalten des Vertragspartners als Vertragsbruch zu deklarieren.

Andererseits haben wir es mit Partnern zu tun, die sich nur ungern in der Hartnäckigkeit und Ausdauer übertreffen lassen, mit denen sie ihre Interessen verfolgen, denen kein Vorteil zu gering und nur wenige Mittel zu grob sind, die ein scharfes Auge für die Schwächen einer Position haben, die aber auch Entschlossenheit und Durchstehvermögen bei ihrem Gegenüber honorieren. Wie weit die Vertragstreue unserer Vertragspartner reicht, wie lange sie anhält, kann in der Bundesrepublik wohl niemand sagen; jedenfalls gibt es hinreichend Anlaß zu Wachsamkeit und Festigkeit.

Die Bundesrepublik Deutschland hat die Ostverträge nicht als Bußübung oder aus Nächstenliebe geschlossen, sondern im handfesten eigenen Interesse; dieses nimmt ebenso durch Überforderung wie durch Vernachlässigung der Vertragsbestimmungen Schaden.

Videant consules!

Anmerkungen

Zu den Kurztiteln siehe das Literaturverzeichnis

1. I. Kabinett *Brandt/Scheel* vom 21. 10. 1969 bis 14. 12. 1972; II. Kabinett *Brandt/Scheel* vom 14. 12. 1972 bis 7. 5. 1974; (Rumpfkabinett *Scheel* vom 7. 5. 1974 bis 16. 5. 1974; I. Kabinett *Schmidt/Genscher* vom 16. 5. 1974 bis 15. 12. 1976; seither II. Kabinett *Schmidt/Genscher*; s. AdG 1969, 15 000; 1972, 17 537; 1974, 18 665, 18 675; 1976, 20 669.
2. Am 17. 8. 1962, s. AdG 1962, 10 044. *Bahr* führt u. a. auf dieses Schlüsselerlebnis die Entwicklung seiner Konzeption vom „Wandel durch Annäherung" (s. unten S. 178) zurück, s. *Bahr*, S. 38.
3. *S*trategic *A*rms *L*imitation *T*alks: Amerikanisch-sowjetische Verhandlungen über eine Begrenzung strategischer Rüstung; nach mehrjährigen Sondierungen am 17. 11. 1969 in Helsinki begonnen, führten sie bislang zu Abkommen vom 26. 5. 1972 (SALT I) und vom 18. 6. 1979 (SALT II), s. AdG 1972, 17 124 ff, 17 506 zu SALT I sowie Bulletin des Presse- und Informationsamtes der Bundesregierung 1979, S. 747 f und „Europa-Archiv" 1979, S. 451 ff (15. Folge) zu SALT II.
4. Abkommen vom 22. 6. 1973, s. AdG 1973, 17995.
5. *M*utual *B*alanced *F*orces *R*eduction: Verhandlungen von 19 Staaten der NATO und des Warschauer Paktes über beidseitige ausgewogene Truppenverminderung, nach Sondierungen (Signal von Reykjavik, 27. 6. 1968) und Vorgesprächen (zwischen 31. 1. 1973 und 28. 6. 1973) in Wien am 30. 10. 1973 begonnen (s. AdG 1973, 17 680 f, 18 008 f, 18 312 f).
6. „Hot line" = Amerikanisch-sowjetisches Abkommen vom 20. 6. 1963 über die Einrichtung einer direkten Fernsprech- und Fernschreibverbindung zwischen Kreml und Weißem Haus „zur Benutzung in Not- und Krisenfällen", ergänzt durch das amerik.-sowj. Abkommen vom 30. 9. 1971 „zur Verbesserung der direkten Fernmeldeverbindung", s. AdG 1963, 10 644; 1971, 16 580 f.
7. In seiner nachgelassenen Schrift „Vom Kriege" (5. Auflage 1905) stellte der preußische General *von Clausewitz* den Krieg als die gewaltsame Form der Politik vor und bezeichnete ihn als die Fortsetzung der Politik mit anderen Mitteln; s. auch unten S. 320.
8. Etwa im 2. (Oktober/November 1956 – Suezkonflikt), 3. (Juni 1967 – Sechstagekrieg) und 4. (Oktober/November 1973 – Yom-Kippur-Krieg) Nahostkonflikt, s. AdG 1956, 6072 ff; 1967, 13 228 ff; 1973, 18 299 ff.
9. Etwa 1965 (um Kaschmir) und 1971 (Sezession Bangla Deschs), s. AdG 1965, 12 050 ff, 12 076 ff; 1971, 16 781 ff.
10. Am 17. 4. 1961 unternahmen Exilkubaner von den USA aus den Versuch einer Invasion Kubas, der sofort scheiterte, s. AdG 1961, 9038 ff.
11. Vgl. z.B. *Lenin's* Bericht über die Tätigkeit des Rats der Volkskommissare vom 22. 12. 1920 und sein Schlußwort zur X. Gesamtrussischen Konferenz der KPR (B) vom 28. 5. 1921. In: Werke III S. 564 und S. 704.

12. Vgl. z.B. Stichwort „Friedliche Koexistenz“ in: *Buhr/Kosing:* Kl. Wörterbuch S. 106f: „Politik des friedlichen Nebeneinanderbestehens von Staaten mit unterschiedlicher gesellschaftlicher und staatlicher Ordnung, eine spezifische Form des Klassenkampfes zwischen Sozialismus und Kapitalismus auf internationaler Ebene ...“
13. Als *Breschnjew*-Doktrin wird im Westen der sowjetische Hegemonieanspruch innerhalb des sozialistischen Lagers bezeichnet, wie er mit der Besetzung der Tschechoslowakei im August 1968 (s. AdG 1968, 14125ff) durchgesetzt wurde.
Die theoretische Begründung dieses Anspruchs stützt sich zunächst auf das Prinzip des „proletarischen Internationalismus'“, unter welchem das internationale Bündnis der Arbeiter und ihrer *Parteien* verstanden wird, vgl. *Lenin's* Brief an die Arbeiter und Bauern der Ukraine vom 28. 12. 1919 und seinen Ursprünglichen Entwurf der Thesen zur nationalen und zur kolonialen Frage für den II. Kongreß der Kommunistischen Internationale. In: Werke III, S. 358 und S. 491. Aus diesem Bündnis wurde nach der Entstehung des „sozialistischen Weltsystems“, d.h. mehrerer sozialistischer Staaten, das weitere Prinzip des „sozialistischen Internationalismus'“ abgeleitet, das die gegenseitige Hilfe der sozialistischen *Staaten* fordert, vgl. etwa die Moskauer Erklärung der Beratung von Vertretern der kommunistischen und Arbeiterparteien der sozialistischen Staaten vom 16. 11. 1957 in: *Schenk* (Hrsg.), Komm. Grundsatzerkl. S. 21.
Weiter wird aus dem *Lenin*'schen Verbot der Fraktionsbildung (s. z.B. „Fraktionelles Vorgehen – eine Gefahr für die Partei“, in: Werke III, S. 592ff) auf der staatlichen Ebene das Postulat der „Einheit des sozialistischen Lagers“, das „alle sozialistischen Länder wie ihren Augapfel hüten“ (Moskauer Erklärung der Beratung von Vertretern der kommunistischen und Arbeiterparteien vom November 1960, in: Komm. Grundsatzerkl., S. 97).
Nachdem durch diese Analogien zur Parteiebene die sozialistischen Staaten aneinander und insgesamt zusammengebunden sind, wird schließlich wiederum aus *Lenin*'schen Ansätzen (schon er hatte die Leistungen gerühmt, die der russische Bolschewismus und die Sowjetmacht für die Weltrevolution erbracht hätten, s. z.B. Die proletarische Revolution und der Renegat Kautsky, in: Werke III, S. 133) die sowjetische Hegemonie aus sozialistischer Erstgeburt und tatsächlicher Übermacht begründet (vgl. etwa das Communiqué der Konferenz der Außenminister von DDR, Polen und CSR vom 12. 4. 1958, in welchem „die drei Minister unterstreichen, daß die zuverlässigste Grundlage der Sicherheit ihrer Länder und des Friedens die Einheit des sozialistischen Lagers und die Friedenspolitik des ersten und mächtigsten sozialistischen Staates, der Sowjetunion, und aller anderen sozialistischen Länder ist“, in: Komm. Grundsatzerkl., S. 41).
Auf dem Fundament dieser Dogmen haben *Kowaljow* in der Prawda vom 26. 9. 1968 und *Breschnjew* in Warschau am 12. 11. 1968 die Intervention in der CSSR zu rechtfertigen gesucht (s. AdG 1968, 14273f, 14397) und *Ponomarjow, Gromyko* und *Chwostow* in dem von ihnen herausgegebenen Buch „History of Soviet Policy 1945–1970“, Moscow 1974, S. 411, feststellen können: „The vanguard role of the CPSU and the Soviet state guided by it is recognised by all the socialist countries and by the international communist movement“.

14. Weitgehend dokumentiert in dem Sammelband des Europa-Archivs: *Volle/Wagner:* KSZE. Bonn 1976.
15. S. AdG 1962 10193ff, 10247ff.
16. S. AdG 1968, 13861ff, 14006ff, 14070ff sowie oben Anm. 13.
17. S. etwa AdG 1960, 8153.
18. Z.B. die Ausweisung der sowjetischen Militärberater (s. AdG 1972, 17287ff) und die „Aufhebung" des ägyptisch-sowjetischen Freundschaftsvertrages am 15. 3. 1976 (s. AdG 1976, 20091ff).
19. Rede in New York vom 23. 4. 1973 über eine neue Atlantik-Charta, s. AdG 1973, 17835.
20. S. etwa Interview vom 17. 1. 1970 in: *von Siegler* (Hrsg.): Dokum. Bd. VI, S. 118; ähnlich *Helmut Schmidt* im Zweiten Deutschen Fernsehen (30. 8. 1979: „Der Bundeskanzler im Reichstag"); ferner *Schmid,* S. 130 (mit weiterem Nachweis); s. auch *Kiesinger's* Kritik im Bundestag am 15. 1. 1970, a.a.O. S. 69.
21. *End,* S. 149.
22. S. unten S. 45.
23. S. unten S. 45f.
24. Vertrag über die Nichtverbreitung von Kernwaffen (Atomsperrvertrag) vom 1. 7. 1968 (BGBl. 1974 Teil II, S. 785ff); zur speziell deutschen Problematik s. *Brandt,* Sperrvertrag und Gleichberechtigung (Zeitungsartikel vom 31. 1. 1969, nachgedruckt in AdG 1969, 14458ff).
25. S. unten S. 29f.
26. Vereinbarung vom 31. 1. 1967, s. AdG 1967, 12963ff; mit der CSSR konnte am 3. 8. 1967 nur der Austausch von Handelsvertretungen vereinbart werden, s. AdG 1967, 13339f.
27. Gemeinsame deutsch-jugoslawische Erklärung vom 31. 1. 1968, s. AdG 1968, 13700.
28. Verträge über Freundschaft, Zusammenarbeit und gegenseitigen Beistand zwischen Polen und der CSSR vom 1. 3. 1967, zwischen der DDR und Polen vom 15. 3. 1967 und zwischen der DDR und der CSSR vom 17. 3. 1967, s. AdG 1967, 13021f, 13048ff mit Vertragstexten und Kommentaren.
29. S. den entsprechenden Vorwurf von *Strauß* in der Bundestagsdebatte vom 9.–11. 5. 1973 (AdG 1973, 17882) und die Erläuterungen *Bahr's* in seiner zweiten Tutzinger Rede vom 11. 7. 1973 (Dokum. Bd. IX, S. 278f).
30. S. z.B. Ziffer II der Karlsbader Erklärung der kommunistischen und Arbeiter parteien Europas vom 26. 4. 1967, in: Komm. Grundsatzerkl. S. 175; ferner Ziffer 2 des sowjetischen Memorandums an die Bundesregierung vom 12. 10. 1967 und Ziffer 9 des sowjetischen Aide-mémoires an die Bundesregierung vom 5. 7. 1968, veröffentlicht in der Dokumentation des Presse- und Informationsamtes der Bundesregierung: Gewaltverzicht, S. 7 und S. 45.
31. S. unten S. 177.
32. Das Potsdamer Abkommen vom 2. 8. 1945 ist die – wohl als Regierungsabkommen anzusehende (s. *Kimminich,* S. 88 mit Nachweis) – Gemeinsame Erklärung zum Abschluß der Potsdamer Konferenz der Regierungschefs Großbritanniens, der USA und der Sowjetunion vom 17. 7.–2. 8. 1945, in: Dokum. Bd. I S. 34ff; zur Entwicklung der Oder-Neiße-Grenze s. *Krülle,* Die völkerrechtlichen Aspekte des Oder-Neiße-Problems, 1970.

Wegen der unterschiedlichen Größenverhältnisse trat der von der Sowjetunion okkupierte Teil der Ostgebiete in der Diskussion hinter dem polnisch besetzten Teil zurück.

Zur Frage einer – nach Potsdamer Abkommen und Warschauer Vertrag – korrekten Grenzziehung im Stettiner Raum s. Institut für Internationales Recht an der Universität Kiel (Hrsg.), Symposium S. 75ff (Beitrag von *K. Ipsen*); vgl. auch unten Anm. 90, 95.

33. Mit Nachweis *Frowein* Warschauer Vertrag, S. 11ff, 18f; *Frowein* hat das Auswärtige Amt bei den Ostvertragsverhandlungen – auch als Delegationsmitglied – beraten. „Zur diplomatischen Geschichte der Oder-Neiße-Grenze (1939–1945)" s. den so überschriebenen Beitrag von *Roos* in der Dokumentation des Presse- und Informationsamtes der Bundesregierung: Vertrag BRD/VRP, S. 87ff.
34. S. z.B. die Erklärungen *von Brentano's* vom 3. 5. 1956, 31. 1. 1957 und 5. 11. 1959 in: Dokum. Bd. I S. 536, 592 und Bd. II S. 337; ferner die Zirkularnote des Beobachters der Bundesrepublik Deutschland bei den Vereinten Nationen vom 19. 10. 1960, in: Vertrag BRD/VRP, S. 123ff; ferner die Erklärungen der Regierung *Erhard* vom 25. 3. 1966 (als „Friedensnote" ausländischen Regierungen übermittelt) und *Mende's* vom 17. 5. 1966, in: Dokum. Bd. IV S. 125ff und S. 221; s. auch unten S. 62.
35. S. unten S. 97f.
36. S. z.B. die Erklärungen der Sowjetregierung vom 21. 11. 1967 und 5. 7. 1968, in: Gewaltverzicht S. 10, 15 und S. 40, 41, sowie der Mitgliedstaaten des Warschauer Pakts vom Juli 1966, vom 2. 12. 1970 und vom 26. 1. 1972, in: Komm. Grundsatzerkl. S. 160, 243 und S. 251; vgl. auch unten Anm. 299.
37. S. unten S. 100.
38. S. 96ff.
39. S. 117ff.
40. Art. 2 Abs. II der DDR-Verfassung vom 7. 10. 1949: „Die Hauptstadt der Republik ist Berlin", Art. 1 Abs. II der DDR-Verfassung vom 9. 4. 1968 (von der Verfassungsänderung vom 7. 10. 1974 unberührt): „Die Hauptstadt der Deutschen Demokratischen Republik ist Berlin" (s. AdG 1968, 13849 und 1974, 18975f).
41. Art. 23 (zu lesen mit Art. 144 Abs. II) und Art. 145; s. aber unten S. 118. Von „Groß-Berlin" sprach noch die Berliner Vorläufige Verfassung vom 13. 8. 1946 (VOBl Berlin 1946 S. 295); vgl. auch Art. 4 der in der folgenden Anmerkung zitierten Verfassung: „Berlin umfaßt das Gebiet der bisherigen Gebietskörperschaft Groß-Berlin ...".
42. Verfassung von Berlin vom 1. 9. 1950 (VOBl Groß-Berlin 1950 I, S. 433), gem. ihrem Art. 89 in Kraft getreten am 1. 10. 1950, in ihrem Art. 1: (1) „Berlin ist ein deutsches Land und zugleich eine Stadt. (2) Berlin ist ein Land der Bundesrepublik Deutschland"; s. aber unten S. 118.
43. S. aber unten S. 119.
44. S. unten S. 119ff.
45. S. AdG 1954, 4767.
46. S. oben Anm. 34.
47. Regierungserklärung vom 13. 12. 1966, s. Gewaltverzicht, S. 6.
48. Im Bundestag am 7. 12. 1967, s. Gewaltverzicht, S. 16.

49. Das verkennt *Kimminich*, S. 14, wenn er von der hartnäckigen Ignorierung des deutschen Friedenswillens spricht.
50. Aide-mémoire vom 5. 7. 1968, s. Gewaltverzicht, S. 44.
51. Pressekonferenz vom 12. 7. 1968, s. Gewaltverzicht, S. 47.
52. S. Komm. Grundsatzerkl., S. 155ff und S. 171ff.
53. Durch die schon mehrfach zitierte Dokumentation zum Gewaltverzicht.
54. Charta der Vereinten Nationen vom 26. 6. 1945 in der Fassung vom 20. 12. 1965 – zitiert: ChVN – BGBl. 1973 Teil II, S. 430ff; dort auch das Statut des Internationalen Gerichtshofs.
55. Art. 53 ChVN lautet: „Der Sicherheitsrat nimmt gegebenenfalls diese regionalen Abmachungen oder Einrichtungen zur Durchführung von Zwangsmaßnahmen unter seiner Autorität in Anspruch. Ohne Ermächtigung des Sicherheitsrats dürfen Zwangsmaßnahmen auf Grund regionaler Abmachungen oder seitens regionaler Einrichtungen nicht ergriffen werden; ausgenommen sind Maßnahmen gegen einen Feindstaat im Sinne des Absatzes 2, soweit sie in Artikel 107 oder in regionalen, gegen die Wiederaufnahme der Angriffspolitik eines solchen Staates gerichteten Abmachungen vorgesehen sind; die Ausnahme gilt, bis der Organisation auf Ersuchen der beteiligten Regierungen die Aufgabe zugewiesen wird, neue Angriffe eines solchen Staates zu verhüten.
Der Ausdruck ‚Feindstaat' in Absatz 1 bezeichnet jeden Staat, der während des Zweiten Weltkriegs Feind eines Unterzeichners dieser Charta war."
Art. 107 ChVN lautet: „Maßnahmen, welche die hierfür verantwortlichen Regierungen als Folge des Zweiten Weltkrieges in bezug auf einen Staat ergreifen oder genehmigen, der während dieses Krieges Feind eines Unterzeichnerstaats dieser Charta war, werden durch diese Charta weder außer Kraft gesetzt noch untersagt."
Vgl. zu diesen Artikeln *Schneider*, Die Charter der Vereinten Nationen und das Sonderrecht für die im Zweiten Weltkrieg unterlegenen Nationen (Art. 53 und 107), Bonn 1967; s. auch unten S. 36ff, 290f.
56. Vgl. die Erklärungen *Brandt's* vom 26. 9. 1968 und des Auswärtigen Amtes vom 10. 7. 1970, beide abgedruckt bei *Frenzke, Hacker, Uschakow*, S. 153f und S. 165f; ferner Symposium S. 53f (*Hacker*). Die Anwendung der Feindstaatenartikel auf BRD und/oder DDR wirft die Frage nach deren Identität mit dem Deutschen Reich auf, da Nachfolgestaaten wohl nicht als „ehemalige Feindstaaten" qualifiziert werden könnten, s. *K. Ipsen:* Die UN-Mitgliedschaft der beiden deutschen Staaten und die deutsche Frage. In der Zweimonatsschrift ‚Politik und Kultur' 1975, Heft 1, S. 9.
57. Sowjetisches Memorandum an die Bundesregierung vom 21. 11. 1967 und sowjetisches Aide-mémoire an die Bundesregierung vom 5. 7. 1968, s. Gewaltverzicht S. 11 und S. 45.
58. S. AdG 1969, 15004ff.
59. „Auch wenn zwei Staaten in Deutschland existieren, so sind sie doch für einander nicht Ausland; ihre Beziehungen zueinander können nur von besonderer Art sein." S. AdG 1969, 15004f; es wird gelegentlich übersehen, daß mit dieser Formulierung die DDR auch nicht als „Inland" in Anspruch genommen wird. Um diese gebotene Zurückhaltung nicht zu deutlich zu zeigen, wird der Begriff „Inland" in westdeutschen Gesetzestexten regelmäßig als „Geltungsbereich des Grundgesetzes" umschrieben. Hiernach ist die DDR weder In- noch

Ausland, tertium datur! Wegen der Auffassung des BVerfGe s. unten zu Anm. 1026. Zur Inland/Ausland-Problematik beim Geltungsbereich von Gesetzen vgl. auch unten Anm. 192.

60. „Unsere und unserer Freunde Einstellung zu den internationalen Beziehungen der DDR hängt nicht zuletzt von der Haltung Ostberlins selbst ab." S. AdG 1969, 15004.
61. S. AdG 1969, 15010; vgl. auch unten Anm. 756.
62. S. die Dokumentation des Presse- und Informationsamtes der Bundesregierung: Vertrag BRD/UdSSR – S. 80.
63. S. Vertrag BRD/UdSSR, S. 80.
64. Vgl. *Bahr*, S. 37ff, 58, *Schmid*, S. 34f.
65. Der Meinungsaustausch mit Polen war noch im Jahre 1969 vereinbart worden, s. Vertrag BRD/VRP, S. 163.
66. S. *Bahr*, S. 57.
67. Zum Verlangen der Opposition s. etwa das Schreiben *Barzel's* an den Bundeskanzler vom 12. 4. 1972 mit „Protokoll-Auszügen", in AdG 1972, 17030ff; im Zuge der abschließenden Vereinbarungen zwischen Regierung und Opposition über die Ratifizierung der Ostverträge (s. unten S. 93) erhielt der CDU-Bundestagsabgeordnete *Birrenbach* Gelegenheit, die Niederschrift der deutschen Delegation einzusehen, s. AdG 1972, 17071f.
68. Abgedruckt in: Vertrag BRD/UdSSR, S. 15ff.
69. Die „Bildzeitung" veröffentlichte am 12. 6. 1970 vier, am 1. 7. 1970 gleichzeitig mit der Illustrierten „Quick" zehn Leitsätze, s. AdG 1970, 15547 und 15575f. Zur Beurteilung des mit der Veröffentlichung angerichteten Schadens durch *Scheel* s. AdG 1970, 15547, durch *Bahr* s. *Bahr*, S. 59, 62f.
70. S. oben Anm. 30; ausführlich zur „wirklichen Lage" *Scheel* am 15. 4. 1970 vor dem Bundestag, in Dokum. Bd. VI, S. 225f; den Unterschied zwischen „real" und „wirklich" sieht *Arndt*, S. 45f, nicht. *Arndt* war Berichterstatter des Bundestags-Rechtsausschusses für die genannten Verträge und setzt sich in seinem Buch sehr sorgfältig vor allem mit den Argumenten der Opposition gegen die Verträge auseinander.
71. Fehl geht *Steinberger*, S. 84f, mit seiner Vermutung, die Formulierung sei wegen der Nichtmitgliedschaft der BRD in den Vereinten Nationen und zwecks Berücksichtigung gewisser Aspekte der Breschnjew-Doktrin gewählt worden. Im übrigen bezog sich schon in den Anlagen zum sowjetischen Memorandum an die Bundesregierung vom 21. 11. 1967 (Gewaltverzicht S. 14f) der Entwurf der deutschen Erklärung auf die „europäische" Sicherheit, während der Entwurf der sowjetischen Erklärung unbeschränkt deren „internationale" Beziehungen dem Gewaltverzicht unterstellte; im Bahr-Papier ließ man diese – machtpolitisch nicht unbegründeten – Unterschiede fallen und stellte beide Bereiche für beide Seiten verbindlich nebeneinander. Die Nennung der „europäischen" neben der „internationalen" Sicherheit grenzte auch Europa als eigenständige Sicherheitsregion (KSZE!) ab. S. auch unten S. 36.
72. Das I. Kapitel der ChVN (s. oben Anm. 54) lautet:
„Artikel 1. Die Vereinten Nationen setzen sich folgende Ziele:
1. den Weltfrieden und die internationale Sicherheit zu wahren und zu diesem Zweck wirksame Kollektivmaßnahmen zu treffen, um Bedrohungen des Friedens zu verhüten und zu beseitigen, Angriffshandlungen und andere Friedens-

brüche zu unterdrücken und internationale Streitigkeiten oder Situationen, die zu einem Friedensbruch führen könnten, durch friedliche Mittel nach den Grundsätzen der Gerechtigkeit und des Völkerrechts zu bereinigen oder beizulegen;
2. freundschaftliche, auf der Achtung vor dem Grundsatz der Gleichberechtigung und Selbstbestimmung der Völker beruhende Beziehungen zwischen den Nationen zu entwickeln und andere geeignete Maßnahmen zur Festigung des Weltfriedens zu treffen;
3. eine internationale Zusammenarbeit herbeizuführen, um internationale Probleme wirtschaftlicher, sozialer, kultureller und humanitärer Art zu lösen und die Achtung vor den Menschenrechten und Grundfreiheiten für alle ohne Unterschied der Rasse, des Geschlechts, der Sprache oder der Religion zu fördern und zu festigen;
4. ein Mittelpunkt zu sein, in dem die Bemühungen der Nationen zur Verwirklichung dieser gemeinsamen Ziele aufeinander abgestimmt werden.

Artikel 2. Die Organisation und ihre Mitglieder handeln im Verfolg der in Artikel 1 dargelegten Ziele nach folgenden Grundsätzen:
1. Die Organisation beruht auf dem Grundsatz der souveränen Gleichheit aller ihrer Mitglieder.
2. Alle Mitglieder erfüllen, um ihnen allen die aus der Mitgliedschaft erwachsenden Rechte und Vorteile zu sichern, nach Treu und Glauben die Verpflichtungen, die sie mit dieser Charta übernehmen.
3. Alle Mitglieder legen ihre internationalen Streitigkeiten durch friedliche Mittel so bei, daß der Weltfriede, die internationale Sicherheit und die Gerechtigkeit nicht gefährdet werden.
4. Alle Mitglieder unterlassen in ihren internationalen Beziehungen jede gegen die territoriale Unversehrtheit oder die politische Unabhängigkeit eines Staates gerichtete oder sonst mit den Zielen der Vereinten Nationen unvereinbare Androhung oder Anwendung von Gewalt.
5. Alle Mitglieder leisten den Vereinten Nationen jeglichen Beistand bei jeder Maßnahme, welche die Organisation im Einklang mit dieser Charta ergreift; sie leisten einem Staat, gegen den die Organisation Vorbeugungs- oder Zwangsmaßnahmen ergreift, keinen Beistand.
6. Die Organisation trägt dafür Sorge, daß Staaten, die nicht Mitglieder der Vereinten Nationen sind, insoweit nach diesen Grundsätzen handeln, als dies zur Wahrung des Weltfriedens und der internationalen Sicherheit erforderlich ist.
7. Aus dieser Charta kann eine Befugnis der Vereinten Nationen zum Eingreifen in Angelegenheiten, die ihrem Wesen nach zur inneren Zuständigkeit eines Staates gehören, oder eine Verpflichtung der Mitglieder, solche Angelegenheiten einer Regelung auf Grund dieser Charta zu unterwerfen, nicht abgeleitet werden; die Anwendung von Zwangsmaßnahmen nach Kapitel VII wird durch diesen Grundsatz nicht berührt."

73. Anm. 55f.

74. Es wird auch ein Zusammenhang von Art. 2 ChVN (als generelle Regelung) und Art. 53, 107 ChVN (als Ausnahmen) konstruiert, z. *Kimminich*, S. 27, 39 mit weiterem Nachweis; s. die Auseinandersetzung mit dieser Meinung bei *Frowein* Ostpolitik, S. 108f; ferner Symposium S. 57 *(Hacker)*.

75. So auch *Steinberger*, S. 88.

76. Vgl. die diesbezügliche Äußerung *Gromyko's* vom 29. 7. 1970 in Anlage 2 zur Denkschrift der Bundesregierung vom 11. 12. 1971 zum Moskauer Vertrag, Dokum. Bd. VII S. 325: „... In dem von uns angenommenen Text steht das Wort „ausschließlich" (mit friedlichen Mitteln). Wir haben keinerlei Ausnahmen vorgesehen. Das ist unsere Antwort auf Ihre innenpolitische Diskussion ..."
77. Zu Anm. 45.
78. Wie schon in Ziffer 2, Abs. I des Bahr-Papiers (oben zu Anm. 71); s. ferner unten S. 57.
79. Die Haltung der Westmächte war zunächst in der Londoner Schlußakte vom 3. 10. 1954 mit folgender Formulierung festgelegt worden: „Die Regierungen ..., entschlossen, ihre Bemühungen der Festigung des Friedens zu widmen gemäß der Satzung der Vereinten Nationen und insbesondere der in Art. 2 der Satzung enthaltenen Verpflichtungen ... erklären, daß 1. ..., 2. sie sich bei ihren Beziehungen mit der Bundesrepublik an die in Art. 2 der Satzung der Vereinten Nationen enthaltenen Grundsätze halten werden; ..." (abgedruckt in Dokum. Bd. I, S. 229f, ferner AdG 1954, 4767).
Die vorhersehbare Weigerung der Sowjetunion, mehr als die Westmächte zuzugestehen, führte zu einer realistischen Festlegung des deutschen Verhandlungsziels, s. z. B. *Brandt,* Interview vom 27. 12. 1969, in: Vertrag BRD/UdSSR, S. 139; ferner Ziffer 7 der Antwort der Bundesregierung vom 6. 5. 1970 auf eine parlamentarische Anfrage, in: Dokum. Bd. VI, S. 246f, ferner Richtlinie 1 des Bundeskabinetts vom 7. 6. 1970 für die Moskauer Verhandlungen, in: Vertrag BRD/UdSSR, S. 155 (inhaltlich wiedergegeben unten S. 51).
80. Oben Anm. 57.
81. Die drei folgenden Erklärungen in: AdG 1968, 14200; s. auch *Frenzke, Hakker, Uschakow,* S. 150ff sowie Symposium S. 52f *(Hacker)* und S. 70f *(Ipsen, Gascard).* S. auch oben Anm. 56.
82. Art. 108f ChVN.
83. Im Verhältnis Japans zur Sowjetunion ist aber in einer Gemeinsamen Erklärung vom 19. 10. 1956 das Verbot der Einmischung in die inneren Angelegenheiten bekräftigt worden, s. Symposium S. 60f *(Hacker).*
84. Deshalb sind *Steinberger's* Bedenken (S. 73f) unbegründet: Der nach Berlin fliegende Bundestagsabgeordnete kann gar nicht die Grenze in friedensgefährdender Weise antasten.
85. S. *Gromyko's* Äußerung vom 29. 7. 1970 in Anlage 1 zur Denkschrift der Bundesregierung vom 11. 12. 1971 zum Moskauer Vertrag, in: Dokum. Bd. VII, S. 325: „... Wenn zwei Staaten freiwillig ihre Vereinigung beschließen, oder Grenzen zu korrigieren, wie wir das selbst mit Norwegen, Afghanistan und Polen, dort sogar mehrmals, gemacht haben, oder wenn die Staaten z. B. ihre gemeinsamen Grenzen aufgeben und sich vereinigen wollen wie Syrien und Ägypten, so wäre uns nicht eingefallen, hier zu kritisieren, denn dies ist Ausdruck der Souveränität und gehört zu den unveräußerlichen Rechten der Staaten und Völker ..." Vgl. auch *Bahr,* Interview vom 15. 7. 1970, in: Vertrag BRD/UdSSR, S. 157f und Brief an Tageszeitung „Le Monde" vom 23./24. 8. 1970, S. 4.
Zur völkerrechtlichen Wertung s. *Steinberger,* S. 73, ferner Symposium S. 100f, 105 (*Gascard,* zu sprachlichen Fragen) und S. 141 (*Frowein,* besonders überzeugend).

86. Ziffer 1 der Erklärung vom 21. 5. 1976, in: AdG 1976, 20243.
87. Gefechte an der sowjetisch-chinesischen Grenze im März 1969, s. AdG 1969, 14532ff, 14595ff.
88. Offen ist geblieben, inwieweit die Grenzen um und durch Berlin hier einbezogen sind. (s. unten zu Anm. 127f). Vgl. auch *Wengler,* S. 634 sowie unten Anm. 426f, ferner S. 226f, 316f.
89. Art. 6 des NATO-Vertrages vom 4. 4. 1949 in der Fassung vom 17. 10. 1951, BGBl. 1955 Teil II, S. 256, 289, sowie Art. 4 des Warschauer Paktes vom 14. 5. 1955, in: AdG 1955, 5161f.
90. 12. 7. 1970, s. unten zu Anm. 143. Wegen des Verlaufs der Oder-Neiße-Grenze zu jenem Zeitpunkt, in der Strommitte (so ein Vertrag zwischen DDR und Polen vom 28. 10. 1969 i.V.m. einem Schiffahrtsabkommen vom 15. 5. 1969) oder am Westufer (so das Potsdamer Abkommen in der vom Warschauer Vertrag – Art. I – übernommenen Formel) s. *Schmid,* Anmerkung 1052 auf S. 404.
91. S. z.B. Antwort der Bundesregierung vom 27. 4. 1970 auf eine parlamentarische Anfrage, in: Vertrag BRD/UdSSR, S. 147.
92. S. unten S. 67f, 71f, 232ff.
93. S. Stellungnahme des Regierungssprechers vom 5. 6. 1970, in: Vertrag BRD/UdSSR, S. 154; vgl. auch *Steinberger,* S. 72.
94. Ziffer III, 2, der Note vom 9. 4. 1968, s. Gewaltverzicht, S. 32; s. auch unten S. 49, 58f zum „Brief zur deutschen Einheit".
95. S. oben Anm. 32; zum Verhältnis von Potsdamer Abkommen und Art. IV des Warschauer Vertrages zueinander s. *Arndt,* S. 121ff.
96. Die wichtigsten dieser Abkommen sind in Dokum. Bd. I, S. 1–47, 80ff abgedruckt; s. auch unten S. 117ff, ferner *Arndt,* S. 122ff.
97. S. unten Anm. 351 und 370.
98. Zum Warschauer Pakt s. oben Anm. 89; die Verträge mit der DDR vom 20. 9. 1955 und 12. 6. 1964 in: Dokum. Annexband III S. 330ff und Bd. III, S. 400ff.
99. Vertrag vom 26. 5. 1952 über die Beziehungen zwischen der Bundesrepublik Deutschland und den Drei Mächten mit Zusatzvereinbarungen, BGBl. 1954 Teil II, S. 57ff, in der Fassung des Protokolls vom 23. 10. 1954, BGBl. 1955 Teil II, S. 213ff, 309; s. auch unten Anm. 122.
100. S. oben Anm. 89.
101. S. unten Anm. 146f.
102. S. unten Anm. 387ff.
103. Zur völkerrechtlichen Diskussion dieser Klausel s. *Wengler,* S. 632; Symposium S. 83ff *(Ipsen),* S. 46 *(Steiger); Arndt,* S. 114ff.
104. S. oben Anm. 98.
105. *Steinberger,* S. 95; in Auseinandersetzung mit dieser Auffassung *Arndt,* S. 119.
106. Vgl. Symposium S. 64f *(Krüger).*
107. S., auch zum Folgenden, *Ahlers,* Der Vertrag mit der Sowjetunion, in: Vertrag BRD/UdSSR, S. 67ff, 70f; *Sanne,* Zur Vorgeschichte des Vertrages, a.a.O. S. 74ff, 81. Zu formaljuristisch *Arndt,* S. 49, 101f, der die unmittelbare Wirksamkeit des Bahr-Papiers auf die Dauer des I. Kabinetts *Brandt/Scheel* (s. oben Anm. 1) beschränkt; richtiger *Steinberger,* S. 79ff und *Ress,* S. 16, 19f, 25. Vgl. auch unten S. 49.
108. S. Memorandum vom 12. 10. 1967 in: Gewaltverzicht, S. 7f. Zu Recht stellt

Ress, S. 5 fest, daß aus dieser (oder einer anderen) Ziffer des Bahr-Papiers sich kein sowjetischer Rechtstitel auf Erfüllung eines der mit anderen Staaten geschlossenen Ostverträge ergebe.

109. Vgl. etwa die Berichte *Brandt's* über seine Gespräche mit *Breschnjew* in Oreanda, in: *Brandt* S. 463 ff., und *Bahr's* über seine Gespräche mit *Gromyko* vom Oktober 1972, in: Dokum. Bd. VIII, S. 75 f.
110. Vgl. *Brandt,* in: Vertrag BRD/UdSSR, S. 33, 38 bei der Zurückweisung solcher Behauptungen; zur Breschnjew-Doktrin s. oben Anm. 13.
111. S. 24 f.
112. S. z. B. Communiqué über die internationale Moskauer Beratung der kommunistischen und Arbeiterparteien vom 17. 6. 1969, in: Komm. Grundsatzerkl., S. 185 ff, 218; ferner *Abrassimow* in „Neues Deutschland" vom 1. 4. 1970, zitiert in AdG 1970, 15 379.
113. S. 214 ff; zu weitgehend *Ress,* S. 7 Anm. 22 bei seiner Annahme eines gewollten Unterschieds zu „zwischen Drittstaaten" geschlossenen Abkommen.
114. Äußerung vom 29. 7. 1970, zitiert in Anlage 1 zur Denkschrift der Bundesregierung vom 11. 12. 1971 zum Moskauer Vertrag (Dokum. Bd. VII S. 325): „Wir sind Ihnen entgegengekommen in der Grenzfrage, als wir den Begriff Anerkennung fallen gelassen haben. Das war für uns ein sehr komplizierter und politisch schmerzhafter Prozeß."
115. S. unten S. 315.
116. S. oben Anm. 108, 112.
117. S. oben Anm. 59.
118. S. *W. G. Grewe,* Rückblenden, Berlin 1979, S. 251 ff, sowie *End,* S. 34 ff.
119. S. die instruktive Übersicht der westdeutschen Sanktionen bei *End,* S. 157.
120. S. die Inhaltsangabe des bekanntgewordenen Runderlasses des Auswärtigen Amtes über die „neuen Akzente" der westdeutschen Deutschlandpolitik in AdG 1969, 15 041 f; *Steinberger,* S. 112 f, druckt ein entsprechendes Schreiben der Bundesregierung vom 7. 10. 1970 an die Mitgliedstaaten der Internationalen Atomenergiebehörde im Wortlaut ab. Vgl. auch *End,* S. 68 ff; *Schmid,* S. 122 ff.
121. Wortlaut des Antrages, seiner Anlagen und der Stellungnahme der Westmächte in: Dokum. Bd. IV S. 84 ff, 92.
122. Art. 7 Abs. I fixiert als gemeinsames Ziel eine friedensvertragliche Regelung, bis zu deren Abschluß die endgültige Festlegung der Grenzen Deutschlands aufgeschoben werden muß, Abs. II wurde oben, S. 40, zitiert; Abs. III ist gestrichen; Abs. IV sieht eine Konsultationspflicht der Drei Mächte mit der Bundesrepublik in allen Angelegenheiten vor, welche die Ausübung ihrer Rechte in Bezug auf Deutschland als Ganzes berühren, s. BGBl. 1955 Teil II, S. 309.
123. S. oben Anm. 36 f, unten S. 97 ff.
124. Text in AdG 1970, 15 447 f; s. auch unten zu Anm. 302.
125. Art. 13 sah den Austausch der Ratifikationsurkunden „in kürzester Frist in Moskau" vor.
126. Der Politische Beratende Ausschuß der Teilnehmerstaaten des Warschauer Pakts spricht in seinem Communiqué vom 20. 1. 1965 von einer polnischen Initiative, s. Komm. Grundsatzerkl. S. 140, 144; vgl. im übrigen die oben, Anm. 14, zitierte Dokumentation, S. 1 ff.
127. S. 28.

128. S. *Ahlers,* Der Vertrag mit der Sowjetunion, in: Vertrag BRD/UdSSR, S. 70, *Schmid,* S. 159.
129. S. unten S. 125.
130. S. Richtlinie Nr. 2 der Bundesregierung für die Moskauer Vertragsverhandlungen vom 7. 6. 1970, in: Vertrag BRD/UdSSR, S. 155; ferner *Brandt* auf der Pressekonferenz vom 14. 8. 1970 sowie *Bahr* und *Ahlers,* Der Vertrag mit der Sowjetunion, in: Vertrag BRD/UdSSR, S. 45 sowie S. 66 und 69f.
131. S. Ziffern 16 bis 18 der offiziösen „Überlegungen" des Presse- und Informationsamtes der Bundesregierung vom 14. 8. 1970 zum Moskauer Vertrag, in: Vertrag BRD/UdSSR, S. 90ff, 96; ferner *Brandt,* S. 449, 452, über seine diesbezüglichen Ausführungen gegenüber *Breschnjew.*
132. Entsprechende Hinweise waren von der Bundesregierung an die Presse gegeben worden, s. *Barzel's* Kritik vom 4. 6. 1970 vor dem Bundestag, in: Dokum. Bd. VI, S. 343.
133. S. unten S. 58f.
134. Am 31. 8. 1954 verwarf die französische Nationalversammlung den Vertrag über die Europäische Verteidigungsgemeinschaft, schon am 3. 10. 1954 faßte die Londoner Neunmächte-Konferenz die Beschlüsse über die Aufnahme der Bundesrepublik in die NATO, s. AdG 1954, 4709 und 4765 ff; ferner *Grewe,* a. Anm. 118 a.O., S. 195ff.
135. Anm. 69.
136. S. AdG 1970, 15524.
137. S. Vertrag BRD/UdSSR, S. 155f.
138. S., auch zum Folgenden, AdG 1970, 15608.
139. S. AdG 1970, 15609.
140. Anm. 122.
141. S. AdG 1970, 15631–15634.
142. S. AdG 1970, 15644.
143. S. AdG 1970, 15646ff.
144. BGBl. 1972 Teil II, S. 353ff.
145. S. Komm. Grundsatzerkl., S. 155.
146. Abgedruckt in: Vertrag BRD/UdSSR, S. 108ff.
147. S. Vertrag BRD/UdSSR, S. 111.
148. Ausführlich hierzu *Arndt,* S. 32ff; s. auch Symposium S. 98 *(Gascard).*
149. Im Bahr-Papier (s. oben S. 34) war durch die Wiederholung der Worte „auf dieser Grundlage" unterstrichen worden, daß die „Entwicklung friedlicher Beziehungen" auf der „wirklichen Lage" stattfinde, im Moskauer Vertrag ist die „wirkliche Lage" nicht mehr „Grundlage" sondern Ausgangspunkt; man könnte darin die Möglichkeit eines stärkeren Abhebens von der „wirklichen Lage" sehen.
150. S. oben Anm. 71.
151. S. 36.
152. Wegen der Anstriche vgl. die Wiedergabe des unterzeichneten Originals im New York University Journal of International Law and Politics, Bd. 4 (1971) S. 167ff mit dem Kommentar von *Rauch.* Zur Verbindlichkeit der Anordnung des deutschen Textes vgl. unten S. 58 (Die Schlußbestimmungen). Die unterschiedliche Anordnung der Absätze ist zwischen den Vertragspartnern, die sich nicht auf eine gemeinsame Anordnung geeinigt haben, abgesprochen worden.

Zur Bedeutung der Begriffe „antasten", „territoriale Integrität" und „unverletzlich" s. oben S. 38f.

153. Auch das Potsdamer Abkommen (s. oben Anm. 32) dürfte eher eine Vereinbarung denn – im technischen Sinne – ein Abkommen sein.

154. S. 274ff.

155. So auch *Steinberger*, S. 113f, *Frowein*, Symposium S. 29 und Ostpolitik S. 110. Das „Wiener Übereinkommen vom 23. 5. 1969 über das Recht der Verträge" im englischen Wortlaut als VN-Dokument A/Conf.39/27 vom 23. 5. 1969; eine inoffizielle deutsche Übersetzung in: Zeitschrift für ausländisches öffentliches Recht und Völkerrecht, Bd. 29 (1969) S. 711ff. Das Übereinkommen ist noch nicht in Kraft, kodifiziert aber weithin bereits geltendes Völkergewohnheitsrecht.

156. Vgl. etwa Symposium S. 103 *(Klein, Münch)*.

157. Die Einleitung des Briefes ist ein Zitat aus Art. 31 Ziffer 2b der Wiener Vertragsrechtskonvention („... in connexion with the conclusion of the treaty ...").

158. Am 12. 4. 1972, s. AdG 1972, 17018; ferner *Brandt*, S. 473; s. auch *Arndt*, S. 29, 57f, 174f; *Schmid*, S. 160, 171. Das Bundesverfassungsgericht, BVerfGE 40, S. 141, 146) hat in seinem Beschluß vom 7. 7. 1975 allerdings festgestellt, daß die Zustimmungserklärung des Obersten Sowjets zum Moskauer Vertrag den Brief nicht erwähnt. S. auch unten S. 94.

159. So erwähnt die sowjetische Erklärung vom 27. 11. 1958 über die Absicht, gewisse Viermächte-Funktionen auf die DDR zu übertragen (s. unten S. 119f) die originären Viermächte-Rechte schon nicht mehr; vgl. auch Ziffer 5 des sowjetischen Memorandums an die Bundesregierung vom 21. 11. 1967 in: Gewaltverzicht, S. 11: „Angesichts dessen, daß ein deutscher Friedensvertrag nicht existiert, bilden die erwähnten internationalen Vereinbarungen, vor allem das Potsdamer Abkommen ... weiterhin die Grundlage, auch die juristische, der Beziehungen zwischen der Bundesrepublik Deutschland und der Sowjetunion, ebenso wie zwischen der BRD und den Westmächten"; der dem Zitat vorangehende Teil der Passage unten Anm. 162.

160. Vgl. etwa *Brandt* auf der Pressekonferenz vom 14. 8. 1970: „... Auch wenn und solange es keinen Friedensvertrag gibt, haben wir damit (mit dem Moskauer Vertrag) unser Verhältnis zur Sowjetunion auf eine neue Basis gestellt ... Eine friedensvertragliche Regelung muß eines Tages kommen. Dieser Vertrag ist gut für die Zeit bis dahin.", Vertrag BRD/UdSSR, S. 30, 44.

161. Vgl. etwa Ziffer 1 des sowjetischen Memorandums an die Bundesregierung vom 21. 11. 1967, Gewaltverzicht, S. 9.

162. Noch in dem sowjetischen Memorandum vom 21. 11. 1967 hatte es geheißen (Ziffer 5, Gewaltverzicht S. 10f): „... Es ist selbstverständlich, daß die internationalen Verpflichtungen der BRD ebenso wie die Rechte und Verpflichtungen der Sowjetunion und jedes anderen Staates der Antihitlerkoalition, die sich aus dem Potsdamer Abkommen ergeben, bis zum Abschluß eines deutschen Friedensvertrages durch nichts herabgemindert, abgeschwächt oder ersetzt werden können"; der dem Zitat folgende Text der Passage oben Anm. 159.

163. Zum Wechsel von Mitgliedern der Koalitionsfraktionen im Bundestag zur Opposition s. AdG 1972, 16944f, 17060, 17094, 17323, 17337.

164. S. oben Anm. 87.

165. S. etwa *Scheel* auf den Pressekonferenzen vom 11. und 14. 8. 1970, Vertrag BRD/UdSSR, S. 201 und 40; s. auch die Hervorhebung des Interesses an wirtschaftlicher Zusammenarbeit in *Breschnjew's* Fernsehansprache anläßlich seines Besuchs in Bonn vom 4.–7. 5. 1978, auszugsweise abgedruckt in AdG 1978, 21783.
166. Erklärung vom 18. 2. 1955, in Vertrag BRD/VRP, S. 113f.
167. S. auch oben S. 27f; ferner *Arndt's* (S. 160ff) ausführliche Darstellung.
168. Erklärung vom 13. 6. 1950, in: Vertrag BRD/VRP, S. 108f.
169. Note vom 25. 3. 1966, der einschlägige Passus in: Dokum. Bd. IV, S. 128f.
170. S. z.B. die polnische Note an die Bundesregierung vom 28. 4. 1966, Vertrag BRD/VRP, S. 142ff.
171. S. z.B. die polnische Note an die Bundesregierung vom 28. 4. 1966, Vertrag BRD/VRP, S. 142.
172. S. z.B. Ziffer 4 der Resolution der CDU/CSU-Bundestagsfraktion vom 15. 10. 1970, Vertrag BRD/VRP, S. 176.
173. S. z.B. den offiziösen Artikel in der polnischen Zeitung Zyzie Warszawy vom 10. 11. 1970, Vertrag BRD/VRP, S. 195f; ferner *Brandt's* (S. 531, 537f) Bericht über polnische Äußerungen.
174. Erkärung vom 23. 8. 1953, in Dokum. Bd. VI, S. 543f; BVerfGE 40, S. 169, stellt die unterschiedliche Datierung (*24.* 8. 1955) in der deutschen Verlautbarung zum Vertragsabschluß (Vertrag BRD/VRP, S. 60) fest. Vgl. auch unten Anm. 215.
175. S. z.B. *Wojna* in der polnischen Zeitung „Zyzie Warszawy" vom 17. 8. 1972, in AdG 1972, 17272f.
176. Vgl. die Haltung der Bundesrepublik in den diesbezüglichen Verhandlungen 1963 mit Jugoslawien (AdG 1963, 10698) und 1969 mit der CSSR (AdG 1969, 15033f).
177. Vgl. *Brandt,* S. 539.
178. S. *Scheel,* Interview vom 12. 11. 1970, in Vertrag BRD/VRP, S. 203.
179. S. *Jedrychowski* (poln. Außenminister) am 3. 11. 1970, Vertrag BRD/VRP, S. 183.
180. Vereinbarung vom 7. 3. 1963, s. AdG 1963, 10452.
181. Auszüge der genannten Stellungnahmen in: Vertrag BRD/VRP, S. 129ff, 136ff, 149ff.
182. Die Erklärungen *Gomulka's* und *Brandt's* in AdG 1969, 14704f.
183. S. Vertrag BRD/VRP, S. 163f.
184. S. Vertrag BRD/VRP, S. 175ff.
185. S. Vertrag BRD/VRP, S. 177ff.
186. S. Vertrag BRD/VRP, S. 179ff, 232.
187. BGBl. 1972 Teil II, S. 361ff; die polnische „Information", die mangels Vertragscharakters nicht im BGBl. veröffentlicht wurde, in: Vertrag BRD/VRP, S. 13ff.
188. Die Abmachung wird erwähnt im Gemeinsamen Deutsch-Polnischen Communiqué vom 8. 12. 1970, Vertrag BRD/VRP, S. 17.
189. S. oben S. 38, 57f; vgl. auch S. 67.
190. Vgl. hierzu *Frowein* Warschauer Vertrag, S. 12f, Ostpolitik, S. 111f und Symposium, S. 30f, 39f; *Frowein* sieht hier eine völkerrechtliche Anerkennung der Grenze. Vgl. ferner Symposium, S. 46ff *(Steiger),* S. 164ff *(Rauschning).*

BVerfGE Bd. 40, S. 171ff, folgt der Argumentation der Bundesregierung und vermeidet die Feststellung einer Anerkennung.

191. S. unten S. 71f.

192. S. oben S. 38, 57f; vgl. auch S. 66. Sofern man einen Unterschied zwischen Souveränität und Gebietshoheit macht (s. *Verdross-Simma*, Universelles Völkerrecht, Berlin 1976, S. 513ff), wird Polen bezüglich der Oder-Neiße-Gebiete jedenfalls die Gebietshoheit nicht mehr bestritten werden können. Zum Streit, ob diese Gebiete noch unter den deutschen Inlandsbegriff fallen, s. „Frankfurter Allgemeine Zeitung" vom 28. 9. 1979, S. 6; s. auch oben Anm. 59.

193. Vgl. Ziffer 4 der amtlichen deutschen Stellungnahme zum Vertragsabschluß, in: Vertrag BRD/VRP, S. 59f; ferner *Frowein* Warschauer Vertrag, S. 53. S. auch unten S. 171f.

194. S. etwa die polnische Note an die Bundesregierung vom 28. 4. 1966 und die polnische Stellungnahme vom 18. 10. 1970 (zur CDU/CSU-Resolution vom 15. 10. 1970), die jeweils die Anerkennung des „endgültigen" Charakters der Oder-Neiße-Grenze fordern, in: Vertrag BRD/VRP, S. 142 und S. 177.

195. S. oben S. 63f.

196. *Frowein* Warschauer Vertrag, S. 32ff, sieht einen deutschen Verzicht auf Ansprüche auf die Oder-Neiße-Gebiete als legitime – und legale – Voraussetzung für eine Wiedervereinigung der beiden deutschen Staaten.

197. Die Vereinbarkeit der Grenz-„Feststellung" (Art. I des Warschauer Vertrages) mit dem Aufschub einer endgültigen Grenzregelung bis zum Friedensvertrag (Art. 7 Abs. I des Deutschlandvertrages) wird fraglich, wenn man in der „Feststellung" die völkerrechtliche Anerkennung sieht; *Frowein* Warschauer Vertrag, S. 14ff, hält daher noch eine Bestätigung durch die Vier Mächte in einem Friedensvertrag für erforderlich.

198. S. 40, auch Anm. 95.

199. S. 49, 58.

200. S. Vertrag BRD/VRP, S. 57.

201. S. 68.

202. S. etwa *Goppel* im Bundesrat am 9. 2. 1972, AdG 1972, 16877. Zustimmend würdigt BVerfGE Bd. 40, 173f, den Vorbehalt.

203. Zitiert nach *Schmidt-Jorzig*, Die „Interpretative Minute" vom 19. 9. 1950. In: Juristenzeitung 1973, S. 771ff; dort wird das langsame Bekanntwerden dieser Erklärung der Drei Mächte nachgezeichnet und auch das weiter unten erwähnte Zeiss-Urteil des britischen Oberhauses zitiert. Zur völkerrechtlichen Bewertung des sog. Alleinvertretungsrechts im Lichte dieser Einschränkung s. auch *Frowein* Warschauer Vertrag S. 51ff und Ostpolitik S. 106f.

204. Erklärung vom 3. 10. 1954, in: AdG 1954, 4767. Eine Übersicht über die völkerrechtlichen Lehrmeinungen zu Alleinvertretungsanspruch und Identität mit dem Deutschen Reich gibt *Kewenig* in *Döhring/Kewenig/Ress* S. 124ff.

205. Besonders S. 214ff.

206. Erklärung vom 11. 11. 1970, s. AdG 1970, 15871.

207. S. BVerfGE Bd. 40, S. 149f, darüber, daß die „Information" mit der Bundesregierung abgestimmt wurde.

208. S. *Wagner* (Leiter des DRK-Suchdienstes) in: Vertrag BRD/VRP, S. 245f; ferner *Brandt*, S. 532; nach *Genscher* in: Bulletin 1975, S. 1296, waren noch 1975 dem Deutschen Roten Kreuz mindestens 280000 Ausreisewillige bekannt.

209. *Brandt,* S. 530, spricht von polnischen „Erläuterungen" betreffend 60000 bis 100000 Personen.
210. So ausdrücklich *Genscher* am 10. 3. 1976, s. Bulletin 1976, S. 250.
211. S. Vertrag BRD/VRP, S. 57; ferner *Brandt,* S. 530.
212. S. *Genscher* am 10. 3. 1976, Bulletin 1976, S. 250.
213. In: Vertrag BRD/VRP, S. 53.
214. Vgl. *Scheel,* Vertrag BRD/VRP, S. 53; *Frowein* Warschauer Vertrag, S. 28, 31.
215. Die bestätigende polnische Erklärung ist inhaltlich wiedergegeben in: Vertrag BRD/VRP, S. 60; wegen der Erklärung vom 23. 8. 1953 s. oben Anm. 174.
216. S. 70ff.
217. S. Vertrag BRD/VRP, S. 60; vgl. auch unten zu Anm. 316.
218. S. Vertrag BRD/VRP, S. 60; *Frowein,* Warschauer Vertrag, S. 27. Zur völkerrechtlichen Klassifizierung des Vorbehalts s. BVerfGE Bd. 40, S. 166ff, 176; ferner *Arndt,* S. 187ff, der auch über die der polnischen Seite gegebene Erläuterung des Vorbehalts im Hinblick auf Staatsangehörigkeitsfragen berichtet.
219. Art. II, s. unten S. 106f.
220. S. AdG 1972, 17323f, 17403.
221. S. unten S. 156ff, vgl. auch unten S. 96f, 102, 113, 115f. Die ursprüngliche polnische Zustimmung (Erklärung vom 14. 9. 1972) in: Vierseitiges Abkommen und Realisierung S. 119.
222. *Brandt,* S. 529, weist ausdrücklich auf die Präzedenzwirkung des Moskauer gegenüber dem Warschauer Vertrag hin.
223. S. hierzu *Arndt,* S. 190.
224. Z.B. *Brandt* in seiner Fernsehansprache aus Warschau am 7. 12. 1970, s. Vertrag BRD/VRP, S. 21ff.
225. S. *Brandt,* S. 531f; *Bahr, S. 69.*
226. *Gomulka* mußte am 20. 12. 1970 zurücktreten, s. AdG 1970, 15954; zu den dadurch für die Bundesrepublik entstandenen Schwierigkeiten s. die entsprechende Bemerkung *Brandt's* im Interview vom 17. 8. 1972 in: Dokum. Bd. VIII, S. 41f.
227. S. *Brandt,* S. 524f.
228. S. *Brandt's* Bericht (S. 538) über entsprechende Darlegungen *Gomulka's.*
229. Abkommen vom 1. 11. 1974, BGBl. 1975 Teil II, S. 618ff.
230. S. *Genscher* im Bulletin 1975, S. 1220.
231. S. das Communiqué vom 20. 10. 1973 in AdG 1973, 18290.
232. S. *Cyrankiewicz's* Ausführungen bei *Brandt,* S. 531; s. auch *Grünewald* im Bulletin 1975, S. 1026.
233. S. *Gehlhoff* und *Genscher* im Bulletin 1975, S. 934 und S. 1369.
234. S. AdG 1973, 18369.
235. Zu den polnischen Zusagen s. oben Anm. 209.
236. Zur Zahl der Ausreisen s. *Grünewald* und *Genscher* im Bulletin 1975, S. 1026 und S. 1367, ferner die Aufstellung in AdG 1976, 20078.
237. S. *Gehlhoff* im Bulletin 1975, S. 937.
238. S. *Grünewald* und *Pusch* im Bulletin 1975, S. 930 und S. 939, die solche Kommentare zitieren.
239. Abgedruckt im Bulletin 1975, S. 929.
240. S. *Grünewald* im Bulletin 1975, S. 930f; bei Abschluß der Verhandlungen im Oktober 1975 wies *Genscher* in einem Schreiben an *Olszowski* auf das Junktim

hin, s. den Wortlaut des Schreibens in: AdG 1976, 19973; vgl. auch unten zu Anm. 250.

241. Die Abkommenstexte im Bulletin 1975, S. 1193ff; die Briefwechsel zwischen *Genscher* und *Olszowski* sowie zwischen den Präsidenten der nationalen Rot-Kreuz-Gesellschaften vom 8. und 9. 3. 1976 im Bulletin 1976, S. 249ff.

242. S. Bulletin 1976, S. 200f.

243. S. *Helmut Schmidt* im Bulletin 1976, S. 268; zu dem im Folgenden erwähnten Verdacht s. die Fußnote in AdG 1976, 20076. Vgl. auch unten zu Anm. 256.

244. S. den ausführlichen Bericht der Bundesregierung an den Bundesrat im Bulletin 1976, S. 200ff; ferner das Urteil des Bundessozialgerichts vom 17. 12. 1975 in: Soziale Sicherheit (Zeitschrift für Sozialpolitik) Heft 6 aus 1976, S. IIIf (Soz. Sich. Kartei Nr. 3067, V/D zu § 625 RVO); vgl. auch unten zu Anm. 249.

245. S. unten S. 158ff.

246. S. *Grünewald* im Bulletin 1975, S. 1026.

247. *Genscher* erwähnt solche Veröffentlichungen im Bulletin 1975, S. 1368.

248. Vgl. die Entscheidung des Bundessozialgerichts vom 22. 10. 1975 in: Soziale Sicherheit (Zeitschrift für Sozialpolitik) Heft 2 aus 1976, S. 52f, die ausdrücklich zur Verweigerung einer Rentenzahlung nach Polen einen „Staatshoheitsakt" verlangt.

249. S. den Hinweis auf den Notenwechsel im Bulletin 1975, S. 1196 und das oben in Anm. 244 zitierte Urteil des Bundessozialgerichts.

250. Zu Anm. 240.

251. Abkommen vom 1. 2. 1970, s. AdG 1970, 15260.

252. S. unten zu Anm. 331.

253. S. unten zu Anm. 264.

254. S. *Genscher* im Bulletin 1975, S. 1296f.

255. S. AdG 1976, 20077ff; wegen des unmittelbar folgend erwähnten Regierungswechsels in Niedersachsen s. AdG 1976, 20004.

256. S. oben zu Anm. 243.

257. Die 11 Punkte und die Stellungnahme im Bulletin 1976, 197ff.

258. Erklärung vom 17. 2. 1976, in AdG 1976, 20076f.

259. Erklärung *Genscher's* vor dem Bundestag vom 19. 2. 1976, s. Bulletin 1976, S. 208.

260. Abgedruckt im Bulletin 1976, S. 251f.

261. S. Bulletin 1976, S. 254 (Ziffer 6). Das Interview wurde vorab (8. 3. 1976) der Bundesregierung mitgeteilt.

262. S. Bulletin 1976, S. 250.

263. S. AdG 1976, 20081.

264. S., auch zum Folgenden, Bulletin 1976, S. 317ff.

265. S. AdG 1976, 20295ff.

266. S. *Helmut Schmidt*, AdG 1976, 20081 und im Bulletin 1976, S. 289; *Strauss*, AdG 1976, 20082.

267. S. hierzu *Adenauer*, Erinnerungen 1953–1955, Stuttgart 1966, S. 547ff.

268. S. etwa unten S. 128 („Grundlage", „betreffendes Gebiet").

269. Vom 27. 2. 1972, AdG 1972, 16929f.

270. Vgl. zum Vorstehenden *Brandt* am 28./29. 1. 1971 im Bundestag über Unterschiede bei der Wahrnehmung des Zusammenhangs von Ostverträgen und Berlin-Regelung, in: Dokum. Bd. VII, S. 39, ferner in AdG 1971, 16045,

in Vertrag BRD/UdSSR, S. 45, 47; vgl. auch *Brandt*, S. 400, 465, *Schmid*, S. 94.

271. S. AdG 1972, 17045 ff.

272. S. AdG 1972, 17071 ff, 17094 f und *Arndt*, S. 59 f; ausführlich *R. Barzel*, Auf dem Drahtseil, München/Zürich 1978, S. 59–170.

273. Entschließung vom 17. 5. 1972, in: AdG 1972, 17095 f.

274. S. AdG 1972, 17114.

275. Vgl. Art. 31 f der oben, Anm. 155, zitierten Wiener Vertragsrechtskonvention. Insbesondere dürfte die durch Art. 31 Ziffer 2 Buchst. b geforderte Annahme der Resolution durch Polen fraglich sein; so auch *Frowein* Ostpolitik, S. 112 f; a. A. *Kewenig*, AdG 1972, 17096, der gegenüber Sowjetunion und Polen Art. 31 Ziffer 2 b der Konvention für anwendbar hält. Die Sowjetunion wird sich die Mitwirkung ihres Botschafters beim Zustandekommen der Resolution entgegenhalten lassen müssen, s. *Scheel*, Dokum. Bd. VII, S. 598 f, ferner *Brandt*, S. 473; vgl. aber auch *Gromyko*, Rede vom 31. 5. 1972 vor dem Obersten Sowjet, der für die Auslegung des Moskauer Vertrages ausschließlich auf den Vertragstext abstellt, S. AdG 1972, 17118 f. Vgl. auch *Ress*, S. 145 ff.

276. Rede vom 20. 3. 1972 in Moskau, s. AdG 1972, 16974.

277. S. oben zu Anm. 158.

278. Ansprache vom 18. 4. 1972 in Sofia, s. AdG 1972, 17038.

279. S. zum Vorstehenden AdG 1972, 17097.

280. Zum Inkrafttreten s. AdG 1972, 17138, 17140 f. Zur Formulierung des Ratifikationsgesetzes s. *Arndt*, S. 27 f; vgl. auch BVerfGE Bd. 40, S. 146, 149.

281. Z. B. Symposium S. 112 ff *(Klein)*.

282. Beschluß vom 7. 7. 1975, BVerfGE Bd. 40, S. 141 ff.

283. S. AdG 1970, 15790; vgl. auch *Brandt*, S. 543 ff.

284. S. AdG 1971, 16202.

285. S. AdG 1973, 17667 und 17688.

286. S. AdG 1973, 17849, 17867, 17936, 17988 ff.

287. S. AdG 1973, 18125, 18171 f, 18182.

288. S. unten S. 157 f.

289. Abgedruckt im Bulletin 1973, 1577 f; s. auch AdG 1973, 18373.

290. S. 157 f.

291. S. AdG 1973, 18373 f.

292. S. AdG 1974, 18546, 18830 ff; dort auch zum Inkrafttreten.

293. S. 28, 47.

294. Zum historischen Ablauf s. AdG 1938, 3697, 3739 ff sowie 1973, 17988 (Übersicht).

295. S. AdG 1938, 3730.

296. S. AdG 1938, 3732, 3739 f, 3744 f; dort auch der Text des Abkommens sowie der tschechoslowakischen Erklärungen. Der Abkommenstext ebenfalls in RGBl. 1938 Teil II, S. 853 ff.

297. S. Symposium, S. 200 f *(Wittmann)*; die Texte der beiden genannten Verträge in RGBl. 1938 Teil II, S. 895 ff und 1939 Teil II, S. 21 ff.

298. Zum Folgenden s. AdG 1973, 17988 f sowie *Whiteman*, Digest of international Law, Bd. 3 (1964), S. 158 f.

299. S. AdG 1972, 17276; vgl. auch oben Anm. 36.

300. *Menzel*, Symposium, S. 192, weist auf den zusätzlichen „Makel“ hin, der in der

vertraglichen Zustimmung der Tschechoslowakei zu einem Vorgehen liegt, das andere Länder, als sie betroffen waren, zu den Waffen greifen ließ.

301. Deklaration vom 23. 6. 1950, abgedruckt bei *von Münch,* S. 510f.
302. Vertrag vom 17. 3. 1967, abgedruckt bei *von Münch,* S. 511ff.
303. Anm. 124f.
304. S. Dokum. Bd. IV, S. 127; s. auch oben Anm. 34.
305. S. AdG 1966, 12865 und 1967, 12935f.
306. S. *Rumpf,* Symposium S. 185ff.
307. S. die Erklärung *Frank's* vom 30. 6. 1972 in AdG 1972, 17190.
308. S. 96.
309. S. *Frank's* Erklärung vom 30. 6. 1972 in AdG 1972, 17190.
310. S. unten S. 260ff.
311. BGBl. 1974 Teil II, S. 989ff.
312. S. das entsprechende Communiqué vom 11. 12. 1973 in AdG 1973, 18374.
313. Vgl. die Erklärung *Scheel's* vom 27. 3. 1974 vor dem Bundestag, im Bulletin 1974, S. 410.
314. Unten S. 157f.
315. So Ziffer 3 der ablehnenden Stellungnahme des Bundesrats (d.h. der Mehrheit in Gestalt der CDU/CSU-geführten Länder) vom 8. 3. 1974, in AdG 1974, 18546; s. auch AdG 1974, 18831.
316. S. oben zu Anm. 217.
317. Anm. 295.
318. Anm. 302.
319. Das scheint *Frowein* Ostpolitik, S. 114, für möglich zu halten.
320. Abgedruckt bei *von Münch,* S. 46.
321. S. unten S. 157.
322. S. oben S. 68f.
323. S. oben S. 67f.
324. S. 57f.
325. S. oben Anm. 13.
326. S. oben S. 70; der Prager Vertrag hat keine generelle „Nicht-Berührens-Klausel" (Art. 4 des Moskauer und Art. IV des Warschauer Vertrages): Ein früherer Vertrag, das Münchener Abkommen, sollte ja berührt werden.
327. S. unten 306ff.
328. Unten S. 153f, 158ff.
329. S. unten S. 307f.
330. Vgl. die Äußerung von *B. Friedrich,* MdB, über noch ca. 8000 Ausreiseanträge im April 1976, in Frankfurter Allgemeine Zeitung vom 24. 4. 1976 („Prag sagt Klärung humanitärer Fragen zu").
331. S. oben zu Anm. 252.
332. S. Frankfurter Allgemeine Zeitung vom 8. 12. 1973, S. 4 („Nach Maßgabe dieses Vertrages"). Das Bundesverfassungsgericht hat am 11. 2. 1977 Verfassungsbeschwerden gegen den Vertrag (genauer: das Vertragsgesetz) als unzulässig verworfen, s. AdG 1977, 20807.
333. S. *Brandt* S. 549ff, und Interview vom 7. 6. 1971 in: Reden und Interviews (Hrsg. vom Presse- und Informationsamt der Bundesregierung) Bonn 1971, S. 519f; ferner Rede vom 8. 3. 1968, in AdG 1968, 13777f und Interview vom 6. 12. 1968 in AdG 1968, 14360.

334. *Schröder* besuchte China im Juli 1972 (s. AdG 1972, 17268f), *Scheel* im Oktober 1972 (s. AdG 1972, 17404ff); das Communiqué (chinesisches Alternat) in AdG 1972, 17405.
335. S. AdG 1973, 17659.
336. Erklärung vom 12. 9. 1970, s. AdG 1970, 15714f; s. auch *Schmid*, S. 49 mit weiterem Nachweis.
337. S. etwa die Erklärungen beim China-Besuch *Kohl's* im September 1974, AdG 1974, 19004.
338. Worte des Vorsitzenden *Mao Tse-Tung*, Peking 1967, S. 107f.
339. Zum Folgenden s. AdG 1971, 16540f; zur Scheel-Doktrin s. oben S. 45.
340. Zum Folgenden AdG 1972, 17212f, 17310f, 17489f und 17530; dort auch der Vertragstext.
341. S. AdG 1973, 17584f.
342. S. AdG 1974, 18926f; dort auch der Text der Gemeinsamen Erklärung.
343. S. AdG 1973, 17683.
344. S. 96f.
345. S. AdG 1973, 18404; dort auch der Text des Communiqués; die Umwandlung der Handelsmissionen erfolgte am 31. 1. und 5. 2. 1974, s. AdG 1974, 18518.
346. S. AdG 1974, 18483.
347. S. AdG 1975, 19718 und die vom Auswärtigen Amt herausgegebene Liste der „Vertretungen der Bundesrepublik Deutschland im Ausland", Stand Oktober 1976, S. 48 (zum Datum der Botschaftseröffnung).
348. Am 18. 1. 1975, s. AdG 1975, 19197.
349. Eine ausführliche Schilderung bei *Zivier* S. 13ff.
350. In wohl unveröffentlichter mündlicher Äußerung.
351. Protokoll vom 12. 9. 1944, s. die vom Forschungsinstitut der Deutschen Gesellschaft für Auswärtige Politik, Bonn, in Zusammenarbeit mit dem Senat von Berlin hrsg. „Dokumente zur Berlin-Frage 1944–1962" (2. Aufl.), S. 1ff. Der französische Beitritt erfolgte durch Abkommen vom 26. 7. 1945, s. Berlin-Frage, S. 16f.
352. S. Feststellungen der Regierungen der Vier Mächte vom 5. 6. 1945 in Verbindung mit dem Beschluß des Alliierten Oberkommandos vom 7. 7. 1945 (Dokumente Nr. 11, 12, 16) in: Berlin-Frage, S. 11, 12, 14f.
353. S. z.B. die Vorläufige Verfassung von Groß-Berlin vom 13. 8. 1946, auszugsweise und mit alliiertem Genehmigungsschreiben in: Berlin-Frage, S. 32ff.
354. S. die unter Kapitel XIII abgedruckten Dokumente in: Berlin-Frage, S. 97ff. *Wilke*, S. 90ff, geht sicher zu weit, wenn er von Berlins „eigenstaatlicher Souveränität" spricht.
355. S. die unter Kap. VIII abgedruckten Dokumente in: Berlin-Frage, S. 60ff, sowie die Erklärung der Kommandanten der Westsektoren vom 21. 12. 1948, a.a.O. S. 105.
356. S. die unter Kap. XV, XVIII und XXIV abgedruckten Dokumente in: Berlin-Frage, S. 112ff, 123ff und 166ff.
357. Schreiben vom 29. 8. 1950, s. die vom Presse- und Informationsamt der Bundesregierung herausgegebene Dokumentation „Die Berlin-Regelung", S. 219.
358. Schreiben vom 12. 5. 1949, s. Berlin-Regelung S. 220.
359. S. z.B. Art. VII des deutsch-amerikanischen Vertrages vom 15. 12. 1949 und

die Erklärung der Alliierten Kommandantur vom 21. 5. 1952 – BKC/L (52) 6, in: Berlin-Frage, S. 146 und S. 175 ff.

360. S. etwa das Schreiben der Alliierten Hohen Kommission an den Bundeskanzler vom 17. 1. 1952, in: Berlin-Frage, S. 192 f; ferner *Menzel,* Symposium S. 209 f, *Zivier,* S. 111 ff.

361. S. die unter Kap. XXIV, 1. Abschnitt, abgedruckten Dokumente über die gesetzlichen und besatzungsrechtlichen Voraussetzungen dieses Verfahrens, in: Berlin-Frage, S. 166 ff; ferner Berlin-Regelung, S. 227 f und *Zivier,* S. 95 ff. S. a *Ipsen* S. 280, 296 f.

362. S. die entsprechenden Ausführungen des Bundesverfassungsgerichts, unten S. 315; ferner Symposium S. 207 ff *(Menzel)* und S. 214 ff *(Delbrück);* vgl. aber auch die offenen Worte *Scheel's* am 13. 9. 1973 vor dem Bundestag, in der vom Bundesministerium für innerdeutsche Beziehungen herausgegebenen Dokumentation „Texte zur Deutschlandpolitik", Reihe II, Bd. 1, Bonn 1975, S. 139.

363. S. die unter Kap. XXV, XXVI und XXX abgedruckten Dokumente in: Berlin-Frage, S. 196 ff, 208 ff und 251 ff; ferner Symposium S. 210 ff *(Menzel)* und S. 226 *(von Schenck);* vgl. auch die Erklärung *Kennedy's* vom 25. 7. 1961, AdG 1961, 9241. Zum Fall des Ostberliners Nico *Hübner,* der unter Berufung auf den entmilitarisierten Status ganz Berlins den Wehrdienst in der Volksarmee verweigerte und deshalb verurteilt wurde, s. AdG 1979, 22497.

364. S. z. B. die in Berlin-Frage, S. 199, 212, 291, zitierten Wahlgesetze aus den Jahren 1950 bis 1958; zur im Juni 1979 erfolgten Einführung der Direktwahl s. unten Anm. 427.

365. S. z. B. das in Berlin-Frage, S. 253 zitierte Übernahmegesetz; auch eine Abänderung dieser Praxis ist als einseitige Statusveränderung unzulässig (s. unten Anm. 427).

366. S. die unter Kap. IX, X und XIV abgedruckten Dokumente in: Berlin-Frage, S. 67 ff, 72 ff, 107 ff.

367. Noten vom 27. 11. 1958, s. Berlin-Frage, S. 301 ff, ferner die dort unter Kap. XXXI und XXXIII, S. 296 ff und 339 ff, abgedruckten Dokumente.

368. Erklärung vom 3. 12. 1958, Berlin-Frage, S. 335.

369. S. Berlin-Frage, S. 331.

370. S. Berlin-Frage, S. 309, 312 f (hier zitiert nach einer früheren Übersetzung).

371. S. oben Anm. 351.

372. Auszugsweise abgedruckt in Berlin-Frage, S. 239 f. Vollständig in AdG 1955, 5370 f; dort auch der Briefwechsel *Bolz/Sorin* (vgl. unten zu Anm. 396).

373. S. Komm. Grundsatzerkl., S. 68.

374. Z. B. Note der DDR-Regierung an die Sowjetische Regierung vom 7. 1. 1959, in: Berlin-Frage, S. 369.

375. S. z. B. das von *von Schenck,* Symposium, S. 226, mitgeteilte Dokument des Kontrollrats vom Februar 1947; vgl. ferner die Note der DDR-Regierung an die Sowjetische Regierung vom 7. 1. 1959 und die Erklärung *Herter's* vom 26. 5. 1959, in: Berlin-Frage, S. 366 und S. 392 ff; ferner *Zivier,* S. 56 ff.

376. S. z. B. § 1 des Zollgesetzes der DDR vom 28. 3. 1962 und die dazu ergangenen offiziellen Erklärungen der DDR, in: Berlin-Frage, S. 537 ff.

377. Vertrag vom 12. 6. 1964, AdG 1964, 11263 f; ferner *von Münch,* S. 450 ff.

378. S. etwa die Erklärungen der Westmächte und des Auswärtigen Amtes vom 26. 6. 1964, AdG 1964, 11290 und 11296; s. auch unten Anm. 397. Demgegen-

über hatte *Kennedy* in einer Rede vom 25. 7. 1961 erklärt: „Berlin ist nicht ein Teil Ostdeutschlands, sondern ein separates Gebiet unter der Kontrolle der Alliierten Mächte", s. AdG 1961, 9241.

379. Die Erklärung *Kennedy's* vom 25. 7. 1961 zitiert nach: Berlin-Regelung, S. 242; s. auch AdG 1961, 9241ff. Der NATO-Ministerrat hatte sich auf seiner Tagung vom 8. bis 10. 5. 1961 mit der Berlin-Frage befaßt, s. AdG 1961, 9079ff und *Brandt,* S. 18f (wohl mit irrigem Datum).
380. Der Bau der Mauer wurde am 13. 8. 1961 begonnen, s. AdG 1961, 9284ff.
381. Oben, S. 18.
382. Vgl. oben zu Anm. 361.
383. S. *Stobbe,* durchgehend, und *Zivier* S. 124ff.
384. S. Berlin-Regelung, S. 230ff.
385. S. *Schütz,* Erklärung vom 17. 8. 1976 in: Dokum. Bd. VI, S. 475.
386. S. Berlin-Regelung, S. 228ff.
387. Vertrag vom 25. 4. 1958, BGBl. 1959, Teil II, S. 232ff; zum Folgenden s. auch Berlin-Regelung, S. 229 und das Schreiben des Auswärtigen Amtes an den Regierenden Bürgermeister vom 9. 6. 1958, in: Dokum. Bd. IX, S. 26f.
388. Abkommen vom 30. 5. 1959, s. AdG 1959, 7760f.
389. Langfristiges Abkommen vom 25. 4. 1958 und Folgeabkommen, z.B. vom 14. 2. 1959, s. AdG 1958, 7023 und 1959, 7583.
390. Abkommen vom 25. 4. 1958 mit Folgeabkommen, z.B. vom 31. 12. 1960, BGBl. 1959 Teil II, S. 221ff und 1961 Teil II, S. 1085ff.
391. Abkommen vom 31. 12. 1960, Bundesanzeiger Nr. 12 aus 1961. *Schütz,* Dokum. Bd. IX, S. 24, spricht von 25 Verträgen und Vereinbarungen mit Ostblockstaaten ohne Berlin-Klausel; an ihnen hätte *Wilke,* S. 128, Anstoß nehmen müssen, wenn er im Zusammenhang mit dem Grundlagenvertrag „den verbindlichen Auftrag für die Bundesregierung" hervorhebt, Berlin in die Verträge des Bundes einzubeziehen.
392. S. z.B. den Beschluß der DDR-Regierung vom 13. 9. 1960 und die Mitteilung der ostberliner Sowjetischen Botschaft vom 15. 9. 1960, in: Berlin-Frage, S. 453f, ferner Berlin-Regelung S. 230.
393. S. zum Folgenden ausführlicher *Zieger,* Symposium, S. 233ff, *Zivier,* S. 162ff; ferner Berlin-Regelung, S. 234ff.
394. S. etwa *Kennedy's* Erklärung vom 25. 7. 1961, oben Anm. 378f.
395. S. die unter Kap. VII abgedruckten Dokumente in: Berlin-Frage, S. 38ff.
396. Vertrag und Briefwechsel vom 20. 9. 1955; s. oben Anm. 372; vgl. auch unten zu Anm. 402.
397. Abkommen vom 12. 3. 1957 und Vertrag vom 12. 6. 1964, in *von Münch,* S. 444ff und 450ff; dort auch die Erklärung der Westmächte vom 26. 6. 1964; s. auch oben Anm. 377f.
398. S. z.B. die sowjetische Note an die Regierungen der Westmächte vom 2. 9. 1961, in: Berlin-Frage, S. 525ff.
399. S. die in Berlin-Frage, S. 42–59 abgedruckten Dokumente.
400. S. z.B. die sowjetische Note an die Regierungen der Westmächte vom 2. 9. 1961, in: Berlin-Frage, S. 525.
401. S. die Berichte *Montgomery's* und *Schukow's* in: Berlin-Frage, S. 38 und 547 (Dokument 29); bei der Aufhebung der Berliner Blockade durch das *Jessup/Malik*-Abkommen vom April 1949 (vgl. Berlin-Frage, S. 107f) war „die bis

zum 1. März 1948 für die Verbindung, den Verkehr und den Handel zwischen Berlin und den westlichen Zonen ... gültige Regelung wiederherzustellen" (Befehl der Sowjetischen Militärverwaltung vom 9. 5. 1949, in: Berlin-Frage, S. 110). Irgendeine verändernde Beschreibung oder Festlegung des früheren Zustandes erfolgte also nicht.

402. In Übereinstimmung mit Ziffer 2 des oben Anm. 372 zitierten Briefwechsels *Bolz/Sorin.*

403. Zum Vorstehenden s. Berlin-Regelung, S. 251ff mit Nachweisen; zu den Transitverboten der DDR s. unten Anm. 610.

404. S. Berlin-Regelung, S. 242ff mit Nachweis; ferner unten Anm. 533.

405. S. Berlin-Regelung, S. 248f, 278ff.

406. Rede vom 27. 2. 1969, s. Berlin-Regelung, S. 255 und AdG 1969, 14 513.

407. Bei dem NATO-Ministertreffen in Washington am 9. 4. 1969, s. Berlin-Regelung, S. 255.

408. Rede vom 10. 7. 1969, s. Berlin-Regelung, S. 256 und AdG 1969, 14800; vgl. auch unten zu Anm. 422.

409. Am 6./7. 8. 1969, s. Berlin-Regelung S. 256 und AdG 1969, 14836.

410. Vgl. *Kiesinger* im Interview vom 25. 8. 1969: „Die tragischen Ereignisse in der Tschechoslowakei müßten manchem, der Illusionen hegt, die Augen öffnen. Wir dürfen keine hochgespannten Erwartungen hegen." (AdG 1969, 14877).

411. S. die Inhaltsangabe der westlichen Vorschläge in Berlin-Regelung, S. 256; vgl. auch *Stobbe,* S. 478.

412. Ein ausführlicher Bericht in AdG 1970, 15378.

413. Zum Vorstehenden s. Berlin-Regelung, S. 259f.

414. S. die ausführliche Schilderung des gesamten Streits bei *Brandt,* S. 465f.

415. S. etwa Berlin-Regelung, S. 157ff.

416. S. etwa die Veröffentlichung des Textes in „Neues Deutschland" vom 4. 9. 1971, oder in Vierseitiges Abkommen und Realisierung, S. 44ff. Ein Beleg aus jüngerer Zeit ist das Interview *Honecker's* vom 6. 7. 1978 mit der „Saarbrücker Zeitung"; vgl. zu „Bindungen" oder „Verbindungen" sowie weiteren Interpretationsunterschieden den Auszug aus diesem Interview in AdG 1979, 22498f.

417. Teile II und III des Abkommens nennen die Anlagen ausdrücklich; diese gehören zum Abkommen selbst und sind nicht, wie *Schiedermair,* S. 82ff, offenbar annimmt, einseitige Interpretationshilfen; s. auch unten S. 133, 141f.

418. Eine sorgfältige und nahezu vollständige Zusammenstellung der zum Abkommen gehörenden alliierten (in Ursprache) und deutschen Texte in: Beilage Nr. 24/72 zum Bundesanzeiger Nr. 174 vom 15. 9. 1972; das dort fehlende Schreiben der Alliierten Kommandantur vom 3. 9. 1971 – BKC/L (71) 1 ist (mit unvollständigem Aktenzeichen) abgedruckt in Dokum. Bd. VII, S. 181f.

419. Oben S. 122.

420. Vgl. Berlin-Regelung, S. 262.

421. S. 119f, 122.

422. S. oben zu Anm. 408 und über die unmittelbar nach Inkrafttreten des Abkommens fortgeführte Kontroverse AdG 1972, 17152f; eine Einbuße erlitt die westliche Position durch die Formulierung des sowjetisch-amerikanischen Communiqués vom 29. 5. 1972 (zum Abschluß des Nixon-Besuches in Moskau), in welchem das Berlin-Abkommen ausdrücklich auf die Westsektoren

bezogen wird, s. AdG 1972, 17128, und die ostdeutsch-sowjetische Dokumentation „Vierseitiges Abkommen und Realisierung", S. 108. S. auch das oben, Anm. 416, zitierte Interview *Honecker's* in AdG 1979, 22499.

423. So auch *Frowein*, Archiv des öffentlichen Rechts, Bd. 101 (1976), S. 639f, gegen *Schiedermair*, S. 15f.
Frowein, a.a.O. S. 640, sieht auch Mauer und Schießbefehl als Teil der „bestehenden Lage in dem betreffenden Gebiet" im Sinne dieses Präambelabsatzes „berücksichtigt". S. hierzu auch unten S. 226f.

424. S. Berlin-Regelung, S. 260.

425. S. Berlin-Regelung, S. 262.

426. Dieses Gewaltverbot kann – wie jeder völkerrechtliche Gewaltverzicht – sich nur auf das Verhältnis der Abkommenspartner (und ihrer deutschen Verbündeten) zueinander beziehen, nicht aber auf das Verhältnis von staatlicher Exekutive zum Einzelnen innerhalb eines Völkerrechtssubjekts. Wer hier, wie *Schiedermair* (S. 43f), Argumente gegen den Schießbefehl an der Mauer sucht, vermischt völkerrechtliche und staatsrechtliche Bezüge. S. auch *Frowein*, a. Anm. 423 a.O. und vgl. unten Anm. 427 sowie S. 226f, 317.

427. So z.B. bei der zum 1. 1. 1977 verfügten Aufhebung der Kontrollstellen an der Stadtgrenze Ostberlins gegenüber der DDR (s. AdG 1977, 20700). Wenn die DDR bei der Aufhebung der Kontrollstellen u.a. auf die KSZE-Schlußakte hinweist, die auch eine Erweiterung der Freizügigkeit (Präambel zur Erklärung über Menschliche Kontakte) und eine Vereinfachung der Grenzformalitäten (Erklärung zur Entwicklung des Verkehrswesens) vorsieht – a. Anm. 14 a.O. S. 267, 262 –, so kann sie sich zwar darauf berufen, daß die Vier Mächte und die beiden deutschen Staaten die Schlußakte unterzeichnet haben, mithin, soweit diese trägt, keine „einseitige Veränderung" vorgenommen wird; die Schlußakte – ihre völkerrechtliche Verbindlichkeit einmal unterstellt – könnte aber u.U. allenfalls eine Verpflichtung der Beteiligten begründen, gewissen Maßnahmen zur Förderung der Freizügigkeit zuzustimmen, keinesfalls kann sie die Zustimmung zu konkreten, in der Schlußakte nicht spezifizierten, späteren Maßnahmen ersetzen. S. im übrigen auch oben Anm. 88 und unten S. 226f, 303, 317. Hierher gehört auch die Anfang 1977 erfolgte Einstellung des besonderen „Gesetz- und Verordnungsblattes für Groß-Berlin", in welchem bis dahin die DDR-Gesetze für Ostberlin nochmals verkündet worden waren; s. „Frankfurter Allgemeine Zeitung" vom 19. 1. 1977 („Ost-Berliner Magistrat verweigert Auskunft"). S. auch oben zu Anm. 365, unten Anm. 619.
Als klaren Verstoß gegen das Verbot der einseitigen Statusveränderung rügten die Westmächte und die Bundesrepublik zu Recht die am 28. Juni 1979 beschlossene Einführung der Direktwahl der ostberliner Volkskammerabgeordneten; s. „Neues Deutschland" vom 29. 6. 1979, S. 4 („Rechtsordnung unserer Republik wird weiter vervollkommnet") und Bulletin 1979, S. 801f. Vgl. auch oben Anm. 364. Zum Fall Nico Hübner s. oben Anm. 363.

428. Wegen des ursprünglich früher angesetzten Termins s. unten Anm. 503.

429. Vgl. den Artikel „Moskaus Einwände gegen das Berliner Umweltamt" in der II. Inlandsausgabe der „Neuen Zürcher Zeitung" vom 22. 8. 1974 und *Moniac's* Artikel „Keine neuen Beziehungen mit Berlin" in „Frankfurter Allgemeine Zeitung" vom 27. 8. 1974; beide Artikel tragen, offenbar aus alliierten Quellen,

etwas zur Erhellung der Entstehungsgeschichte dieser Entwicklungsermächtigung bei.

430. S. 135ff.
431. Erklärung vom 25. 3. 1957, BGBl. 1957 Teil II, S. 764.
432. Abkommen vom 25. 3. 1957, BGBl. 1957 Teil II, S. 1156ff.
433. Vertrag vom 25. 3. 1957, BGBl. 1957 Teil II, S. 766ff.
434. S. Erklärung vom 3. 8. 1976, AdG 1976, 20378f; ferner Erklärung vom 16. 11. 1976 in: Vierseitiges Abkommen und Realisierung, S. 294ff.
435. Vertrag vom 7. 10. 1975, AdG 1975, 19763f.
436. S. z.B. das oben, Anm. 416, zitierte Interview *Honecker's;* im übrigen spricht das Abkommen bei Abs. 4 der Anlage III (s. unten S. 139), wo es um Kommunikationsmöglichkeiten geht, nicht von „ties" oder „liens" sondern von „communications", was dann korrekt mit „Verbindungen" übersetzt wird. Hier liegt also der Umkehrschluß nahe, daß nicht verschiedene Begriffe („ties" und „communications") mit dem gleichen Wort („Verbindungen") zu übersetzen sind.
437. Oben S. 131.
438. Gesetz vom 22. 7. 1974, BGBl. 1974 Teil I, S. 1505f; s. auch AdG 1974, 18847; s. auch unten S. 173. Zur Nationalstiftung vgl. etwa „Der Spiegel", Nr. 1/2 aus 1977, S. 19 und „Frankfurter Allgemeine Zeitung" vom 5. 3. 1977, S. 1 und 25.
439. S. *Zivier,* S. 215 mit Hinweis auf eine entsprechende Zeitungsmeldung, ferner *Stobbe,* S. 477f.
440. S. Berlin-Regelung, S. 271, sowie *Bahr,* S. 84, über die Herkunft des Begriffes „constituent part" aus einem westlichen Dokument des Jahres 1952; dabei handelt es sich um das Schreiben der Alliierten Kommandatura vom 20. 12. 1952, abgedr. in Berlin-Frage, S. 127.
441. S. oben S. 126.
442. So auch *Frowein* Ostpolitik, S. 118.
443. S. 131f.
444. S. 146f.
445. S. 315.
446. Das verkennt *Zivier,* S. 255.
447. S. 124.
448. S. die Erklärungen *Stoph's* (7. 9. 1971) und des Zentralkomitees der SED (19. 9. 1971) zum Viermächte-Abkommen, in denen die Zustimmung der DDR hervorgehoben wird, in: Dokum. Bd. VII, S. 207, 215.
449. Vgl. die positive Bemerkung *Honecker's* vom 4. 9. 1971 über die Möglichkeit der Verplombung, in: Dokum. Bd. VII, S. 203.
450. S. unten S. 191f.
451. So bei der Verplombung nicht-verplombter Transportmittel (unten S. 191f), der Einrichtung von Haltemöglichkeiten für durchgehende Busse (unten S. 192f) und der Abschaffung individueller Visagebühren (oben S. 144, unten S. 191).
452. Die Mitteilungen der drei westlichen Militärgouverneure an den Parlamentarischen Rat vom 2. 3. 1949 (auszugsweise in: Berlin, Quellen und Dokumente 1945–1951, hrsg. im Auftrag des Senats von Berlin, Berlin 1964, 2. Halbband, S. 2037), vom 22. 4. 1949 (Inhaltsangabe in AdG 1949, 1904) und vom 12. 5. 1949 (*von Münch*, S. 130f).

453. (Unveröffentlichtes) Aide-mémoire der drei westlichen Regierungen vom 18. 4. 1967 betreffend die Entscheidung des Bundesverfassungsgerichts vom 20. 1. 1966 im Fall *Niekisch;* vgl. aber das entsprechende veröffentlichte Schreiben der Alliierten Kommandantur an den Regierenden Bürgermeister BK/L (67) 10 vom 24. 5. 1967, abgedruckt bei *von Münch,* S. 200f.
454. Schreiben Nr. 1 der drei Hohen Kommissare an den Bundeskanzler vom 26. 5. 1952 i.d.F. des Briefes X vom 23. 10. 1954, BGBl. 1955 Teil II, S. 500; s. auch unten zu Anm. 467.
Gleichzeitig verweist das Übermittlungsschreiben auf Art. 2 des Deutschlandvertrages vom 26. 5. 1952 i.d.F. vom 23. 10. 1954, BGBl. 1955 Teil II, S. 305ff, nach welchem die Drei Mächte u.a. die bisher von ihnen ausgeübten oder innegehabten Rechte und Verantwortlichkeiten in Bezug auf Berlin und Deutschland als Ganzes behalten haben, und stellt dann fest, daß mit diesen Rechten und Verantwortlichkeiten die Vorschriften des Viermächte-Abkommens über das Verhältnis zwischen Bundesrepublik Deutschland und Westberlin übereinstimmen; die Bindungen zwischen Beiden sollen, so auch das Übermittlungsschreiben am Ende, „aufrechterhalten und entwickelt werden".
455. S. den diesbezüglichen Notenwechsel der Westmächte mit der Sowjetunion im Rahmen des Viermächte-Abkommens, ferner *Stobbe,* S. 479.
456. Ausdrücklich für den Interpretationsbrief auch *Frowein,* Archiv des öffentlichen Rechts, Bd. 101 (1976) S. 644f, gegen *Schiedermair,* S. 175.
457. S. die Zurückweisung entsprechender östlicher Behauptungen durch *van Well,* S. 649f, ferner *Stobbe,* S. 482.
458. Vom 22. 7. 1913 i.d.F. vom 23. 6. 1970, BGBl. 1970 Teil I, S. 805. *Wilke,* S. 93 mit Nachweis, nimmt demgegenüber eine eigene Berliner Staatsangehörigkeit an. Richtiger wohl *Ipsen,* S. 266ff, der aus der unter dem Schutz der Bindungsermächtigung stehenden weitgehenden Rechtseinheit zwischen Westdeutschland und Westberlin auf die gemeinsame Staatsangehörigkeit schließt.
459. S. oben zu Anm. 361.
460. S. oben Anm. 453. Zu den gesetzlichen Grundlagen vgl. *Ipsen,* S. 284f.
461. Erlaß vom 30. 11. 1953 (Gemeinsames Ministerialblatt 1953, S. 565, ferner Berlin-Frage S. 195).
462. S. Bekanntmachung vom 4. 6. 1972, in Dokum. Bd. VIII S. 1, sowie *Stobbe,* S. 481.
463. S. 140.
464. Vgl. etwa die sowjetische Erklärung vom 30. 10. 1975, nach welcher sogar „ein sowjetischer Sektor" längst nicht mehr existiere, sondern „Berlin" die Hauptstadt der DDR sei, s. AdG 1975, 19806f.
465. Vgl. z.B. *van Well,* S. 652,
466. Unten S. 155.
467. Anm. 454.
468. Erklärung vom 14. 5. 1949, in: Berlin-Frage, S. 114ff; Ziffer 2 des Begleitschreibens und Ziffer 3a der Erklärung behalten die Gewährleistung der Sicherheit vor, Ziffern 2j und 3b der Erklärung verweisen auf die „in Berlin bestehenden besonderen Umstände".
469. Erklärung vom 26. 5. 1952, Ziffer II, in: Berlin-Frage, S. 164ff.
470. S. Berlin-Frage, S. 561 zu Dokument 130.
471. Erklärung vom 5. 5. 1955, Ziffer II, in: Berlin-Frage, S. 233ff.

472. Vgl. die Aufzählung in den vorgenannten Erklärungen.
473. S. 134ff, aber auch S. 131.
474. Übereinkommen vom 24. 4. 1963, BGBl. 1969 Teil II, S. 1585ff; auf den Zusammenhang mit diesem Übereinkommen wies der Bonner Regierungssprecher am 19. 8. 1973 hin (Dokum. Bd. IX, S. 316); s. ferner *Scheel* am 3. 10. 1973 vor dem Bundestag, in: Deutschlandpolitik, S. 202. Zum Spannungsverhältnis zwischen Staatsangehörigkeit und konsularischer Betreuung s. *Ipsen,* S. 268, 276.
475. Art. 5.
476. Vgl. z.B. die polnische Verlautbarung vom 31. 5. 1973, in Kraft gesetz am 15. 8. 1973, inhaltlich wiedergegeben in AdG 1973, 18182.
477. Übereinkommen vom 1. 3. 1954, BGBl. 1958 Teil II, S. 576ff.
478. S. AdG 1973, 18297; dort auch die im Folgenden erwähnte Erläuterung *Scheel's.*
479. S. oben Anm. 289.
480. S. *Schütz* am 9. 5. 1973 und *Bahr* am 10. 5. 1973 vor dem Bundestag, in Dokum. Bd. IX, S. 23f und S. 59ff. Die von der Grenzkommission (Abschnitt I des Zusatzprotokolls zum Grundlagenvertrag) ausgehandelten Vereinbarungen (s. unten Anm. 745) enthalten keine Berlin-Klausel, da ihnen als Grenzvereinbarungen Statusrelevanz zugeschrieben wird.
481. Die beim Protokoll über die Errichtung der Vertretungen auch schriftlich fixiert wurde, s. unten zu Anm. 825.
482. BGBl. 1973 Teil II, S. 421.
483. S. oben S. 109f.
484. S. oben S. 106.
485. Abkommen vom 5. 7. 1972 und vom 19. 5. 1973, BGBl. 1972 Teil II, S. 842ff und 1973 Teil II, S. 1041ff, 1684ff. Auch das deutsch-sowjetische „Abkommen über die Entwicklung und Vertiefung der langfristigen Zusammenarbeit auf dem Gebiet der Wirtschaft und Industrie" vom 6. 5. 1978 (unterzeichnet anläßlich des *Breschnjew*-Besuches in Bonn) enthält in Art. 7 die *Frank-Falin*-Formel, s. Bulletin 1978, S. 432. Bei Verträgen mit befreundeten oder ungebundenen Staaten bemüht sich die Bundesrepublik darum, nicht von „Berlin (West)", sondern vom „Land Berlin" zu sprechen; im Falle Österreichs führte das Ende 1976 zu österreichischen Klarstellungen, s. AdG 1976, 20621; 1977, 20764.
486. Abkommen vom 11. 11. 1971, BGBl. 1972 Teil II, S. 1525ff; s. auch die Nicht-Berührens-Erklärung der Drei Mächte, a.a.O. S. 1533.
487. S. *van Well,* S. 647.
488. Abkommen vom 5. 7. 1973, BGBl. 1973 Teil II, S. 974f.
489. S. 140.
490. Schreiben vom 13. 4. 1973, in: Dokum. Bd. VIII, S. 302.
491. Brief vom 13. 6. 1973, in: Dokum. Bd. IX, S. 200.
492. Brief vom 26. 6. 1973, VN-Dokument A/9082 (S/10958) vom 26. 6. 1973.
493. Brief vom 7. 12. 1973, VN-Dokument A/9431 (S/11150) vom 10. 12. 1973.
494. Brief vom 20. 12. 1973, VN-Dokument A/9471 (S 11165) vom 20. 12. 1973. Zahlreiche weitere Proteste gegen die Einbeziehung Westberlins bei Vertragsbeitritten der Bundesrepublik in: Vierseitiges Abkommen und Realisierung; dort sind häufig auch die westlichen Antworten auf diese Proteste abgedruckt.
495. S. 153ff.

496. S. 158.
497. S. *Cramer,* Artikel „An Berlin führt kein Weg vorbei“ in „Vorwärts“ vom 14. 10. 1976; vgl. auch *van Well,* S. 655.
498. S. *van Well,* S. 654.
499. S. etwa oben Anm. 313 (Botschaft in Prag) und unten S. 308f (Vertretung in Ostberlin).
500. S. *van Well,* S. 654.
501. S. 153f.
502. Abgedruckt a. oben, Anm. 418 a.O.
503. S. etwa den AdG 1971, 16501, veröffentlichten Text.
504. S. oben Anm. 396f.
505. S. oben Anm. 435.
506. S. a. oben Anm. 99 a.O, S. 306, sowie oben Anm. 454.
507. S. Berlin-Frage S. 28; die vorhergegangene Erklärung vom 5. 6. 1945 auszugsweise a.a.O. S. 10.
508. Text in einer Sammlung, die zur Bibliothek des Bundesjustizministeriums gehört: Alliierter Kontrollrat, Direktiven 1–58, 1945–1948.
509. Briefe 8a und 8b vom 26. 5. 1952 i.d.F. des Briefes X vom 23. 10. 1954, BGBl. 1955 Teil II, S. 508ff. Die weiteren dort genannten Kontrollrats-Direktiven spielen hier keine Rolle.
510. Vgl. *van Well,* S. 648f.
511. Gemeinsame Erklärung zum Abschluß des Besuches am 21. 5. 1973, AdG 1973, 17902f; die im Folgenden zitierte Gemeinsame Mitteilung vom November 1973 in AdG 1973, 18297.
512. Oben S. 157f; s. auch oben S. 96f.
513. S. oben zu Anm. 438.
514. Die ‚Gemeinsame Deklaration‘ und das ‚Abkommen über die Entwicklung und Vertiefung der langfristigen Zusammenarbeit auf dem Gebiet der Wirtschaft und Industrie‘ sind abgedruckt im Bulletin 1978, S. 429 und 431; die drei genannten Abkommen s. oben zu Anm. 487; zu Westberlin und der europäischen Einigung s. oben S. 131f.
Bezeichnend war im übrigen die Aufnahme der oben, S. 172, erwähnten Übung, die Petersberger Formel in Bonn zwar vollständig zu zitieren (s. Ziff. IX der Gemeins. Deklaration), im Communiqué über den anschließenden Besuch *Gromykos in Ostberlin* vom 12. 5. 1978 aber wieder die ‚volle Anwendung‘ auszusparen und allein die ‚strikte Einhaltung‘ des Berlin-Abkommens zu fordern (s. ‚Neues Deutschland‘ vom 13./14. 5. 1978, S. 2).
515. S. z.B. *Bahr* am 10. 5. 1973 vor dem Bundestag, in: Dokum. Bd. IX S. 57; *Heinemann,* Ansprache vom 18. 2. 1974, in: Deutschlandpolitik, S. 462.
516. Oben S. 125.
517. S. etwa *Brandt,* Interview vom 23. 4. 1971 in: Reden und Interviews (hrsg. vom Presse- und Informationsamt der Bundesregierung) Bonn 1971, S. 477f über „Parallelismus“ und „sachlichen Zusammenhang“. Zur Wirkung im Osten s. oben S. 92.
518. Einen interessanten Beginn, allerdings noch ohne Zugang zu den vertraulichen Quellen, hat *H. M. Catudal,* Jr., in seinem Buch „The Diplomacy of the Quadripartite Agreement on Berlin“, Berlin 1978, gemacht.
519. S. „Der Spiegel“, Heft Nr. 17 aus 1970, S. 46.

520. S. etwa *Honecker* am 4. 9. 1971 in: Dokum. Bd. VII S. 202.
521. Schreiben vom 30. 11. 1950, in: Dokum. Bd. I, S. 105; die zurückweisende Erklärung *Adenauer's* a.a.O. S. 106f.
522. Erklärung vom 26. 7. 1957, in Dokum. Bd. I, S. 668f.
523. Erklärung des Zentralkomitees der SED vom 27. 11. 1961, durch die DDR-Regierung am 1. 12. 1961 an *Adenauer* übermittelt, der die Annahme verweigerte, s. Dokum. Bd. III, S. 50.
524. „Was wird aus Deutschland? Die geschichtliche Aufgabe der Deutschen Demokratischen Republik und die Zukunft Deutschlands" – Nationales Dokument (vom 25. 3. 1962) der Nationalen Front des demokratischen Deutschland, Berlin (Ost) 1962; auszugsweise in Dokum. Bd. III, S. 118ff.
525. S. Dokum. Bd. IV, S. 84ff; ferner oben S. 121 und unten S. 285ff.
526. S. AdG 1966, 12404ff, 12516ff, 12571f.
527. Erklärung vom 21. 10. 1949, abgedruckt bei *von Münch*, S. 204. Das *End'sche* Zitat oben, Anm. 21.
528. Immerhin bereiteten sie in der F.D.P. das Terrain für die Ostvertragspolitik; s. etwa *Pfleiderer's* Pläne aus den frühen 50er Jahren (AdG 1954, 4545 und 4564f), ferner das sog. *Schollwer* – Papier vom März 1967 (Dokum. Bd. IV, S. 499ff). Auch aus der CSU kamen Anstöße, die aber nicht weitergeführt wurden, s. *Strauß*, Nation mit neuem Auftrag, in: Die Politische Meinung, Heft 120, 1967, der das „Beharren auf einer staatlichen Wiedervereinigung ... im Augenblick wenig realistisch" nannte, oder *Bloemer*, der gegen die „amtliche gesamtdeutsche Geschaftlhuberei" zu Felde zog (Das gesamtdeutsche Risiko, in: Der Monat, Heft 213, Juni 1966) und die „rechtliche Bekräftigung der deutschen Zweistaatlichkeit" forderte (Konzept einer europäischen Konföderation, Vortrag vom April 1968, hrsg. vom Institut für die Niedersächsische Wirtschaft, S. 13).
529. Vgl. zum Folgenden das Stichwort „Republikflucht" in: DDR-Handbuch, S. 728.
530. S. AdG 1952, 3495, 3515.
531. Anordnung vom 8. 9. 1960, AdG 1960, 8622.
532. S. AdG 1961, 9284ff.
533. S. Stichwort „Passierschein-Abkommen" in DDR-Handbuch, S. 624ff; ferner oben Anm. 404.
534. Schreiben vom 10. 5. 1967, abgedruckt bei *von Münch*, S. 428ff.
535. Vertragsentwurf mit Begleitschreiben vom 18. 9. 1967 bei *von Münch*, S. 431ff.
536. Schreiben vom 13. 6. und 28. 9. 1967 bei *von Münch*, S. 223f, 225.
537. Rede vom 6. 10. 1967, auszugsweise abgedruckt in: Dokum. Bd. IV S. 681.
538. Rede vom 15. 7. 1963, abgedruckt in: Dokum. Bd. III, S. 256ff; s. auch, was *Bahr* 10 Jahre später über den „Wandel durch Annäherung" sagte (Rede in Tutzing vom 11. 7. 1973, in: Dokum. Bd. IX, S. 270ff); 1975 erklärte *Bahr*, infolge einer gründlichen Änderung der Umstände habe die Formel keine Bedeutung mehr, *Bahr*, S. 43.
539. S. oben Anm. 58f.
540. Schreiben vom 17. 12. 1969, mit dem Vertragsentwurf und dem *Heinemann'schen* Antwortschreiben vom 19. 12. 1969 in: Dokum. Bd. VI, S. 43ff.
541. Schreiben vom 21. 1. 1970, in: Dokum. Bd. VI, S. 111f.
542. Der Entwurf wurde am 26. 11. 1969 in Bonn im Bundesverkehrsministerium

übergeben, s. „Neues Deutschland" vom 28. 11. 1969 („Verhandlungen zwischen Verkehrsministerien") und vom 25. 1. 1970 („Bonn verzögert erneut Verkehrsverhandlungen").

543. S. 45 f.

544. S. die Erklärung *Ulbricht's* vom 19. 1. 1970 und die sich darauf beziehende Stellungnahme des „Neuen Deutschland" vom 24. 1. 1970 in: Dokum. Bd. VI, S. 103 f, 112.

545. Schreiben *Stoph's* von 11. 2. 1970, in: Dokum. Bd. VI, S. 130 f.

546. Schreiben vom 18. 2. 1970, in: Dokum. Bd. VI, S. 138 f.

547. S. Dokum. Bd. VI, S. 171 ff, *Schmid*, S. 145 f.

548. S. Dokum. Bd. VI, S. 173 f; ferner AdG 1970, 15349 f.

549. Treffen vom 19. 3. 1970; wegen der Demonstrationen s. AdG 1970, 15349. ferner *Brandt*, S. 491 f.

550. Zu Anm. 538; vgl. auch *Brandt's* Rede vom 11. 5. 1973, in: Dokum. Bd. IX, S. 64.

551. Treffen vom 21./22. 5. 1970; die 20 Punkte in: Dokum. Bd. VI, S. 257 ff; sie werden verfassungsrechtlich gewürdigt von *Kewenig* in: *Doehring/Kewenig/Ress* S. 91 ff.

552. S. Dokum. Bd. VI, S. 286.

553. S. oben S. 33.

554. Besprechungen vom 15. 5. 1970, s. AdG 1970, 15481.

555. S. d. Mitteilung vom 29. 10. 1970 in: Dokum. Bd. VI, S. 526 f.

556. S. die entsprechenden Ausführungen *Ulbricht's* in seiner Rede auf der 14. Tagung des Zentralkomitees der SED (9.–11. 12. 1970) in: Dokum. Bd. VI, S. 575 f, ferner seine Neujahrsbotschaft (31. 12. 1970) a.a.O. S. 587.

557. S. *Stoph* im Gespräch mit *Danelius* vom 4. 2. 1971, in: Dokum. Bd. VII, S. 74, und *Danelius* im März 1971, a.a.O. S. 99.

558. S. *Ulbricht's* entsprechende Bemerkung in der Anm. 556 zitierten Neujahrsbotschaft, sowie *Ahlers* a. Anm. 555 a. O.

559. Vgl. die Anm. 558 zitierten Bemerkungen von *Ahlers* sowie die Anm. 556–558 zitierten Ausführungen.

560. S. Dokum. Bd. VI, S. 544 und oben zu Anm. 536.

561. Begegnung vom 27. 11. 1970; zu den ersten fünf Begegnungen s. AdG 1971, 16062.

562. Vgl. *Bahr* am 30. 4. 1971 in: Dokum. Bd. VII, S. 129 und *Brandt*, S. 518.

563. S. Dokum. Bd. VII, S. 206.

564. S. *Ulbricht's* Rede vom 28. 1. 1971, auszugsweise in: Dokum. Bd. VII, S. 29 f.

565. S. *Scheel* am 29. 1. 1971, in: Dokum. Bd. VII, S. 58 ff, *Brandt* a.a.O. S. 24, 66, sowie *Bahr's* Erklärung vom 3. 2. 1971 über die noch weit von einander entfernten Standpunkte, a.a.O. S. 73. S. ferner die vom Bundesminister für Innerdeutsche Beziehungen hrsg. Dokumentation Entwicklung BRD/DDR, S. 14.

566. Vgl. den Hinweis auf den 11. Kasseler Punkt in der Antwort der Bundesregierung vom 21. 1. 1971 auf eine parlamentarische Anfrage, in: Dokum. Bd. VII, S. 16.

567. S. Ziffer 2 der Unterrichtung des Kabinetts durch *Brandt* vom 11. 2. 1971, in: Dokum. Bd. VII, S. 81.

568. Vgl. etwa *Ulbricht's* Rede vom 23. 11. 1961, Auszug in: Berlin-Frage S. 499 f sowie, auch zum westdeutschen Standpunkt, oben S. 122 f.

569. Oben S. 133f.
570. Vgl. etwa *Honecker* am 7. 9. 1969, in: Dokum. Bd. VI S. 21 am Ende; *Ulbricht* am 12. 12. 1969 a.a.O. S. 42; *Scheel* am 29. 1. 1970 über den Gegenstand der Gespräche, Dokum. Bd. VII, S. 58.
571. S. *Ahlers* am 11. 2. 1971, in: Dokum. Bd. VII, S. 81; *Bahr* am 31. 3. und 5. 8. 1971, a.a.O. S. 117f und 160.
572. S. oben S. 147.
573. Schreiben vom 3. 9. 1971, Fundstelle s. oben Anm. 418.
574. S. Dokum. Bd. VII, S. 206.
575. S. Dokum. Bd. VII, S. 221.
576. Vgl. *Stoph's* Angebot vom 4. 2. 1971, mit dem „Senat von Westberlin" über Transit und Besuche zu verhandeln, mit seinem Angebot vom 24. 2. 1971, das nur noch Verhandlungen über Besuche vorschlägt, in: Dokum. Bd. VII, S. 74 und 91; vgl. auch *Ahlers'* Bemerkungen über den „Sonder-Transitverkehr-Vertrag" vom 9. 9. 1971 in: Dokum. Bd. VII, S. 210f.
577. Paraphierung beider Ergänzungsabkommen am 11. 12. 1971, s. Dokum. Bd. VII, S. 292ff, 305ff, 311ff.
578. Protokoll vom 30. 9. 1971, in: Dokum. Bd. VII, S. 247ff; a. Anm. 418 a.O. nur der Berlin-Teil des Protokolls; s. unten S. 188f.
579. Der Kontakt-Ausschuß trat am 13. 9. 1971 erstmals zusammen. Ihm gehörten für die Regierungsparteien die schon bei den Verhandlungen zum Moskauer Vertrag zugezogenen (s. oben S. 52) Abgeordneten *Achenbach* (F.D.P.) und *Wienand* (SPD) an, für die Opposition die Abgeordneten *Marx* (CDU) und *Wagner* (CSU). Im Juni 1972 wurde der Kontakt-Ausschuß um die berliner Abgeordneten *Borm* (F.D.P.), *Mattick* (SPD) und *Gradl* (CDU) sowie durch die Abgeordneten *von Weizsäcker, Mende* (CDU) und *Jaeger* (CSU) erweitert; *Marx* und *Wagner* schieden aus. Auch der Bundesrat wurde im Herbst 1972 besonders unterrichtet. Vgl. auch Berlin-Regelung S. 258f, ferner *Bahr* in der vom Presse- und Informationsamt der Bundesregierung hrsg. Dokumentation Verträge BRD/DDR, S. 147.
580. S. die ausführliche Beschreibung der Konsultationen in Ziffer 4 der Antwort der Bundesregierung vom 21. 1. 1971 auf eine parlamentarische Anfrage, in: Dokum. Bd. VII, S. 11; ferner *Schmid,* S. 251ff.
581. S. oben Anm. 155.
582. Oben S. 165f.
583. S. unten S. 234.
584. S. unten S. 209f, 310.
585. Vgl. etwa unten S. 195, 199.
586. Abgedruckt a. oben Anm. 418 a. O.; dort auch der weiter unten erwähnte Nachtrag vom 21. 7. 1972.
587. S. 126.
588. Vgl. die entsprechende Feststellung *Cramer's* bei *Bahr,* S. 82.
589. Daher wurde dann der Streit über die verbindliche Übersetzung der relevanten Teile des Berlin-Abkommens „ausgeklammert", vgl. Dokum. Bd. VII, S. 277.
590. S. oben S. 146f.
591. S. 142ff.
592. S. oben zu Anm. 540.
593. S. 167ff.

594. Nur als Teil eines solchen Konzepts war der Vorschlag der DDR verständlich, mit dem Senat (s. oben Anm. 557, 576) und der Bundesregierung parallel über Transit-Rechte zu verhandeln.
595. S. 133f.
596. Vgl. oben S. 123 und die Formulierung von Teil II, Abschnitt A, des Viermächteabkommens (oben S. 133) sowie, entsprechend, der Anlage I (oben S. 142f).
597. Vgl. oben S. 144f.
598. S. Berlin-Regelung, S. 287.
599. S. 193ff.
600. S. 143.
601. Gesetz vom 23.6. 1972, BGBl. 1972 Teil I, S. 985f, mit Verordnung vom 24. 10. 1972, BGBl. 1972 Teil I, S. 2021ff.
602. Rahmen-Vereinbarung vom 26. 4. 1972 zwischen dem Bundesminister der Justiz und dem DDR-Finanzminister; auf ihr basiert die Vereinbarung der Versicherungsorganisationen der beiden Staaten vom 10. 5. 1973, Bundesanzeiger Nr. 124 aus 1973; vgl. auch unten zu Anm. 644.
603. S. oben S. 143f.
604. S. 180.
605. Vgl. auch die Äußerungen *von Wechmar's* vom 8. 8. 1973 und *Mischnick's* vom 8. 11. 1973 in: Deutschlandpolitik, S. 111f und 324f; vgl. ferner unten Anm. 939.
606. Als im August 1976 Teilnehmern einer von der „Jungen Union" veranstalteten Sternfahrt nach Westberlin der Transit verweigert wurde, war zunächst – unzulässigerweise – auf den DDR-feindlichen Charakter der in Westberlin geplanten Veranstaltung (Protest an der Mauer) abgestellt worden; später schob die DDR Gründe gem. Art. 16 des Transitabkommens nach; AdG 1977, 20691, 20693.
607. Vgl. zu dieser Problematik *Grabert's* Interview vom 28. 7. 1973 und den Kommentar des „Neuen Deutschland" vom 10. 8. 1973, in: Dokum. Bd. IX, S. 285 und 311f, ferner die Anm. 605 zitierten Äußerungen. S. auch *Liesegang*, Zur Frage der Sittenwidrigkeit sogenannter Fluchthilfeverträge, in: Juristenzeitung 1977, S. 87ff.
608. Abgegeben von Bundesminister *Franke*, Text in: Berlin-Regelung, S. 151f; vgl. auch den entsprechenden Passus im Memorandum zum Ergebnis der Verhandlungen mit der DDR, das von der Bundesregierung am 15. 12. 1971 den Westmächten übermittelt wurde, a.a.O. S. 136f. Unzulässigerweise scheint die DDR ihre Freistellung nur auf bis zum Abschluß des Transitabkommens geflohene Bürger zu beschränken.
609. Das ist nur die andere Seite des vorstehend behandelten Transits von „Republikflüchtigen". Hierher gehört auch der Fall des ehemaligen NVA-Soldaten G. *Jablonski*, der bei seiner Flucht 1962 einen NVA-Angehörigen getötet und im Dezember 1978 beim Berlin-Transit festgenommen wurde. Zu Unrecht behauptet die DDR, sich ein Festnahmerecht bei Fahnenflucht vorbehalten zu haben. Vgl. „Frankfurter Allg. Zeitung" vom 23. 12. 1978, S. 3 („Bölling: Verhaftung Jablonskis ungerechtfertigt") und „Der Spiegel" Heft 1/1979, S. 23f („Auf der Lauer"). Jablonski wurde am 12. 6. 1979 vom ostberliner Militärobergericht zu lebenslanger Freiheitsstrafe verurteilt, s. „Frankfurter Allg. Zeitung" vom 13. 6. 1979, S. 2. Vgl. auch unten Anm. 723.

610. Vgl. die Erläuterungen in: Berlin-Regelung, S. 301. Die DDR-Durchreiseverbote hatten betroffen: Vom 10. 3. 1968 – NPD-Mitglieder; vom 13. 4. 1968 – BRD-Minister und Leitende Beamte; vom 26. 4. 1968 – Regierenden Bürgermeister als Bundesratspräsidenten; vom 8. 2. 1969 – Mitglieder der Bundesversammlung; s. Dokum. Bd. V, S. 68f, 122f, 403f; vgl. ferner oben zu Anm. 403.

611. S. 282f.

612. S. die Erläuterung der Bundesregierung vom 14. 12. 1971 zum Transitabkommen, in: Dokum. Bd. VII, S. 341.

613. S. unten Anm. 628.

614. Die Transitkommission konstituierte sich am 8. 6. 1972, s. Dokum., Bd. VIII, S. 11. Zum Rekurs an die Vier Mächte s. oben S. 171.

615. Briefwechsel *Sahm* (BRD) – *Seidel* (DDR), abgedruckt a. Anm. 418 a.O.

616. S. 137ff.

617. Mitteilung der DDR vom 2. 10. 1972, Dokum. Bd. VIII, S. 67; zu den vorhergegangenen Schwierigkeiten a.a.O. S. 2.

618. Anordnung vom 5. 11. 1973, in: Deutschlandpolitik, S. 286ff. *Ress*, S. 256ff, prüft diese Maßnahme unter dem Aspekt der „guten Nachbarschaft" (Art. 1 des Grundlagenvertrages).

619. Anordnung vom 10. 12. 1974, AdG 1974, 19114. Ab Jahresanfang 1977 führte die DDR die – gebührenpflichtige – Visumspflicht und einen Mindestumtausch bei Besuchen Ostberlins auch für Ausländer und Staatenlose ein, s. Frankfurter Allgemeine Zeitung vom 3. 1. 1977 („Noch keine Reaktion der West-Alliierten auf die neue Visum-Regelung der DDR"); ab Frühjahr 1977 muß für nach Ostberlin einreisende Kraftfahrzeuge eine Straßenbenutzungsgebühr entrichtet werden. Diese Maßnahmen gleichen Ostberlin weiter der DDR an, sie sind ohne Zweifel statusrelevant. S. auch oben Anm. 427.

620. Erklärung vom 11. 12. 1971, s. Berlin-Regelung S. 111, 115f.

621. Mündliche Erklärung des DDR-Staatssekretärs *Kohrt* vom 20. 12. 1971, s. Berlin-Regelung, S. 72f. Als nach Auffassung der DDR die Bemühungen von DDR-Bürgern um Ausreise in die Bundesrepublik überhandnahmen, ging sie 1977 dazu über, zuvor legal ausgereiste Bürger als Unruhestifter, Abwerber und Gehilfen von Menschenhändlern zu diskreditieren und ihnen unter Berufung auf den Vorbehalt der Einreiseverweigerung für Straftäter die Wiedereinreisegenehmigung zu versagen; diese Praxis ist aus DDR-Sicht verständlich (vgl. etwa unten zu Anm. 957), aber streckt den für Besucher aus Westberlin angebrachten Vorbehalt rechtswidrig; anders ist die Rechtslage hinsichtlich der von der Einreise in die DDR abgehaltenen Westdeutschen: Hier liegt, auch nach Verkehrsvertrag und Grundlagenvertrag (s. unten S. 209 und 301ff), keine Verpflichtung der DDR vor, konkrete, individuelle Einreiseanträge zu genehmigen.

622. S. 139.

623. S. AdG 1976, 19960; dort auch weitere Zahlen zum innerdeutschen Verkehr nach einer Mitteilung des Bundesministeriums für innerdeutsche Beziehungen vom 19. 1. 1976.

624. S. oben Anm. 586.

625. Schreiben des Bundeskanzlers und des Regierenden Bürgermeisters, jeweils vom 14. 12. 1971, a. Anm. 418 a.O.

626. Schreiben der drei westlichen Botschafter und der Alliierten Kommandantur, jeweils vom 16. 12. 1971, a. Anm. 418 a.O.
627. S. 167.
628. Zur Vereinbarung vom 19. 12. 1975 s. AdG 1976, 19921ff; die Vereinbarungen vom 16. 11. 1978 in Bulletin 1978, S. 1245ff. Von besonderer Bedeutung ist die Unterstellung der zu bauenden Autobahn Hamburg/Berlin unter das Regime des Transitabkommens durch einen gesonderten Protokollvermerk vom 16. 11. 1978, a.a.O. S. 1248. S. auch unten Anm. 780 und zu Anm. 783.
629. S. Entwicklung BRD/DDR, S. 27f.
630. S. die mündlichen Erklärungen *Bahr's* und *Kohl's* bei der Unterzeichnung des Transitabkommens am 17. 12. 1971, in: Dokum. Bd. VII, S. 348; zur Fortführung der Verhandlungen im Januar 1972 s. a.a.O. S. 670f.
631. S. Dokum. Bd. VII, S. 665.
632. S. die Reden Carlo *Schmid's* und *Mischnick's* vom 17. 5. 1972 vor dem Bundestag, in Dokum. Bd. VII, S. 670f.
633. S. Dokum. Bd. VII, S. 694 und Bd. VIII, S. 87ff; dort auch die Anordnungen der DDR vom 17. 10. 1972 über den Reiseverkehr.
634. BGBl. 1972 Teil II, S. 1449ff; die mündlichen Erklärungen der Delegationsleiter in: Verträge BRD/DDR S. 138f, 140f.
635. S. oben zu Anm. 592.
636. S. z.B. die Erklärung *Ulbricht's* vom 18. 12. 1965, in: Dokum. Bd. IV, S. 45 und *Honecker's* vom 15. 6. 1971 und 6. 1. 1972 in: Dokum. Bd. VII S. 144 und 361.
637. Rede vom 10. 3. 1972, auszugsweise in: Dokum. Bd. VII, S. 543f.
638. S. die mündlichen Erklärungen *Bahr's* und *Kohl's* a. Anm. 634 a.O.
639. Vgl. die Erklärung der Bundesregierung vom 18. 1. 1973 zur Einbeziehung von Berlin (West) in den internationalen Flugverkehr, in: Dokum. Bd. VIII, S. 161.
640. Vgl. *Bahr* auf der Pressekonferenz vom 12. 5. 1972, in: Verträge BRD/DDR, S. 151.
641. Abkommen vom 25. 9. 1972, abgedruckt bei *von Münch II*, S. 287ff. Den die CIM/CIV Übereinkommen von 1961 ersetzenden „Internationalen Übereinkommen vom 7. 2. 1970 – über den Eisenbahnfrachtverkehr (CIM) – und über den Eisenbahn-Personen- und Gepäckverkehr (CIV)“, BGBl. 1974 Teil II, S. 381ff und 493ff, trat die Bundesrepublik durch Gesetz vom 26. 4. 1974, BGBl. 1974 Teil II, S. 357, bei.
642. S. unten S. 234.
643. Übereinkommen vom 15. 1. 1959, BGBl. 1961 Teil II, S. 649ff, und vom 30. 9. 1957, BGBl. 1969 Teil II, S. 1489ff.
644. S. oben Anm. 602.
645. S. etwa die Reaktion der DDR auf die Gewaltanwendung des Bundesgrenzschutzes, als er fluchtwillige DDR-Bürger von einem DDR-Schiff holte („Eichsfeld“-Zwischenfall vom 9. 1. 1972), AdG 1972, 16820.
646. S. zur Transit-Kommission oben Anm. 614; zu Transit- und zu Verkehrskommission s. *Franke*, Kommentar vom 21. 10. 1973 in: Deutschlandpolitik, S. 280. Das Konzept der Kommissionen ist älter. Unter Aufgreifen von Vorstellungen *Ulbricht's* aus dem Jahr 1963 (vgl. seine Vorschläge vom 2. und 31. 7. 1963 und 31. 12. 1964 in: Dokum. Bd. III S. 254f, 260f, 497) hatte die Bundesregierung der DDR zum Beispiel am 8. 5. 1968 die Errichtung eines innerdeutschen

Amtes für Gesundheitswesen vorgeschlagen (Dokum. Bd. V, S. 126f); auch *Brandt* schlug am 19. 3. 1970 in Erfurt die Bildung von Kommissionen vor, s. Entwicklung BRD/DDR, S. 67; vgl. auch unten zu Anm. 744.

647. S. Entwicklung BRD/DDR, S. 27.
648. S. Entwicklung BRD/DDR, S. 28.
649. S. AdG 1976, 19960; vgl. auch Stichwort „Beziehungen zwischen beiden deutschen Staaten“ in: DDR-Handbuch, S. 156ff.
650. S. 159, 204f. Die Fundstelle der Erklärungen oben, Anm. 634.
651. Der Verkehrsvertrag passierte den Bundestag am 22. 9. 1972 ohne Gegenstimme (bei 9 Enthaltungen aus der CDU/CSU) und den Bundesrat am 6. 10. 1972 einstimmig, s. AdG 1972, 17346f und 17378.
652. S. oben S. 45f.
653. S. Stichwort „Rat für Gegenseitige Wirtschaftshilfe“ in: DDR-Handbuch, S. 693.
654. Zur damaligen wirtschaftlichen Bedeutung der DDR s. Materialien zum Bericht zur Lage der Nation 1974 (hrsg. vom Bundesministerium für innerdeutsche Beziehungen) Bonn 1974, S. 48f.
655. S. die chronologische Übersicht unter Stichwort „Diplomatische Beziehungen“ in: DDR-Handbuch, S. 217f.
656. Vgl. auch das oben, Anm. 120, zitierte Schreiben der Bundesregierung an die Mitgliedsstaaten der Internationalen Atomenergiebehörde.
657. Vgl. *End*, S. 45f.
658. S. oben Anm. 99.
659. Vgl. die ausführliche Darstellung bei *End*, S. 48ff.
660. S. oben Anm. 14.
661. 22. bis 30. 5. 1972; zur KSZE-Vorbereitung vgl. die entsprechende Passage des amerikanisch-sowjetischen Communiqués vom 29. 5. 1972, AdG 1972, 17128.
662. S. oben zu Anm. 520.
663. Botschafter-Gespräche in Helsinki vom 22. bis 27. 11. 1972; s., auch zur Teilnahme der DDR, AdG 1972, 17508ff.
664. S. oben Anm. 655.
665. Vgl. hierzu *Doehring/Kewenig/Ress* S. 18ff *(Doehring)* und S. 108f *(Kewenig)*.
666. Vgl. *Brandt* bei den Begegnungen von Erfurt und Kassel, in: Entwicklung BRD/DDR, S. 64f, 72 (11. und 12. Kasseler Punkt), 84. Ferner *Bahr*, S. 99 und Rede vom 24. 1. 1973, in: Dokum. Bd. VIII S. 174f.
667. S. oben Anm. 507.
668. S. *Wilke*, S. 56ff, 71; auf S. 77ff auch eine Darstellung des Theorienstreites zum Fortbestand des Deutschen Reiches.
669. Brief Nr. 2, BGBl. 1955 Teil II, S. 503.
670. Brief Nr. 1, BGBl. 1955 Teil II, S. 500; vgl. auch oben Anm. 454 und S. 170.
671. S. oben Anm. 396f; vgl. auch oben zu Anm. 504f.
672. S. oben S. 128; zum Folgenden auch *Franke* am 15. 2. 1973 vor dem Bundestag; in: Dokum. Bd. VIII, S. 229.
673. Eine knappe Darstellung dieser (sowie einer leicht nuancierten weiteren) Lehrmeinung bei *Kimminich*, S. 98; ausführlicher *Arndt*, S. 126ff, 139f, *H.H. Mahnke*, Der besondere Charakter der innerdeutschen Beziehungen, in: Deutschland-Archiv 1970, S. 267ff; *Ress*, S. 154; ferner *Scheuner*, Symposium S. 259f.

674. S. oben Anm. 519.
675. Vgl., bezüglich der Sowjetunion, die entsprechende Bemerkung bei *Bahr*, S. 102.
676. Vgl. den Hinweis *Stoph's* in Kassel am 21. 5. 1970 auf die „20 Jahre feindseliger Politik der BRD", in: Entwicklung BRD/DDR, S. 75.
677. Vgl. *Brandt* in Erfurt am 19. 3. 1970 und in Kassel am 11. 5. 1970, wo er Schritte in Richtung auf eine völkerrechtliche Anerkennung der DDR anbot für den Fall entsprechender menschlicher Erleichterungen, in: Entwicklung BRD/DDR, S. 66 und 85f.
678. Vgl. *Brandt* in Erfurt am 19. 3. 1970 und den 12. Kasseler Punkt, in: Entwicklung BRD/DDR, S. 64f, 72f.
679. Vgl. *Brandt* in Kassel am 21. 5. 1970 über eine Regelung der Frage der internationalen Beziehungen beider Staaten, ferner *Stoph's* Antwort, in: Entwicklung BRD/DDR, S. 85, 88.
680. Vgl. oben Anm. 675.
681. Vgl. *Stoph* in Erfurt am 19. 3. 1970 und in Kassel am 21. 5. 1970 über die Außenbeziehungen der DDR, in: Entwicklung BRD/DDR, S. 60f, 62 (Ziffer 2), 78; ferner *Honecker* über Beziehungen zu den U.S.A. und *Winzer* über solche zu Frankreich, in: Dokum. Bd. VIII, S. 130 und 289.
682. S. Dokum. Bd. VIII, S. 13.
683. S. Dokum. Bd. VIII, S. 37; die DDR hätte den Meinungsaustausch gern schon 6 Wochen früher formalisiert, s. die ostberliner Erklärung vom 16. 8. 1972, a.a.O. S. 40.
684. S. Dokum. Bd. VIII, S. 39f.
685. Am 7. 11. 1972 billigte die Bundesregierung das Verhandlungsergebnis, s. Verträge BRD/DDR, S. 45, 77.
686. S. AdG 1972, 17451ff.
687. Vgl. die entsprechende Feststellung *Barzel's* vom 7. 11. 1972, AdG 1972, 17455f.
688. Vom 19. 11. 1972, s. AdG 1972, 17484ff.
689. S. AdG 1972, 17553ff; dort auch zum Plan der Unterzeichnung durch die Regierungschefs.
690. Vgl. die vorstehend genannten Daten mit der Anm. 655 zitierten chronologischen Übersicht; *Kohl* selbst sprach bei der Unterzeichnung des Grundlagenvertrages davon, daß die wenige Wochen vorher erfolgte Aufnahme der DDR in die UNESCO „kein Zufall" gewesen sei, s. Verträge BRD/DDR, S. 96.
691. Vgl. *Jaeger* im Bundestag am 15. 2. 1973, in: Dokum. Bd. VIII, S. 233, *Strauss* in der Bundestagsdebatte vom 9./11. 5. 1973, in: AdG 1973, 17880. Als Stellungnahmen der Bundesregierung s. *Bahr*, Interview vom 29. 9. 1972, in: Dokum. Bd. VIII, S. 66, *Franke* im Bundestag am 25. 5. 1973, in: Dokum. Bd. IX, S. 137.
692. Vgl. etwa *Honecker* während seines Besuches in der CSSR 19./23. 9. 1972, in: Dokum. Bd. VIII, S. 62f; ferner Artikel in der sowjetischen Regierungszeitung *Iswestija* vom 4. 8. 1972, in: AdG 1972, 17242.
693. Das verkennt *Wilke*, S. 125, 131, wenn er vom Erfolgsdruck der Bundesrepublik spricht.
694. S., auch zum Folgenden, AdG 1973, 17647ff, 17877, 17915 sowie Dokum. Bd. IX, S. 82ff.

695. Die Verkündung im BGBl. 1973 Teil II, S. 421ff (Grundlagenvertrag) und S. 430ff (VN-Beitritt) und Bundesanzeiger Nr. 239 aus 1972 (Briefwechsel über die Arbeitsmöglichkeiten für Journalisten) enthält nicht alle begleitenden Vereinbarungen und Erklärungen. Vollständiger ist der Abdruck in: Verträge BRD/DDR; die dort noch fehlende Erklärung der Vier Mächte vom 9. 11. 1972 zum VN-Beitritt findet sich in Dokum. Bd. VIII S. 124f; vgl. zu ihr aber unten Anm. 833, 906.

696. Anm. 540.

697. S. 66.

698. S. 38.

699. Oben S. 214f.

700. S. 242ff.

701. S. 57f.

702. S. unten S. 232.

703. S. *Bahr*, S. 96 und Dokum. Bd. VIII S. 241.

704. S. *Bahr* im Bundestag am 15. 2. 1973, in: Dokum. Bd. VIII, S. 242. *Ress*, S. 97ff setzt sich mit verschiedenen Fehldeutungen dieses Passus auseinander; s. auch *Simma*, S. 14ff.

705. Vgl. Stichwort „Nationale Frage" in: DDR-Handbuch, S. 582ff und in: Kl. Wörterbuch, S. 196ff (dort schon mit der Neuorientierung auf den Klassencharakter.) Vgl. auch *Ulbricht* am 12. 12. 1969 über die „Lösung der Deutschlandfrage", in: Dokum. Bd. VI, S. 41; vgl. auch *Ress*, S. 88ff.

706. Am 3. 5. 1971, s. AdG 1971, 16240ff.

707. Dieser Wandel in der DDR-Doktrin zur nationalen Frage läßt sich gut an Stellungnahmen *Ulbricht's* und *Honecker's* ablesen: *Ulbricht* am 6. 10. 1969: „Annäherung und gute Nachbarschaft zwischen den beiden souveränen deutschen Staaten"; am 12. 12. 1969: „Eine Vereinigung des sozialistischen deutschen Staates mit dem noch unter Herrschaft des Monopolkapitals befindlichen westdeutschen Staate ist unmöglich ... Wir wünschen ... die schrittweise Gestaltung einer guten Nachbarschaft"; am 19. 1. 1970: „Die DDR ist ein sozialistischer deutscher Nationalstaat, die westdeutsche Bundesrepublik ist ein kapitalistischer Nato-Staat"; am 10. 6. 1970: „Sogar die einstige Gemeinsamkeit der Sprache ist in Auflösung begriffen ... Die DDR und die westdeutsche Bundesrepublik und ihre Gesellschaftsordnungen sind nicht miteinander verwandt ... Entscheidende Bedeutung haben Gefühle des Hasses des Volkes der DDR gegenüber den imperialistischen, militärischen und neonazistischen Kräften, die ... heute in Westdeutschland die entscheidenden Positionen in Armee und Verwaltung innehaben ... Es sind Gefühle der Ablehnung ..." (s. Dokum. Bd. V, S. 702, Bd. VI S. 42, 104, 354ff). *Honecker* im Dezember 1970: „Die Feststellung, daß sich zwischen der sozialistischen DDR und der imperialistischen BRD ein objektiver Prozeß der Abgrenzung und nicht der Annäherung vollzieht, ist deshalb ... von großer prinzipieller Bedeutung (s. Dokum. Bd. VI, S. 577). Der VIII. Parteitag der SED faßte am 19. 6. 1971 dann die Entschließung: „Zwischen der sozialistischen DDR, in der sich die sozialistische deutsche Nation entwickelt, und der monopolkapitalistischen BRD, in der die alte bürgerliche Nation existiert, kann und wird es niemals sogenannte besondere ‚innerdeutsche Beziehungen' geben ... Zwischen der DDR und der BRD ... vollzieht sich gesetzmäßig ein Prozeß der Abgrenzung." (s. Dokum.

Bd. VII S. 148). S. ferner *Hacker,* Das nationale Dilemma der DDR, in: *Meissner/Hacker,* Die Nation in östlicher Sicht, Berlin 1977, S. 40ff; außerdem unter den bei Anm. 705 zitierten Stichwörtern, sowie unten zu Anm. 717.

708. *Honecker* schon auf dem 13. Plenum des Zentralkomitees der SED (12.–14. 12. 1974) „... ohne jede Zweideutigkeit: Staatsbürgerschaft – DDR, Nationalität – deutsch. So liegen die Dinge." (Stichwort „Nation und nationale Frage" in: DDR-Handbuch, S. 584); dort auch das Zitat aus „Neues Deutschland" vom 15./16. 2. 1975: „Die sozialistische Nation in der DDR ist deutscher Nationalität". Vgl. auch unten S. 281.

709. Bericht des Zentralkomitees, Abschnitt I, 3 (erstattet von *Honecker* am 15. 6. 1971) abgedruckt in „Neues Deutschland" vom 16. 6. 1971, S. 4 am Ende.

710. Z.B. *Winzer* am 21. 9. 1973: „Keine offene deutsche Frage mehr", *Honecker* am 9. 12. 1973: „Kein offenes deutsches Problem mehr", s. Deutschlandpolitik, S. 161 und 362.

711. Gesetz vom 7. 10. 1974, auszugsweise in AdG 1974, 18975ff.

712. Vgl. *Franke* am 15. 2. 1973 vor dem Bundestag, s. Dokum. Bd. VIII S. 229.

713. Anm. 707, 709.

714. S. 222.

715. S. *Brandt* am 15. 2. 1973 vor dem Bundestag, in Dokum. Bd. VIII, S. 208; *Franke,* a.a.O. S. 228f.

716. Zu Anm. 712.

717. Vgl. auch Anm. 707.

718. S. unten S. 274ff.

719. Untertitel in „Neues Deutschland" vom 16. 6. 1971 S. 1, zu dem oben, Anm. 709, erwähnten Bericht *Honecker's:* „Alles für das Wohl des Menschen, für das Glück des Volkes, für die Interessen der Arbeiterklasse und aller Werktätigen – das ist der Sinn des Sozialismus." Der Hinweis auf die „beiden deutschen Staaten" in diesem Zusammenhang wird von *Ress,* S. 119, wohl etwas überinterpretiert; vgl. aber oben zu Anm. 703.

720. S. 203f; *Wilke,* S. 122, sieht hier irrig einen gezielten Bezug auf Beziehungen unter Commonwealthländern. Vgl. auch *Ress,* S. 251ff bei der Auseinandersetzung mit überspitzten Interpretationsversuchen („normal gutnachbarlich" als Gegensatz zu „abnormal gutnachbarlich").

721. Vgl. „Neues Deutschland" vom 4. 2. 1976, zitiert in AdG 1976, 19991f.

722. Vgl. auch oben Anm. 88, 426f, und unten S. 303, 317.

723. Vgl. AdG 1976, 20396f und 1977, 20696f. Zum Fortgang des Strafverfahrens gegen den DDR-Flüchtling *Weinhold,* der bei seiner Flucht 2 DDR-Soldaten getötet hatte, s. AdG 1979, 22502; vgl. auch oben Anm. 609.

724. Vgl. z.B. Ziffer 10 der oben, Anm. 273, zitierten Gemeinsamen Entschließung von Bundestag und Bundesrat vom 17. 5. 1972.

725. Vgl. *Bahr* im Bundestag am 15. 2. 1973, in: Dokum. Bd. VIII, S. 242.

726. S. unten S. 281ff.

727. S. unten S. 249f.

728. Anm. 72.

729. Vgl. *Moersch* im Bundestag am 16. 2. 1973, in: Dokum. Bd. VIII, S. 265f, *Franke's* Kommentar vom 23. 9. 1973, in: Deutschlandpolitik, S. 166. Zum Folgenden vgl. auch *Kewenig,* S. 42.

730. S. *Stoph* in Kassel am 21. 5. 1970, in: Entwicklung BRD/DDR, S. 79.

731. S. 242ff.

732. S. 38f.

733. Vgl. *Bahr* im Bundestag am 15. 2. 1973, in: Dokum. Bd. VIII, S. 241, 244. Zu weitgehend daher *Ress*, S. 312; zur Herleitung der besonderen Beziehungen aus einzelnen Tatbeständen s. *Mahnke*, S. 1176.

734. S. 288ff, 291f.

735. S. etwa den offenen Brief des Zentralkomitees der SED an die Bürger Westdeutschlands vom 28. 2. 1968, in: Dokum. Bd. V, S. 50ff. Auch die – erfolgreichen – Bemühungen der DDR (und ihrer Verbündeten), der BRD im internationalen Verkehr den Gebrauch ihres Staatsnamens ‚Deutschland' ohne Beifügung der Verfassungsform (‚Bundesrepublik') zu verwehren – ein bei Bundesstaaten durchaus üblicher Gebrauch, z.B. Brasilien, Nigeria etc. – gehören hierher. In der Bundesrepublik pflegt indessen der Kampf gegen das Kürzel ‚BRD' diese Streitfrage zu überschatten. Vgl. Sten. Ber. des Deutschen Bundestages, 7. Wahlperiode, S. 12019, 12414f, und 8. Wahlperiode, S. 399. S. auch oben S. 228.

736. Vgl. *BRANDT* in Erfurt am 19. 3. 1970: „... der Begriff der Nichteinmischung in die inneren Angelgenheiten (trifft) nicht das, worum es bei der Herstellung gleichberechtigter Beziehungen zwischen BRD und DDR geht", s. Entwicklung BRD/DDR, S. 67.

737. S. unten S. 280f.

738. S. unten S. 316f.

739. S. 221.

740. S. oben S. 56 (Moskauer Vertrag) und S. 36 (Bahr-Papier).

741. S. oben S. 68.

742. S. 226ff.

743. Vgl. *Bahr* im Bundestag am 15. 2. 1973, eine Anerkennung der Grenze habe nicht ausgesprochen werden können, s. Dokum. Bd. VIII, S. 244. Zu der später entstandenen Kontroverse um einen Grenzvertrag mit auch konstitutiven Grenzfestlegungen (nicht nur -feststellungen) s. AdG 1977, 20692f.

744. S. oben Anm. 646.

745. Mit der Unterzeichnung eines Protokolls vom 29. 11. 1978; s. Bulletin 1978, S. 1321ff. Den Wortlaut des Protokolls und seiner Anlagen s. in der Dokumentation des Bundesministeriums für innerdeutsche Beziehungen „Die Grenzkommission" Bonn, 1978.

746. Oben zu Anm. 642; s. ferner *Rauschning*, Die Grenzlinie im Verlauf der Elbe, in: *Delbrück-Ipsen* (Hrsg.), Recht im Dienst des Friedens (*Menzel*-Festschrift), Berlin 1975, S. 429ff. Der entsprechende Vorbehalt in Art. 1 des Protokolls und in dem dazugehörigen Protokollvermerk (beide vom 29. 11. 1978, a. Anm. 745 a. O., S. 14ff der Dokumentation) nimmt auch noch einen Grenzabschnitt an der Warmen Bode aus.

747. S. zu den Fischereirechten Lübecker Fischer die Vereinbarung vom 29. 6. 1974, BGBl. 1974 Teil II, S. 1237, 1243, sowie insgesamt zu allen von der Grenzkommission getroffenen Vereinbarungen die Anm. 745 zitierte Dokumentation, S. 21ff.

748. Am 11. 8. 1975, vgl. AdG 1975, 19647; zur weiteren Entwicklung wie auch zur Vorgeschichte vgl. AdG 1976, 20568f.

749. Vgl. oben S. 71f, 177; auch ein Sprechen „für das weder über eigenes Territorium noch eigenes Staatsvolk verfügende – und insofern einem leeren Firmenmantel vergleichbare – Deutsche Reich", das *Kewenig*, S. 42, für weiterhin zulässig hält, dürfte vertragswidrig sein, wenn es die in Art. 1 vereinbarte Gleichberechtigung mit der DDR und ihre Position als eines „Nachfolgestaates" des Deutschen Reiches (s. *Winzer*, Rede auf der KSZE-Sitzung vom 4. 7. 1973, in: Dokum. Bd. IX, S. 269) nicht berücksichtigt.
750. S. oben zu Anm. 14.
751. S. oben zu Anm. 661.
752. Zu Anm. 534.
753. S. oben Anm. 5.
754. Vom 29. 5. 1972, s. AdG 1972, 17128.
755. S. oben S. 31.
756. S. AdG 1969, 15010 Ziffer XIV. Die Bundesrepublik ist dem Vertrag inzwischen beigetreten, s. das Beitrittsgesetz vom 4. 6. 1974, BGBl 1974 Teil II, S. 785; vgl. auch oben zu Anm. 61.
757. Noch in Erfurt (19. 3. 1970) verlangte *Stoph* einen Kernwaffenverzicht und die Herabsetzung der Rüstungsausgaben, s. Entwicklung BRD/DDR, S. 62.
758. S. oben S. 231.
759. S. unten S. 274ff.
760. Zur Geltung des Territorialprinzips zwischen Bundesrepublik Deutschland- und DDR vgl. auch *Eitel*, Die überzonale Rechtsmacht deutscher Verwaltungsakte – Territorialprinzip, Wiedervereinigungsgebot und ordre public im interzonalen öffentlichen Recht, Hamburg 1961.
761. S. oben S. 231.
762. S. 44 (zum zur gleichen Zeit ausgehandelten Bahr-Papier).
763. Oben S. 214f, 221, 229f.
764. S. *Brandt* im Bundestag am 30. 10. 1969, AdG 1969, 15025.
765. Vgl. *Jaeger* im Bundestag am 9. 5. 1973 zur Ausschußberatung über diesen Passus, in Dokum. Bd. IX, S. 10.
766. S. oben zu Anm. 719.
767. Daß die Bundesrepublik, und nicht die DDR, diese Bestimmung in den Grundlagenvertrag gebracht hat, bestätigte *Bahr* im Bundestag am 15. 2. 1973, s. Dokum. Bd. VIII, S. 242; vgl. auch *Herold*, Kommentar vom 7. 10. 1973, in: Deutschlandpolitik, S. 274ff; ferner *Jansen*, EWG und DDR nach Abschluß des Grundlagenvertrages, Baden-Baden 1977.
768. BGBl. 1957 Teil II, S. 984.
769. *Honecker* im Interview vom 22. 11. 1972 räumt immerhin ein, daß dies „eine der wenigen Besonderheiten (ist), die in den Beziehungen weiterbestehen", s. Dokum. Bd. VIII, S. 131; er spricht dort auch die mögliche Reaktion der EWG-Partner an. *Biskup*, Deutschlands offene Handelsgrenze, Berlin 1977, beziffert die Vorteile des EWG-Protokolls für die DDR im Jahre 1970 auf annähernd 500 Millionen DM.
770. Vgl. *von Wechmar* im Interview vom 19. 8. 1973, in: Dokum. Bd. IX, S. 317f.
771. Abkommen vom 20. 9. 1951, s., auch zum Folgenden, Entwicklung BRD/DDR, S. 16f. Auch die Vereinbarung zwischen der TSI und dem DDR-Ministerium vom 19. 5. 1976 über dem Abbau des grenzüberschreitenden Braunkohlevorkommens im Raum Helmstedt/Harbke bewirkt die Einbeziehung

Berlins durch Bezugnahme auf das „Berliner Abkommen"; s. Entwicklung BRD/DDR 1976, S. 251.

772. Vgl. „Frankfurter Allgemeine Zeitung" vom 12. 8. 1974: „Ost-Berlin warnt Bonn".

773. Vereinbarung vom 14. 1. 1976, Bundesanzeiger Nr. 15 aus 1976.

774. Zu Anm. 613 und 628.

775. S. unten zu Anm. 803.

776. Anders als *Wilke*, S. 135, meint, hängt diese Konkurrenz ost- und westdeutscher Ansprüche nicht nur an deutschlandpolitischen Positionen, sondern auch an schlichtem Besitzwillen.

777. S. oben Anm. 155.

778. Zu Anm. 771.

779. Vgl. Entwicklung BRD/DDR, S. 20f, sowie *Franke* im Bundestag am 10. 5. 1973, in: Dokum. Bd. IX, S. 50f.

780. Vereinbarungen vom 25. 4. 1974, BGBl. 1974 Teil II S. 622f („bestimmte Fälle"), 624f, („Unterhaltszahlungen"); Protokoll vom 16. 11. 1978 zur vorgenannten Vereinbarung über „bestimmte Fälle", abgedruckt im Bulletin 1978, S. 1255. Dieses Protokoll wurde zusammen mit den Verkehrsverbesserungen und der Transitpauschale ausgehandelt, vgl. oben Anm. 628.

781. Vgl. etwa die Erklärung der Bundesregierung vom 30. 9. 1972, die bei mit der DDR zu regelnden Verkehrsfragen ebenfalls nur den Verkehrsvertrag erwähnt, in: Dokum. Bd. VIII, S. 66.

782. S. 296ff.

783. Zu Anm. 613 und 628.

784. Zum innerdeutschen Postverkehr bis zum Grundlagenvertrag s. Entwicklung BRD/DDR 1976, S. 26ff.

785. BGBl. 1954 Teil II, S. 1211ff und 1955 Teil II, S. 9ff.

786. Abkommen vom 30. 3. 1976, in: Bulletin 1976, S. 221ff, 333 oder in: Entwicklung BRD/DDR 1976, S. 244ff; am 19. 10. 1977 folgte ein Briefwechsel über die Postpauschale für die Jahre 1977 bis 1982.

787. S. 295ff.

788. S. oben zu Anm. 438.

789. S. oben S. 234f, ferner: Entwicklung BRD/DDR 1976, S. 45.

790. S. Entwicklung BRD/DDR, S. 34f; zusätzlich stellte sich u.U. noch das oben, S. 157f, erwähnte Problem der Rechtshilfe für Westberlin.

791. Z.B. der Fall *Brückmann*, in welchem das Bundesverfassungsgericht (Entscheidung vom 27. 3. 1974) die Zulieferung eines Mädchens noch Ostberlin untersagte, das dringend verdächtigt war, seinen Vater getötet zu haben; vgl. „Frankfurter Allgemeine Zeitung" vom 16. 4. 1974, S. 1; zum Fall *Weinhold* s. oben Anm. 723.

792. Zur Rechtshilfe in Strafsachen ausführlicher *Wilke*, S. 290ff.

793. S. unten S. 281ff.

794. Vgl. Entwicklung BRD/DDR, S. 35f.

795. Vgl. auch *Franke* im Bundestag am 10. 5. 1973, in: Dokum. Bd. IX, S. 51.

796. Abkommen vom 25. 4. 1974, in: Bulletin 1974, S. 525ff.

797. Vgl. Entwicklung BRD/DDR S. 39f; ferner *Franke*, Interviews vom 29. 6. und 12. 9. 1973, in: Deutschlandpolitik S. 14ff, 120ff.

798. Abkommen vom 8. 5. 1974, s. AdG 1974, 18683. Das Abkommen sieht jährli-

che Vereinbarungen über die geplanten Sportveranstaltungen vor, die seither auch regelmäßig getroffen werden.

799. Zu Anm. 487.

800. S. *Bahr* im Bundestag am 15. 2. 1973, in: Dokum. Bd. VIII, S. 243.

801. Die deutsch-polnische Schulbuchkommission wurde 1972 durch eine Vereinbarung der beiden UNESCO-Kommissionen ins Leben gerufen, vgl., mit weiterem Nachweis, *Rojahn,* Schulbuchbereinigung durch die Auswärtige Gewalt, in: Juristenzeitung 1976, S. 627ff.

802. Zu Anm. 775.

803. Gegründet durch Gesetz vom 25. 1. 1957, BGBl. Teil I, S. 841; ausführliche Darstellung bei *Wilke,* S. 232.

804. Bis zur Aufhebung der letzten Beschränkungen durch den Bundestag am 10. 3. 1971, s. AdG 1971, 16113.

805. Nach wie vor fehlen für den Straßenhandel der Vertriebsapparat und die erforderliche Menge von Exemplaren s. Entwicklung BRD/DDR, S. 43.

806. *Franke* im Bundesrat am 25. 5. 1973 hebt die künftige Zusammenarbeit auf den verschiedensten Gebieten hervor, s. Dokum. Bd. IX, S. 138; vgl. auch Denkschrift der Bundesregierung zum Vertrag, Verträge BRD/DDR, S. 52.

807. Vgl. z.B. die Erklärung *Bahr's* über den Austausch von „Bevollmächtigten" vom 17. 8. 1972 mit dem Beharren *Kohl's* auf „Gesandten" oder „Botschaftern" am gleichen Tage und am 31. 8. 1972, in Dokum. Bd. VIII, S. 40, 46f; s. schließlich *Winzer* am 15. 12. 1973 über die „chauvinistische Konzeption" der Bundesrepublik hinsichtlich der „innerdeutschen Vertretungen", in: Deutschlandpolitik, S. 377f.

808. Zu Anm. 363 und S. 138.

809. S. oben S. 178.

810. S. oben Anm. 540.

811. S. oben Anm. 551.

812. BGBl 1974 Teil II, S. 933ff. Im Einzelnen vgl. zum Folgenden *H.H. Mahnke,* Die Ständigen Vertretungen der beiden Staaten in Deutschland, in: Jahrbuch für Internationales Recht 1974, S. 36ff.

813. BGBl 1973 Teil I, S. 1673, ausgeführt durch Verordnung vom 24. 4. 1974, BGBl 1974 Teil I, S. 1022 (vgl. auch unten zu Anm. 817).

814. BGBl 1964 Teil II, S. 957ff. Zur autonomen Geltung der Wiener Konvention über diplomatische Beziehungen zwischen BRD und DDR s. *Blumenwitz,* Die Errichtung Ständiger Vertretungen im Lichte des Staats- und Völkerrechts (Völkerrecht und Außenpolitik Bd. 22 – 1975) S. 61ff.

815. Vgl. *Franke,* Interview vom 21. 10. 1973, der die „regelmäßigen Zusammenkünfte" von *Bahr* und *Kohl* als „oberste politische Gesprächsebene" erwähnt, in: Deutschlandpolitik, S. 281.

816. Rücktritt Bundeskanzler *Brandt's* vom 6. 5. 1974 im Zusammenhang mit dem Spionagefall *Guillaume,* s. AdG 1974, 18665f.

817. Zitiert oben Anm. 813.

818. Gesetz vom 13. 6. 1974, BGBl. 1974 Teil I, S. 1273ff.

819. Oben Anm. 814.

820. S. 119, 138.

821. Unten S. 308f.

822. S. oben Anm. 814 und 474.

823. S. 308f.
824. Vgl. *von Morr*, Der Bestand der deutschen Staatsangehörigkeit nach dem Grundlagenvertrag, Berlin 1977; *Heldrich*, Innerdeutsches Kollisionsrecht und Staatsangehörigkeitsfrage, in „Neue Juristische Wochenschrift", 1978, S. 2169ff. Vgl. unten S. 281ff.
825. S. 308f.
826. Vgl. „Die Welt" vom 21.6. 1974, S. 1.
827. S. 40f, 58, 69f.
828. S. 40f.
829. S. 59f, 70f, 214f.
830. Vgl. das Interview *Bahr's* vom 29.9. 1972 in: Dokum. Bd. VIII, S. 65. Zur rechtlichen Natur der Viermächte-Rechte s. auch die ausführliche Erörterung bei Ress, S. 26ff.
831. In der Zeit vom 23. 10. bis 5. 11. 1972, vgl. die Erläuterung des Auswärtigen Amtes bei der Herausgabe der Viermächte-Erklärung, in: Dokum. Bd. VIII, S. 125.
832. S. 287ff.
833. Im englischen Original (vgl. unten Anm. 898) steht hier „agreements"; in der am 9. 11. 1972 vom Auswärtigen Amt herausgegebenen Übersetzung (vgl. oben Anm. 831) wird das etwas ungenau mit „Regelungen" wiedergegeben. Die Übersetzung mit „Vereinbarungen" findet sich in Dokum. Bd. IX, S. 205. Vgl. zu der Übersetzung des Auswärtigen Amtes insgesamt auch unten Anm. 901 und S. 289.
834. S. unten auch S. 271f.
835. Vgl. die oben zu Anm. 367 zitierten sowjetischen Noten, ferner die sowjetische Note an die Bundesrepublik Deutschland vom 17. 5. 1963, in: Dokum. Bd. III, S. 244, sowie *Stoph* am 21. 5. 1970 in Kassel („Insofern haben die Hauptmächte der Antihitlerkoalition nach wie vor Rechte und Pflichten für die Verwirklichung des Potsdamer Abkommens in der BRD", in: Entwicklung BRD/DDR, S. 87).
836. S. 287ff.
837. Zu Anm. 834.
838. S. 60 und S. 70f.
839. S. 214f.
840. S. oben S. 60.
841. Zu Anm. 807.
842. Zur Anwendbarkeit von Art. 59 Abs. I des Grundgesetzes s. *Kewenig*, Symposium S. 304.
843. S.260f.
844. S. die nachdrücklichen Hinweise auf das Fehlen eines Friedensvertrages bei *Brandt*, Interview vom 17. 8. 1972, *Scheel*, Erklärung vom 7. 11. 1972 und *Franke*, Erklärung vom 8. 11. 1972, in: Dokum. Bd. VIII, S. 40, 119f.
845. S. oben zu Anm. 162 und S. 71.
846. S.a. *Simma*, S. 15f; unentschieden, wie schon bei dem Anm. 852 genannten Gutachten *Ress* S. 120ff. Zu Art. 7 des Deutschlandvertrags oben Anm. 99, 122.
847. S. oben zu Anm. 140.
848. Deshalb konnte bei der Paraphierung des Vertrages, also 2 Wochen vor der

Übermittlung des Briefes, bereits ein entsprechender Hinweis bekanntgemacht werden, s. Dokum. Bd. VIII, S. 112.

849. S. oben S. 58f, 185. S. auch *Mahnke*, S. 1172.

850. Vgl. die entsprechende Frage an *Bahr* im Interview vom 30. 12. 1972 und die Ausführungen von *Carstens* im Bundestag am 15. 2. 1973, in: Dokum. Bd. VIII, S. 155 und 223f.

851. S. AdG 1972, 17555.

852. *Doehring* und *Ress* haben in einem von der Bayerischen Staatsregierung vorgelegten Gutachten vom 24. 6. 1973 an der dem „Brief zur deutschen Einheit" von der Bundesregierung beigemessenen rechtlichen Relevanz Zweifel geäußert, s. die vom Presse- und Informationsamt der Bundesregierung in Zusammenarbeit mit dem Bundesverfassungsgericht hrsg. Dokumentation „Der Grundlagenvertrag vor dem Bundesverfassungsgericht", Bonn o. J. (1975) S. 348ff; zum tatsächlichen Vorgang der Briefzustellung s. das Sitzungsprotokoll vom 19. 6. 1973, a.a.O., S. 165.

853. *Scheel* vor der VN-Generalversammlung am 18. 9. 1973, s. Dokum. Bd. IX, S. 331.

854. *Schmidt* am 30. 7. 1975, a. Anm. 14 a.O., S. 296.

855. Vgl. etwa die von *Doehring* und *Ress* (BVerfGDok. S. 358f) hervorgehobene Zurückweisung „einer willkürlichen Auslegung" des Grundlagenvertrages durch *Winzer* in seiner Rede vom 13. 6. 1973, a.a.O. S. 367, ferner *Schmid*, S. 160.

856. Vgl. hierzu die Zitate aus dem Urteil des Bundesverfassungsgerichts vom 31. 7. 1973 (unten zu Anm. 1010).

857. S. oben Anm. 54, 72.

858. S. 243.

859. S. oben Anm. 435.

860. Vgl. die oben zu Anm. 527 zitierte Erklärung *Adenauer's*.

861. Verpflichtung der Bundesregierung aus Ziffer V der Schlußakte vom 3. 10. 1954, „die Wiedervereinigung Deutschlands oder die Änderung der gegenwärtigen Grenzen der Bundesrepublik Deutschland niemals mit gewaltsamen Mitteln herbeizuführen und alle zwischen der Bundesrepublik und anderen Staaten etwa entstehenden Streitigkeiten mit friedlichen Mitteln zu lösen", abgedruckt AdG 1954, 4767.

862. S. 38f.

863. Zu Anm. 735f.

864. *Kewenig*, S. 41, sieht das völkerrechtliche Interventionsverbot durch Art. 6 in den Grundlagenvertrag hineingeholt, faßt es dann aber so eng, daß „die Beschäftigung mit allen das weitere Schicksal Gesamtdeutschlands betreffenden Fragen" doch zulässig bleibt.

865. S. 231f.

866. Oben S. 241.

867. Vgl. etwa oben Anm. 855; ferner *Simma*, S. 16.

868. S. *Haedrich*, Stichwörter „Intervention" und „Interzession" in: *Strupp-Schlochauer*, Wörterbuch des Völkerrechts, Bd. II, Berlin 1961, S. 144ff, 147f.

869. Die Proteste der DDR gegen die Einmischung in ihre inneren Angelegenheiten seitens der Bundesrepublik (vgl. etwa „Neues Deutschland" vom 22./23. 1. 1977: „Einmischungsversuche behindern Normalisierung der Beziehungen")

und wohl auch eine gewisse Unkenntnis dieser Vertragslage haben dazu geführt, daß Politiker der Bundesrepublik immer wieder erklären, sie wollten sich nicht in die inneren Angelegenheiten der DDR einmischen; richtiger ist die oben, Anm. 736, zitierte Bemerkung *Brandt's*.

870. S. oben Anm. 458.

871. S. im einzelnen *Schleser*, S. 47; vgl. auch *Hoffmann*, Zur bundesdeutschen Staatsangehörigkeit der in der DDR lebenden Deutschen, in: Symposium, S. 278 ff, *Heldrich* und *von Morr*, a. Anm. 824 a.O.

872. Verfassung vom 7. 10. 1949, in: Dokum. Annexband III S. 70 ff; ferner *Hoffmann*, a. Anm. 871 a.O. S. 281.

873. Gesetz vom 20. 2. 1967, GBl. 1967 Teil I, S. 3 ff.

874. S. oben zu Anm. 711.

875. S. oben Anm. 708.

876. Zu diesem Ziel und seiner Ablehnung durch die Bundesrepublik s. *Bahr* im Bundestag am 15. 12. 1973, in: Dokum. Bd. VIII, S. 244.

877. Vgl. oben zu Anm. 59; *Kimminich*, S. 69, folgert ebenfalls aus der Anerkennung der DDR die rechtliche Relevanz ihres Staatsbürgerrechts (die dann nur noch durch den eigenen ordre public ausgeschlossen werden kann).

878. S. 148.

879. Gesetz vom 16. 10. 1972, GBl. I, S. 265; die DDR-Bürger, die vor 1972 legal die DDR verlassen hatten, fallen nicht unter dieses Gesetz und werden auch von der DDR wohl noch als eigene Staatsbürger betrachtet.

880. Vgl. etwa *Hoffmann*, Symposium, S. 294, der im März 1971 an Hand der damals vorliegenden Ostvertragstexte und Regierungserklärungen so argumentierte.

881. Zu den Einbürgerungen der DDR s. Urteil des OVG Münster vom 5. 9. 1978 (in Juristenzeitung 1979, S. 136 f) mit weiterem Nachweis und unter Berufung auf das Urteil des BVerfG zum Grundlagenvertrag, wonach „unbeschadet jeder Regelung des Staatsangehörigkeitsrechts der Deutschen Demokratischen Republik die Bundesrepublik Deutschland jeden Bürger der Deutschen Demokratischen Republik ... gemäß Art. 116 Abs. I und 16 GG als Deutschen wie jeden Bürger der Bundesrepublik behandelt." s. BVerfGDok. S. 400. S. auch unten zu Anm. 1023.

882. Vgl. *Scheuner*, Symposium S. 298 ff. *Bahr*, S. 97 f; *Frowein*, Ostpolitik S. 125 leitet aus dem Viermächte-Status Deutschlands eine BRD- und DDR-Deutschen gemeinsame rechtserhebliche „Eigenschaft des Deutschen" ab, welche die westdeutsche Staatsangehörigkeitspraxis rechtfertige. S. auch *Meessen*, Verfassungsrechtliche Grenzen einer Neuregelung der Staatsangehörigkeit im geteilten Deutschland, in ‚Juristenzeitung' 1972, S. 673 ff; ferner oben Anm. 824. Zu den Konsularverträgen der DDR s. *Ress*, S. 208 f, *Schleser*, S. 138 ff.

883. S. Symposium S. 283 f, 294 *(Hoffmann)*, S. 292 *(Kriele)*, S. 299 *(Scheuner)*. Zum Grundsätzlichen s. *Rumpf*, Die deutsche Staatsangehörigkeit nach dem Grundlagenvertrag, in: Zeitschrift für Rechtspolitik 1974, S. 201 ff. Eine gewisse Flexibilität in der Bonner Haltung ließ Bundeskanzler *Schmidt* im März 1978 erkennen, als er erstmals in seiner „Erklärung zur Lage der Nation" vorsichtig die DDR-Gesetzgebung zur Staatsbürgerschaft erwähnte, s. Bulletin 1978, S. 222.

884. S. oben S. 223.

885. So auch *Kewenig*, S. 43.
886. S. 305 ff.
887. S. oben Anm. 54 (VN), 785 (Weltpostverein und Internationale Fernmelde-Union).
888. Oben S. 211 ff.
889. Anm. 121.
890. So *Winzer* in einem Interview noch am 2. 7. 1972, Bd. VIII, S. 22.
891. S. etwa *Scheel* vor der VN-Generalversammlung am 18. 9. 1973, in: Dokum. Bd. IX, S. 331.
892. S. 47.
893. S. oben Anm. 535.
894. S. oben Anm. 540.
895. Vgl. oben S. 113.
896. S. 269.
897. Die vorstehenden Daten ergeben sich aus der oben, Anm. 831, zitierten Erläuterung des Auswärtigen Amtes.
898. S. das Schreiben des sowjetischen VN-Botschafters *Malik* vom 16. 6. 1973 an den VN-Generalsekretär (VN-Dokument Nr. S/10953 vom 18. 6. 1973), mit welchem er die im Folgenden erwähnte Zirkulierung der Viermächte-Erklärung vom 9. 11. 1972 erbat; entsprechende Schreiben richteten am gleichen Tage der französische, britische und amerikanische VN-Botschafter an den VN-Generalsekretär (VN-Dokumente Nr. S/10952, S/10954, S/10955 vom 18. 6. 1973). Die Erklärung vom 9. 11. 1972 selbst wurde als Anlage der vorgenannten Schreiben zirkuliert.
899. Durch Konsensus, d.h. ohne Abstimmung, am 22. 6. 1973; s. das Vorläufige Sitzungsprotokoll vom gleichen Tage (VN-Dok. Nr. S/PV. 1730, S. 6).
900. Durch Akklamation, d.h. ebenfalls ohne Abstimmung, am 18. 9. 1973; s. Dokum. Bd. IX S. 330f; der Text der Aufnahme-Resolution in VN-Dokument Nr. A/L. 698/Rev. 1 vom 18. 9. 1973.
901. Die Übersetzung der Auswärtigen Amtes findet sich bei der oben, Anm. 831, zitierten Erläuterung; zu der hier vorgenommenen Korrektur dieser Übersetzung beim Wort „Vereinbarungen" s. oben Anm. 833, zum weiteren Text der Übersetzung unten S. 289.
902. S. *Münch*, Stichwort „Vereinte Nationen" in: *Strupp-Schlochauer*, Wörterbuch des Völkerrechts Bd. III Berlin 1962, S. 495.
903. S. 292f.
904. Oben S. 269ff.
905. *Moersch* drückte das im Bundestag am 15. 2. 1973 so aus, „daß die Bundesrepublik auch nach dieser Erklärung (der Vier Mächte vom 9. 11. 1973) so souverän ist, wie sie es bisher war"; vgl. auch seine Bemerkungen zu den Viermächte-Rechten vom folgenden Tage; s. Dokum. Bd. VIII, S. 250 und 263.
906. Vgl. oben Anm. 831, 833 und 901.
907. So auch die ostdeutsche Übersetzung des russischen Wortlauts in: Vierseitiges Abkommen und Realisierung, S. 126, der englische Wortlaut am oben, Anm. 898 a.O.
908. S. oben S. 271.
909. Zusammen mit dem Aufnahmeantrag vom 12. 6. 1973, der vom gleichen Tage datierenden Erklärung, daß die DDR die Chartaverpflichtungen erfüllen werde

(beides unterzeichnet von *Stoph*), ist der *Winzer'sche* Brief abgedruckt in: Dokum. Bd. IX, S. 182f.

910. Ihr von *Scheel* unterzeichneter Aufnahmeantrag vom 13.6. 1973, die vom 12.6. 1973 datierende und von *Heinemann* unterzeichnete Erklärung über die Erfüllung der Chartaverpflichtungen sowie das weitere Schreiben *Scheel's* vom 13.6. 1973 über die Vertretung der Interessen Westberlins (s. oben Anm. 491) sind abgedruckt in Dokum. Bd. IX, S. 199f.
911. Anm. 55, 79ff.
912. So wohl der offizielle Standpunkt der Bundesregierung, s. *von Siegler* (Hrsg.): BRD/VN, S. 18. S. auch oben Anm. 56.
913. S. die nachdrücklichen Erklärungen von *Scheel* am 10.5. 1973 vor dem Bundestag und am 30.5. 1973 vor der Gesellschaft für die Vereinten Nationen, in Dokum. Bd. IX, S. 46 und 164; ferner *Moersch* am 16.2. 1973 vor dem Bundestag, in: Dokum. Bd. VIII S. 264.
914. Zu Anm. 665ff.
915. S. oben zu Anm. 768.
916. Kapitel VII der VN-Charta, s. oben Anm. 54, ferner BRD/VN, S. 112ff.
917. Art. 59 des Statuts des Internationalen Gerichtshofs, s. oben Anm. 54, ferner BRD/VN, S. 146ff.
918. S. a. Anm. 695 a.O.
919. Vgl. *Winzer*, Interview vom 2.7. 1972, in: Dokum. Bd. VIII, S. 22.
920. Vgl. *Bahr's* kategorische Feststellung vom 12.5. 1972, in: Verträge BRD/DDR, S. 148f.
921. Diese, und die im Folgenden erwähnte gemeinsame Protokollerklärung a. Anm. 695 a.O.
922. S. auch *Moersch*, a. Anm. 913 a.O.
923. S. oben S. 187f. Die östlichen Noten und Erklärungen zum Demographischen Jahrbuch in: Vierseitiges Abkommen und Realisierung, S. 174, 176, 181, 185, 230.
924. Zu Anm. 490.
925. S. oben Anm. 695, ferner BRD/VN, S. 95.
926. S. oben Anm. 909 und 910.
927. S. oben Anm. 898 und 899.
928. S. 312f.
929. S. oben Anm. 491ff.
930. S. oben Anm. 900.
931. Die Texte a. Anm. 695 a.O.
932. S. 251f.
933. S. oben Anm. 588f.
934. Zu Anm. 888.
935. S. oben zu Anm. 643.
936. S. oben Anm. 786.
937. Die Texte a. Anm. 695 a.O.
938. Zu Anm. 549.
939. Vertreter der Bundesregierung haben immer wieder die Notwendigkeit betont, bei der Suche nach dauerhaften Lösungen auch Sicherheitsbedürfnis und Interessen der DDR mit einzukalkulieren, s. *Bahr*, Interviews vom 30.12. 1972 und 25.2. 1973, in: Dokum. Bd. VIII, S. 154, 277, ferner in seiner zweiten Tutzinger Rede vom 11.7. 1973, in: Dokum. Bd. IX, S. 276; *Franke* am 24.1. 1973 vor

dem Bundestag, in: Dokum. Bd. VIII, S. 171 und am 25. 5. 1973 vor dem Bundesrat, in: Dokum. Bd. IX, S. 136; s. auch oben Anm. 605.

940. Vgl. etwa *Brandt*, Interview vom 4. 10. 1972 und *Franke* am 6. 10. 1972 vor dem Bundesrat, in: Dokum. Bd. VIII, S. 68 und 73.

941. Vgl. etwa die entsprechende Frage von *Marx* und die Antwort *Franke's* am 15. 2. 1973 im Bundestag, in: Dokum. Bd. VIII, S. 230f.

942. Diese Herkunft der von der Bundesregierung veröffentlichten „Erläuterungen" zu den Erleichterungen ergibt sich aus der Denkschrift der Bundesregierung zum Grundlagenvertrag, s. Dokum. Bd. VIII, S. 150.

943. Anm. 633.

944. S. oben Anm. 879.

945. Vgl. die Punkte 14, 15 und 16 von Kassel, in: Dokum. Bd. VI, S. 259.

946. S. oben Anm. 695.

947. Vgl. Entwicklung BRD/DDR, S. 42f.

948. Vgl. die Erklärung *Bahr's* vom 21. 12. 1972 bei Unterzeichnung des Grundlagenvertrages, a. Anm. 695 a.O.

949. Verordnung vom 21. 2. 1973 mit Durchführungsbestimmung vom gleichen Tag, in: Dokum. Bd. VIII, S. 272ff; zu den Auseinandersetzungen um diese DDR-Regelung s. AdG 1973, 17726f. Die Durchführungsbestimmung wurde am 11. 4. 1979 neu gefaßt; sie engt die Möglichkeiten der Berichterstattung aus der DDR beträchtlich ein; Text der neuen Fassung in „Neues Deutschland" vom 14. 4. 1979; zur Reaktion in Bonn vgl. „Frankfurter Allg. Zeitung" vom 17. und 18. 4. 1979, jeweils S. 1 und 2, sowie „Der Spiegel", Heft 17 vom 23. 4. 1979, S. 19ff.

950. Im Dezember 1975 wurden ein Korrespondent des „Spiegel", im Dezember 1976 der ARD-Korrespondent *Loewe* ausgewiesen, s. AdG 1976, 20179 und 1977, 20699f, ferner den ausführlichen Erlebnisbericht von *L. Loewe*, Abends kommt der Klassenfeind, Berlin 1977. Im Mai 1979 wurde unter Anwendung der neu gefaßten Durchführungsbestimmung ein Korrespondent des ZDF ausgewiesen.

951. Vgl. etwa *Scheel* am 10. 5. 1973 vor dem Bundestag, in: Dokum. Bd. IX, S. 42.

952. Vgl. über die sich ergebenden Schwierigkeiten die Mitteilung des Presse- und Informationsamtes der Bundesregierung vom 15. 2. 1973, in: Dokum. Bd. VIII, S. 204f.

953. S. unten S. 305ff, 309.

954. S. die Erklärungen *Kohl's* und *Bahr's* vom 8. 11. 1972, in: Dokum. Bd. VIII, S. 113f.

955. So *Bahr* a. Anm. 948 a.O.

956. Die Zusagen wurden am Tage des Inkrafttretens des Grundlagenvertrages erfüllt, s. die entsprechende Mitteilung des Bundesministeriums für innerdeutsche Beziehungen vom 21. 6. 1973, in: Dokum. Bd. IX, S. 224. Zum „kulturellen Erbe" vgl. *W. Schlenker*, Das „kulturelle Erbe" in der DDR, Stuttgart 1977.

957. Zu den entsprechenden Reaktionen der DDR durch zunehmend restriktive Maßnahmen im Januar 1977 vgl. „Der Spiegel" Heft Nr. 4 vom 17. 1. 1977, S. 22: „DDR: Staatssicherheit vor Entspannung", sowie oben Anm. 621. In die DDR siedeln jährlich ca. 1000 Westdeutsche über; s. Regierungserklärung zur Lage der Nation vom 9. 3. 1978 in: Bulletin 1978, S. 217.

958. S. oben Anm. 942.

959. § 15 des Einführungsgesetzes zum Familiengesetz vom 20. 12. 1965 (GBl. 1966 Teil I, S. 19ff), seit 1. 1. 1976 ersetzt durch § 18 des Rechtsanwendungsgesetzes

vom 5. 12. 1975 (GBl. 1975 Teil I, S. 748). Vgl. auch Graf Stauffenberg im Bundestag am 10. 5. 1973, in: Dokum. Bd. IX, S. 55f.

960. Dies war und bleibt ja ein erklärtes Ziel der auf Kommunikation gerichteten Politik der Bundesregierung, s. *Bahr*, Interview vom 30. 12. 1972 und *Brandt* am 15. 2. 1973 vor dem Bundestag, in: Dokum. Bd. VIII, S. 154 und 208.

961. Vgl. Entwicklung BRD/DDR 1976, S. 36, ferner: Bulletin 1978, S. 217 (Regierungserklärung zur Lage der Nation vom 9. 3. 1978).

962. S. etwa *Franke* am 24. 1. 1973 und *Brandt* und *Franke* am 15. 2. 1973 vor dem Bundestag, in: Dokum. Bd. VIII, S. 170, 209 und 230.

963. *Bahr* im Bundestag am 15. 2. 1973 sprach von der „Priorität", die die Bundesregierung einer bevorzugten Regelung des Personenverkehrs im grenznahen Gebiet vor dem allgemeinen Reiseverkehr eingeräumt hatte, in: Dokum. Bd. VIII, S. 245.

964. S. die aus Anlaß der Paraphierung des Grundlagenvertrages am 8. 11. 1972 von der Bundesregierung herausgegebene Erklärung, die von 6,5 Millionen Einwohnern der westdeutschen-Grenzkreise spricht, in: Dokum. Bd. VIII, S. 116; am 30. 5. 1973 sperrte die DDR die im eigentlichen Grenzbereich liegenden Ortschaften für den Grenznahen Verkehr, s. Dokum. Bd. IX, S. 170; vgl. hierzu *Herold*, Kommentar vom 15. 7. 1973, in: Deutschlandpolitik S. 69ff.

965. Vgl. Entwicklung BRD/DDR 1976, S. 36.

966. S. oben .zu Anm. 628.

967. Fundstelle s. oben Anm. 695.

968. Zur grundsätzlichen Problematik hat sich *Scheel* am 13. 9. 1973, in: Deutschlandpolitik, S. 139f, sehr klar geäußert. Zur rechtlichen Unmöglichkeit, Westberlin in den Grundlagenvertrag einzubeziehen, vgl. *Schütz* am 9. 5. 1973 und *Bahr* am 10. 5. 1973 vor dem Bundestag, in: Dokum. Bd. IX, S. 23f und 59ff. *Wilke*, S. 128, scheint anzunehmen, daß das gesamte Vertragswerk auch für Westberlin gelte. S. auch oben Anm. 391.

969. Beauftragung vom 22. 10. 1969, s. AdG 1969, 15003.

970. Vgl. die Bemerkung *Franke's* im Kommentar vom 30. 12. 1973, in: Deutschlandpolitik, S. 383.

971. S. 158ff.

972. *Bahr* wies am 10. 5. und am 3. 10. 1973 vor dem Bundestag auf den Standpunkt der Drei Westmächte hin, daß die Einbeziehung Berlins in Abkommen der Bundesrepublik mit der DDR im Viermächte-Abkommen nicht geregelt sei, in: Dokum. Bd. IX S. 59f und Deutschlandpolitik S. 267.

973. S. hierzu die Anm. 968 zitierten Äußerungen.

974. *Kewenig*, S. 45, vermißt dennoch einen „Automatismus der Erstreckung".

975. S. oben S. 110.

976. Durch den oben S. 266 behandelten Protokollvermerk wurde im März 1974 diese Vereinbarung auch schriftlich fixiert.

977. S. 164f.

978. S. oben Anm. 812.

979. Oben zu Anm. 953.

980. Oben S. 198f.

981. Vgl. z.B. den Hinweis *Bahr's* vom 11. 7. 1973 in Tutzing über gemeinsame Schritte bei der Einführung des Deutschen als Konferenzsprache, s. Dokum. Bd. IX, S. 273.

982. S. oben Anm. 815f.

983. Zum Folgenden siehe die oben Anm. 852 zitierte vollständige Dokumentation – BVerfGDok.
984. Zur Antragsberechtigung s. Art. 93 Abs. I Ziffer 2 des Grundgesetzes.
985. BVerfGDok. S. 74ff.
986. BVerfGDok. S. 407ff.
987. BVerfGDok. S. 9ff.
988. So auch ausdrücklich der Schriftsatz der Bundesregierung vom 30. 5. 1973, BVerfGDok. S. 25.
989. BVerfGDok. S. 415ff.
990. BVerfGDok. S. 39ff, 44.
991. Bundespräsident Heinemann unterzeichnete das Ratifizierungsgesetz am 6. 6. 1973, s. Dokum. Bd. IX S. 180; der 2. bayerische Antrag in: BVerfGDok. S. 47ff.
992. BVerfGDok. S. 420ff.
993. Beschluß vom 16. 6. 1973, BVerfGDok, S. 432ff.
994. § 19 Abs. I des Bundesverfassungsgerichtsgesetzes.
995. Verhandlungsprotokoll BVerfGDok. S. 59f.
996. S. oben S. 294f; vgl. auch *Winzer* am 13. 6. 1973, in: Dokum. Bd. IX, S. 197.
997. S. oben S. 300.
998. S. Auszüge aus den Reden vom 4. 7. 1973 in: Dokum. Bd. IX, S. 268f.
999. So argumentiert *Kriele* (Recht und Politik in der Verfassungsrechtsprechung) in: „Neue Juristische Wochenschrift" 1976 S. 779f. *Kriele* war Bevollmächtigter der Bundesregierung in dem Verfahren über den Grundlagenvertrag.
1000. BVerfGDok. S. 69ff. = BVerfGE Bd. 35, S. 257ff; der entsprechende Beschluß des I. Senats im Verfahren über die Verfassungsbeschwerde vom 19. 6. 1973 = BVerfGE Bd. 35, S. 280ff.
1001. BVerfGDok. S. 163ff.
1002. S., auch zum Inkrafttreten des Vertrages gemäß seinem Art. 10, die Mitteilung des Presse- und Informationsamtes der Bundesregierung vom gleichen Tage, in: Dokum. Bd. IX, S. 210.
1003. BVerfGDok. S. 383ff. = BVerfGE Bd. 36, S. 1ff.
1004. Die Wahl der Richter durch Bundestag und Bundesrat regeln §§ 5 ff des Bundesverfassungsgerichtsgesetzes; § 3 Abs. III dieses Gesetzes statuiert ausdrücklich, daß die Richter mit ihrer Ernennung aus Bundes- und Landesregierungen sowie aus Bundes- und Landesparlamenten ausscheiden müssen.
1005. So im Anm. 989 zitierten Beschluß (S. 417).
1006. S. „Frankfurter Allgemeine Zeitung" vom 27. 6. 1973 („Die Regierung wird's schon recht machen").
1007. S. *Wilke*, S. 151 mit Nachweis. *Ipsen*, S. 291, erkennt in den Ausführungen zur Staatsangehörigkeit „eine Meisterleistung juristischer Verfremdung vorgegebener Tatbestände".
1008. BVerfGDok. S. 392.
1009. S. oben Anm. 988.
1010. BVerfGDok. S. 392; s. auch die Vorbehalte *Frowein's* (Warschauer Vertrag, S. 50) gegenüber diesem Teil des Urteils.
1011. Vgl. *Lewald*, „Neue Juristische Wochenschrift", 1973, S. 2266; *Wilke*, S. 156, 159. *Scheuner*, Die staatsrechtliche Stellung der Bundesrepublik, in: „Die Öffentliche Verwaltung", 1973, S. 581ff spricht S. 583 von einem „unbekömmlichen begrifflichen Brei".

1012. Insbesondere S. 214f; *Arndt*, S. 134 dürfte das Selbstverständnis der Bundesregierung bei den Verhandlungen wohl etwas zu orthodox sehen.
1013. S. 71f.
1014. S. unten S. 317.
1015. BVerfGDok. S. 392, 401; vgl. auch oben zu Anm. 453.
1016. Art. 23, 145 Abs. I.
1017. BVerfGDok. S. 393.
1018. Am Anm. 1017 a.O.
1019. BVerfGDok. S. 395.
1020. Inter-se-Beziehungen bestehen nach völkerrechtlicher Terminologie unter den Mitgliedstaaten des Britischen Commonwealth sowie auch zwischen diesen Staaten einerseits und der – nicht zum Commonwealth gehörenden – Republik Irland andererseits; s. *Ress*, S. 163ff, Symposium S. 263f, 270 *(Gascard)*; zur Fragwürdigkeit dieser Analogie von Commonwealth- und deutsch/deutschen Beziehungen, Symposium S. 271 *(Kriele)* und S. 274 *(von Münch)*; s. auch *Wilke*, S. 203ff.
1021. BVerfGDok. S. 396f.
1022. BVerfGDok. S. 399.
1023. BVerfGDok. S. 400; s. auch oben Anm. 881.
1024. BVerfGDok. S. 401f.
1025. Oben S. 244.
1026. BVerfGDok. S. 398.
1027. Am Anm. 1026 a.O.
1028. BVerfGDok. S. 402.
1029. S. 227.
1030. Oben S. 303; vgl. auch oben Anm. 88, 426f und S. 227. So auch *Ress*, S. 270.
1031. BVerfGDok. S. 385, 391.
1032. Am Anm. 1028 a.O.
1033. BVerfGDok. S. 403.
1034. BVerfGDok. S. 384; zur Erstreckung der Gesetzeskraft s. *Wilke*, S. 138ff.
1035. BVerfGDok. S. 391.
1036. Immerhin spricht *Rshewski* in seinem Kommentar zum Urteil (nachgedruckt in „Neues Deutschland" vom 3. 1. 1974 und in Deutschlandpolitik, S. 385) von einer „gewissen Verlegenheit" der Bundesregierung.
1037. Am Anm. 1033 a.O. Zur Kritik s. *Ress*, S. 353ff.
1038. Vgl. *Genscher* im Bundestag am 12. 3. 1975 über den Abschluß dieser neuen Verhandlungen, AdG 1975, 19303ff.
1039. Zu Anm. 203.
1040. Das *Jackson*-Amendment zum amerikanisch-sowjetischen Handelsabkommensentwurf von 1972 wurde am 13. 12. 1974 vom amerikanischen Senat verabschiedet, das so ergänzte Abkommen dann von der Sowjetunion Anfang Januar 1975 abgelehnt, s. AdG 1975, 19163f, 19182f.
1041. Gesetz vom 15. 6. 1963 zum Vertrag vom 22. 1. 1963, BGBl. 1963 Teil II, S. 705.
1042. Vgl. die Wiedergabe einer französischen Stellungnahme vom 26. 6. 1963 („Verfälschung des Vertrages durch die Präambel"), AdG 1963, 10659.
1043. S. oben Anm. 273.
1044. Zitiert nach *Meinecke*, Weltbürgertum und Nationalstaat, 3. Aufl. 1915, S. 208.
1045. Vgl. oben Anm. 7.

Verzeichnis der häufiger zitierten Literatur mit Abkürzungen (auch Dokumentationen, Zeitungen etc.)

Arndt, C.: Die Verträge von Moskau und Warschau. Bonn-Bad Godesberg 1973; zitiert: *Arndt.*

Bahr: siehe Cramer, D.

Brandt, W.: Begegnungen und Einsichten – Die Jahre 1960–1975. Hamburg 1976; zitiert: *Brandt.*

Buhr, M. und Kosing, A.: Kleines Wörterbuch der Marxistisch-Leninistischen Philosophie. Berlin (Ost) 1975; zitiert: *Kl. Wörterbuch.*

Bundesministerium für innerdeutsche Beziehungen (Hrsg.): DDR-Handbuch. Köln 1975; zitiert: *DDR-Handbuch.*

– (Hrsg.): Die Entwicklung der Beziehungen zwischen der Bundesrepublik Deutschland und der Deutschen Demokratischen Republik. Bonn 1973; zitiert: *Entwicklung BRD/DDR.* Neuauflage zum Stand von Ende 1976 zitiert: *Entwicklung BRD/DDR 1976.*

– (Hrsg.): Texte zur Deutschlandpolitik. Reihe II Bd. 1, Bonn 1975; zitiert: *Deutschlandpolitik.*

Bundesverfassungsgericht: Sammlung der Entscheidungen. zitiert: *BVerfGE.*

Cramer, D.: gefragt: Egon Bahr. Bornheim 1975; zitiert: *Bahr.*

Der Spiegel (Das deutsche Nachrichten-Magazin) Hamburg.

Doehring/Kewenig/Ress: Staats- und völkerrechtliche Aspekte der Deutschland- und Ostpolitik. Frankfurt 1971; zitiert: *Döhring/Kewenig/Ress.*

End, H.: Zweimal deutsche Außenpolitik – Internationale Dimensionen des innerdeutschen Konflikts 1949–1972. Köln 1973; zitiert: *End.*

Europa-Archiv, Halbmonatsschrift der Deutschen Gesellschaft für Auswärtige Politik. Verlag für Internationale Politik; Bonn.

Forschungsinstitut der deutschen Gesellschaft für Auswärtige Politik e.V. Bonn, in Zusammenarbeit mit dem Senat von Berlin (Hrsg.): Dokumente zur Berlin-Frage 1944–1962. 2. Aufl., München 1962; zitiert: *Berlin-Frage.*

Frankfurter Allgemeine Zeitung für Deutschland; Frankfurt (Main).

Frenzke, D./Hacker, J./Uschakow, A.: Die Feindstaatenartikel und das Problem des Gewaltverzichts der Sowjetunion im Vertrag vom 12. 8. 1970. Berlin 1971; zitiert: *Frenzke/Hacker/Uschakow.*

Frowein, J. A.: Legal Problems of the German Ostpolitik. In: The International and Comparative Law Quarterly 1974, S. 105 ff; zitiert: *Frowein Ostpolitik.*

– Zur verfassungsrechtlichen Beurteilung des Warschauer Vertrages. In: Jahrbuch für Internationales Recht Bd. 18 (1975) S. 11 ff; zitiert: *Frowein Warschauer Vertrag.*

Institut für internationales Recht an der Universität Kiel (Hrsg.): Ostverträge/Berlin-Status/Münchener Abkommen/ Beziehungen zwischen der BRD und der

DDR (Vorträge und Diskussionen eines Symposiums vom März 1971). Hamburg 1971; zitiert: *Symposium.*

Ipsen, K.: Die Staatsangehörigkeit der Bürger West-Berlins. In: Jahrbuch für Internationales Recht Bd. 16 (1973), S. 266ff; – zitiert: *Ipsen.*

Kewenig, W.: Die Bedeutung des Grundvertrages für das Verhältnis der beiden deutschen Staaten. In: Europa-Archiv 1973 (Folge 2) S. 37ff; zitiert: *Kewenig.*

Kimminich, O.: Der Moskauer Vertrag. Hamburg 1972; zitiert: *Kimminich.*

Lenin, W. I.: Ausgewählte Werke in drei Bänden. Berlin (Ost) 1963, Bd. III; zitiert: *Werke III.*

Mahnke, H. H.: Der Vertrag über die Grundlagen der Beziehungen zwischen der Bundesrepublik und der DDR. In: Deutschland-Archiv 1973; S. 1163ff; zitiert: *Mahnke.*

Ministerium für Auswärtige Angelegenheiten der DDR und Ministerium für Auswärtige Angelegenheiten der UdSSR: Das Vierseitige Abkommen über Westberlin und seine Realisierung (Dokumente 1971–1977). Staatsverlag der Deutschen Demokratischen Republik Berlin (Ost) 1977; zitiert: *Vierseitiges Abkommen und Realisierung.*

Neues Deutschland. Organ des Zentralkomitees der Sozialistischen Einheitspartei Deutschlands. Berlin (Ost).

Presse- und Informationsamt der Bundesregierung (Hrsg.): Bulletin. Zitiert: *Bulletin.*

– (Hrsg.): Der Vertrag vom 12. August 1970 zwischen der Bundesrepublik Deutschland und der Union der Sozialistischen Sowjetrepubliken. Bonn 1970; zitiert: *Vertrag BRD/UdSSR.*

– (Hrsg.): Der Vertrag zwischen der Bundesrepublik Deutschland und der Volksrepublik Polen. Bonn 1970; zitiert: *Vertrag BRD/VRP.*

– (Hrsg.): Die Berlin-Regelung. Bonn 1971; zitiert: *Berlin-Regelung.*

– (Hrsg.): Die Politik des Gewaltverzichts – Eine Dokumentation der deutschen und sowjetischen Erklärungen zum Gewaltverzicht 1949 bis Juli 1968. Bonn, Nachdruck 1970; zitiert: *Gewaltverzicht.*

– (Hrsg.): Verträge, Abkommen und Vereinbarungen zwischen der Bundesrepublik Deutschland und der Deutschen Demokratischen Republik. Bonn 1973; zitiert: *Verträge BRD/DDR.*

– (Hrsg. in Zusammenarbeit mit dem Bundesverfassungsgericht): Der Grundlagenvertrag vor dem Bundesverfassungsgericht – Dokumentation zum Urteil vom 31. Juli 1973. Bonn ohne Jahr (1975); zitiert: *BVerfGDok.*

Ress, G.: Die Rechtslage Deutschlands nach dem Grundlagenvertrag vom 21. Dezember 1972. Berlin-Heidelberg-New York 1978; zitiert: *Ress.*

Schenk, F. (Hrsg.): Kommunistische Grundsatzerklärungen 1957–1971. Köln 1972; zitiert: *Komm. Grundsatzerkl.*

Schiedermair, H.: Der völkerrechtliche Status Berlins nach dem Viermächte-Abkommen vom 3. September 1971. Bd. 64 (1975) der Beiträge zum ausländischen öffentlichen Recht und Völkerrecht; zitiert: *Schiedermair.*

Schleser, W.: Die deutsche Staatsangehörigkeit. 3. Aufl., Frankfurt a. M. 1976; zitiert: *Schleser.*

Schmid, G.: Entscheidung in Bonn. Köln 1979; Zitiert: *Schmid.*

Simma, B.: Der Grundvertrag und das Recht der völkerrechtlichen Verträge. In: Archiv des öffentlichen Rechts, Bd. 100 (1975), S. 4ff; zitiert: *Simma.*

Steinberger, H.: Völkerrechtliche Aspekte des Deutsch-Sowjetischen Vertragswerkes vom 12. August 1970. In: Zeitschrift für ausländisches öffentliches Recht und Völkerrecht Bd. 31 (1971), S. 63ff; zitiert: *Steinberger.*

Stobbe, D.: Bindungen – Das Verhältnis Berlins zum Bund und das Viermächte-Abkommen. In: Europa-Archiv 1977, S. 477ff; zitiert: *Stobbe.*

Van Well, G.: Die Teilnahme Berlins am internationalen Geschehen: Ein dringender Punkt auf der Ost-West-Tagesordnung. In: Europa-Archiv 1976, S. 647ff; zitiert: *Van Well.*

Von Münch, I. (Hrsg.): Dokumente des geteilten Deutschland. Stuttgart 1968; zitiert: *Von Münch.* Band II: Seit 1968. Stuttgart 1975; zitiert: *Von Münch II.*

Von Siegler, H.: Archiv der Gegenwart – wöchentlich erscheinende Dokumentation für Politik und Wirtschaft (früher Keesing's Archiv). Bonn-Bad Godesberg; zitiert: *AdG.*

Von Siegler, H. (Hrsg.): Dokumentation zur Deutschlandfrage. Bonn-Wien-Zürich seit 1961, Bd. I bis IX; zitiert: *Dokum.*

Von Siegler & Co. (Hrsg. im Auftrag des Presse- und Informationsamtes der Bundesregierung): Die Bundesrepublik Deutschland Mitglied der Vereinten Nationen. 2. Aufl. Bonn 1974; zitiert: *BRD/VN.*

Wengler, W.: Der Moskauer Vertrag und das Völkerrecht. In: Juristenzeitung 1970, S. 632ff; zitiert: *Wengler.*

Wilke, K.-M.: Bundesrepublik Deutschland und Deutsche Demokratische Republik. (Tübinger Schriften zum internationalen und europäischen Recht, Bd. 4) Berlin 1976; zitiert: *Wilke.*

Zivier, E.R.: Der Rechtsstatus des Landes Berlin. 3. Auflage, Berlin 1977; zitiert: *Zivier.*